Tim Engartner

Die Privatisierung der Deutschen Bahn

Tim Engartner

Die Privatisierung der Deutschen Bahn

Über die Implementierung marktorientierter Verkehrspolitik

VS VERLAG FÜR SOZIALWISSENSCHAFTEN

Bibliografische Information Der Deutschen Nationalbibliothek
Die Deutsche Nationalbibliothek verzeichnet diese Publikation in der
Deutschen Nationalbibliografie; detaillierte bibliografische Daten sind im Internet über
<http://dnb.d-nb.de> abrufbar.

1. Auflage 2008

Alle Rechte vorbehalten
© VS Verlag für Sozialwissenschaften | GWV Fachverlage GmbH, Wiesbaden 2008

Lektorat: Frank Engelhardt

Der VS Verlag für Sozialwissenschaften ist ein Unternehmen von Springer Science+Business Media.
www.vs-verlag.de

Das Werk einschließlich aller seiner Teile ist urheberrechtlich geschützt. Jede Verwertung außerhalb der engen Grenzen des Urheberrechtsgesetzes ist ohne Zustimmung des Verlags unzulässig und strafbar. Das gilt insbesondere für Vervielfältigungen, Übersetzungen, Mikroverfilmungen und die Einspeicherung und Verarbeitung in elektronischen Systemen.

Die Wiedergabe von Gebrauchsnamen, Handelsnamen, Warenbezeichnungen usw. in diesem Werk berechtigt auch ohne besondere Kennzeichnung nicht zu der Annahme, dass solche Namen im Sinne der Warenzeichen- und Markenschutz-Gesetzgebung als frei zu betrachten wären und daher von jedermann benutzt werden dürften.

Umschlaggestaltung: KünkelLopka Medienentwicklung, Heidelberg
Druck und buchbinderische Verarbeitung: Krips b.v., Meppel
Gedruckt auf säurefreiem und chlorfrei gebleichtem Papier
Printed in the Netherlands

ISBN 978-3-531-15796-2

Danksagung

Der vorliegende Text wurde im September 2007 an der Humanwissenschaftlichen Fakultät der Universität zu Köln als Inauguraldissertation angenommen. Zentrale Überlegungen resultieren aus der Examensarbeit, die während meines Studienaufenthalts in Oxford verfasst und von Prof. Dr. C. Christian von Weizsäcker begutachtet wurde. Mein Interesse an dem bearbeiteten Thema wurde im Spätsommer 1999 geweckt, als ich während zahlreicher Bahnfahrten in Südengland jener Unzulänglichkeiten gewahr wurde, die mit der Privatisierung von British Rail ausgelöst worden waren.

Um den vor diesem Hintergrund gewonnen Blick auf die Kapitalmarktorientierung der Deutschen Bahn (DB) AG in einen wissenschaftlichen Kontext überführen zu können, war ich auf die Unterstützung meines Doktorvaters, Prof. Dr. Christoph Butterwegge, und des Zweitgutachters, Prof. Dr. Bernd O. Weitz, angewiesen. Beiden gebührt großer Dank für Ihre jederzeit gewinnbringenden Ratschläge. Besonders danken möchte ich ferner Prof. Karl-Dieter Bodack, Dr. Mario Candeias, Peter Driesch, Prof. em. Dr. Joachim Fiedler, Dirk Förster, Susi Gotzen, Andrea Gotzes, Oliver Laschet, Bernhard May, Malte Meyer, Prof. Dr. Heiner Monheim, Prof. em. Dr. Oskar Negt, Dr. Werner Rügemer, Philipe Sufryd, Dr. Bernhard Walpen und Dr. Winfried Wolf. Ohne ihre Korrekturanmerkungen läge die Arbeit nicht in dieser Form vor. Das Literaturarchiv von Matthias Pippert und der reichhaltige Buch- und Zeitschriftenbestand der London School of Economics and Political Science (LSE) waren ebenso entscheidend für das Gelingen der Arbeit wie der Einsatz zahlreicher Mitarbeiter/innen aus dem bahnnahen Umfeld. Sie gewährten mir Zugang zu Dokumenten, die mir aufgrund der restriktiven Informationspolitik der im Mai 2006 mit der „Verschlossenen Auster" ausgezeichneten DB AG andernfalls verborgen geblieben wären.

Für die persönliche Unterstützung möchte ich meinem besten Freund Till Jacobi danken, der mich durch regelmäßige Laufeinheiten und Gespräche fernab des akademischen Elfenbeinturms geerdet hat, sowie den „Tiefenstraßenvertretern": meinen Eltern, die mir stets den Rücken frei gehalten haben. Ihnen und meiner Freundin Karin Mikolasch, die während der Schaffensphase auf unzählige gemeinsame Stunden verzichten musste, ist daher die Arbeit gewidmet.

Die Arbeit wurde durch ein Promotionsstipendium der Rosa-Luxemburg-Stiftung gefördert.

Köln, im Februar 2008

Inhaltsverzeichnis

Vorwort 11

1 Einleitung 15
   1.1 Die Deutsche Bahn im Spannungsfeld von Staats- und
        Privateigentum 15
   1.2 Horizontale und vertikale Fragmentierung des britischen
        Bahnwesens als Folge der Privatisierung von British Rail 23
   1.3 Privatisierung als Selbstentmachtung des öffentlichen Sektors 26
   1.4 Konzeption der Arbeit 29

2 Das neoliberale Paradigma als legitimatorischer Wegbereiter der
   Bahnreform 31
   2.1 Grundzüge und Phasen einer systematisch entwickelten
        Makrostrategie 31
        2.1.1 Universalisierung des Marktgedankens und Antietatismus 32
        2.1.2 Die gesellschaftlich-kulturelle Hegemonie der neoliberalen
             Doxa als Ergebnis einer lautlosen Revolution 43
        2.1.3 Der Kronberger Kreis – einflussreicher Think-Tank
             verkehrspolitischer Beratung in der Bundesrepublik 50
   2.2 Die Preisgabe staatlicher Steuerung in der Verkehrspolitik 57
   2.3 Kritik an einer Ökonomisierung ohne politische Normierung 60
        2.3.1 Der Staat als wettbewerbshemmender Kostgänger? 64
        2.3.2 Defizite einer am Markt ausgerichteten Verkehrspolitik 71
   2.4 Hinwendung zu einer marktorientierten Wirtschaftspolitik 74

3 Privatisierung und Liberalisierung – Strategien staatlicher Selbstentmachtung ... 79

3.1 Struktureller und institutioneller Wandel ... 79

3.2 Die Privatisierung von Infrastruktur- und Versorgungsleistungen ... 85

    3.2.1 Formen und Kriterien eines (wirtschafts)politischen Instruments: Grade der Privatisierung ... 89

    3.2.2 Erklärungsansätze für die Redimensionierung des Staates ... 93

    3.2.3 Unzulänglichkeiten der herkömmlichen Effizienzargumentation ... 99

3.3 Deregulierung als zentrale Dimension von Liberalisierung ... 107

    3.3.1 Der europäische Binnenmarkt: Auslöser für die Deregulierung des deutschen Bahnwesens ... 107

    3.3.2 Profitmaximierung vs. Hebung des gesamtgesellschaftlichen Wohlstands ... 111

    3.3.3 Die Entstaatlichung der Daseinsvorsorge als Abkehr von einem ehernen Prinzip staatlicher (Wirtschafts-)Tätigkeit ... 117

    3.3.4 Die Lehre von den Besonderheiten des Verkehrs – trotz verfassungsrechtlicher Verbriefung in Vergessenheit geraten ... 121

3.4 Das Bahnwesen als Objekt der Entstaatlichung ... 131

4 Stationen einer (kapital)marktorientierten Neuvermessung der Bahnpolitik ... 135

4.1 Die unzureichend geführte Reformdebatte als Ausgangspunkt der bahnpolitischen Fehlentwicklungen ... 135

4.2 Der Niedergang des Bahnwesens und dessen Ursachen im Kontext verkehrspolitischer Entwicklungstendenzen ... 145

4.3 Ziele, Erfolge und Versäumnisse: rechtliche und organisatorische Voraussetzungen zentraler Reformschritte ... 155

    4.3.1 Die wegweisende Architektur des „Reformfahrplans" ... 155

Inhaltsverzeichnis 9

    4.3.2 Regionalisierung des Schienenpersonennahverkehrs als mustergültige Dezentralisierung.. 161

    4.3.3 Sinkende Verkehrsmarktanteile im Spiegel einer verzerrten öffentlichen Darstellung... 165

4.4 Sicht- und spürbare Erscheinungsbilder der Kapitalmarktorientierung... 168

    4.4.1 Privatisierung, Entwidmung und Stilllegung von Liegenschaftsvermögen... 169

    4.4.2 Orientierung auf Hochgeschwindigkeitsverkehre und gleichzeitige Stilllegung ländlicher Streckenabschnitte........ 176

    4.4.3 Die Rückführung von Zuggattungen als Ausdruck der Hochgeschwindigkeitsorientierung...................................... 180

    4.4.4 Der Abbau von Arbeitsplätzen und die Neuregelung der Dienstverhältnisse.. 184

    4.4.5 Die unzureichende Modifikation des Tarifsystems............... 190

    4.4.6 Der Wandel der DB AG zum internationalen Mobilitäts- und Logistikkonzern... 193

4.5 Komplex und bedeutsam – die eigentumsrechtliche Neuordnung der Schieneninfrastruktur... 197

    4.5.1 Diskussionen um das Schienennetz im Spiegel des PRIMON-Gutachtens.. 202

    4.5.2 Fehlgeleitete Investitionen bei unzureichender Finanzierungsbasis.. 210

    4.5.3 Der Ausbau des Schienennetzes als umweltpolitische Notwendigkeit.. 213

4.6 Unwiederbringliche Preisgabe staatlicher Schlüsselfunktionen – oder: eine kritische Würdigung der Reformschritte........................ 218

5 Überhöhtes Vertrauen in den Wettbewerb: Privatisierung und Fragmentierung des britischen Bahnwesens.................................... 229

    5.1 Schleichende Abkehr von der traditionellen Bahnpolitik und Fokussierung auf den Kapitalmarkt 229

5.1.1 Weichenstellung mit dem White Paper „New Opportunities for the Railways"..................235

5.1.2 Dysfunktionalitäten und Gebietsmonopole als Folge der Fragmentierung 239

5.2 Vom Börsen- zum Bettelgang: Privatisierung und De-facto-Renationalisierung des Infrastrukturbetreibers 248

5.2.1 Ursachen und Folgen der Bahnunglücke von Southall, Paddington und Hatfield..................254

5.2.2 Network Rail als Not-for-Profit-Trust..................260

5.3 Mangelhafter Service, gesunkene Qualitätsstandards, byzantinisches Geflecht von Verantwortlichkeiten und Rückbesinnung auf staatliche Aufgabenwahrnehmung..................263

5.4 Lehren aus der gescheiterten Bahnprivatisierung in Großbritannien..................270

6 Schlussbetrachtung..................273

6.1 Die Preisgabe von Planungs- und Lenkungsmöglichkeiten..................273

6.2 Vorbildliche Ausgestaltung des Schienensektors durch den Staat: die Schweizerischen Bundesbahnen..................277

6.3 Negativfolgen der (Kapital-)Marktorientierung: Auszehrung des Schienenverkehrs im ländlichen Raum, Ausweitung bahnfremder Dienstleistungen und breit angelegte Liegenschaftsverkäufe..........282

6.4 Der Verzicht auf (verkehrs)politische Steuerungselemente: ahistorisch, kurzsichtig und (bislang) verfassungswidrig..................289

Anhang..................297

Abkürzungsverzeichnis..................305

Literatur- und Quellenverzeichnis..................311

Vorwort

Seit den frühen 1990er-Jahren haben wechselnde parlamentarische Mehrheiten teilweise unter Einbindung der Opposition die Privatisierung der früheren Bundes- und Reichsbahn (DDR) trotz eines wachsenden Widerstandes in weiten Teilen der Bevölkerung vorangetrieben. Umso dringlicher erscheint es heute, eine Zwischenbilanz aus politisch-ökonomischer Sicht zu ziehen, die das Pro und Kontra dieser Reorganisation des Bahnwesens abwägt, den Stand des Verfahrens darlegt und mögliche Alternativen zur materiellen Privatisierung der Deutschen Bahn (DB) AG skizziert.

Die vorliegende Arbeit zeugt davon, dass der Verfasser in mehr als vierjähriger Forschungsarbeit bemüht war, die einschlägige Literatur umfassend zu rezipieren und selbst ausgesprochen schwer zugängliche Archivmaterialien zu berücksichtigen sowie seine Untersuchungsergebnisse auf breitestmöglicher Basis einem kritischen, die engen Grenzen der akademischen Fachdisziplinen überschreitenden Diskurs auszusetzen. Tim Engartner lässt deutlich erkennen, von welchem Wissenschaftsverständnis er ausgeht und dass seine Arbeit im bisher wenig bestellten Grenzland zwischen Politik-, Wirtschafts- und Geschichtswissenschaft angesiedelt ist, weil sowohl historische Fakten rekonstruiert und ökonomische Zusammenhänge thematisiert als auch weitreichende gesellschaftspolitische Schlussfolgerungen gezogen werden. Dass ein junger Wissenschaftler in der geschilderten Art und Weise interdisziplinär arbeitet und sonst allenfalls verstreut zugängliches Wissen in einer originellen Form verbindet, macht die besondere Qualität, ja die Exzellenz der vorliegenden Studie aus.

Was die Fülle der ausgewerteten Quellen und der von ihm zitierten Belegstellen angeht, ist Tim Engartner enormer Fleiß, überaus große Sorgfalt und das nur guten Wissenschaftler(inne)n eigene Streben nach Vollständigkeit zu attestieren. Besonders ausgeprägt ist die Fähigkeit des Verfassers, unter Würdigung der Forschungsergebnisse anderer Wissenschaftler/innen selbst originelle Gedankengänge zu entwickeln, die sich noch nicht in der spürbar anschwellenden Fachliteratur zur Bahnprivatisierung finden lassen. Vor allem besticht die Arbeit durch ihren klaren und verständlichen Stil, der über weite Strecken an die erfrischende Diktion angloamerikanischer Sozialwissenschaftler/innen erinnert, denen hierzulande oft nachgesagt wird, dass sie auch schwierige Thesen und komplexe Sachverhalte in einer ansprechenden, bisweilen sogar unterhaltsamen Art auszudrücken wissen. Von der ersten bis zur letzten Zeile ist dem Text das einen guten Wissenschaftler auszeichnende große Interesse am behandelten Gegenstand anzumerken, wodurch die Studie auch für mit der Materie weniger vertraute Leser/innen zu einer fesselnden Lektüre wird. Man kann die intensiven, teilweise sehr kostenträchtigen Bemühungen mächtiger Wirtschaftskreise, aber auch einflussreicher Politiker und anerkannter Fachleute um eine materielle Bahnprivatisierung nicht verstehen, wenn die gesellschaftlichen Hintergründe, ökonomischen Zusammenhänge und Interessenverflechtungen auf verkehrspolitischem Gebiet ausgeblendet werden. Tim Engartner zeichnet sich jedoch dadurch aus, dass er über ein theoretisches Gerüst und ein kritisches Gespür für solche Interdependenzen verfügt und sich bereits in mehreren Publikationen als Kritiker des neoliberalen Dreiklangs von Liberalisierung, Deregulierung und Privatisierung einen Namen gemacht hat. Er spricht im Zusammenhang mit der Privatisierung von British Rail, aber auch vergleichbarer Schritte im hiesigen Telekommunikations-, Gas-, Wasser- und Verkehrsbereich von einer „Selbstentmachtung des öffentlichen Sektors". Ausgehend von der „Verbetriebswirtschaftlichung" vormals meist gemeinwirtschaftlich organisierter Bereiche befasst sich Tim Engartner mit der formell bereits umgesetzten Privatisierung der DB als Beispiel für die Realisierung solcher Konzepte, wobei er in überzeugender Manier wirtschafts- und verkehrspolitische mit umwelt- und sozialpolitischen Argumenten gegen Privatisierungsstrategien verbindet. Die Forderung nach einer Stärkung des Verkehrsträgers Schiene wird dabei mit einer präzisen Analyse der zahlreichen Negativerscheinungen im britischen Bahnsektor verknüpft.

Stellt man die Privatisierung des britischen und des deutschen Bahnwesens in einen größeren gesellschaftstheoretischen Zusammenhang, stößt man auf Konzepte, die geradezu als Drehbuch für einschneidende Maßnahmen zur Rückführung des öffentlichen Sektors fungieren. Während sich der „klassische" Liberalismus als fortschrittliche Bewegung des Bürgertums in erster Linie gegen den Feudalstaat bzw. seine Überreste richtete, diskreditiert der Neoliberalismus – verstanden als eine Wirtschaftstheorie, Sozialphilosophie und politische Zivilreligion, die den Staatsinterventionismus zurückdrängen und den Markt zum universalen, alle Gesellschaftsbereiche übergreifenden Regulierungsmechanismus erheben möchte – vorrangig den Wohlfahrtsstaat. Zu dessen Kernaufgaben gehören die Bereitstellung öffentlicher Güter und Dienstleistungen sowie die damit verbundene soziale Inklusion jener Bürger/innen, denen andernfalls mangels finanzieller Ausstattung keine Teilhabe am gesellschaftlichen Leben möglich ist. Dabei muss der Staat nach dem von Ernst Forsthoff entwickelten, allgemein anerkannten Konzept der Daseinsvorsorge in Sektoren wie dem Bildungs-, Gesundheits- und Verkehrswesen im Interesse seiner Bürger/innen tätig werden: entweder indem strikte Auflagen zur Wahrung des Gemeinwohls ausgesprochen und umgesetzt werden (was sich regelmäßig als wenig wirkungsvoll erweist) oder indem Unternehmen in öffentlichem Eigentum diese Aufgaben wahrnehmen. Tim Engartner bemängelt daher zu Recht die einseitige Fixierung des „Vulgärliberalismus" bzw. „ökonomischen Imperialismus" auf die Marktfreiheit, verbunden mit dem, was man als betriebswirtschaftlichen Tunnelblick und Mythologisierung des Marktes bezeichnen könnte.

Die öffentliche Meinungsführerschaft derjenigen, die den Markt, Konkurrenz und privates Profitstreben ins Zentrum der Gesellschaftsentwicklung rücken, bleibt meiner Einschätzung nach so lange ungebrochen, wie kaum konkrete, wissenschaftlich fundierte und argumentativ überzeugende Alternativmodelle existieren. Umso notwendiger erscheint die intensive Beschäftigung mit den wirtschafts- und gesellschaftspolitischen Konzepten, die auf eine umfassende Deregulierung sowie eine weitgehende Privatisierung staatlicher (Groß-)Unternehmen, öffentlicher Dienstleistungen und sozialer Risiken abzielen. Dass Tim Engartner eben diese größeren gesellschaftlichen Zusammenhänge im Auge hat, wenn er Vorschläge und praktische Maßnahmen zur Privatisierung des deutschen und britischen Bahnwesens im Detail skizziert, entspricht seinem klaren Forschungsdesign. Das selbstgesteckte Ziel, die zunehmende Verschränkung privatwirtschaftlicher Argumentationslogiken mit einer marktorientierten Regierungspolitik hoch entwickelter Industriestaaten am Beispiel dieser Privatisierungen nachzuzeichnen und kritisch zu beleuchten, hat der Autor erreicht und damit eine wichtige Forschungslücke geschlossen.

Zuletzt hat die komparative Methode in den Sozialwissenschaften stark an Bedeutung gewonnen, ist sie doch für das Verständnis vieler gesellschaftlicher Schlüsselprobleme unverzichtbar geworden. Meistens beschränkt sich ein solcher Vergleich zwischen zwei oder mehreren Ländern jedoch auf deren politische Systeme und Wohlfahrtsstaatsmodelle, ohne die je spezifische Entwicklung auf einem Politikfeld zu erfassen und Gemeinsamkeiten wie Unterschiede systematisch miteinander in Beziehung zu setzen. Umso verdienstvoller erscheint Tim Engartners Leistung, nicht nur den ungefähr zur selben Zeit begonnenen Privatisierungsprozess in der Bundesrepublik und in Großbritannien nachgezeichnet, sondern auch überzeugend dargelegt zu haben, welche Alternativen hierzu in anderen westeuropäischen Ländern wie der Schweiz mit ihrer viel zitierten „Bürgerbahn" praktiziert worden sind. Die bislang über das deutsche und britische Bahnwesen publizierten Vergleiche, die ohnehin nicht sehr zahlreich sind, erscheinen gerade unter Akzentuierung der negativen Folgewirkungen, die mittlerweile auch von der britischen Regierung erkannt wurden, in einem vollkommen neuen Licht. In der Vergangenheit wurde stets auf die Vorreiterrolle Großbritanniens bei der Privatisierung und Deregulierung der (Verkehrs-)Infrastruktur abgehoben, Tim Engartner hingegen sucht die Gründe für das Scheitern des von der britischen Regierung in Gang gesetzten und anschließend revidierten Privatisierungsprojekts herauszustellen. Positiv hervorzuheben ist, dass sich der Autor nicht scheut, in einem ideologisch verminten Gelände wie dem Thema „Zukunft der Bahn" klar und deutlich Position zu beziehen, auch wenn seine kritischen Überlegungen angesichts des neoliberalen Mainstreams in Politik und (Fach-)Publizistik an der einen oder anderen Stelle gewagt erscheinen mögen. Tim Engartners Argumentation überzeugt, weil sie im Detail pragmatisch ist und mit einer Fülle treffender Beispiele aufwartet, jedoch auch prinzipiell fundiert wird. Nur wer sich so tiefgreifend und umfassend mit Konzepten zur „Vermarktlichung" der Gesellschaft auseinandersetzt wie er, vermag die mit einer materiellen Privatisierung der DB AG verbundenen Gefahren in ihrer ganzen Tragweite einzuschätzen. Die (Kapital-)Marktorientierung der ehemaligen Bundesbahn läuft für das Gemeinwesen auf die Preisgabe einer zentralen Schaltstelle staatlichen Handelns hinaus und bedeutet einen Bruch mit dem Sozialstaatsgebot des Grundgesetzes, weil die in öffentlicher Verantwortung betriebene Eisenbahn als einziger Verkehrsträger das Inklusionsprinzip erfüllt und für die Mobilität auch solcher Bevölkerungsgruppen sorgt, die sich kein eigenes Kraftfahrzeug leisten können, sondern auf kostengünstige Angebote des (öffentlichen) Personenverkehrs angewiesen sind.

Tim Engartners im Schnittfeld einer politik-, wirtschafts- und geschichtswissenschaftlichen Aufgabenstellung zu verortende Untersuchung ist ein in jeder Hinsicht hervorstechender Beitrag zu der Frage, welche Risiken mit der weiteren Privatisierung des Bahnsektors verbunden sind. Man kann der Buchpublikation nur wünschen, dass ihre Schlussfolgerungen die Debatte um die Zukunft des deutschen Bahnwesens maßgeblich bestimmen und wissenschaftlich befruchten werden.

Prof. Dr. Christoph Butterwegge

1 Einleitung

1.1 Die Deutsche Bahn im Spannungsfeld von Staats- und Privateigentum

„1835: Die Bahn reformiert Deutschland. 1994: Deutschland reformiert die Bahn."

Mit diesem Slogan warb die neu gegründete Deutsche Bahn (DB) AG Anfang des Jahres 1994 in ganzseitigen Zeitungsanzeigen für die Bahnreform – unter Bezugnahme auf die erste hierzulande errichtete Eisenbahnstrecke zwischen Nürnberg und Fürth.[1] Aber während am 7. Dezember 1835 die Bayerische Ludwigsbahn ein neues Zeitalter einläutete, auf den Bahnsteigen am Zielort frenetischer Beifall aufbrandete und die Begeisterung für das neuartige Verkehrsmittel auch Monate später nicht abebben wollte, wird die mehr als einhalb Jahrhunderte später eingeleitete Privatisierung des Bahnwesens von lautstarker Kritik begleitet. Vor dem Hintergrund persönlicher Erfahrungen verläuft die Debatte über die eigentumsrechtliche Neuformatierung bei kaum einem anderen Unternehmen derart emotional wie bei der DB AG, die täglich 39.000 Personen- und Güterzüge verkehren lässt, pro Jahr rund 2,5 Mrd. Reisende per Bus und Bahn befördert und damit innerhalb von acht Tagen so viele Kunden[2] zählt wie die Deutsche Lufthansa innerhalb eines Jahres.

Dabei stellte die von der konservativ-liberalen Bundesregierung zum 1. Januar 1994 eingeleitete Bahn(struktur)reform zu Beginn eine von allen Seiten hoffnungsvoll erwartete Zäsur in der Schienenverkehrspolitik dar: Der Staat sollte von seinen mit dem Bahnverkehr verbundenen finanziellen Verpflichtungen befreit werden, indem die DB als Aktiengesellschaft eigenständig(er) und schließlich profitabel wirtschaftet. Zugleich verband sich mit dem Vorhaben die Erwartung, den intermodalen Wettbewerb – jedenfalls mittel- bis langfristig – zugunsten des Schienenverkehrs beeinflussen zu können. Aber während die Reform anfänglich von Verkehrspolitikern und Bahnvorständen gleichermaßen als „Befreiungsschlag" und „Neuanfang" begrüßt worden war, wich die Euphorie mit jedem Geschäftsbericht der neu gegründeten Aktiengesellschaft ein Stück weit mehr dem nüchternen Realismus. Obwohl die staatlich organisierten Bah-

---
[1] Vgl. beispielhaft: DB AG, Werbeanzeige „1835: Die Bahn reformiert Deutschland. 1994: Deutschland reformiert die Bahn", in: Frankfurter Allgemeine Zeitung v. 10.1.1994, S. 13
[2] Soweit zur Bezeichnung von Personengruppen des besseren Leseflusses wegen die männliche Schreibweise gewählt wird, sind weibliche und männliche Personen gleichermaßen gemeint.

nen in Nachbarländern wie der Schweiz, den Niederlanden und Frankreich signifikant höhere Verkehrsleistungen aufweisen als die DB AG (gemessen in Personenkilometern je Einwohner), wollte der Ruf nach einer materiellen Privatisierung des letzten deutschen Staatskonzerns, d.h. seiner Veräußerung am Kapitalmarkt, nicht verhallen. Frühzeitig wiesen Privatisierungsbefürworter darauf hin, dass der Konzern „frisches" Kapital benötige, um sich im nationalen wie internationalen Personen- und Gütertransport neue Geschäftsfelder erschließen zu können.

Zunehmend stimmten auch die auf Bundesebene regierenden Parteien in das von Hartmut Mehdorn dirigierte Crescendo des DB-Vorstandes ein, den ehemals größten Arbeitgeber der Bundesrepublik von „den Fesseln des öffentlichen Dienst- und Haushaltsrechts"[3] zu befreien und dorthin zu führen, wo die Marktmechanismen am wirkungs- und oftmals verhängnisvollsten greifen: auf das Börsenparkett. Betrachtet man die in den vergangenen Jahren auf Bundes-, Landes- und kommunaler Ebene praktizierte Veräußerungspolitik näher, liegt dieser Schritt in der Logik der Entwicklung. Anteilsscheine der ehemaligen Staatsunternehmen Lufthansa und Bundespost werden schon seit längerem an der Börse gehandelt – letztere als Telekom-, Post- und Postbankaktien mit insgesamt eher bescheidenem Erfolg. Aber auch in nahezu allen anderen Wirtschafts- und Gesellschaftsbereichen beruft sich die Politik seit Mitte der 1980er-Jahre konsequent auf die „Steuerungsdefizite *des* Staates und *im* Staate",[4] um dessen Rückzug zu legitimieren. Die Zielvorgabe ist eindeutig; sie lautet Privatisierung.

Von 1982 bis 2005 sank die Zahl staatlicher Unternehmensbeteiligungen auf Bundesebene von 985 auf den historischen Tiefstand von 109.[5] Und obwohl der Verkehrssektor lange Zeit als eine der letzten Bastionen staatswirtschaftlicher Interventionen begriffen wurde und sich der Begriff „Verkehrs*planung*" als unverbrüchliches Leitprinzip verkehrspolitischer Handlungsalternativen etablieren konnte, verfing die (neo)liberale Staatskritik schließlich auch dort. Dabei ließ die institutionelle Einbindung von Experten durch Anhörungen, Gutachten und Expertisen eine bisweilen symbiotische Verbindung der beteiligten Institute, Gremien und Sachverständigen mit den politischen Entscheidungsträgern entstehen. Think-Tanks wie der *Kronberger Kreis* und das *Verkehrsforum Bahn e.V.*,

---

[3] Heinz Dürr, Privatisierung als Lernprozess am Beispiel der deutschen Bahnreform, in: Horst Albach/Meinolf Dierkes/Ariane Berthoin Antal/Kristina Vaillant (Hrsg.), Organisationslernen – institutionelle und kulturelle Dimensionen, WZB Jahrbuch 1998, Berlin 1998, S. 101
[4] Martin Jänicke, Vom Staatsversagen zur politischen Modernisierung?, in: Carl Böhret/Göttrik Wewer (Hrsg.), Regieren im 21. Jahrhundert – zwischen Globalisierung und Regionalisierung, Festgabe für Hans-Hermann Hartwich zum 65. Geburtstag, Opladen 1993, S. 65 (Hervorh. im Original)
[5] Vgl. Ulrich Schäfer, Schulden versilbern. Eichel kann noch viel verkaufen, sogar Forderungen ans Ausland, in: Süddeutsche Zeitung v. 10.12.2004, S. 1 u. Sebastian Jost, Ein Minister als Kaufmann, www.zeit.de/online/2006/09/privatisierungen (abgerufen am 22.12.2007)

Die Deutsche Bahn im Spannungsfeld von Staats- und Privateigentum 17

eine von 240 Unternehmen geförderte Wirtschaftsvereinigung unter Vorsitz des langjährigen Vorstandssprechers der Deutschen Bank, Hermann Josef Abs, konnten sich nachhaltigen Einfluss auf die Reformvorschläge der *Regierungskommission Bundesbahn* sichern.[6] Den unmittelbaren Einfluss derartiger „Denkfabriken" auf politische Entscheidungsprozesse – erst recht auf das gesellschaftspolitische Klima – schlüssig nachzuweisen, stellt eine besondere Herausforderung dar, weil im Blickpunkt der Öffentlichkeit stehende Entscheidungsträger gemeinhin ein ausgeprägtes Interesse daran haben, die Einflüsse zu leugnen, denen sie während des Diskussionsprozesses unter-, bisweilen sogar erlagen.[7]

Mehr noch als in anderen Politikbereichen gab es in der bahnpolitischen Auseinandersetzung wirkmächtige Institute, Kommissionen und Arbeitskreise, deren aufeinander abgestimmtes Agieren marktzentrierte Handlungsempfehlungen aus der Isolation befreite und die Devise „Less government is good government"[8] auch in der Debatte um die Zukunft der DB verankerte. Von der Einsetzung der *Regierungskommission Bundesbahn* am 16. Januar 1989 bis zum Abschluss des parlamentarischen Gesetzgebungsverfahrens am 17. Dezember 1993 ließ sich ein breiter Konsens zwischen den an der Reform beteiligten Regierungs- und Interessenvertretern herstellen. Verkehrsexperten, die den stetig sinkenden Verkehrsmarktanteil der Bundesbahn in überflüssigen administrativen Fesseln begründet sahen, prägten fortan die wissenschaftliche und die politische Diskussion.

Wie anfänglich in Großbritannien ist die auf institutioneller Ebene geführte Debatte um das Ende der Staatsbahn seither auch in der Bundesrepublik von einer geradezu euphorischen Erwartungshaltung hinsichtlich der positiven Effekte von Deregulierung und Privatisierung geprägt. Stichhaltige Argumente gegen die Weichenstellungen in Richtung Kapitalmarkt wurden frühzeitig ausgeblendet: Wie nämlich soll der Konzern seiner gleich mehrfach im Grundgesetz verankerten Pflicht zur Daseinsvorsorge nachkommen, wenn er künftig allein den marktüblichen Gewinn- und Effizienzkriterien Rechnung tragen muss? Welche finanziellen Zuwendungen soll die DB AG in Zukunft erhalten, um den (bei betriebswirtschaftlicher Betrachtung) defizitären Verkehr in ländlichen Regionen zu betreiben? Was geschieht, wenn ein ausländischer Fonds an der Börse ein stattliches Aktienpaket erwirbt, um der Unternehmensführung eine konsequente

---

[6] Henrik Paulitz, Geschäfte erster Klasse. Die Bahnreform als Ende der Verkehrspolitik, in: Blätter für deutsche und internationale Politik, 38. Jg., Heft 12 (1993), S. 1488-1490

[7] Um Think-Tanks, überwiegend privat finanzierte Institute, mit dem Ziel der öffentlichen Meinungsbildung einberufene Kommissionen und andere Interessengemeinschaften wie z.B. Gewerkschaften und Arbeitgeberverbände klarer als solche zu kennzeichnen, werden sie – wie im vorangehenden Satz des Fließtextes – in Kursivschrift aufgeführt.

[8] John Moore, Why privatise?, in: John A. Kay/Collin Mayer/David Thompson (eds.), Privatisation and Regulation. The UK Experience, Oxford 1983, S. 93

Shareholder-Value-Orientierung aufzuzwingen? Diejenigen, die für die Entwicklung des Bahnwesens verantwortlich zeichnen, rekurrieren bei derartigen Fragen nicht selten auf mikro- und makroökonomische Erklärungsansätze, die den Spezifika des Bahnsektors nur bedingt Rechnung tragen. So stelle die DB AG in der Tradition ihrer Rechtsvorgängerin ein unkalkulierbares Haushaltsrisiko dar und müsse in Zukunft „verdienen statt dienen."[9] Ferner müsse nun endlich der bahnbrechende Wandel vollzogen werden – von einer „Behördenbahn", der „Beförderungsfälle" anvertraut werden, zu einem kundenorientierten Dienstleister, der sich seiner Fahrgäste annimmt. Dass dieser Versuch misslang, zeigt eine Anfang April 2003 von der *Financial Times Deutschland* in Auftrag gegebene repräsentative Umfrage, die dem „Unternehmen Zukunft" (Eigenwerbung) in punkto Kundenfreundlichkeit das schlechteste Image unter den 100 umsatzstärksten deutschen Unternehmen attestierte.[10]

Die in der Bevölkerung ohnehin weit verbreitete Skepsis gegenüber Staatsunternehmen wurde frühzeitig dadurch genährt, dass auflagenstarke Regional- und Boulevardzeitungen ihr Augenmerk nicht mehr auf die Ursachen der Finanzmisere richteten, sondern deren Symptome überzeichneten. So berichteten sie einseitig über den „Subventionsfresser Bundesbahn", das „jährliche Milliardenloch der DB" und „die Mentalität einer Beamtenbahn."[11] Allmählich wandte sich die öffentliche Meinung gegen die defizitäre Bundesbahn, die verstärkt als „Klopfgeist des Bundeshaushalts"[12] empfunden wurde, sodass weitere Investitionen zur Förderung des Schienenverkehrs nach Auffassung der CDU/CSU/FDP-Koalition nicht zweckmäßig schienen. Seither wird der Börsengang nicht mehr nur als unumstößliche Kehrtwende in der Bahnpolitik gepriesen, sondern nachgerade als „Befreiungsschlag" gewertet.

Der geschürte Unmut spiegelt sich im Rückgang der Verkehrsmarktanteile der Bahn, dem wichtigsten Leistungs- und Zukunftsindikator, wider: Von 1950 bis zum Jahresende 2005 verzeichnete der Schienenpersonenverkehr Einbußen beim *modal split*, d.h. im Wettbewerb mit den konkurrierenden Verkehrsträgern, von 36,4 auf 6,9 Prozent.[13] Obwohl das DB-Management die Berechnungsgrundlage durch die Einbeziehung von Freifahrern wie unternehmenseigenen Beschäf-

---

[9] Michael Kuntz, Verdienen statt dienen, in: Süddeutsche Zeitung v. 22.2.1997, S. 12
[10] Peter Ehrlich, Inra-Umfrage: BMW hat das beste Image deutscher Großunternehmen, in: Financial Times Deutschland v. 10.4.2003, S. 4
[11] Zitiert nach: Daniel Wiese, Phantasie statt Kosten, in: die tageszeitung v. 7.9.2004, S. 17 u. Ulf Brychcy/Klaus Ott, Regierung verärgert über Mehdorn, in: Süddeutsche Zeitung v. 22.9.2003, S. 18
[12] Günter Fromm, Die Bedeutung der Verordnung EWG Nr. 1893/91 für den Ausgleich gemeinwirtschaftlicher Leistungen, in: Transportrecht, 15. Jg., Heft 7/8 (1992), S. 262
[13] Angaben im gesamten Absatz entnommen aus: Bundesministerium für Verkehr (Hrsg.), Verkehr in Zahlen 1991, Hamburg 1991, S. 312 u. 344; Bundesministerium für Verkehr, Bau und Stadtentwicklung (Hrsg.), Verkehr in Zahlen 2005/06, Hamburg 2006, S. 230 f. u. 254 f.

tigten, Menschen mit Behinderung, Angehörigen der Bundeswehr und Bundestagsabgeordneten erweiterte, ergaben sich seit dem ersten Reformjahr keine signifikanten Zuwächse. Im Güterverkehr verlor die Bahn trotz der zum 1. Januar 2005 eingeführten Schwerverkehrsabgabe („LKW-Maut") sogar Marktanteile: Nur 15,8 Prozent der Güterverkehrsleistungen werden gegenwärtig über die Schiene abgewickelt, nachdem es 1950 noch zwei Drittel gewesen waren. Selbst die Deutsche Post AG als langjähriger Großkunde der DB wickelt gemeinsam mit ihrem Frachtdienstleister DHL mittlerweile nahezu den gesamten Transport von Paketen und Briefen über den Straßen- und Luftverkehr ab: Die aus dem bahnhofsnahen Umfeld in die Nähe von Autobahnanschlussstellen verlagerten Postzentren dokumentieren diese Entwicklung ebenso wie das im Bau befindliche Logistikzentrum für den internationalen Luftfrachttransport, das Anfang 2008 auf dem Gelände des Flughafens Leipzig/Halle eröffnet werden soll. Ein im freien Wettbewerb stehendes Unternehmen wie die Deutsche Post AG orientiert sich an betriebswirtschaftlichen Kriterien, genauer: es muss sich an diesen Kriterien orientieren, um im globalen Wettbewerb „bestehen" zu können. Um dem sich intensivierenden Wettbewerb auf der Kostenebene gewachsen zu sein, kehrte auch die britische Staatspost dem schienengebundenen Transport den Rücken: Nach 173 Jahren gab die altehrwürdige Royal Mail 16 rollende Sortierämter sowie 33 Transportzüge auf und stellte den Brieftransport per Schiene zum 31. Juli 2003 ein.[14]

Die Markterfolge der konkurrierenden Verkehrsträger haben eine Dimension erreicht, die den schienengebundenen Personen- und Gütertransport in eine tiefe Funktions- und Legitimationskrise treibt, obwohl temporäre und lokale Überlastungserscheinungen der Straßenverkehrsinfrastruktur unverkennbar sind: Trotz massiver Straßenausbauten – allein die Gesamtlänge der Bundesautobahnen hat sich seit 1950 verachtfacht – wurde das gestiegene Verkehrsaufkommen auch in den vergangenen Jahren nur unzureichend aufgefangen. Dennoch hat das kontinuierlich ausgebaute Straßennetz den Abstieg des Schienenverkehrs zur minoritären Transportform beschleunigt und parallel dazu den Aufstieg des Automobils zum dominierenden Verkehrsmittel ermöglicht. So legten deutsche Autobesitzer 2003 pro Tag durchschnittlich 32,5 Kilometer mit dem PKW zurück – eine Entfernung, die sich auf 1,4 Mrd. Kilometer pro Tag summiert.[15]

Die Zahlen lassen erkennen, dass es PKW und LKW gelungen ist, die Dominanz des Verkehrsträgers Schiene zu brechen und damit das umweltverträglichste, (gemessen am Fahrgastaufkommen) sicherste und (aufgrund seiner öf-

---

[14] Marianne Brun-Rovet, Bulk of First-Class Post to be Moved by Road, in: Financial Times v. 6.12.2002, S. 2 u. Robert Hardman, The Last Post, in: Daily Mail v. 6.11.2003, S. 13
[15] Stefan Deges/Miriam Rürup, Glücklich verfahren. Seit Jahrzehnten kennt die Politik nur ein Rezept: Autobahnen bauen, in: Rheinischer Merkur, Nr. 26 v. 26.6.2003, S. 7

fentlichen Zugänglichkeit) ausgesprochen soziale Verkehrsmittel in wenig lukrative Marktnischen zurückzudrängen. Verband sich mit der auf einen Realisierungszeitraum von zehn Jahren angelegten Bahnreform anfänglich noch die Hoffnung auf eine Renaissance des Zugverkehrs, blieb diese auch nach der Umsetzung zentraler organisatorischer Änderungen aus. Mittlerweile gibt nahezu jeder zweite Bundesbürger an, noch nie mit der Bahn gefahren zu sein.[16] Die aus diesem Mobilitätsverhalten erwachsenden, häufig irreversiblen Schäden für Mensch und Umwelt sind hinlänglich bekannt.

Die schwindende Bedeutung des Bahnverkehrs erklärt sich nicht zuletzt damit, dass die DB AG seit Hartmut Mehdorns Amtsantritt am 16. Dezember 1999 den unternehmensstrategischen Schwerpunkt nicht mehr vorrangig darin sieht, ihre Marktanteile im Schienenverkehr zu steigern, sodass das ursprüngliche Kerngeschäftsfeld unter dem um Straßen- und Luftfrachttransporte erweiterten Konzerndach kontinuierlich an Bedeutung verliert. Die bahnspezifischen Investitionen, d.h. die Ausgaben für Reparaturen am Schienennetz, für Neuanschaffungen von Fahrzeugen und für die Instandhaltung von Gebäuden, wurden 2005 auf 2,4 Mrd. EUR, mithin auf den niedrigsten Stand seit der Umwandlung des Unternehmens in eine Aktiengesellschaft reduziert.[17] Gleichzeitig avancierte die DB AG zum zweitgrößten Luftfrachttransporteur der Welt. Mit dem Zukauf der Stinnes AG im Juli 2002 stieg das Unternehmen gar zum umsatzstärksten Straßenspediteur Europas auf. Ein internes, dem Wirtschaftsmagazin *Capital* vorliegendes Strategiepapier bestätigt, dass der Vorstand die Weltmarktführerschaft im Seeverkehr anstrebt und darüber hinaus Pläne für die zivile Luftfahrt hegt: „Ich kann mir gut vorstellen, daß wir in 30 Jahren auch Flugzeuge betreiben",[18] ließ sich Hartmut Mehdorn Ende 2006 zitieren. Schon jetzt verkauft der einstige Staatskonzern Flugtickets – überwiegend in Kooperation mit der Deutschen Lufthansa AG – und ist als offizielle IATA-Airline vom internationalen Luftfahrtverband zugelassen. Die vielfältige Markenarchitektur ist Ausdruck der strategischen Neuausrichtung des Konzerns, der durch den unlängst dem DB-Label angefügten Anglizismus „Mobility Networks Logistics" auch nach außen hin sichtbar wird: der Wandel vom Schienentransporteur zum integrierten, international operierenden Mobilitäts- und Logistikkonzern mit mehr als 1.500 Standorten in 152 Staaten.

Bereits im Hinblick auf die vielfach in Aussicht gestellte Entlastung der Steuerzahler muss die Überführung der einstigen Bundesbehörde in eine Aktien-

---

[16] Cerstin Gammelin, Finale Weiche. Berlin streitet über die Privatisierung der Bahn, in: Die Zeit, Nr. 19 v. 3.5.2007, S. 30
[17] Daniel Delhaes/Reinhold Böhmer, Grünes Licht, in: Wirtschaftswoche, Nr. 20 v. 15.5.2006, S. 55
[18] Hartmut Mehdorn, Interview: „In 30 Jahren kann man vielleicht mit uns fliegen", in: Frankfurter Allgemeine Sonntagszeitung v. 24.12.2006, S. 35

gesellschaft als gescheitert angesehen werden. Statt nach betriebswirtschaftlicher Rechnungslegung erfolgreich zu konsolidieren, häufte die DB AG bis Ende August 2004 laut konzerneigenem Wirtschaftsbeirat „Nettoverluste" in Höhe von 38,6 Mrd. EUR an – und damit mehr als ihre Rechtsvorgänger Bundes- und Reichsbahn in der Zeit ihres Bestehens zusammen.[19] Dies geschah, obwohl die DB mit der Eintragung als Aktiengesellschaft in das Handelsregister der Stadt Berlin von sämtlichen finanziellen Altlasten befreit worden war und das Eisenbahnbundesamt (EBA) sämtliche Pensionslasten übernommen hatte. Ungeachtet der mit dem „AG-Effekt" ausgelösten größeren Flexibilität im Personal-, Angebots- und Vermarktungsbereich ist die DB AG nach wie vor kein aus eigener Kraft lebensfähiges Unternehmen: „Gemessen an unternehmerischen Maßstäben hat die Verschuldung eine überkritische Grenze erreicht."[20]

Die ausbleibende Renaissance des Verkehrsträgers Schiene hat verschiedene Gründe. So besteht dessen steuerliche und investive Ungleichbehandlung im Vergleich zum Straßen- und Flugverkehr fort (vgl. 4.6). Zu einem Großteil ist die Marginalisierung des Bahnverkehrs auch unternehmerischen Fehlentscheidungen geschuldet, die letztlich der Bund als alleiniger Anteilseigner der DB AG zu verantworten hat: Ausgedünnte Fahrplantakte und undurchsichtige Tarife zählen ebenso zu den Triebfedern des Abwärtstrends wie aufgegebene oder nur stundenweise geöffnete Fahrkartenschalter. (Potenzielle) Kunden – insbesondere solche, die mit den modernen Kommunikationstechniken weniger vertraut sind – werden verprellt, weil ihrem Beratungsbedarf mit wenig benutzerfreundlichen Fahrkartenautomaten, komplexen Internet-Buchungsplattformen und kostspieligen Telefon-Hotlines nicht entsprochen wird. Dabei weist die DB AG wenigstens ein halbes Dutzend unterschiedlicher Fahrpreise für eine Fahrt zwischen zwei Orten aus. Die Ermittlung des maximalen Rabatts zwischen „Sparpreisen" mit und ohne Wochenendbindung unter gleichzeitiger Berücksichtigung der Sommer- und Herbstangebote stellt selbst für leidenschaftliche Bahnfahrer ein Ärgernis dar.

Zugreisende werden vielfach erkennen, dass die Bahn auch deshalb Verkehrsmarktanteile einbüßt, weil die Instandhaltung des Schienennetzes in den vergangenen Jahren systematisch vernachlässigt wurde: Langsamfahrstellen, deren Zahl 2005 im Vergleich zum Vorjahr allein in Baden-Württemberg um 32 Prozent stieg, defekte Signal- und Sicherungsanlagen, die oftmals durch unzureichende Vegetationsrückschnitte verursacht werden, und im Zuge von Reparaturarbeiten erforderliche Gleissperrungen führen wesentlich häufiger als zu „Bun-

---

[19] Karl-Dieter Bodack, Die deutsche Bahnreform – ein Erfolg?, in: Eisenbahn-Revue International, 11. Jg., Heft 11 (2004), S. 525
[20] Wolfgang Glabus/Jobst-Hinrich Wiskow, Mehdorns Malaise, in: Capital, Nr. 4 v. 13.2.2006, S. 42-44

desbahnzeiten" zu Störungen im Betriebsablauf. Um die daraus resultierenden Verspätungen zu verdecken, werden diese in Gestalt verlängerter Fahrtzeiten in die Ankunfts- und Abfahrtspläne eingearbeitet – mit dem Ergebnis, dass die DB AG nun auf manchen Strecken wieder so lange braucht wie vor 60 Jahren.[21]

Ungeachtet dieser zahlreichen Negativfolgen der Kapitalmarktorientierung schrieb die CDU/CSU/SPD-Regierung in ihrem Koalitionsvertrag vom 11. November 2005 fest, das Unternehmen schrittweise materiell zu privatisieren. Da die Emission einer „Volksaktie", wie sie beim Börsengang der Deutschen Telekom AG mit Preisnachlässen für Privatanleger vollzogen wurde, seit geraumer Zeit auf Kritik bei Abgeordneten und inländischen Investmenthäusern stößt, bewirbt der DB-Vorstand Anteilsscheine des Unternehmens verstärkt bei institutionellen Investoren im Ausland. Zum engeren Interessentenkreis zählt nicht nur das weltweit größte Erdgasförderunternehmen Gazprom. Anfang Mai 2006 reiste Hartmut Mehdorn gemeinsam mit Bundeswirtschaftsminister Michael Glos und dem Geschäftsführer der bundeseigenen Standortwerbeagentur *Invest in Germany*, Gerhart Maier, zu Sondierungsgesprächen nach Dubai und Abu Dhabi.[22] Denn allen Einwänden und Auseinandersetzungen um die Ausgestaltung der Privatisierung zum Trotz halten Bundesverkehrsminister Wolfgang Tiefensee und Bahnchef Hartmut Mehdorn an ihren Verkaufsplänen fest. „Die Regierung, zugleich gelockt von globaler Vision und genervt von kleinteiligem Hin und Her, sucht händeringend nach einem funktionierenden Kompromiss – und ist nahe daran, einer Versuchung zu erliegen: nämlich das Volkseigentum Bahn (...) zu verscherbeln."[23]

Ausgerechnet vom Verkehrsmarkt, bei dem die Notwendigkeit korrigierender und kompensierender Interventionen jahrzehntelang unumstritten war und staatliche Mittelzuflüsse angesichts der infrastrukturellen Überlastungserscheinungen bis heute erforderlich sind, zieht sich der Bund mit der Veräußerung seiner einstigen Behörde zurück. Insofern kann die Privatisierung der DB als besonders eingängiges Lehrstück für die fragwürdige Neujustierung des Verhältnisses von Politik und Ökonomie verstanden werden, die sich in vielen Gesellschaftsbereichen vollzieht bzw. bereits vollzogen hat.

---

[21] Vgl. Daniel Delhaes/Reinhold Böhmer, Grünes Licht, in: Wirtschaftswoche, Nr. 20 v. 15.5.2006, S. 57
[22] Ebd., S. 62
[23] Cerstin Gammelin, Finale Weiche. Berlin streitet über die Privatisierung der Bahn, in: Die Zeit, Nr. 19 v. 3.5.2007, S. 30

1.2 Horizontale und vertikale Fragmentierung des britischen Bahnwesens als Folge der Privatisierung von British Rail

„Vom Börsengang zum Bettelgang", „Überhastet und wenig durchdacht", „Irrfahrt in den Wettbewerb" – so lauten nur einige der Titelzeilen von Zeitungs- und Zeitschriftenbeiträgen, die in den vergangenen Jahren über die Privatisierung und Fragmentierung des britischen Bahnwesens veröffentlicht wurden.[24] Der in Intensität und Rigidität weltweit einzigartige Reformvorstoß, der mit dem mehrheitlichen Verkauf der British-Rail-Anteilsscheine von der Regierung Major umgesetzt wurde, hat eine tiefe Krise des Bahnwesens ausgelöst, die sich nach wie vor in übermäßig hohen Betriebskosten, oftmals unzureichender Qualität, intransparenten Kompetenzzuschreibungen und landesweit fehlenden Sicherheitsstandards niederschlägt.

Von Beginn an hatten die Privatisierungsbestrebungen darauf abgezielt, „die Einnahmen des Finanzministers zu maximieren",[25] wobei neben weiteren Verantwortungsträgern selbst Gerald Corbett als damaliger Vorstandsvorsitzender der Railtrack Group einräumen musste: „Es war schlicht unmöglich, die Bedürfnisse unserer Aktionäre mit unserem öffentlichen Auftrag zu vereinbaren."[26] Insgesamt realisierten die Anteilseigner der privatisierten Infrastrukturgesellschaft Railtrack zwischen 1994 und 1999 Gewinne in Höhe von rund zehn Mrd. Pfund St. – gleichzeitig wurden die Investitionen in die Instandhaltung sowie den Ausbau des Trassennetzes massiv zurückgefahren. Die mittlerweile von Network Rail angehäuften Verbindlichkeiten in Höhe von rund 20 Mrd. Pfund St., der nach wie vor virulente Investitionsrückstau im gesamten britischen Bahnsektor und die weitgehend ausgebliebenen Service-, Qualitäts- und Effizienzsteigerungen zugunsten von Fahrgästen und Frachtkunden legen es nahe, die im Sommer 1992 mit dem *White Paper* „New Opportunities for the Railways" ausgelösten Deregulierungs- und Privatisierungsmaßnahmen jenseits des Ärmelkanals einer kritischen Betrachtung zu unterziehen.

Wenngleich kontrovers diskutiert wird, ob sich die Fehlentwicklungen des britischen Bahnwesens prospektiv wenden lassen, d.h. inwieweit sie einen Ausblick auf die Zukunft der DB AG gewähren können, so ist doch unstrittig, dass zahlreiche Parallelen in der Umsetzung der beinahe zeitgleich eingeleiteten Reformen zu erkennen sind. Desintegration und Privatisierung des Unternehmens

---

[24] Joachim Kemnitz, Von Großbritannien lernen heißt privatisieren lernen: Vom Börsengang zum Bettelgang?, in: Der Fahrgast, 24. Jg., Heft 2 (2004), S. 8; Inken Prodinger, Überhastet und wenig durchdacht, in: Die Welt v. 16.10.2004, S. 12; Thomas Fischermann, Irrfahrt in den Wettbewerb, in: Die Zeit, Nr. 44 v. 24.10.1997, S. 22
[25] Ines Zöttl, Weichenstellung ins Chaos, in: Wirtschaftswoche, Nr. 17 v. 19.4.2001, S. 3
[26] Thilo Schäfer, Gerald Corbett: Der Unbelohnte, in: Financial Times Deutschland v. 15.4.2005, S. 9

British Rail bilden daher einen bedeutenden Kristallisationspunkt der Debatte um die Risiken, die mit der Implementierung von Wettbewerb auf der Grundlage privatrechtlicher Eigentumsverhältnisse im Bahnwesen einhergehen. Dies ist der Tatsache geschuldet, dass von den bislang in Industriestaaten vorangebrachten Privatisierungsprojekten kaum eines in vergleichbarer Größenordnung derart konsequent umgesetzt (und anschließend partiell zurückgenommen) wurde wie die am 8. November 1993 in Großbritannien eingeleitete Bahnreform.[27] An der organisatorischen und eigentumsrechtlichen Neugestaltung, die sich in das Bild der eineinhalb Jahrzehnte zuvor von Margaret Thatcher initiierten marktradikalen „Schocktherapie" fügt, ließ sich bereits nach relativ kurzer Zeit eine Vielzahl empirisch belegbarer Fehlentwicklungen aufzeigen. Lehrbuchcharakter wird dabei dem Transformationsprozess zugesprochen, den die Infrastrukturgesellschaft Railtrack binnen sechs Jahren durchlief. Im Anschluss an die materielle Privatisierung qua Börsengang im Frühjahr 1996 musste die Aktiengesellschaft nach nur fünf Jahren mit einem Schuldenstand von sechs Mrd. Pfund St. Konkurs anmelden. Railtrack wurde unter staatliche Zwangsverwaltung gestellt; seit dem 1. Oktober 2002 firmiert das de facto (wieder)verstaatlichte Unternehmen unter dem Namen „Network Rail" und ist als eine Art öffentlich-rechtliche Anstalt direkt dem britischen Verkehrsminister unterstellt, wobei Passagierverbänden und Gewerkschaften weitreichende Mitspracherechte eingeräumt wurden.

Eine bedeutende Zäsur in der britischen Bahngeschichte stellt das Bahnunglück von Hatfield dar, bei dem am 17. Oktober 2000 vier Menschen getötet und 70 teils schwer verletzt wurden. Während es sich bei den vorangegangenen Unfällen in Southall und Paddington noch als unmöglich erwiesen hatte, die Unzulänglichkeiten unter eindeutiger Benennung der Verantwortlichen aufzuarbeiten, lag die Unfallursache diesmal nach einhelliger Auffassung der Experten (inklusive der von Railtrack beauftragten) in einem einzigen Umstand begründet: der in mehrfacher Hinsicht mangelhaften interinstitutionellen Koordination, die aus der bis heute zum Teil fortbestehenden Fragmentierung des Bahnsystems resultierte. Obschon der für den Unfall ursächliche Riss am Schienenkopf seit zwei Jahren bekannt gewesen war, blieb die erforderliche Instandsetzung infolge von Kompetenzstreitigkeiten zwischen Railtrack, dem mit der Wartung beauftragten Subunternehmen Balfour Beatty und der für Erneuerungsmaßnahmen zuständigen Baugesellschaft Jarvis Fastline aus. Sich des eigenen Versagens bewusst,

---

[27] Dies belegt eine im Frühsommer 2006 von der *Community of European Railway and Infrastructure Companies* (CER) veröffentlichte Aufstellung, die Estland als einzigen europäischen Staat neben Großbritannien ausweist, in dem ein vollständig materiell privatisiertes Bahnwesen existiert. In den 28 anderen CER-Mitgliedstaaten befindet sich das Bahnwesen weiterhin in öffentlichem Eigentum, wobei es sich in 19 dieser Staaten um integrierte oder jedenfalls weitgehend integrierte Bahngesellschaften handelt und es in den verbleibenden neun Staaten zu einer formalen Trennung von Infrastruktur und Transport kam (2006, S. 19).

ließ der Railtrack-Vorstand an jedem größeren Bahnhof des Landes Plakate mit der Aufschrift „Sorry is not enough" anbringen.

Während des Strafprozesses mussten die Verantwortlichen des Infrastrukturbetreibers einräumen, den Netzzustand weder systematisch erfasst noch hinsichtlich der Gefahrenpotenziale ausgewertet zu haben. Wie marode das Trassennetz zu jener Zeit war, wird daran deutlich, dass Railtrack sich durch die Aufsichtsbehörde gezwungen sah, 1.286 Streckenabschnitte zu Langsamfahrstellen zu erklären und zahlreiche Trassen zu sperren – mit verheerenden Auswirkungen auf den landesweiten Bahnverkehr. Noch Anfang Dezember 2000, also rund zwei Monate nach dem Unglück, waren trotz ständig wechselnder, an der jeweiligen Streckenführung und -beschaffenheit ausgerichteter Fahrpläne 55 Prozent der rund 18.000 täglich verkehrenden Personenzüge verspätet. Das Fahrgastaufkommen sank um ein Viertel, sodass staatliche Zuschüsse erforderlich wurden, um Insolvenzen der Transportgesellschaften abzuwenden. Kurzzeitig setzte die Fluggesellschaft British Airways auf der Strecke London - Manchester sogar Maschinen des Typs Boeing 747 ein, um der aus dem Bahnverkehr abgezogenen Nachfrage Rechnung zu tragen. Die Londoner Handelskammer schätzt, dass im letzten Quartal des Jahres 2000 als unmittelbare Folge des Bahnunglücks allein in der Hauptstadt 30 Mio. Arbeitsstunden ausfielen und Produktivitätsverluste in Höhe von 600 Mio. Pfund St. aufliefen.[28]

Die Ausgliederung der Infrastruktur, die nach dem Mehrheitswillen der Bundestagsabgeordneten auch bei der DB AG in Gestalt eines bislang noch nicht eindeutig definierten Trennungsmodells stattfinden soll, hat das britische Bahnwesen an einer für das Funktionieren des Systems außerordentlich sensiblen Schnittstelle desintegriert (vulgo: zerlegt). So entfiel die vormals bei British Rail gebündelte Gesamtverantwortung für die Wartung der Züge, das Erstellen der Fahrpläne und die Instandhaltung der Infrastruktur. Es hätte vorausgesehen werden können, dass durch eine derart weitreichende Desintegration sowohl Koordination als auch Kohärenz dieses überaus komplexen Systems gefährdet würden – zumal seither zahlreiche neue Geschäftseinheiten zusammenwirken müssen. Waren die Verantwortlichkeiten zu Zeiten von British Rail eindeutig zugeordnet, gab es infolge der Fragmentierung einen zusätzlichen Bedarf an kostspieligen bürokratischen Abläufen. Es stellte sich gerade nicht eine Reduktion des Verwaltungsaufwands ein, wie diejenigen, die sich für eine materielle Privatisierung der DB AG aussprechen, unverändert prognostizieren. Bis heute bilden die Betreibergesellschaften gemeinsam mit den drei Zugleasingfirmen, dem Infrastrukturbetreiber Network Rail sowie den mehr als 2.000 (!) Subunternehmen ein selbst für die Beteiligten kaum mehr zu überblickendes Interaktions- und Aufgabenge-

---

[28] Jean Eaglesham/John Mason, Manslaughter Law in Balance on the Case, in: Financial Times v. 29.1.2001, S. 14

flecht. Krisenverschärfend kommt hinzu, dass sowohl die Betreiber- als auch die Fuhrparkgesellschaften nach wie vor eine möglichst hohe Kapitalrendite zugunsten ihrer Aktionäre zu erzielen versuchen, indem sie die Kosten durch Personalkürzungen und Investitionsrückstellungen drosseln oder zulasten der Subunternehmer externalisieren – und damit auf vormals standardisierte Sicherheits- und Servicequalitäten verzichten.

1.3 Privatisierung als Selbstentmachtung des öffentlichen Sektors

Der von Margaret Thatcher mit ihrem Amtsantritt am 4. Mai 1979 eingeleiteten „Selbstentmachtung des Staates"[29] wird über die Privatisierung von British Rail hinaus Beispielcharakter zugesprochen, weil sie aufgrund ihrer Reichweite, ihrer Fehlentwicklungen und ihrer (zumeist überbewerteten) Erfolge nicht nur frühzeitig die bundesdeutsche Debatte prägte, sondern außerdem einen weltweit beachteten Referenzpunkt für die politische Umsetzung staatlicher Rückzugsstrategien darstellt. Während der Thatcher-Ära wurde deutlich, dass sich Privatisierungen im Telekommunikations-, Gas-, Wasser- und Verkehrssektor angesichts ihrer weitreichenden Auswirkungen auf das Steuer- und Abgabensystem sowie auf den Arbeitsmarkt zwar nur selten widerspruchsfrei durchsetzen lassen, spürbarer und vor allem wirksamer Widerstand von Seiten der Öffentlichkeit jedoch in der Regel ausbleibt: Wenn sich zwischen Brighton und Inverness Unmut artikulierte, verhallte er meist, ohne dass sich die Regierung gezwungen gesehen hätte, ihre Pläne zu verwerfen.

Hatten neoliberale Konzepte den wirtschafts- und gesellschaftspolitischen Diskurs bereits während der sozial-liberalen Koalition unter Helmut Schmidt geprägt, konnten sich diese nach der Wahl Helmut Kohls zum Bundeskanzler endgültig als Alternative zur bisherigen Politik etablieren. In dem Maße, wie der Neoliberalismus zum hegemonialen Rat- und Stichwortgeber der politischen Entscheidungsträger heranwuchs, geriet der öffentliche Sektor in das Fadenkreuz parteienübergreifender Kritik. Die steigende Staatsverschuldung bestärkte die Handelnden in ihrem Vorhaben, die mit Privatisierungen einhergehende kurzfristige Entlastung der öffentlichen Haushalte voranzutreiben – und die Handlungs- und Gestaltungsfähigkeit des Staates grundsätzlich in Frage zu stellen.

Ausdruck dieses Wandels im Verhältnis von privatem und staatlichem Sektor waren Konzepte, die darauf abzielten, das bestehende Niveau staatlicher Interventionen sowie den Umfang wohlfahrtsstaatlicher Leistungen substantiell und dauerhaft zu reduzieren. Dabei stand die Programmatik der konservativ-

---

[29] Otfried Höffe, Demokratie im Zeitalter der Globalisierung, München 2002 (2. Auflage), S. 168

liberalen Bundesregierung zur „Erneuerung der sozialen Marktwirtschaft" – ähnlich wie die wirtschaftspolitische Strategie der britischen Conservative Party – in erkennbarem Gegensatz zum überwiegend keynesianisch inspirierten Politikverständnis der Vorgängerregierungen. Fortan galt das Hauptaugenmerk der Konsolidierung der Staatsfinanzen, der Beseitigung von „Überreglementierungen", der „Sanierung" des Sozialversicherungssystems durch ein Zusammenstreichen des Leistungskatalogs sowie der steuerlichen Entlastung von Unternehmen mit dem Ziel, deren Ertragskraft zu steigern. In beiden Staaten soll(te) eine *property owning democracy* geschaffen und das „Ende des sozialdemokratischen Jahrhunderts" (Ralf Dahrendorf) eingeläutet werden.

Hatte lange Zeit die Vorstellung dominiert, der Staat müsse die (Fein-)Steuerung komplexer ökonomischer Systeme übernehmen und im Falle von Marktversagen intervenieren, wurde staatliche Wirtschaftstätigkeit spätestens mit der „geistig-moralischen Wende", die Helmut Kohl anlässlich seiner Amtsübernahme am 1. Oktober 1982 versprach, unter dem Etikett der „Unregierbarkeit" thematisiert.[30] Fortan galt es, die Schnittmengen von Staat und Wirtschaft aufzulösen, um eine möglichst weitgehende Emanzipation der Ökonomie von politischen Einflüssen zu erreichen. Dabei wurde diese – historisch betrachtet – regressive Entwicklung, die eine radikale Beschränkung von Einrichtungen der Daseinsvorsorge zum Ziel hat, mit Unterstützung einschlägiger Medien als progressiv (um)gedeutet. Neoliberale Kräfte reklamierten einen Degenerationsprozess „von der sozialen zur sozialistischen Marktwirtschaft"[31] und nahmen zusehends Abstand davon, Leistungsreserven staatlicher Unternehmen zu mobilisieren, sodass insbesondere die veränderte Rolle des Staates im Bereich der Infrastrukturversorgung als tiefgreifender Wandel in der Wirtschafts- und Gesellschaftskonzeption zu begreifen ist.

Infrastruktursektoren, die über Jahrhunderte hinweg in staatlichem Eigentum gestanden hatten, wurden für den Wettbewerb geöffnet, der nach Auffassung vieler seiner Fürsprecher auf *allen* Gebieten des gesellschaftlichen und wirtschaftlichen Lebens die Entwicklung und Entdeckung neuer Produkte und Dienstleistungen fördert. Ungeachtet der Tatsache, dass unreglementierter Wettbewerb sowohl erwünschte als auch unerwünschte Marktergebnisse produziert, erfolgte die Privatisierung von Monopolunternehmen ebenso zügig wie die Zulassung privater Anbieter, die anfänglich auf das Rundfunk-, Post- und Fernmeldewesen beschränkt blieben, schließlich jedoch auch den Energie- und Ver-

---

[30] Vgl. dazu: Claus Offe, „Unregierbarkeit". Zur Renaissance konservativer Krisentheorien, in: Jürgen Habermas (Hrsg.), Stichworte zur „Geistigen Situation der Zeit", Bd. 1: Nation und Republik, Frankfurt am Main 1979, S. 294-318
[31] Michael von Prollius, Von der sozialen zur sozialistischen Marktwirtschaft. Die Irrwege eines ordnungspolitischen Konzepts, in: Frankfurter Allgemeine Zeitung v. 25.6.2005, S. 13

kehrsmarkt erfassten. Integraler Bestandteil dieser Bemühungen war und ist augenscheinlich die Vorstellung, die vermeintlich überzogene Expansion des Staates mit einer rigiden Privatisierungspolitik zurückdrängen zu müssen. Wurde der Verzicht auf öffentliches Eigentum anfänglich nur von CDU, CSU und FDP als „Königsweg" begriffen, verkannte unter dem Druck des „Vereinigungsimperativs" und der auf EU-Ebene formulierten Liberalisierungsvorgaben schließlich auch die SPD, dass Privatisierungen in die Sackgasse einer ausschließlichen Marktorientierung führen können. Die von Gerhard Schröder proklamierte „Neue Mitte" hielt an den einschlägigen Privatisierungsvorhaben der Vorgängerregierung fest und trieb den Um- bzw. Abbau des Staates mit dem „Enthusiasmus eines Konvertiten"[32] voran – und wandelte damit gewissermaßen auf den Spuren von „New Labour".

Statt das Verursacherprinzip zur Anwendung zu bringen, d.h. die steuerlichen und ökonomischen Rahmenbedingungen zu harmonisieren, die den intermodalen Wettbewerb zugunsten der konkurrierenden Verkehrsträger verzerren, wurde der staatliche Einfluss auf Bundes- und Reichsbahn problematisiert: „Der Staat, bisher als Problemlöser qualifiziert, wurde als Problemerzeuger entlarvt."[33] Die seit den 70er-Jahren erodierenden Staatsfinanzen ließen sowohl im Wirtschafts- und Finanzressort der Bundesregierung als auch im britischen Schatzamt die Überzeugung reifen, dass die traditionellen Eigentums- und Organisationsstrukturen einen Hort von Ineffizienzen bilden und insofern einer Änderung bedürfen. In den meisten entwickelten Industriestaaten – insofern stellen das britische und deutsche Bahnwesen keine Ausnahme dar – wurden zahlreiche staatliche Tätigkeiten in private Hände überführt, ohne dass zuvor ernstlich versucht worden wäre, die Strukturen des öffentlichen Sektors unter Beibehaltung seiner (sozial)staatlichen Funktionen zu reformieren. Das diesen Aktionismus motivierende Denken ist vergleichsweise simpel: Danach unterliegen allein privatwirtschaftlich organisierte Unternehmen den ökonomischen Anreizen, die für das Funktionieren einer effizienten Marktwirtschaft notwendig sind.

Der kontinuierlich voranschreitende Bedeutungsverlust des Schienenverkehrs im intermodalen Wettbewerb gab jenen „marktgläubigen" Ansichten Auftrieb, die mit der Einsetzung der *Regierungskommission Bundesbahn* institutionalisiert wurden und schließlich in dem Forderungskatalog aufgingen, der unter dem Stichwort „Privatisierung der Daseinsvorsorge" erstellt wurde. Der nunmehr

---

[32] Geoffrey Owen, Foreword, in: David Henderson (ed.), Anti-Liberalism 2000. The Rise of New Millennium Collectivism, London 2001, S. xi

[33] Albrecht Dehnhard, Der Staat: Auslauf- oder Zukunftsmodell? Bemerkungen zu einer perspektivischen Täuschung, in: Christoph Butterwegge/Martin Kutscha/Sabine Berghahn (Hrsg.), Herrschaft des Marktes – Abschied vom Staat? Folgen neoliberaler Modernisierung für Staat und Gesellschaft, Baden-Baden 1999, S. 11

frühestens für das Jahr 2009 avisierte Börsengang der DB AG wird sowohl im Bahn- als auch im Verkehrswesen insgesamt zu einem dauerhaften Ersatz klassischer staatlicher (Steuerungs-)Funktionen führen. Insofern ist dieses Privatisierungsprojekt als besonders greifbarer Beleg für den voranschreitenden Verzicht auf die Bereitstellung öffentlicher Güter und Dienstleistungen zu werten. Gleichzeitig symbolisieren der Aufschwung des Individual- und der parallel verlaufende Niedergang des öffentlichen Verkehrs nicht nur das gesamtgesellschaftlich zu konstatierende Abrücken von gemeinwirtschaftlichen Leistungen, sondern auch den Wandel vom interventionistischen Wohlfahrts- zum minimal-invasiven „Nachtwächterstaat" (Ferdinand Lassalle).

1.4 Konzeption der Arbeit

Der Privatisierung des Bahnwesens in Großbritannien und in der Bundesrepublik wird häufig „Lehrbuchcharakter" zugesprochen. In zahlreichen ökonomischen Lehrbüchern dienen die Reformen als Fallstudien für die Erörterung der Frage, wie weit der „Arm des Staates" reichen kann, darf und soll.[34] Die bisweilen gegensätzlichen Antworten, die darauf gegeben werden, markieren nicht nur eine Bruchlinie durch unsere Gesellschaft (im nationalen wie internationalen Maßstab), sondern lassen zugleich erkennen, dass die politik- und wirtschaftswissenschaftlichen Debatten sich in den vergangenen Jahren im westeuropäischen Raum auf die Frage fokussierten, ob – und wenn ja, in welchem Umfang – staatliche Unternehmenstätigkeit sinnvoll ist. Während die Entscheidung in Großbritannien ebenso wie in den USA frühzeitig zugunsten privatwirtschaftlicher Produktions- und Dienstleistungsangebote getroffen worden war, galt es in Kontinentaleuropa lange Zeit als unzulässig, Struktur und Existenz öffentlicher Unternehmen vornehmlich – oder gar ausschließlich – unter dem Postulat von Effizienz und Kostenminimierung zu diskutieren.

Wenngleich staatliche Wirtschaftstätigkeit nun auch in der Bundesrepublik nahezu unabhängig vom jeweiligen Sektor auf den Prüfstand gestellt wird, so gilt eine alleinige Orientierung an Markt- und Preismechanismen im Verkehrswesen den meisten auf diesem Feld tätigen Experten doch bis heute als unzulässige Verengung der Sichtweise und wenig probates Mittel zur „Wiederbelebung" des Schienenverkehrs. Dies spiegelt sich auch im hiesigen Forschungsstand wider, der insbesondere im Vergleich zu den im angelsächsischen Raum verfassten,

---

[34] Vgl. stellvertretend für viele: Bernd O. Weitz, Fallstudien im Ökonomieunterricht, in: Thomas Retzmann (Hrsg.), Methodentraining für den Ökonomieunterricht, Bonn 2006, S. 101-109; Axel Börsch-Supan/Reinhold Schnabel, Volkswirtschaft in fünfzehn Fällen. Studien in angewandter Mikro- und Makroökonomie, Wiesbaden 2007 (2. Auflage)

instruktiven Arbeiten von John Moore, Dexter Whitfield und George Yarrow als wenig befriedigend angesehen werden muss. So mangelt es noch immer an Untersuchungen, die einen Brückenschlag zwischen allgemeinen und bahnspezifischen Privatisierungsrisiken vornehmen, um für den Bahnsektor „rote Linien" zu ziehen, deren Überschreiten im Interesse eines schienengebundenen Mehrverkehrs verhindert werden sollte.

Um diesen Forschungsrückstand ein Stück weit zu verkürzen und um einen Einblick in die konzeptionelle Vielfalt der als „Jahrhundertwerk" apostrophierten Bahnreform zu gewinnen, reichen die nachfolgenden Ausführungen über eine rein verkehrswissenschaftliche Darstellung, Einordnung und Bewertung der Reformanstrengungen hinaus. Die beiden für das deutsche und britische Bahnwesen maßgeblichen Liberalisierungstrends, Deregulierung und Privatisierung, werden in der vorliegenden Arbeit vornehmlich unter wirtschafts-, umwelt- und sozialpolitischen Gesichtspunkten analysiert. Dabei liegt das erkenntnisleitende Interesse in einer detaillierten Erörterung der Kapitalmarktorientierung, der sowohl British Rail als auch die DB AG in den vergangenen eineinhalb Jahrzehnten im Einklang mit der politisch-geistigen Strömung des Neoliberalismus unterworfen wurden. Ungeachtet ihrer Relevanz für den bisherigen öffentlichen Meinungsbildungsprozess werden solche Themenfelder beleuchtet, die als charakteristisch angesehen werden können für den Transformationsprozess, den die beiden Staatsunternehmen in den 1990er-Jahren auf dem Weg zu privatrechtlich organisierten Aktiengesellschaften durchliefen.

Die vorliegende Arbeit vermag insofern keinen abschließenden Vergleich des deutschen und britischen Bahnwesens zu liefern, als die Privatisierung von British Rail – cum grano salis – weiter fortgeschritten ist als die (bislang lediglich formelle) der DB AG. Vielmehr sollen in Abgrenzung zu den im Vereinigten Königreich durchgeführten Reformen Risiken einer materiellen Privatisierung aufgezeigt werden, die durch den von der (neo)liberalen Doxa geprägten Glauben an die segensreichen Kräfte des Marktes, sprich: die Kapitalmarktorientierung des letzten großen deutschen Staatskonzerns, entstehen. Eine Beschränkung bleibt der Bearbeitung einer aktuellen Thematik wie der vorliegenden indes immanent: Sie liegt in der zeitlichen Gebundenheit und der dadurch bedingten argumentativen Begrenztheit der getroffenen Aussagen begründet. Da zahlreiche Feststellungen Gefahr laufen, von den Ereignissen überholt, stellenweise gar widerlegt zu werden, besitzt die Arbeit lediglich eine mittlere Erklärungsreichweite – letztgültige Aussagen sind mithin nur fallweise zu erwarten.

2 Das neoliberale Paradigma als legitimatorischer Wegbereiter der Bahnreform

2.1 Grundzüge und Phasen einer systematisch entwickelten Makrostrategie

Bei näherer Betrachtung wird deutlich, dass sich hinter der zum 1. Januar 1994 eingeleiteten Reform von Bundes- und Reichsbahn sowie der damit eingeleiteten Privatisierung eine langfristig angelegte Makrostrategie verbirgt. Wie die nahezu zeitgleiche Überführung der ehemaligen Staatsunternehmen Bundespost und Deutsche Lufthansa in privatwirtschaftliche Verhältnisse erkennen lässt, stellen die für jene Sektoren bedeutsamen Liberalisierungsströmungen, namentlich Deregulierung und Privatisierung, die Konkretisierung eines flächendeckend angelegten Langzeitprojektes dar. Der Name des Projekts ist hinlänglich bekannt: Neoliberalismus.

Mit der Neuauflage der von Helmut Schmidt geführten sozial-liberalen Koalition im Jahre 1976 griffen neoliberale Konzepte zunächst nur vereinzelt Platz (z.B. in der Geldmengenpolitik), bevor im Zuge der von Helmut Kohl eingeleiteten „geistig-moralischen Wende" nahezu sämtliche Gesellschaftsbereiche mit vorwiegend an marktwirtschaftlichen Prinzipien ausgerichteten Politikentwürfen überzogen wurden. Ende der 1970er-Jahre schufen die von Pierre Bourdieu als „neue Intellektuelle"[35] bezeichneten ideologischen Wegbereiter eines von den Fesseln der Sozialstaatlichkeit befreiten Kapitalismus ein gesellschaftliches Klima, das auf den Rückzug des Staates und dessen Subsidiarität gegenüber dem Markt setzte.

Die Negierung korporatistischer und staatswirtschaftlicher Interventionen basierte bereits damals auf dem Glauben an die grundsätzliche Überlegenheit „marktgerechter" Lösungen. Es brauchte nicht viel Zeit, bis auch das Verkehrswesen von der neoliberalen Doktrin erfasst wurde – mit den allseits bekannten Folgen einer nach wie vor virulenten Mobilitäts-, soll heißen Verkehrskrise, einer Entwicklung des *modal split* zulasten umweltverträglicher Verkehrsträger und einer seit fast eineinhalb Jahrzehnten defizitären DB AG.

---

[35] Pierre Bourdieu, Die rechte und die linke Hand des Staates, in: ders., Gegenfeuer. Wortmeldungen im Dienste des Widerstands gegen die neoliberale Invasion, Bd. 1, Konstanz 1998, S. 18

2.1.1 Universalisierung des Marktgedankens und Antietatismus

Wenngleich der Zürcher Ökonom Hans Honegger den Begriff „Neoliberalismus" in seinem Werk „Volkswirtschaftliche Gedankenströmungen. Systeme und Theorien der Gegenwart besonders in Deutschland" bereits 1925 angeführt hatte, konnte sich dieser doch erstmalig im August 1938 auf dem „Colloque Walter Lippmann" in Paris öffentlichkeitswirksam etablieren.[36] Das dem klassischen Liberalismus sowie – zumindest ursprünglich und der Tendenz nach – der neoklassischen Theorie entstammende wirtschaftspolitische und bei wohlwollender Betrachtung zugleich sozialphilosophische Konzept des Neoliberalismus stellt auf die Minimierung staatlichen Einflusses ab.[37] Grundgedanken des von Jeremy Bentham, John Stuart Mill und Adam Smith geprägten klassischen Liberalismus werden im neoliberalen Diskurs selektiv aufgegriffen und unter Kenntnisnahme veränderter politökonomischer Gegebenheiten reartikuliert. In Abgrenzung zum „alten" Liberalismus, der sich als Gegenreaktion auf den protektionistischen Merkantilismus mit einem Verlangen nach der Wiederherstellung der „ordre naturel" (Carlo Mötteli) herausgebildet hatte, sowie zum Laisser-faire- bzw. dem, was Alexander Rüstow „Paläoliberalismus" nannte, werden ökonomische Interventionen zur Sicherstellung funktionierender Märkte für notwendig erachtet, zumeist jedoch getreu einem „liberale[n] Interventionismus."[38]

Nunmehr sollte mit dem Ziel einer möglichst umfassenden Verwirklichung des Leitbildes der vollständigen Konkurrenz „in genau der entgegengesetzten Richtung [in die Wirtschaft] eingegriffen [werden], nämlich nicht entgegen den Marktgesetzen, sondern in Richtung der Marktgesetze."[39] Ungleich deutlicher wird Rüstow, der von 1933 bis 1949 als Exilant an der Universität Istanbul lehrte, in der unmittelbar vorangehenden Passage, wenn er feststellt: „Der vielge-

---

[36] Vgl. Bernhard Walpen, Von Igeln und Hasen oder: Ein Blick auf den Neoliberalismus, in: UTOPIE kreativ, Heft 121/122 (2000), S. 1068; im Zentrum des genannten Gesprächskreises standen zwei Debatten. Neben der Diskussion des von Lippmann verfassten Werkes „The Good Society", das „zur Initialzündung für ein stärkeres Zusammenrücken der versprengten Liberalen" heranwuchs (Dieter Plehwe/Bernhard Walpen 1998, S. 368), beherrschte die Frage, wie vor dem Hintergrund einer keynesianisch dominierten wirtschaftspolitischen Debatte, dem unter der Präsidentschaft Franklin D. Roosevelts begründeten *New Deal* in den 1930er-Jahren sowie dem Aufkeimen von Kommunismus und Faschismus neue Impulse für eine „Generalüberholung" des Liberalismus gesetzt werden könnten. Eine ausführliche Darstellung dieser Thematik, u.a. zur Kooperation verschiedener liberaler Strömungen innerhalb Europas, findet sich bei: Helmut Paul Becker, Die soziale Frage im Neoliberalismus. Analyse und Kritik, Sammlung Politeia, Bd. 20, Heidelberg 1965, S. 37.

[37] Vgl. weiterführend: Tim Engartner, Ökonomisierung ohne Normativität – oder: Die lautlose Konversion zum Neoliberalismus, in: ders./Diana Kuring/Thorsten Teubl (Hrsg.), Die Transformation des Politischen: Analysen, Deutungen, Perspektiven, Berlin 2007, S. 10-31

[38] Alexander Rüstow, Die staatspolitischen Voraussetzungen des wirtschaftspolitischen Liberalismus, in: ders., Rede und Antwort, Ludwigsburg 1932, S. 253

[39] Ebd., S. 252 f.

scholtene Manchesterliberalismus [hat] jedenfalls eine sehr viel männlichere und mutigere Haltung" offenbart als jene Wehleidigen, denen „auf jedes Wehwehchen, und sei es noch so klein, sofort von öffentlicher Hand ein möglichst großes Pflaster geklebt wird."[40] Obschon das Bemühen neoliberaler Zirkel seit den 1960er-Jahren verstärkt darauf gerichtet war, den Liberalismusbegriff selbst zu besetzen, macht das angeführte Zitat deutlich, dass es sich beim Systemdenken des Neoliberalismus um mehr als eine Neuschöpfung des alt hergebrachten Liberalismus handelt, nämlich um eine gesellschafts-, wirtschafts- und sozialreformerische Neujustierung grundsätzlicher Art.

Um dem pluralistischen Charakter des Begriffs „Neoliberalismus", d.h. der Spannbreite des neoliberalen Entwurfs „vom Laisser-faire-Ansatz (Anarcho-Kapitalismus) bis zu umfassenden staatsinterventionistischen Ansätzen",[41] gerecht zu werden, sprechen namhafte Autoren von „Neoliberalismen". Unter Rückgriff auf Bernhard Walpen, der eine eindeutige Begriffsbestimmung für ein vergebliches Unterfangen hält und den Stellenwert eines historischen Zugangs betont, ist festzuhalten, dass sich der Terminus jeweils nur aus dem konkreten, meist länderspezifischen Entstehungszusammenhang heraus erschließen lässt.[42] Den Neoliberalismus als eine „Doktrin mit mehreren Gesichtern"[43] zu etikettieren, scheint unerlässlich, um die pfadabhängigen Facetten sowie die Verbreitung und Konsolidierung neoliberaler Thesen aufspüren zu können.

Obschon auch innerhalb der deutschen neoliberalen Eliten divergierende Vorstellungen über das leitende wirtschaftstheoretische Konzept bestanden und nach wie vor bestehen, bewegen sich ihre wissenschaftlichen Erörterungen ebenso wie ihre Lehrbücher in einem engen gedanklichen Korsett. Gestützt auf die im letzten Drittel des 19. Jahrhunderts aus der klassischen Nationalökonomie heraus entwickelte neoklassische Gleichgewichtstheorie, wonach der Markt über einen

---

[40] Ebd., S. 251
[41] Bernhard Walpen, Von Igeln und Hasen oder: Ein Blick auf den Neoliberalismus, in: UTOPIE kreativ, Heft 121/122 (2000), S. 1066 f.
[42] Bernhard Walpen, Die offenen Feinde und ihre Gesellschaft. Eine hegemonietheoretische Studie zur Mont Pèlerin Society, Hamburg 2004, S. 63; den gemeinsamen Ursprung der neoliberalen Bewegung betonend, hebt das langjährige MPS-Mitglied Henri Lepage hervor, dass „das Konzept der amerikanischen Neoliberalen [nicht] mit den Thesen des deutschen Ordoliberalismus (oder aber der ‚Neoliberalen Freiburger Schule') aus der Nachkriegszeit [zu] verwechseln sei" (1979, S. 239 f., Anm. 21).
[43] Cécile Pasche/Suzanne Peters, „Les premiers pas de la Société du Mont-Pèlerin ou les dessous chics du néolibéralisme", in: Les Annuelles, N⁰ 8 (1997), S. 205; es sei darauf verwiesen, dass die englisch- und französischsprachigen Zitate in der vorliegenden Arbeit übersetzt sind, im Satzbau und/oder Wortwahl für Nicht-Muttersprachler schwer oder nicht verständlich sind. Können die sprachlichen Eigenheiten eines Zitats in deutscher Sprache nur unzureichend wiedergegeben werden, findet sich dieses in der Originalsprache in der jeweiligen Fußnote. Wird kein Hinweis auf den Übersetzer gegeben, wurden die Zitate von mir selbst übersetzt.

effizienten Anreiz-, Steuerungs- und Sanktionsmechanismus verfügt, plädieren die Befürworter der in zahlreichen Staaten bereits erfolgten neoliberalen Wende für das Primat der Ökonomie, für einen wirtschaftspolitischen Antietatismus. Die Befriedigung gesellschaftlicher Bedürfnisse durch den Markt – die zentrale Devise lautet: „Less government is good government"[44] – stellt dabei das konstituierende Element der Implementierung neoliberaler Ideologie dar. Ungeachtet diverser sektoraler, regionaler und temporärer Unterschiede zielt der Neoliberalismus auf eine „Entthronung der Politik"[45]: Wettbewerb und Individualisierung im Gefolge einer umfassenden Deregulierung der Wirtschafts- und Sozialordnung, Liberalisierung und Privatisierung öffentlicher Unternehmen bzw. Leistungen, Steuersenkungen bei gleichzeitiger Rückführung der Staatsausgaben sowie eine restriktive Geldpolitik. Pointiert bringt der Nürtinger Professor für Wirtschaftspolitik, Gerhard Willke, das Depolitisierungsvorhaben zum Ausdruck, wenn er die neoliberale Kernthese vom Staats- und Politikversagen skizziert:

> „Es [geht] um den Abbau überzogener staatlicher Regulierungen und lähmender Belastungen des Wirtschaftslebens. Im Zuge einer schleichenden Hypertrophie des Sozialstaats hat sich ein unentwirrbares Netz von Regelungen, Auflagen und Abgaben wie Mehltau über die Wirtschaft gelegt. (…) Das neoliberale Projekt zielt auf eine Gestaltung von Wirtschaft und Gesellschaft derart, dass die Individuen darin ihr ‚Streben nach Glück' mit einem Minimum an staatlicher Reglementierung und einem Maximum an individueller Selbstbestimmung realisieren können."[46]

Letztlich bedeutet dies, dass die neoliberale Doktrin ihre gesellschaftliche Wirkung in der „Destruktion", zumindest jedoch im Umbau des Bestehenden entfaltet, soll doch der Staat als Akteur überall dort zurückgedrängt werden, wo er nicht der Sicherung marktwirtschaftlicher Mechanismen sowie der daraus resultierenden Machtverhältnisse dient.[47] Womit aber wird die Universalität des Marktprinzips, d.h. die breit angelegte Orientierung am Markt als zentrale Koor-

---

[44] John Moore, Why privatise?, in: John A. Kay/Collin Mayer/David Thompson (eds.), Privatisation and Regulation. The UK Experience, a.a.O., S. 93
[45] Friedrich A. von Hayek, Recht, Gesetzgebung und Freiheit, Bd. 3: Die Verfassung einer Gesellschaft freier Menschen (britische Originalausgabe: Law, Legislation and Liberty, Vol. 3: The Political Order of a Free People, London 1979), München 1981, S. 201
[46] Gerhard Willke, Neoliberalismus, Frankfurt am Main/New York 2003, S. 21
[47] Ralf Ptak, Neoliberalismus: Geschichte, Konzeption und Praxis, in: Ulrich Müller/Sven Giegold/Malte Arhelger (Hrsg.), Gesteuerte Demokratie? Wie neoliberale Eliten Politik und Öffentlichkeit beeinflussen, Hamburg 2004, S. 23; vgl. weiterhin: ders., Neoliberalismus, in: Wissenschaftlicher Beirat von Attac (Hrsg.), ABC der Globalisierung. Von „Alterssicherung" bis „Zivilgesellschaft", Hamburg 2005, S. 132

dinationsinstanz, gerechtfertigt? Der 1992 mit dem schwedischen Reichsbankpreis für Wirtschaftswissenschaften – häufig als „Nobelpreis" bezeichnet, obschon nicht von, sondern in Erinnerung an Alfred Nobel gestiftet – ausgezeichnete Ökonom Gary S. Becker formuliert die Vorzüge des Marktprinzips unter Bezugnahme auf dessen universelle Gültigkeit:

> „In der Tat bin ich zu der Auffassung gekommen, daß der ökonomische Ansatz so umfassend ist, daß er auf alles menschliche Verhalten anwendbar ist, sei es nun Verhalten, das monetär meßbar ist oder unterstellte ‚Schatten'-Preise hat, seien es wiederkehrende oder seltene Entscheidungen, handle es sich um emotionale oder nüchterne Ziele, reiche oder arme Menschen, Männer oder Frauen, Erwachsene oder Kinder, kluge oder dumme Menschen, Patienten oder Therapeuten, Geschäftsleute oder Politiker, Lehrer oder Schüler."[48]

Die Universalisierung des Marktgedankens, die sich in dem Anspruch ausdrückt, das Kosten-Nutzen-Kalkül auf alle gesellschaftlichen Bereiche und sogar auf die Naturwissenschaften übertragen zu können, wurde von seinen Urhebern selbst als „ökonomischer Imperialismus"[49] bezeichnet und unterstreicht die messianische Dimension dieses neu aufgelegten, redefinierten Liberalismus.

Trotz massiver Vorbehalte stützen sich neoliberale Vordenker gezielt auf Teilaspekte der neoklassischen Theorie, der die zentrale Annahme zugrunde liegt, dass der Markt sowohl beliebig viele Einzelaktionen voneinander unabhängiger Akteure koordinieren als auch – aufgrund vollkommener Information – rationale Entscheidungen des *homo oeconomicus* gewährleisten kann. Charles E. Lindblom, auch er bezeichnenderweise kein Neoklassiker, sieht die Überlegenheit des Marktes gegenüber einem System zentraler Koordination dann auch in dessen evolutionärem Potenzial begründet: „Marktsysteme reizen zu Tausenden und Millionen von Initiativen an. Es sind turbulente, offene Systeme, in denen Wachstum und Wandel an unzählig vielen Stellen möglich ist. Sie eröffnen große Spielräume für Erfindungen und Improvisationen, für die individuelle und

---

[48] Gary S. Becker, Der ökonomische Ansatz zur Erklärung menschlichen Verhaltens (amerikanische Originalausgabe: The Economic Approach to Human Behaviour, Chicago 1976), Tübingen 1982, S. 7

[49] Es war Kenneth E. Boulding, der als Präsident der *American Economic Association* anlässlich einer Jahresansprache am 29. Dezember 1968 den Ausdruck „ökonomischer Imperialismus" wählte, um die Vereinnahmung der Sozialwissenschaften durch ökonomische Lehren zu verdeutlichen: „In der Tat ist die ökonomische Theorie der Demokratie, wie sie von Anthony Downs und anderen entwickelt wurde, ein sehr gutes Beispiel dafür, was ich manchmal als ‚ökonomischen Imperialismus' bezeichnet habe, als einen Versuch der Ökonomie, alle anderen sozialwissenschaftlichen Disziplinen zu vereinnahmen" (1973, S. 118). Später nahm Gordon Tullock, gemeinsam mit James M. Buchanan Begründer der *Public-Choice*-Schule, den Vorwurf auf und wendete ihn ins Positive (1972, S. 317-322).

lokale Mobilisierung von Ressourcen."⁵⁰ So sehr sich eine summarische Aufzählung der Ansichten hinsichtlich des aus dem Wettbewerb resultierenden Lernprozesses verbietet, kommt dem Innovationscharakter marktwirtschaftlicher Systeme nach dieser Auffassung doch durchweg immense Bedeutung zu, sodass dieser neben dem Investitions- und Arbitragediktum insbesondere in betriebswirtschaftlichen Denkschemata Platz gegriffen hat. Durch das Installieren von Innovationen auf dem Markt und diesbezügliche Konsumentenentscheidungen komme es zu einer Rückkopplung von Informationen bei den Unternehmen, die dazu führe, dass im Wettbewerb neues Wissen über die jeweils bestehenden Konsumentenwünsche und deren möglichst günstige Befriedigung gesammelt sowie durch Imitationen der Wettbewerber verbreitet werde. Mithin handele es sich bei Marktwirtschaften um evolutorische Systeme, die nicht nur außerordentlich anpassungsfähig, sondern infolge des wettbewerblichen Innovationscharakters zugleich von einer endogen wirkenden Dynamik geprägt seien. Aus besagten Gründen zeigen sich nur wenige Ökonomen erstaunt, dass der Wettbewerb zum dominierenden Koordinationsmechanismus der bürgerlichen Gesellschaft herangewachsen ist.⁵¹ Worin aber liegen die entscheidenden Vorzüge eines auf Wettbewerb basierenden Wirtschaftssystems? Die Befürworter eines intensiven, produktionsstufenübergreifenden Wettbewerbs heben darauf ab, dass dieser das Innovationsproblem löse, indem der „Wettbewerb als abstrakte Wissensverwaltung"⁵² fungiert, Unternehmen miteinander wetteifern, der technische Fortschritt letztlich vorangetrieben wird. Garantiert wird dies durch die Aussicht auf Gewinn, der nicht nur das Resultat eines Wettbewerbsvorteils darstellt, sondern zugleich Wachstum, Investitionen und steigende Marktanteile induziert.

Wettbewerbliche Strukturen werden ferner für bedeutsam erachtet, weil sie das Motivationsproblem beheben, indem marktgerechte Leistungen den Unternehmen Gewinne bescheren, Ineffizienzen hingegen zu Verlusten und mittel- bis langfristig zum Ausscheiden aus dem Markt führen. Die Einschätzung, dass „auf dem freien Markt die überlegenen Verfahren und Verhalten herausgesiebt werden",⁵³ beschränkt sich dabei nicht auf den Wettbewerb einzelner Unternehmen,

---

⁵⁰ Charles E. Lindblom, Jenseits von Markt und Staat. Eine Kritik der politischen und ökonomischen Systeme, Stuttgart 1980, S. 135
⁵¹ Vgl. stellvertretend für viele: C. Christian von Weizsäcker, Über Marktwirtschaft und Marktgesellschaft. Gedanken anlässlich des Schröder-Blair-Papiers. Argumente zu Marktwirtschaft und Politik, Bad Homburg 2000, S. 2 f., Günter Knieps, Der disaggregierte Regulierungsansatz der Netzökonomie, in: ders./Gert Brunekreeft (Hrsg.), Zwischen Regulierung und Wettbewerb. Netzsektoren in Deutschland, Heidelberg 2000, S. 7-22 u. Juergen B. Donges, Deregulierung von Märkten, globaler Wettbewerb und neue Ökonomie, Paderborn 2002, S. 7-11
⁵² Herbert Schui/Stefanie Blankenburg, Neoliberalismus: Theorie, Gegner, Praxis, Hamburg 2002, S. 102
⁵³ Ebd., S. 101

sondern erstreckt sich darüber hinaus auf den Standortwettbewerb der Nationalstaaten. Kurzum: Der Wettbewerb erfüllt die Funktion eines Regulativprinzips, das ordnend und gestaltend auf die Marktkräfte einwirkt. Gleichwohl kann der Wettbewerb nach Auffassung derjenigen, die diesen neben dem Eigennutz als alleinige Triebfeder allgemeiner Wohlfahrt begreifen, nur dann seine Ordnungskraft entfalten, wenn er vom Staat „veranstaltet" und institutionell gesichert wird.[54] Der Markt müsse nicht nur *erlaubt*, vielmehr permanent *ermöglicht* werden. Schließlich hätten die historischen Erfahrungen gezeigt, dass das freie Spiel der Marktkräfte allein keine marktwirtschaftliche Ordnung ökonomischer Prozesse erwarten lasse, sondern der Staat die Einhaltung des Wettbewerbs als „robuster Schiedsrichter" (Wilhelm Röpke) auf dem Spielfeld konkurrierender Interessen garantieren müsse.

Signifikantes Merkmal der Neoklassik, auf der (wie bereits angedeutet) zumindest implizit zahlreiche neoliberale Argumentationsmuster fußen, ist die Gleichgewichtstheorie, wonach der Markt über eine Art selbstoptimierenden Automatismus verfügt, d.h. aufgrund seiner Allokationsfunktion stets zum Gleichgewicht tendiert. Die in diesem Kontext häufig herangezogene, von Adam Smith geprägte, dem religiösen Sprachgebrauch entlehnte Metapher der „invisible hand" gilt nicht wenigen Vertretern der ökonomischen Zunft als „die bedeutendste intellektuelle Entdeckung in der gesamten Geschichte der Ökonomik."[55] Dabei steht der metaphorische Ausdruck für den Zustand, der gemeinhin als spontane preisgesteuerte Ordnung des Marktgeschehens begriffen wird. Was Friedrich A. von Hayek unter der „Marktordnung (...), die sich spontan von selbst formt"[56] zumindest als implizites Gleichgewicht deutet (er selbst wählt den

---

[54] Leonhard Miksch, Vertreter des frühen deutschen Neoliberalismus, bezeichnete die Marktwirtschaft als eine „Veranstaltung", da der Staat als Ordnungsinstanz in Erscheinung trete und damit das Funktionieren des Wettbewerbs garantiere (1937, S. 5 u. 9).
[55] James M. Buchanan, Liberty, Market and State. Political Economy in the 1980s, Brighton 1986, S. 17
[56] Friedrich A. von Hayek, Freiburger Studien. Gesammelte Aufsätze, Tübingen 1969, S. 225; die Ausführungen bedürfen insofern einer Kontextualisierung, als Adam Smith die Metapher der „unsichtbaren Hand" wählte, um die Bedeutung des Eigeninteresses für das gesellschaftliche Wohlergehen herauszustellen: „[Der Mensch] strebt (...) lediglich nach eigenem Gewinn. Und er wird in diesem wie auch in vielen anderen Fällen von einer unsichtbaren Hand geleitet. (...) Gerade dadurch, daß er das eigene Interesse verfolgt, fördert er häufig das der Gesellschaft nachhaltiger, als wenn er wirklich beabsichtigt, es zu tun" (1776/2003, S. 371). Mit Blick auf die utilitaristisch orientierten Entscheidungen der Individuen heißt es im zweiten Kapitel des ersten Buchs: „Dagegen ist der Mensch fast immer auf Hilfe angewiesen, wobei er jedoch kaum erwarten kann, daß sie allein durch das Wohlwollen der Mitmenschen erhalten wird. Er wird sein Ziel wahrscheinlich viel eher erreichen, wenn er deren Eigenliebe zu seinen Gunsten zu nutzen versteht. (...) Nicht vom Wohlwollen des Metzgers, Brauers und Bäckers erwarten wir das, was wir zum Essen brauchen, sondern davon, daß sie ihre eigenen Interessen wahrnehmen. Wir (...) erwähnen nicht die eigenen Bedürfnisse, sondern sprechen von ihrem Vorteil" (ebd., S. 17).

Begriff der Ordnung), beschreibt die emergente Leistung des Marktes als Koordinationsinstanz, denn dieser sichere die Interaktion der Wirtschaftssubjekte – gleich, ob es sich um den Arbeits-, Güter- oder Kapitalmarkt handele.[57] Wenngleich das von Smith geprägte Bild zutreffend insinuiert, dass die Koordinationsleistung des Marktes häufig im Verborgenen liegt, wurde die theoretische Konzeption der Neoklassik nicht nur als metaphorische Überhöhung, sondern gar als „Leerstelle der ökonomischen Theorie" im Rahmen der „Wirtschaftstheologie" Gegenstand von Kritik.[58]

Dieser Kritik traten die US-Amerikaner James M. Buchanan und Gordon Tullock mit einer Ökonomik entgegen, die sich an der „Welt, wie sie ist" und nicht an der „Welt, wie sie sein sollte" orientiert. Mit der *Public-Choice*-Theorie, die als weiterer Beleg für die immense Variationsbreite und Wandlungsfähigkeit neoliberaler Thesen gelten muss, entwickelten sie eine der bedeutendsten Wirtschaftstheorien des vergangenen Jahrhunderts. Konstitutives Merkmal der im deutschen Sprachraum auch unter der Bezeichnung „Neue politische Ökonomie" anzutreffenden Lehre ist die Übertragung des neoklassisch geprägten *Rational Choice*-Ansatzes, wonach das Ziel der Nutzenmaximierung das individuelle Entscheidungskalkül bestimmt, auf Phänomene der politischen Ebene. Buchanans wissenschaftliches Renommee liegt darin begründet, dass er zu einer „marktwirtschaftlichen Neukonzeption des Staates"[59] im Sinne einer politökonomisch formulierten (Wohlfahrts-)Staatskritik beitrug. Anders als die Mehrzahl der seinerzeitigen Protagonisten eines Abbaus staatlicher Regulierung argumentierte er nicht vorrangig gegen den nationalstaatlich verfassten Sozialismus, sondern verstand es, den nach Auffassung liberaler Ökonomen „ausufernden" Wohlfahrtsstaat zum Ausgangspunkt seiner Kritik zu machen: „Socialism Is Dead But

---

[57] An dieser Stelle seien lediglich die Märkte genannt, auf die Ökonomen ihr Interesse in der Regel fokussieren: Gütermärkte sind dabei die Märkte, auf denen Haushalte und Unternehmungen derart agieren, dass Letztere ihren Output (Güter und Dienstleistungen) entweder Privaten oder anderen Unternehmungen zum Kauf anbieten. Auf der Inputseite bedienen sich die Unternehmungen zur Produktion ihrer Güter neben Rohstoffen und diverser Vorleistungen des Faktors Kapital, u.a. um am Arbeitsmarkt Leistungen der Arbeitskräfte zu kaufen. Der Kapitalmarkt dient den Unternehmungen zur Beschaffung finanzieller Mittel zum Erwerb des Inputs. Vgl. die illustrative Graphik bei: Paul A. Samuelson/William D. Nordhaus, Volkswirtschaftslehre. Grundlagen der Makro- und Mikroökonomie, Bd. 1, Köln 1987 (8. Auflage), S. 92

[58] Dirk Baeker, Verschwörungstheorien, in: Merkur, 56. Jg., Heft 639 (2002), S. 610; in besonderer Weise hat sich Franz J. Hinkelammert um die Kritik an dieser metaphorischen Überhöhung und an der von Hayek getroffenen Annahme eines impliziten Gleichgewichts verdient gemacht (1994, S. 62-106).

[59] Bernhard Walpen, Die offenen Feinde und ihre Gesellschaft. Eine hegemonietheoretische Studie zur Mont Pèlerin Society, a.a.O., S. 252; vgl. weiterführend: Milan Z. Zafirovski, Public Choice Theory for Political Sociology, in: International Journal of Politics, Culture and Society, Vol. 12, Issue 3 (1999), S. 465-502

Leviathan Lives On",[60] lautete sein Fazit. Unter systematischer Anwendung der ökonomischen Paradigmen des Rationalverhaltens erklärte der vielfach ausgezeichnete Wirtschaftswissenschaftler die Abwesenheit marktlicher Prinzipien und das Nutzenmaximierungskalkül von Politikern (anstelle von Gemeinwohlorientierung) zu den Ursachen von staatlicher Bürokratie und von Fehlentwicklungen der öffentlichen Haushalte.

Ronald H. Coase schließlich versuchte mit seiner Theorie der Institutionen die sichtbar gewordenen Leerstellen der Neoklassik zu füllen: Institutionen sind demnach als Vorkehrungen zur Minimierung von Transaktionskosten erforderlich, die realistischerweise mit jeder Austauschhandlung verbunden sind.[61] In diesen Kontext fügt sich nahtlos die maßgeblich von William A. Niskanen formulierte ökonomische Theorie der Bürokratie ein, die spätestens Ende der 1970er-Jahre zu einer bedeutenden Argumentationsbasis gegen öffentliche Unternehmen heranreifte. Danach ist die Zieldivergenz zwischen Managern und Eigentümern bei öffentlichen Unternehmen systematisch größer als bei privaten; unflexible Budgetverwaltungsnormen und lange Entscheidungswege begründen deren stark bürokratisierte Organisation.[62] Diese Auffassung teilt Samuel Brittan in seinem 1976 verfassten „Plädoyer für eine liberale Wirtschaft", in dem er den Vorrang des Marktes damit begründet, dass die Anzahl missbrauchsanfälliger, politischer Entscheidungen reduziert werden müsse. Wörtlich heißt es dort: „[Der Markt] ist ein Mechanismus, der – obwohl unvollkommen und vielfach verbesserungsfähig – Anzahl und Tragweite der Entscheidungen verringert, die nach dem Kampf um Stimmen, Macht und Einfluss, die mit Zwangsgewalt ausgestatten Organe zu treffen haben."[63]

Das neoliberale Marktverständnis basiert ferner auf der Annahme, dass in keinem Arrangement sozialen Handelns außerhalb des Marktes der Eigennutzen mit dem der Gesellschaft kompatibel sein kann. Denn die Anreiz- und Sanktionsmechanismen, die aus der wirtschaftlichen Handlungsfreiheit resultieren, veranlassten eine Vielzahl von Wirtschaftssubjekten, ihr Leistungsvermögen in vollem Umfang auszuschöpfen. Die individuelle Leistungsbereitschaft wird mit einer Art „kollateraler" Tugend verknüpft; schließlich zwingt der Wettbewerb jeden

---

[60] Am 18.7.1990 erscheint dieses im Rahmen der „John Bonython Lecture" am Centre for Independent Studies in Sydney gehaltene Referat James M. Buchanans unter dem Titel „Socialism is dead; Leviathan lives" im *Wall Street Journal Europe* (ebd., S. 8)
[61] Vgl. vertiefend: Ronald H. Coase, The Problem of Social Cost, in: Journal of Law and Economics, Vol. 3, Issue 10 (1960), S. 1-44
[62] Vgl. William A. Niskanen, Bureaucracy and Representative Government, Chicago/New York 1971, S. 14-31
[63] Samuel Brittan, Ökonomie der Freiheit. Plädoyer für eine liberale Wirtschaft (britische Originalausgabe: A Restatement of Economic Liberalism, London 1973), Frankfurt am Main/New York 1976, S. 126

einzelnen, den Nutzen anderer als potenzielle Abnehmer in das eigene Kalkül einzubeziehen. Dieses Marktverständnis belegt, weshalb die Implikationen (neo)liberaler Theorie bezüglich gesellschaftlicher Normvorstellungen häufig verkannt werden. Dass die Postulate der Neoliberalen hinsichtlich der wirtschaftlichen Gegebenheiten mitnichten einer gesellschaftswissenschaftlichen Fundamentalbestimmung entbehren, d.h. sehr wohl eine Antwort auf die Frage geben, welche Merkmale eine Gesellschaft idealiter aufweisen sollte, legt Ralf Dahrendorf dar, wenn er „die Rede von der guten Gesellschaft" aus dem sozialwissenschaftlichen Vokabular verbannt wissen möchte, da Offenheit und Freiheit einer Gesellschaft „ganz und gar zureichende Ziele" seien.[64] In der Konsequenz wird Gemeinwohlorientierung von Seiten (Neo-)Liberaler als „präzeptoral aufgedrängte Tugendhaftigkeit"[65] verstanden.

Nicht wenige Autoren kommen zu dem Schluss, dass die „Koordination der Märkte sowie die Produktion von Gütern und Dienstleistungen [dem Grundsatz nach nicht] in die Hände des Staates"[66] überführt werden dürften, da dem Grundgesetz im Hinblick auf die Wirtschaftsordnung kein positiver Gestaltungsauftrag zu entnehmen sei, zugleich jedoch umfassende Freiheits- und Eigentumsrechte gewährt würden. In den Verfassungsänderungen der Jahre 1967 bis 1970 sehen sie denn auch nicht allein einen Verstoß gegen die aus ihrer Sicht gebotene Zurückhaltung des Staates. Unter Verweis auf das Urteil des Bundesverfassungsgerichts aus dem Jahre 1954, in dem festgestellt wurde, dass „ein bestimmtes Wirtschaftssystem (...) durch das Grundgesetz nicht gewährleistet"[67] ist, kritisieren sie die wirtschaftspolitischen Ziele des „gesamtwirtschaftlichen Gleichgewichts" (Art. 109 Abs. 4, Art. 115 Abs. 1 S. 2 GG), des „wirtschaftlichen Wachstums" (Art. 104a Abs. 4 S. 1 GG), der konjunkturgerechten Haushalts- und Finanzplanung (Art. 109 Abs. 3 GG) sowie die gleichfalls festgeschriebene Förderung der regionalen Wirtschaftsstruktur (Art. 91a Abs. 1 GG). Insbesondere die Kritik an der Wirtschaftsförderung fügt sich nahtlos ein in die Vorstellung, erst der „schlanke", beinahe jegliche Investitionen unterlassende Staat versage nicht mehr. Der Annahme, dass konjunkturelle Schwankungen idealtypisch über

---

[64] Das vollständige Zitat lautet: „Die gute Gesellschaft von oben – also die gemachte und daher machbare gute Gesellschaft – ist fast notwendig autoritär. (...) Vielleicht ist es am Ende doch besser, die Rede von der guten Gesellschaft aus unserem Vokabular zu streichen. Offene Gesellschaft, freie Gesellschaft – das sind ganz und gar zureichende Ziele" (Ralf Dahrendorf 2000, S. 15).
[65] Gerhard Willke, Neoliberalismus, a.a.O., S. 68
[66] Jan Hegner, Alexander Rüstow. Ordnungspolitische Konzeption und Einfluß auf das wirtschaftspolitische Leitbild der Nachkriegszeit in der Bundesrepublik Deutschland, Stuttgart 2000, S. 95; vgl. weiterhin Hans F. Zacher, Sozialpolitik, Verfassung und Sozialrecht im Nachkriegsdeutschland, in: Karl Hohmann/Dietrich Schönwitz/Hans-Jürgen Weber/Horst Friedrich Wünsche (Hrsg.), Grundtexte zur Sozialen Marktwirtschaft, Bd. 2, Das Soziale in der Sozialen Marktwirtschaft, Stuttgart/New York 1988, S. 202-206
[67] BVerfGE 1954, S. 8

Grundzüge und Phasen einer systematisch entwickelten Makrostrategie 41

marktimmanente Mechanismen und nicht über staatliche Konjunkturpolitik aufgefangen werden, ergibt sich aus der Vorstellung, dass strukturelle Verwerfungen lediglich auftreten, wenn der Koordinationsmechanismus des Marktes durch staatliche Interventionen dauerhaft gestört wird.

Aufgrund der Bandbreite an Positionen innerhalb der neoliberalen Bewegung, die vornehmlich aus der unterschiedlichen Zielformulierung bezüglich staatlicher Aufgabenhoheit rührt, wäre es verfehlt, eine geschlossene theoretisch-ideologische Konzeption anzunehmen.[68] So grenzten sich insbesondere die Vertreter der *Freiburger Schule* unter ihrem Gründer Walter Eucken zum Teil von der *Wiener* und klar von der *Chicagoer Schule* ab, indem sie den Neoliberalismus mit dem „Ordo"-Gedanken kombinierten bzw. weiterentwickelten und sowohl Konstitution als auch Stabilität des wettbewerblich organisierten Marktes von politisch gesetzten Rahmenbedingungen abhängig machten.[69] In diesem Kontext hebt Michel Foucault hervor, dass die Marktwirtschaft im Nachkriegsdeutschland zum universalen Prinzip der gesamten Staatsexistenz avancierte: „Nun, sagen die Ordoliberalen, muss man die Formel umdrehen und die Freiheit des Marktes als Organisations- und Regulationsprinzip einrichten, und zwar vom Beginn seiner Existenz an (…). Anders ausgedrückt, es soll sich vielmehr um

---

[68] Für die Zeit nach dem Zweiten Weltkrieg werden in der Regel drei Varianten des Neoliberalismus ausgemacht, von denen der Ordoliberalismus der *Freiburger Schule* die deutsche Prägung darstellt. Die *Wiener Schule* um Ludwig von Mises und Friedrich A. von Hayek stellt primär auf das Spannungsverhältnis von staatlichen Maßgaben auf der einen sowie persönlichem Verhalten auf der anderen Seite ab, indem sie jede noch so minimale Abkehr von der Gleichung „Freie Marktwirtschaft = Freiheit des Individuums" als „Weg in die Knechtschaft" deutet. Während von Mises in seinen Beiträgen ausführt, warum nach staatliche Auffassung nach staatliche Eingriffe die Gesellschaft funktionsunfähig werden lassen, geht sein Schüler Hayek in seinen Monographien „Der Weg zur Knechtschaft" (Original 1944), „Die Verfassung der Freiheit" (Original 1960) sowie in seinem dreibändigen Werk „Recht, Gesetzgebung und Freiheit" (Original 1979) der Frage nach, welche Gefährdungstatbestände sich für eine freiheitliche Gesellschaft aus einem sozialistischen oder an Kriterien der Wohlfahrtsökonomie ausgerichteten Staat ergeben können. Die Vertreter der *Chicagoer Schule* werteten den Interventionismus in den USA, insbesondere den von Franklin D. Roosevelt angestrengten *New Deal*, nicht nur als Bedrohung individueller Freiheit, wie in Henry C. Simons 1948 veröffentlichtem Werk „Economic Policy for a Free Society" nachzulesen ist. Simons, Milton Friedman und George J. Stigler erkannten darüber hinaus eine Gefährdung effizienter Marktsteuerung, sodass sie sich gegen eine monetäre Ermessenspolitik und für ein unbedingtes Festhalten am Gebot der Preisniveaustabilität aussprachen. Festzuhalten ist in diesem Zusammenhang auch, dass sich die bis heute nachwirkende neoliberale Doktrin der 1970er-Jahre fundamental von dem deutschen Neoliberalismus Erhardscher Prägung unterscheidet. Während gegenwärtig das Modell des rational-ökonomischen Handelns herangezogen wird, um den Verzicht auf staatliche Interventionen und die Übertragung marktförmiger Handlungssysteme auf staatlicher Ebene zu begründen, verlangten die westdeutschen Ordoliberalen lange Jahre ein Regierungshandeln im Sinne der Ökonomie. Vgl. weiterführend: Helmut Paul Becker, Die soziale Frage im Neoliberalismus. Analyse und Kritik, Sammlung Politeia, Bd. 20, a.a.O., S. 37-40
[69] Friedrich A. von Hayek wählte dafür den Begriff der „rule of law".

einen Staat unter der Aufsicht des Marktes handeln als um einen Markt unter der Aufsicht des Staats."[70] Eine Popularisierung des Ordoliberalismus zeichnete sich schließlich ab, als Alfred Müller-Armack auf dessen konzeptioneller Grundlage die „Soziale Marktwirtschaft als Gegenprogramm gegen Kommunismus und Bolschewismus"[71] entwickelte. Paradox scheint in diesem Zusammenhang, dass die Vertreter des Ordoliberalismus trotz aller Unterschiedlichkeit im Detail allesamt die Vorstellung einte, letztlich müsse der Markt – dessen Zerstörungspotenzial sie zugleich analysierten – als Garant einer funktionstüchtigen Wettbewerbsordnung wirken.

Damals wie heute scheint der Rückgriff auf die semantische Kompromissformel der Sozialen Marktwirtschaft notwendig, um die harte Marktdoktrin gegen pointiert formulierten Widerstand zu verteidigen, sodass sich (verkürzt) sagen lässt: „Die Soziale Marktwirtschaft ist ein Verteidigungsprogramm des Neoliberalismus, auf das zurückgegriffen wird, wenn es gilt, Legitimationsdefizite des Kapitalismus zu kompensieren."[72] Dass die Etikettierung „Soziale Marktwirtschaft" bereits Ludwig Erhard als irenische, d.h. gleichsam als „Verkaufsformel" diente, wird kaum mehr in Frage gestellt und dadurch belegt, dass sich gegenwärtig Vertreter aller im Deutschen Bundestag vertretenen Parteien mit Ausnahme der Fraktion „Die Linke" auf den „Vater der Marktwirtschaft" berufen, wenn sie ihre soziale Modifikation der Marktwirtschaft erläutern.[73] Nicht selten wird dabei das facettenreich geschilderte „Deutsche Wirtschaftswunder" als Experimentalbeweis für die Richtigkeit der neoliberalen Theorie herangezogen – unter Ausblendung der historisch einzigartigen sozioökonomischen Rahmenbedingungen jener Zeit.[74]

---

[70] Michel Foucault, Geschichte der Gouvernementalität II. Die Geburt der Biopolitik, Frankfurt am Main 2004, S. 168; an anderer Stelle bemerkt Foucault: „Im klassischen Liberalismus verlangte man von der Regierung, die Form des Marktes zu achten und die Marktteilnehmer handeln zu lassen. Hier [im Neoliberalismus] kehrt man nun das Laisser-faire in eine Beschränkung des Regierungshandelns um. Der Markt ist nicht mehr ein Prinzip der Selbstbeschränkung der Regierung, sondern ein Prinzip, das man nun gegen sie wendet" (ebd., S. 342).
[71] Alexander Rüstow, Soziale Marktwirtschaft als Gegenprogramm gegen Kommunismus und Bolschewismus, in: Albert Hunold (Hrsg.), Wirtschaft ohne Wunder, Erlenbach/Zürich 1953, S. 97-108
[72] Ralf Ptak, Ordoliberalismus. Zur Entwicklung des Neoliberalismus in Deutschland, in: Werner Goldschmidt/Dieter Klein/Klaus Steinitz (Hrsg.), Neoliberalismus – Hegemonie ohne Perspektive, Beiträge zum sechzigsten Geburtstag von Herbert Schui, Heilbronn 2000, S. 211
[73] Gerhard Schwarz, Ludwig Erhards verschüttetes Erbe, in: Neue Zürcher Zeitung v. 1.2.1997, S. 21 u. Karen Horn, Neu, neo, liberal: Begriffsverwirrung in Berlin, in: Frankfurter Allgemeine Zeitung v. 14.10.2003, S. 13
[74] Vgl. für eine kritische Würdigung des Begriffs, der ein beinahe mythisches Bild von der jungen Bundesrepublik zeichnen soll(te): Werner Abelshauser, Deutsche Wirtschaftsgeschichte seit 1945, München 2004, S. 22-50

2.1.2 Die gesellschaftlich-kulturelle Hegemonie der neoliberalen Doxa als Ergebnis einer lautlosen Revolution

Erklärtes Ziel sei es, „einen internationalen Kreuzzug zugunsten des konstruktiven Liberalismus" in die Wege zu leiten. So heißt es in einem Brief des französischen Wissenschaftstheoretikers Louis Rougier, den dieser im Vorfeld des *Colloque Walter Lippmann* im Jahre 1938 an William E. Rappard schrieb.[75] Wenngleich prägnant und dezidiert formuliert, liefert die von Rougier zu Papier gebrachte Aussage lediglich eine Antwort auf die Frage nach dem Anspruch der neoliberalen Avantgarde. Sucht man nach einem Erklärungsmuster für den Siegeszug des Neoliberalismus, bedarf es der Beantwortung weiterer Fragen: Welches waren die Triebfedern, die der neoliberalen Wirtschaftspolitik zum gesellschaftlichen Durchbruch, d.h. zur Akzeptanz jenseits der offenbar tradierten (partei)politischen Grenzen verhalfen? Reichte die über viele Jahre beschworene Notwendigkeit aus, staatliche Ausgaben und unternehmerische Kosten senken zu müssen, damit sich die neoliberalen Ideologeme ihren Weg in die verschiedenen Sphären der Gesellschaft bahnen konnten – getreu dem neoliberalen Politikentwurf der Dezentralität? Warum änderten sich die makroökonomischen und politischen Rahmenbedingungen, sodass sie dem Paradigmenwechsel über die Grenzen nationalstaatlicher Ökonomien hinweg Vorschub leisteten? Weshalb werden wirtschaftsliberale Grundpositionen zu Beginn des 21. Jahrhunderts auf nationaler wie internationaler Ebene als alternativlos wahrgenommen?[76] Erlebte der Neoliberalismus eine Renaissance, weil er sich mit einer historischen Unabwendbarkeit seinen Weg bahnte, wie zahlreiche Theoretiker des Liberalismus dozieren?[77]

Eine erste Antwort auf die Frage, weshalb sich der auf klassische Wurzeln zurückgreifende Liberalismus mit einer solchen Vehemenz zurückmelden konnte, bietet sicherlich die schwerwiegendste Rezession seit der Weltwirtschaftskri-

---

[75] Zitiert nach: Bernhard Walpen, Von Igeln und Hasen oder: Ein Blick auf den Neoliberalismus, in: UTOPIE kreativ, Heft 121/122 (2000), S. 1071

[76] Hier sei auf das von Francis Fukuyama verfasste Werk „The End of History and the Last Man" (deutsche Übersetzung: Das Ende der Geschichte: wo stehen wir?, München 1992) verwiesen, in dem er darlegt, dass „liberal democracy may constitute the end point of mankind's ideological evolution. (...) while earlier forms of government were characterized by grave defects and irrationalities that led to their eventual collapse, liberal democracy was arguably free from such fundamental internal contradictions" (S. xi). Selbst George Soros konstatierte dies unmittelbar nachdem er mit seiner Spekulation gegen das Britische Pfund zu weltweiter Berühmtheit gelangt war: „Der Marktfundamentalismus ist inzwischen so mächtig, dass alle politischen Kräfte, die sich ihm zu widersetzen wagen, kurzerhand als sentimental, unlogisch oder naiv gebrandmarkt werden" (1999, S. 27).

[77] Vgl. exemplarisch: Wolfram Engels, Über Freiheit, Gleichheit und Brüderlichkeit. Kritik des Wohlfahrtsstaats – Theorie der Sozialordnung und Utopie der sozialen Marktwirtschaft, a.a.O., S. 10-18

se, die mit der ersten Ölkrise im Jahre 1973 zu Stagflation, Währungsturbulenzen, einem nachhaltigen Konsum- und Investitionsrückgang, sich verschärfenden Engpässen in den sozialen Sicherungssystemen und schließlich zu einem sprunghaften Anstieg der Arbeitslosenzahlen führte. Der epochale Einbruch der Wirtschaft wirkte desillusionierend auf die bundesrepublikanische Bevölkerung, nachdem die 50er- und 60er-Jahre wenn nicht „Wohlstand für alle" im Sinne Ludwig Erhards doch zumindest Wohlstand für breite Bevölkerungsgruppen gebracht hatten. Vor dem Hintergrund der anhaltenden ökonomischen Krise, die den Staat aufgrund steigender Sozialausgaben nicht nur nach Auffassung konservativ-liberaler Kräfte an den Rand der Handlungsunfähigkeit zu treiben schien, wurde die keynesianische Wirtschaftstheorie alsbald diskreditiert. In dem Maße, in dem sich die Funktionsstörungen der westlichen Volkswirtschaften verschärften, erfuhr der Keynesianismus – begleitet von einer zielgerichteten Diskreditierung staatlicher Interventionen insgesamt – seine Delegitimation.

Die traditionellen Mechanismen staatlichen Handelns, so auch die Nachfragesteuerung, wurden mit dem Fortbestand ökonomischer Krisenerscheinungen zusehends als unzulänglich empfunden; von der Infragestellung der bis dato prägenden Politikalternativen bis zur endgültigen Abkehr von diesen war es ein vergleichsweise kurzer Weg. Dabei wird das „Waterloo des Keynesianismus"[78] bisweilen auch damit erklärt, dass sich die politisch Handelnden aufgrund der grassierenden Stagflation wenigstens nach eigener Einschätzung in einem Dilemma befanden: Während die rasante Inflation nach einer restriktiven Geldpolitik von Seiten der Bundesbank verlangte, schienen vor dem Hintergrund eines stagnierenden Wirtschaftswachstums staatlich initiierte Konjunkturprogramme angezeigt. Unter der Annahme, dass sich eine restriktive Geld- sowie eine expansiv wirkende Wirtschaftspolitik ausschlössen, wurde der keynesianische Ansatz von den maßgeblichen politischen Entscheidungsträgern jener Zeit für blockiert erklärt – nicht zuletzt, weil das Dilemma in erster Linie als staatliche Steuerungskrise in der Folge von Überregulierung interpretiert wurde.

Ein weiterer Grund für die scheinbar schleichende Erlangung der gesellschaftlich-kulturellen Hegemonie des Neoliberalismus scheint in dessen Anpassungs- und Wandlungsfähigkeit zu liegen, wie Friedrich A. von Hayek unter Benennung dessen zentraler Maxime zu verstehen gibt: „Die Grundsätze des Liberalismus enthalten keine Elemente, die ihn zu einem starren Dogma machten, und es gibt keine strengen Regeln, die ein für allemal feststünden. Das Hauptprinzip, wonach wir uns in allen Stücken so weit wie möglich auf die spontanen Kräfte der Gesellschaft stützen und so wenig wie möglich zu Zwangsmaßnahmen greifen sollten, kann in der Anwendung unendlich variiert

---

[78] Gerhard Willke, Neoliberalismus, a.a.O., S. 32

werden."⁷⁹ Dieses Zitat lässt erkennen, dass die neoliberale Positionierung nicht im Rahmen eines kohärenten, statischen Theoriekorpus erfolgt, sondern sich bedarfsgerecht in konkreten Sphären des gesellschaftlichen Lebens verfängt. Dadurch, dass der Neoliberalismus vom starren neoklassischen Modelldenken abweicht, ist eine rasche und flexible Neuausrichtung im Einklang mit den jeweiligen sozialen und politischen Konstellationen möglich. Diesem „Universalismus der Partikularismen"⁸⁰ ist ein Großteil des Erfolges neoliberaler Strategien geschuldet.

Warum liberale Kernforderungen kontextbezogen reartikuliert werden können, lässt sich aber nicht nur anhand der unterschiedlichen Ansätze von der *Rational Choice*- bis zur Spieltheorie erkennen, sondern auch mit Blick auf Veröffentlichungen der *Mont Pèlerin Society* (MPS), dem wohl wirkungsmächtigsten Netzwerk neoliberaler Prägung. In dem anlässlich der Gründung Anfang April 1947 formulierten „Statement of Aims" steht zu lesen, dass es den Vertretern des neu zu konstituierenden Liberalismus um eine „Redefinition der Funktionen des Staates" sowie um „die Wiedereinführung der rule of law" gehe.⁸¹ Aufgrund der vagen Formulierung, dass ein funktionierender Wettbewerb, ein freier Markt sowie eine Garantie des Privateigentums als „unverzichtbare Grundlagen wirtschaftlicher Prosperität und als Bastion einer freiheitlichen Gesellschaftsordnung"⁸² zu gelten hätten, ließ sich einerseits Übereinstimmung unter den „Erneu-

---

[79] Friedrich A. von Hayek, Der Weg zur Knechtschaft (britische Originalausgabe: The Road to Serfdom, London 1944), Erlenbach/Zürich 1962, S. 36 f.
[80] Bernhard Walpen, Die offenen Feinde und ihre Gesellschaft. Eine hegemonietheoretische Studie zur Mont Pèlerin Society, a.a.O., S. 277
[81] Zitiert nach: Ronal M. Hartwell, A History of the Mont Pèlerin Society, Indianapolis 1995, S. 41 u. 49
[82] Zitiert nach: Kathrin Meier-Rust, Alexander Rüstow. Geschichtsdeutung und liberales Engagement, Stuttgart 1993, S. 43; die Beantwortung der Frage, wer über was im Rahmen der rechtlichen, ökonomischen und gegebenenfalls religiösen Regeln eines Sozialsystems verfügen darf, d.h. insbesondere in welcher Relation öffentliches und privates Eigentum zueinander stehen, ist konstitutiv für jede Gesellschaftsordnung – welcher Prägung auch immer. Da sich die Verfügungsgewalt, das *ius disponendi de re sua*, nicht allein auf die Nutzung oder Nicht-Nutzung erstreckt, sondern überdies soziale Beziehungen stiftet, verhindert, hierarchisiert oder jedenfalls beeinflusst, sind die Eigentumsverhältnisse seit jeher Gegenstand der Staats-, Rechts- und Sozialphilosophie gewesen. So nahm John Locke an, Menschen ordneten sich vor allem deshalb einer Regierung unter, weil sie ihr Eigentum geschützt wissen wollten. Nach dem frühliberalen Staatsmodell waren allein Eigentümer politisch mündig. Seine konkrete Ausprägung fand dieser Gedanke in der französischen Verfassung von 1791, die das Wahlrecht auf Personen mit einem gewissen Steueraufkommen, die so genannten *citoyens actifs*, beschränkte. Am umfassendsten und mit der größten Folgewirkung hat Karl Marx – durch die Sozialgeschichte des 19. Jahrhunderts geprägt – „die gesamte Menschheitsgeschichte mit dem Fluchtpunkt der Entstehung des modernen Kapitalismus als Abfolge von Trennungs- und Enteignungsprozessen" rekonstruiert (Wolfgang Hein/Reinhart Kößler/Michael Korbmacher 2006: S. 6). Das Aufkeimen der neoliberalen Doktrin hat nicht nur eine Renaissance der Diskussion um Staatlichkeit, sondern auch um den Eigentumsbegriff und um eigentumsrechtliche Zuordnungen ausgelöst.

erern des Liberalismus" herstellen. Andererseits ermöglichte die Variationsbreite der diskutierten Grundelemente des Neoliberalismus rasche Reaktionen im Vorgriff auf politische Entwicklungen in so verschiedenen Staaten wie den USA, Chile und Großbritannien. Bei einer Verständigung darüber, dass der Terminus „liberal" – wie es in einer Annotation der Gründungserklärung heißt – künftig „in its European sense, broadly epitomized by a preference for minimal and dispersed government"[83] gebraucht werde, bleiben selbstverständlich zahlreiche Entwicklungsmöglichkeiten offen. Konsens herrschte bei den Teilnehmern des Gründungstreffens von Beginn an nicht nur bezüglich der Signifikanz gesellschaftlicher Freiheit, die als conditio sine qua non eines effizienten, vom Wettbewerb bestimmten Marktes verstanden wurde, sondern auch hinsichtlich des Alleinvertretungsanspruchs der neoliberalen Doxa und der Ablehnung jeglicher Form von Kollektivismus. Es ist wohl auf die „unversöhnliche Feindschaft dem Sozialismus, dem sozialistischen Lager und insbesondere der Sowjetunion gegenüber"[84] zurückzuführen, dass sich die Differenzen innerhalb der MPS nur selten nach außen hin sichtbar entluden. Bei der konstituierenden Sitzung mangelte es weder an der Betonung des Wettbewerbsprinzips noch an vagen Hinweisen auf die Notwendigkeit staatlicher Institutionen, sodass Giovanni Busino als einer der wenigen die Quintessenz des wegweisenden Treffens zu formulieren vermochte: „Les participants seront tous des universitaires liés par le credo: moins d'Etat, peu d'Etat, mieux d'Etat; accomplissement de l'individu; contre la vocation messianique des masses, contre le keynesianisme et le marxisme."[85] Bis zum heutigen Tag fungiert die 1947 ins Leben gerufene MPS als Schnittstelle neoliberaler Theoriebildung, nicht zuletzt dank namhafter Gründungsmitglieder wie Walter Eucken, Milton Friedman, Ludwig von Mises, Michael Polanyi, Karl R. Popper, William E. Rappard, Wilhelm Röpke und Friedrich A. von Hayek. Bereits während des zehntägigen konstituierenden Treffens richteten die Teilnehmer ihr Hauptaugenmerk auf die Möglichkeit, eine Erneuerung des Liberalismus als dominanter Form sozialer und wirtschaftlicher Organisation gesellschaftsfähig zu machen.

Zahlreiche Beobachter teilen die Auffassung, dass es sich bei der MPS um den einflussreichsten transnationalen Think-Tank des ausgehenden 20. Jahrhunderts handelt und „Hayek and the *Mont Pèlerin Society* are to the 20th century what Marx and the First International were to the 19th century."[86] In jedem Fall

---

[83] Mont Pèlerin Society, Short History and Statement of Aims, Montreux 1947, http://www.mont-pelerin.org/aboutmps.html (abgerufen am 14.11.2007)
[84] Robert Naumann, Theorie und Praxis des Neoliberalismus. Das Märchen von der freien oder sozialen Marktwirtschaft, Berlin 1957, S. 62
[85] Giovanni Busino, William Rappard, le libéralisme „nouveau" et les origines de la „Mont-Pèlerin Society", in: Revue européenne des sciences sociales, 28. Jg., N^0 88 (1990), S. 214
[86] Richard Cockett, Secret Society for World Freedom, in: The Sunday Times v. 13.4.1997, S. 24

ist es der MPS gelungen, die neoliberale Agenda auszudifferenzieren sowie ihre Propagierung und Weiterentwicklung im öffentlichen Raum voranzutreiben. Auch deshalb diente dieses nach dem „Pilgerberg" nahe Montreux benannte Netzwerk zahlreichen weiteren Think-Tanks als Vorbild. Der Kölner Ökonom Ralf Ptak merkt zutreffend an, dass die „neoliberale Ideologiebildung" als „lautloser Versuch zur Erlangung der gesellschaftlich-kulturellen Hegemonie" zu deuten sei.[87] Denn nicht offen und unverbrämt, sondern subtil bahnten sich auf Entstaatlichung setzende Ökonomisierungskonzepte ihren Weg in die verschiedenen Sphären der Gesellschaft. Es kam zu einer Art passiver Revolution, welche die veritable Krise der Politik verschärfte, um die marktwirtschaftlichen Mechanismen jenseits des Spielraums von Legislative und Exekutive zu halten, letztlich die „anwesende Abwesenheit" des Staates zu begründen.[88] Von daher ist es zutreffend, in der neoliberalen Transformation einen Prozess zu sehen, der in Anlehnung an Foucaults Gouvernementalitätsthese auf die Begründung eines Dispositivs der Macht abzielte, obschon es „kein Werk und keinen Autoren [gab], die der alten Lehre den Todesstoß versetzt (...), alte Grundpfeiler durch neue ersetzt hätten."[89] Zwar entfalteten sowohl von Hayeks Werk „Der Weg zur Knechtschaft" („The Road to Servdom", 1944) als auch Poppers im darauffolgenden Jahr erschienene zweibändige Abhandlung „Die offene Gesellschaft und ihre Feinde" („The Open Society and its Enemies", 1945) eine seinerzeit ungeahnte Tiefenwirkung auf dem Feld der Gesellschaftstheorie. Von einem Paradigmenwechsel im Sinne Thomas S. Kuhns zu sprechen liegt indes fern, da beide Publikationen zunächst keine Konsequenzen für wirtschaftspolitische Handlungsoptionen auslösten.

Um die Erfahrung bereichert, dass konzeptionell-intellektuelle Arbeit lediglich ein Fundament für eine ausreichende politische Resonanz darstellt, wurde die Gründung ideologisch motivierter Denkfabriken vorangebracht. Entscheidend für die unverändert stattfindende Verschiebung der Semantiken von Solidarität und Gerechtigkeit sind neben einflussreichen Multiplikatoren zweifellos diejenigen, die vor dem Hintergrund ihrer eigenen spezifischen Interessen jede Verausgabung öffentlicher Gelder für schädlich erachten. Eine gesellschaftliche

---

[87] Ralf Ptak, Neoliberalismus: Geschichte, Konzeption und Praxis, in: Ulrich Müller/Sven Giegold/Malte Arhelger (Hrsg.), Gesteuerter Demokratie? Wie neoliberale Eliten Politik und Öffentlichkeit beeinflussen, a.a.O., S. 23 (FN 8)
[88] Michael R. Krätke, Die neue Weltunordnung. Was ist neo und was ist liberal am Neoliberalismus?, in: Regina Stötzel (Hrsg.), Ungleichheit als Projekt, Globalisierung – Standort – Neoliberalismus, Marburg 1998, S. 30
[89] Heiner Flassbeck, Was ist Angebotspolitik?, in: Konjunkturpolitik, Heft 2/3 (1982), S. 75; vgl. zum Begriff der Gouvernementalität: Michel Foucault, Die Gouvernementalität, in: Ulrich Bröckling/Susanne Krasmann/Thomas Lemke (Hrsg.), Gouvernementalität der Gegenwart. Studien zur Ökonomisierung des Sozialen, Frankfurt am Main 2000, S. 41-67

Umgestaltung in ihrem Sinne wäre hingegen nicht möglich gewesen, wenn sich im Lager der „original thinkers" nicht frühzeitig die Erkenntnis durchgesetzt hätte, dass es für die beständige Veränderung der politischen Kultur nicht nur einer strategischen Einflussnahme bedürfe, sondern mehr noch einem großzügig bemessenen Zeitfenster. Diese Einschätzung teilt auch Richard Cockett, der mit Blick auf den Modus operandi des auf Betreiben von Friedrich A. von Hayek 1955 in Großbritannien gegründeten *Institute of Economic Affairs*[90] konstatierte, „that they [the neoliberals; T.E.] had to fight and win the intellectual battle over the course of twenty or more years without regard to the short-term political situation."[91]

Augenscheinlich ist es den in jahrzehntelangem Bemühen konsolidierten neoliberalen Denkfabriken vor dem Hintergrund der in den 1970er-Jahren sichtbar gewordenen strukturellen Krisenerscheinungen gelungen, ein politökonomisches Deutungsmuster zu etablieren, dessen Handlungsvorgaben spätestens mit dem Zusammenbruch der sozialistischen Staaten als einzig „denkbare" Alternative auf dem Weg zu einer wirtschaftlichen Gesundung gelten sollten. Mit dem Ende des „kurzen Jahrhunderts"[92], wie Eric Hobsbawm die von 1917 bis 1989 währende realsozialistische Epoche titulierte, wurden die Bemühungen honoriert, die Markdoktrin nicht nur als Anleitung für eine effiziente Wirtschaftspolitik zu

---

[90] Der britische Milliardär Anthony Fisher sicherte sich seinen politischen Einfluss über die MPS und als Hauptgeldgeber des *Institute of Economic Affairs*, das er 1955 gemeinsam mit dem unmittelbar vor seinem Weggang an die University of Chicago stehenden Friedrich A. von Hayek gründete. Mit großzügigen finanziellen Zuwendungen ausgestattet, konnte sich das Institut binnen weniger Jahre als britischer Brückenkopf eines neoliberalen Netzwerks mit internationaler Ausrichtung etablieren. Das Institut büßte trotz inhaltlicher und personeller Überschneidungen mit der MPS nichts von seiner Strahlkraft ein – im Gegenteil: Es ließen sich Synergieeffekte erzielen, auch in dem Sinne, dass die MPS ein ausreichendes Maß an theoretischer Kohärenz sichern konnte. Während Friedman und von Hayek mit ihren Plädoyers für einen authentischen Liberalismus das Profil des *Institute of Economic Affairs* publikumswirksam schärften, arbeitete Ralph Harris als Mitbegründer und erster vollzeitbeschäftigter Forscher des Instituts zugleich als Sekretär, später dann auch als stellvertretender Vorsitzender der MPS. Die Kompatibilität der beiden Think-Tanks lässt sich auch damit begründen, dass die ca. 5.000 Mitglieder des internen Netzwerks der MPS schon damals auf Publikationen im eigenen Namen verzichteten, das *Institute of Economic Affairs* hingegen den Schwerpunkt von Beginn an in der herausgeberischen Tätigkeit sah. Ähnlich verhielt es sich in Relation zum 1974 ins Leben gerufenen *Centre for Policy Studies*, das aufgrund seiner originär politikwissenschaftlichen Ausrichtung keine Konkurrenz zum *Institute of Economic Affairs* darstellte, sondern dieses durch eine eigene Themenfindung ergänzte. Mit zahlreichen Verweisen auf Publikationen des *Institute of Economic Affairs* bescherte der Newsweek-Redakteur Henry Hazlitt, einer der Gründungsväter der MPS, dem nunmehr einflussreichsten angelsächsischen Think-Tank eine kontinuierlich wachsende Akzeptanz.
[91] Richard Cockett, Thinking the Unthinkable. Think-Tanks and the Economic Counter-Revolution 1931-1983, London 1995 (2. Auflage), S. 139
[92] Eric J. Hobsbawm, Das Zeitalter der Extreme. Weltgeschichte des 20. Jahrhunderts (britische Originalausgabe: The Age of Extremes: The Short Twentieth Century 1914-1991, London 1994), München/Wien 1998, S. 20

implementieren, sondern auch als Lösungsansatz zur Behebung sozialer und ökologischer Missstände: „Neoliberalism is now perceived as the all-purpose panacea to address economic and social ills."[93]

Ein zentraler Grund für die seinerzeit erfolgreiche Umsetzung neoliberaler Politikmuster als *pensée unique* ist überdies in der kaum mehr zu durchdringenden Komplexität der ökonomischen wie gesellschaftlichen Verhältnisse zu sehen, in denen Jürgen Habermas einst die „neue Unübersichtlichkeit"[94] erkannte. Themenfelder wie Kernkraft, Klimawandel und Gentechnologie, aber eben auch Diskussionen über die globalisierte Ökonomie, erlauben vielfach nur ausgewiesenen Experten eine ausgewogene Bewertung. In der Auseinandersetzung um die Deutungshoheit im Wissenssektor verfügen freilich diejenigen Institute und Stiftungen über einen Wettbewerbsvorteil, die von ihren Geldgebern mit reichhaltigen finanziellen Mitteln ausgestattet werden, um öffentlichkeitswirksam Forschung und Lehre betreiben zu können. Die Kontinuität und Überlegenheit neoliberaler Theorieaggregate ergibt sich hinsichtlich der Konturen wissenschaftlicher Produktionsweisen mithin zu einem Großteil aus der materiellen Basis.

Gleichwohl erscheint dieser produktive Umgang mit Forschungs- und Bildungsprojekten lediglich ein hin-, jedoch kein ausreichender Grund für die Präsenz neoliberaler Positionen zu sein, vermochten es die im Prinzip konservativen Kräfte doch außerdem, sich mit markanten Insignien der Modernität zu schmücken. Unter Berufung auf gängige Erklärungsmuster der Ökonomie diskreditierten sie solche gesellschaftspolitischen Leitbilder als unzeitgemäß, sprich: als überholt und damit hinfällig, die privatwirtschaftliche Kriterien nicht zum alleinigen Maßstab staatlichen Handelns aufwerten wollten. Diejenigen, die an sozial- und ordnungspolitischen Errungenschaften festhalten, sehen sich auch heutzutage dem Vorwurf ausgesetzt, als rückständige Traditionalisten einer antiquierten politischen Agenda nachzuhängen. Für Pierre Bourdieu liegt die weltweit gewachsene Akzeptanz neoliberaler Dogmatik denn auch zuvorderst darin begründet, dass die Zurückdrängung der „sichtbaren Hand" des Staates in der Thatcher- und Reagan-Ära im Gewand der Modernität erschien: „Diese konservative Revolution neuen Typs nimmt den Fortschritt, die Vernunft, die Wissenschaft [in diesem Fall die Ökonomie; *Anm. d. Verf.*] für sich in Anspruch, um eine Restau-

---

[93] Mustapha K. Pasha, Liberalization, State Patronage, and the "New Inequality" in South Asia, in: Richard L. Harris/Melinda J. Seid (eds.), Critical Perspectives on Globalization and Neoliberalism in the Developing Countries, Leiden/Boston/Köln 2000, S. 71; der Handel mit Umweltzertifikaten und die damit einhergehende Abkehr von gesetzlich festgeschriebenen Emissionsobergrenzen ist ein prominentes Beispiel für die Implementierung von Marktmechanismen im Umweltsektor.
[94] Vgl. das gleichnamige Buch von Jürgen Habermas: Die neue Unübersichtlichkeit, Frankfurt am Main 1985

ration zu rechtfertigen, die umgekehrt das fortschrittliche Denken als archaisch erscheinen lässt."[95]

Gegenwärtig wird der Vollzug des neoliberalen Programms unter Verweis auf die sektorenübergreifenden Internationalisierungsschübe immerzu als „Anpassung an eine Naturnotwendigkeit",[96] als Orientierung an den Zwängen der Globalisierung gedeutet. Die ökonomischen Entwicklungsgesetze, die der Intensivierung der internationalen Wirtschaftsbeziehungen den Weg ebnen, entzögen sich letztlich der politischen Gestaltungssphäre. Erklärungsmuster, die auf global-ökonomische Gesetzmäßigkeiten abstellen, werden ferner herangezogen, um den Vorrang der Geld- vor der Fiskalpolitik zu rechtfertigen.[97] Dass meinungsführende Medien im Einklang mit (neo)konservativen und einigen sozialdemokratischen Regierungen den aus ihrer Sicht überbordenden Interventionsstaat nach wie vor als eigentliches Übel einer lahmenden Konjunktur ausmachen, wird an einer Empfehlung der britischen Wirtschaftszeitung *The Economist* aus dem Jahre 2002 deutlich. Dort heißt es unter Verweis auf den in der Bundesrepublik zu beobachtenden „Schlafwandel in die Stagnation": „In erster Linie ist der Arbeitsmarkt zu unflexibel. Zweitens sind Steuern und Sozialabgaben zu hoch und die Profite zu niedrig. Drittens und damit zusammenhängend sind Sozialleistungen, Renten und Gesundheitsfürsorge zu großzügig bemessen. Und viertens gibt es ein Übermaß an bürokratischer Reglementierung."[98]

2.1.3 Der Kronberger Kreis – einflussreicher Think-Tank verkehrspolitischer Beratung in der Bundesrepublik

Für die Verabschiedung von Gesetzen, Richtlinien, Erlassen, Verordnungen und Ausführungsbestimmungen zeichnen bekanntlich parlamentarische Mehrheiten sowie die Mitarbeiter in den zuständigen Ministerien und Verwaltungsbehörden

---

[95] Pierre Bourdieu, Der Mythos „Globalisierung" und der europäische Sozialstaat, in: ders., Gegenfeuer. Wortmeldungen im Dienste des Widerstands gegen die neoliberale Invasion, Bd. 1, a.a.O., S. 44

[96] Michael R. Krätke, Die neue Weltunordnung. Was ist neo und was ist liberal am Neoliberalismus?, in: Regina Stötzel (Hrsg.), Ungleichheit als Projekt, Globalisierung – Standort – Neoliberalismus, a.a.O., S. 25; vgl. weiterhin: Christoph Butterwegge, Wohlfahrtsstaat am Ende? – Stationen einer ideologischen Neuvermessung des Sozialen, in: ders./Rudolf Hickel/Ralf Ptak, Sozialstaat und neoliberale Hegemonie. Standortnationalismus als Gefahr für die Demokratie, Berlin 1998, S. 85-92

[97] So kam es 1973 zum Kollaps des Bretton-Woods-Systems, das bei seiner Gründung im Juli 1944 eine Stabilisierung des Weltfinanzsystems zum Ziel hatte. Mithin lässt sich feststellen, dass die Deregulierungsmaßnahmen vergleichsweise frühzeitig nicht auf den nationalen Raum beschränkt blieben.

[98] Xan Smiley, An uncertain giant – A survey of Germany: Loosen up or lose out. Germany has far too many rules and regulations, in: The Economist v. 7.12.2002, S. 10

verantwortlich. Erhöhte Aufmerksamkeit verdient und erfährt dagegen seit geraumer Zeit neben den bekannten politischen Entscheidungsprozessen und der damit verbundenen Einflussnahme durch Vertreter der betroffenen Lobbys ein weiteres Phänomen: die Existenz von Think-Tanks, die in der öffentlichen Debatte nicht als einflussreiche, politisch motivierte Organe wahrgenommen werden, sondern als der wissenschaftlichen Erkenntnis verpflichtete Arbeitsforen. Dabei fungieren einschlägige Denkfabriken nahezu weltweit als Resonanzboden für den neoliberalen Diskurs; eng geknüpfte Verbindungen zu politischen Entscheidungsträgern und einflussreichen Zeitungsredaktionen bescheren ihnen seit einigen Jahren einen Achtungszuwachs, der sowohl in der Bundesrepublik als auch in Großbritannien entscheidend dazu beitrug, dass sich mit der Wirtschafts- und Gesellschaftskrise der 70er-Jahre aussichtsreiche Perspektiven für eine Umsetzung neoliberaler Politikmuster boten.

Im Zusammenhang mit der Liberalisierung des bundesdeutschen Verkehrswesens, in deren Mittelpunkt die Reform von Bundes- und Reichsbahn stand, ist der *Kronberger Kreis* als besonders einflussreicher Think-Tank hervorzuheben, bekleidete doch die Mehrzahl seiner Mitglieder in entscheidenden Phasen der Reformanstrengungen unter der von Helmut Kohl geführten christlich-liberalen Regierung einflussreiche Ämter. Grundsätzlich zielt die Kritik der nach eigenem Bekunden dem Allgemeinwohl verpflichteten Denkfabrik auf den ausbleibenden bzw. nur unzureichend stattfindenden Strukturwandel, wobei die übergeordnete Bedeutung des Verkehrswesens nicht allein an der häufigen Nennung in Publikationen des Kreises, sondern insbesondere auch an der Herausgabe eines eigenen Bandes mit Vorschlägen zur Verkehrspolitik deutlich wird.[99]

Wenngleich die Mitglieder vorgeben, sich mit der Formulierung von Denkanstößen zu bescheiden, um die Soziale Marktwirtschaft zukunftsfähig zu machen, reicht ihr Einfluss nicht zuletzt aufgrund staatlich übertragener Aufgaben weit über den Wissenschaftsbetrieb hinaus in die politisch-institutionelle Sphäre hinein. Die Übernahme einflussreicher Ämter in der Monopol- bzw. der Deregulierungskommission, im Sachverständigenrat zur Begutachtung der gesamtwirtschaftlichen Entwicklung und im Bundesministerium für Finanzen lässt erkennen, wie es um die wahren Absichten bestellt war und nach wie vor ist. Von Anfang an waren sich die zu diesem Kreis zählenden Wissenschaftler einig, dass eine institutionelle respektive organisatorische Verankerung unabdingbar sein würde, sollten ihre Konzepte umgesetzt werden. Auf ehrgeizige Ambitionen dieser Art deutet ein weiterer Umstand hin: So lancierte der *Kronberger Kreis* unmittelbar nachdem CDU, CSU und FDP am 1. Oktober 1982 die Regierungsverantwortung übernommen hatten, eine eindeutig als Empfehlungsschreiben für

---

[99] Vgl. Frankfurter Institut für wirtschaftspolitische Forschung (Hrsg.), Mehr Markt im Verkehr. Reformen in der Verkehrspolitik, Schriften des Kronberger Kreises, Bd. 4, Bad Homburg 1984

die neue Bundesregierung zu deutende Publikation. In der Schrift, die den Titel „Mehr Mut zum Markt" trägt, propagiert der wissenschaftliche Beirat des *Frankfurter Instituts – Stiftung Marktwirtschaft und Politik* neben einer angebotsorientierten Politik eine Abkehr von der Sozialen Marktwirtschaft Erhardscher Prägung – wohl wissend, dass eine neue Regierung nicht, wie es eingangs heißt, „an die Prinzipien und Versprechen ihrer Vorgängerin" gebunden ist.[100]

Das 1982 gegründete *Frankfurter Institut – Stiftung Marktwirtschaft und Politik*, das bis 1994 als *Frankfurter Institut für wirtschaftspolitische Forschung* firmierte, und der *Kronberger Kreis* als wissenschaftlicher Beirat müssen als die bedeutendsten Institutionen bezeichnet werden, „die sich mit der Popularisierung und Verbreitung neoliberalen Denkens in Deutschland befassen."[101] Im Glauben daran, dass die Soziale Marktwirtschaft das einzige System sei, „in dem die elementaren Antriebe des einzelnen zur Verfolgung seiner Gesamtinteressen genutzt und gleichzeitig in den Dienst am Gemeinwohl gestellt werden",[102] wird für eine noch kompromisslosere Implementierung marktwirtschaftlicher Prinzipien geworben. Individuelle Verantwortung und die schöpferische Initiative jedes Einzelnen seien demnach Garanten für Ordnungs- und Antriebskräfte, die – einmal freigesetzt – schließlich für den gesamtwirtschaftlichen Wohlstand sorgten. Das Ausklammern marktwirtschaftlicher Komponenten hingegen führe unweigerlich zu einem bürokratisch verwalteten Wohlfahrtsstaat, der unter dem Eindruck kollektivistischer „Fehlprogrammierung von Politik und Gesellschaft"[103] eine effizienzorientierte Wirtschaftsordnung unterminiert.

Die antagonistische Struktur zwischen freier Marktwirtschaft einerseits und staatlich reglementierter Wirtschaftsgesellschaft andererseits bringt Herbert Giersch, von 1986 bis 1988 Präsident der MPS, in einer Gegenüberstellung der beiden Gesellschaftsentwürfe simplifiziert, aber eingängig zum Ausdruck: „Monopol versus Wettbewerb, Kommandowirtschaft versus Selbstregulierung, Bürokratie versus Marktwirtschaft, Kollektivismus versus Privatisierung, Sozialstaat versus Privatrechtsordnung, Sozialismus versus Individualismus."[104]

---

[100] Frankfurter Institut für wirtschaftspolitische Forschung (Hrsg.), Mehr Mut zum Markt. Wege zur Erneuerung von Wirtschaft und Gesellschaft, Bad Homburg 1982, S. 2
[101] Günter Bachmann/Dirk Kotzur, Der Kronberger Kreis. Think-Tank der Politikberatung und der Parteien, in: Herbert Schui/Ralf Ptak/Stefanie Blankenburg/dies. (Hrsg.), Wollt ihr den totalen Markt? Der Neoliberalismus und die extreme Rechte, München 1997, S. 239
[102] Gert Dahlmanns, Wirtschaftsordnung als Freiheitsordnung – eine Chance für ganz Europa, in: Herbert Giersch, Europas Wirtschaft 1991: Ordnungspolitische Aufgaben in Ost und West. Mit einem Vorwort von Gert Dahlmanns, Bad Homburg 1991, S. 7
[103] Frankfurter Institut – Stiftung Marktwirtschaft und Politik (Hrsg.), Deutschland in der Prüfung. Mit Mut zum Markt aus der Misere, Bd. 1, Bad Homburg 1998, S. 5
[104] Herbert Giersch, Ordnungspolitische Grundsatzfragen in Westeuropa, in: ders., Europas Wirtschaft 1991: Ordnungspolitische Aufgaben in Ost und West. Mit einem Vorwort von Gert Dahlmanns, a.a.O., S. 15

Wenngleich sich der *Kronberger Kreis* in den vergangenen Jahren auch Fragen des Parlamentarismus und der Zuwanderung annahm, lag das Schwergewicht doch auf Veröffentlichungen, die die marktliche Umgestaltung der Gesellschaft zum Gegenstand hatten. Das in den Publikationen bemühte Bild des Staates, der nach (wirtschaftlicher) Allmacht strebt, soll die vermeintliche Last des hohen Staatsanteils verdeutlichen und die geforderte Rückführung staatlicher Auf- und Ausgaben illustrieren. Die sektorenübergreifende Malaise liegt für die Verfasser in einer unüberschaubaren Vielzahl arbeits-, sozial-, umwelt- und steuerrechtlicher Bestimmungen; allein eine eindeutige Orientierung am Markt als der effizientesten Koordinationsform könne den Weg aus der Misere weisen, so der Tenor. Auf die Grundsatzerklärung aus dem Jahre 1982, „Mehr Mut zum Markt", folgte nur vier Jahre später eine gleichnamige Veröffentlichung mit dem Zusatz „Konkrete Problemlösungen", die exemplarisch und detailliert über die Zielsetzungen des deutschen Neoliberalismus Auskunft gibt. Verkürzt auf die Formel „Marktregulierung = Unordnung"[105] bringt der Beirat des Frankfurter Instituts seine ablehnende Haltung gegenüber Intensität und Anzahl staatlicher Marktregulierungen zum Ausdruck. Nach Auffassung der Wissenschaftler, die sich laut eigener Aussage zusammengefunden haben, „um ein schlüssiges Gesamtkonzept einer marktwirtschaftlich orientierten Erneuerung zu erarbeiten", sind regulierte Märkte „sämtlich ineffizient" und belasten daher öffentliche und private Haushalte. Die abschließende Bewertung, dass überall dort, wo „sog. ‚Marktordnungen' gelten, (…) Unordnung und nicht die Ordnung des Marktes" herrscht, liegt aus dieser Perspektive nahe.[106]

Warum der *Kronberger Kreis* als „Bindeglied zwischen neoliberaler Wirtschaftstheorie und Politik"[107] zu charakterisieren ist, wird deutlich, wenn man sich die personellen Verflechtungen seiner prominenten Mitglieder mit publizistischen Organen, Landes- und Bundesministerien sowie Politikberatungsgremien vor Augen führt. Nicht wenige Mitglieder des Gremiums nahmen zugleich gewichtige Aufgaben im Wissenschaftlichen Beirat des Bundeswirtschaftsministeriums wahr, unter ihnen Herbert Giersch, langjähriger Leiter des Kieler Instituts für Weltwirtschaft, Herbert Hax, der von 1992 bis 2000 dem Sachverständigenrat zur Begutachtung der gesamtwirtschaftlichen Entwicklung vorsaß, Otmar Issing, gleichfalls Mitglied im Sachverständigenrat und daneben im Direktorium der Deutschen Bundesbank vertreten, sowie Wernhard Möschel und der Kölner

---

[105] Frankfurter Institut für wirtschaftspolitische Forschung (Hrsg.), Mehr Mut zum Markt. Konkrete Problemlösungen, Schriften des Kronberger Kreises, Bd. 12, Bad Homburg 1986, S. 19
[106] Ebd., S. 3 u. 19
[107] Günter Bachmann/Dirk Kotzur, Der Kronberger Kreis. Think-Tank der Politikberatung und der Parteien, in: Herbert Schui/Ralf Ptak/Stefanie Blankenburg/dies. (Hrsg.), Wollt ihr den totalen Markt? Der Neoliberalismus und die extreme Rechte, a.a.O., S. 240

Emeritus C. Christian von Weizsäcker. Möschel gehörte der 1974 erstmalig einbestellten Monopolkommission als Vertreter der „Fünf Weisen" an, von Weizsäcker führte den in §§ 44-47 und § 42 Abs. 4 S. 2 des Gesetzes gegen Wettbewerbsbeschränkungen (GWB) festgeschriebenen Sachverständigenrat zur Begutachtung des Wettbewerbs von 1989 bis 1998 als Vorsitzender.

Zahlreiche Privatisierungskonzepte der „Kronberger" fanden auch deshalb Eingang in die Gesetzgebung, weil ein weiteres prominentes Mitglied, der Kölner Ökonom Prof. Juergen B. Donges, während des für die Privatisierung von Bahn, Post und Lufthansa maßgeblichen Zeitraums von 1989 bis 1991 den Vorsitz der Deregulierungskommission innehatte. Über seine Funktion als Mitglied des Sachverständigenrates zur Begutachtung der gesamtwirtschaftlichen Entwicklung, dessen Vorsitz er im Jahre 2000 übernahm, konnte er seit 1994 in den öffentlichkeitswirksamen Jahresgutachten Einfluss auf die wirtschaftspolitische Debatte nehmen, erhielt er doch von zwei weiteren „Wirtschaftsweisen", die zugleich Mitglieder des *Kronberger Kreises* waren, Rückendeckung.

Ohne die engen Verknüpfungen dieses *advocacy tank* mit den meinungsbildenden Presseorganen der Bundesrepublik im Detail darzulegen, sei darauf verwiesen, dass die personellen Verflechtungen seinerzeit bis in die Chefredaktion der *Wirtschaftswoche* und das Wirtschaftsressort der *Frankfurter Allgemeinen Zeitung* reichten.[108] Die Publikationen des *Kronberger Kreises* in Zusammenarbeit mit dem *Walter-Eucken-Institut* sind aufschlussreich, weil jenes 1954 in Freiburg gegründete Institut das Bundesministerium für Wirtschaft mit einem „kontinuierlichen Strom von Gutachten, Stellungnahmen, Forschungsberichten und Programmschriften" versorgte und außerdem lange Zeit als Personalreservoir für das Ministerium sowie angeschlossene Behörden diente.[109] Die Institu-

---

[108] Wolfram Engels war nicht nur Gründungsmitglied des *Kronberger Kreises*, sondern wurde Mitte der 1980er-Jahre überdies Herausgeber der Wirtschaftswoche; nebenbei sei erwähnt, dass ihm für diese Tätigkeit vom damaligen hessischen Kultusminister mehrere Freisemester gewährt wurden. Bereits in seiner Zeit als Ordinarius an der Wirtschaftswissenschaftlichen Fakultät der Johann Wolfgang Goethe-Universität Frankfurt am Main hatte Engels durch überzogene Kritik am Wohlfahrtsstaat von sich reden gemacht. So sah er nicht nur die Existenz der Zivilisation durch den Sozialstaat „deutscher" Prägung bedroht, sondern prangerte zugleich die „Ausbeutung der Arbeitslosenversicherung" an: „Hinter der Arbeitslosigkeit verbirgt sich oft ein zu zwei Dritteln bezahlter Urlaub" (1985, S. 11 u. 28).

[109] Karl-Heinz Roth, Klienten des Leviathan: Die Mont Pèlerin Society und das Bundeswirtschaftsministerium in den fünfziger Jahren, in: 1999. Zeitschrift für Sozialgeschichte des 20. und 21. Jahrhunderts, 16. Jg., Heft 2 (2001), S. 13-41; zu den Publikationen des *Walter-Eucken-Instituts*, die von Mitgliedern des *Kronberger Kreises* verfasst wurden, zählen u.a.: Wernhard Möschel, 70 Jahre deutsche Kartellpolitik (1972), Wolfram Engels, Eine konstruktive Kritik des Wohlfahrtsstaates (1979), Walter Hamm, Irrwege der Gesundheitspolitik (1980), Joachim Starbatty, Geldordnung und Geldpolitik in einer freiheitlichen Gesellschaft (1982), Christian Watrin, Der Weg zur Freiheit (1991) sowie Juergen B. Donges, Deregulierung am Arbeitsmarkt und Beschäftigung (1992). Aufschluss-

tionalisierung wirtschaftswissenschaftlicher Denkschemata, die das Subsidiaritätsprinzip im Verhältnis von Wirtschaft und Politik einseitig zugunsten des Marktes auslegen, ging damit zwangsläufig einher, wie eine Erklärung des Bundeswirtschaftsministeriums aus dem Jahre 1986 belegt: „Entscheidend für ein künftiges Begrenzen der individuellen wie gesamtwirtschaftlich nachteiligen Wirkungen von Bürokratie ist ein Klima, das das ‚Kostenbewußtsein' der politischen Entscheidungsträger stärkt", schließlich würden „andere Länder wie die USA, Großbritannien oder auch Japan in wichtigen volkswirtschaftlichen Bereichen (z.B. Telekommunikation, Verkehr) forciert deregulieren."[110]

Für die Absorption marktzentrierter Konzeptionen im politisch-institutionellen Raum besonders förderlich war die schon angeführte, von der Bundesregierung eingesetzte Deregulierungskommission, die maßgeblich von Olaf Sievert, Juergen B. Donges und dem Verkehrswissenschaftler Gerd Aberle geprägt wurde, standen ihrer Expertise doch intern keine deregulierungskritischen Stimmen gegenüber. Zwei Jahre nachdem die Kommission am 10. März 1988 erstmals zusammengetreten war, legten deren Mitglieder einen Teil ihres Berichts „Marktöffnung und Wettbewerb" vor, der auf die allgemein gehaltene Frage „Deregulierung als Programm?" ebenso Antworten geben sollte wie auf die Entwicklungsmöglichkeiten eines deregulierten Verkehrs- und Versicherungswesens. Aufgefordert, die volkswirtschaftlichen Kosten bestehender Regulierungen zu taxieren, konkrete Deregulierungsvorschläge unter Berücksichtigung der im Rahmen der Uruguay-Runde angestoßenen GATT-Verhandlungen zu erarbeiten und Empfehlungen für eine Flexibilisierung der Wirtschaft zu unterbreiten, gaben die Kommissionsmitglieder ein einstimmiges Votum zugunsten einer grundlegenden Deregulierung des Verkehrswesens ab. Unter Umständen gebotene Reaktionen auf ein daraus resultierendes Szenario wurden erstaunlicherweise gleich mitgedacht: „In der Tat, Deregulierung wird Straßenverkehr stark verbilligen und verbessern und es mag durchaus sein, daß er aus solchen und anderen Gründen stark zunimmt, so stark, daß wir ihn anschließend durch Abgaben wieder verteuern müssen, um ihn einzudämmen oder auf andere Verkehrsträger umzulenken, damit die Inanspruchnahme der Umwelt in Grenzen bleibt."[111] Nahezu gleich lautende Empfehlungen finden sich in dem Hauptgutachten der von C. Christian von Weizsäcker geführten Monopolkommission aus den Jahren 1992/93, in dem explizit die „unter ordnungspolitischen Gesichtspunkten halb-

---

reich erscheint zudem, dass das in der Rechtsform eines Vereins gegründete Institut zwischenzeitlich von der Deutschen Bank, der Dresdner Bank sowie der Bundesbank finanzielle Zuwendungen erhielt.
[110] BMWi-Memo vom 25.2.1986, S. 2, zitiert nach: Dieter Plehwe, Markt-Wissenschaft. Entstehung und Wirkung der „Deregulierungswissenschaft", in: Forum Wissenschaft, 11. Jg., Heft 1 (1994), S. 12
[111] Deregulierungskommission, Erster Bericht: Marktöffnung und Wettbewerb, Bonn 1990, S. 24

herzige Reformpolitik bei der Privatisierung der Deutschen Bundespost" kritisiert wird.[112]

Sicherlich darf davon ausgegangen werden, dass der paradigmatische Wandel in der Wirtschaftspolitik der Bundesrepublik nicht allein auf die Entsendung von Mitgliedern des *Kronberger Kreises* in einflussreiche politiknahe oder gar politische Ämter, sondern selbstverständlich auch auf die sozioökonomischen Rahmenbedingungen sowie die machtpolitischen Konstellationen jener Zeit zurückzuführen ist. In diesem Sinne ist auch die Konversion in der Wirtschaftspolitik des Vereinigten Königreichs nicht allein der Tatsache geschuldet, dass Margaret Thatcher zahlreiche Ratschläge des 1974 gemeinsam mit ihrem „Ideengeber" Keith Joseph gegründeten *Centre for Policy Studies* aufgriff und Friedrich A. von Hayek zu ihren engsten Beratern zählte. Gleichwohl liefern die personellen und institutionellen Verflechtungen insbesondere mit Blick auf die deutsche Bahnreform einen plausiblen Erklärungsansatz für die flächendeckende Realisierung neoliberaler Politikentwürfe. Der *Kronberger Kreis* muss im personellen Zusammenspiel mit der Monopol- und der Deregulierungskommission, dem Sachverständigenrat zur Begutachtung der gesamtwirtschaftlichen Entwicklung sowie den genannten Wirtschaftsforschungsinstituten und publizistischen Organen als mächtige Phalanx neoliberaler Politikberatung gewertet werden. Über die genannten Einrichtungen wirkte nicht zuletzt der *Kronberger Kreis* maßgeblich daran mit, eine vergleichsweise leicht verständliche, auf ein breites Publikum ausgerichtete ökonomische Interpretation wirtschaftlicher Zusammenhänge salonfähig werden zu lassen. Zu den bevorzugten Zielgruppen der u.a. im Rahmen von Gastbeiträgen im *Handelsblatt*, in der *Frankfurter Allgemeinen Zeitung* oder der *Financial Times Deutschland* vermittelten Botschaften zählen neben (Nachwuchs-)Wissenschaftlern auch Studierende, Multiplikatoren und Entscheidungsträger aus Politik und Wirtschaft.[113] Hinsichtlich des Erfolgs neoliberaler Einflusstechniken erwiesen sich zunehmend Überlegungen von Hayeks als zutreffend, der eine zielgenaue Etablierung und Besetzung von Institutionen für dringlich hielt, weil diese im Schulterschluss mit der *middle class* als „second hand dealers of ideas"[114] die gesamtgesellschaftliche Denkrichtung vorgäben.

---

[112] Monopolkommission, Mehr Wettbewerb auf allen Märkten, Hauptgutachten 1992/93, Baden-Baden 1994, S. 14

[113] Vgl. Dieter Plehwe, Internationale Vorbilder und transnationale Organisation deutscher Neoliberaler, in: Ulrich Müller/Sven Giegold/Malte Arhelger (Hrsg.), Gesteuerte Demokratie? Wie neoliberale Eliten Politik und Öffentlichkeit beeinflussen, a.a.O., S. 34 f.

[114] Vgl. Friedrich A. von Hayek, Prologue. The Rediscovery of Freedom: Personal Recollections, in: Bruce Caldwell (ed.), The Collected Works of F. A. Hayek, Vol. 4, The Fortunes of Liberalism. Essays on Austrian Economics and the Ideal of Freedom, London 1992, S. 193

2.2 Die Preisgabe staatlicher Steuerung in der Verkehrspolitik

Es scheint unverständlich, warum eine kritische Aufarbeitung neoliberaler Konzepte zur Verkehrspolitik im wissenschaftlichen Kontext bislang unterblieben ist, konkretisieren sich doch gerade in der Debatte um die anzustrebende Entwicklung der Verkehrsinfrastruktur, das Verkehrspreisniveau und die verkehrsträgerspezifische Anlastung externer Kosten neoliberale Handlungsempfehlungen. So verweisen Verkehrsexperten, die das Übel des ständig steigenden Verkehrsaufkommens mit überflüssigen administrativen Fesseln unter dem Stichwort „Flankenschutz" sowie einer marktfernen Verkehrsversorgung begründen, auf die aus ihrer Sicht unüberwindbare Ineffizienz des öffentlichen Sektors. Indem sie Fehlinvestitionen, Unwirtschaftlichkeit, Leistungsschwäche und Fehlallokationen als Spezifika staatlicher Organe begreifen, rekurrieren sie auf ein weidlich bekanntes Argumentationsmuster. Negiert werden nicht allein die Besonderheiten des Verkehrs, sondern auch die Tatsache, dass der Wettbewerbsmechanismus im Zusammenhang mit einer allein marktgerechten Verkehrsbedienung gravierende volkswirtschaftliche Fehlentwicklungen evoziert. Die Abwesenheit einer interpersonell vergleichbaren Präferenzordnung wird zum Anlass genommen, der Befriedigung gesellschaftlicher Mobilitätsbedürfnisse durch den Markt bei gleichzeitigem Verzicht auf staatliche Reglementierung der Verkehrsmärkte das Wort zu reden.[115]

So resultiert aus der Überzeugung, dass es der Zurückdrängung sozialstaatlicher Redistribution bedarf, die Forderung, Verkehrspolitik unter keinen Umständen als Instrument der Sozialpolitik zu verstehen. Eine Subventionierung bestimmter Verkehrsleistungen wird unter Verweis auf Effizienz mindernde Strukturverzerrungen im Verkehrsbereich selbst dann für unzulässig erachtet, wenn bestimmte Verkehrsleistungen überwiegend von einkommensschwachen Personengruppen in Anspruch genommen werden. Die Existenz des Job-Tickets als Zeitkarte für Arbeitnehmer zu vergünstigten Konditionen wird infolgedessen ebenso kritisiert wie das bundesweit aufgelegte Schüler-Ticket oder der ehemals für Familien mit wenigstens drei Kindern ausgestellte Wuermeling-Pass, der einer kostenlosen BahnCard 50 entsprach und im Volksmund „Karnickelpass" genannt wurde. Die Sozialverträglichkeit dieser Realtransfers wird unter Verweis auf die Gruppe der Nichtbegünstigten in Frage gestellt, obwohl sich hinsichtlich der Anspruchsgrundlagen keine Änderungen zugunsten der sozial Benachteiligten eingestellt hatten.[116]

---

[115] Vgl. Konrad Morath, Verkehrspolitik als Optimierungsaufgabe, in: Frankfurter Institut für wirtschaftspolitische Forschung (Hrsg.), Verkehrspolitik kontrovers, Bad Homburg 1992, S. 11-30
[116] Dabei rechtfertigt selbst Samuel Brittan als einer der prominentesten Vertreter des Wirtschaftsliberalismus neoliberaler Prägung staatliche Korrekturen über den Preismechanismus aus „paternalisti-

Unter Missachtung des Begriffs „Verkehr*splanung*" wird die planerische Herangehensweise der Verkehrsbehörden als Facette eines überzogenen Dirigismus in Zweifel gezogen. Skeptiker einer von Zielvorgaben geleiteten Verkehrspolitik befürchten, dass die DB AG allen Strukturreformen zum Trotz wie ihre Rechtsvorgängerin ein aus eigener Kraft nicht lebensfähiger Betrieb bleiben wird, sofern kein Abrücken von Planungsaspekten erfolgt. Maßstab der Verkehrspolitik sollten demnach weniger gesamtgesellschaftliche Zielsetzungen sein als vielmehr solche, die eine Orientierung an Angebotsüberschüssen und Nachfrageunterhängen bzw. betriebswirtschaftlichen Gewinn- und Verlustrechungen vorsehen. In concreto heißt dies, dass Ziele wie eine Minderung der Emissionen, eine infrastrukturelle Belebung strukturschwacher Regionen, eine Drosselung des Straßenverkehrsaufkommens etc. nachrangig sind gegenüber auf Anhieb sichtbaren, primären Marktergebnissen. Die Einstellung des Verkehrs ist schlicht dann geboten, „wenn die diskontierten Ausgaben (und externen Kosten) über den diskontierten Einnahmen (und den externen Nutzen) liegen."[117] Die Einstellung defizitärer Verkehrsbereiche wie dem Bahnbetrieb in ländlich geprägten Regionen wird billigend in Kauf genommen, der Netzcharakter des Systems Schiene mit der Notwendigkeit eines ausreichenden Zubringerverkehrs zu den IC-, ECund ICE-Verbindungen schlichtweg verkannt.

Doch auch an anderer Stelle bleiben bedeutsame Sekundäreffekte unberücksichtigt. Die Feststellung, dass eine enge Vernetzung der Verkehrssysteme bislang nicht ausreichend umgesetzt wurde, reicht den Apologeten eines unter allen Gesichtspunkten marktkonformen Verkehrssystems aus, um die Forderung nach einer weitreichenden Privatisierung der Verkehrsinfrastruktur zu erheben. Ausgeblendet wird dabei, dass etwa mit der von Seiten der FDP-Bundestagsfraktion geforderten Privatisierung von *Park & Ride*-Anlagen nicht nur deren kostenfreie Nutzung zur Disposition gestellt würde, sondern zugleich ein entscheidender Anreiz für das Umsteigen auf die Bahn verloren ginge. Weiterhin wird ein generelles Verbot der Quersubventionierung verlangt, d.h. die von einem Verkehrsträger entrichteten Abgaben sollen ausschließlich dessen Infrastruktur zugute kommen. Das Aufkommen aus KFZ- und Mineralölsteuer dürfte demzufolge

---

schen Beweggründen", indem er auf William Baumhols Feststellung rekurriert, dass der marginale Nettowert, „den die Betroffenen den Einwirkungen verschiedener Industrien beimessen würden" (1976, S. 76) regelmäßig nicht bekannt sei. Weshalb die Beeinflussung des Preismechanismus ein probates Mittel der Regierungspolitik ist, erläutert Brittan in seinem Werk „Die Ökonomie der Freiheit. Plädoyer für eine liberale Wirtschaft", wo es heißt: „Eine liberal-utilitäre Regierung kann [den Preismechanismus] einsetzen, um die Marktwirtschaft als Mittel individueller Bedürfnisbefriedigung zu verbessern" (ebd.). Wo es nützliche oder schädliche Nebenwirkungen gibt, die der Markt von sich aus nicht berücksichtigt, müsse zu Steuern oder Subventionen gegriffen werden.
[117] Frankfurter Institut für wirtschaftspolitische Forschung (Hrsg.), Mehr Markt im Verkehr, Schriften des Kronberger Kreises, Bd. 4, a.a.O., S. 23

Die Preisgabe staatlicher Steuerung 59

ebenso wenig zugunsten des Verkehrsträgers Schiene eingesetzt werden wie die Einnahmen aus der LKW-Schwerverkehrsabgabe.

Ungeachtet der Möglichkeit, in Reichweite von Gleisanlagen neue Industrie- und Gewerbegebiete anzusiedeln (wie z.B. mit der Erschließung des Düsseldorfer Hafens und des „Rheinbogen Wesseling" bei Köln gelungen), wird eine drastische Reduzierung der Zahl von Bedienungspunkten im Güterverkehr gefordert.[118] Diese Forderung knüpft an die Empfehlung an, das Leistungssortiment der Bahn allein den jeweiligen Marktgegebenheiten anzupassen, ohne gegebenenfalls verkrustete Raumstrukturen zugunsten des Systems Schiene aufzubrechen. Bereits im Vorfeld der Bahnreform wurden die von der DB AG erzielten Umsätze nicht mehr als Nachweis wirtschaftlicher Leistungskraft, sondern als Resultat politischer Entscheidungsprozesse begriffen. Folglich werden bspw. Anschubfinanzierungen, welche die Bahn für den Aus- und Neubau der Infrastruktur aus dem Bundeshaushalt erhält, als Fortführung der Tradition deutscher Staatsbahnen gedeutet, ihr Geld nicht in erster Linie im Wettbewerb am Markt, sondern im Parlament zu verdienen. Analog zu Vorstellungen in der Wirtschafts- und Sozialpolitik deuten die Vertreter einer neoliberalen Verkehrswende die Implementierung wettbewerblicher Marktstrukturen im Verkehrssektor nicht als Preisgabe staatlicher Handlungsoptionen, sondern als geeignetes Instrument, eine ihrer Auffassung nach „strukturkonservierende Verkehrspolitik"[119] zu reformieren.

Letztlich zielt eine Abkehr von der als dirigistisch gescholtenen Verkehrspolitik auf ein Transportsystem, in dem sich die Preisbildung ohne staatliche (Korrektur-)Maßnahmen vollzieht und ausschließlich die Leistungsfähigkeit sowie die anfallenden Kosten als Entscheidungskriterien für das nachgefragte Verkehrsmittel herangezogen werden. Unter dem Stichwort „Teuer ‚geordneter' Verkehr" findet sich in der eingangs skizzierten Veröffentlichung des *Kronberger Kreises* „Mehr Mut zum Markt. Wege zur Erneuerung von Wirtschaft und Gesellschaft" der Hinweis auf Deregulierungsmaßnahmen, die gewährleisten würden, „dass für jede Transportaufgabe jenes Verfahren zum Zuge kommt (Bahn, Kraftwagen, Schiff, Flugzeug), das das kostengünstigste ist."[120]

Die Tatsache, dass die Bundesbahn im letzten Jahr ihres Bestehens nicht einmal mehr ihre Personalkosten aus eigenen Erlösen erwirtschaften konnte, veranlasste in der Vergangenheit nicht nur Vertreter des *Kronberger Kreises* zu der Empfehlung, unternehmerische Entscheidungsspielräume auszuweiten und die Bahnleitung auf eine kostendeckende Betriebsführung zu verpflichten. Allein dieser Hinweis lässt erkennen, dass meist ausschließlich die unzureichende Ent-

---
[118] Ebd., S. 28
[119] Ebd., S. 8
[120] Ebd., S. 11

faltung des Marktmechanismus als Erklärung für defizitäre Strukturen herangezogen wird – gleich, ob es sich um das soziale Sicherungssystem oder aber um das Verkehrs- bzw. Bahnwesen handelt. Nahezu zwangsläufig resultiert aus dieser eindimensionalen Argumentation eine einseitig marktorientierte Handlungsempfehlung, die sich in dem bereits erwähnten Memorandum des *Kronberger Kreises* findet. Mit der Privatisierung des Bahnwesens wurde dieser Empfehlung von Seiten der Bundesregierung gefolgt, obwohl erkennbar war, dass staatliche Zuschusszahlungen nicht zu vermeiden sein würden.

2.3 Kritik an einer Ökonomisierung ohne politische Normierung

„Wir wissen zur Genüge, dass es töricht wäre, Markt, Wettbewerb und das Spiel von Angebot und Nachfrage für Einrichtungen zu halten, von denen wir auf allen Gebieten und unter allen Umständen das Beste erwarten können. Diese allgemeine Erkenntnis, die niemand mehr als der Freund der Marktwirtschaft beherzigen sollte, führt uns zu der besonderen, dass der Markt (…) einseitig diejenige Aktivität begünstigt, die Quelle des Gewinns ist, während die gegen diese Aktivität vorzubringenden Gründe auf dem Markte nicht zur Geltung kommen und doch im Allgemeininteresse das größte Gewicht haben sollten. Der Markt wird damit für letzte wichtige Entscheidungen unzuständig."[121]

Das Zitat des Ordoliberalen Wilhelm Röpke, der bereits auf dem Gründungstreffen der MPS für eine Wirtschaftsordnung des „ökonomischen Humanismus" eintrat, deutet an, was sich an Kritik mit dem (bisweilen inflationär gebrauchten) Begriff des Neoliberalismus verbindet. Mag der Begriff gelegentlich zu einer plakativen Generalkritik an den wirtschaftlichen Entwicklungen unserer Zeit geraten sein, so bildet er doch unzweifelhaft auch die „Negativfolie des modernen Kapitalismus mit einem globalisierten Markt, indem nur der Wettbewerb zählt",[122] ab. Tatsächlich wird der deutsche Neoliberalismus im populärwissenschaftlichen Kontext bisweilen als Vulgärliberalismus bezeichnet, weil er das Freiheitspathos überhöht und von staatlicher Seite aufrechterhaltene Koordinaten von wenigen Ausnahmen abgesehen als eine Art „institutionelle Freiheitsberaubung" begreift.[123] In der Folge einer einseitigen Fixierung auf Marktfreiheit droht ihm dauerhaft der Makel moralischer und politischer Substanzlosigkeit anzuhaften. In gewisser Hinsicht emblematisch für derartige Verfehlungen des Neoliberalismus, der im Kern „eine modernisierte und radikalisierte Variante des

---

[121] Wilhelm Röpke, Jenseits von Angebot und Nachfrage, Bern/Stuttgart 1979 (5. Auflage), S. 200
[122] Gerhard Willke, Neoliberalismus, a.a.O., Klappentext
[123] Vgl. Jan Roß, Die neuen Staatsfeinde. Was für eine Republik wollen Schröder, Henkel, Westerwelle und Co.? Eine Streitschrift gegen den Vulgärliberalismus, Frankfurt am Main 2000, S. 37-46

klassischen Wirtschaftsliberalismus"[124] darstellt, sind die seit den 90er-Jahren krisengeschüttelten Finanzmärkte Lateinamerikas (Mexiko, Argentinien, Brasilien, Chile). Aber auch auf anderen Märkten produzierte das aus der Krise des Fordismus hervorgegangene neoliberale Projekt Missstände, die aus der einseitigen Ausrichtung eines Staates resultieren, der sich nurmehr als Sachwalter günstiger Standortbedingungen geriert, indem die Dienstleistungsmentalität zum primären Handlungsmotiv erhoben wird.

Zwar beginnt die Debatte um die neoliberale Wende und die damit einhergegangene monetaristische Konterrevolution sowohl die Wirtschafts- und Sozialwissenschaften in konkurrierende Lager als auch zahlreiche fortgeschrittene Gesellschaften weltanschaulich zu spalten, gleichwohl scheint es zum jetzigen Zeitpunkt gewagt, von einem „ontologischen Schisma"[125] zu sprechen, nur weil Grundkategorien des menschlichen Denkens und Handelns tangiert sind. In jedem Fall kündigen die Protagonisten neoliberaler Politikgestaltung mit der Forderung nach einem Abbau und einer Schwächung intermediärer Träger von Regulierung (konzertierte Aktionen, Tarifvertragswesen, betriebliche Mitbestimmung, Bundesagentur für Arbeit etc.) den korporatistischen, konsensorientierten Diskurs auf, der sich mit dem *New Deal* unter Roosevelt zunächst in den USA etablieren und schließlich auch in der Bundesrepublik gesellschaftliche Stabilität und sozialen Frieden sichern konnte. In dem Glauben, jegliche wirtschaftliche Entscheidung unter dem Eigennutzaxiom als Verhaltensannahme an den *homo oeconomicus* subsumieren zu können, negieren sie wohlfahrts- und sozialstaatliche Überlegungen, die im Kontext des Pareto-Optimums[126] als Optimalzustand bewertet werden. Allein die wettbewerbliche Ordnung werde mittels der preistheoretischen Selbstregulierung der Marktkräfte das Optimum an Wohlfahrt hervorbringen, so die neoliberale Argumentationslinie.

Auf dieses Erklärungsmuster, das einer Verabsolutierung der Marktautomatik gleichkommt, wird von neoliberaler Seite in verschiedensten Kontexten zurückgegriffen.[127] Danach stellt der Markt ein Regelwerk dar, welches die An-

---

[124] Ralf Ptak, Neoliberalismus, in: Wissenschaftlicher Beirat von Attac (Hrsg.), ABC der Globalisierung. Von „Alterssicherung" bis „Zivilgesellschaft", a.a.O., S. 132
[125] Vgl. Siegfrid Katterle, Systematische Kritik am Konzept und an den Folgen neoliberaler Wirtschafts- und Gesellschaftspolitik, in: Martin Büscher (Hrsg.), Markt als Schicksal? Zur Kritik und Überwindung neoliberaler Wirtschafts- und Gesellschaftspolitik, Bonn 1998, S. 17-28
[126] Der benachbarte Begriff der Pareto-Effizienz weist im Gegensatz zur technischen oder Produktionseffizienz eine normative Dimension auf. Letztere bezieht sich auf die Güterproduktion und wird wie folgt definiert: „Ein bestimmtes Güterbündel A wird dann als technisch effizient bezeichnet, wenn unter gegebenen Produktionsbedingungen kein anderes Güterbündel existiert, das mehr von zumindest einem Gut enthält als A, ohne deshalb weniger von allen anderen in A vorhandenen Gütern zu enthalten" (Herbert Schui/Stefanie Blankenburg 2002, S. 84 f.).
[127] Vgl. dazu: Walter Eucken, Grundsätze der Wirtschaftspolitik, Tübingen 1990 (6. Auflage), S. 370 u. Wilhelm Röpke, Maß und Mitte, Erlenbach/Zürich 1950, S. 93-99; schon diese beiden Autoren

wendung von Kategorien wie Gerechtigkeit und Sozialverträglichkeit nicht zulässt. Dabei werden die Kosten für soziale Inklusion schlicht nicht in Relation gesetzt zu Folgekosten, die gesellschaftliche Verwerfungen und Disparitäten in Form von Kriminalität, Ghettoisierung, Verwahrlosung, Drogensucht etc. mit sich bringen.

Diese insofern verkürzte Betrachtung findet ihren historischen Bezug in einer Einschätzung von Hayeks Ende der 70er-Jahre, als er auf den keynesianisch geprägten Wohlfahrtsstaat Bezug nehmend formulierte: „Wahr ist nur, daß eine soziale Marktwirtschaft keine Marktwirtschaft, ein sozialer Rechtsstaat kein Rechtsstaat, ein soziales Gewissen kein Gewissen, soziale Gerechtigkeit keine Gerechtigkeit – und ich fürchte auch, soziale Demokratie keine Demokratie ist."[128] Diejenigen, die das Prädikat „sozial" als pleonastische Hinzufügung oder als „Wieselwort"[129] und die Marktordnung aufgrund des menschlichen Eigennutzens als moralisches Konzept begreifen, wenden sich konsequent gegen eine Korrektur der Marktergebnisse, insbesondere auch gegen eine sekundäre Umverteilung, die materielle Ungleichheiten abfedert. Euckens Postulat, wenn der freie Markt herrschen solle, müsse man sich diesem auch anpassen,[130] erweist sich in vielen Bereichen des menschlichen Zusammenlebens als aus ethischer Sicht verfehlt und erntet berechtigten Widerspruch, weil der Markt nicht herrschen, sondern – wie auch vom neoklassischen Mainstream betont – gleichsam „aus sich heraus" eine Hebung des gesamtgesellschaftlichen Wohlstands bewirken soll.

---

sehen die Durchsetzung der Wettbewerbsordnung als ausreichend an, um von staatlicher Seite soziale und ethische Maßstäbe zu wahren. Da es „in strenger Ausschließlichkeit nur die Wahl zwischen dem Preisautomatismus oder der behördlichen Befehlswirtschaft" (Wilhelm Röpke 1950, S. 93) gebe, habe man der preistheoretischen Selbstregulierung im Rahmen einer Aufwertung der Marktkräfte den Vorzug zu geben. Die Argumentationslinie gleicht den Vorstellungen des *Kronberger Kreises*, der in zahlreichen Publikationen auf die Wohlstand steigernde Wirkung des Wettbewerbs verweist, der Sozialpolitik überflüssig werden lasse und eine Abkehr vom Staat als „Rundumversorger" sicherstelle (vgl. Frankfurter Institut – Stiftung Marktwirtschaft und Politik 1998 a, S. 2-7).
[128] Friedrich A. von Hayek, Wissenschaft und Sozialismus, Vorträge und Aufsätze des Walter-Eucken-Instituts, Heft 71, Tübingen 1979, S. 61; Hayek spricht vom „Atavismus sozialer Gerechtigkeit" und rekurriert in seiner Begründung, weshalb er das Streben nach sozialer Gerechtigkeit für entwicklungsgeschichtlich überholt hält, auf die fehlende Allgemeinverbindlichkeit des Begriffs: „Niemand hat bis jetzt eine einzige allgemeine Regel herausgefunden, aus der wir für alle Einzelfälle, auf die sie anzuwenden wäre, ableiten könnten, was ‚sozial gerecht' ist – ausgenommen die Regel ‚gleicher Lohn für gleiche Arbeit'" (1977, S. 25).
[129] Friedrich A. von Hayek wählte das Wort (1983, S. 4), um zu illustrieren, dass das Attribut „sozial" die Marktwirtschaft ihres Inhalts beraube, obwohl es die Hülle hinterlässt. Mit dem von Fritz Machlup erstmalig verwandten Bild stellte er eine Analogie zu einem Wiesel her, welches über die Fähigkeit verfügt, ein Ei auszusaugen, ohne dass dieses zerstört wird (Bernhard Walpen 2004, S. 327).
[130] Vgl. Walter Eucken, Grundsätze der Wirtschaftspolitik, a.a.O., S. 371

Unter der Vorhaltung, Neoliberale seien Apologeten eines neuen Sozialdarwinismus und huldigten der Kultur des „Survival of the fittest", prangern gemäßigte wie radikale Kritiker die fortschreitende Deregulierung und Flexibilisierung sowie die Rigorosität und Anonymität des Marktes an. Während Richard Sennett, der in seinem 1998 zunächst in englischer Sprache veröffentlichten Werk „Der flexible Mensch – Die Kultur des neuen Kapitalismus" die Anforderungen des globalen Kapitalismus an die Subjekte analysiert, hinter dem sich aller Verantwortung entledigenden Kapitalismus den „Imperativ der Rendite"[131] sieht, kritisieren andere den Rückfall in die Zeiten des Manchesterkapitalismus als schieren „Marktfundamentalismus"[132], wenngleich einige von ihnen – wie auch Anthony Giddens selbst – nicht vor der Reartikulation neoliberaler Positionen gefeit sind. Kritiker, die einer ethisch-kommunitarischen Denkrichtung entstammen, beklagen die fehlende soziale Austarierung des Marktes durch staatliche Einrichtungen, wenn sie „die Individuen (...) als zitternde Atome in der Kälte des Neoliberalismus alleingelassen" sehen.[133]

Herber fällt die Kritik an der vielerorts als „economia triumfans" gepriesenen Neuformatierung des Liberalismus bei denjenigen aus, die jenseits der genannten Kritikpunkte destruktive Elemente hinsichtlich der gesellschaftlichen Entwicklung erkennen. Sie geißeln den „Kapitalismus ohne Maske" (Noam Chomsky) als „säkularisierte Heilslehre" (Heribert Prantl), die neoliberale Utopie als eine Art „fleischgewordene Höllenmaschine" (Pierre Bourdieu) oder stellen auf die „Delegitimierung [des Sozialstaates] durch den Liberalkonservatismus" (Christoph Butterwegge) ab.[134] Ob der Verweis auf die inhärente Stabili-

---

[131] Richard Sennett, Der flexible Mensch. Die Kultur des neuen Kapitalismus (amerikanische Originalausgabe: The Corrosion of Character. The Personal Consequences Of Work in the New Capitalism, Norton 1998), Berlin 2000, S. 11

[132] Vgl. Anthony Giddens, Konsequenzen der Moderne (britische Originalausgabe: The Consequences of Modernity, Cambridge 1990), Frankfurt am Main 1995 (2. Auflage); ders., Jenseits von Links und Rechts: Die Zukunft radikaler Demokratie (britische Originalausgabe: Beyond Left and Right – the Future of Radical Politics, Cambridge 1994), Frankfurt am Main 1997; ders., Der dritte Weg. Die Erneuerung der sozialen Demokratie (britische Originalausgabe: The Third Way. The Renewal of Social Democracy, Cambridge 1998), Frankfurt am Main 1999

[133] Walter Reese-Schäfer, Kommunitarismus, Frankfurt am Main/New York 2001, S. 131

[134] Noam Chomsky, Profit over People. Neoliberalismus und globale Weltordnung (amerikanische Originalausgabe: Profit over People. Neoliberalism and Global Order, New York 1999), Hamburg/Wien 2002, S. 9; Heribert Prantl, Kein schöner Land. Die Zerstörung der sozialen Gerechtigkeit, München 2005, S. 116; Pierre Bourdieu, Der Neoliberalismus. Eine Utopie grenzenloser Ausbeutung wird Realität, in: ders., Gegenfeuer. Wortmeldungen im Dienste des Widerstands gegen die neoliberale Invasion, Bd. 1, Konstanz 1998, S. 114; Christoph Butterwegge, Wohlfahrtsstaat am Ende? – Stationen einer ideologischen Neuvermessung des Sozialen, in: ders./Rudolf Hickel/Ralf Ptak, Sozialstaat und neoliberale Hegemonie. Standortnationalismus als Gefahr für die Demokratie, a.a.O., S. 70; vgl. zur Legitimation der Transformation des Sozialstaates: Christoph Butterwegge,

tät des Marktes einer „quasi-religiöse[n] Botschaft von der Heilswirkung"[135] desselben gleichkommt, mag Anlass zu Diskussionen geben, verdeutlicht jedoch zweifellos einen beständig vorgetragenen Einwand. In der öffentlichen Wahrnehmung gilt der ökonomische „Erneuerungskurs, der Sozialromantik beiseite lässt",[136] gemeinhin als alternativlos, selbst namhafte Bedenkenträger fristen gegenwärtig ein Schattendasein jenseits bedeutsamer medialer Resonanz.

2.3.1 Der Staat als wettbewerbshemmender Kostgänger?

Im Mittelpunkt neoliberaler Überlegungen steht der Staat als „Kostgänger", der mit dem Finanzierungsbedarf überbordender Sozial- und Infrastrukturleistungen die privaten Haushalte über Gebühr belastet. Dabei reicht den Befürwortern eines *lean state* der Hinweis auf die im Zeitraum von 1950 bis 2003 um 12,1 auf 45,6 Prozent gestiegene und im internationalen Vergleich überdurchschnittlich hohe Staatsquote meist aus, um die staatliche Beanspruchung volkswirtschaftlicher Ressourcen abzulehnen.[137] Die zur Finanzierung des öffentlichen Sektors unerlässlichen Steuereinnahmen werden pauschal als „Beleg einer die Gesellschaft kolonialisierenden Staatsmaschinerie"[138] gedeutet – eine Wertung, deren postulierte Allgemeingültigkeit einer näheren Überprüfung nicht standhält. So wie die Feststellung zutrifft, dass *Crowding-Out*-Effekte und fiskalische Zugriffe auf unternehmerische Wertschöpfung den Spielraum für privatwirtschaftliche Investitionen mindern, ist die Annahme, eine privatwirtschaftliche Verwendung von Geldern sei der öffentlichen stets überlegen, unzutreffend.

Rechtfertigung, Maßnahmen und Folgen einer neoliberalen (Sozial-)Politik, in: ders./Bettina Lösch/Ralf Ptak, Kritik des Neoliberalismus, Wiesbaden 2008 (2. Auflage), S. 143-154

[135] Karl G. Zinn, Wie Reichtum Armut schafft. Weshalb die neoliberalen Versprechungen nicht aufgehen, Referat beim Autoren-Forum des Katholisch-Sozialen Instituts in Bad Honnef vom 3. bis 7. Juli 2005 (unveröffentlichtes Manuskript), S. 2

[136] Gerlinde Sinn/Hans-Werner Sinn, Kaltstart. Volkswirtschaftliche Aspekte der deutschen Vereinigung, München 1993, S. 485; von den Kritikern wird die Beschwörung der Alternativlosigkeit auch als TINA-Syndrom bezeichnet, wobei das Akronym für „There is no alternative" steht. „Das Ersetzen der Debattenkultur durch das so genannte TINA-Prinzip" stellt für den Fernsehjournalisten Thomas Leif denn auch einen „der Hauptgründe für den durchschlagenden Erfolg neoliberaler Ideologie in Wissenschaft und Medien" dar (2004, S. 86).

[137] Bundesamt für Statistik, Statistisches Jahrbuch 1994 für die Bundesrepublik Deutschland, Wiesbaden 1994, S. 531 (Tabelle 20.5.1); Bundesamt für Statistik, Statistisches Jahrbuch 2004 für die Bundesrepublik Deutschland, Wiesbaden 2004, S. 732 (Tabelle 23.4); Bundesministerium der Finanzen, Entwicklung der Staatsquote, Information Nr. 4 v. 24.5.2007, S. 1

[138] Mario Candeias, Neoliberalismus – Hochtechnologie – Hegemonie. Grundrisse einer transnationalen kapitalistischen Produktions- und Lebensweise. Eine Kritik, Hamburg 2004, S. 287

Kritik an einer Ökonomisierung ohne politische Normierung 65

Die Überlegenheit privater Investitionstätigkeit ist nämlich nur dann anzunehmen, wenn ausschließlich auf den „hoheitlich verordneten Entzug"[139] privatwirtschaftlicher Wertschöpfung in Form von Steuern abgestellt wird. Ein profundes Urteil lässt sich aber nur dann gewinnen, wenn zugleich die Komplementaritäten in den Blick genommen werden, d.h. die Folgewirkungen öffentlicher Aufgabenwahrnehmung in ihrer Gesamtheit erfasst werden. Fände die Gesamtinzidenz im sozialwissenschaftlichen Mainstream keinen Rückhalt, wäre die Theorie öffentlicher Güter längst hinfällig, was trotz der häufig zitierten, von Mancur Olson, Garrett Hardin u.a. erschöpfend ausgeführten *Free-Rider*-Problematik nicht der Fall ist. Die Theorie der öffentlichen Güter legitimiert nicht nur korrigierendes oder kompensierendes Eingreifen von staatlicher Seite, sondern ist zudem eng mit der Frage nach der Präferenzordnung einer Gesellschaft verknüpft. Gerhard Willke bestreitet unter Verweis auf Samuel Brittan ebenso wie der *Kronberger Kreis*, dass es ein gesamtgesellschaftliches Interesse an bestimmten Gegebenheiten gibt, geschweige denn geben muss, wenn er formuliert: „Es gibt *a priori* kein Gesamtinteresse, vielmehr ergibt sich ein – von niemandem gewusstes, von niemandem angestrebtes – Gesamtinteresse emergent aus der Interaktion der Individuen."[140]

Kritik an der neoliberalen Theoriebildung provoziert ferner die gleichsam einseitige wie wenig detailversessene Perzeption der bestehenden gesellschaftlichen Verhältnisse. Unter Ausblendung kultureller, historischer, institutioneller und geographischer Eigenheiten einzelner Länder und Regionen zielt die Strategie darauf ab, „den Kapitalismus von allen sozial- und wohlfahrtsstaatlichen Beimischungen (...) zu reinigen."[141] Entscheidende Facetten des ökonomischen Systems, die seit Jahrzehnten, teilweise seit Jahrhunderten, zu Stabilisatoren der Sozial-, Steuer-, Finanz-, Umwelt- und Verkehrspolitik herangereift sind, bleiben bei einer derartigen Betrachtung unberücksichtigt. Diese Reduktion von Komplexität ist ein maßgeblicher Grund, weshalb die neoliberale Sichtweise auch jenseits der wissenschaftlichen Debatte, d.h. außerhalb der *scientific community*, beträchtliche Resonanz gefunden hat. Die angedeutete Simplifizierung konkretisiert sich etwa in der verkürzten Betrachtung der mit zahlreichen Implikationen behafteten Rückführung staatlicher Tätigkeiten in dem fundamentalen Glauben an die grundsätzliche Überlegenheit marktwirtschaftlicher Prinzipien in sämtlichen Sphären einer Volkswirtschaft. Dabei werden der freie Markt zum Mythos

---

[139] Rudolf Hickel, Fiskalpolitik, Staatshaushalt und Strukturreform. Anmerkungen zur chaotischen Debatte über die Zukunft des öffentlichen Sektors, in: Martin Büscher (Hrsg.), Markt als Schicksal? Zur Kritik und Überwindung neoliberaler Wirtschafts- und Gesellschaftspolitik, Bonn 1998, S. 152
[140] Gerhard Willke, Neoliberalismus, a.a.O., S. 70 (Hervorh. im Original)
[141] Michael R. Krätke, Die neue Weltunordnung. Was ist neo und was ist liberal am Neoliberalismus?, in: Regina Stötzel (Hrsg.), Ungleichheit als Projekt, Globalisierung – Standort – Neoliberalismus, a.a.O., S. 14

und diverse Tauschtheorien zum politischen Leitbild erhoben, obwohl die Mehrheit der ökonomischen Zunft „der Reduktion der Politischen Ökonomie auf eine Katallaktik oder Lehre von den Austauschhandlungen" längst abgeschworen hat.[142]

Die mathematische Fiktion der neoklassischen Wirtschaftstheorie manifestiert sich – „im Rückgriff auf eine kolossale Abstraktion"[143] – in der allgemeinen Gleichgewichtstheorie. Die Vorwürfe gehen indes noch weiter, wenn die Anwendbarkeit der Ideenlehre in den Mittelpunkt der Betrachtung rückt:

> „Liberale Ökonomen haben sich in ein intellektuelles Disneyland verabschiedet, das von einer Vielzahl geschäftstüchtiger Zwerge bewohnt wird, die fröhlich auf ihren Amboss hämmern und über ihren Geldsäcken vor sich hinsummen, offenbar frei von Besteuerung und Ausbeutung – und ohne von Wollust, Geiz oder Macht in Versuchung gebracht zu werden. Jede Geschichte hatte ein Happy End, weil in ihr für gewöhnlich nur eine Person vorkam."[144]

Von Bedeutung scheint ein zweiter Aspekt zu sein: Die allgemeine Gleichgewichtstheorie schließt die Grenzen individueller Zweckrationalität explizit in ihr Erklärungsmuster ein, wenn sie im Kontext der Wohlfahrtsökonomie ein Eingreifen des Staates fordert, nämlich dann, wenn die Selbstregulierungskräfte des Marktes versagen. Dies ist – wie in Kapitel 3.3.4 aufgezeigt wird – nach einhelliger Auffassung in vier Fällen anzunehmen. Zu nennen ist neben den ausführlich zu erörternden externen Effekten, die auftreten, wenn das Marktergebnis Nebenwirkungen auf unbeteiligte Dritte entfaltet, das Marktversagen im Fall von Wettbewerbsbeschränkungen und asymmetrischer Informationsverteilung sowie

---

[142] Ebd., S. 17; vgl. in diesem Zusammenhang weiterführend: Douglas C. North, Theorie des institutionellen Wandels. Eine neue Sicht der Wirtschaftsgeschichte (amerikanische Originalausgabe: Structure and Change in Economic History, New York 1981), Tübingen 1988; erwähnenswert scheint in diesem Zusammenhang, dass die häufig zitierte „zivilisierende Wirkung" des Marktes schon unter den Ökonomen des 18. Jahrhunderts, insbesondere unter den schottischen Aufklärern, außerordentlich umstritten war. Francis Hutcheson, Adam Ferguson und John Millar stellten in ihren Überlegungen häufig auf die Gefahr moralischen Verfalls und allgemeiner Sittenverderbnis ab, wenn sie über die Entfesselung des Marktes räsonierten. Auch Adam Smith, der nicht selten als „geistiger Vater" des Liberalismus Erwähnung findet, trat für eine „bürgerliche Gesellschaft" ein, die zugleich einen Hort moralischer Ordnung darstellen sollte (vgl. Michael R. Krätke 1998, S. 18).

[143] Pierre Bourdieu, L'essence du néolibéralisme, in: Le Monde Diplomatique, N^0 3 (1998), S. 3; im Original: „fondeé (...) sur une formidable abstraction"

[144] Martin Staniland, What is political economy? A study of social theory and underdevelopment, New Haven 1985 (2. Auflage), S. 77 f.; im Original heißt es: „Liberal economics had floated away into a kind of intellectual Disneyland inhabited by a multitude of industrious dwarfs, happily hammering away at their anvils and humming over their money bags, apparently untaxed, unexploited – and untempted by lust, avarice or power. Every story had a happy ending as it usually had only one character."

Kritik an einer Ökonomisierung ohne politische Normierung

bei öffentlichen Gütern. Auch Einschränkungen des Wettbewerbs in Form von Preis- und Mengenabsprachen, Kartellbildungen, Einfuhrbeschränkungen, Monopolen etc. mindern den gesellschaftlichen Wohlstand, weil aus ihnen unweigerlich die Situation des *rent seeking*[145] resultiert. Die Gefahren des Marktversagens sowie die externen Effekte des Verkehrswesens sind nicht zu verkennen und stellen damit – anders als namhafte Mitglieder des *Kronberger Kreises* wie Walter Hamm behaupten – sehr wohl einen Hinderungsgrund für die Durchsetzung von Wettbewerbsstrukturen dar.[146]

In den benannten Fällen sind staatliche Eingriffe in die marktvermittelte Ressourcenzuweisung unabdingbar, um den an dieser Stelle unzureichenden Allokationsmechanismus des Marktes zu kompensieren (vgl. *Anhang 1*). Von daher empfiehlt auch der deutsche Gesetzgeber im Kartellgesetz eine Begrenzung des Wettbewerbs, wenn „ausnahmsweise die Beschränkung des Wettbewerbs aus überwiegenden Gründen der Gesamtwirtschaft oder des Gemeinwohls notwendig ist" (§ 8 GWB). Im Kern verfehlt sind daher auch Aussagen, wie sie der konservative Soziologe Erich Weede in seinem „Plädoyer für eine Wirtschaftsordnung für unvollkommene Menschen" mit der Behauptung vertritt, der Markt könne anders als die Politik selbst Egoisten und Neider zwingen, sich so zu verhalten, als ob sie am Wohlergehen ihrer Mitmenschen interessiert wären.[147] Freilich lässt der über einen effizienten Sanktionsmechanismus verfügende Markt Eigen- und Gemeinnutzen bisweilen zu einer Schnittmenge verschmelzen. Diese Feststellung kann jedoch längst keine sektorenübergreifende Gültigkeit beanspruchen, sodass vielfach korrigierende Eingriffe von staatlicher Seite erforderlich sind. Neben die bereits erwähnten Ausnahmetatbestände, die selbst von der herrschenden Lehre der ökonomischen Theorie als Fälle allgemeinen Marktversagens anerkannt werden, treten andere Bereiche, in denen ein institutionelles Eingreifen unabdingbar scheint. Das Konzept neoliberaler Ökonomen, dass es zivilgesellschaftlichen Institutionen anstelle des Staates vorbehalten sein solle, Unvollkommenheiten des Marktes aufzufangen, verdient Erwähnung, weil Vereinen, Nachbarschaften und Kirchen natürlich nicht der Ausgleich der Verkehrsmarktdefizite überantwortet werden kann, die geforderte „Einbettung des

---

[145] Mit *rent seeking* wird ein finanzieller Gewinn bezeichnet, der sich daraus ergibt, dass dem Besitzer einer Ressource aufgrund von Wettbewerbsbeschränkungen mehr Geld zufließt als dies im freien Wettbewerb der Fall wäre. Interessanterweise betrachtet Milton Friedman Unternehmensmonopole, die er als „begrenzte empirische Erscheinung" kennzeichnet, im Vergleich zu Gewerkschaftsmonopolen als harmlose Gebilde im Wirtschaftsprozess (1976, S. 170).
[146] Vgl. exemplarisch: Frankfurter Institut für wirtschaftspolitische Forschung (Hrsg.), Mehr Markt im Verkehr, Schriften des Kronberger Kreises, Bd. 4, a.a.O., S. 47
[147] Erich Weede, Plädoyer für eine Wirtschaftsordnung für unvollkommene Menschen: Mensch, Markt und Staat, Stuttgart 2003, S. 18

Marktes"[148] in die soziostrukturellen Gegebenheiten an dieser Stelle also unzweifelhaft versagt. Soll der Wettbewerb keine einseitige Faktorallokation zugunsten privilegierter Gruppen bedeuten, bedarf es schon aufgrund differierender Ausgangspositionen gesellschaftlicher Normierung, sodass eine rein funktionaltheoretische Deutung mit Blick auf die Wohlstandsentwicklung zu kurz griffe. Da die Summe betriebswirtschaftlichen Kalküls und das volkswirtschaftliche Gesamtinteresse meist voneinander abweichen, verlangt ein gesamtwirtschaftlich funktionierender Wettbewerb einen Staat, der sich jenseits der „Veranstaltung" von Wettbewerb durch die Vorgabe einer Rahmenordnung seiner Gemeinwohlverantwortung verpflichtet sieht.[149] Gesamtgesellschaftliches Wohl im Rahmen einer verantwortungsbewussten Wirtschaftspolitik ist stets auch einer „sozialethischen Durchmischung"[150] geschuldet, die nicht-marktkonforme staatliche Interventionen in den Mittelpunkt rückt und sich nicht auf die Initiierung, Flankierung und Stabilisierung von Wettbewerb beschränkt.

Ein Indiz für die Defizite der neoklassischen Gleichgewichtstheorie ist schließlich das Aufkeimen neuer ökonomischer Theoriebildung. So erteilen die Theorie der Eigentumsrechte, die Neue Institutionelle Theorie, die Lehre von der Neuen Politischen Ökonomie und die Transaktionskostentheorie der umfassenden Rationalität des Marktes jedenfalls partiell eine Absage, u.a. indem sie von besagter Gleichgewichtstheorie ebenso abrücken wie vom Menschenbild des *homo oeconomicus* als analytischem Bezugspunkt. Das Konstrukt des *homo oeconomicus* gilt mittlerweile als durch die experimentelle Forschung widerlegt, da Menschen aufgrund risikoaversen Verhaltens oder eines spezifischen institutionellen Umfelds nicht selten vom Kalkül der Nutzenmaximierung abweichen. Demzufolge gelangt der US-amerikanische Ökonom Douglas C. North zu der Beobachtung, dass „wenn politische Transaktionskosten niedrig sind und die politischen Akteure von akkuraten Modellen geleitet werden, (...) effiziente

---

[148] Bernhard Walpen, Die offenen Feinde und ihre Gesellschaft. Eine hegemonietheoretische Studie zur Mont Pèlerin Society, a.a.O., S. 182
[149] Vgl. Leonhard Miksch, der den Begriff des Wettbewerbs im ersten systematischen Buch zur ordoliberalen Wettbewerbstheorie prägte (Wettbewerb als Aufgabe. Die Grundsätze einer Wettbewerbsordnung, Stuttgart 1937). Die Nähe zum neoklassischen Gleichgewichtsdenken wie auch das statische Verständnis von Wettbewerb mit einem Staat als Initiator dieses Prozesses heben sich deutlich vom dynamischen Wettbewerbsverständnis im angelsächsischen Neoliberalismus ab, insbesondere von der Vorstellung des Wettbewerbs als Entdeckungsverfahren (Friedrich A. von Hayek 1968).
[150] Egon E. Nawroth, Die wirtschaftspolitischen Ordnungsvorstellungen des Neoliberalismus, Köln/Berlin/Bonn/München 1962, S. 23

Kritik an einer Ökonomisierung ohne politische Normierung 69

Eigentumsrechte das Ergebnis sein [werden].“[151] Selbst Anhängern der *Chicagoer Schule* geht es nicht um eine Marktwirtschaft ohne Staat, sondern um einen minimal-invasiven Staat, der das privatwirtschaftliche Güterangebot mit einem Korsett gesetzlicher Bestimmungen schützt und durch die Bereitstellung öffentlicher Güter ergänzt.[152] Warum dies eine erwerbswirtschaftliche Betätigung des Staates ausschließen soll, wird nicht deutlich, da der Hinweis auf bisweilen ineffiziente Strukturen bei staatlichen Unternehmen aufgrund zahlreicher Gegenbeispiele – gerade im Bahnsektor (Frankreich, Schweiz, Norwegen, Griechenland, Österreich, Tschechien etc.) – nicht ausreichen kann.

Nun, da sich mit der Erosion sozialstaatlicher Errungenschaften die Erwartung der Neoliberalen erfüllt, dass die Zwänge einer zunehmend globalisierten Welt zu einer Rückbesinnung auf die wackligen Säulen der „reinen" Marktwirtschaft führen, scheinen Marktprinzipien gegen jedwede Infragestellung aus moralischer oder ethischer Sicht immunisiert.[153] Bewusst verklärt wird dabei im Rahmen neoliberaler Wohlfahrtsstaatkritik der Ursache-Wirkungs-Zusammenhang, der den „überstrapazierten" Sozialstaat zum Krisenauslöser erklärt. Tatsächlich lässt sich die Kausalität genau umgekehrt herstellen, wie der Politikwissenschaftler Christoph Butterwegge betont: „Wirtschafts- und Beschäftigungskrise untergraben das Fundament des sozialen Sicherungssystems. Je weniger Menschen noch einen Arbeits- bzw. Ausbildungsplatz hatten und je stärker ihr Lohn- bzw. Einkommensniveau (...) unter Druck geriet, umso niedriger fielen die Beitragseinnahmen der Sozialversicherung aus, während erheblich mehr Versicherte (häufiger) Gebrauch von deren Leistungszusagen machen mussten."[154]

Schließlich erfuhr der Gerechtigkeitsbegriff durch den neoliberalen Transformationsprozess eine Umdeutung, u.a. indem die Gefahr, dass das Sozialsystem durch ungerechtfertigte Inanspruchnahme ausgezehrt werden könne (*moral hazard*), kontinuierlich heraufbeschworen wurde. Der einstmals proklamierten Bedarfs- bzw. Verteilungsgerechtigkeit folgte in immer stärkerem Maße die Abstraktion von den sozioökonomischen Rahmenbedingungen und mit ihr die Konjunktur des auf Eigeninitiative und Selbsthilfe setzenden Begriffs der „Chancengerechtigkeit" bzw. eine Hinwendung zu einem intergenerativen Ge-

---

[151] Douglass C. North, Institutionen, institutioneller Wandel und Wirtschaftsleistung (britische Originalausgabe: Institutions, Institutional Change and Economic Performance, Cambridge 1990), Tübingen 1992, S. 52

[152] Vgl. Pierre Bourdieu, Die sozialen Bewegungen zusammenführen, ohne zu vereinheitlichen, in: ders./Erhard Eppler/Renate Ohr u.a. (Hrsg.), Neue Wege der Regulierung. Vom Terror der Ökonomie zum Primat der Politik, Hamburg 2001, S. 22 f.

[153] Vgl. Patrick Welter, Auf den Spuren Müller-Armacks. In Köln werden die Regeln des Marktes ernst genommen, in: Handelsblatt v. 29.1.1997, S. 6

[154] Christoph Butterwegge, Krise und Zukunft des Sozialstaates, Wiesbaden 2006 (3. Auflage), S. 81

rechtigkeitsbegriff.[155] Bezug nehmend auf die Annahme, marktwirtschaftliche Mechanismen würden Gerechtigkeitsaspekte implizit berücksichtigen, drängten namhafte Vordenker sozialdemokratischer Politikkonzepte auf eine Revision des Gleichheitsbegriffs, so auch Anthony Giddens, ehemaliger Direktor der London School of Economics and Political Science und langjähriger Berater des am 27. Juni 2007 aus dem Amt geschiedenen britischen Premiers Tony Blair: „Die heutige Linke muß ein dynamisches, an Lebenschancen orientiertes Konzept von Gleichheit entwickeln, dessen Schwerpunkt auf Chancengleichheit liegt."[156]

Dabei scheint der Entwurf einer derartigen Gerechtigkeitsvorstellung, die sich in der Überhöhung der freien Konkurrenz und der Perspektive manifestiert, dass „Ungleichheit (…) nicht bedauerlich, sondern höchst erfreulich"[157] sei, mit dem im Grundgesetz normierten Sozialstaatsgebot schwer vereinbar zu sein. Der eingeforderte Abbau der sozialstaatlichen Grundfeste verstößt nicht nur gegen einen historisch gewachsenen, gesamtgesellschaftlichen Wertekonsens, sondern kontrastiert – obschon sich die gesellschaftlichen Kräfteverhältnisse zunehmend auch in der Auslegung des Rechts materialisieren – wenigstens partiell mit Grundgesetzartikeln von großem Gewicht (Art. 20 Abs. 1, Art. 23 Abs. 1 S. 1 und Art. 28 Abs. 1 S. 1 GG). Von welcher Bedeutung das in Art. 20 Abs. 1 verbriefte Sozialstaatsprinzip ist, das seine Gültigkeit auch im Zusammenhang mit einer kostengünstigen und flächendeckenden Infrastrukturversorgung besitzt, wird daran deutlich, dass Art. 79 Abs. 3 dekretiert: „Eine Änderung dieses Grundgesetzes, durch welche (…) die in den Artikeln 1 und 20 niedergelegten Grundsätze berührt werden, ist unzulässig." Weiterhin schließt Art. 20 Abs. 4 dieses Ordnungsprinzip von Verfassungsrang ein, wo es heißt: „Gegen jeden, der es unternimmt, diese Ordnung zu beseitigen, haben alles Deutschen das Recht zum Widerstand, wenn andere Abhilfe nicht möglich ist." Jenseits dieser grundgesetzlichen Bestimmungen verkennen diejenigen, die den als Umbau deklarierten Abbau des Sozialstaates vorantreiben, dass sozialstaatliche Errungenschaften durch die Entschärfung sozialer Gegensätze einen entscheidenden Beitrag zur inneren Sicherheit sowie zum gesellschaftlichen Frieden geleistet haben und letztlich als Fundament der Prosperität gelten müssen.[158]

Zugestanden sei den Verfassern der neoliberalen Agenda, dass es sich bei den Beiträgen in der Regel um pointiert und eingängig formulierte Stellungnahmen handelt. Die im Grunde lobenswerte Verständlichkeit der Thesen rührt indes

---

[155] Vgl. für eine politische Einordnung der Kontroversen um den Gerechtigkeitsbegriff unter Einbindung der von John Rawls entwickelten Gerechtigkeitstheorie: ebd., S. 247-254
[156] Anthony Giddens, Die Frage der sozialen Ungleichheit (britische Originalausgabe: The Third Way and Its Critics, Cambridge 2000), Frankfurt am Main 2001, S. 96
[157] Friedrich A. von Hayek, „Ungleichheit ist nötig", in: Wirtschaftswoche, Nr. 11 v. 6.3.1981, S. 38
[158] Vgl. weiterführend: Heribert Prantl, Kein schöner Land. Die Zerstörung der sozialen Gerechtigkeit, a.a.O., S. 198

Kritik an einer Ökonomisierung ohne politische Normierung 71

meist daher, dass der Gegenstandsbereich der ökonomischen Analyse schlicht systematisch erweitert wird, mithin alle Facetten menschlichen Handelns im Licht der Allokation knapper Ressourcen erscheinen. Mit der erweiterten Deutungshoheit ökonomischer Prinzipien wird etwa das politisch-administrative System unter Marktkategorien subsumiert, um es sodann als gänzlich ineffizient zu beanstanden. Dabei resultiert diese Betrachtungsweise aus der Reduktion des Menschen auf ein ökonomisch-rational kalkulierendes Individuum, das Entscheidungen in Familie, Ehe und Beruf vornehmlich oder gar ausschließlich auf der Grundlage von Kosten-Nutzen-Erwägungen trifft. Es darf als ebenso verfehlt angenommen werden, sämtliche Dispositionen der gesellschaftlichen, kulturellen und öffentlichen Daseinsvorsorge Marktprozessen zu überlassen und auf dieser Argumentationsgrundlage soziale und ökologische Korrekturen mittels meritorisch-öffentlicher Güter auszuklammern. Dieses Urteil deutete Anfang des 20. Jahrhunderts bereits Hans Honegger an, als er sich unter Verweis auf eine politische Ökonomie im Sinne Max Webers zu der Aussage verstieg, „dass die Volkswirtschaft grundlegend in der Politik verwurzelt ist und letzten Endes aus ihr erklärt werden muss."[159]

2.3.2 Defizite einer am Markt ausgerichteten Verkehrspolitik

Eine Fehleinschätzung unterläuft den Befürwortern einer neoliberalen Verkehrswende, wenn sie jede staatliche Interventionsmaßnahme – gleich welchem verkehrspolitischen Ziel sie dient – als Beschleunigung des Degenerationsprozesses eines zur Handlungsunfähigkeit verdammten Wohlfahrts- und Versorgungsstaates begreifen. Nicht zuletzt aus den in der „Agenda 21" getroffenen Vereinbarungen geht hervor, dass Verkehrspolitik leitbildorientiert entwickelt, gestaltend angegangen und unter Einbeziehung staatlicher Steuerungselemente betrieben werden muss.[160] Wird nämlich „die Dominanz der Umwelt als natürliche Basis allen Lebens und Wirtschaftens" anerkannt, bedarf es ökonomischer Instrumente, die die effiziente Nutzung der Natur belohnen und den Raubbau an ihr bestrafen, um ein Gegengewicht zum „naturblinden Markt" zu schaffen.[161]

---

[159] Hans Honegger, Volkswirtschaftliche Gedankenströmungen. Systeme und Theorien der Gegenwart besonders in Deutschland, Karlsruhe 1925, S. 135; vgl. speziell zur Daseinsvorsorge im Verkehrswesen: Martin Gegner, Verkehr und Daseinsvorsorge, in: Oliver Schöller/Weert Canzler/Andreas Knie, Handbuch Verkehrspolitik, Wiesbaden 2007, S. 455-470
[160] Bundesministerium für Umwelt, Naturschutz und Reaktorsicherheit (Hrsg.), Konferenz der Vereinten Nationen für Umwelt und Entwicklung: Agenda 21, Bonn 1993, S. 83
[161] Ernst Ulrich von Weizsäcker, Geleitwort: Ein Buch für das Jahrhundert der Umwelt, in: Holger Rogall, Bausteine einer zukunftsfähigen Umwelt- und Wirtschaftspolitik. Eine praxisorientierte Einführung in die neue Umweltökonomie und Ökologische Ökonomie, Berlin 2000, S. 5

Angestrebt werden muss vor diesem Hintergrund eine Umwelt- und Verkehrspolitik, die weniger an Umweltauflagen (Schadstoffkontrollen, Emissionsgrenzen, Tempolimits etc.) orientiert ist und stattdessen eine langfristige Einbindung umweltökonomischer Aspekte in die staatlichen Lenkungsmechanismen zum Ziel hat.

Demgegenüber kommt es nach neoliberaler Lesart auch im Verkehrssektor zuvorderst auf eine Selbstorganisation des Marktes an, sodass die Verankerung des Distributions- neben dem Allokationsprinzip faktisch ausgeschlossen wird. Gestalterischen Elementen, die z.B. eine breitenwirksame Bestandsoptimierung der Schieneninfrastruktur zuließen, wird damit a priori die konzeptionelle Legitimation entzogen. Diejenigen, die ein Abrücken von staatlicher Lenkung im Bereich der Verkehrsentwicklung anstreben, bilden eine deutliche Minderheit, wird die Notwendigkeit einer zielgerichteten Steuerung des Verkehrs doch kaum in Abrede gestellt. Nicht ohne Grund hat sich der Terminus „Verkehrs*planung*" als Leitprinzip verkehrs- und ordnungspolitischer Handlungsalternativen etabliert.

Die Annahme, dass es in einem vollkommen wettbewerblich organisierten Markt niemals zu einer Unter-, allenfalls zu einer Überversorgung mit Gütern und Dienstleistungen käme, wird von den realen Gegebenheiten vielerorts widerlegt. So müssen die Bewohner ländlich geprägter Regionen nicht nur in Großbritannien, sondern auch in Deutschland, zumal im Osten der Republik, in zunehmendem Maße auf eine Anbindung an das Schienennetz verzichten. Gleichzeitig werden regionale und soziale Disparitäten missachtet, sodass ein Verstoß gegen die in Art. 72 Abs. 2 GG zum Ausdruck gebrachte Wertung, wonach das Grundgesetz prinzipiell die Gleichwertigkeit der Lebensverhältnisse verlangt, angenommen werden kann. Die von Mitgliedern des *Kronberger Kreises* fortwährend artikulierte Annahme, dass es „auf alle Fälle zu einer Verbilligung der bisher staatlich erbrachten Leistungen"[162] komme, widerlegt die Tarifentwicklung in der Bundesrepublik ebenso wie in Großbritannien. Die Tatsache, dass für viele Züge Kontingente preiswerter Fahrscheine bereitgehalten werden, kann nicht darüber hinwegtäuschen, dass das Preisniveau seit Beginn der Reformen in beiden Ländern merklich gestiegen ist (vgl. 4.4.5 u. 5.1.2).

Unbedacht bleibt in der neoliberalen Marktkonzeption zudem, dass Preise bei knappen, nicht erneuerbaren Ressourcen aufgrund verzerrter Kostenrechnung falsche Signale aussenden können. Das weithin akzeptierte Ansinnen der Umweltökonomie, eine an den Grundsätzen der Nachhaltigkeit orientierte Marktgestaltung anzustrengen, wird mit einer ausschließlichen Marktorientierung ignoriert. In einem Politikentwurf, der ausschließlich auf den nach marktwirtschaftlichen Kriterien funktionierenden Wettbewerb baut, entscheidet allein der Preis

---

[162] Carl Graf Hohenthal, Staat könnte 2 Billionen DM erlösen. Wegen der Finanznot sollte er viel mehr privatisieren, in: Frankfurter Allgemeine Zeitung v. 15.1.1993, S. 16

Kritik an einer Ökonomisierung ohne politische Normierung 73

über die Möglichkeit des Zugangs zu einem Gut oder einer Dienstleistung. Eine Unternehmenspolitik, die sich bar staatlicher Korrekturmaßnahmen ausnahmslos an den marktüblichen Leistungsmaßstäben, sprich: Gewinn- und Effizienzkriterien, orientiert, führt letztlich zu einer Selektion im Rahmen der Teilhabe an Dienstleistungen, die einst jedem – unabhängig von der Zahlungskraft – offen standen. Drängt die „Ver(betriebs)wirtschaftlichung" in Gestalt von Privatisierungen in die Refugien des öffentlichen Lebens, entbindet sich die Politik *selbst* von der Deutungs- und Handlungshoheit über zentrale Einrichtungen wie Universitäten, Kindergärten, Bibliotheken, Museen und Theater. Vornehmlich dann, wenn gesetzliche Vorgaben bezüglich der Gemeinwohlorientierung fehlen, bleibt denjenigen der Zugang zu Allgemeingütern und -dienstleistungen verwehrt, die über keine ausreichenden finanziellen Ressourcen verfügen.

Mit Blick auf das Bahn-, aber auch auf das öffentliche Verkehrswesen insgesamt, erweist sich die derzeitige Entwicklung als fatal, weil ein wachsender Personenkreis – man denke an die rund 3,5 Mio. (offiziell registrierten) Erwerbslosen und die stetig steigende Zahl älterer Mitmenschen – mangels materieller Ausstattung bzw. aufgrund fehlender gesundheitlicher Voraussetzungen auf keinen alternativen Verkehrsträger ausweichen kann. Die soziale Trennwirkung verschärft sich nämlich mit der zu beobachtenden „Verteuerung" des Individualverkehrs, der in vielen Regionen der einzige Garant für ein ausreichendes Maß an Mobilität darstellt. Allein die zum 1. April 1999 um die Ökosteuer angehobene Besteuerung des Mineralöls zwang eine Vielzahl von Menschen, die Nutzung des PKW einzuschränken, nicht selten wurde sie unerschwinglich.

Wie die sozialpolitische Regression insgesamt betrifft auch die Veräußerung städtischer Einrichtungen und Verkehrsunternehmen (Stichworte: *Cross Border Leasing* und *Public Private Partnership*) in erster Linie solche Personenkreise, die über wenig ausgeprägte Artikulationsmöglichkeiten verfügen, für eine prosperierende Wirtschaft nur von geringer Bedeutung sind oder aber eine eher heterogene Wählerstruktur aufweisen: Erwerbslose, Studierende, einkommensschwache Familien, prekär Beschäftigte sowie Menschen mit Behinderung. Werden öffentliche Güter und Dienstleistungen den freien Märkten überlassen, greifen deren Ausgrenzungs- und Selektionsmechanismen, sodass soziale Integration nur denjenigen ermöglicht wird, die als Käufer und Konsumenten in Erscheinung treten (können). Der modelltheoretische Ordnungsbegriff der vollkommenen Konkurrenz und die damit einhergehende Abkehr vom öffentlichen Sektor als Versorgungsgaranten ist im Bereich der Verkehrswesens deshalb verfehlt, weil sich die preisgesteuerte Ordnung des Marktgeschehens gerade hier selten wohlfahrtssteigernd und damit zum Vorteil der Gesellschaft auswirkt. Die Annahme von Wohlfahrtsverlusten durch eine überzogene Nutzung des Gemeineigentums entbehrt im Fall der Bahn einer empirischen Grundlage. Denn die

Überlegenheit privater Eigentums- und Verfügungsrechte gegenüber staatlichen Handlungsbefugnissen lässt sich mit der „Tragödie der Allmende",[163] wie sie Garret Hardin für öffentliche Güter erkannte, unter Verweis auf das Bahnwesen nicht plausibel machen.

2.4 Hinwendung zu einer marktorientierten Wirtschaftspolitik

„A revolution of ideas became a revolution of governance on January 20, 1981."[164]

In Verkehrung dessen, was Keynes in seinem 1926 veröffentlichten Essay „Bin ich ein Liberaler?" eingefordert hatte, kam es mit der liberal-konservativen Transformation des Wohlfahrtsstaates zu einer Ordnung, die nicht mehr „auf eine Überwachung und Lenkung der wirtschaftlichen Kräfte im Sinne gesellschaftlicher Gerechtigkeit und gesellschaftlichen Gleichgewichts" abzielte, sondern den Marktkräften mehr Gewicht verleihen sollte.[165] Als Anknüpfungspunkte, um ihre lange gehegten politischen Ambitionen im Stile einer „revolution of governance" – wie es der amerikanische Präsident gegen Ende seiner Amtszeit ausdrückte – umzusetzen, dienten Margaret Thatcher, Ronald Reagan (und später auch Helmut Kohl) die von neoliberalen Think-Tanks ausgearbeiteten wirtschaftstheoretischen Ansätze. Diese zeichneten sich nicht allein durch ihren Praxisbezug aus, sondern waren überdies von ihren Urhebern seit Jahren prononciert und publikumswirksam vertreten worden. Geistesgeschichtlich einte Wissenschaftler und Regierungsmitglieder die erwähnte Ablehnung jeglicher Form von Kollektivismus (2.1.2) sowie eine daraus zwangsläufig resultierende Betonung der Eigenverantwortung. Es war der „Eisernen Lady" vorbehalten, das Credo dieses Individualismus auf die stetig wiederkehrende rhetorische Formel „There is no such thing as society"[166] zu bringen. In syntaktischer wie inhaltlicher Übereinstimmung zeichnete sie mit diesem Ausspruch das Diktum Milton

---

[163] Vgl. den gleichnamigen Essay: Garrett J. Hardin, The Tragedy of the Commons, in: Science, Vol. 162, Issue 3869 (1968), S. 1243-1248

[164] Zitiert nach: Edwin J. Feulner, The March of Freedom: Modern Classics in Conservative Thoughts, Dallas 1998, S. 352

[165] John Maynard Keynes, Bin ich ein Liberaler?, in: ders., Politik und Wirtschaft. Männer und Probleme. Ausgewählte Abhandlungen, Tübingen 1956, S. 253

[166] Der gesamte Ausspruch lautet: „There is no such thing as society, only individual men and women and their families" (zitiert nach: John Urry 2000, S. 5).

Friedmans nach, welches gleichfalls in die Analen der Wirtschaftsgeschichte eingehen sollte: „There is no such thing as a free lunch."[167]

Eine maßgebliche Rolle bei der Transformation der politischen Landschaft Großbritanniens spielte neben der MPS das bereits erwähnte Londoner *Institute of Economic Affairs*, mit dessen Gründung es namentlich Friedrich A. von Hayek gelungen war, die Prinzipien der nach dem britischen Schatzkanzler Nigel Lawson benannten „Lawsonomics", später ein Synonym für den Thatcherismus, zu prägen. In Folge der Wahlsiege von Margaret Thatcher und Ronald Reagan vertrauten nun erstmals zwei Regierungen führender Industriestaaten umfassend auf die „selbstheilenden Kräften des Marktes", indem sie sich dem Dreiklang der monetaristisch-neoliberalen Bewegung verschrieben: „Deregulierung, Privatisierung, Flexibilisierung!"[168] In Großbritannien übernahm Margret Thatcher im Frühjahr 1979 eine Regierung, die angetreten war, mit der 1944 im „White Paper on Employment" festgelegten Beschäftigungspolitik keynesianischer Provenienz zu brechen, um stattdessen die Staatstätigkeit zurückzuführen, den öffentlichen Sektor zu privatisieren sowie die als überbordend klassifizierten kollektiven Institutionen sozialer Sicherheit einzudämmen, was in erster Linie die Gewerkschaften betraf.[169] War während der dritten Labour-Regierung (1945-1951) unter Premierminister Clement Attlee noch die Verstaatlichung des britischen Eisenbahnwesens sowie der englischen Kohle- und Eisenindustrie abgeschlossen worden, kam es weniger als drei Jahrzehnte später unter der Regierung Thatcher zu einem umfassenden Privatisierungsprogramm. Wie bereits im „Selsdon-Programm", dem Wahlprogramm der Conservative Party für die Parlamentswahlen von 1970, nachzulesen war, sollte parallel zur Streichung von Subventionen für unrentable Betriebe, so genannte „lame ducks", die schrittweise Überführung des öffentlichen Sektors in Privateigentum erfolgen. Auf politischer Ebene brach sich eine Haltung Bahn, die der ehemalige Herausgeber des *Economist*, Francis W. Harris, bereits 1935 beschrieben hatte: „Nothing is more certain to destroy the happiness and stop the progress of a civilised nation than the idea (…), that it is the duty of the Government departments to ‚plan' and to formulate schemes

---

[167] Milton Friedman, There Is No Such Thing as a Free Lunch, Columns from Newsweek Magazine, Berkeley 1975
[168] Gerhard Willke, Neoliberalismus, a.a.O., S. 33
[169] Nigel M. Healey, From Keynesian Demand Management to Thatcherism, in: ders. (ed.), Britain's Economic Miracle – Myth or Reality?, London/New York 1993, S. 7; Klaus Bielstein, Zwischen Kataklysmus und Kalkül. Arbeitsbeziehungen und Gewerkschaften in der Ära Thatcher, in: Roland Sturm (Hrsg.), Thatcherismus. Eine Bilanz nach zehn Jahren, Bochum 1990, S. 104; Bob Jessop, Thatcherism and Flexibility: The White Heat of a Post-Fordist Revolution, in: ders./Hans Kastendiek/Klaus Nielsen/Ove K. Pedersen (eds.), The Politics of Flexibility. Restructuring State and Industry in Britain, Germany and Scandinavia, Aldershot 1991, S. 135

under which the bureaucrats, paid servants of the people, will become their masters."[170]

Noch bevor Neokonservative und Neoliberale den Thatcherismus als Konvergenzpunkt entdeckt hatten, gab es in Großbritannien Bemühungen, auf eine nachhaltige Popularisierung wirtschaftsliberaler Ideen hinzuwirken. Jenseits tradierter politischer Grenzen wurde der Monetarismus ebenso zur politischen Leitidee erhoben wie die Eindämmung der gewerkschaftlichen Macht, waren doch binnen kurzer Zeit die historisch hohen Gehaltsforderungen der Gewerkschaften als ursächlich für Inflation und Arbeitslosigkeit ausgemacht worden. Restriktive Gesetze zur Beschneidung des gewerkschaftlichen Handlungsspielraums folgten. Der tripartistische Korporatismus, der von Regierung, Gewerkschaften und Arbeitgebern getragen wurde, schien mit der nicht erfolgten Umsetzung des von der Labour-Regierung unter James Callaghan angebotenen „Sozialvertrags" an sein Ende gekommen zu sein. Im „winter of discontent", dem „Winter der Unzufriedenheit", sorgten zahlreiche Streiks im öffentlichen Sektor für eine gesamtgesellschaftliche Stimmung, die sich massiv gegen jene Arbeitsniederlegungen und deren Akteure wandte. Von Müll gesäumte Straßen schürten den Unmut, den die britische Presse bereitwillig aufgriff. Ob der *Daily Telegraph*, die *Times* unter der Ägide von Peter Jay und William Rees-Mogg, die *Sunday Times*, die *Financial Times* mit Samuel Brittan als verantwortlichem Redakteur des Wirtschaftsressorts oder der linksliberale *Guardian* – zeitweilig war eine breit angelegte Konversion zum neu aufgelegten Liberalismus festzustellen.

Nur wenig später erlebte auch Westdeutschland seine „geistig-moralische" Wende, die mit dem Lambsdorff-Papier vom 9. September 1982 im politischen Raum sichtbar wurde und den endgültigen Abschied von einer keynesianisch inspirierten Beschäftigungspolitik zugunsten einer auf Haushaltskonsolidierung, Rückführung der Staatsaktivitäten und Deregulierung setzenden Politik vorsah.[171] Der damalige Wirtschaftsminister Otto Graf Lambsdorff begründete in dem bald darauf nach ihm benannten Memorandum, welches der spätere Bundesbankpräsident Hans Tietmeyer und damalige Leiter der Grundsatzabteilung im Bundeswirtschaftsministerium mit dem dortigen Staatssekretär Otto Schlecht erstellt hatte, das Ende der sozial-liberalen Regierungskoalition u.a. wie folgt: „Die Konsequenz eines Festklammerns an heute nicht mehr finanzierbaren Leistungen des Staates bedeutet nur die weitere Verschärfung der Wachstums- und Beschäftigungsprobleme sowie eine Eskalation in den Umverteilungsstaat, der Leistung und Eigenvorsorge bestraft und das Anspruchsdenken weiter fördert –

---

[170] Francis W. Wirst, Liberty and Tyranny, London 1935, S. 288

[171] Vgl. Arne Heise, Deregulation and Employment in Britain and Germany. An Anglo-German Foundation Report, London 1997, S. 2

und an dessen Ende die Krise des politischen Systems steht."[172] Das „Konzept für eine Politik zur Überwindung der Wachstumsschwäche und zur Bekämpfung der Arbeitslosigkeit" wird vielfach als „Scheidungspapier der sozial-liberalen Koalition"[173] tituliert, tatsächlich beschied es den politischen Vollzug der im wissenschaftlichen Diskurs bereits erfolgten paradigmatischen Wende hin zu einer eindeutigen Angebotsorientierung. Helmut Schmidt erkannte frühzeitig, dass dieses „Dokument der Trennung" eine Wende einleitete, „und zwar eine Abwendung vom demokratischen Sozialstaat im Sinne des Art. 20 unseres Grundgesetzes und eine Hinwendung zur Ellenbogengesellschaft."[174]

Eine Aussage Helmut Kohls, die sich in seiner Regierungserklärung vom 4. Mai 1983 findet, unterstreicht die Abkehr von korporatistischen Arrangements im Rahmen des neokonservativen bzw. -liberalen Entstaatlichungsprogramms: „Eine Wirtschaftsordnung ist um so erfolgreicher, je mehr sich der Staat zurückhält und dem einzelnen seine Freiheit läßt. Die Soziale Marktwirtschaft ist wie keine andere Ordnung geeignet, Gleichheit der Chancen, Eigentum, Wohlstand und sozialen Fortschritt zu verwirklichen. Wir wollen nicht mehr Staat, sondern weniger; wir wollen nicht weniger, sondern mehr persönliche Freiheit."[175]

Das Zitat belegt ebenso wie das von dieser Denkweise geprägte Regierungshandeln, dass die neoliberale Dogmatik in Form der Angebotspolitik mit dem Amtsantritt des ehemaligen Ministerpräsidenten von Rheinland-Pfalz auch in Westdeutschland ihren Platz in der Regierungspolitik gefunden hatte. Sowohl auf Gemeinde- und Landes- wie auch auf Bundesebene wurden Privatisierungen zunehmend als unentrinnbares Schicksal begriffen – meist unter Verweis auf die erforderliche Konsolidierung der Haushalte. Bereits Mitte der 80er-Jahre setzte die CDU/CSU-geführte Bundesregierung mit einer Orientierung an ökonomischen Effizienzkriterien sämtliche Bereiche staatlich dominierter gesellschaftlicher, ökonomischer, sozialer und kultureller Reproduktion unter Legitimationsdruck.

Die Rückkehr dieser vergessen geglaubten Philosophie auf die politische Agenda erfolgte nicht isoliert, sondern – 16 Jahre konservativ-liberale Regierung auf Bundesebene legen diesen Schluss nahe – auf der Basis breiter gesellschaftli-

---

[172] Otto Graf Lambsdorff, Memorandum des Bundeswirtschaftsministers vom 9. September 1982 – Konzept für eine Politik zur Überwindung der Wachstumsschwäche und zur Bekämpfung der Arbeitslosigkeit, in: Klaus Bölling (Hrsg.), Die letzten 30 Tage des Kanzlers Helmut Schmidt. Ein Tagebuch, Reinbek bei Hamburg 1982, S. 141
[173] Vgl. beispielhaft: Klaus Stüwe, Das Wort hat der Bundeskanzler, in: ders. (Hrsg.), Die großen Regierungserklärungen der deutschen Kanzler von Adenauer bis Schröder, Opladen 2002, S. 14
[174] Helmut Schmidt, Rede am 17. September 1982 vor dem Deutschen Bundestag, in: Klaus Bölling (Hrsg.), Die letzten 30 Tage des Kanzlers Helmut Schmidt. Ein Tagebuch, a.a.O., S. 143
[175] Helmut Kohl, Programm der Erneuerung: Freiheit, Mitmenschlichkeit, Verantwortung. Regierungserklärung des Bundeskanzlers, abgegeben am 4. Mai 1983 vor dem Deutschen Bundestag, in: Presse- und Informationsdienst der Bundesregierung (Hrsg.), Bulletin 43, Bonn 1983, S. 398

cher Akzeptanz. Ob die am 27. September 1998 ins Amt gewählte rot-grüne Bundesregierung unter einem Kanzler Schröder und einem Finanzminister Lafontaine die Umsetzung des von Union und FDP begonnen Abbaus der sozialen Sicherungssysteme forcieren würde, schien zu Beginn der Legislaturperiode offen, jedenfalls so lange, bis das Reformprogramm „Agenda 2010" und die mit Peter Hartz bzw. der von ihm geleiteten Kommission in Verbindung zu bringenden Arbeitsmarktreformen angelaufen waren. Und auch im Kabinett Schröder herrschte von Beginn an Einigkeit darüber, dass die von der Vorgängerregierung angestrengte Privatisierung von Staatsunternehmen keine konzeptionelle Kehrtwende erfahren sollte. Schließlich hatten nicht nur bei der Überführung der Bundes- und Reichsbahn in eine privatrechtliche Organisationsform die SPD-geführten Landesregierungen (mit Ausnahme der niedersächsischen und der hessischen) zugestimmt, auch die zum 1. Januar 1995 wirksam gewordene Privatisierung der Bundespost und der Verkauf der letzten bundeseigenen Anteile an der Deutschen Lufthansa im Oktober 1997 waren im Einvernehmen mit führenden Sozialdemokraten erfolgt. Insofern schien frühzeitig erkennbar, dass sowohl die „Neue Mitte" als auch „New Labour" die Privatisierungspolitik „als Sachwalter des thatcheristischen (…) und kohlistischen Erbes"[176] fortführen würden.

---

[176] Dieter Plehwe/Bernhard Walpen, Wissenschaftliche und wissenschaftspolitische Produktionsweisen im Neoliberalismus. Beiträge der Mont Pèlerin Society und marktradikaler Think Tanks zur Hegemoniegewinnung und -erhaltung, in: PROKLA. Zeitschrift für kritische Sozialwissenschaft, 29. Jg., Heft 115 (1999), S. 204

3 Privatisierung und Liberalisierung – Strategien staatlicher Selbstentmachtung

3.1 Struktureller und institutioneller Wandel

Die ökonomische Entwicklung in der Bundesrepublik nahm zu Beginn der 90er-Jahre einen ähnlichen Verlauf wie jene in Großbritannien mehr als ein Jahrzehnt zuvor: Das negative Leistungsbilanzsaldo bei einem sich verschärfenden Haushaltsdefizit, die im historischen Vergleich hohe Inflationsrate und die stetig steigenden Sozialausgaben erinnerten an das nach allgemeiner Lesart erstarrte Vereinigte Königreich vor der Amtsübernahme durch die Regierung Thatcher im Jahre 1979. In dieser Situation gerieten zahlreiche Güter und Dienstleistungen, die aufgrund ihrer ökonomischen Besonderheiten und gesellschaftlichen Funktionen der Steuerung durch Angebot und Nachfrage entzogen waren, in den Bannstrahl staatlicher Wirtschaftstätigkeit.

Zwar hatte es bereits im Zeitraum zwischen 1959 und 1965 partielle Privatisierungen bei Preussag, Volkswagen und der VEBA gegeben, aber erst im Zuge der politischen Wende 1982/83 galt die Krise der staatlichen Ordnungs-, Gestaltungs- und Wohlfahrtssicherungsfunktionen als ausgemacht. Zur Ursache der Performanzkrise wurde die „mangelhafte Problemlösungskapazität nachfrageorientierter Wirtschaftspolitik"[177] erklärt, was eine Erosion des keynesianischen Konsenses und damit eine Abkehr vom interventionistischen Wohlfahrtsstaat inklusive staatlicher Betätigung bedeutete. Die Implementierung von Markt- und Wettbewerbsmechanismen sollte neue Wachstumspotenziale erschließen und überdies als Preis- und Qualitätsregulativ fungieren. Fortan wurde die Reduzierung zentralstaatlicher Steuerungsansprüche aber nicht mehr ausschließlich als zentrales (theoretisches) Leitmotiv neoliberaler Politikkonzeptionen begriffen, sondern seit der Übernahme der Amtsgeschäfte zunächst von der konservativ-liberalen, später dann auch von der rot-grünen Regierungskoalition mit Beharrlichkeit praktiziert, sodass die Anzahl der staatlichen Beteiligungen auf Bundes-

---

[177] Dirk Lehmkuhl/Christof Herr, Reform im Spannungsfeld von Dezentralisierung und Entstaatlichung: Die Neuordnung des Eisenbahnwesens in Deutschland, in: Politische Vierteljahresschrift, 35. Jg., Heft 4 (1994), S. 633

ebene von 985 im Jahre 1982 auf den historischen Tiefstand von 109 zum Jahresende 2005 sank.[178]

Spätestens mit dem durch den Beitritt der DDR sichtbar gewordenen Tertiarisierungsrückstand war die strukturelle Überlastung des Staates unverrückbar in das öffentliche Bewusstsein gedrungen. Die historische Sondersituation der Deutschen Vereinigung, die den wirtschaftlichen und sozialen Problemlösungsdruck offen zu Tage treten ließ, begünstigte das konzeptionell minutiös ausgearbeitete und in der Praxis mit Verve durchgefochtene Privatisierungsprogramm insofern, als der ehemals beträchtliche Widerstand innerhalb der Bevölkerung merklich schwand. Der damalige Minister für Post und Telekommunikation, Christian Schwarz-Schilling, hatte in einem Interview mit Blick auf die von ihm geleitete Bundespost zu Beginn der 90er-Jahre verlauten lassen, dass es erklärtes Ziel der CDU/CSU-geführten Bundesregierung sei, „das Unternehmen (…) in Zukunft von den Einflüssen der Politik" zu befreien, „die Fesseln des öffentlichen Dienstrechts [zu] sprengen" und die für eine Privatisierung der Behörde erforderlichen (grund)gesetzlichen Voraussetzungen zu schaffen.[179] Nachdem die Bundespost mit dem zum 1. Juli 1989 umgesetzten Poststrukturgesetz („Postreform I") eine sektorale Neugliederung der Organisationsbereiche erfahren hatte, aber noch bevor 1994 die „Postreform II" – aus der Deutsche Post AG, Deutsche Telekom AG und Postbank AG hervorgingen – abgeschlossen war, wurde diese Argumentationslinie mit der Privatisierung und Deregulierung des deutschen Bahnwesens aufgegriffen. Als nicht minder bedeutend für die nachhaltige Veränderung der deutschen „regulativen Kultur"[180] ist die wachsende Integrationstiefe der EU zu werten, ging doch eine zentrale Entscheidung „in Richtung mehr Marktwirtschaft"[181] im Verkehrssektor mit dem Untätigkeitsurteil vom 22. Mai 1985 von europäischer Ebene aus.

---

[178] Wernhard Möschel, Notwendigkeit und Potentiale der Aufgabenprivatisierung, in: Jörn Kruse/Kurt Stockmann (Hrsg.), Wettbewerbspolitik im Spannungsfeld nationaler und internationaler Kartellrechtsordnungen, Festschrift für Ingo Schmidt, Baden-Baden 1997, S. 352-356; Ulrich Schäfer, Schulden versilbern. Eichel kann noch viel verkaufen, sogar Forderungen ans Ausland, in: Süddeutsche Zeitung v. 10.12.2004, S. 1; Sebastian Jost, Ein Minister als Kaufmann, in: Die Zeit online v. 24.2.2006, http://www.zeit.de/online/2006/09/privatisierungen (abgerufen am 26.9.2007); vgl. für eine kritische Würdigung: Werner Rügemer, Gesamtdeutscher Ausverkauf. Von der Treuhand zu Public-Private-Partnership, in: Blätter für deutsche und internationale Politik, 50. Jg., Heft 11 (2005), S. 1315-1324 u. Tim Engartner, Privatisierung und Liberalisierung – Strategien zur Selbstentmachtung des öffentlichen Sektors, in: Christoph Butterwegge/Bettina Lösch/Ralf Ptak, Kritik des Neoliberalismus, a.a.O., S. 87-133

[179] Christian Schwarz-Schilling, „Das kostet Kraft", Interview mit dem Bundespostminister über die Post-Misere, in: Wirtschaftswoche, Nr. 31 v. 26.7.1991, S. 33 u. 35

[180] Vgl. vertiefend: Kenneth Dyson, Regulatory Culture and Regulatory Change: Some Conclusions, in: ders. (Hrsg.), The Politics of German Regulation, Aldershot 1992, S. 257-271

[181] Herbert Baum, Eisenbahn, in: Otto Vogel (Hrsg.), Deregulierung und Privatisierung, Köln 1988, S. 23

Selbst dann, wenn man einen – in der öffentlichen Diskussion inzwischen gemeinhin akzeptierten – weiten Regulierungsbegriff zugrunde legt und darunter die „direkte Kontrolle (...) der ökonomischen Aktivitäten der Marktteilnehmer (...) durch staatliche Institutionen oder deren Beauftragte"[182] versteht, mussten die Deregulierungs- und Privatisierungsbemühungen in der Bundesrepublik im Vergleich zu jenen in Großbritannien lange Zeit als bescheiden bewertet werden.[183] Großbritannien, so nicht allein die Deutung der damaligen konservativ-liberalen Bundesregierung, konnte schließlich die Früchte ernten, die die Politik der „Eisernen Lady" gesät hatte. Ihre Regierung hatte als eine der weltweit ersten nicht länger an der Balance zwischen staatlicher und marktwirtschaftlicher Koordination des Wirtschaftsgeschehens festgehalten und den Steuerungsmechanismus einseitig auf den Markt übertragen. Die Zurückdrängung staatlicher Regulierung wurde ebenso zur markanten strukturpolitischen Maßnahme jener Zeit erhoben wie die Überführung öffentlich-rechtlicher Unternehmen in privatrechtlich organisierte Aktiengesellschaften.[184] Die von der Tory-Regierung Anfang der 1980er-Jahre ausgesandte Botschaft war eindeutig: Um die Weichen auf dem Weg in Richtung Dienstleistungsgesellschaft zu stellen, sollten vertraute – aber angeblich „unmodern" gewordene – Institutionen reformiert werden. Mit der Ankündigung, „eine Demokratie von Kapitaleigentümern"[185] schaffen zu wollen, ließ Margaret Thatcher frühzeitig erkennen, welche Antwort sie auf die Frage nach der optimalen Besitzstruktur bezüglich öffentlicher Unternehmen geben würde. Aufgrund der Zentralisierung staatlicher Handlungskapazitäten, der Konzentration der politischen Entscheidungsgewalt auf das Amt des „Prime Ministers" und dessen bzw. deren Möglichkeit, in jedes Fachressort „hineinzuregieren", gelang es Thatcher auf bislang einzigartige Weise, ihre wirtschafts- und industriepolitischen Vorstellungen gegen Widerstände von Vertretern der Counties und Kommunen, aber auch gegen die „Wets" im eigenen Kabinett durchzusetzen.

---

[182] Axel Busch/Alexander Groß/Claus-Friedrich Laaser/Rüdiger Soltwedel, Deregulierungspotentiale in der Bundesrepublik, Tübingen 1986, S. 3; nach einer von der Deregulierungskommission formulierten Definition versteht man unter Regulierung „jede staatliche oder staatlich sanktionierte Beschränkung der Handlungsmöglichkeiten, der Verfügungsmöglichkeiten von Menschen" (1991, S. 1).
[183] Vgl. Klaus Schuberth, Wege zu mehr Beschäftigung in Deutschland, in: Fritz Söllner/Arno Wilfert (Hrsg.), Die Zukunft des Sozial- und Steuerstaates, Festschrift zum 65. Geburtstag von Dieter Fricke, Heidelberg 2001 (S. 310-312) mit einem Vergleich der Beschäftigungsmaßnahmen in verschiedenen europäischen Staaten; weitere illustrative Ausführungen finden sich bei: C. Christian von Weizsäcker, Deregulierung und Privatisierung als Ziel und Instrument der Ordnungspolitik, in: Otto Vogel (Hrsg.), Deregulierung und Privatisierung, a.a.O., S. 11-22
[184] Herbert Baum bezeichnet Deregulierung und Privatisierung als „die Antworten der Ordnungspolitik auf Fehlentwicklungen des staatlichen ‚Interventionismus'" (1988, S. 23).
[185] Zitiert nach: Barbara Dickhaus/Kristina Dietz, Private Gain – Public Loss? Folgen der Privatisierung und Liberalisierung öffentlicher Dienstleistungen in Europa, rls-standpunkte, Nr. 11 (2004), S. 3

Unzweifelhaft stellt die auf der britischen Insel angestoßene Privatisierungspolitik bezüglich ihres Umfangs und ihrer Konsequenzen eine der radikalsten ökonomischen und industriellen Reformen der Nachkriegszeit dar – die Tory-Regierung hatte mit den von ihr verfolgten Privatisierungen insbesondere im europäischen Raum eine „kopernikanische Wende" eingeleitet: „Privatization has been the most striking policy innovation since 1979. (...) The idea has been taken up, and copied, with explicit acknowledgement of the British influence, not only by other industrialized countries, but also by the Third World Countries."[186] Mit Blick auf den Gesamterlös der Privatisierungen wird deutlich, weshalb der Inselstaat Pionierarbeit leistete: Zwischen 1980 und 1996 erlösten die konservativen Regierungen unter den Premiers Thatcher und Major mit der Veräußerung staatlicher Industriebeteiligungen annähernd 60 Mrd. Pfund St. Ein Großteil des Verkaufserlöses entfiel dabei auf den mittels einer Festpreisofferte an der Börse platzierten Mineralölkonzern British Petroleum, den 1987 privatisierten Luftfahrtkonzern British Airways sowie British Telecom, die als erste voll privatisierte Fernmeldegesellschaft Europas Maßstäbe für Privatisierungsvorhaben im Telekommunikationssektor setzte.[187] Die ungeahnt zügige Konzeption des Privatisierungsprogramms und die konsequente Umsetzung dieses Eckpfeilers thatcheristischer Politik waren nicht allein der langjährigen Ausformulierung und Streuung neoliberaler Ordnungsvorstellungen geschuldet, sondern auch den politischen Kräfteverhältnissen und sozioökonomischen Rahmenbedingungen jener Zeit. Es waren maßgeblich diese drei Faktoren, die Großbritannien zur Wiege der Privatisierung werden ließen, obwohl die Briten über Jahrzehnte hinweg einer *mixed economy* verhaftet waren:

> „In einem nominell privatwirtschaftlich, kapitalistisch organisierten Großbritannien war der öffentliche Sektor nahezu allerorten anzutreffen, nicht nur, wenn man mit der Bahn, dem Bus, dem Schiff oder dem Flugzeug reiste. Der öffentliche Sektor produzierte Kraftfahrzeuge, Schiffe und Flugzeuge, betrieb darüber hinaus Hafenanlagen, Docks, Berg- und Stahlwerke. Neun von zehn Briten waren auf den Staat angewiesen, wenn es um ihre Ausbildung oder Gesundheitsversorgung ging. Mehr als ein Drittel der britischen Bevölkerung wohnte in staatseigenen Wohnungen. Der Staat betrieb den Post- und Telekommunikationsdienst, produzierte und verkaufte Elektrizität sowie Gas und

---

[186] Peter Riddell, The Thatcher Decade, Oxford 1989, S. 87 f.
[187] Katrin Topsch, Die Privatisierung staatlicher Unternehmen in Großbritannien, Studien zum internationalen Wirtschaftsrecht und Atomenergierecht, Bd. 98, Köln/Berlin/Bonn/München 2002, S. 21; Marc Schmitz, Die Privatisierung der Eisenbahnen in Großbritannien. Ziele, Maßnahmen, Beurteilung, Vorträge und Studien aus dem Institut für Verkehrswissenschaft an der Universität Münster, hrsg. von Hans Jürgen Ewers, Heft 31, Göttingen 1997, S. 32; David Heald, Die Privatisierungsmaßnahmen in Großbritannien 1979-1986, in: Zeitschrift für öffentliche und gemeinwirtschaftliche Unternehmen, 10. Jg., Heft 1 (1987), S. 106

Struktureller und institutioneller Wandel 83

hielt einen Großteil der Ölindustrie unter seiner Kontrolle. Er sorgte für die Radio- und Fernsehübertragung, reinigte die Straßen, entsorgte den Hausmüll und verwaltete die Universitäten."[188]

Hatten konservative Kräfte in Großbritannien die „Dekade von Privatisierung und Deregulierung"[189] bereits in den 80er-Jahren eingeleitet, hatte es in Bezug auf die Bundesrepublik Deutschland bis zu Beginn der 90er-Jahre nahe gelegen, von „symbolischen Privatisierungen" und „halbherzigen Reformen" zu sprechen, „die den Kern der Staat-Ökonomie-Beziehungen in der ‚sozialen Marktwirtschaft'"[190] unberührt ließen. Während die OECD Großbritannien bereits frühzeitig als Schrittmacher der angestrebten Deregulierungs- und Flexibilisierungspolitik ansah,[191] galt die Bundesrepublik der in Paris ansässigen Organisation lange Zeit als Musterbeispiel einer an überkommenen Institutionen und Regulierungen festhaltenden Volkswirtschaft.[192]

Diese Kritik zielte einerseits auf den unzureichend vollzogenen institutionellen Wandel, andererseits aber auch auf die nach Auffassung neoliberaler Ökonomen überholte Textur der Arbeitsbeziehungs- und Kollektivvertragssysteme. Dabei setzte spätestens mit dem Scheitern des Staatssozialismus in Osteuropa auch hierzulande ein parteien- und gebietskörperschaftenübergreifender Wandel im Verhältnis von Ökonomie und Staat in Richtung Privatisierungs-, Kommerzialisierungs- und Flexibilisierungsmaßnahmen ein. Zwar waren die rechtlichen Weichen für die Privatfinanzierung von Infrastruktur-Projekten, die Privatisierung der Deutschen Lufthansa und die Unterzeichung des Open-Sky-Abkommens noch in der Amtszeit des von der CDU benannten Bundesverkehrsminis-

---

[188] Im Original heißt es: „In a nominally private enterprise and capitalist Britain, one could meet the public sector when travelling by rail, by bus, by boat or by aeroplane. It made automobiles, ships and aircraft. It ran the ports and the docks, the coal mines and the steel mills. More than nine out of ten Britons depended on the state entirely for their education and their health. More than one third of them lived in homes which were owned by the state. It ran the postal service and the telephones. It produced and sold the electricity and gas, and had a major stake in the oil industry. It broadcast on radio and television. It swept the streets, cleared the garbage and ran the universities" (Madsen Pirie 1988 a, S. 4 f.).
[189] Giandomenico Majone, Paradoxes of privatization and deregulation, in: Journal of European Public Policy, Vol. 1, Issue 1, S. 54
[190] Edgar Grande, Vom Monopol zum Wettbewerb? Die neokonservative Reform der Telekommunikation in Großbritannien und der Bundesrepublik Deutschland, Wiesbaden 1989, S. xv; ähnliche Aussagen finden sich bei: Josef Esser, Germany: Symbolic Privatizations in a Social Market Economy, in: Vincent Wright (ed.), Privatization in Western Europe: Pressures, Problems and Paradoxes, London/New York 1994, S. 105-121
[191] Vgl. Richard Freeman, nach dem sich Großbritannien als „the most decentralized and unregulated labour-market in OECD-Europe" auszeichnet (1989, S. 275).
[192] So schreibt Patrick Minford: „We now see only too clearly that the German example is unattractively corporatist and flawed by massive regulation" (1989, S. 94).

ters Matthias Wissmann gestellt worden. Doch bereits vor der Regierungsübernahme auf Bundesebene im Oktober 1998 hatten SPD und Bündnis 90/Die Grünen einen Kursschwenk in Richtung Liberalisierung vollzogen: Vom Etatismus klassischer Prägung hatten sie sich abgewandt, indem sie eine prinzipiell stärkere Wettbewerbsorientierung auf ihre Programmatik adaptierten, um das „rolling back the frontiers of the state"[193] schließlich im Verkehrssektor aktiv fortzuschreiben. Ebenso wie die deutsche nahm auch die britische Sozialdemokratie zahlreiche Kernelemente der neoliberalen Wirtschaftsdoktrin in ihr Regierungsprogramm auf, die sich unweigerlich auf die Haltung bezüglich der Privatisierung öffentlicher Unternehmen erstreckte:

> „A notable example was the emergence of ,New Labour' in Britain – an explicit rejection by the British Labour Party of the doctrines of nationalisation and state planning to which it had been committed in the past. Since coming into office in 1997, the Labour government led by Tony Blair has broadly accepted the Thatcherite legacy; far from reverting to the interventionism of the 1960s and 1970s, the Labour ministers have been proclaiming the virtues of competition with all the enthusiasm of the convert."[194]

Wenngleich die Privatisierungsbestrebungen in der Bundesrepublik aufgrund landesspezifischer Eigenheiten keinesfalls als Imitation angelsächsischer Politik gedeutet werden können, lässt sich dennoch eine frappierende Ähnlichkeit in der programmatischen Ausrichtung der britischen und deutschen Sozialdemokraten erkennen. Die Deckungsgleichheit der von Gerhard Schröders „Neuer Mitte" und Tony Blairs „New Labour" vorgebrachten Konzepte kann u.a. an dem Positionspapier abgelesen werden, das die beiden Regierungschefs am 8. Juni 1999 unter dem Titel „Der Weg nach vorne für Europas Sozialdemokraten" in London der Öffentlichkeit vorstellten. Um die sozialdemokratische „Regierungsfähigkeit" zu untermauern, wurde dort proklamiert: „Der Staat soll nicht rudern, sondern steuern, weniger kontrollieren als herausfordern."[195] Nur wenige Zeilen später heißt es ungleich konkreter: „Die Höhe der Staatsausgaben hat trotz einiger Unterschiede mehr oder weniger die Grenzen der Akzeptanz erreicht. Die notwendige Kürzung der staatlichen Ausgaben erfordert eine radikale Modernisierung des

---

[193] John Moore, Why privatise?, in: John A. Kay/Collin Mayer/David Thompson (eds.), Privatisation and Regulation. The UK Experience, a.a.O., S. 93
[194] Geoffrey Owen, Foreword, in: David Henderson (ed.), Anti-Liberalism 2000. The Rise of New Millennium Collectivism, a.a.O., S. xi
[195] Tony Blair/Gerhard Schröder, Der Weg nach vorne für Europas Sozialdemokraten. Ein Vorschlag von Gerhard Schröder und Tony Blair, London 1999, S. 4

Die Privatisierung von Infrastruktur- und Versorgungsleistungen 85

öffentlichen Sektors und eine Leistungssteigerung und Strukturreform der öffentlichen Verwaltung."[196]

Ob dieser Absichtserklärung verwundert es kaum, dass deutsche und britische Sozialdemokraten die Deregulierungs- und Privatisierungspolitik der konservativen Vorgängerregierungen nahtlos fortsetzten – zumal sie in beiden Ländern von Seiten der betroffenen Unternehmensvorstände frühzeitig in ihren Bestrebungen unterstützt wurden. Die „betriebswirtschaftliche Kontaminierung"[197] von Politik und Gesellschaft griff auf die Debatte um die Zukunft der Bundesbahn über, wie ein Zitat Wilhelm Pällmanns, seinerzeit Vorsitzender der *Regierungskommission Bundesbahn* und nunmehr der *Kommission Verkehrsinfrastrukturfinanzierung* vorstehend, deutlich macht: „Das Problem ist, daß die Bahn ein ‚Staatsstück' ist. Sie ist Staat, bundeseigene Verwaltung mit eigenem Unterbau – Artikel 87 Grundgesetz, und darin liegt ein Riesenproblem."[198]

3.2 Die Privatisierung von Infrastruktur- und Versorgungsleistungen

Als „Neuerfindung des Staates" oder gar dessen „Rückzug"[199] wird die seit beinahe drei Jahrzehnten von konservativen wie sozialdemokratischen Regierungen fortgeschriebene Redimensionierung und Redefinition staatlicher Kernaufgaben verstanden. Privatisierung und Deregulierung benennen schlagwortartig Grundsatzpositionen, welche die wirtschaftspolitische Diskussion seit Beginn der 80er-Jahre sowohl in der Bundesrepublik Deutschland als auch in Großbritannien nachhaltig geprägt haben. War die materielle Leistungserbringung durch den Staat einst konstitutiv für diesen, lässt sich seit beinahe einem Vierteljahrhundert eine verstärkte Inanspruchnahme Privater für die Erfüllung universeller Dienstleistungen erkennen: Umschreibungen wie „imperative Regulierung zur Verfolgung staatlicher Zielsetzungen mit privaten Mitteln", „Rahmensetzung für privates Handeln", „generell-abstrakte und hoheitliche Regelungen zur Wettbewerbsermöglichung und -sicherung" sowie „sektorspezifische Wettbewerbssteuerung" benennen schlagwortartig diese Entwicklung.

Besonders bemerkenswert ist dieser Wandel im Bereich der Infrastruktur- und Versorgungsleistungen, in denen traditionell wettbewerbliche Ausnahmebe-

---

[196] Ebd., S. 5
[197] Oskar Negt, Arbeit und menschliche Würde, Göttingen 2001, S. 357
[198] Wilhelm Pällmann, Deregulierung und Privatisierung auf den Verkehrsmärkten. Podiumsdiskussion, in: Detlef Aufderheide (Hrsg.), Deregulierung und Privatisierung, Stuttgart 1990, S. 154
[199] David Osborne/Ted Gabler, Reinventing Government: How the Entrepreneurial Spirit is Transforming the Public Sector, Reading 1992, S. 12-15 u. Volker Schneider/Marc Tenbücken, Einleitung, in: dies. (Hrsg.), Der Staat auf dem Rückzug. Die Privatisierung öffentlicher Infrastrukturen, Frankfurt am Main/New York 2004, S. 17

reiche mit intensiver Regulierungsdichte bestanden, weil lange Zeit allgemein Marktversagen angenommen wurde – Bezug nehmend auf die erforderliche Internalisierung externer Effekte, die Besonderheit öffentlicher und meritorischer Güter sowie die Sonderkonstellation des natürlichen Monopols.[200] Aus eben jenen Gründen zählte das Gros der Infrastruktur- und Versorgungsleistungen ab der zweiten Hälfte des 19. Jahrhunderts in allen entwickelten Industrieländern zum Staatssektor oder wenigstens zu den „staatsnahen" Sektoren, d.h. zu jenen politökonomischen Funktionsbereichen, in denen der Staat ein hohes Maß an Verantwortung übernommen hatte.[201] Dies geschah in unterschiedlichen Ausprägungen: Entweder stellte der Staat die Leistungen in eigener Verantwortung zur Verfügung („*produzierender* Staat") oder er überließ dies Privaten und beschränkte seine Aktivitäten auf die Kontrolle durch Regulierungsbehörden („*Gewährleistungs-*" oder „*Regulierungs*staat").[202] In der Bundesrepublik wurde mit Art. 33 Abs. 4 GG gar eine organisationsrechtliche Richtschnur für die Verwaltungsaufgaben des Staates in der Verfassung festgeschrieben. Nach Auffassung einiger Staatsrechtslehrer lässt sich aus dem dort formulierten Funktionsvorbehalt eine indirekte Privatisierungssperre herleiten – sofern man neben der klassischen Eingriffsverwaltung auch Teilbereiche der Leistungsverwaltung zum Spektrum der „hoheitlichen Befugnisse" zählt.[203] Indem die Norm vorschreibe, die Ausübung hoheitlicher Befugnisse in der Regel Beamten anzuvertrauen, werde mittelbar zum Ausdruck gebracht, dass derartige Befugnisse im Allge-

---

[200] Um dem drohenden Verkehrsinfarkt und irreversiblen Umweltschäden zu begegnen, zählte der öffentliche Verkehr (insbesondere der schienengebundene) über Jahrzehnte hinweg zu den meritorischen Gütern (*merit goods*). Der Nutzen dieser „verdienstvollen Güter" wird von potenziellen Konsumenten nicht ausreichend geschätzt und deshalb zur Deckung des Kollektivbedarfs von staatlicher Seite zu Preisen unterhalb der Kostendeckung angeboten. Das maßgeblich von Richard A. Musgrave entwickelte Konzept nimmt Präferenzverzerrungen zugunsten gesellschaftlicher Wertvorstellungen in Kauf und bildet damit einen Ausnahmetatbestand zu dem von der Volkswirtschaftslehre formulierten klassischen Allokationsziel (vgl. Hans Kaminski 1997, S. 435). Insofern bestehen Parallelen zu den Aussagen über die Bereitstellung öffentlicher Güter bei fehlender Ausschlussmöglichkeit. In beiden Fällen werden gesamtgesellschaftliche Nutzenverluste ausgelöst, da die Internalisierung aller Externalitäten eine Pareto-Verbesserung gegenüber dem Status quo darstellt (Melvin W. Reder 1947, S. 14 f.).

[201] Vgl. mit einer ausführlichen Darstellung: Renate Mayntz/Fritz W. Scharpf, Steuerung und Selbstorganisation in staatsnahen Sektoren, in: dies. (Hrsg.), Gesellschaftliche Selbstregelung und politische Steuerung, Frankfurt am Main 1995, S. 9-38

[202] Vgl. Gunnar F. Schuppert, Vom produzierenden zum gewährleistenden Staat: Privatisierung als Veränderung staatlicher Handlungsformen, in: Klaus König/Angelika Benz (Hrsg.), Privatisierung und staatliche Regulierung: Bahn, Post, Telekommunikation, Rundfunk, Baden-Baden 1997, S. 539-575 u. Giandomenico Majone, The Rise of the Regulatory State in Europe, in: Wolfgang C. Müller/Vincent Wright (eds.), The State in Western Europe: Retreat or Redefinition?, Ilford 1994, S. 77-101

[203] Ernst Hasso Ritter, Bauordnungsrecht in der Deregulierung, in: Deutsches Verwaltungsblatt, 111. Jg., Heft 10 (1996), S. 542

meinen der Sphäre der öffentlichen Verwaltung zuzuordnen sind und nur bei sachlich begründeten Einwänden aus der öffentlich-rechtlich organisierten Verwaltung ausgegliedert werden dürfen. Genau diese Einwände werden gegenwärtig in beträchtlichem Umfang vorgetragen, wenn der Verlauf der „roten Linie", die der privatisierende Staat nicht überschreiten darf, abermals zulasten hoheitlicher Aufgaben interpretiert wird.

Dabei war der Umfang des staatlichen Industriebesitzes in der Bundesrepublik historisch betrachtet stets gering, selbst 1978 belief er sich auf gerade einmal 3,9 Prozent.[204] Weder hatte es nach dem Zweiten Weltkrieg eine Verstaatlichung von „Schlüsselindustrien" gegeben (wie z.B. in Frankreich und Großbritannien) noch wurde die Grenzziehung zwischen Staat und Wirtschaft während der 60er- und 70er-Jahren in bedeutenden Industriezweigen wie der Automobilindustrie oder der Stahlverarbeitung durchbrochen. In einem Sektor hingegen gibt es eine konstitutionell verankerte und tief im gesellschaftlichen Bewusstsein verwurzelte Tradition staatlicher Präsenz: im Infrastrukturbereich. Das Verkehrswesen (Straßenbau, Eisenbahn, Luftverkehr), das Post- und Fernmeldewesen, die Wasser- und Energieversorgung, aber auch Rundfunk und Fernsehen sowie Bildung und Wissenschaft standen bis zu Beginn der 1990er-Jahre in staatlichem Eigentum oder waren zumindest monopolistisch verfasst. In jenem Bereich war der Staat „nicht nur korrigierend und kompensierend tätig, um private Risiken abzusichern, er war in die Erbringung von Leistungen direkt und zentral einbezogen."[205] Edgar Grande und Burkard Eberlein nehmen gar an, dass „der Leistungsstaat im Infrastrukturbereich seinen letzten und größten Triumph"[206] erlebte. Letztlich erfuhr die Bundesrepublik im Telekommunikationssektor den „letzten Kraftakt des Staatsmonopols",[207] als die damalige Bundespost unmittelbar nach der Vereinigung ein Investitionsprogramm im Wert von 28 Mrd. EUR[208]

---

[204] Josef Esser, Germany: Symbolic Privatizations in a Social Market Economy, in: Vincent Wright (ed.), Privatization in Western Europe: Pressures, Problems and Paradoxes, a.a.O., S. 109
[205] Edgar Grande/Burkard Eberlein, Der Aufstieg des Regulierungsstaates im Infrastrukturbereich. Zur Transformation der politischen Ökonomie der Bundesrepublik Deutschland, Arbeitspapier Nr. 2, München 1999, S. 6
[206] Ebd., S. 7
[207] Tobias Robischon, Letzter Kraftakt des Staatsmonopols: Der Telekommunikationssektor, in: Roland Czada/Gerhard Lehmbruch (Hrsg.), Transformationspfade in Ostdeutschland, Beiträge zur sektoralen Vereinigungspolitik, Frankfurt am Main 1998, S. 61-86
[208] Grundsätzlich, d.h. auch innerhalb von Zitaten, werden Preise und Geldsummen in der landesspezifischen Währung der jeweiligen Zeit angegeben. Ursprünglich in D-Mark gemachte Angaben werden jedoch in Euro umgerechnet (Referenzkurs von 1 EUR = 1,95583 D-Mark), um eine bessere Vergleichbarkeit herzustellen. Bei der Umrechnung von D-Mark in EUR wird bei allen Zahlenangaben der mit der Einführung des Euro festgeschriebene Wechselkurs zugrunde gelegt, während die Umrechnung bei Pfund St. und Schweizer Franken (in Übereinstimmung mit dem durchschnittlichen Jahreswechselkurs) nur dann erfolgt, wenn es der besseren Vergleichbarkeit mit Angaben aus dem Euroraum dient.

auflegte, um auf dem Gebiet der ehemaligen DDR eines der weltweit leistungsfähigsten Telekommunikationsnetze zu errichten.

Dennoch: Die chronische Unterfinanzierung der öffentlichen Haushalte, die Internationalisierung der Handels- und Finanzmärkte, der tatsächlich vorhandene Reformdruck in der Erbringung öffentlicher Dienstleistungen und das Fehlen alternativer Reformvorschläge bereiteten den Boden für eine breite gesellschaftliche Akzeptanz der Reorganisation des öffentlichen Sektors nach privatwirtschaftlicher Logik. Einzelwirtschaftliche Profitinteressen und die Sanierung des Staatshaushaltes bildeten alsbald zentrale Motivations- und Legitimationskriterien für die Beschränkung auf die „Kernaufgaben des Staates". Seit 1992 fungierten dann zusätzlich die Maastrichter Konvergenzkriterien bzw. die im Europäischen Stabilitäts- und Wachstumspakt festgeschriebene Defizitobergrenze für die Netto-Neuverschuldung als Argumentationshilfen, wenn es darum ging, die Notwendigkeit von Privatisierungen zu belegen.[209] Weitgehend unbedacht (und in der Nachbetrachtung unerwähnt) blieb vielfach, dass die Privatisierungen auf kommunaler Ebene im Bereich der Wasser- und Energieversorgung, aber auch auf dem Entsorgungsmarkt regelmäßig private an die Stelle staatlicher Monopole treten ließen. Häufig wirkt sich dies bis heute zum Nachteil von Verbrauchern und Beschäftigten aus: Während sich Letztere nach einer Privatisierung oftmals mit verminderten Sozialstandards konfrontiert sahen, mussten die Kunden trotz eines intensivierten Wettbewerbs überproportional gestiegene Preise hinnehmen (gemessen an der weltweiten Kostenentwicklung auf den Energiemärkten). Aber trotz der vielfach kritisierten Diskrepanz von *public loss* bei gleichzeitigem *private gain*, und obschon die Unzulänglichkeiten der Liberalisierung offen zu Tage treten – beispielhaft angeführt seien neben der erwähnten Herausbildung privater Monopole die Fragmentierung und Dysfunktionalität der Netzwerksektoren –, ist das politische Pendel seit rund zwei Jahrzehnten auch in der Bundesrepublik eindeutig ausgeschlagen: Es weist in Richtung Privatisierung.

---

[209] Mit einem starren Festhalten am Europäischen Stabilitäts- und Wachstumspakt und der „Schuldendeckelung" unter Bezugnahme auf das 1967 von Karl Schiller federführend ausgearbeitete Stabilitätsgesetz schränkt der Staat seine finanziellen Handlungsmöglichkeiten ein, sodass volkswirtschaftlich angezeigte Maßnahmen vielfach unterbleiben. Larry Elliott, Leitartikler der britischen Tageszeitung *The Guardian*, bezeichnet den Euro-Stabilitätspakt aufgrund der starren Grenzen für die zulässige Neuverschuldung denn auch als den „Mick Jagger der Ökonomie": „Er ist weit über sein Haltbarkeitsdatum hinaus und springt immer noch auf der Bühne umher als dämonischer Überrest des goldenen Zeitalters des Monetarismus. (...) Der Stabilitäts- und Wachstumspakt ist deflationistisch, anachronistisch und sollte längst zum alten Eisen zählen. Es ist allerdings offen, ob er schnell das Zeitliche segnet oder einen langen, qualvollen Tod stirbt. Derzeit stehen die Wetten leider für Letzteres besser und Europas Arbeitslose zahlen den Preis" (2002, S. 21).

3.2.1 Formen und Kriterien eines (wirtschafts)politischen Instruments: Grade der Privatisierung

Wenngleich eine eindeutige Antwort auf die Frage, welche Formen der Entstaatlichung unter den schillernden Begriff „Privatisierung" zu fassen sind, nur bedingt gegeben werden kann, wird darunter doch generell eine Übereignung von staatlichem und kommunalem Eigentum an Private verstanden. Eine aussagekräftigere Definition liefert der Münsteraner Finanzwissenschaftler Heinz Grossekettler: „Eine absolute oder relative Privatisierung von Produktivvermögen liegt immer dann vor, wenn der Staat vollständig in seinem Eigentum befindliche Unternehmen oder Anteile daran an Private veräußert, wenn er seinen Anteil am Produktivvermögen im Zuge von Wachstumsprozessen durch verminderte Kapitalzufuhr schrumpfen lässt oder wenn er die Produktionstiefe der Hilfsbetriebe von Verwaltungen oder öffentlicher oder gemischter Unternehmen dadurch verringert, dass er Verrichtungen ausgegliedert und damit vom Selbermachen zum Kaufen übergeht."[210]

Diese Definition umfasst neben der materiellen Privatisierung auch den darunter zu subsumierenden Spezialfall der funktionellen Privatisierung. Letztere zeichnet sich durch die angeführte Verringerung der Produktionstiefe aus, etwa durch die Ausgliederung so genannter Annexbetriebe der Verwaltung (Müllabfuhr, Stadtreinigung, Fuhrwesen, Schlachthöfe etc.), wie dies seit Mitte der 50er-Jahre zunächst auf kommunaler, später dann zunehmend auch auf Landes- und Bundesebene praktiziert wurde.[211] Der an die *Property-Rights*-Theorie angelehnte und dieser Arbeit zugrunde liegende Privatisierungsbegriff umfasst „alle Prozesse, die den Einflußbereich politischer Verfügungsrechte über ökonomische Güter zugunsten des Dispositionsspielraums privater Verfügungsrechte vermindern."[212] Ausdrücklich gilt es darauf hinzuweisen, dass diese Definition schon die Überführung öffentlicher Unternehmen in privatrechtliche Organisationsformen einschließt, und zwar deshalb, weil auch formell privatisierte Unterneh-

---

[210] Heinz Grossekettler, Deregulierung und Privatisierung. Erscheinungsformen, Legitimationskriterien und politische Verhaltenstendenzen, in: Wirtschaftswissenschaftliches Studium – Zeitschrift für Ausbildung und Hochschulkontakt, 18. Jg., Heft 10 (1989), S. 437
[211] Klaus König/Angelika Benz, Zusammenhänge von Privatisierung und Deregulierung, in: dies. (Hrsg.), Privatisierung und staatliche Regulierung: Bahn, Post, Telekommunikation, Rundfunk, a.a.O., S. 17
[212] Rupert Windisch, Privatisierung natürlicher Monopole. Theoretische Grundlagen und Kriterien, in: ders. (Hrsg.), Privatisierung natürlicher Monopole im Bereich Bahn, Post und Telekommunikation, Tübingen 1987, S. 8; *property rights* sind „die mit materiellen und immateriellen Gütern verbundenen, institutionell legitimierten Handlungsrechte eines oder mehrerer Wirtschaftssubjekte" (Arnold Picot/Helmut Dietl 1990, S. 178). Vgl. für eine umfassende Darstellung der verschiedenen Ausprägungen von Privatisierungen: Madsen Pirie, Privatization: Theory, Practice and Choice, Aldershot 1988, S. 69-252

men in der Leistungs- und Finanzierungskonzeption darauf verpflichtet werden, nach betriebswirtschaftlichen Vorgaben zu operieren.[213] Mittels der Einräumung unternehmerischer Handlungsspielräume, des Verzichts auf pauschale Ausgleichszahlungen, der Abschaffung des öffentlichen Dienstrechts sowie der Abdeckung politisch motivierter Sonderleistungen durch spezielle Entgelte verzichtet der Staat auf die Geltendmachung seines Einflusspotenzials, mit dem er in der Vergangenheit nicht-erwerbswirtschaftliche Ziele durchzusetzen vermochte.

Entsprechend der Intensität der politischen Ausdünnung können Privatisierungen verschiedene Grade erreichen.

Privatisierung der Infrastruktur – eine zweidimensionale Typologie

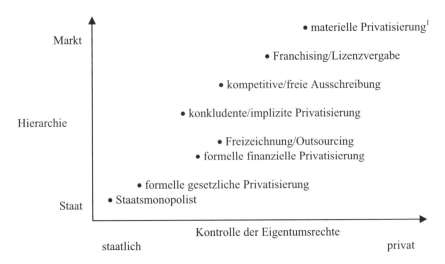

1) Position auf der Y-Achse hängt vom Grad der Regulierung ab

Abbildung 1: in Anlehnung an: Ira Denkhaus/Volker Schneider, The Privatization of Infrastructures in Germany, in: Jan-Erik Lane (Hrsg.), Public Sector Reform. Rationale, Trends and Problems, London 1997, S. 71

---

[213] Vgl. Achim von Loesch, Privatisierung öffentlicher Unternehmen. Ein Überblick über die Argumente. Schriftenreihe der Gesellschaft für öffentliche Wirtschaft und Gemeinwirtschaft, Heft 23, Baden-Baden 1987 (2. Auflage), S. 43; noch weiter fasst Werner Rügemer den Begriff der Privatisierung, wenn er diesen von der rechtlichen Form loslöst und darunter „jegliche Form profitorientierter Ausrichtung gemeinwirtschaftlicher Aufgaben" versteht (2006, S. 8).

Die Privatisierung von Infrastruktur- und Versorgungsleistungen 91

Wie in *Abbildung 1* zu erkennen, stellt die materielle Privatisierung, die bei der DB AG mit der Platzierung von Unternehmensanteilen am Kapitalmarkt ihren Abschluss finden soll, den Extremfall in einem zweidimensionalen Privatisierungsschema dar. Die schwächste Form der Privatisierung stellt die bereits erwähnte formelle gesetzliche Privatisierung dar, bei der ein öffentliches Unternehmen ohne die Übertragung von Eigentumsrechten von der öffentlich-rechtlichen in die privatrechtliche Rechtsform überführt wird. Das im mittel- oder unmittelbaren Eigentum einer Gebietskörperschaft stehende Unternehmen wird in eine Kapitalgesellschaft (AG, GmbH, KGaA) mit 100-prozentiger Staatsbeteiligung umgewandelt.[214] So hält im Fall der DB AG der Bund als Alleingesellschafter unverändert das Grundkapital in Höhe von 2,15 Mrd. EUR und entscheidet über die Entsendung der Arbeitgebervertreter in den Aufsichtsrat sowie die Besetzung des Vorstandes.[215]

Der Prozess der formellen finanziellen Privatisierung bezieht sich ausschließlich auf die Art der Finanzierung: Während sämtliche Aufgaben in der Hand des Staatunternehmens verbleiben, erfolgt die Finanzierung nunmehr über private Kapitalgeber.[216] Eine derartige „Finanzierungsprivatisierung" erlangt in klassischen Verwaltungsbereichen wie dem Straßenbau zunehmend Bedeutung; so ermöglicht das Fernstraßenbaufinanzierungsgesetz mittlerweile die Übertragung von Bau, Erhalt, Betrieb und Finanzierung gebührenpflichtiger Bundesfernstraßen.[217] Das explizite Ziel nahezu jeder formellen Privatisierung ist es, ehemals öffentlich-rechtlich organisierte Unternehmen auf Rentabilitätsvorgaben zu verpflichten, um eine Entlastung des Staatshaushalts respektive der Steuerzahler herbeizuführen. Die Orientierung in Richtung Eigenverantwortlichkeit korrespondiert auch bei dieser „Organisationsprivatisierung" mit einer Abkehr von gemeinwirtschaftlichen Prinzipien, wird doch die von staatlicher Seite ge-

---

[214] Rupert Windisch, Privatisierung natürlicher Monopole. Theoretische Grundlagen und Kriterien, in: ders. (Hrsg.), Privatisierung natürlicher Monopole im Bereich Bahn, Post und Telekommunikation, a.a.O., S. 17
[215] Wernhard Möschel, Privatisierung – Erfahrungen in Deutschland, in: Wolfgang Wiegand (Hrsg.), Rechtliche Probleme der Privatisierung, Tagung vom 16./17. Oktober 1997 an der Universität Bern, Bern 1998, S. 40; vgl. zur Problematik des Bundes als alleinigem Anteilseigner weiterhin: Andreas Brenck, Privatisierungsmodelle für die Deutsche Bundesbahn, in: Werner Allemeyer/ders./Friedrich von Stackelberg/Paul Wittenbrink, Privatisierung des Schienenverkehrs, Beiträge aus dem Institut für Verkehrswissenschaft an der Universität Münster, hrsg. von Hans-Jürgen Ewers, Heft 130, Göttingen 1993, S. 137-184, hier insbesondere: S. 115-126
[216] Ira Denkhaus/Volker Schneider, The Privatization of Infrastructures in Germany, in: Jan-Erik Lane (ed.), Public Sector Reform. Rationale, Trends and Problems, a.a.O., S. 71
[217] Vgl. dazu: Hannes Rehm, Modelle zur Finanzierung kommunaler Investitionen durch Private, in: Jörn Ipsen (Hrsg.), Privatisierung öffentlicher Aufgaben. Private Finanzierung kommunaler Investitionen, Osnabrücker Rechtswissenschaftliche Abhandlungen, Bd. 44, Köln/Berlin/Bonn/München 1994, S. 93-114

wünschte Bedarfsdeckung durch eine Bedienung der Nachfrage zu Marktpreisen ersetzt.[218] Weil die Eigentumsverhältnisse auch de jure unberührt bleiben und die umfassendere Selbständigkeit des Managements die einzige auf den ersten Blick sichtbare Veränderung darstellt, wird in diesem Zusammenhang häufig von einer „Scheinprivatisierung" gesprochen.[219]

Meist bildet diese formelle Privatisierung die Vorstufe zu einer materiellen, bei der das „öffentliche Vermögen an Private veräußert wird und/oder bisher von der öffentlichen Hand wahrgenommene Aufgaben auf Private übertragen werden."[220] Diese Form der Entstaatlichung wird auch als Aufgabenprivatisierung, eingängiger: als „echte" Privatisierung bezeichnet, da der Staat Aufgaben aus seinem Verantwortungsbereich ausgliedert. Hervorzuheben bleibt, dass ein Unternehmen nach gängigen Bestimmungen wie denen des Bundesamtes für Statistik erst nach einer materiellen Privatisierung dem privaten Sektor der Wirtschaft zuzurechnen ist, d.h. erst dann, wenn die emittierten Aktien mehrheitlich von privaten Anlegern gehalten werden.

Als Merkmal einer Lizenzvergabe (auch: *Franchising*) ist eine vertraglich geregelte, auf Dauer angelegte Zusammenarbeit zwischen selbständigen Unternehmen zu nennen. So wurde der britische Schienenpersonenverkehr von der Franchise Authority zunächst in 25 Franchises aufgespalten, die dann je nach Gebot für verschiedene Regionen ausgegeben wurden. Im Gegensatz zur freien Ausschreibung wird bei der Lizenzvergabe die finanzielle Verantwortlichkeit vom öffentlichen in den privaten Sektor überführt. Mit der Strategie des *contracting out* wird eine Verringerung der vertikalen Integration staatlicher Unternehmen angestrebt: Im Zuge der Auslagerung von Produktionsprozessen werden Aufträge für Güter und Dienstleistungen, die einst von Staatsunternehmen angeboten wurden, an private Anbieter vergeben, wodurch je eine vertikale Ebene entfällt. Implizite (auch: konkludente) Privatisierung bezeichnet die durch deregulierende Gesetze herbeigeführte Implementierung von Wettbewerb in einem Sektor, der von einem Staatsmonopolisten dominiert wurde. Ohne die organisatorische oder gesetzliche Grundlage des Bundes-, Landes- respektive Kommu-

---

[218] Alexander van der Bellen, Öffentliche Unternehmen zwischen Markt und Staat, Köln 1977, S. 99
[219] Vgl. Hans-Jürgen Ewers, Privatisierung und Deregulierung bei den Eisenbahnen. Das Beispiel der Deutschen Bundesbahn und der Deutschen Reichsbahn, in: Jahrbuch für Neue Politische Ökonomie, 13. Jg., Tübingen 1994, S. 181
[220] Wolfgang Cornetz/Peter Kalmbach, Privatisierung unter veränderten Rahmenbedingungen, in: Bremer Ausschuss für Wirtschaftsforschung (Hrsg.), Bremer Zeitschrift für Wirtschaftspolitik, Nr. 3/4 (1993), S. 16; eine ausführliche Darstellung unter juristischen Gesichtspunkten findet sich bei: Wernhard Möschel, Privatisierung – Erfahrungen in Deutschland, in: Wolfgang Wiegand (Hrsg.), Rechtliche Probleme der Privatisierung, Tagung vom 16./17. Oktober 1997 an der Universität Bern, a.a.O., S. 37-50

Die Privatisierung von Infrastruktur- und Versorgungsleistungen 93

nalunternehmens zu verändern, wird privaten Anbietern der Zugang zu einem bis dato monopolistischen Markt gewährt. Wie dem obigen Schaubild zu entnehmen ist, zielt jede Privatisierung unabhängig von ihrer konkreten Ausgestaltung auf eine Intensivierung des Wettbewerbs. Abweichend von der herrschenden Vorstellung in der Öffentlichkeit ist die DB AG mit der zum 1. Januar 1994 eingeleiteten Bahnstrukturreform zum jetzigen Zeitpunkt unter Wahrung wirtschaftsrechtlicher und semantischer Präzision noch nicht als „privat" zu bezeichnen – wenngleich seitdem alle gewichtigen Entscheidungen des Bahnvorstandes das Resultat privatwirtschaftlicher und damit profitorientierter Erwägungen darstellen. Eine Privatisierung im oben genannten, materiellen Sinne wird erst zu einem späteren Zeitpunkt erfolgen, nämlich dann, wenn der Bund mehr als 50 Prozent seiner Aktien am Gesamtunternehmen veräußert haben wird.[221] Obwohl die formelle Privatisierung der DB im Kern „nur" die Neudefinition der Organisationsstruktur umfasste, bleibt festzuhalten, dass jede Form von Privatisierung auf eine Redimensionierung des Staates abzielt – meist im Sinne eines vollständigen Rückzugs desselben.

3.2.2 Erklärungsansätze für die Redimensionierung des Staates

Weder bei den seit Beginn der 1980er-Jahre weltweit zu konstatierenden staatlichen Rückzugsstrategien insgesamt noch bei der Privatisierung selbst handelt es sich um ein monokausal zu erklärendes Phänomen. Zu deutlich weichen die mit der Veräußerung öffentlichen Eigentums verfolgten Absichten voneinander ab, zu verschieden sind die historischen Entwicklungen und politischen Konstellationen, die den Prozess der Entstaatlichung auslösten und nach wie vor befördern. Infolgedessen existiert bislang noch keine geschlossene, allgemein anerkannte Theorie der Privatisierung. Gleichwohl nahm Adam Smith Ende des 18. Jahrhunderts zwei zentrale Argumente der Privatisierungsbefürworter vorweg, als er die Veräußerung englischer Kronländereien befürwortete: Einerseits gehe damit eine Entlastung des Staatshaushaltes einher, weil die öffentlichen Schulden durch den Verkaufserlös reduziert (und die laufenden Ausgaben zum Zweck der Schuldentilgung vermindert) würden, andererseits weise die Kultivierung des Bodens durch private Eigentümer eine höhere Qualität auf.[222]

---

[221] Alfred Boss/Claus-Friedrich Laaser/Klaus-Werner Schatz (Hrsg.), Deregulierung in Deutschland – eine empirische Analyse, Tübingen 1996, S. 4 (FN 2)
[222] Rainer Bartel, Theoretische Überlegungen zur Privatisierung, in: Friedrich Schneider/Markus Hofreither (Hrsg.), Privatisierung und Deregulierung in Westeuropa. Erste Erfahrungen und Analysen, a.a.O., S. 19

Die letztgenannte Auffassung vertritt auf einer anderen Ebene auch heute noch die überwiegende Zahl der Privatisierungsbefürworter – meist gepaart mit der Hoffnung, durch das Aufbrechen „verkrusteter" Strukturen in sich wandelnden Industrien neue Wachstumsimpulse setzen zu können.[223] Endogener Auslösemechanismus für die Implementierung eines Privatisierungsprogramms war in einer Vielzahl von Fällen jedoch das erste von Smith angeführte Argument: die fiskalisch begründete, unzureichende Finanzierungsbasis.[224] In Großbritannien strebte die 1979 ins Amt gewählte Regierung neben der Abkehr von einer Wirtschaftspolitik keynesianischer Provenienz sowie einer grundlegende Neuausrichtung der Koordinaten im Verhältnis zwischen Staat und Wirtschaft insbesondere eine Reduzierung der Finanzierungsverpflichtungen an.[225] Ähnlich verhielt es sich in der Bundesrepublik, wo die Rahmenbedingungen für den neoliberal geprägten Um- bzw. Abbau des „wirtschaftenden" (Wohlfahrts-)Staates in der „Wendezeit" 1989/90 besonders vorteilhaft schienen.[226] Auch in den öffentlich dominierten Sektoren hielten „Marktgesetze" verstärkt Einzug, wie auf dem Verkehrs-, Energie-, Telekommunikations- und Gesundheitsmarkt zunehmend sichtbar wurde. Methoden und Instrumentarien, die der betriebswirtschaftlichen Rechnungslegung entlehnt waren und von wohlwollenden Etiketten wie „Neues Steuerungsmodell", „Flexibilisierung" und „Kundenorientierung" begleitet wurden, sollten unter dem „Diktat leerer Kassen" Einsparungen, Rationalisierungen sowie Wettbewerbs- und Effizienzsteigerungen bewirken.[227] Ferner sollten die durch einen Verkauf von Bundesbeteiligungen frei werdenden Mittel zur Sanierung strukturell defizitärer Budgets verwendet werden.

Die von Helmut Kohl geführte konservativ-liberale Regierungskoalition fühlte sich aber nicht nur genötigt, bei staatlichen Unternehmen Kosten ein-

---

[223] Ein von Seiten der Privatisierungsbefürworter viel beachtetes Beispiel für die vielfältigen Gestaltungsmöglichkeiten eines privatisierten Staatsunternehmens ist DB Kom als ehemalige Tochter der DB AG. Nachdem zunächst nur Telekommunikationsdienstleistungen für den Mutterkonzern erbracht werden sollten, erfolgte mit der Liberalisierung des Telekommunikationsmarktes eine Ausdehnung der Aktivitäten über den eigenen Bedarf hinaus. Nachdem bis 1999 zwischen 55 Städten ein Telekommunikationshochgeschwindigkeitsnetz entlang der Bahnlinien installiert worden war, ging DB Kom in dem Telekommunikationsunternehmen Arcor auf.
[224] Dirck Süß, Privatisierung und öffentliche Finanzen. Zur Politischen Ökonomie der Transformation, Stuttgart 2001, S. 29-31
[225] Vgl. für einen äußerst lesenswerten Überblick: Patrick Minford, Mrs. Thatcher's Economic Reform Programme – Past, Present and Future, in: Robert Skidelsky (ed.), Thatcherism, Oxford 1989, S. 93-106
[226] Christoph Butterwegge, Neoliberalismus, Globalisierung und Sozialpolitik: Wohlfahrtsstaat im Standortwettbewerb?, in: ders./Martin Kutscha/Sabine Berghahn (Hrsg.), Herrschaft des Marktes – Abschied vom Staat? Folgen neoliberaler Modernisierung für Staat und Gesellschaft, a.a.O., S. 35
[227] Ebd., S. 36; vgl. weiterhin: Raymund Werle, Liberalisation of Telecommunications in Germany, in: Kjell A. Eliassen/Marit Sjovaag (eds.), European Telecommunications Liberalisations, London 1999, S. 110-127

zusparen und wo möglich Einnahmen durch Privatisierungen zu erzielen, sondern strebte zugleich danach, die „staatsbetrieblichen" Verluste durch Steuereinnahmen aus dem dann privatisierten Betrieb zu ersetzen. Der aufgrund nicht allein marktgerechter Leistungserbringung kostspielige Ressourcenbedarf öffentlicher Unternehmen und der gleichzeitig enger werdende finanzielle Spielraum der Regierungen sind zweifellos Gründe für die in vielen Sektoren angelaufenen Privatisierungen. Zahlreiche empirische Studien kommen zu dem Ergebnis, dass fiskalische Defizite oftmals *das* auslösende Moment für das Einleiten von Privatisierungen sind.[228] Durch sie lassen sich einmalige *Verkaufs*einnahmen erlösen, ferner werden – meist großzügig kalkulierte – *Steuer*einnahmen aus dem dann steuerpflichtigen Unternehmen erwartet. Die Steuerleistung erhöht sich aber nur dann, wenn die Effizienz des Unternehmens langfristig gesteigert werden kann. Prägnant schildert Werner Baer, Lehrstuhlinhaber an der University of Illinois, die fiskalischen Vorteile, die sich von Seiten der Politik mit einer Privatisierung ergeben:

> „An important advantage of divestiture has been the generation of capital and current income for the treasury. The sale of government assets has generated funds that can be used to repay outstanding public debt. This one-time exchange of physical assets for financial ones has appealed especially to countries with large internal and external debt burdens. In the longer run the transfer of ownership of a loss-making public enterprise to the private sector eliminates the need for continuing subsidies and thus reduces government current expenditures. Some have argued that lower output prices that might result from privatization may also reduce the government expenses for goods and services it purchases."[229]

Gleichwohl kann die Privatisierung eines verlustbringenden Unternehmens auch aus dieser Perspektive negative Folgen für den Staat zeitigen, nämlich dann, wenn der Verkaufspreis gering angesetzt werden muss und vor dem Verkauf kostspielige Investitionen zu tätigen sind.[230] Mit der materiellen Privatisierung

---

[228] Vgl. mit weiteren Hinweisen: Bernardo Bortolotti/Marcello Fantini/Dominici Siniscalco, Privatizations and Institutions: A Cross-Country Analysis, Turin 1998

[229] Werner Baer, Changing Paradigms: Changing Interpretations of the Public Sector in Latin America's Economies, in: Public Choice, Vol. 88, Issue 3 (1996), S. 372

[230] Vgl. zu der breiten Akzeptanz, welche die kreditbasierte Finanzierung öffentlicher Investitionen einst hatte: Deutscher Bundestag, Bundestagsdrucksache V/3040 v. 5.12.1968; einen erfolglosen Versuch, die ehemals allseits geschätzte Haltung auf europäischer Ebene zu implementieren, unternahm EU-Kommissar Mario Monti: „Recognizing the role of public investment is by no means contradictory to sound and rigorous budgetary policy. (...) This is normally known as the ‚golden rule': government indebtedness is admissible, but only to cover government investment, not current expenditure. During the early stages of the Maastricht negotiations, the German delegation had suggested that the ‚golden rule' should be introduced as the criterion for public finance. (...) More

der DB AG wird jedoch voraussichtlich nicht einmal ein Budgetzuwachs einhergehen: Einerseits hat die Bahnführung unter der Ägide von Hartmut Mehdorn frühzeitig erkennen lassen, dass die Börsenerlöse zu einem Großteil für die Aufstockung des Eigenkapitals verwendet werden sollen, andererseits sind nach Schätzungen des Bundesministeriums für Verkehr, Bau und Stadtentwicklung bis zum Jahr 2016 rund zehn Mrd. EUR p.a. für die Sanierung des Streckennetzes aufzubringen.[231] Letztlich heißt dies, dass der Bund ohnehin Zuzahlungen leisten muss, die Einmaleinnahmen aus dem Börsengang mithin nicht zur Konsolidierung des Staatshaushaltes eingesetzt werden können. Diese Einmaleffekte führen jedoch nicht zwangsläufig zu einer langfristigen Entlastung öffentlicher Kassen, wie von den Befürwortern behauptet wird. Zum einen bedarf es meist der kostenintensiven Installierung von Regulierungssystemen, zum anderen bilden häufig erst staatliche Sicherungseinlagen und Subventionszusagen die entscheidenden Finanzierungsanreize für private Investoren. Dies belegt die Privatisierung von British Rail, war das Interesse an dem maroden britischen Bahnsystem doch so lange außerordentlich gering, bis staatliche Kreditgarantien und langfristige Betriebslaufzeiten zugesichert wurden.

Der Kölner Armutsforscher Christoph Butterwegge erhebt einen weiteren wesentlichen Einwand gegen den mit jeder Privatisierung verbundenen Rückzug des Staates. Er verweist darauf, dass die im Zusammenhang mit der Veräußerung staatlicher Beteiligungen oder ganzer Unternehmen gebrauchte Metapher vom „Verkauf des Tafelsilbers" die Entwicklung verharmlost, „weil letzteres unnütz im Schrank herumsteht", während auch staatliche Unternehmen der öffentlichen Hand laufende Einnahmen verschaffen.[232] Ausgerechnet die Historie von Bahn- und Postwesen belegt, dass Staatsunternehmen profitabel arbeiten können. So ließ die Bundespost dem Haushalt noch Ende der 80er-Jahre einen Jahresüberschuss von mehr als 2,5 Mrd. EUR zufließen. Mindestens ebenso beeindruckt die Tatsache, dass der Preußische Staat vor dem Ersten Weltkrieg nahezu ein Drittel seines Haushaltes durch die Einnahmen aus dem Bahnbetrieb decken konnte; 1894 hatten die preußischen Eisenbahnen noch 55,9 Prozent der Haushaltsüberschüsse erwirtschaftet.[233] In den 1920er-Jahren leistete die staatliche Eisenbahn

---

recently and in a different context, [the former; *T.E.*] Chancellor Gordon Brown explicitly introduced the ‚golden rule' in the UK fiscal policy framework" (zitiert nach: EU 1998, S. 2)
[231] Klaus Ott, Bahn will Börsenerlöse behalten, in: Süddeutsche Zeitung v. 20.12.2005, S. 19
[232] Vgl. Christoph Butterwegge, Wohlfahrtsstaat im Wandel. Probleme und Perspektiven der Sozialpolitik, Opladen 2001 (3. Auflage), S. 112
[233] Winfried Wolf, Eisenbahn statt Autowahn. Personen- und Gütertransport auf Schiene und Straße. Geschichte, Bilanz, Perspektiven, Hamburg/Zürich 1987, S. 114

Die Privatisierung von Infrastruktur- und Versorgungsleistungen 97

beinahe sämtliche Reparationszahlungen an die Siegermächte des Ersten Weltkriegs.[234]

Dass die Preisgabe staatlicher Steuerungsmöglichkeiten auch gegenwärtig noch einen Verzicht auf staatliche Einnahmen bedeuten kann, zeigt das Beispiel der Schweizerischen Bundesbahnen (SBB). Die SBB konnten selbst 2004 noch einen Überschuss in Höhe von 42,6 Mio. Schweizer Franken verbuchen, also exakt in jenem Jahr, in dem zahlreiche kostspielige Investitionsvorhaben des Projekts „Bahn 2000" zu Ende geführt wurden. 1999 hatte der Konzerngewinn gar bei 118 Mio. Franken gelegen.[235] Ähnlich verhält es sich bei dem französischen Eisenbahnunternehmen SNCF: Zwar kehrte der Staatskonzern unter der Führung von Louis Gallois erst im Geschäftsjahr 2000 nach 15 verlustreichen Jahren wieder in die Gewinnzone zurück, 2004 belief sich der Netto-Konzernüberschuss jedoch bereits auf beachtliche 323 Mio. EUR. Die mehr als 177.000 Mitarbeiter und 13.600 Züge der SNCF beförderten im Jahr 2004 auch deshalb rund 892 Mio. Passagiere und 121 Mio. Tonnen Fracht, weil das Netz des seit 1981 verkehrenden Hochgeschwindigkeitszuges TGV enger geknüpft bzw. weiter modernisiert, die Tarife im Vergleich zu anderen Verkehrsmitteln gesenkt und die gesamte Bahngesellschaft grundlegend neu strukturiert wurde.[236] Das mit unverminderter Verve vorgetragene Argument, Unternehmen in staatlicher Trägerschaft seien per se ein „Defizit"- bzw. „Zuschussgeschäft", kann mithin historisch wie auch unter Bezug auf aktuelle Beispiele aus dem Ausland widerlegt werden.

Geringe Aufmerksamkeit erfahren in der wissenschaftlichen Debatte die mit Privatisierungen verknüpften politisch-strategischen Zielsetzungen, obschon diese das weitreichende Kalkül der politischen Entscheidungsträger extrapolieren, wie das Zitat eines ranghohen Mitarbeiters aus dem britischen Finanzministerium belegt:

„Our aim is to build upon our property-owning democracy and to establish a people's capital market to bring capitalism to the place of work, to the high street and even to the home. As we dispose of state-owned assets, so more and more people have the opportunity to become owners, (...) so these policies also increase personal independence and freedom, and by establishing a new

---

[234] Bahn von unten (Hrsg.), Bahn und Börse. Wohin rast der Privatisierungszug?, Wiesbaden 2004, S. 6
[235] SBB, Statistisches Vademecum. Die Bahn in Zahlen 2004, Bern 2005, S. 3 u. SBB, Finanzbericht 1999, Bern 2000, S. 5
[236] SNCF, Rapport annuel 2004, Paris 2005, S. 10; seit dem 10. Juni 2001 benötigt der TGV auf der 800 Kilometer langen Ausbaustrecke Paris - Marseille je nach Tageszeit nur noch drei Stunden. Aber auch auf vielen anderen Strecken konnte sich der TGV als ernsthafter Konkurrent des Flugverkehrs etablieren.

breed of owner, have an important effect on attitudes. They tend to break down the division between owners and earners."[237]

Dieser Aussage zufolge beruht die politische Motivation für Privatisierungsmaßnahmen auf einem Stimmenmaximierungskalkül, das durch eine Orientierung an den Präferenzen der eigenen Klientel (typischerweise der mittleren und oberen Einkommensschichten) und durch eine distributive Ausgestaltung des Privatisierungsprogramms verfolgt wird.[238] Einigermaßen verlässlich wurde diesbezüglich in der Vergangenheit mit der Parteiendifferenzthese operiert, die präferenzbasierte politische Absichten zum Ausgangspunkt der Analyse macht: „Je stärker die Partizipation linker Parteien an der nationalen Regierung, desto seltener und weniger intensiv wird privatisiert. (...) Umgekehrt gilt, dass rechte Parteien den Abbau des Staates und den Ausbau des Marktes präferieren und dies auch umsetzen, wenn sie die Regierung übernehmen."[239] Jedenfalls lässt sich grundsätzlich festhalten, dass linke Parteien ehedem die demokratisch legitimierte, staatliche Kontrolle zentraler Gesellschaftsbereiche bevorzugten, u.a. deshalb, weil sich ihre Politikpositionen nicht merklich von den vormals kategorisch privatisierungsavers eingestellten Gewerkschaften entfernen sollten. Dieser tragenden Säule linker Politik kehrten – wie eingangs des Kapitels angedeutet – mit Beginn der 1990er-Jahre zahlreiche sozialdemokratische Parteien den Rücken, sodass auch mit Blick auf Großbritannien und die Bundesrepublik der Rückgriff auf das althergebrachte „Links-Rechts"-Schema nicht mehr instruktiv für die Deutung nationaler Privatisierungsprofile sein konnte.

Die einst eherne Verbindung zu den Gewerkschaften, eine historisch gewachsene Liaison, wurde auf beiden Seiten des Ärmelkanals von den Sozialdemokraten sukzessive aufgekündigt – endgültig mit der Proklamation von „New Labour" durch Tony Blair und mit der Fokussierung auf die „Neue Mitte" unter der Führung von Gerhard Schröder. Die frühzeitige Ankündigung des seinerzei-

---

[237] Zitiert nach: Yair Aharoni, On Measuring the Success of Privatization, in: Ravi Ramamurti/Raymond Vernon (eds.), Privatization and Control of State-Owned Enterprises, EDI Development Studies, Washington D.C. 1991, S. 76
[238] Dirck Süß, Conflicting Aims of Privatization, in: Maria Slawinska (ed.), From Plan to Market. Selected Problems of the Transition, Poznan 1997, S. 98-102
[239] Volker Schneider/Marc Tenbücken, Erklärungsansätze für die Privatisierung staatlicher Infrastrukturen – ein Theorieüberblick, in: dies. (Hrsg.), Der Staat auf dem Rückzug. Die Privatisierung öffentlicher Infrastrukturen, a.a.O., S. 90 f.; selbstverständlich gibt es zahlreiche Gegenbeispiele wie die sozialdemokratisch geführten Regierungen in Neuseeland und Australien sowie die österreichische Bundesregierung unter Führung der SPÖ auf der einen und die bürgerlich-konservativen Kräfte Schwedens auf der anderen Seite. Letztere brachte in den 1950er- und 1960er-Jahren reihenweise Verstaatlichungen voran, die vermeintlich privatisierungskritischen, linken Kräfte in den zuerst genannten Staaten unternahmen hingegen Mitte der zweiten Hälfte des vergangenen Jahrhunderts umfassende Privatisierungen (Edgar Grande 1997, S. 576-591).

Die Privatisierung von Infrastruktur- und Versorgungsleistungen 99

tigen Bundeskanzlers, „nicht alles anders, aber vieles besser machen" zu wollen, und die Tatsache, dass der britische Premier vor seiner Wahl zum Regierungschef verlauten ließ, „we are not in the business of pressing the rewind button, of reversing the reforms of the 80s",[240] waren Vorboten der Politik, die sich im Wesentlichen nicht von den neokonservativen Leitideen der Vorgängerregierungen unterscheiden sollte. Insofern bietet die in der (populär)wissenschaftlichen Literatur ausgiebig erörterte „Entsozialdemokratisierung" ein zentrales Erklärungsmuster für die Initiierung und Fortführung der Privatisierungspolitik. Die akteursspezifischen Präferenzen infolge unterschiedlicher bzw. veränderter ideologischer Überzeugungen fußen letztlich auf der beständig an die Öffentlichkeit transportierten Leitformel von Privatisierungsvorhaben: die Steigerung der Effizienz.

3.2.3 Unzulänglichkeiten der herkömmlichen Effizienzargumentation

Sowohl auf einzel- wie auch auf gesamtwirtschaftlicher Ebene werden mit Privatisierungen technische, allokative, dynamische und adaptive Effizienzzuwächse verknüpft, wobei allein die bloße Übertragung der Eigentumsrechte vom öffentlichen in den privaten Sektor nach herrschender Meinung Effizienzsteigerungen zeitigt.[241] Öffentliche Unternehmen sind der Kontrolle durch die Kapitalmärkte aufgrund der Kreditkonditionen und der GmbH-Gesetze zwar nicht gänzlich entzogen, aufgrund ihres besonderen rechtlichen Status jedoch nicht ernstlich der Gefahr eines Konkurses ausgesetzt. Übernimmt der Staat pauschal Verluste, ist der Sanktionsmechanismus des Marktes in Form des Ausscheidens aus dem Markt oder der Übernahme durch einen Wettbewerber zunächst außer Kraft gesetzt. Die Tatsache, dass den Steuerzahlern als den eigentlichen Eigentümern und Nutzern jegliche Einflussnahme auf Unternehmensentscheidungen versagt bleibt, sämtliche Betriebsverluste hingegen auf sie abgewälzt werden, lässt nach der herrschenden ökonomischen Lehre Handlungsspielräume für diskretionäres

---

[240] Wolfgang Storz/Wolfgang Kessler/Stephan Hebel, Wider die herrschende Leere. Eine Bundestagswahl, ein Wahlergebnis – und was wird dann?, in: Frankfurter Rundschau v. 16.8.2005, S. 7 u. Tony Blair, English Election Energy, BBC News v. 29.4.1997 (Transcript), S. 1

[241] Vgl. zu den üblicherweise angeführten Argumenten: Ira Denkhaus/Volker Schneider, The Privatization of Infrastructures in Germany, in: Jan-Erik Lane (ed.), Public Sector Reform. Rationale, Trends and Problems, a.a.O., S. 72 f., Wernhard Möschel, Privatisierung – Erfahrungen in Deutschland, in: Wolfgang Wiegand (Hrsg.), Rechtliche Probleme der Privatisierung, Tagung vom 16./17. Oktober 1997 an der Universität Bern, a.a.O., S. 43-48 u. Heinz Grossekettler, Privatisierung, Deregulierung und Entbürokratisierung. Zeichen des Zeitgeistes oder ordnungspolitische Daueraufgabe?, Arbeitspapier Nr. 80 der Wissenschaftlichen Gesellschaft für Marketing und Unternehmensführung, Münster 1993, S. 15-19

Verhalten seitens des Managements ebenso unvermeidlich werden wie eine daraus resultierende wirtschaftliche Fehlentwicklung des gesamten Unternehmens. Im Fall der Bundesbahn wurde an den (bahn)endogenen Ursachen angesetzt, sodass die Kernthese der diesbezüglich verfolgten Privatisierungspolitik lautete: Die Effizienz der Bahn lässt sich nur dann signifikant steigern, wenn ihr die erforderlichen Spielräume zur Anpassung an die verkehrsträgerspezifischen Bedürfnisse ihrer Nutzer gewährt werden und zugleich ein Anreizsystem etabliert wird, welches „das Bahnmanagement zur Realisierung aller vorhandenen Effizienzsteigerungspotentiale zwingt."[242] Ein Erreichen der Effizienzziele wurde lediglich unter Verzicht auf das Regelwerk des öffentlichen Dienst- und Haushaltsrechts für möglich erachtet: Die bislang praktizierte kameralistische Haushaltsführung, die vergaberechtlichen Beschränkungen durch das Eisenbahnbundesamt (EBA), die Bindung an Stellenkegel im Personalbereich sowie die den hierarchischen Strukturen geschuldeten langwierigen Entscheidungsprozesse (z.B. Mitzeichnungspflicht bei der Bundesbahn und in den Ministerien) galten als zentrale Hindernisse bei der Umsetzung unternehmerischer Handlungsalternativen.[243] Übergeordnete Zielsetzungen wie die flächendeckende Verkehrsbedienung zu gleichen (Preis-)Konditionen und die aus Gründen der Sozialverträglichkeit gedrosselten Tarife im Personenverkehr sollten sich infolge der Erbringung von Leistungen im Wettbewerb und einer daraus erwachsenen Angebotssteigerung bei gleichzeitiger Preiskonkurrenz größtenteils erübrigen. Teilweise galt ein Verzicht auf die gemeinwirtschaftlichen Verkehrspflichten als hinnehmbar.

Im Kern kreist die Effizienz-Debatte um zwei unterschiedliche Aspekte des Begriffs, die jedoch eine gemeinsame Schnittmenge aufweisen. Zum einen geht es um die *Allokations*effizienz, mit anderen Worten: um die Erreichung eines volkswirtschaftlichen Wohlfahrtsoptimums durch ein entsprechendes Güterangebot, und zum anderen um die *Produktions*effizienz, die eine Minimierung der Produktionskosten bei der Leistungserstellung zum Ziel hat.[244]

Überlegungen, die Kriterien der Produktivität, Kostenwirtschaftlichkeit und Rentabilität einschließen, werden unter dem Stichwort „*Produktions*effizienz" gebündelt und führen in der Regel zu dem Ergebnis, dass bei starker Konkurrenz

---

[242] Andreas Brenck, Privatisierungsmodelle für die Deutsche Bundesbahn, in: Werner Allemeyer/ders./Friedrich von Stackelberg/Paul Wittenbrink, Privatisierung des Schienenverkehrs, Beiträge aus dem Institut für Verkehrswissenschaft an der Universität Münster, hrsg. von Hans-Jürgen Ewers, Heft 130, a.a.O., S. 80

[243] Angelika Benz, Privatisierung und Regulierung der Bahn, in: Klaus König/dies. (Hrsg.), Privatisierung und staatliche Regulierung: Bahn, Post, Telekommunikation, Rundfunk, a.a.O., S. 163

[244] Vgl. zur Begrifflichkeit: Rainer Bartel, Theoretische Überlegungen zur Privatisierung, in: Friedrich Schneider/Markus Hofreither (Hrsg.), Privatisierung und Deregulierung in Westeuropa. Erste Erfahrungen und Analysen, a.a.O., S. 20

Die Privatisierung von Infrastruktur- und Versorgungsleistungen 101

und gleichzeitiger Abwesenheit Marktversagen fördernder Faktoren die Effizienz im privaten Sektor höher ist.[245] Untersuchungen, die auf die Produktionseffizienz abstellen, fokussieren auf eine betriebswirtschaftliche Betrachtung und kommen zu dem Ergebnis, dass private Unternehmen effizienter operieren als Unternehmen, die in staatlichem Eigentum stehen, da sie kurz- und mittelfristig das Ziel der Gewinnmaximierung verfolgen. Eine Mitte der 1980er-Jahre durchgeführte Studie des seinerzeit am renommierten Regulatory Policy Institute in Oxford forschenden George Yarrow kommt indes zu einem anderen Ergebnis. Die breit angelegte Untersuchung legt nahe, dass ein funktionierender Wettbewerb und eine wirksame staatliche Regulierung die entscheidenden Faktoren für die Steigerung der Produktionseffizienz sind und nicht zwangsläufig die Eigentumsrechte.[246] Der US-Amerikaner Gladstone A. Hutchinson wies in seiner 1991 veröffentlichten empirischen Studie identische Allokationseffizienzen für miteinander im Wettbewerb stehende öffentliche und private Unternehmen nach.[247] Eine Folgeuntersuchung ergab, dass die Probleme der Monopolisierung und des *monitoring* nicht durch eine Teilprivatisierung zu lösen sind.

Die hohe Produktionseffizienz staatlicher Unternehmen belegt bspw. die British Steel Corporation. Mit einem Produktivitätszuwachs von 132 Prozent im letzten Jahrzehnt vor der Privatisierung im Jahre 1988 erwies sich der Konzern als außerordentlich wirtschaftlich operierend. Unmittelbar vor dem Eigentümerwechsel avancierte der Stahlproduzent gar zum weltweit profitabelsten Unternehmen in diesem Sektor, was nur partiell auf Arbeitszeitverlängerungen und Personalentlassungen zurückzuführen war.[248] Ähnlich erfolgreich wirtschaftete British Airways unter staatlicher Führung. Auch dort fanden die Produktivitätszuwächse schon vor der Privatisierung statt, sodass der „ohne strukturelle Veränderungen"[249] erfolgte Verkauf als ein weiteres Indiz gegen die beständig formulierte Inferiorität öffentlicher Unternehmen angeführt werden kann: „Die Privatisierungen hatten nahezu keine Auswirkungen auf die industriellen Restrukturierungen, die britische Unternehmen auf den internationalen Märkten wettbewerbsfähiger werden ließen. Firmen, die wie British Steel, Rolls-Royce

---

[245] Richard E. Caves, Lessons from privatization in Britain, State enterprise behaviour, public choice, and corporate governance, in: Journal of Economic behaviour and organization, Vol. 13, Issue 2 (1990), S. 148 u. Rainer Bartel, Privatisierung um jeden Preis?, in: Bundeswirtschaftskammer (Hrsg.), Wirtschaftspolitische Blätter, 37. Jg., Heft 6 (1990), S. 665
[246] George Yarrow, Privatization in Theory and Practice, in: Economic Policy, Vol. 28, Issue 2 (1986), S. 323-377
[247] Gladstone A. Hutchinson, Efficiency Gains through Privatization of UK Industries, in: Attiat F. Ott/Keith Hartley (eds.), Privatization and Economic Efficiency. A Comparative Analysis of Developed and Developing Countries, Aldershot 1991, S. 87-107
[248] Herschel Hardin, The Privatization Putsch, Halifax 1989, S. 22 f.
[249] Bernd K. Ital, Die Politik der Privatisierung in Großbritannien unter der Regierung Margaret Thatcher, Inauguraldissertation an der Universität zu Köln, Köln 1995, S. 95 f.

und British Airways auf dem globalen Markt agierten, führten die Restrukturierungen durch, als sie noch in öffentlichem Eigentum standen."[250]

Doch selbst dann, wenn empirische Studien als Argumentationsgrundlage herangezogen werden, die bei privaten Unternehmen eine höhere Produktionseffizienz zum Ergebnis haben als bei öffentlichen, bleibt ein zentrales Manko der Analyse bestehen: Da eine erhöhte Produktionseffizienz – von wenigen Ausnahmen abgesehen – stets eine verminderte Allokationseffizienz zur Folge hat, eine Untersuchung der Produktionseffizienz aber eine eindeutige Kurzfristorientierung[251] aufweist, bleiben langfristige Effizienzverluste selbst dann unberücksichtigt, wenn sie häufig eintreten und folgenschwer sind.[252] Diese finden nur bei einer Fokussierung auf die Allokationseffizienz Berücksichtigung.

Das Kriterium der *Allokations*effizienz setzt beim Wohlfahrtseffekt der Leistungsbereitstellung an und stützt die Annahme, dass der angestrebte gesellschaftliche Nutzen durch staatliche Angebote unter Umständen mit einem geringeren volkswirtschaftlichen Aufwand erreicht werden kann.[253] Während sich direkte allokative Effizienzvorteile aus den größeren Absatzmengen und dem damit verbundenen höheren sozialen Überschuss ergeben, resultieren indirekte Effizienzvorteile öffentlicher Unternehmen aus „der Disziplinierung privater Konkurrenten durch die wohlfahrtsmaximierende Preissetzung."[254] Darüber hinaus wird öffentlichen Unternehmen von Staats wegen die Aufgabe übertragen, ein partielles oder totales Marktversagen aufzufangen und eine Abgeltung externer Effekte sicherzustellen, wenn die sozialen Kosten nicht internalisiert bzw. soziale Nutzen nicht entgolten werden können. Mit Blick auf das Bahnwesen stellt sich der Sachverhalt weitaus komplizierter dar als in anderen Sektoren, weil die negativen externen Effekte nicht vom Verkehrsträger Schiene selbst ausgehen, sondern nahezu vollständig vom konkurrierenden Straßen- und Luftverkehr. Eine an der Allokationseffizienz ausgerichtete Bahnpolitik stellt jeden-

---

[250] Dexter Whitfield, The Welfare State – Privatisation, Deregulation, Commercialisation of Public Services: Alternative Strategies for the 1990s, London 1992, S. 152
[251] Vgl. zum Begriff der Kurzfristorientierung: C. Christian von Weizsäcker, Logik der Globalisierung, Göttingen 1999 (2. Auflage), S. 16-29
[252] Ein lesenswerter Überblick über die verschiedenen empirischen Studien findet sich bei: William L. Megginson/Jeffry M. Netter (eds.), From State to Market. A Survey of Empirical Studies on Privatization, Working Paper, Mailand 1999
[253] Rainer Bartel, Theoretische Überlegungen zur Privatisierung, in: Friedrich Schneider/Markus Hofreither (Hrsg.), Privatisierung und Deregulierung in Westeuropa. Erste Erfahrungen und Analysen, a.a.O., S. 25
[254] Andreas Brenck, Privatisierungsmodelle für die Deutsche Bundesbahn, in: Werner Allemeyer/ders./Friedrich von Stackelberg/Paul Wittenbrink, Privatisierung des Schienenverkehrs, Beiträge aus dem Institut für Verkehrswissenschaft an der Universität Münster, hrsg. von Hans-Jürgen Ewers, Heft 130, a.a.O., S. 83

falls keine Antwort auf die Frage dar, wie die auftretenden externen Effekte – wohlgemerkt der konkurrierenden Verkehrsträger – abgefedert werden. Marktkompensatorische Maßnamen müssen letztlich überall dort ergriffen werden, wo Effizienz in einem weiteren, politisch definierten Sinn von Allgemeinwohl nicht ausschließlich durch funktionierende Märkte gewahrt werden kann. Dass dies keinesfalls „sachfremde" Erwägungen sind, bringen die Konsequenzen zum Ausdruck, die sich für die Bahn aus einer allein auf den Wettbewerb gemünzten Regulierung ergäben: Bei einer ausschließlich wettbewerbsorientierten Ausgestaltung des Bahnwesens könnte sich der Verkehrsträger Schiene infolge des intensiven intermodalen Wettbewerbs weiterhin gezwungen sehen, unprofitable oder wenig profitable Streckenabschnitte und Geschäftssparten abzustoßen. Aufgrund des Kostendrucks blieben soziale Versorgungsansprüche dann ebenso wenig berücksichtigt wie umwelt-, industrie- und strukturpolitische Erwägungen, die eine Vorteilhaftigkeit des Schienenverkehrs begründen.

Ferner stehen dem etwaigen betriebswirtschaftlichen Effizienzzuwachs die Negativaspekte der Privatisierung gegenüber. Dazu zählen neben den verschärften Arbeitsbedingungen für die im Unternehmen verbliebenen Beschäftigten in erster Linie die Externalisierung der Kosten für Frühverrentungen und Arbeitslosigkeit über die sozialen Sicherungssysteme. 2009 wird der Bund rund neun Mrd. EUR Altersruhegeld allein für die vorzeitig pensionierten Postbeamten aufwenden müssen. Vor diesem Hintergrund weist der Korruptionsexperte Werner Rügemer darauf hin, dass die Telefonkunden zwar durch die Liberalisierung des Telekommunikationsmarktes von gesunkenen Tarifen profitieren, zugleich aber in ihrer Funktion als Steuerzahler für den „sozialverträglichen" Stellenabbau der einstigen Bundesbehörde aufkommen müssen.[255]

Abwegig klingt in diesem Kontext die Kritik des am Münsteraner Institut für Unternehmensgründung und -entwicklung lehrenden Ordinarius Thomas Ehrmann, der in seiner Habilitationsschrift[256] die Ausbeutung der staatlichen Eisenbahnen durch die Arbeitnehmer als einen triftigen Grund für die Privatisierung nennt. Unter Berufung auf das so genannte *Rent-Seeking* insinuiert Horst Albach, „dass der Staat sich nur durch Privatisierung gegen seine Ausbeutung schützen kann."[257] Nur ein Unternehmen, das den Mechanismen des Kapitalmarktes unterliegt, könne sich vor dem überbordenden Einfluss der Arbeitnehmerschaft schützen. Angesichts des umfangreichen Personalabbaus, den die DB-

---

[255] Werner Rügemer, Privatisierungszauber, in: Blätter für deutsche und internationale Politik, 48. Jg., Heft 6 (2003), S. 665
[256] Thomas Ehrmann, Restrukturierungszwänge und Unternehmenskontrolle. Das Beispiel Eisenbahn, Wiesbaden 2001
[257] Horst Albach, Die Bahnreform in Deutschland, in: Zeitschrift für Betriebswirtschaft, Ergänzungsheft 3 (2002), S. 85

Führung seit Beginn der Reform vollzogen hat, scheint diese Argumentation wenig stichhaltig. Tatsächlich ergibt sich das Dilemma aus anderen Gründen, nämlich dann, wenn Regierungen Privatisierungsprogramme unter der Maßgabe konstant zu haltender Beschäftigungszahlen (sowie gemeinwirtschaftlicher Aufgabenerfüllung) auflegen und zugleich fordern, dass Profitabilität und Produktionseffizienz gesteigert werden müssen. Jene Forderungen stehen den unter Gesichtspunkten der Allokationseffizienz gebotenen Maßnahmen diametral entgegen.

Konkret auf das deutsche Bahnwesen gemünzt, stellt sich der abzuwägende Sachverhalt wie folgt dar: Sollen Einsparungen vorgenommen werden und zugleich betriebsbedingte Kündigungen vermieden werden, fällt die Senkung der Personalkosten naturgemäß minimal aus, sodass Kosteneinsparungen an anderer Stelle erwogen werden müssen. Nachgerade zwangsläufig wird dann eine Senkung des Investitionsvolumens und der Betriebskosten angestrebt. Trotz gegenteiliger Beteuerungen und anders lautender Werbekampagnen[258] wurde unter dem Stichwort „Kostenoptimierung" das Streckennetz kontinuierlich verkleinert. Eine nahezu zeitgleich durchgesetzte schwächere Taktierung der verkehrenden Nahverkehrszüge ließ viele Berufspendler (wieder) auf den eigenen PKW umsteigen. Bahnmanagement und Bundesregierung werden nicht müde, in ihren Geschäfts- bzw. Verkehrsberichten auf die Notwendigkeit einer gesteigerten Produktionseffizienz hinzuweisen, übersehen und -gehen dabei jedoch die gesamtwirtschaftlichen Gesichtspunkte der Allokationseffizienz. Wenngleich eine seriöse Quantifizierung und eine darauf aufbauende Argumentation nicht möglich sind, so ist jedenfalls festzustellen, dass eine Steigerung der Produktionseffizienz unweigerlich zulasten der Allokationseffizienz geht – oftmals mit verheerenden Konsequenzen für weniger privilegierte Bevölkerungsgruppen.

In der Diskussion um betriebswirtschaftliche Effizienz im Sinne einer Mitteloptimierung wird häufig die Frage ausgespart, ob die eingeleitete Marktorientierung zugleich volkswirtschaftlichen Effizienzkriterien gerecht wird, d.h. ob Effektivität im Sinne staatlicher Zielvorgaben gewährleistet ist.[259] Trotz der Problematik einer kardinal messbaren und interpersonell vergleichbaren Erfolgsbeurteilung muss dies verneint werden, da betriebswirtschaftlich effiziente Strukturen nicht zwangsläufig volkswirtschaftlich optimale Ergebnisse erwarten lassen. Die Frage der Produktionseffizienz beantwortet sich nämlich ausschließlich

---

[258] So warb die DB AG bspw. im Juni 2001 in mehreren überregionalen Tageszeitungen für die Bestandsoptimierung des Trassennetzes: „Wir wollen wachsen. Und nicht schrumpfen. Wir werden mehr Verkehr auf die Schiene holen – schnell und in der Fläche" (vgl. beispielhaft: DB AG 2001 c).
[259] Vgl. Andreas Brenck, Privatisierungsmodelle für die Deutsche Bundesbahn, in: Werner Allemeyer/ders./Friedrich von Stackelberg/Paul Wittenbrink, Privatisierung des Schienenverkehrs, Beiträge aus dem Institut für Verkehrswissenschaft an der Universität Münster, hrsg. von Hans-Jürgen Ewers, Heft 130, a.a.O., S. 80 f.

Die Privatisierung von Infrastruktur- und Versorgungsleistungen 105

danach, inwieweit Kostensenkungspotenziale genutzt und gewinnbringende Leistungen zu kostenoptimalen Preisen realisiert werden. So führen Kosteneinsparungen in jedem Fall zu einer positiven Bewertung unter einzelwirtschaftlichen Effizienzgesichtspunkten, und zwar unabhängig davon, auf welche Weise die Betriebskosten minimiert werden. Zieht sich die DB AG (im Fernverkehr) aus der Fläche zurück, um ihre Kosten zu senken, oder schreiben die Bundesländer verschiedene Nahverkehrsverbindungen aus haushalterischen Gründen nicht mehr aus, steht dies im Einklang mit den Erfordernissen der Produktionseffizienz als „betriebswirtschaftlicher" Effizienz, unabhängig davon, ob das Kostensenkungsprogramm mittel- bis langfristig zu hochgradiger Ineffektivität des gesamten Verkehrssektors (Stichwort: Verkehrsinfarkt) und somit zu gesamtwirtschaftlichen Fehlallokationen führt. Um zu einer schlüssigen Antwort im Sinne einer wohlfahrtstheoretischen Analyse zu gelangen, muss eine Gesamteffizienzanalyse durchgeführt werden, „d.h. es müsste gefragt werden, ob das öffentliche Unternehmen als solches gesamtwirtschaftlich sinnvoll ist."[260] Als geeignetes Entscheidungskriterium zur Durchführung einer wohlfahrtsökonomischen Analyse hat sich der Gegenwartswert des sozialen Überschusses erwiesen, der sich als „Differenz zwischen den abdiskontierten Nutzen und den abdiskontierten Kosten der Leistung"[261] definiert.

Da Privatisierungen – gleich welcher Ausprägung – stets die Preisgabe politisch gesteuerter, demokratisch verantworteter Einflüsse zum Ziel haben, stellt die Übertragung der Eigentumsrechte an Private allenfalls dann eine akzeptable Lösung struktureller Defizite dar, wenn an Kriterien der Produktionseffizienz ausgerichtete Marktstrukturen einer aktiven staatlichen Wirtschaftspolitik vorgezogen werden. Schließlich wurde das komplexe Wirtschafts- und Sozialsystem bundesdeutscher Prägung geschaffen, weil ein uneingeschränkter Wettbewerb und „staatsfreie Marktbeziehungen" aus sich heraus keine optimale ökonomische und soziale Entwicklung gewährleisten. Eine Verkehrs- und Bahnpolitik, die nahezu ausschließlich im Bereich des Öffentlichen Personennahverkehrs (ÖPNV) staatlichen Handlungsbedarf erkennt, um unerwünschte Marktergebnisse auszutarieren, steht zum einen nicht im Einklang mit dem Grundgesetz.[262]

---

[260] Ebd., S. 83
[261] Ebd., S. 84 (FN 3); vgl. ferner: Horst Hanusch, Nutzen-Kosten-Analyse, München 1987, S. 111 f.
[262] Wie dem bekannten Urteil des Bundesverfassungsgerichts aus dem Jahre 1954 zu entnehmen ist, garantiert das Grundgesetz „weder die wirtschaftspolitische Neutralität der Regierungs- und Gesetzgebungsgewalt noch mit nur marktkonformen Mitteln zu steuernde ‚Soziale Marktwirtschaft'. Die ‚wirtschaftspolitische Neutralität' des Grundgesetzes besteht lediglich darin, daß sich der Verfassungsgeber nicht ausdrücklich für ein bestimmtes Wirtschaftssystem entschieden hat. Dies ermöglicht dem Gesetzgeber, die ihm jeweils sachgemäß erscheinende Wirtschaftspolitik zu verfolgen, sofern er dabei das Grundgesetz beachtet. Die gegenwärtige Wirtschafts- und Sozialordnung ist zwar

Zum anderen bedarf es politischer Steuerung im Verkehrssektor auch insofern, als sich mit einer ausschließlichen Orientierung an der Steuerungslogik „Konkurrenz und Auslese" weder Umweltschutz durch ein flächendeckendes noch Solidarität durch ein kostengünstiges Angebot erreichen lassen.[263]

Da „in jeder Gesellschaft (...) jede Nicht-Entscheidung eine implizite Entscheidung zugunsten des Status quo"[264] darstellt und die Staatsaufgaben weder konstitutionell noch funktional eindeutig vorgegeben sind, müssen diese im politischen Prozess konkretisiert und verhandelt werden. Damit ist „die Grenzlinie zwischen öffentlichem und privaten Sektor vor allem eine Frage der politischen Setzung in Raum und Zeit."[265] Denn selbst unter der Annahme, dass privatwirtschaftliche Unternehmen aufgrund ihrer Organisationsform ein höheres Maß an ökonomischer Effizienz aufweisen, ist eine politische Bewertung erforderlich, für welche gesellschaftlichen Funktionsbereiche das Primat knapper Ressourcenbewirtschaftung und minimaler Transaktionskosten das dominante Kriterium sein soll. Schließlich lassen sich raum-, struktur- und industriepolitische Ziele beinahe ebenso schwer in ökonomische Rentabilitätskalküle, sprich: betriebswirtschaftliche Kennzahlen, übersetzen wie soziale Maßgaben und normative Standards: Welchen Wert haben sozialstaatliche Grundsätze wie die Gleichwertigkeit der Lebensverhältnisse oder die Verteilungs- und Chancengerechtigkeit? Wie soll das Vertrauen der Bevölkerung in Verwaltung und Gerichtsbarkeit monetär bewertet werden? Nach welchen Kriterien sollen institutionelle Arrangements wie Demokratie, Mitbestimmung, Minderheitenschutz etc. bewertet werden? Antworten auf diese Fragen, die an den Kern der Staatlichkeit heranreichen und diese letztlich begründen, entziehen sich effizienztheoretischen Bewertungsmaßstäben, verlangen geradezu nach einer politischen, ethischen und normativen Einschätzung. Insofern hängt die Antwort auf die Frage, ob Unternehmen von öffentlicher oder privater Hand geführt werden sollen (und wenn in welchem Umfang) davon ab, wie „das Ergebnis gesellschaftlicher Aushandlungsprozesse" ausfällt.[266]

---

eine nach dem Grundgesetz mögliche Ordnung, keineswegs aber die allein mögliche" (BVerfGE 1954, S. 18 f.).
[263] Vgl. Peter Krebs, Verkehr wohin? Zwischen Bahn und Autobahn, Zürich 1996, S. 23
[264] C. Christian von Weizsäcker, Über Marktwirtschaft und Marktgesellschaft. Gedanken anlässlich des Schröder-Blair-Papiers. Argumente zu Marktwirtschaft und Politik, a.a.O., S. 3
[265] Angelika Benz/Klaus König, Systemische Rahmenbedingungen von Privatisierung, Manuskript, Speyer 1996, S. 48; vgl. auch: Edgar Grande, Vom produzierenden zum regulierenden Staat. Möglichkeiten und Grenzen von Regulierung und Privatisierung, in: Klaus König/Angelika Benz (Hrsg.), Privatisierung und staatliche Regulierung: Bahn, Post, Telekommunikation, Rundfunk, a.a.O., S. 576-591, insbesondere S. 577-581 mit weiteren Nachweisen
[266] Barbara Dickhaus/Kristina Dietz, Private Gain – Public Loss? Folgen der Privatisierung und Liberalisierung öffentlicher Dienstleistungen in Europa, rls-standpunkte, Nr. 11 (2004), S. 2; dies gilt es hervorzuheben, liegt doch insbesondere in den Wirtschaftswissenschaften der Schwerpunkt in der

3.3 Deregulierung als zentrale Dimension von Liberalisierung

3.3.1 Der europäische Binnenmarkt: Auslöser für die Deregulierung des deutschen Bahnwesens

Um den Rückzug des Staates von der Bereitstellung und dem Betrieb öffentlicher Infrastrukturen zu bewerten, bedarf es neben der Erörterung des Privatisierungskonzepts der Erläuterung einer weiteren Liberalisierungsströmung: der Deregulierung, die gleichfalls prima facie die Grenzziehung zwischen Staat und Markt im Bereich der Produktionstätigkeiten betrifft.[267] Während unter „Liberalisierung" allgemein die Öffnung geschlossener Märkte, die stärkere Akzentuierung von Marktkräften sowie die trennschärfere Aufgabenteilung zwischen Markt und öffentlichem Sektor verstanden wird, umfasst der aus der US-amerikanischen Debatte um Ordnungspolitiken erwachsene Terminus „Deregulierung" primär den Verzicht auf Marktzutrittsbeschränkungen, Preiskontrollen, Qualitäts- und Konditionenfestsetzungen sowie weitere gesetzliche Bestimmungen, die staatliche Steuerungs- und Kontrollleistungen legitimieren.[268] Die Lockerung und Aufhebung rechtlich begründeter institutioneller, organisatorischer und handlungsbezogener Regulative zielt auf eine Entpolitisierung der Wirtschaft, der großzügigere Handlungsspielräume eingeräumt werden sollen.

Der mehrfach preisgekrönte Journalist Samuel Brittan hat mit Nachdruck darauf hingewiesen, dass die politische Diskussion über Privatisierungen die Liberalisierung der Märkte herausgefordert hat, Liberalisierung ohne Privatisierungen jedoch gleichermaßen unvorstellbar wäre.[269] Mit anderen Worten: Deregulierung und Privatisierung sind einer gemeinsamen wirtschaftspolitischen Denk- und Handlungsrichtung zuzuordnen, da beide Konzepte die Reduzierung des Staatseinflusses auf unternehmerische Entscheidungen zum Ziel haben. Dennoch sind diese Entwicklungen, wie bereits erwähnt, systematisch streng voneinander zu trennen. Im Fall der Privatisierung ist die Frage angesprochen, in welchem Maße der Staat als Unternehmer auftreten soll. Bei der Deregulierungsdiskussion geht es hingegen primär um wettbewerbspolitische Entscheidungen:

Beurteilung öffentlicher Unternehmen zunehmend auf Kriterien der Erwerbswirtschaftlichkeit, weil „überbetriebliche" Leistungen nur schwer quantifizierbar sind.
[267] Heinz Grossekettler, Deregulierung und Privatisierung. Erscheinungsformen, Legitimationskriterien und politische Verhaltenstendenzen, in: Wirtschaftswissenschaftliches Studium – Zeitschrift für Ausbildung und Hochschulkontakt, 18. Jg., Heft 10 (1989), S. 437
[268] Einen lesenswerten Überblick über die Entwicklung der ökonomischen Theorie der Regulierung bieten: W. Kip Viscusi/John M. Vernon/Joseph E. Harrington, Economics of Regulation and Antitrust, Cambridge 1995 (2. Auflage), S. 322-344
[269] Samuel Brittan, The politics and economics of privatization, in: Political Quarterly, Vol. 55, Issue 2 (1984), S. 120

Welches Maß an Wettbewerb bzw. Unternehmenskonzentration ist angemessen?[270] Die am 7. September 1949 unter Wahrung des dirigistischen Status quo der Deutschen Reichsbahn (DR) gegründete Bundesbahn wurde gemäß § 1 Bundesbahngesetz (BBahnG) als „nicht rechtsfähiges Sondervermögen des Bundes" mit eigener Wirtschafts- und Rechnungsführung etabliert.[271] Hauptziel der seinerzeit verfolgten Verkehrspolitik war der Schutz der Bahn vor jedweder inter- wie intramodaler Konkurrenz. Mit dem 1952 in Kraft getretenen Personenbeförderungsgesetz und dem nahezu zeitgleich gültig gewordenen Güterkraftverkehrsgesetz war dann alsbald der Regulierungsrahmen der 1930er-Jahre wiederhergestellt.

In der Vergangenheit wurde eine umfassende Regulierung der Verkehrswirtschaft unter Verweis auf deren vielfältige Eigenheiten gerechtfertigt: hoher Anteil der Fix- an den Gesamtkosten, bedeutende Verbundvorteile, Notwendigkeit der Ausrichtung von Kapazitäten auf die Saisonspitze, fehlende Stapelbarkeit von Verkehrsleistungen.[272] Unter der Annahme, dass es ohne Regulierung zu Marktversagen und schließlich zu ruinöser Konkurrenz kommen könnte, war der Marktzutritt für Eisenbahnen, die nicht zur Bundesbahn gehörten, bis zur Bahnstrukturreform 1994 strikt begrenzt. Nach § 4 Abs. 2 des Allgemeinen Eisenbahngesetzes (AEG) hatte die DB für jedes Streckenneubauprojekt das Vortrittsrecht, das stellvertretend vom Bundesverkehrsminister wahrgenommen wurde. Machte dieser von seinem Vortrittsrecht keinen Gebrauch, so stand den landeseigenen Bahnunternehmen nach einschlägigem Landesrecht ein subsidiäres Vortrittsrecht zu. Erst wenn auch diese auf eine Inbetriebnahme verzichteten, wurde einem privaten Anbieter der Streckenneubau nach vorheriger Prüfung unter Umständen genehmigt.[273] Als weitere Markzutrittsbeschränkung vor der Deregulierung des Schienenverkehrs durch die Bahnstrukturreform muss das Transportmonopol des jeweiligen Betreibers – meist also der DB AG – auf seinen Schienen genannt werden.

Wie in anderen Sektoren – genannt seien die Bereiche Telekommunikation, Post und Energieversorgung – war die EU auch im Verkehrswesen spätestens mit Beginn der 90er-Jahre zentraler Akteur nachhaltig wirkender Liberalisierungsbestrebungen. Nationale Marktzugangsbeschränkungen gerieten durch die

---

[270] Vgl. Achim von Loesch, Privatisierung öffentlicher Unternehmen. Schriftenreihe der Gesellschaft für öffentliche Wirtschaft und Gemeinwirtschaft, Heft 23, Baden-Baden 1987, S. 117-121
[271] Gerd Aberle, Transportwirtschaft, München 1997 (2. Auflage), S. 124 f.
[272] Vgl. Stefan Bennemann, Die Bahnreform. Anspruch und Wirklichkeit, Hannover 1994, S. 35
[273] Jürgen Basedow, Wettbewerb auf den Verkehrsmärkten. Eine rechtsvergleichende Untersuchung zur Verkehrspolitik, Heidelberg 1989, S. 55 f. u. Hans-Joachim Finger, Kommentar zum Allgemeinen Eisenbahngesetz und Bundesbahngesetz mit Bundesvermögensgesetz und Verwaltungsordnung, Darmstadt 1982, S. 24 f.

Deregulierung als zentrale Dimension von Liberalisierung 109

europäische Binnenmarktintegration mit ihrer supranationalen Dynamik der Marktöffnung spürbar unter Druck. Mit dem Ziel, einen einheitlichen Binnenmarkt zu schaffen, wurde eine eindeutige Orientierung auf Privatisierung und Deregulierung angestoßen, wenngleich die EU-Kommission öffentliche Dienstleistungen nach wie vor als „ein Schlüsselelement des europäischen Gesellschaftsmodells" begreift und deren „Rolle bei der Förderung von sozialer und territorialer Kohärenz" durchaus anerkennt.[274] Dennoch: Die von der Europäischen Gemeinschaft (EG) nach dem Untätigkeitsurteil vom 22. Mai 1985 in Gang gesetzte Deregulierung der Verkehrsmärkte führte zu einer „ordnungspolitischen Korrektur in Richtung mehr Marktwirtschaft",[275] womit den wichtigsten Konkurrenten der Bahn (Straßengüter- und Luftverkehr) zusätzliche Flexibilitätsspielräume und weitere Vorsprünge im intermodalen Wettbewerb verschafft wurden.

Wie sowohl der zum 1. Juli 1992 in Kraft getretenen Verordnung 1893/91 zur speziellen Entgeltlichkeit bei gemeinwirtschaftlichen Leistungen als auch der EG-Richtlinie 91/440 zur Entwicklung der Eisenbahnunternehmen innerhalb der Gemeinschaft zu entnehmen ist, drängte die Kommission zur Deregulierung im europäischen Verkehrswesen auf eine Forcierung des inter- wie intramodalen Wettbewerbs sowie auf ein Abrücken von einem verwaltungsrechtlich dominierten Eisenbahnwesen. Die Richtlinie 91/440 des EG-Ministerrates vom 29. Juli 1991, ohne die eine Bahnstrukturreform nach deutschem Muster kaum denkbar wäre, empfiehlt den Mitgliedstaaten, die Unabhängigkeit ihrer Bahnen von staatlichen Einflüssen zu gewährleisten, durch geeignete Maßnahmen gesunde Finanzstrukturen für die Staatsbahnen zu schaffen sowie Fahrweg und Transport zumindest rechnerisch zu trennen, um eine Öffnung der Bahnnetze für Dritte zu gewährleisten.[276] Auch an anderer Stelle steht die EU als treibende Kraft hinter der Liberalisierung des Bahnsektors: Seit dem 1. Januar 2007 sind die staatlichen Schienennetze der Mitgliedstaaten für Wettbewerber im Güterverkehr geöffnet; über die (weitere) Liberalisierung des schienengebundenen Personenfernverkehrs wird intensiv diskutiert.

Der Fall des „Eisernen Vorhangs" im Jahre 1989 und die daraus erwachsende Integration der osteuropäischen Transformationsstaaten ließen die Bundesrepublik zum „Transitland Nr. 1" werden, sodass die Handlungsspielräume in der Tat begrenzt waren. Gleichwohl ließen die Richtlinien den einzelnen EU-

---

[274] EU-Kommission, Leistungen der Daseinsvorsorge in Europa, Pressemitteilung v. 20.9.2000, S. 3
[275] Herbert Baum, Eisenbahn, in: Otto Vogel (Hrsg.), Deregulierung und Privatisierung, a.a.O., S. 23
[276] Vgl. EG, Richtlinie des Rates v. 29.7.1991 zur Entwicklung der Eisenbahnunternehmen der Gemeinschaft (91/440/EWG); ausdrücklich anzumerken ist, dass keine Privatisierung empfohlen wird, vielmehr die Mitgliedstaaten aufgefordert werden, „für die Entwicklung einer angemessenen Eisenbahninfrastruktur Sorge zu tragen" (ebd., S. 26).

Staaten weitreichende Interpretationsspielräume, sodass etwa bei der französischen SNCF auf absehbare Zeit keine Trennung von Netz und Schiene zu erwarten ist.[277] Die nachfolgenden Maßgaben aus Brüssel, zu denen auch das Weißbuch „A Policy Strategy for Revitalising the Community's Railways" zählt, führten zu einer weiteren Deregulierung des Markzutritts und ließen den EU-Staaten überdies keine Möglichkeit, ihre Staatsbahnen durch die strikte Regulierung der Tarife ihrer intramodalen Konkurrenten zu protegieren. Mit dem Inkrafttreten des Tarifaufhebungsgesetzes erreichte die Deregulierung in Deutschland bereits zum 1. Januar 1994 ihren vorläufigen Höhepunkt. In die Realität umgesetzt wurde eine Preispolitik, die der *Kronberger Kreis* ein knappes Jahrzehnt zuvor bereits eingefordert hatte: „Nur freie Preise stellen sicher, dass für jede Transportaufgabe das Verfahren zum Zuge kommt (Bahn, Lastkraftwagen, Schiff, Flugzeug), das am kostengünstigsten oder am leistungsfähigsten ist."[278] Die konkreten Empfehlungen des Kreises gipfeln ebenso wie die Ausführungen weiterer Anhänger der Angebotspolitik in dem Vorschlag, das Amt eines Privatisierungsbeauftragten zu schaffen, der sich der „Rationalisierung staatlicher Leistungserstellung" annimmt.[279]

Im Fall der DB trieben also nicht wie in der Industrie Marktveränderungen, sondern politische Entscheidungen durch die Bundesregierung und die EU besagte Entwicklung an. Die von europäischer Seite initiierten Liberalisierungsvorstöße lösten „in den westeuropäischen Ländern einen Strukturbruch in ihrer politischen Ökonomie"[280] aus: Nationalstaatliche Handlungsspielräume wurden eingeengt, bislang geltende Ausnahmeregelungen für öffentliche Dienstleistungen unterminiert. Neben der endogenen Erschöpfung der staatlichen Versorgung mit Infrastrukturleistungen gab also insbesondere die Entstehung des europäischen Binnenmarktes den Ausschlag für die eingeleitete Deregulierung und die anschließende Überführung der DB in privatrechtliche Verhältnisse. Dass der Prozess von Seiten der Unternehmensführung bereitwillig aufgegriffen wurde, macht ein Zitat des damaligen stellvertretenden Vorstandsvorsitzenden der DB AG, Wilhelm Pällmann, deutlich: „Ich bin für Deregulierung. Ich bin dafür, daß

---

[277] Einen illustrativen Einblick in das französische Bahnwesen gibt: Marc Bloch, Services publics comparés en Europe: exception francaise, exigence européenne, Promotion à l'Ecole Nationale d'Administration, Paris 1997, S. 97-168
[278] Frankfurter Institut für wirtschaftspolitische Forschung (Hrsg.), Mehr Mut zum Markt. Konkrete Problemlösungen, Schriften des Kronberger Kreises, Bd. 12, a.a.O., S. 23
[279] Ebd., S. 46
[280] Edgar Grande/Burkard Eberlein, Der Aufstieg des Regulierungsstaates im Infrastrukturbereich. Zur Transformation der politischen Ökonomie der Bundesrepublik Deutschland, Arbeitspapier Nr. 2, a.a.O., S. 4

Deregulierung als zentrale Dimension von Liberalisierung 111

der Ordnungsrahmen abgeschafft wird. Ich bin dafür, daß die Eisenbahn, daß insbesondere die Vorstände mehr Freiraum bekommen."[281]

3.3.2 Profitmaximierung vs. Hebung des gesamtgesellschaftlichen Wohlstands

„Wer ausschließlich auf den Markt setzt, zerstört mit der Demokratie auch diese Wirtschaftsweise [die Marktwirtschaft; T.E.]."[282]

Wenngleich die Privatisierung von Staatsunternehmen aus betriebs-, aber eben auch aus volkswirtschaftlicher Sicht in Teilaspekten positiv zu bewerten ist, sind gravierende Nachteile unterschiedlichster Art nicht zu übersehen. Wichtige Instrumente zur Gestaltung einer wünschenswerten wirtschaftlichen, ökologischen und sozialen Entwicklung werden aus der Hand gegeben: „Die Ausweitung bzw. Stärkung der Marktkräfte bei gleichzeitiger Einschränkung der staatlichen Regulations- und Kontrollmöglichkeiten hat (...) zur Folge, dass die wirtschaftspolitischen Instrumentarien"[283] sukzessive ausgehöhlt werden. Mit einem Verzicht auf Infrastrukturinvestitionen bspw. begibt sich der Staat der Möglichkeit, den intensiven Substitutionswettbewerb auf dem Verkehrsmarkt zugunsten des schienengebundenen Transports zu justieren. Mit der Entpolitisierung ehemals originär staatlicher Tätigkeitsfelder gehen darüber hinaus Kostensteigerungen und Zugangsschwierigkeiten für einzelne Nutzergruppen, Umweltschäden sowie betriebsbedingte Kündigungen einher, sodass selbst Privatisierungsbefürworter zu bedenken geben, dass „die Privatisierung öffentlicher Unternehmen zwangsläufig zu Verlierern dieser Maßnahme"[284] führt.

Dass sich die Wahrnehmung öffentlicher Aufgaben und eine gleichzeitige Orientierung an Markt- und Preiskriterien widersprechen, hat der bis vor geraumer Zeit am Otto-Suhr-Institut in Berlin lehrende Bodo Zeuner unter Verweis auf den Bildungssektor illustriert: „Wer (...) das Bildungssystem in gegeneinan-

---

[281] Wilhelm Pällmann, Deregulierung und Privatisierung auf den Verkehrsmärkten, Podiumsdiskussion, in: Detlef Aufderheide (Hrsg.), Deregulierung und Privatisierung, a.a.O., S. 148
[282] Ulrich Beck, Kapitalismus ohne Arbeit, in: Der Spiegel, Nr. 29 v. 13.5.1996, S. 142; ungleich deutlicher wird der Soziologe in seinem Buch „Kinder der Freiheit": „Man muß es den Neoliberalen weltweit hinter ihre von historischer Erfahrungslosigkeit tauben Ohren schreiben: Der Markt-Fundamentalismus, dem sie huldigen, ist eine Form demokratischen Analphabetentums. Der Markt trägt seine Rechtfertigung gerade nicht in sich" (ebd. 1997, S. 24).
[283] Rainer Zugehör, Die Globalisierungslüge. Handlungsmöglichkeiten einer verantwortlichen Wirtschaftspolitik, Unkel am Rhein/Bad Honnef 1998, S. 24
[284] Andreas Brenck, Privatisierungsmodelle für die Deutsche Bundesbahn, in: Werner Allemeyer/ders./Friedrich von Stackelberg/Paul Wittenbrink, Privatisierung des Schienenverkehrs, Beiträge aus dem Institut für Verkehrswissenschaft an der Universität Münster, hrsg. von Hans-Jürgen Ewers, Heft 130, a.a.O., S. 80

der konkurrierende Unternehmen aufspaltet, die mit eigenen Budgets arbeiten und im Interesse der ‚Wirtschaftlichkeit' Gebühren von Studenten, demnächst vielleicht sogar von Schülern, erheben dürfen, der stärkt nicht irgendwelche ‚Eigenverantwortlichkeiten', sondern baut das demokratische Recht auf gleiche Bildungschancen unabhängig vom Einkommen ab und entzieht letztlich der demokratischen Gesellschaft die Möglichkeit, ihre Ressourcen sozialstaatlich umzuverteilen."[285] Warnungen, die in eine ähnliche Richtung zielen, vernimmt man im Zusammenhang mit der bereits erfolgten Privatisierung der Post. So forderte der Deutsche Städte- und Gemeindebund die Bundesregierung Anfang des Jahres 2005 auf, eine weitere Schließung von Filialen der Deutschen Post AG per Gesetz zu verhindern, schließlich sei „die Zahl der Postfilialen seit 1997 von 15.131 auf derzeit 13.019 gesunken, was zu einer dramatischen Benachteiligung des ländlichen Raums geführt habe."[286]

Um den diskriminierenden Allokationsmechanismus des Marktes abzumildern und dem sozialstaatlichen Inklusionsprinzip Rechnung zu tragen, bedarf es staatlicher Interventionen gegen die Asymmetrie der marktmäßigen Verteilung. John Head war einer der ersten Ökonomen, die den Nachweis erbrachten, dass es aus verteilungspolitischen Gründen im Einzelfall geboten sein kann, „Bezieher niedriger Einkommen" mit Gütern zu versorgen, „die zum Nulltarif (also ohne spezielles Entgelt) oder zu nicht kostendeckenden Preisen abgegeben werden."[287] Um die Allgemeinwohlverpflichtung des Bundes, die sich bezüglich des Bahnwesens aus Art. 87e Abs. 3 u. Abs. 4 GG ableitet, ausreichend deutlich zu skizzieren, muss auf zwei ökonomische Prinzipien verwiesen werden, die seit Bestehen der Bundesrepublik in unzählige Gesetze und Verordnungen Eingang gefunden haben: Grundsätzlich wird dem *Allokations*prinzip gefolgt, wonach primär der Markt eine Steigerung des allgemeinen Wohlstands bewirken soll. Erst wenn einzelne Personengruppen ohne Unterstützung nicht in der Lage sind, die Marktpreise zu zahlen, ist auf das *Distributions*prinzip zurückzugreifen.[288] Horst Albach formuliert, was die Aufhebung des Zwangs, gleiche Tarife in jeder Region Deutschlands zu erheben, für die Bahnreisenden konkret bedeutet: Diese Ausrichtung der Bahn an kaufmännischen Prinzipien hat zur Folge, dass derjenige,

---

[285] Bodo Zeuner, Entpolitisierung ist Entdemokratisierung. Demokratieverlust durch Einengung und Diffusion des politischen Raums. Ein Essay, in: Rainer Schneider-Wilkes (Hrsg.), Demokratie in Gefahr? – Zum Zustand der deutschen Republik, Münster 1997, S. 31
[286] Gerhard Hennemann, Bund soll Postfilialen auf dem Land retten, in: Süddeutsche Zeitung v. 21.6.2005, S. 21
[287] Zitiert nach: Erwin Dichtl/Otmar Issing (Hrsg.), Vahlens Großes Wirtschaftslexikon, Bd. 2, München 1993, S. 1446
[288] Vgl. Uwe Andersen, Stichwort „Soziale Marktwirtschaft/Wirtschaftspolitik", in: ders./Wichard Woyke (Hrsg.), Handwörterbuch des politischen Systems der Bundesrepublik Deutschland, Bonn 1997 (3. Auflage), S. 497 f.

der es vorzieht, „sich in dünn besiedelten Gebieten anzusiedeln", höhere Fahrpreise in kaum ausgelasteten Zügen zu zahlen hat.[289]

Als „Politikverzichtslegitimierung" kann man diese Entwicklungstendenzen bezeichnen, werden doch die Einflussmöglichkeiten von demokratisch legitimierten Akteuren zu Privaten verschoben: „Privat heißt, dass alle zentralen Entscheidungen – jedenfalls prinzipiell – von Leuten und Gremien gefällt werden, die sich nicht öffentlich verantworten müssen."[290] Somit können schwerwiegende Verfehlungen, die meist erst später sicht- und spürbar werden, den Verantwortlichen in der Regel nur bei strafrechtlicher Relevanz mit unmittelbaren Folgen für sie selbst angelastet werden. Frühzeitig boten Privatisierungsprogramme den Regierungen willkomme Gelegenheiten, ihre Verantwortung für die (fehlende) Wirtschaftlichkeit der Staatsunternehmen beiseite zu schieben. Vielfach hatten sie erkennen müssen, dass proklamierte Ziele wie die Steigerung der Profitabilität, das Beflügeln des gesamtwirtschaftlichen Wachstums oder das Absenken der Arbeitslosigkeit auch mittels gezielter staatlicher Unternehmenstätigkeit nicht erreicht werden konnten. Dies wirft jedoch die Frage auf, ob diese Art des Politikverzichts nicht als das verfehlte Ausüben von Eigentumsrechten verstanden werden muss. Wenn defizitären privaten Unternehmen eine gescheiterte Unternehmenspolitik angelastet wird, warum sollen dann bei defizitären öffentlichen Unternehmen andere Maßstäbe angelegt werden?

Wenngleich die Preisgabe staatlicher Steuerungsansprüche bei jeder (materiellen) Privatisierung dominiert und der Kontrollmechanismus des Marktes trotz seiner inhärenten Schwächen greifen soll, bleibt die Frage, welches Maß an Handlungsautonomie dem dann privatisierten Unternehmen zugestanden werden soll, d.h. inwieweit die öffentliche Hand noch an Handlungsrechten zur Durchsetzung marktfremder Leistungen partizipieren soll.[291] Sofern Unternehmen auch nach einer Privatisierung in ein Netz mikro-, meso- und makroökonomischer Rahmenbedingungen eingebunden bleiben sollen, bedarf es staatlicher Regulierungsregime, die im Regelfall „eine ausdifferenziertere und weit kompliziertere

---

[289] Horst Albach, Die Bahnreform in Deutschland, in: Zeitschrift für Betriebswirtschaft, Ergänzungsheft 3 (2002), S. 63

[290] Wolf-Dieter Narr, Zukunft des Sozialstaats – als Zukunft einer Illusion?, Neu-Ulm 1999, S. 26; vgl. Manfried M. Gantner, Anmerkungen zur Ziel- und Kontrollproblematik öffentlicher Unternehmen aus polit-ökonomischer und neo-institutioneller Sicht, in: Wirtschaftspolitische Blätter, 33. Jg., Heft 6 (1986), S. 702

[291] Armen A. Alchian/Harold M. Demsetz, Production, Information Costs and Economic Organization, in: American Economic Review, Vol. 62, Issue 5 (1972), S. 777-795; als deutschsprachige Einführung beispielhaft zu nennen ist: Alfred Schüller, Property Rights und ökonomische Theorie, München 1983

Architektur"[292] aufweisen als die Strukturen des alten Leistungsstaates. Maßnahmen der staatlichen Regulierung sind im Allgemeinen darauf angelegt, die Leistungserbringung im Wettbewerb zu gewährleisten sowie deren Modalitäten zu steuern. Dazu zählen politisch definierte Grundsätze der Versorgungssicherheit ebenso wie die Sicherung des Zugangs und die Möglichkeit der Inanspruchnahme von Leistungen zu sozialverträglichen Preisen. Kurzum: Der regulierende Gewährleistungsstaat hat sektorspezifische Wettbewerbssteuerungen stets dort vorzunehmen, wo die Problemlösungsfähigkeit des Marktes nicht ausreicht und die Sicherstellung gemeinwohlkonformer Leistungen erklärtes Ziel ist. Erfahrungen belegen indes, dass es sich als ausgesprochen schwierig darstellt, die Erfüllung gemeinwirtschaftlicher Vorgaben durch private Unternehmen staatlicher Kontrolle zu unterwerfen. So führen zahlreiche Ökonomen die asymmetrische Informationsverteilung (*Principal-Agents*-Problem) als Grund an, weshalb staatliche Behörden keine ausreichend wirksame Kontrolle garantieren können und eine Verschlechterung der allokativen Effizienz die unweigerliche Folge ist.[293] Dabei gilt für den Verkehrssektor mehr noch als für andere Sektoren, dass der Staat als übergeordnetes Regulativ „den systemkonstitutiven Wettbewerb vor sich selbst zu schützen hat."[294]

Darüber hinaus sind Zielkonflikte, die sich aus dem Postulat nach ökonomischer Effizienz einerseits sowie politisch definierten, gesellschaftlich gewollten Versorgungsansprüchen andererseits ergeben, geradezu charakteristisch für die Regulierung der Infrastruktursektoren. Allein das vorrangige Ziel einer marktgerechten Regulierung, die Schaffung und Erhaltung von Wettbewerbsstrukturen, erweist sich in der bisherigen Praxis aufgrund der spezifischen Merkmale von Infrastruktursektoren als ausgesprochen problematisch: „Nur dort nämlich, wo tatsächlich intensiver Wettbewerb herrscht und keine ungleichgewichtigen staatlichen Auflagen für einzelne Wettbewerber bestehen, kann erwartet werden, daß die ökonomische Effizienz eines Unternehmens tatsächlich über den Markt

---

[292] Edgar Grande/Burkard Eberlein, Der Aufstieg des Regulierungsstaates im Infrastrukturbereich. Zur Transformation der politischen Ökonomie der Bundesrepublik Deutschland, Arbeitspapier Nr. 2, a.a.O., S. 18
[293] Vgl. beispielhaft: David E. Sappington/Joseph Stiglitz, Information and Regulation, in: Elizabeth E. Bailey (ed.), Public Regulation. New Perspectives on Institutions and Policies, London 1987; ferner lesenswert sind die Anmerkungen der Autoren Ian Ayres und John Braithwaite: „For the responsive regulator, there are no optimal or best regulatory solutions, just solutions that respond better than others to the plural configurations of support and opposition that exist at a particular moment in history" (1992, S. 5).
[294] Heinz-J. Bontrup, Arbeit, Kapital und Staat. Plädoyer für eine demokratische Wirtschaft, Köln 2005, S. 203

Deregulierung als zentrale Dimension von Liberalisierung 115

durchgesetzt wird."²⁹⁵ Weil das Funktionieren des Wettbewerbs ebenso wie seine Intensität insbesondere im Infrastruktursektor von den bestehenden Markteintrittsbarrieren abhängen, sind unabdingbare Voraussetzungen für eine wirksame Kontrolle – will heißen: eine operable Regulierung – dort vielfach nicht gegeben.

Da jede Regulierung erneut Transaktionskosten entstehen lässt, kommen einige Autoren zu dem Schluss, dass Deregulierung „regelmäßig nur Reregulierung"²⁹⁶ bedeute. Denn selbst dann, wenn eine Reduktion staatlicher Verantwortung angestrebt wird, ist das Erlassen rechtlicher Bestimmungen ebenso unabdingbar wie die Installation neuer und der Umbau bestehender Verwaltungseinrichtungen. Mit Blick auf die Kostendifferenz zwischen dem ehemaligen Bundesministerium für Post und Telekommunikation auf der einen und der Regulierungsbehörde für Post und Telekommunikation auf der anderen Seite wusste das Nachrichtenmagazin *Der Spiegel* im August 1997 zu berichten, das letztere mit einem Jahresetat von 186 Mio. EUR „teurer und größer als das alte Bötsch-Ministerium" werden würde.²⁹⁷ Wenngleich diese geschilderte „Erblast" der Privatisierung keinen Anspruch auf Repräsentativität erheben kann, zeigt das Beispiel doch, welche finanziellen Anstrengungen von Seiten des Staates unternommen werden müssen, um eine *industry of regulation* mit dem Ziel eines funktionierenden Wettbewerbs zu schaffen.

Waren Privatisierung und Liberalisierung in der Telekommunikation mit spürbaren Preissenkungen und einer Anhebung des Versorgungsgrades – zumal im Bereich technisch innovativer Telekommunikationsdienstleistungen – einhergegangen, führten sie mit Blick auf den Schienenverkehr sowohl beim Versorgungsgrad als auch bei den Fahrpreisen zu signifikant negativen Veränderungen.²⁹⁸ Dies gilt im Übrigen auch für Großbritannien, wo auch auf die Privatisierung einer anderen staatlichen Netzwerkindustrie beträchtliche Preissteigerungen folgten: Nachdem die englischen und walisischen Wasserversorgungsfirmen 1989 an der Londoner Börse für 5,23 Mrd. Pfund St. veräußert worden waren, stiegen die Wasserpreise bis Ende der 90er-Jahre um über 40 Prozent, obwohl den neuen Eigentümern ein Schuldenerlass in Höhe von fünf Mrd. sowie eine

---

[295] Vgl. zum Begriff der „marktgerechten Regulierung": Edgar Grande/Burkard Eberlein, Der Aufstieg des Regulierungsstaates im Infrastrukturbereich. Zur Transformation der politischen Ökonomie der Bundesrepublik Deutschland, Arbeitspapier Nr. 2, a.a.O., S. 19
[296] Wolfgang Hoffmann-Riem, Tendenzen der Verwaltungsrechtsentwicklung, in: Die Öffentliche Verwaltung. Zeitschrift für öffentliches Recht und Verwaltung, 50. Jg., Heft 11 (1997), S. 436
[297] o.V., Hochkarätige Experten, in: Der Spiegel, Nr. 32 v. 4.8.1997, S. 73
[298] Angelika Benz, Universaldienstleistungen unter den Bedingungen von Privatisierung und Liberalisierung – die Beispiele von Bahn und Telekommunikation, in: dies./Natascha Füchtner (Hrsg.), Einheit und Vielfalt – Verwaltung im Wandel, Vorträge des Forschungssymposiums am 16. Oktober 1999 zum 65. Geburtstag von Klaus König, Speyer 2001, S. 154

„ökologische Mitgift" von 1,5 Mrd. Pfund St. gewährt worden war.[299] Nicht einmal die Neuordnung des regulativen Zugriffs auf den Wassersektor, in deren Zentrum das mit umfassenden Handlungsrechten ausgestattete Office of Water Services steht, konnte die Transformation vom Leistungs- zum Regulierungsstaat für die Verbraucher vorteilhaft gestalten.

Ähnlich bedenklich sind die Pläne der DB AG. War man mit der Übertragung hoheitlicher Aufgaben auf das EBA zum Jahresbeginn 1994 bei der institutionellen Ausgestaltung zunächst dem sektorspezifischen Agenturmodell gefolgt, wurde im weiteren Verlauf des Bahnreformprozesses vor dem Hintergrund wenig zufrieden stellender Ergebnisse eine Ausdifferenzierung vorgenommen. Zwar ist es dem EBA weiterhin vorbehalten, Planfeststellungsverfahren für die Schienenwege durchzuführen, die technische Überwachung der Betriebsanlagen und Fahrzeuge sicherzustellen sowie Betriebsgenehmigungen auszusprechen bzw. zu widerrufen. Die zum 1. Januar 2006 als branchenübergreifende Regulierungsbehörde geschaffene Bundesnetzagentur ist jedoch nun als staatlicher Akteur beauftragt, eine einzelfallbezogene Kontrolle des Marktgeschehens, d.h. eine wettbewerbsrechtliche Regulierung durchzuführen, um die Wahrung des öffentlichen Interesses sicherzustellen.[300] Eine zentrale Frage bleibt trotz der Einrichtung der Agentur mit Bezug auf die Bahn unbeantwortet: Wie sollen private Betreibergesellschaften dazu gezwungen werden, unrentable Streckenabschnitte zu betreiben, die für fern eines Ballungsraums angesiedelte Bewohner außerordentlich bedeutsam sind?

Letztlich zielt jede Privatisierung darauf ab, den Staat als Kontrollorgan durch den Markt zu ersetzen. Werden während des Transformationsprozesses Regulationsmechanismen nur unzureichend etabliert, bergen Privatisierungs- und Deregulierungsmaßnahmen angesichts einer möglichen großen Marktmacht die Gefahr in sich, dass lediglich die alten *legalistischen* Barrieren durch neue *monopolistische* ersetzt werden, wodurch wiederum Regulierungsbedarf entsteht.[301] Auch Liberalisierungsmaßnahmen reichen für eine Effizienzsteigerung nicht aus,

---

[299] Lars Kohlmorgen/Karsten Schneider, Deregulierung der Wasserversorgung und des Verkehrs im internationalen Vergleich, in: WSI-Mitteilungen, 47. Jg., Heft 2 (2004), S. 91
[300] Edgar Grande/Burkard Eberlein, Der Aufstieg des Regulierungsstaates im Infrastrukturbereich. Zur Transformation der politischen Ökonomie der Bundesrepublik Deutschland, Arbeitspapier Nr. 2, a.a.O., S. 14; Schwierigkeiten bereitet insbesondere noch die Sicherstellung des diskriminierungsfreien Zugangs zu Bahntrassen, sodass potenzielle Konkurrenten der DB AG aufgrund unzureichender Ausschreibungen und eines Trassenpreissystems, das sich als „Hemmschuh" bei der Durchsetzung chancengleichen Wettbewerbs erwiesen hat, benachteiligt werden.
[301] Vgl. William W. Sharkey, The theory of natural monopoly, Cambridge 1982, S. 14-32, Richard J. Gilbert, Preemptive competition, in: Joseph E. Stiglitz/G. Frank Mathewson (eds.), New developments in the analysis of market structure, Cambridge 1982, S. 92-108 u. Richard E. Caves, Lessons from privatization in Britain: State enterprise behaviour, public choice, and corporate governance, in: Journal of Economic Behaviour and Organization, Vol. 13, Issue 2 (1990), S. 148

wenn natürliche Monopole oder strategische *First-Mover*-Vorteile bestehen. Es muss die tatsächliche Möglichkeit eines Marktzutritts für Mitbewerber bestehen. Kann der Markt dies nicht garantieren, d.h. ist kein perfekter Markt vorhanden, muss wiederum auf einen staatlichen Regulator zurückgegriffen werden. Unabhängig von der Frage, wie die institutionellen Arrangements staatlicher Regulierung im Infrastruktursektor im Detail ausfallen, werden die materiellen Folgen Gegenstand heftiger politischer Debatten sein. Es lässt sich sagen: In dem Maße, wie die Entpolitisierung des Infrastruktursektors mittels Privatisierung und Liberalisierung vorangetrieben wird, steigt die Politisierung des vormals „unpolitischen" Infrastrukturbereichs, wenn es um Grundsatzfragen der Regulierung geht, wie z.B. „die angemessene Reichweite der öffentlichen Gewährleistungspflicht für Infrastrukturleistungen in liberalisierten Märkten."[302]

3.3.3 Die Entstaatlichung der Daseinsvorsorge als Abkehr von einem ehernen Prinzip staatlicher (Wirtschafts-)Tätigkeit

Das am weitesten verbreitete und sicherlich stichhaltigste Argument gegen Privatisierungen liegt in dem Umstand begründet, dass private Unternehmen zahlreiche Ziele verfolgen, die einer am Gemeinwohl orientierten Politik diametral entgegenstehen. Wie an anderer Stelle ausgeführt, ist das Ziel privatwirtschaftlicher Unternehmen nicht zuvörderst die „Hebung des Volkswohlstands", sondern „die Maximierung der Profite ihrer Eigentümer",[303] sodass ein Spannungsverhältnis zwischen dem politisch-gesellschaftlich Gewollten auf der einen und dem unternehmerischen Gewinnstreben auf der anderen Seite das zwangsläufige Ergebnis ist. Nur in Ausnahmefällen führt das Streben nach Profitmaximierung zu einer Verteilung der Ressourcen, die den Interessenkonflikt nicht unmittelbar zu Tage treten lässt.[304] Dies umschreibt aber nicht die Entwicklung des Eisenbahnwesens, bei dem die divergierenden Interessen virulent sind – und dies obwohl sich die politischen Zielsetzungen im Zuge der Bahnreform in Richtung kaufmännischer Zielvorgaben verschoben haben, wie das Außerkrafttreten von § 28 Abs. 1 BBahnG belegt. Das Gebot der Gemeinwirtschaftlichkeit, auf das die Bundesbahn als nicht-rechtsfähiges Sondervermögen verpflichtet war, wurde

---

[302] Edgar Grande/Burkard Eberlein, Der Aufstieg des Regulierungsstaates im Infrastrukturbereich. Zur Transformation der politischen Ökonomie der Bundesrepublik Deutschland, Arbeitspapier Nr. 2, a.a.O., S. 22
[303] Vgl. Joseph Stiglitz/Bruno Schönfelder, Finanzwissenschaft, Internationale Standardlehrbücher der Wirtschafts- und Sozialwissenschaften, München/Wien 2000 (3. Auflage), S. 181
[304] Bspw. gingen mit der Deregulierung und Liberalisierung im Telekommunikationssektor massive Preissenkungen bei Festnetz- und Mobilfunktarifen sowie technische Innovationen wie die DSL- und UMTS-Technologien einher.

zunehmend als Hindernis für die Deregulierung des Bahnsektors und die weitere (materielle) Privatisierung der DB AG gewertet.

Da die von staatlicher Seite formulierten Ziele oftmals in Konkurrenz zueinander stehen und nicht ausreichend operational definiert sind, findet sich die Führung eines öffentlichen Unternehmens nicht selten in einem Spannungsfeld divergierender Vorgaben wieder. Während bspw. die unablässig vorgetragene Forderung nach einem produktionseffizienten Unternehmen Einsparungen im Personalbereich verlangt, begründet die gleichzeitig angemahnte Sozialverträglichkeit der Beschäftigungspolitik einen nicht aufzulösenden Widerspruch. Erschwerend kommt hinzu, dass inkonsistente politische Schwerpunktsetzungen dieser Art naturgemäß den unterschiedlichen Vorgaben wechselnder Regierungen unterliegen. Folgten die politischen Entscheidungsträger hingegen der von allen Landtags- und Bundestagsfraktionen nach außen hin postulierten, kohärenten und im Kern widerspruchsfreien Forderung, mehr Verkehr auf die Schiene zu verlagern, entstünden weitaus weniger Reibungsverluste als dies bislang zu beobachten ist.

Eine derartige Maßgabe stünde auch im Einklang mit dem in Art. 20 Abs. 1 GG festgeschriebenen Sozialstaatsprinzip, das eine verfassungsrechtlich legitimierte Bestimmung staatlicher Aufgabenwahrnehmung darstellt, wenngleich das Grundgesetz aufgrund seines weiten Interpretationsspielraums nur bedingt als Entscheidungshilfe herangezogen werden kann. Zwar bestimmt das Sozialstaatsgebot nicht, „welche sozialpolitischen Leistungen in welcher Höhe und Reichweite erforderlich sind – aber in seiner Rechtsprechung hat das Bundesverfassungsgericht das Sozialstaatsprinzip mehrfach als Verpflichtung des Staates interpretiert, für einen Ausgleich der sozialen Gegensätze und für eine gerechte Sozialordnung zu sorgen und die Existenzgrundlage der Bürger zu sichern und zu fördern."[305]

Obwohl die Staatstrukturbestimmung „Sozialstaat" im Grundgesetz nicht näher definiert ist, werden zahlreiche Grundgesetzartikel als entsprechende Konkretisierung angesehen – so auch Art. 87e Abs. 4 GG, dem in der Diskussion um die staatliche Infrastrukturgewährleistungspflicht grundlegende Bedeutung zukommt. Die Relevanz des Sozialstaatsprinzips ergibt sich für die juristische Praxis aus der Wahrung eines sozialen Mindeststandards, hinter den der Gesetzgeber nicht zurückfallen darf (institutionelle Garantie), wobei dies keine Festschreibung eines zu einem bestimmten Zeitpunkt erreichten sozialen Besitzstandes – wie z.B. einer einmal angelegten Infrastruktur – bedeutet. Insofern bleibt der Gesetzgeber als primärer Adressat des Sozialstaatsprinzips aufgefordert, sich nicht (statisch) mit Zustandssicherung zu begnügen, sondern sich (dynamisch)

---

[305] Gerhard Bäcker/Reinhard Bispinck/Klaus Hofemann/Gerhard Naegele, Sozialpolitik und soziale Lage in Deutschland, Bd. 1, Wiesbaden 2000 (3. Auflage), S. 36 f.

um die Verbesserung der sozialen Zustände zu bemühen. Zwar ist das Sozialstaatsprinzip als Anspruchsnorm gegenüber der Verwaltung nach herrschender Meinung im Allgemeinen zu verneinen.[306] Anspruchsbegründend kann das Prinzip jedoch ins Feld geführt werden, wenn es der Verstärkung eines anderweitig (gesetzlich) begründeten Anspruchs dient.

Die begriffliche Unschärfe des Gesetzestextes erwies sich im Laufe der Zeit gleich in zweifacher Hinsicht als abträglich für ein konsequentes Festhalten der Politik an sozialstaatlichen Leitprinzipien – nicht nur im Verkehrssektor. Denn ein Verbot des sozialen Rückschritts lässt sich nur bedingt aus Art. 20 Abs. 1 GG in Kombination mit Art. 28 GG ablesen.[307] Selbst diejenigen Verfassungsrechtler, die wie Peter Badura einst gefordert hatten, der Staat dürfe „nicht nur eine Eingreifreserve der letzten Linie [darstellen], wie es das liberale Subsidiaritätsprinzip fordert",[308] plädieren heutzutage mehrheitlich für eine Rückführung des sozialen Staatsziels, da die Leistungsfähigkeit und -bereitschaft der Einzelnen das soziale Netz der Daseinsvorsorge ausreichend sicherstelle.[309] Markanter kann der Wandel in der Sozialstaatsinterpretation vom allseits gepriesenen „Modellfall" zum historischen „Auslaufmodell" kaum ausfallen: „Aus einer Ermächtigung zur gezielten sozialgestaltenden Umverteilung ist ein verfassungsrechtlicher Appell zu staatlicher Unternehmensförderung geworden."[310]

Dabei kommt dem Prinzip der Sozialstaatlichkeit und der in Art. 14 und 15 GG explizit festgeschriebenen Sozialbindung des Privateigentums besondere Bedeutung zu, denn letztlich begründen diese beiden Vorgaben „eine wirtschaftspolitische Mischform aus wirtschaftlicher Freiheit und wirtschaftspolitischen Gestaltungsmöglichkeiten des Staates im Interesse des Gemeinwohls"[311] und erlauben eben kein Wirtschaftssystem, das allein an wettbewerblichen und

---

[306] BVerfGE 1976, S. 97
[307] Eine lesenswerte Ausnahme stellt insoweit dar: Helmut Simon, Die Stärke eines Volkes mißt sich am Wohl der Schwachen, in: Bernd Bender/Rüdiger Breuer/Fritz Ossenbühl/Horst Sendler (Hrsg.), Rechtsstaat zwischen Sozialgestaltung und Rechtsschutz, Festschrift für Konrad Redeker zum 70. Geburtstag, München 1993, S. 163 f.
[308] Peter Badura, Das Verwaltungsmonopol, Berlin 1963, S. 304 f.
[309] Ders., Staatsziele und Garantien der Wirtschaftsverfassung in Deutschland und Europa, in: Joachim Burmeister (Hrsg.), Verfassungsstaatlichkeit, Festschrift für Klaus Stern, München 1997, S. 415
[310] Martin Kutscha, Die Anpassung des Verfassungsrechts im „schlanken Staat", in: Christoph Butterwegge/ders./Sabine Berghahn (Hrsg.), Herrschaft des Marktes – Abschied vom Staat? Folgen neoliberaler Modernisierung für Staat und Gesellschaft, a.a.O., S. 107; vgl. zum Mentalitätswandel, der den Sozialstaat „als ‚Selbstbedienungsladen' für ‚Arbeitsunwillige', ‚Abzocker' und ‚Sozialschmarotzer' erscheinen lässt": Christoph Butterwegge, Wohlfahrtsstaat im Wandel. Probleme und Perspektiven der Sozialpolitik, a.a.O., S. 45 f.
[311] Reinhard Blum, Soziale Marktwirtschaft, in: Willi Albers/Karl Erich Born/Ernst Dürr u.a. (Hrsg.), Handwörterbuch der Wirtschaftswissenschaft, Bd. 5, Stuttgart/New York/Tübingen/Göttingen/Zürich 1988, S. 157

marktimmanenten Mechanismen ausgerichtet ist. Der Augsburger Emeritus Reinhard Blum schreibt in diesem Zusammenhang:

„Die Abwägung zwischen individueller Freiheit und sozialer Bindung gilt auch im wirtschaftlichen Bereich. Die Herausstellung der wirtschaftlichen Freiheit in speziellen Gesetzen, wie der Gewerbeordnung und dem Außenwirtschaftsgesetz, ist begleitet von entsprechenden Zugeständnissen zugunsten staatlicher Eingriffe zum Schutz der Rechte Dritter bzw. des Gemeinwohls. Es kann in bestimmten Sektoren der Wirtschaft durch wirtschaftliche Freiheit sogar so gefährdet sein, daß die Wettbewerbsfreiheit gegenüber staatlichen Marktordnungen in den Hintergrund tritt. Dies gilt z.B. für die Landwirtschaft, für den Energie- und Verkehrssektor, die Geld- und Kredit- sowie die Versicherungswirtschaft."[312]

Insofern droht eine rigide Deregulierungs- und Privatisierungsstrategie den Status der Bundesrepublik als „sozialer Bundesstaat" zu unterminieren, wenn Kernaufgaben aus dem Bereich der Daseinsvorsorge privatisiert werden. Dass derartige Vorgaben problembehaftet, aber keinesfalls illusorisch sind, zeigt ein Blick nach Brüssel, wenngleich auf einen anderen Sektor: So wird in der am 23. Oktober 2000 beschlossenen Wasserrahmenrichtlinie die staatliche Preisgestaltung explizit als politisches Instrument zur Förderung eines nachhaltigen Umgangs mit dem kostbaren Gut erwähnt. In Analogie zu dieser Richtlinie und unter Betonung einer nachhaltigen, umweltverträglichen Verkehrsentwicklung könnte die Preisgestaltung der Bahn zumindest im Nah- und Regionalverkehr in die Hände des Staates gelegt werden, dem damit die Möglichkeit eingeräumt würde, konkrete wirtschafts- und sozialpolitische Ziele zu verfolgen.

Ferner handelt es sich bei der Bahn aufgrund der öffentlichen Zugänglichkeit vom Prinzip her um einen ausgesprochen sozialen Verkehrsträger, obschon dies nicht zuletzt aufgrund der wenig sozialverträglichen Tarifpolitik der DB AG gemeinhin verkannt wird. Dabei ist der soziale Aspekt eines umfassenden, preisgünstigen Bahnangebots leicht zu skizzieren. Gesetzt den Fall, der Fahrgast verzichtet auf den Erwerb einer BahnCard, beschränken sich seine Reisekosten allein auf den Fahrkartenkauf, d.h. anders als bei der Rad-, Pkw- oder Kraftrad-Nutzung fallen weder Anschaffungs- noch Reparatur- oder Unterhaltskosten an. Trotz zahlreicher Einschnitte werden in bescheidenem Umfang noch immer soziale Korrekturmaßnahmen vorgenommen, indem Job-, Schüler- und Studententickets ebenso eine staatliche Bezuschussung erfahren wie Fahrkarten für Erwerbslose und Schwerbehinderte (vgl. 2.2).

---

[312] Ebd.

3.3.4 Die Lehre von den Besonderheiten des Verkehrs – trotz verfassungsrechtlicher Verbriefung in Vergessenheit geraten

Doch selbst diejenigen, die nicht auf eine gemeinwohlorientierte Wirtschaftspolitik abstellen, räumten lange Zeit ein, dass das Verkehrswesen von zahlreichen Eigengesetzlichkeiten geprägt ist, die staatliche Eingriffe unvermeidlich machen. Dieser Standpunkt reicht bis in die zweite Hälfte des vergangenen Jahrhunderts zurück und noch im Jahre 1961 schlussfolgerte der Wissenschaftliche Beirat beim Bundesverkehrsministerium in einer Stellungnahme zu den Grundsätzen der Verkehrspolitik: „Wir können somit den freien Wettbewerb auf den Verkehrsmärkten nicht als zweckmäßige Ordnungsform ansehen."[313] Damals – wie auch noch zu Beginn der 1980er-Jahre – rekurrierten Verkehrswissenschafter auf die unter dem Stichwort Allokationseffizienz angedeutete Kernaussage der „Besonderheitenlehre", wonach eine wettbewerbliche Koordination von Angebot und Nachfrage zu keiner optimalen Allokation der Ressourcen auf dem Verkehrsmarkt führe.

Überlegungen dieser Art fanden anfänglich auch in die europäische Gesetzgebung Eingang: Nach Art. 75 des EWG-Vertrags soll bei der Gestaltung einer europäischen Verkehrspolitik den Besonderheiten des Verkehrs Rechnung getragen werden. Darunter werden die technischen, wirtschaftlichen und rechtlichen Erscheinungen verstanden, die sich im Verkehrswesen anders darstellen als in den meisten übrigen Wirtschaftszweigen. Folgende, seinerzeit von Walter Hamm benannte Besonderheiten des Verkehrs, können nach herrschender Meinung auch unter heutigen Gegebenheiten unverändert Gültigkeit beanspruchen:[314]

- Reservekapazitäten müssen vorgehalten werden, um eine ausreichende Verkehrsversorgung sicherzustellen;
- wegen der Unpaarigkeit der Verkehrsströme entstehen zwangsläufig Leerfahrten;[315]

---

[313] Wissenschaftlicher Beirat beim Bundesministerium für Verkehr (Hrsg.), Grundsätze der Verkehrspolitik, Schriftenreihe des Beirats, Heft 9, Bad Godesberg 1961, S. 13; vgl. ferner: Emil Sax, Allgemeine Verkehrslehre. Die Verkehrsmittel in Staats- und Volkswirtschaft, Bd. 1, Berlin 1918 (2. Auflage), S. 5; als Indiz für die unter Politikern und Verkehrswissenschaftlern frühzeitig vorherrschende Auffassung, dass Wettbewerbsmechanismen im Verkehrswesen nicht dominant sein dürfen, kann das Bundesbahngesetz vom 13. Dezember 1951 angesehen werden. Danach wurde die DB als selbständige, nicht rechtsfähige Anstalt des öffentlichen Rechts durch Zusammenschluss der bis dahin in den westlichen Besatzungszonen getrennt verwalteten Teile der früheren DR gegründet.
[314] Walter Hamm, Preise als verkehrspolitisches Ordnungselement, Heidelberg 1964, S. 77-80
[315] Oftmals werden Güter nur in einer Richtung von A nach B transportiert, sodass die Transportmittel unbeladen an ihren Ausgangspunkt zurückkehren, d.h. unweigerlich eine Leerfahrt haben.

- das Verkehrswesen ist geprägt von hohen Fixkosten und langlebigen Investitionen;
- auf den einzelnen Teilmärkten existieren unterschiedliche Marktformen;
- aufgrund des abgeleiteten Charakters der Verkehrsnachfrage ist deren Preiselastizität gering;
- die internationale Verflechtung des Verkehrs lässt Wettbewerbsentartungen Blüten treiben;
- im Hinblick auf den technologischen Entwicklungsstand bestehen signifikante Unterschiede zwischen den Verkehrsträgern.

Wenngleich nicht davon auszugehen ist, dass staatliche Akteure die „richtigen" Marktergebnisse oder -strukturen kennen und sie bei der Umsetzung industriepolitischer Ziele vor der Konzentration auf wenig nachhaltige Innovationsfelder und -arten gefeit sind, gilt eine ausschließlich wettbewerbliche Organisation des Verkehrssektors aus den genannten Gründen bis heute als verfehlt.

Seit Beginn des 20. Jahrhunderts wurden die Gefahren, die mit einer systematischen Störung der Marktprozesse einhergehen, umfassend theoretisch ausgearbeitet.[316] Ein so genanntes Marktversagen wird gewöhnlich in vier Fällen angenommen: zum einen bei ruinösem Wettbewerb bzw. ruinöser Konkurrenz, zum anderen, wenn eine Unterversorgung „dünner" Märkte zu konstatieren ist, ein natürliches Monopol besteht oder externe Effekte nicht ausreichend internalisiert werden. Generell ist hinsichtlich des Marktversagens anzumerken, dass der Wettbewerbsmechanismus in diesem Fall als Kontroll- oder Steuerungsmechanismus ersetzt oder zumindest ergänzt werden muss, sodass der Staat als Regulator und „Wettbewerbssurrogat" an dessen Stelle tritt.[317]

Ruinöse Konkurrenz äußert sich in einer qualitativen Verschlechterung der angebotenen Dienstleistungen, weil bspw. Kosten im Bereich der Sicherheitskontrollen eingespart werden. Sowohl ein Nachfragerückgang als auch ein breit angelegter Markteintritt von Konkurrenten können zu ruinöser Konkurrenz führen, „wenn die (inverse) Nachfragekurve unterhalb der Durchschnittskostenkurve liegt, sodass Kostendeckung nicht mehr gewährleistet ist."[318] Ein Rückblick auf das nordamerikanische Eisenbahnwesen in der zweiten Hälfte des 19. Jahrhunderts verdeutlicht die Risiken, die aus ruinöser Konkurrenz erwachsen können:

---

[316] Manfred Neumann, Wettbewerbspolitik. Geschichte, Theorie und Praxis, Wiesbaden 2000, S. 190
[317] Vgl. zu den Möglichkeiten, Defizite eines privat geführten Verkehrsträgers von staatlicher Seite abzufedern: Ingo Schmidt, Wettbewerbspolitik und Kartellrecht. Eine Einführung, Stuttgart 1990, S. 3 u. Manfred Neumann, Wettbewerbspolitik. Geschichte, Theorie und Praxis, a.a.O., S. 189-194; Neumann führt das Beispiel der USA an, wo der Marktzugang zum Eisenbahnverkehr 1887 aus den genannten Gründen durch den „Interstate Commerce Act" begrenzt und die Interstate Commerce Commission (ICC) geschaffen wurde (2000, S. 191).
[318] Manfred Neumann, Wettbewerbspolitik. Geschichte, Theorie und Praxis, a.a.O., S. 190

Deregulierung als zentrale Dimension von Liberalisierung 123

„Knapp zwei Jahre haben sich die amerikanischen Eisenbahngesellschaften Pennsylvania und New York Central erbitterte Konkurrenz gemacht. Es ist ein Streit, der das ganze Land in die Krise gestürzt hat. Amerikaweit bekämpfen sich große und kleine Eisenbahngesellschaften, es gibt zu viele Anbieter, zu viele Strecken, zu viele Arbeiter. Der Wettbewerb ist ruinös. Wenige Monate zuvor hat der Verfall der US-Eisenbahnaktien fast zu einem Crash der Londoner Börse geführt – von dort war das Geld für die enormen Investitionen in Strecken und Schienen gekommen. Nun, am 20. Juli 1885 ist der Zeitpunkt da, den Konflikt zu beenden. (...) Am Ende der 1880er-Jahre hat Morgan die mehr als 100 zersplitterten US-Eisenbahnfirmen in sechs große Unternehmen ‚morganisiert'.[319] Der ruinöse Wettbewerb ist vorbei, die Preise steigen, die Bahnunternehmen schreiben Gewinne."[320]

Auch gegenwärtig ist das Eintreten in eine nach unten gerichtete Preisspirale, die letzten Endes bei den Bahnunternehmen zu nicht mehr kostendeckenden Preisen führt, vorstellbar.

Ein weiteres Dilemma kann anschaulich benannt werden: Dünn besiedelte und von Wirtschaftszentren entfernt liegende Gebiete gelten privaten Betreibern als unattraktiv, da das geringe Nachfragevolumen weder die vornehmlich aus Streckennetzerweiterungen resultierenden, immensen Fix- noch die Gesamtkosten zu decken vermag. Demgegenüber reicht die Verantwortung des Staates über die Bereitstellung der Infrastruktur hinaus, wie Art. 87e Abs. 4 GG zu entnehmen ist: „Der Bund gewährleistet, dass dem Wohl der Allgemeinheit, insbesondere den Verkehrsbedürfnissen, beim Ausbau und Erhalt des Schienennetzes der Eisenbahnen des Bundes sowie deren Verkehrsangeboten auf diesem Schienennetz, soweit diese nicht den Schienenpersonennahverkehr betreffen, Rechnung getragen wird."

Die fundamentale Bedeutung dieses Grundgesetzartikels wird daran deutlich, dass er ebenso wie andere verfassungsrechtliche Organisationsnormen „die Quasi-Funktion von Beweislastregeln"[321] hat, indem der Status quo durch die Legitimationshürde der nach Art. 79 GG vorgesehenen parlamentarischen Zweidrittelmehrheit geschützt wird. Eine mögliche Lösung für eine ausgewogene Gewichtsverteilung zwischen Markt und staatlicher Verantwortung liegt darin,

---

[319] Unter „Morganization" wird die Ende des 19. Jahrhunderts von John Piermont Morgan, Begründer der Investmentbank J.P. Morgan, entwickelte Strategie verstanden, die darin bestand, zunächst die Kontrolle über unmittelbar vor dem Konkurs stehende Unternehmen zu gewinnen, um sie anschließend zu sanieren, unter Umständen zu fusionieren und zuletzt eigene Vertrauten im Management zu platzieren.
[320] Marc Brost, Jupiter der Wall Street. Skrupelloser Finanzier oder ehrbarer Kaufmann?, in: Die Zeit, Nr. 46 v. 6.11.2003, S. 26
[321] Thomas Blanke/Dieter Sterzel, Ab die Post? Die Auseinandersetzung um die Privatisierung der Deutschen Bundespost, in: Kritische Justiz, 25. Jg., Heft 3 (1993), S. 302

dass ein öffentliches Unternehmen die Versorgung übernimmt und die Defizite über den Staatshaushalt ausgeglichen werden. Die zweite Option sieht vor, dass von Staats wegen ein Monopol für ein dichter besiedeltes, lukratives Gebiet gewährt wird, damit das private Unternehmen die auf dem „dünnen" Markt entstehenden Defizite aus dem Monopolgewinn abdecken kann. Kritiker wenden indes ein, dass eine Privatisierung im Sinne dieser zweiten Option unter Umständen die Nachteile monopolistischer Marktmacht, wie etwa Ausbeutungsmissbrauch, mit sich bringt. Ausbeutungsmissbrauch bedeutet, dass ein Unternehmen oder ein Kollektiv von Unternehmen mit einer marktbeherrschenden Stellung Monopolpreise vom Kunden verlangt. Diese Art von Missbrauch führt ebenso wie der Behinderungsmissbrauch zu einem gesamtwirtschaftlichen Wohlfahrtsverlust (*dead weight loss*). Diesen Argumenten ist beizupflichten, nicht zuletzt aufgrund der Erfahrungen in Großbritannien, wo die Fahrpreise nach der Lizenzvergabe an einen einzelnen Anbieter für den jeweiligen Streckenabschnitt drastisch in die Höhe schnellten.

Die viele Jahre aufrechterhaltene Annahme, dass Infrastrukturunternehmen in ihrer Gesamtheit als natürliche Monopole anzusehen sind, stößt mittlerweile größtenteils auf Ablehnung. Einen gewichtigen ideellen Beitrag zu dieser Frage leistete der paradigmatische Wandel in den Wirtschaftswissenschaften in Bezug auf Branchen mit Netzcharakter. Die Definition netzartig organisierter Sektoren als „raumübergreifende, komplett verzweigte Transport- und Logistiksysteme für Güter, Personen oder Informationen"[322] und die damit einhergehende Forderung nach einer wettbewerblichen Ausnahmestellung aufgrund von Marktversagen traf vormals auf die Infrastrukturbereiche in ihrer Gesamtheit zu, und zwar auf den Post-, Telekommunikations-, Energie- und den Bahnsektor.

Es bleibt zu fragen, warum der Schieneninfrastruktur der Charakter eines natürlichen Monopols zugesprochen wird. Die Antwort liegt in zunehmenden Skalenerträgen, einer ausgeprägten Subadditivität und hohen *sunk costs*. „Versunkene Kosten" stellen aufgrund der Kostenstruktur des Trassennetzes ein zentrales Charakteristikum vertikal integrierter Bahnen dar und werden als natürliche oder strategische Markteintrittsbarrieren erkannt, da sie keine Relevanz für die Entscheidung des Altanbieters haben (und somit nicht in dessen Kalkulation der Preisuntergrenze einfließen).[323] Potenzielle Neuanbieter hingegen müssen

---

[322] Monopolkommission, Die Telekommunikation im Wettbewerb, Sondergutachten der Monopolkommission gemäß § 24b Abs. 5 Satz 4 GWB, Baden-Baden 1996, S. 25; Anm.: Der Postbereich zählt zu den netzartig organisierten Branchen, obwohl hier keine physischen Netze in Form von Schienen oder Leitungen vorliegen. Stattdessen existieren logistische Netze, z.B. Postfilialen, Briefverteil- und Postfachanlagen.

[323] Vgl. Andreas Brenck, Privatisierungsmodelle für die Deutsche Bundesbahn, in: Werner Allemeyer/ders./Friedrich von Stackelberg/Paul Wittenbrink, Privatisierung des Schienenverkehrs, Beiträge aus dem Institut für Verkehrswissenschaft an der Universität Münster, hrsg. von Hans-Jürgen Ewers,

Deregulierung als zentrale Dimension von Liberalisierung 125

diese finanziellen Hürden überwinden, insbesondere weil für das Bahnwesen hohe, teilweise irreversible Anfangsinvestitionen (nicht zuletzt in den Fuhrpark) angenommen werden.[324]

Wie lautet nun der theoretische Begründungszusammenhang bei einem natürlichen Monopol? Ein natürliches Monopol liegt vor, wenn ein einziges Unternehmen die relevante Nachfrage zu niedrigeren kostendeckenden Preisen bedienen kann als jede andere Anzahl von Unternehmen.[325] Im Fall der Bahnen kann angenommen werden, dass die Durchschnittskosten aufgrund der angestrebten und in Ballungszentren weitgehend umgesetzten Auslastung des Schienennetzes ansteigen; eine weitere Fixkosten-Degression ist nämlich dann nicht anzunehmen, wenn eine unteilbare Ressource vollständig ausgelastet ist.

Während bei der in *Abbildung 2* durch N^1 angezeigten Nachfragemenge ein natürliches Monopol gegeben ist, können bei einer Nachfragemenge, die der Nachfragekurve N^2 entspricht, zwei Anbieter auf dem Markt dauerhaft bestehen. Es ist zu erkennen, dass zwei Anbieter die nachgefragte Menge $X^2 = 2 \cdot X^1$ zu geringeren Kosten bereitstellen können als ein Monopolist.[326] Durch eine im Zeitablauf zunehmende Nachfrage kann das natürliche Monopol obsolet werden, sodass unter der Prämisse eines stetig wachsenden Verkehrsaufkommens auf der Schiene nur ein temporäres, nicht jedoch ein dauerhaftes natürliches Monopol angenommen werden kann. Diese Argumentation widerlegt die Annahme, dass das gesamte Bahnwesen aus einer Hand (nämlich der öffentlichen) geführt werden muss, und überwiegt den Einwand, dass die sich einem Monopolisten bietenden Größenvorteile trotz bestehender Unteilbarkeiten im Bahnwesen bei zu-

---

Heft 130, a.a.O., S. 98; vgl. weiterhin die Argumentation von Claus-Friedrich Laaser, der das natürliche Monopol für eine Netzgröße von ca. 800 Kilometern als empirisch belegt ansieht (1991, S. 287 f.).

[324] Angelika Benz, Universaldienstleistungen unter den Bedingungen von Privatisierung und Liberalisierung – die Beispiele von Bahn und Telekommunikation, in: dies./Natascha Füchtner (Hrsg.), Einheit und Vielfalt – Verwaltung im Wandel, Vorträge des Forschungssymposiums am 16. Oktober 1999 zum 65. Geburtstag von Klaus König, a.a.O., S. 149 (FN 59); neben *economies of scale* können *economies of scope* verantwortlich für das Entstehen natürlicher Monopole sein. *Economies of scope* sind Kosteneinsparungen in der Produktion, die durch die Produktion mehrerer Güter in einem Unternehmen bei anteiliger, sich aber nicht ausschließender Nutzung gemeinsamer Produktionsfaktoren entstehen. Die Kosten der Produktion mehrerer Güter in einem einzelnen Unternehmen (Mehrproduktunternehmen) sind trotz Unabhängigkeit der Produktionsprozesse niedriger als die Produktion jedes Produktes in einem spezialisierten Einproduktunternehmen (Verbundvorteile zwischen verschiedenen Produkten). Beispiele für Mehrproduktunternehmen im Verkehrssektor stellen die Eisenbahnunternehmen dar, weil sie auf ihrem Schienennetz sowohl Güter- als auch Personenverkehr durchführen und hierbei die gleichen Gleisanlagen, Bahnhöfe, Lokomotiven, Arbeitskräfte etc. zum Einsatz bringen.

[325] Jörn Kruse, Ökonomie der Monopolregulierung, Göttingen 1985, S. 19

[326] Dies ist daran zu erkennen, dass $2 \cdot (0A \cdot X^1) < (0B \cdot X^2)$.

nehmender Nachfrage nicht unerschöpflich sind, wie die ab dem Punkt A ansteigenden Durchschnittskosten zum Ausdruck bringen.

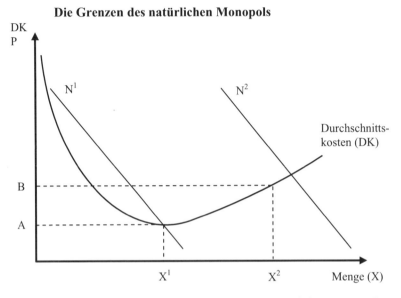

Abbildung 2: in Anlehnung an: Michael Fritsch/Thomas Wein/Hans-Jürgen Ewers, Marktversagen und Wirtschaftspolitik, München 2001 (4. Auflage), S. 182

Infrastrukturbereiche mit Netzcharakter werden jedoch seit den 1980er-Jahren nicht mehr vollständig als natürliche Monopole angesehen, sondern in verschiedene Segmente zerlegt, von denen einige als für den Wettbewerb geeignet klassifiziert werden. Während dies beim Flugverkehr die Flughäfen und die Flugüberwachung sowie bei der Seeschifffahrt die Hafenanlagen sind, müssen Schienenstränge im Bereich der Eisenbahnen als natürliches Monopol bezeichnet werden. Demgegenüber fehlen die dem natürlichen Monopol zugeschriebenen Eigenschaften den Eisenbahnen, den Schiffen und den Flugzeugen, sodass es letztlich unbegründet scheint, ein Eisenbahnunternehmen, das Schienennetz und rollendes Material[327] betreibt, in seiner Gesamtheit als natürliches Monopol zu behandeln. Daraus lässt sich der Sinn und Zweck einer Privatisierung solcher Teile öffentlicher Unternehmen ableiten, die kein natürliches Monopol darstellen. Für die

---

[327] Mit dem Begriff „rollendes Material" werden die von der Bahn eingesetzten Lokomotiven und Waggons bezeichnet. Es handelt sich um das Antonym zu Infrastruktur.

Deregulierung als zentrale Dimension von Liberalisierung 127

Bereiche, die ein natürliches Monopol bilden, ist nach dieser Auffassung ein allgemeiner Zugang für konkurrierende Nutzer über das Instrument des Kontrahierungszwangs herstellbar, „wobei die vom Eigentümer der jeweiligen Infrastruktureinrichtung geforderten Nutzungsentgelte einer Regulierung unterliegen, die zum Teil von den Wettbewerbsbehörden oder einer für den jeweiligen Bereich zuständigen Regulierungsbehörde ausgeübt wird."[328] Den mit unverminderter Häufigkeit erhobenen Einwand, staatliche Monopolunternehmen seien grundsätzlich ineffizient, wusste schon Joseph A. Schumpeter zurückzuweisen, als er anmerkte, dass auch „eine Monopolstellung im allgemeinen kein Ruhekissen"[329] darstelle. Schließlich werde der „Druck verbesserter Produktionsmethoden im allgemeinen darauf hintendieren, den Punkt des monopolistischen Optimums gegen den Konkurrenzkostenpreis und darüber hinaus zu verschieben", womit „das Werk des Konkurrenzmechanismus" vollbracht sei.[330]

Aber auch diejenigen, die poly- oder oligopolistische Strukturen im Bahnwesen für vorzugswürdig halten, müssen zur Kenntnis nehmen, dass der staatlich verfassten Bundesbahn nur bedingt eine monopolistische Stellung zuteil wurde, und zwar lediglich im Schienenverkehr, nicht aber auf dem Gesamtverkehrsmarkt als dem *entscheidenden* Referenzmarkt. Wenngleich die Tätigkeiten im Bereich des Bahnwesens überwiegend nicht dem Produktions-, sondern dem Dienstleistungssektor zuzurechnen sind, kann nämlich nicht in Abrede gestellt werden, dass jedes Bahnunternehmen unabhängig davon, ob das nationale Bahnwesen Monopol- oder Polypolstrukturen aufweist, einem Qualitäts- und Preiswettbewerb ausgeliefert ist, wie er intensiver nicht sein könnte: dem *intermodalen* Wettbewerb, der als Wettbewerb zwischen den verschiedenen Verkehrsträgern in vielen Zweigen Substitutionscharakter aufweist. Schließlich hat die Bahn gegenüber den Konkurrenten im Straßen-, Luft- und Wasserverkehr zu bestehen, da nahezu sämtliche ihrer Leistungen über diese Verkehrswege ersetzt werden können.[331] Folgt man dieser Argumentation, muss der Geschäftsbereich „Netz" der DB AG seine Kunden sehr wohl im Wettbewerb akquirieren, sodass es sich – anders als oben theoretisch ausgeführt – nicht um ein natürliches Monopol handelt. Selbst Schienenwegeanbieter wie die DB Netz AG stehen in einem indirekten Wettbewerb mit anderen Verkehrsträgern, weil ein Ausbeutungsmissbrauch durch die Eisenbahninfrastrukturgesellschaften zwangsläufig dazu führen würde, dass die Schienenbeförderungsunternehmen auf dem Markt für

---

[328] Manfred Neumann, Wettbewerbspolitik. Geschichte, Theorie und Praxis, a.a.O., S. 196
[329] Joseph A. Schumpeter, Kapitalismus, Sozialismus und Demokratie (amerikanische Originalausgabe: Capitalism, Socialism, and Democracy, New York 1942), Tübingen 1987 (6. Auflage), S. 166
[330] Ebd., S. 166 f.
[331] Heinz Dürr, Chancen einer privatwirtschaftlich organisierten Bahn, in: DB AG (Hrsg.), Jahrbuch des Eisenbahnwesens. Die Bahnreform, Folge 45, Darmstadt 1994/95, S. 20

Verkehrsleistungen an Wettbewerbsfähigkeit verlören, wodurch letztlich wiederum die Existenz des Schienennetzanbieters bedroht würde. Die Annahme der Befürworter des intramodalen Wettbewerbs, dass eine intensive Konkurrenzsituation zwischen den Schienenverkehrsanbietern diesen Verkehrszweig gegenüber substitutiven Angeboten konkurrenzfähiger mache, ist auch aus diesem Grund außerordentlich umstritten. Seit dem 1. Januar 2006 garantiert ferner die Bundesnetzagentur eine weitere Intensivierung des Wettbewerbs auf dem Eisenbahninfrastrukturmarkt.

Unabhängig von der Beantwortung der Frage, wie weit das natürliche Monopol im Bahnwesen reicht, lässt sich ein weiteres, staatliche Wirtschaftstätigkeit begründendes Marktversagen vermuten – aufgrund der unzureichenden Internalisierung externer Effekte. Als Externalität (auch: *spillover*) wird allgemein eine Konsequenz individueller Handlungen[332] bezeichnet, die sich auf das Kosten-Nutzen-Kalkül eines anderen Individuums auswirkt, ohne dass diese Wirkung über den Preismechanismus in dem Kosten-Nutzen-Kalkül des Handelnden ihren Niederschlag findet. Mithin divergieren bei dieser Handlung das individuelle und das gesamtgesellschaftliche Kosten-Nutzen-Kalkül.[333] Der namhafte US-amerikanische Ökonom Joseph Stiglitz verweist mit eingängigen Beispielen auf die Allgegenwärtigkeit externer Effekte: „Eine Bergsteigerin, die Abfall hinterlässt, ein Autofahrer, dessen Wagen Abgase emittiert, ein Kind, das nach dem Spielen Unordnung hinterlässt, ein Raucher, der in einem überfüllten Raum eine Zigarette raucht, sie alle verursachen externe Effekte."[334] Gemeinsam ist den Situatio-

---

[332] Der Terminus „Handlungen" wird in diesem Zusammenhang umfassend verwendet und beinhaltet die Güter- bzw. Leistungsproduktion respektive -konsumtion ebenso wie Behandlungs- und Beseitigungsmaßnahmen und entsprechende Unterlassungen.
[333] Vgl. für eine allgemeine Definition: James M. Buchanan/W. Craig Stubblebine, Externality, in: Economica, Vol. 29, Issue 116 (1962), S. 372
[334] Joseph Stiglitz, Volkswirtschaftslehre, München/Wien 1999 (2. Auflage), S. 173; die Idee der „externen Kosten" geht auf den britischen Nationalökonomen Arthur C. Pigou zurück, der zu Beginn des 20. Jahrhunderts Lenkungszwecknormen und -abgaben in Form von staatlichen Verboten, Sozialgesetzen und der Besteuerung der externen Effekte für den Fall rechtfertigte, dass die Werte des privaten vom sozialen Nettoprodukt abweichen. Die Problematik externer Effekte skizzierte Pigou seinerzeit wie folgt: „In general, industrialists are interested, not in the social but only in the private net product of their operations (...), self interest will bring about equality in the values of the marginal private net product or resources invested in different ways. But it will not tend to bring about equality in the values of the marginal social net products except when marginal private net products and marginal social net products are identical. When there is a divergence between these two sorts of marginal net products, self interest will not, therefore, tend to make the national dividend a maximum; and consequently certain specific acts of interference with normal economic processes may be expected, not to diminish, but to increase the dividend" (1932, S. 172). Pigou hatte, als er über den häufig von Lokomotiven ausgehenden Funkenwurf sinnierte, festgestellt, dass wenn an die Bahnlinie angrenzende Felder in Brand gerieten, nicht die Bahngesellschaft, sondern der Bauer den Schaden zu tragen hatte. Mit der später nach ihm benannten Steuer sollte der dem Bauern entstandene Schaden internalisiert werden – im Sinne einer Pareto-Verbesserung. Pigou nahm einen kardinal messbaren

Deregulierung als zentrale Dimension von Liberalisierung 129

nen, dass der Verursacher für die von ihm angerichteten Schäden finanziell nicht aufkommt. Folge dieser unzureichenden Koordinationsleistung des Marktes ist ein Zustand, in dem die Nachfrage das sozial optimale Niveau überschreitet und Ressourcen nicht ihrer gesamtgesellschaftlich effizientesten Verwendung zugeleitet werden, sondern verstärkt in den Sektor fließen, in dem nicht alle gesellschaftlich relevanten Grenzkosten ausgewiesen werden.

So gehen die externen Kosten des Straßenverkehrs, zu denen die Infrastruktur- und Umweltkosten ebenso zählen wie die Stau- und Unfallkosten,[335] im Gegensatz zu den privaten (betrieblichen) Kosten nicht, bzw. in Form der Mineralöl-, Öko- und KFZ-Steuer, nur zum Teil, in die Entscheidung der Verkehrsteilnehmer ein. Dies trifft zu, obwohl ein mit einem Drei-Wege-Katalysator ausgestatteter PKW dreimal soviel Kohlendioxid, viermal so viele Stickstoffoxide, achtmal so viele Kohlenwasserstoffe und 26-mal soviel Kohlenmonoxid produziert wie ein gleichwertiger Verkehr auf der Schiene.[336] Die weitgehend nicht internalisierte Gesamtluftbelastung durch den Straßenverkehr lässt sich mit weiteren Daten belegen: 15 Prozent des Kohlendioxids, 53 Prozent der Stickstoffoxide, 71 Prozent des Kohlenmonoxids und 49 Prozent der organischen Verbindungen werden durch PKW, LKW und Krafträder produziert.[337] Obschon die ökologischen Auswirkungen dieser Gase im Detail umstritten sind, können negative, meist irreversible Schäden für die Umwelt (Erwärmung der Erdatmosphäre, Waldsterben, saurer Regen etc.) nicht geleugnet werden.

Die externen Kosten, die der Verkehr durch Unfälle, gesundheitliche Beeinträchtigungen infolge von Lärm und Luftverschmutzung sowie den Verbrauch von Landschaft und natürlichen Ressourcen verursacht, werden allein für die Bundesrepublik auf mehr als 130 Mrd. EUR pro Jahr taxiert. Von den knapp 100 Mrd. EUR, die dem Personenverkehr anzulasten sind, entfallen ca. 83 Mrd. EUR auf den straßengebundenen Personenverkehr. Die externen Kosten des Flugverkehrs, der weniger als die Hälfte der Verkehrsleistung der Bahn erbringt, sind mit ca. 5,3 Mrd. EUR mehr als dreimal so hoch wie die der Bahn.[338] 2003 beliefen sich die externen Kosten sämtlicher Verkehrsträger in der EU damaligen

---

und interpersonell vergleichbaren Nutzen an, während „die Mehrzahl seiner Nachfolger in Anlehnung an Pareto lediglich einen ordinalen Nutzenmaßstab für möglich hielt" (Bernhard Külp 1981, S. 475).
[335] Das Risiko, im motorisierten Individualverkehr tödlich zu verunglücken, ist angesichts von vier Toten pro eine Mrd. Reisekilometer 42-mal höher als im Schienenverkehr (Allianz pro Schiene 2006 a, S. 4).
[336] Dieter Seilfried, Gute Argumente: Verkehr, München 1990, S. 50
[337] Deregulierungskommission, Marktöffnung und Wettbewerb. Deregulierung als Programm?, Stuttgart 1991, S. 178
[338] Werner Reh, Die Bahn muss die Flughäfen entlasten, Gastbeitrag zu der Strategie, Kurzstreckenflüge auf die Schiene zu verlagern, in: Frankfurter Rundschau v. 31.12.2003, S. 36

Zuschnitts auf 530 Mrd. EUR.[339] Werden die Staukosten in die Berechnungen der externen Kosten einbezogen, vernichtet der Verkehr – wie im Grünbuch „Towards fair and efficient pricing" nachzulesen ist – innerhalb der EU ca. zehn Prozent des Bruttoinlandsprodukts (BIP), wobei 92 Prozent dieser Kosten dem Straßenverkehr zuzurechnen sind.[340] Weiterhin bleibt festzuhalten, dass die Straße im Personenverkehr 2,3-mal und im Güterverkehr über fünfmal so viele Treibhausgase produziert wie die Bahn. Da der Güterverkehr in der Bundesrepublik zwischen 1996 und 2006 im Durchschnitt dreimal so stark wie das BIP wuchs und der straßengebundene Transport deutlich überproportional partizipierte, ist diese Tatsache nicht gering zu schätzen.[341]

Die Bilanz des dritten großen Verkehrsträgers, des Flugzeugs, fällt auch bei einer vorsichtigen Auswertung der Daten ernüchternd aus: Das Emissionsvolumen der Treibhausgase ist ungefähr dreimal höher als bei der Bahn.[342] Mehr noch als für den Straßen- gilt für den Luftverkehr, dass die erzeugten Umweltbelastungen durch den Marktpreis nicht gedeckt werden und nur teilweise über Steuern aufgefangen werden: So existiert trotz reger Diskussionen bislang noch keine Mineralölsteuer (welche die Bahn beim Betrieb auf nicht elektrifizierten Strecken zahlt) in Form der Kerosinsteuer, der grenzüberschreitende Flugverkehr ist gar von der Mehrwertsteuer ausgenommen.

Die Beispiele zeigen, dass zumindest aufgrund der externen Effekte bzw. deren fehlender Internalisierung im Verkehrssektor Marktversagen angenommen werden kann – entgegen anders lautenden Einschätzungen seitens der *Public-Choice*-Lehre[343] –, sodass eine Entscheidung in der Frage, inwieweit das natürliche Monopol den Betrieb der Bahnen erfasst und ob es im Bahnwesen ohne unmittelbare staatliche Aufgabenwahrnehmung zu ruinösem Wettbewerb oder einer Unterversorgung „dünner" Märkte käme, dahinstehen kann.

---

[339] Allianz pro Schiene, Umweltschonend mobil: Bahn, Auto, Flugzeug, Schiff im Umweltvergleich, Berlin 2003, S. 17
[340] Zahlen entnommen aus: Peter Krebs, Verkehr wohin? Zwischen Bahn und Autobahn, a.a.O., S. 91
[341] Bundesministerium für Verkehr, Bau und Stadtentwicklung (Hrsg.), Verkehr in Zahlen 2006/07, a.a.O., S. 208
[342] Allianz pro Schiene, Umweltschonend mobil: Bahn, Auto, Flugzeug, Schiff im Umweltvergleich, a.a.O., S. 9
[343] Vgl. Ezra J. Mishan, Welfare Criteria for External Effects, in: American Economic Review, Vol. 51, Issue 4 (1961), S. 594-613

3.4 Das Bahnwesen als Objekt der Entstaatlichung

Es bleibt festzuhalten, dass sich spätestens Mitte der 70er-Jahre in Politik und Medienöffentlichkeit eine Haltung Bahn brach, die auf eine Privatisierung staatlicher Tätigkeitsfelder setzt und deren kategorische Losung unabhängig vom Sektor und der im Einzelfall betroffenen Gebietskörperschaft lautet: „Weniger Staat!" In einer Vielzahl von Fällen bleibt dabei unbedacht, dass das Wirkungsfeld öffentlicher Unternehmen bedeutende Zielbereiche der Wirtschafts- und Sozialpolitik umfasst: die Sicherung von Beschäftigung, die Stabilisierung der Wirtschaftsentwicklung, die Gewährleistung der Versorgungssicherheit sowie das Abfedern sozioökonomischer und geographischer Disparitäten. „Zentrale Ziele, entlang derer die öffentlichen Dienstleistungen über Jahrzehnte gewachsen sind, wie sozialer Ausgleich, gleicher Zugang für alle, Bürgerorientierung und Verbraucherschutz, Ausgleich zwischen Ballungsgebieten und ländlichen Regionen, drohen, vernachlässigt zu werden."[344] Branchenunabhängig kann die Stabilität der Güterversorgung von privaten Eigentümern meist nicht garantiert werden, da diese naturgemäß gewinnorientiert wirtschaften (müssen). Schon Adam Smith hob hervor, dass es einen Nicht-Marktbereich geben müsse, der solche Güter umfasst, „die, obwohl sie für ein großes Gemeinwesen höchst nützlich sind, ihrer ganzen Natur nach niemals einen Ertrag abwerfen, der hoch genug für eine oder mehrere Privatpersonen sein könnte, um die anfallenden Kosten zu decken, weshalb man von ihnen nicht erwarten kann, dass sie diese Aufgabe übernehmen."[345]

Werden spezifische staatliche Aufgaben aber nicht mehr von öffentlichen Unternehmen erbracht, muss die verfassungsrechtlich verbriefte Leistungserstellung qua Regulierung sichergestellt werden. Dabei ist unbestritten, dass jede Steuerung privater Leistungserbringung zahlreiche Risiken birgt (wie unter 3.3.2 ausgeführt), insbesondere im Verkehrssektor, wo ein hoch kompetitiver Wettbewerb zwischen den verschiedenen Verkehrsträgern herrscht. Nachweislich stößt die Inpflichtnahme Privater auch dort an Grenzen, wo auf gesamtwirtschaftlicher

---

[344] Frank Bsirske, GATS, Soziale Regeln und Demokratie, in: Achim Brunnengräber (Hrsg.), Globale öffentliche Güter unter Privatisierungsdruck, Festschrift für Elmar Altvater, Münster 2003, S. 189; genau gegenteilig argumentiert die Unternehmensberatung Booz Allen & Hamilton im PRIMON-Gutachten, wo es mit Blick auf Art. 87e GG heißt: „Mit dem Gewährleistungsauftrag ist daher auch eine Verkleinerung des gegenwärtigen Bestandsnetzes vereinbar, soweit hierdurch nicht die Funktionsfähigkeit des Netzes insgesamt in Frage gestellt wird. (...) Eine Verpflichtung des Bundes zur Aufrechterhaltung des Status quo oder gar zur Herstellung einer flächendeckenden optimalen Eisenbahninfrastruktur oder der Gewährleistungspflicht des Bundes [die im Grundgesetz verankert ist; Anm. T.E.] nicht zu entnehmen" (ebd., S. 114).
[345] Adam Smith, Der Wohlstand der Nationen. Eine Untersuchung seiner Natur und Ursachen (britische Originalausgabe: An Inquiry into the Nature and Causes of the Wealth of Nations, London 1776), München 2003 (10. Auflage), S. 612

Ebene die Realisierung spezifischer verteilungs-, beschäftigungs- und konjunkturpolitischer Ergebnisse angestrebt wird und sektorale Politikvorhaben gemäß regional-, technologie-, umwelt- und wettbewerbspolitischer Zielvorstellungen umgesetzt werden sollen. Unabhängig davon, ob es sich um staatliche Kern- oder Gewährleistungsaufgaben handelt, wirft die Preisgabe ehemals politisch definierter Steuerungsfunktionen ein weiteres Problem auf, wenn sich die Frage nach der staatlichen Leistungstiefe aus dem gesamtgesellschaftlich gewünschten Umfang staatlicher Infrastruktur-, Gewährleistungs- und Regenerationsaufgaben beantworten soll. So wird nach erfolgter Privatisierung nicht mehr auf *politischer*, sondern auf *privater* Ebene über den Umfang der Leistungserstellung entschieden – häufig unter sträflicher Missachtung eines konstitutiven Merkmals demokratischer Gesellschaften: des öffentlichen Interesses.[346] Dabei sind selbst privatwirtschaftlich agierende Unternehmen auf die staatliche Leistungserstellung als „Reparaturwerkstatt"[347] angewiesen, wie nicht allein klassische Handelsunternehmen erkennen lassen, die eine funktionierende öffentliche Straßen- bzw. Scheneninfrastruktur nutzen, um mit einer auf *Just-in-Time*-Logistik ausgerichteten Lieferzufuhr ihre Betriebskosten zu senken.

Überträgt man die kategorische Kritik an Privatisierungskonzepten auf den Bahn- bzw. den Verkehrssektor, fällt diese nicht nur pointierter, sondern zugleich schärfer aus. Wie nicht zuletzt aus dem Terminus „Verkehrs*planung*" ersichtlich wird, stellt die Verkehrswirtschaft einen wettbewerblichen Ausnahmebereich dar und wird auch darüber hinaus von zahlreichen Eigengesetzlichkeiten geprägt (vgl. 3.3.4). Staatliche Eingriffe im Sinne gesamtwirtschaftlicher Zielvorgaben gelten auch gegenwärtig noch als zentrales Merkmal verkehrspolitischer Handlungsalternativen, insbesondere um dem drohenden Verkehrsinfarkt entgegenzuwirken. Als unumgänglich für eine leitbildorientierte Verkehrsentwicklung gelten deshalb neben einer auf Nachhaltigkeit angelegten Infrastrukturplanung gesetzliche Vorgaben, staatliche Infrastrukturinvestitionen und raumwirtschaftliche Rahmensetzungen, die den Kombinierten, d.h. den auf die verschiedenen Verkehrsträger abgestimmten, Verkehr ermöglichen. Außerdem würde das weithin akzeptierte Ansinnen der Umweltökonomie, eine an den Grundsätzen der Nachhaltigkeit orientierte Marktgestaltung anzustrengen, unter Zugrundelegung einer ausschließlichen Marktorientierung ignoriert. Sobald nämlich die tatsächliche hinter der für ein positives Betriebsergebnis erforderlichen Nachfrage zurückbleibt, verschärfen sich die finanziellen Defizite des Trassen-

---

[346] Vgl. weiterführend: Bettina Lösch, Die neoliberale Hegemonie als Gefahr für die Demokratie, in: Christoph Butterwegge/dies./Ralf Ptak, Kritik des Neoliberalismus, a.a.O., S. 221-283

[347] Leo Kißler, Privatisierung von Staatsaufgaben. Kriterien und Grenzen aus sozialwissenschaftlicher Sicht, in: Christoph Gusy (Hrsg.), Privatisierung von Staatsaufgaben: Kriterien - Grenzen - Folgen, Baden-Baden 1998, S. 65

oder Bahnbetreibers, sodass weder die für eine Nachfrageausweitung erforderlichen Investitionen in das Schienennetz noch eine stärkere Taktierung des Betriebs finanzierbar sind. Ein Verzicht auf Investitionen, die zur Aufrechterhaltung und Modernisierung des Schienennetzes erforderlich sind, mag den Bundeshaushalt zwar für einige Jahre entlasten, tatsächlich spiegeln sich jedoch die Unterinvestitionen in Form qualitativ minderwertiger Verkehrsverhältnisse und einer spürbaren Mehrbelastung der Umwelt wider.

4 Stationen einer (kapital)marktorientierten Neuvermessung der Bahnpolitik

4.1 Die unzureichend geführte Reformdebatte als Ausgangspunkt der bahnpolitischen Fehlentwicklungen

Einigkeit herrschte bei Befürwortern wie Kritikern von Beginn an nicht nur in der Einschätzung, dass die Bahnreform als eine „Jahrhundertentscheidung der Verkehrspolitik" und als „in der deutschen Wirtschaftsgeschichte einmaliger Akt" zu begreifen war.[348] In Verbänden jeder Art – vom *Deutschen Industrie- und Handelstag* (DIHT) bis hin zur *Deutschen Gesellschaft für Eisenbahngeschichte* (DGEG) – sowie in beinahe sämtlichen meinungsbildenden Medien stieß das Reformvorhaben auf breite Zustimmung. Schließlich wurde die Gründung der DB AG als Beginn einer neuen Epoche in der deutschen Bahnhistorie gewertet, weil zwei Reformen gleichzeitig auf den Weg gebracht wurden: Mit der „äußeren" Bahnreform sollten die gesetzlichen Rahmenbedingungen für eine nach privatwirtschaftlichen Maßstäben ausgerichtete Eisenbahn geschaffen werden, die zeitgleich eine „innere" Reform der organisatorischen und personellen Strukturen ermöglichen sollte.[349] Bei kaum einem anderen Gesetzgebungsverfahren waren so viele Entscheidungsträger und Interessenvertreter über einen derart langen Zeitraum auf sämtlichen föderalen Ebenen involviert – und bei keinem anderen verkehrspolitischen Vorhaben schien die Problemlage ähnlich komplex.

Der *modal split* hatte sich im Personen- wie im Güterverkehr seit Beginn der 1960er-Jahre zwar nicht durchgängig, aber doch mit erkennbarer Kontinuität zulasten des Verkehrsträgers Schiene entwickelt, und die als „Verkehrsinfarkt" apostrophierte Überlastung des Straßennetzes wurde zunehmend auch außerhalb

---

[348] Angelika Benz, Privatisierung und Regulierung der Bahn, in: Klaus König/dies. (Hrsg.), Privatisierung und staatliche Regulierung: Bahn, Post, Telekommunikation, Rundfunk, a.a.O., S. 164 u. Horst Weigelt/Ulrich Langner, 44 Jahre Zeitgeschichte – Chronik Deutsche Bundesbahn, Darmstadt 1998, S. 4

[349] Um die „innere Bahnreform", d.h. die Reorganisation des Unternehmens, die Flexibilisierung der Betriebsabläufe und die Schaffung einer neuen *corporate identity*, erfolgreich zu gestalten, setzte die DB AG im April 1994 ein drei Gruppen von Maßnahmen umfassendes Aktionsprogramm in Kraft: a) auf den Markt gerichtete Maßnahmen (Weiterentwicklung der Produkte, effektiver Vertrieb, Nutzung von Kooperationsvorteilen), b) Produktivitätserhöhungen und c) Verbesserungen in der inneren Steuerung (Rechnungswesen, Informationssysteme, Personalentwicklung und -führung); vgl. Alfred Boss/Claus-Friedrich Laaser/Klaus-Werner Schatz (Hrsg.), Deregulierung in Deutschland – eine empirische Analyse, a.a.O., S. 20 (FN 35)

städtischer Ballungszentren sichtbar. Ein ungeahnter Problemlösungsdruck trat auf, als der Transformationsprozess in Mittel- und Osteuropa erkennen ließ, dass ein weiterer Anstieg des Transitverkehrs durch die Bundesrepublik zu erwarten sein würde, die nationalen Eisenbahngesetze den europäischen Schienenverkehr über Staatsgrenzen hinweg jedoch ebenso erschwerten wie die divergierenden Stromsysteme und Spurweiten.[350] Insofern müssen zahlreiche europarechtliche Vorgaben, die eine Liberalisierung des Bahnwesens bewirk(t)en, nicht nur als Konkretisierung der Marktideologie gewertet, sondern auch vor diesem Hintergrund eingeordnet werden.

Weiterhin wurde der Einstieg in den Privatisierungsprozess der DB dadurch beschleunigt, dass unmittelbar nachdem die Mitglieder der *Regierungskommission Bundesbahn* am 12. Juli 1989 auf Geheiß des damaligen Bundesverkehrsministers Jürgen Warnke zu ihrer konstituierenden Sitzung zusammengetreten waren, der deutsche Vereinigungsprozess eine institutionelle Zusammenführung von DB und DR erforderlich werden ließ (vgl. *Anhang 2*). Neben der organisatorischen Neugliederung schrieb das im Rahmen des Einigungsvertrags festgelegte „Gemeinsame Protokoll" in Form von Leitsätzen verbindlich fest, dass Unternehmen im mittel- wie unmittelbaren Staatseigentum „nach den Grundsätzen der Wirtschaftlichkeit zu führen und so rasch wie möglich wettbewerblich zu strukturieren seien."[351] Zuletzt trugen die sich fortwährend verschlechternden Bilanzkennzahlen der Bundesbahn – Ende des Jahres 1989 belief sich der Schuldenstand auf rund 25 Mrd. EUR – zu einer skeptischen Bewertung des unternehmerischen Status quo bei.[352]

Gewichtigen Einfluss auf die Veränderung des Stimmungsbildes nahmen die meinungsbildenden Medien, die gezielt die in der Bevölkerung verankerte Skepsis gegenüber der „Behördenbahn" beförderten, indem sie ihr Augenmerk kaum mehr auf die Ursachen der Finanzmisere richteten, sondern deren Symptome überzeichneten und verstärkt über den „Subventionsfresser Bundesbahn", das „jährliche Milliardenloch der DB" und „die Mentalität der Beamtenbahn" Bericht erstatteten.[353] Auch daraus erwuchs im parlamentarischen Raum die Forderung, die DB solle nicht länger als „Sprengsatz des Bundeshaushalts" über

---

[350] Trotz der erwähnten Widrigkeiten wurde der internationale Reise- und Güterverkehr auf der Basis von Mehrsystem-Fahrzeugen, Triebfahrzeug-Wechseln, „GONGs" und „Vetrauensübergaben" bereits vor dem Fall des „Eisernen Vorhangs" praktiziert.
[351] Günter Fromm, Verfassungsrechtlicher Rahmen der Vereinigung von Bundesbahn und Reichbahn, in: Internationales Verkehrswesen, 64. Jg., Heft 3 (1991), S. 71
[352] Bundesministerium der Finanzen, Haushalts- und Vermögensrechnung des Bundes, Bonn 1990, S. 129
[353] Daniel Wiese, Phantasie statt Kosten, in: die tageszeitung v. 7.9.1994, S. 17

Die unzureichend geführte Reformdebatte 137

Steuermittel finanziert werden."[354] Bereits Anfang des Jahres 1974 hatte sich der damalige Bundesfinanzminister Helmut Schmidt angesichts des bei der DB aufgelaufenen Gesamtdefizits von 4,8 Mrd. EUR zu der legendären Bemerkung verstiegen, dass die Bundesregierung bei einem Fortgang der Entwicklung zu entscheiden habe, „ob sie sich eine Bundeswehr oder eine Bundesbahn leisten wolle; beides zusammen werde jedenfalls auf Dauer nicht finanzierbar sein."[355] Unter Berufung auf Bundesverkehrsminister Volker Hauff berichtete die *Frankfurter Allgemeine Zeitung* im August 1981 über die in „Bonner Kreisen" vorherrschenden Ansichten bezüglich der DB. Dort werde mehrheitlich die Auffassung vertreten, dass „die Bundesbahn (…) zu einem unkalkulierbaren Risiko der gesamten Staatsfinanzen und zu einer für die Allgemeinheit nicht mehr tragbaren Hypothek geworden"[356] sei. Bereits während der konzeptionellen Ausgestaltung der Bahnreform ließ die Regierung Kohl erkennen, dass nicht die Entflechtung, (Neu-)Formulierung und Zuordnung staatlicher Aufgaben im Bahnwesen das vorrangige Ziel sei, sondern der „Rückzug des Bundes von ihn finanziell belastenden Bereichen."[357] Die formulierten Erwägungen sind bis in die Gegenwart mehrheitsfähig geblieben und bieten unverändert das konsensuale Fundament für Überlegungen, die im Zusammenhang mit der materiellen Privatisierung der DB AG angestellt werden.

Die Debatte um eine Privatisierung des Bahnwesens ist hierzulande keineswegs neu. Erstmalig kam diese im Winter 1920/21 auf, nicht einmal neun Monate nachdem die DR zum 1. April 1920 durch den Zusammenschluss mehrerer staatlicher Eisenbahngesellschaften der Länder per Staatsvertrag gegründet worden war. Schon damals wurde gegenüber den verkehrspolitischen Entscheidungsträgern die Forderung nach einer Privatisierung des Bahnwesens erhoben. Als Gründe wurden insbesondere Transportstörungen sowie defizitäre Bilanzen angeführt, die in unmittelbarem Zusammenhang mit den aus dem Versailler Vertrag resultierenden Reparationszahlungen standen.[358] Jene wurden nicht nur

---

[354] Vgl. Gustav Vogt, Die Deutsche Bundesbahn. Sprengsatz des Bundeshaushalts, Schriften des Bundes der Steuerzahler, Bd. 37, Wiesbaden 1977
[355] Timon Heinrici, Ein Riesenprojekt mit begrenzter Zugkraft, in: Deutsche Verkehrszeitung v. 15.1.2004, S. 2
[356] Walter Kanngießer, Bahn will den Tarif-Spielraum voll ausschöpfen, in: Frankfurter Allgemeine Zeitung v. 14.8.1981, S. 11
[357] Dirk Lehmkuhl/Christof Herr, Reform im Spannungsfeld von Dezentralisierung und Entstaatlichung: Die Neuordnung des Eisenbahnwesens in Deutschland, in: Politische Vierteljahresschrift, 35. Jg., Heft 4 (1994), S. 631
[358] Vgl. hierzu wie für den gesamten Absatz ausführlich: Winfried Wolf, Die Bahn im Spannungsfeld zwischen Privatisierung und öffentlichem Eigentum. Erfahrungen aus den USA, Großbritannien und Deutschland, in: Heiner Monheim/Klaus Nagorni, Die Zukunft der Bahn. Zwischen Bürgernähe und Börsengang, Herrenalber Protokolle Nr. 116, Karlsruhe 2004, S. 19-28

aus den laufenden Gewinnen der Reichsbahn, sondern teilweise sogar aus der Substanz des Unternehmens beglichen. Ein im Auftrag des *Reichsverbandes der deutschen Industrie* erstelltes Gutachten sah die Ursachen für die Misere der Bahn schon damals in ihrer Wahrnehmung gemeinwirtschaftlicher Aufgaben sowie in der Vorgabe politischer Ziele begründet: „Der Staatsbetrieb leidet insbesondere an der Schwerfälligkeit des auf Zentralisation zugeschnittenen Apparates, der die Entscheidungskraft des Personals, seine Verantwortungsfreudigkeit und die schnelle Einstellung in den Wechsel der wirtschaftlichen Ereignisse herabsetzt. (…) Der Gesichtspunkt der Wirtschaftlichkeit tritt immer mehr in den Hintergrund."[359] Aber bereits vor fast einem Jahrhundert wurde der immense Gebrauchswert des Bahnsystems als argumentative Grundlage gewählt, um eine *staatliche* Koordinations- und Organisationsform zu rechtfertigen: Eine normierte Spurweite, ein einheitliches Tarif- und Preissystem, eine identische Traktionsart, ein abgestimmter Fahrplan sowie die (mittlerweile technisch zu behebenden) Gefahren ungeregelter Konkurrenz auf demselben Schienenstrang wurden als Gründe für ein weitreichendes staatliches Engagement angeführt. Weiterhin sah man eine staatliche Aufgabenwahrnehmung als notwendig an, weil die betriebwirtschaftlichen Besonderheiten des Bahnwesens in Gestalt so genannter säkularer Investitionen ein privatwirtschaftliches Investment unattraktiv machten: Im Gegensatz zu regulären Kapitalanlagen weist das rollende Material eine Lebensdauer von mehreren Jahrzehnten aus, Investitionen in Schienenstrecken werden oftmals über einen Zeitraum von 100 Jahren oder mehr abgeschrieben.[360] Diese Argumente zugunsten eines staatlich verantworteten Bahnwesens blieben lange Zeit mehrheitsfähig – und haben bis zum heutigen Tag nur wenig von ihrer Gültigkeit verloren.

Erst 1991, rund 70 Jahre nach der ersten von einer breiten Öffentlichkeit verfolgten Auseinandersetzung über die Zukunft der Staatsbahn, entzündete sich die Debatte über deren Privatisierung erneut. Ebenso wie in Großbritannien, Schweden, den Niederlanden, Dänemark und Italien wurde die Diskussion von einer geradezu euphorischen Erwartung hinsichtlich der segensreichen Effekte einer Deregulierung und Privatisierung des Bahnsektors geprägt. Im Zuge der europäischen Entwicklung wurden die mit einer marktorientierten Ausrichtung des Schienensystems einhergehenden Risiken allenfalls verhalten erörtert. Bei-

---

[359] Reichsverband der Deutschen Industrie (Hrsg.), Die Deutsche Eisenbahnfrage: Gutachten – erstattet für den Reichsverband der Deutschen Industrie, Berlin 1922, S. 23

[360] „Bei korrektem betriebswirtschaftlichem Vorgehen müsste der Eigentümer oder müssten die Eigentümer also jährlich z.B. ein Hundertstel des in den Schienenstrecken angelegten Kapitals abschreiben; die derart gewonnenen Einnahmen 100 Jahre lang zurücklegen, um nach einem Jahrhundert ausreichend Kapital für eine komplette Neuinvestition (Neubau der Strecke, Generalüberholung und zum Teil Rekonstruktion der Tunnel, Erneuerung von Brücken usw.) angehäuft zu haben" (Winfried Wolf 2004 a, S. 22 f.).

Die unzureichend geführte Reformdebatte

nahe ebenso bedeutsam für den Reformprozess war, dass die externen Kosten kaum Gegenstand der Diskussion waren, obwohl diese bei den mit der Bahn konkurrierenden Verkehrsträgern besonders hoch sind. Selbst in dem Bericht, den die mit der Ausarbeitung von Vorschlägen zur Neustrukturierung der Bundesbahn beauftragte *Regierungskommission Bundesbahn* vorlegte, fanden sie nur in einem einzigen Satz Erwähnung – ohne dass daraus konkrete Folgerungen für die Ausgestaltung der Bahnreform abgeleitet worden wären. Ähnlich verhielt es sich mit der seit jeher brisanten Thematik der Wegekosten: „Das Konzept der Regierungskommission zur Finanzierung der Schienenwege schreibt die bestehende Benachteiligung des Schienenverkehrs bei den Wegekosten fort, anstatt sie abzubauen",[361] kritisierte der Fahrgastverband *Pro Bahn e.V.* frühzeitig.

Auslöser einer ersten vernehmbaren Kontroverse, die über die Grenzen des „Bahnzirkels" hinausreichte, war die Einberufung und Zusammensetzung der erwähnten *Regierungskommission Bundesbahn*, ließ doch die Auswahl der Mitglieder erkennen, dass damit „eine Tendenz in Richtung Privatisierung der deutschen Bahnen gesetzt"[362] worden war (vgl. 2.1.3). Schließlich stand mit Günther Saßmannshausen eine aufgrund seiner beruflichen Vita außerordentlich umstrittene Persönlichkeit an der Spitze der Kommission. Zum einen war er in die Kritik geraten, weil er – während das Beratungsgremium tagte – (höher dotierte) Aufsichtsratsmandate in der bahnfernen Industrie bei der Deutschen Shell und der Volkswagen (VW) AG wahrnahm. Zum anderen eilte dem Namensgeber der Kommission aus seiner Zeit als Vorstandsvorsitzender der Preussag AG von 1972 bis 1988 der Ruf voraus, ein beherzter Sanierer und erfolgreicher Privatisierer zu sein, der einen signifikanten Personalabbau jeweils für vordringlich hielt, um Unternehmen aus der Krise zu führen.

Maßgeblich zugearbeitet wurde der Kommission bei der Erstellung ihres Abschlussberichts vom *Verkehrsforum Bahn e.V.*, einer von ca. 240 Unternehmen finanziell geförderten Wirtschaftsvereinigung unter Vorsitz des langjährigen Vorstandsvorsitzenden der Deutschen Bank, Hermann Josef Abs.[363] Warum die im Dezember 1991 vorgelegten Entwürfe den vom *Kronberger Kreis* präsentierten Ausarbeitungen glichen, wird vor dem Hintergrund verständlich, dass kein Vertreter aus einem Umwelt- oder Fahrgastverband beteiligt war. Stattdessen fanden größtenteils Persönlichkeiten aus dem Wirtschaftsleben in dem Gremium

---

[361] Pro Bahn, Stellungnahme zum Abschlußbericht der Regierungskommission Bundesbahn, München 1992, S. 8
[362] Diese Hinweise finden sich ebenso wie alle weiteren dieses Absatzes bei: Niklas Reinke, Bahnstrukturreform. Politische Entscheidungsprozesse zur Deregulierung und Privatisierung der Deutschen Bahnen, Berlin 2001, S. 126 u. 35-39
[363] Die in diesem Absatz zu findenden Informationen sind größtenteils entnommen aus: Henrik Paulitz, Geschäfte erster Klasse. Die Bahnreform als Ende der Verkehrspolitik, in: Blätter für deutsche und internationale Politik, 38. Jg., Heft 12 (1993), S. 1487-1493

Platz, darunter einige ohne erkennbare Affinität zum Schienenverkehr. Neben dem Vorsitzenden Günther Saßmannshausen waren dies Walter Leisler Kiep, gleichfalls VW-Aufsichtsratsmitglied und im Rahmen der „Flick-Affäre" gestürzter Bundesschatzmeister der CDU, sowie Horst Albach, Aufsichtsratsmitglied der damaligen Daimler-Benz-Konzerntochter AEG.

Auffällig sind auch die seinerzeit engen Verflechtungen zahlreicher ranghoher „Bahner" mit der Automobilindustrie. So stand mit Heinz Dürr in der für die Planung und Umsetzung der Bahnreform entscheidenden Phase von 1991 bis 1997 ein Mann der Bundesbahn (später auch der DR sowie nach Reformbeginn der DB AG) vor, der ehemals Vorstandsmitglied der Daimler-Benz AG gewesen war und bis heute Großaktionär des viele Jahre von ihm selbst geführten gleichnamigen Automobilzulieferers ist.[364] Dürr äußerte seine Auffassung zur Strukturreform von Bundes- und Reichsbahn noch bevor der Abschlussbericht der Regierungskommission vorlag, indem er sich unmittelbar nach seinem Amtsantritt explizit für eine Privatisierung der staatseigenen Bahnen aussprach: „Meine eigene Position in der zur Entscheidung stehenden Grundfrage ist eindeutig: Ich bin Unternehmer aus Überzeugung und Leidenschaft; mit der Führung einer Behörde habe ich keinerlei Erfahrung – und will sie auch nicht erwerben."[365] Seiner Auffassung nach fehlten dem Staatsbetrieb neben dem rechtlich-institutionellen Handlungsspielraum der Leistungszwang und die Motivation eines marktorientierten Unternehmens.

Diese privatisierungsfreundlichen Tendenzen fanden ihren Niederschlag in der durch die Regierungskommission ausgearbeiteten Grundlage „für eine tragfähige Sanierung der Bahnen", die sich „auf einen durchweg ökonomischen

---

[364] Die Kritik an der getroffenen Personalauswahl ließe sich mit Blick auf die Besetzung des Aufsichtsrates angesichts der Interessenkollisionen fortsetzen. Heinz Dürr blieb der DB AG noch bis 1999 als Vorsitzender des Aufsichtsrats verbunden, bis ihm mit Dieter Vogel ein Manager nachfolgte, der bis ein Jahr zuvor als Vorstandsvorsitzender des Stahlkonzerns Thyssen gemeinsam mit der Siemens AG die Magnetschwebetechnik Transrapid entwickelt hatte. Fortan verstummte nicht nur die bahninterne Kritik an dieser Technik, sondern die DB AG wurde gar Miteigentümerin der Versuchsstrecke im Emsland und beteiligt sich gegenwärtig an der Münchner Metrorapid-Strecke. Rund zwei Jahre später übernahm Helmut Frenzel die Position des Aufsichtsratsvorsitzenden bei der DB AG. Die im Jahre 2005 eingegangenen Kooperationen des Unternehmens mit den zum TUI-Konzern zählenden Fluggesellschaften Hapag-Lloyd-Express und Hapagfly, die seit dem 1. Januar 2007 gemeinsam unter „TUIfly" firmieren, tragen unzweifelhaft die Handschrift Frenzels, der seine Aufgaben als Vorstandsvorsitzender des einstigen Kohle- und Stahlkonzerns Preussag (später dann TUI) während der gesamten Amtszeit als DB-Aufsichtsrat weiterhin wahrnahm. Am 5. Juli 2005 wurde Werner Müller zum Vorsitzenden des Kontrollgremiums gewählt, obwohl auch er als Vorsitzender der Ruhrkohle AG (RAG) einem Interessenkonflikt unterliegt. Einerseits wäre er an möglichst niedrigen Transportpreisen im Sinne seines Hauptarbeitgebers interessiert, andererseits sollte er dafür Sorge tragen, möglichst hohe Einnahmen aus dem Transportgeschäft für die DB AG zu erzielen.
[365] Heinz Dürr, Gedanken einer marktwirtschaftlichen Bahn, Ansprache auf der Jahresmitgliederversammlung des Verkehrsforums Bahn e.V. (unveröffentlichtes Manuskript), Bonn 1991, S. 4

Die unzureichend geführte Reformdebatte 141

Ansatz" beschränkte.[366] Raumordnungs- sowie umweltpolitischen Gesichtspunkten wurde allenfalls ansatzweise und damit unzureichend Aufmerksamkeit geschenkt. Nicht zuletzt weil der Untersuchungsauftrag gemessen an der Komplexität des Reformvorhabens außerordentlich begrenzt war, konnte die Kommission trotz zwischenzeitlicher Befürchtungen, dass es zu keiner fristgerechten Vorlage kommen würde, ihr Gutachten am 19. Dezember 1991 wie vereinbart vorlegen. Besonderes Gewicht wurde dem Bericht dadurch verliehen, dass er bei nur einer Gegenstimme des Ehrenvorsitzenden des *Deutschen Beamten Bundes* (DBB), Alfred Krause, verabschiedet wurde.

Die richtungsweisenden Empfehlungen der Regierungskommission wurden flankiert von der mehrheitlich vertretenen Auffassung der verantwortlichen Referatsleiter im Bundesministerium für Verkehr. So seien sowohl die garantierten Ausgleichszahlungen aus dem Staatsbudget als auch die (vorgeblich) weidlich genutzten Möglichkeiten zur Behinderung jeglicher intramodaler Konkurrenz dafür verantwortlich, dass sich die DB davon entbunden sah, „ihr Dienstleistungsangebot den Wünschen der Nachfrager anzupassen und alle erforderlichen Anstrengungen auf sich zu nehmen, um aus eigener Kraft wettbewerbsfähig zu bleiben."[367] In gewisser Weise wurde die im EU-Verfassungsvertrag festgeschriebene Bestimmung, wonach der Verkehrssektor als Teil des „Systems offener und wettbewerbsorientierter Märkte" definiert wird (Art. III-246 Abs. 2), vorweggenommen.

Im parlamentarischen Raum zählte der von der CSU-Landesgruppe in die *Regierungskommission Bundesbahn* entsandte Werner Dollinger zu den einflussreichsten Befürwortern einer zeitnahen Privatisierung der beiden deutschen Bahngesellschaften. Der ehemalige Unternehmer hatte sich u.a. durch die von ihm forcierte Teilprivatisierung der bundeseigenen VEBA einen Ruf als Wirtschaftsfachmann erworben. Dabei war er für die in seiner Zeit als Bundesverkehrsminister (1982-1987) zu verantwortende Bahnpolitik auch innerparteilich in die Kritik geraten. Die von seinem Ministerium lancierten „Leitlinien zur Bundesbahnpolitik" hatten den Unmut der CDU-geführten Landesregierungen erregt, sahen die vorgelegten Konzepte doch neben einer drastischen Personalrückführung auch einen merklichen Abbau ländlicher Streckenabschnitte vor. Der langjährige Bundesminister Hans Matthöfer, der die Arbeitnehmerseite in dem Gremium repräsentierte, hatte sich als Vorstandsvorsitzender der Beteiligungsgesellschaft der Gewerkschaften (BGAG) aus Sicht der führenden DGB-Funktionäre

---

[366] Niklas Reinke, Bahnstrukturreform. Politische Entscheidungsprozesse zur Deregulierung und Privatisierung der Deutschen Bahnen, a.a.O., S. 39
[367] Andreas Knorr, Öffentliche Unternehmen in der Marktwirtschaft, in: Fritz Söllner/Arno Wilfert (Hrsg.), Die Zukunft des Sozial- und Steuerstaates, Festschrift zum 65. Geburtstag von Dieter Fricke, Heidelberg 2001, S. 152

mit der Teilprivatisierung gewerkschaftseigener Vermögensbestände verdient gemacht. Schon ein Jahr nach seiner Berufung in die Kommission wurde er jedoch von dem damaligen IG-Metall-Vorsitzenden Hans Mayr abgelöst, weil ihm sein einseitiger Appell für das Vertrauen in die Marktkräfte und den Abbau staatlicher Investitionshemmnisse herbe Kritik von Seiten der SPD-Linken eingebracht hatte.

Bereits nach der konstituierenden Sitzung der *Regierungskommission Bundesbahn* im Spätsommer 1989 hatten die im Deutschen Bundestag vertretenen Parteien ebenso wie die involvierten Verbandsvertreter mit Kritik gespart und Zeugnis abgelegt von der für die Bundesrepublik seinerzeit charakteristischen Art der Interessenvermittlung: der korporatistisch geprägten, konsensorientierten Verhandlungskultur. Zwar gaben die Grundgesetzänderung und die mannigfaltigen Detailregelungen Anlass zu Diskussionen – im parlamentarischen Raum jedoch fanden die Verfechter einer Fortführung staatlicher Bahnpolitik kein Gehör. Selbst der Vorschlag der im DBB organisierten Gewerkschaften GDBA und GDL, eine juristische Person öffentlichen Rechts zu errichten, wurde trotz der stichhaltigen Verweise auf Positivbeispiele wie die Schweizer Bundesbahnen (SBB) ignoriert. Vertreter des Fahrgastverbandes *Pro Bahn e.V.* äußerten vernehmbare Kritik an dem vorgelegten Abschlussbericht: „Fest steht, daß das Konzept der Regierungskommission so nicht zum Erreichen der selbstgesteckten Ziele – Wachstum des Schienenverkehrs und Schaffung eines existenzfähigen Bahnunternehmens – tauglich ist."[368] Die Konsensbildung zugunsten einer privatrechtlichen Aus- bzw. Umgestaltung der Bahnunternehmen vermochten aber weder sie noch die Vertreter der Grünen oder der PDS/Linke Liste zu durchbrechen, da beide Parteien nicht in der Regierungskommission vertreten waren.

Zu wenig offensiv nutzen die Abgeordneten der genannten Fraktionen ihre Artikulationsmöglichkeiten, die aufgrund des parlamentarischen Legitimationsdefizits ohnehin begrenzt waren. Die Grünen waren bei den ersten gesamtdeutschen Wahlen am 2. Dezember 1990 in Westdeutschland an der Fünf-Prozent-Hürde gescheitert; lediglich acht Abgeordneten der im Wahlgebiet Ost mit 6,1 Prozent gewählten Listenvereinigung Bündnis 90/Grüne – BürgerInnenbewegung waren in das Parlament eingezogen. Die vom Bundesvorsitzenden Gregor Gysi geführte PDS/Linke Liste, die sich als einzige Partei dezidiert gegen die Privatisierungsbestrebungen aussprach, war mit nur 17 Abgeordneten im Deutschen Bundestag der zwölften Legislaturperiode vertreten, sodass auch deren Kritik weitgehend verhallte – nicht zuletzt, weil die parlamentarische Isolation der Fraktion nach den ersten gesamtdeutschen Wahlen besonders ausgeprägt war.

---

[368] Pro Bahn, Stellungnahme zum Abschlußbericht der Regierungskommission Bundesbahn, a.a.O., S. 8

Die unzureichend geführte Reformdebatte 143

Des Weiteren wurde die Konsensfindung dadurch befördert, dass den Sozialdemokraten ausreichend Gelegenheit gegeben wurde, eigene Vorschläge zur Ausgestaltung der Bahnstrukturreform in den Entscheidungsprozess einzubringen. Die für Grundgesetzänderungen notwendige Zweidrittelmehrheit des Bundestags und die Zustimmungspflicht des Bundesrats ließen ein vollkommen eigenständiges Vorgehen der christlich-liberalen Bundesregierung nicht zu. Hatte sich die SPD lange Zeit in Reaktion auf die von Werner Dollinger im Jahre 1983 verfassten Bahnleitlinien gegen Streckenstilllegungen, Kapazitätskürzungen und Personaleinsparungen ausgesprochen, brach die Partei schließlich „mit der lange gehegten Skepsis bezüglich einer Privatisierung staatlicher Unternehmen"[369] und sah den Bund nunmehr ausschließlich für die Bereitstellung der Schieneninfrastruktur in der Verantwortung. Nicht nur Rudolf Scharping, SPD-Parteivorsitzender und Kanzlerkandidat seiner Partei für die Bundestagswahl am 16. Oktober 1994, vertrat frühzeitig die Auffassung, dass sich die Sozialdemokraten keine Blockade der Reform erlauben könnten, zumal mit den Themen „Pflegeversicherung" und „Postreform" bereits zwei medienwirksame Konfliktfelder für die Auseinandersetzung im Wahlkampf gefunden seien. Unterstützung fand diese Haltung bei Klaus Daubertshäuser, der zu diesem Zeitpunkt als verkehrspolitischer Sprecher der SPD-Bundestagsfraktion weitreichenden Einfluss auf die Debatte nahm und zum 1. Juli 1994 als Verantwortlicher für den Personennahverkehr in den Vorstand der DB AG eintrat.

Trotz der im politischen System der Bundesrepublik angelegten föderativen Fragmentierung staatlicher Handlungskompetenzen verstand es die vom damaligen Bundesverkehrsminister Friedrich Zimmermann eingesetzte Regierungskommission erfolgreich, das von ihr ausgearbeitete Konzept noch während der Beratungen in die politische Auseinandersetzung einzubringen. Die Konsensbildung beschleunigten nicht nur die Zwischengutachten, die am 11. Juni 1990, am 3. Dezember 1990 und zuletzt am 20. Juni 1991 vorgelegt wurden, sondern auch die medienwirksam transportierte Drohkulisse, dass eine Verzögerung der Reform zu einer finanziellen Mehrbelastung des Bundes von 13,8 Mio. EUR pro Tag führe.[370] Den wenig kontroversen Reformweg ebneten darüber hinaus interfraktionelle Gremien wie die *Parlamentarische Gruppe Bahn*, die zwar keine Entscheidungsbefugnisse hatte, deren Gesprächsergebnisse aber insbesondere durch ihren Vorsitzenden Dionys Jobst kontinuierlich in den Verkehrsausschuss des Deutschen Bundestages getragen wurden, dem dieser zeitgleich vorstand.

---

[369] Niklas Reinke, Bahnstrukturreform. Politische Entscheidungsprozesse zur Deregulierung und Privatisierung der Deutschen Bahnen, a.a.O., S. 128
[370] Bundesministerium für Verkehr, Verzögerung der Reform führt zu finanzieller Mehrbelastung, Pressemitteilung v. 14.1.1993, S. 1

Wie eng die Kooperation zwischen den verkehrspolitischen Sprechern der Bundestagsfraktionen, den Bahnvorständen und den mit der Reform betrauten Referatsleitern in den jeweiligen Ressorts war, zeigt sich auch daran, dass die inhaltliche Kontinuität der Kommissionsvorschläge gewahrt werden konnte, obwohl die höchsten Verantwortungsträger des federführenden Bundesverkehrsministeriums während des Reformprozesses dreimal wechselten. Die Minister Günther Krause und Matthias Wissmann hatten ebenso wie der Kommissionsvorsitzende Saßmannshausen frühzeitig bei den Oppositions- und Ländervertretern für die Reformentwürfe geworben, die sich im Verlauf der Beratungen herauskristallisierten. Zugleich vermochten sie den Eindruck zu vermitteln, dass die Länderinteressen bei der weiteren Ausarbeitung der Reform gebührend berücksichtigt würden. Über den Bund-Länder-Arbeitskreis waren die Landesregierungen quasi-institutionell in die parlamentarischen Beratungen einbezogen. Die für Grundgesetzänderungen erforderliche Zustimmung des Bundesrates nutzten sie unter ihrem Verhandlungsführer Hans Eichel, um die Finanzierung des Schienenpersonennahverkehrs (SPNV) in ihrem Interesse, d.h. bei vollständigem Finanzausgleich durch den Bund, festzuschreiben.[371] Obwohl sich während der Bundesratsdebatte am 7. Mai 1993 ein Dissens in Fragen der Finanzierung, der Übertragung von Bahngrundstücken und -gebäuden sowie bei den Modalitäten des Trassenzugangs abgezeichnet hatte, gelang es den Obleuten auf der Basis regelmäßig stattfindender Gesprächsrunden, einvernehmliche Lösungen zu erzielen.

Überspitzt könnte das Resümee lauten, dass sich im Gesetzgebungsverfahren – mit Ausnahme der nur in Gruppenstärke vertretenen PDS/Linke Liste – alle Fraktionen auf die von der FDP-Bundespartei vorgetragene Position zurückzogen: „Es ist eine staatliche Aufgabe, für eine leistungsfähige Verkehrsinfrastruktur zu sorgen. Aber es ist keine originär staatliche Aufgabe, den Transport von Menschen oder Gütern selbst in die Hand zu nehmen. Der Staat ist nun einmal ein miserabler Fahrkartenverkäufer."[372] So stimmte das Parlament der Neuformulierung des Art. 87 GG und den rund 130 erforderlichen Gesetzesänderungen am 2. Dezember 1993 mit großer Mehrheit zu: Mit 558 Ja-Stimmen, 13 Gegenstimmen und nur vier Enthaltungen gab der Deutsche Bundestag den Weg frei für die Umsetzung der Bahnreform.[373]

---

[371] Niklas Reinke, Bahnstrukturreform. Politische Entscheidungsprozesse zur Deregulierung und Privatisierung der Deutschen Bahnen, a.a.O., S. 126 f.
[372] Roland Kohn, Ein Jahrhundertwerk, in: Die Liberale, Heft 1/2 (1994), S. 44
[373] DB AG, 10 Jahre Deutsche Bahn AG, Berlin 2004, S. 2 u. Thomas Wüpper, Die umstrittene Fahrt zur Börse, in: Frankfurter Rundschau v. 12.5.2006, S. 24

4.2 Der Niedergang des Bahnwesens und dessen Ursachen im Kontext verkehrspolitischer Entwicklungstendenzen

Mit der Bahnstrukturreform war seitens der politischen Entscheidungsträger stets die Hoffnung verbunden gewesen, die beiden deutschen Bahngesellschaften finanziell sanieren zu können, war doch auch aus der einst gewinnträchtigen DB ein defizitärer Staatsbetrieb geworden, der auf stetig steigende Ausgleichszahlungen des Bundes angewiesen war. Wenngleich sich die Gesamtbelastungen für die Steuerzahler bis zum Jahre 2002 nicht – wie von den Befürwortern der Bahnprivatisierung prognostiziert – auf 260 Mrd. EUR beliefen, musste doch zur Kenntnis genommen werden, dass die DB 1952 letztmalig vor der Bahnreform einen Jahresüberschuss hatte erzielen können.[374] Fortan geriet die Bilanzstruktur des Unternehmens durch einen (zeitweilig auch konjunkturell bedingten) Rückgang der Transportleistungen unter Druck: 1960 deckten die von der Bundesbahn erwirtschafteten Erträge die Aufwendungen noch zu 95 Prozent ab, zwei Jahrzehnte später wurden nur noch 57 Prozent von dem Schienenverkehrskonzern eigenständig erwirtschaftet.[375] Gegen Ende der 80er-Jahre reichten die Einnahmen aus dem laufenden Betrieb nicht einmal mehr zur Deckung der laufenden Personalkosten aus, sodass nur der Status als Staatsbetrieb und die damit verbundenen Subventionen die DB vor dem Konkurs bewahrten. Maßgeblich begründet lag diese negative Kosten-Erlös-Entwicklung in dem für Infrastrukturbetreiber charakteristischen hohen Fixkostenanteil, der zuletzt vier Fünftel der Gesamtkosten ausgemacht hatte.[376]

1981 begann der DB-Vorstand mit der so genannten Trennungsrechnung, um die Sonderlasten des Unternehmens auszuweisen. Der Personennahverkehr wurde als gemeinwirtschaftlich, die Infrastruktur als staatlich deklariert – jeweils verbunden mit der Forderung an den Bund, die in diesen Bereichen anfallenden Kosten vollständig aus Steuermitteln abzugelten. Lediglich im Güter- und Perso-

---

[374] Andreas Knorr, Öffentliche Unternehmen in der Marktwirtschaft, a.a.O., S. 144

[375] Winfried Wolf, Eisenbahn statt Autowahn. Personen- und Gütertransport auf Schiene und Straße. Geschichte, Bilanz, Perspektiven, a.a.O., S. 165; ein vorläufiger negativer Höhepunkt in der Bilanzentwicklung war 1981 erreicht, als der Jahresverlust bei 2,2 Mrd. EUR und die Verschuldung bei ca. 17 Mrd. EUR lagen (Hans-Joachim Ritzau 2003, S. 26).

[376] Horst Albach, Die Bahnreform in Deutschland, in: Zeitschrift für Betriebswirtschaft, Ergänzungsheft 3 (2002), S. 57; die *Regierungskommission Bundesbahn* wies in ihrem Abschlussbericht darauf hin, dass die Bundesbahn unter Zugrundelegung kaufmännischer Bilanzierungsregeln schon 1990 ein negatives Eigenkapital hätte ausweisen müssen (1991, S. 10 u. 56). Die Bahnführung aktivierte jedoch auf handelsrechtlich unzulässige Weise Aktiva. Die „Bilanzierungssünden der Bahn" beliefen sich auf insgesamt 76,2 Mrd. EUR. Dabei summierten sich fehlende Pensionsrückstellungen (41,4 Mrd. EUR), überbewertetes Sachvermögen (25,6 Mrd. EUR), nicht erfolgte Sozialplanrückstellungen (12,3 Mrd. EUR) sowie zu niedrig angesetzte Verbindlichkeiten und Baukostenzuschüsse (1,5 Mrd. EUR) (Gerd Aberle 1992, S. 69).

nenfernverkehr erzielte die DB nach einer – methodisch durchaus fragwürdigen – Berechnung Gewinn (vgl. 4.3.3). Stetig steigende Ausgleichszahlungen des Bundes waren die Folge; mit der deutschen Einigung trat die zu bewältigende Erblast der DR problemverstärkend hinzu. Das langfristige Investitionsvolumen für die integrierte ostdeutsche Staatsbahn belief sich nach Schätzungen des Bundesverkehrsministeriums auf 49 Mrd. EUR, und zwar u.a. deshalb, weil lediglich 4.223 Kilometer des Netzes mehrgleisig ausgelegt waren und ein Drittel der Trassen (3.829 Kilometer) nicht elektrifiziert war, sodass ein Großteil der Stellwerke noch eine manuelle Bedienung erforderte.[377] Insgesamt verursachte die technische Rückständigkeit beider Staatsbahnen einen hohen Zuschussbedarf, weil auch im Westen zahlreiche reparaturbedürftige Trassenabschnitte als Langsamfahrstellen klassifiziert werden mussten und nur wenige Transversalen einen Oberleitungsbetrieb zwischen den alten und neuen Bundesländern erlaubten.

Für beide Bahnunternehmen zusammen errechneten die zuständigen Ministerien einen Anstieg des jährlichen Finanzbedarfs von 13,8 Mrd. EUR im Jahre 1991 auf 32,7 Mrd. EUR zur Jahrtausendwende – bei Gesamtverlusten für diesen Zeitraum von mehr als 135 Mrd. EUR.[378] Im letzten Jahr vor der Bahnreform schrieben DR und DB Verluste in Höhe von insgesamt 8,3 Mrd. EUR.[379] Der Schuldenstand der DB wuchs aufgrund einer sich beständig weiter öffnenden Finanzierungslücke von 7,1 Mrd. EUR im Jahre 1970 auf 24,1 Mrd. EUR 20 Jahre später; Ende 1993 waren die Schulden gar auf 32,3 Mrd. EUR angewachsen.[380] Der erhebliche Finanzmittelbedarf für die Sanierung sowie den Ausbau der veralteten und qualitativ minderwertigen Verkehrsinfrastruktur in der ehemaligen DDR schränkte den Ausbau der Verkehrswege in Westdeutschland merklich ein. Zum Konsolidierungsdruck, der auf den öffentlichen Haushalten insgesamt lastete, kam erschwerend der Finanzbedarf hinzu, der bereits vor der Zusammenführung der beiden Behörden errechen- und voraussehbar gewesen war.

Angesichts der Tatsache, dass insgesamt 16 mehr oder minder umfassende Initiativen zur Reformierung der DB im Zeitraum von 1949 bis 1994 ergriffen worden waren, ohne dass ein nennenswerter Beitrag zur Konsolidierung der sich kontinuierlich verschärfenden Finanzsituation geleistet worden wäre,[381] wurde

---

[377] DB AG, 10 Jahre Deutsche Bahn AG, a.a.O., S. 3
[378] Angelika Benz, Privatisierung und Regulierung der Bahn, in: Klaus König/dies. (Hrsg.), Privatisierung und staatliche Regulierung: Bahn, Post, Telekommunikation, Rundfunk, a.a.O., S. 166 u. Carmen Hass-Klau, Rail Privatisation: Britain and Germany Compared, An Anglo-German Foundation Report, London 1998, S. 47
[379] DB AG, 10 Jahre Deutsche Bahn AG, a.a.O., S. 4
[380] Hansjörg Rodi, Effizienz im Schienenverkehr. Eine mikroökonomische Analyse unter besonderer Berücksichtigung der institutionellen Ausgestaltung des Trassenmarktes, Göttingen 1996, S. 67
[381] Daran änderte auch die im Zuge der „kleinen" Verkehrsreform von 1961 erfolgte Neukategorisierung der Bundeszuweisungen nichts. Danach gliederten sich die Zahlungen in: a) Zuwendungen zur

vermehrt die Frage aufgeworfen, ob sich das Modell der gemeinwirtschaftlichen Grundversorgung mit Infrastrukturleistungen im Hinblick auf die Bahn durch mangelnde Performanz erschöpft habe. Nach handelsrechtlichen Grundsätzen waren beide Bahngesellschaften überschuldet und hätten zum Zeitpunkt der Privatisierung Konkurs anmelden müssen.[382] So stellte der damalige Bundesminister für Verkehr, Matthias Wissmann, nach der Verabschiedung der Bahnreform in einer Danksagung an die Mitglieder des Deutschen Bundestages fest: „Die kontinuierliche jährliche Erhöhung der Bundeszuwendungen (...) führte weder zur Konsolidierung noch zur Verbesserung der Marktposition der DB."[383]

Neben einer Vielzahl anderer, im Einzelfall durchaus gewichtiger Faktoren, scheinen in besonderer Weise zwei Entwicklungen die negative Performanz des (bundesdeutschen) Bahnwesens ausgelöst zu haben: die Anfang der 60er-Jahre aufkommende Konkurrenz und Förderung des Automobils (später auch des Flugzeugs) sowie die fehlende Kosten- und Finanzierungsgerechtigkeit im Verkehrswesen. Wenngleich die viel gescholtene „Behördenbahn" in den Jahren unmittelbar vor der Reform überwiegend Fahrgastzuwächse erzielte – die Wachstumsraten im Personenverkehr lagen entgegen weit verbreiteten Annahmen im Zeitraum von 1990 bis 1992 zwischen 2,2 und 4,8 Prozent –, so verlor sie dennoch im intermodalen Wettbewerb kontinuierlich Marktanteile.[384]

Schon zwischen den beiden Weltkriegen hatte sich angedeutet, dass dem prosperierenden Eisenbahnwesen mit einem neuen Verkehrs- und Technologiesystem massive Konkurrenz erwachsen würde: mit dem Automobil, welches die Lebensgewohnheiten und die Wirtschaftsgeographie revolutionieren sollte. Mit dem als „Wirtschaftswunder" gepriesenen rasanten wirtschaftlichen Aufschwung in der Nachkriegszeit wurde das einstige Luxusgut Auto ab Mitte der 60er-Jahre für eine wachsende Zahl von Menschen zu einer erschwinglichen Selbstverständ-

---

Abgeltung gemeinwirtschaftlicher Aufgaben (1989: 1,94 Mrd. EUR), mit denen die Bundesregierung für einen finanziellen Ausgleich der Mindereinnahmen sorgte, die aus im Personennahverkehr gewährten Sozialtarifen (1,48 Mrd. EUR), politisch erwünschten Fahrpreisermäßigungen im Personenfernverkehr, Tarifermäßigungen beim Kohle- und Stahltransport sowie aus der Nichtstilllegung unrentabler Nebenstrecken resultierten; b) Ausgleichszahlungen wegen Wettbewerbsverzerrungen zulasten der Bahn (1989: 2,51 Mrd. EUR): Hierbei handelt es sich primär um die Übernahme der durch die Altersversorgung der Bahnbeamten anfallenden Zusatzkosten in Höhe von rund 1,5 Mrd. EUR; c) Eigentümerleistungen des Bundes (1989: 2,43 Mrd. EUR), insbesondere in Form von Investitionszuschüssen (1,23 Mrd. EUR) sowie Zinszahlungen für Schulden und Bahnanleihen aus der Nachkriegszeit; d) nicht bundesbahnspezifische Mittel (1989: 155,9 Mio. EUR) als Zuschüsse, die allen im ÖPNV tätigen Verkehrsträgern zustanden (Andreas Knorr 2001, S. 146 f.).
[382] Gerd Aberle, Nur grundlegende Reformen können der Bahn noch helfen, in: Wirtschaftsdienst – Zeitschrift für Wirtschaftspolitik, 72. Jg., Heft 2 (1992), S. 69
[383] DB AG (Hrsg.), Die Bahnreform, Frankfurt am Main 1994 (1. Auflage), S. 9
[384] Alle Bahnen der EU konnten in diesem Zeitraum bei den Personenkilometern Zugewinne verbuchen, mit Ausnahme der griechischen, italienischen und der deutschen Bahn (Karl-Dieter Bodack 1999, S. 2).

lichkeit. In einer Zeit ungebremsten Fortschrittsglaubens wurde es zum Symbol für den „euphorischen Galopp in die Modernität."[385] So trat im Nachkriegsdeutschland der im Dritten Reich entwickelte und von Hitler zu Propagandazwecken eingesetzte VW-Käfer „demokratisch geläutert seinen Siegeszug an."[386] Fernsehen und Radio trugen dazu bei, das neue Lebensgefühl „Autofahren als ein Stück Freiheit" in die Gesellschaft zu tragen und eine ungeahnte Dynamik des straßengebundenen Verkehrs zu entfachen. Zulasten alternativer Verkehrsmittel wie Bahn, Bus und Fahrrad wuchsen der Wunsch nach größtmöglicher individueller Mobilität und die Fahrleistung gleichermaßen. „Der öffentliche Verkehr verkam zunehmend zum Restsystem für Autolose, ohne die nötige Netz- und Systemqualität, verachtet als Defizitbringer und Rückzugsposten abgehalfterter Politmanager zweiter Wahl."[387] Fahrzeughersteller wie VW, BMW und Daimler-Benz nutzten die steigenden Marktchancen ihrer Produkte derart erfolgreich, dass die Automobilbranche gemeinsam mit der Zuliefererindustrie in den 70er-Jahren zum bestimmenden Wirtschaftsfaktor vieler Regionen wurde.

Frühzeitig erkannte der Staat das mit dieser Entwicklung verbundene wirtschafts- und raumstrukturpolitische Potenzial, sodass die Verkehrspolitik zielgerichtet an den Interessen des straßengebundenen Verkehrs ausgerichtet wurde. Während das KFZ zusehends zum „Vehikel der Zukunft"[388] heranwuchs, sank die Bedeutung des Schienenverkehrs kontinuierlich. Von einem breit angelegten Ausbau des Straßennetzes versprachen sich Lokal-, Landes- und Bundespolitiker gleichermaßen die Beseitigung infrastruktureller Engpässe. Zugleich wollte man neue Parkflächen schaffen und der steigenden Zahl von Verkehrsunfällen mit einer raumgreifenden Straßenplanung entgegenwirken. Dies äußerte sich auch in der (gesetzlich vorgegebenen) Verwendung der Steuereinnahmen: Das Straßenbaufinanzierungsgesetz legt seit 1966 eine Zweckbindung von 50 Prozent des Mineralölsteueraufkommens für das Straßenwesen vor, sodass seit Inkrafttreten des Gesetzes 1960 bis zum Jahre 1992 Steuergelder in Höhe von 230 Mrd. EUR in die Erweiterung des Straßennetzes um insgesamt 150.000 Kilometer flossen – bei nur 28,6 Mrd. EUR, die für den Neubau von 700 Kilometern Schienennetz im selben Zeitraum verausgabt wurden.[389]

---

[385] Hans Ulrich Jost, Bilder der politischen Kultur der Nation, in: Kunst und Architektur in der Schweiz, 45. Jg., Heft 1 (1994), S. 18
[386] Ebd., S. 19
[387] Heiner Monheim, Planen für viel oder wenig Autoverkehr? – Die Verkehrspolitik hat die Wahl zwischen der fortschreitenden Staugesellschaft oder einem effizientem Mobilitätssystem, Vortrag auf der Fachkonferenz „Autofrei wohnen", Berlin 1999, S. 1
[388] Peter Krebs, Verkehr wohin? Zwischen Bahn und Autobahn, a.a.O., S. 40
[389] SCG, Deutschland als Lokomotive der Bahnreform?, Wien 2002, S. 4 u. Heinz Dürr, Bahnreform – Kann die Schiene den Verkehrsinfarkt auf der Straße vermeiden?, Rede auf dem 31. Deutschen Verkehrsgerichtstag am 28.1.1993 (unveröffentlichtes Manuskript), Goslar 1993, S. 1

Der Niedergang des Bahnwesens 149

Hatten die in die Eisenbahninfrastruktur getätigten Investitionen 1950 noch zwei Drittel der Gelder ausgemacht, die in den Straßenbau flossen, lag diese Quote zwischen 1975 und 1980 im Jahresdurchschnitt bei nur noch 16 Prozent.[390] Die Rolle des den Wirtschaftsraum erschließenden Verkehrsträgers musste die Eisenbahn an das Automobil abtreten.[391] In dieses Kalkül fügten sich die mit steigendem Verkehrsaufkommen vermehrt angelegten Umgehungsstraßen, die den innerstädtischen Verkehr entlasten und einen höheren Mobilitätsgrad gewährleisten sollten. Mit steigendem Straßenverkehrsaufkommen sah sich die Politik einem schlagkräftigen Interessenkonglomerat aus Wähler- und Wirtschaft ausgesetzt, welches seine Forderung nach einer Ausweitung des Straßennetzes erfüllt sehen wollte.

Dabei ist ein Aus- und Neubau der Schieneninfrastruktur dringlicher denn je, schließlich ist die zum 1. Mai 2004 erfolgte dritte EU-Osterweiterung als zentrale Entwicklungsdeterminante für den kontinentaleuropäischen Verkehr hinzugetreten. Studien belegen, dass allein der Güterverkehr über die deutsche Grenze nach Polen und Tschechien bis 2015 um 207,5 Prozent wachsen und sich dann auf 172,5 Mio. Tonnen p.a. belaufen wird. Für den Personenverkehr prognostizierte das Bundesministerium für Verkehr, Bau- und Wohnungswesen im Frühjahr 2004 einen Zuwachs von wenigstens 41 Prozent bis dahin.[392] Unbestritten ist, dass dem rasant wachsenden Verkehrsaufkommen nur mit einem Ausbau des Schienenverkehrs begegnet werden kann, da andernfalls der reibungslose Ablauf des Personen- und Warenaustauschs nicht mehr gesichert und der nachhaltige Erfolg des EU-Binnenmarktes gefährdet wäre. Angesichts der anhaltend positiven Außenhandelsbilanz und der fortschreitenden Entwicklung der Bundesrepublik zum führenden europäischen Logistikstandort (mit einer Verfestigung der transportintensiven Wirtschaftsstruktur) mahnt Hartmut Mehdorn zu Recht an, dass „wenn die erwartete Zunahme der Gütertransporte auf der Straße landet, (...) in einem Transitland wie Deutschland bald gar nichts mehr"[393] gehe. Eindeutig wissenschaftlich belegt ist nämlich die dynamische,

---

[390] Winfried Wolf, Eisenbahn statt Autowahn. Personen- und Gütertransport auf Schiene und Straße. Geschichte, Bilanz, Perspektiven, a.a.O., S. 147
[391] Mitte des 19. Jahrhunderts fiel die zentrale volkswirtschaftliche Rolle noch dem Eisenbahnwesen zu, das insbesondere Regionen abseits der Wasserstraßen erschloss und somit ein Stück weit wirtschaftsgeographische Chancengleichheit herstellte. Der Wirtschafts- und Sozialhistoriker Rolf Walter führt das Beispiel des Siegerlandes an, um die mit dem Schienenverkehr mögliche Egalisierung von Standortnachteilen zu belegen: „Da das Siegerland über keinen nennenswerten Wasserweg verfügte, der die Verschiffung von Massengütern erlaubt hätte, brachte die Eisenbahnerschließung eine erhebliche Aufwertung der Region und damit eine erheblich gesteigerte Wettbewerbsfähigkeit" (1998, S. 82).
[392] Informationen entnommen aus: Klaus-Peter Schmid, Stau ohne Grenzen, in: Die Zeit, Nr. 19 v. 29.4.2004, S. 30
[393] Zitiert nach: ebd.

reziproke Beziehung zwischen Investitionen in die Verkehrsinfrastruktur auf der einen und einem entsprechenden Verkehrsaufkommen auf der anderen Seite: „Ein Ausbau und eine Verbesserung des Verkehrssystems [führen] zu einem überproportionalen Verkehrswachstum."[394] Dies bedeutet, dass sich mit dem Aus- oder Neubau von Straßen die Bedingungen für den motorisierten Individualverkehr verbessern und der Straßenverkehr überproportional wächst. Für den Verkehrssektor kann mithin das Saysche Theorem Gültigkeit beanspruchen: Das Angebot schafft sich seine Nachfrage.

Diese Aussage belegt nicht zuletzt ein ausgesprochen erfolgreiches Projekt der DB AG selbst. Entgegen der ursprünglichen Absicht, den Bahnverkehr auf der Strecke zwischen Züssow und der Ostsee-Halbinsel Usedom einzustellen, beschloss die Unternehmensführung gemeinsam mit Kommunal- und Landespolitikern keinen Stilllegungsantrag für das Streckennetz von 54 Kilometern Länge zu stellen, sondern (die erforderlichen) Investitionen zu tätigen. Zum 1. Juni 1995 übernahm die ein halbes Jahr zuvor gegründete Usedomer Bäderbahn GmbH (UBB) als eine 100-prozentige Tochter der DB AG mit den Nebenbahnen „Seebad Ahlbeck - Zinnowitz - Wolgaster Fähre" und „Zinnowitz - Peenemünde" den Schienenverkehr auf den eingleisigen Trassen. Nachdem auch der Fuhrpark mit den seinerzeit durchschnittlich 32 Jahre alten Fahrzeugen modernisiert worden war, konnte die UBB ihre Fahrgastzahlen von ursprünglich 260.000 auf 3,4 Mio. im Jahre 2006 verzwölffachen.[395] Ähnlich erfolgreich agieren regionale Bahngesellschaften in Thüringen, wo die Wettbewerber der DB AG bereits 28 Prozent der Zugleistung erbringen, oder in Baden-Württemberg, wo zahlreiche stillgelegte Strecken von kommunalen Betreibern reaktiviert wurden.[396]

Grundsätzlich gilt jedoch, dass die Vorhaltung der Bahninfrastruktur gegenwärtig unter einseitiger Berücksichtigung unternehmerischer Kriterien ge-

---

[394] Eugen Fritz Meier, zitiert nach: Peter Krebs, Verkehr wohin? Zwischen Bahn und Autobahn, a.a.O., S. 56

[395] Ein weiteres häufig zitiertes Positivbeispiel stellt die im Eigentum der Stadt Düren stehende Dürener Kreisbahn GmbH dar. Diese hatte im Zuge der ersten Regionalisierung einer Bundesbahnlinie 1993 die Strecken Düren - Jülich sowie Düren - Heimbach (mitsamt einer von der DB gewährten Ausgleichszahlung von 8,4 Mio. EUR) übernommen, um deren drohende Stilllegung abzuwenden. In der Folge entwickelte sich daraus die im Halbstundentakt verkehrende Rurtalbahn mit komfortablen Dieseltriebwagen, die durch ein dichtes Netz von Zubringerbussen ergänzt wird. Als besonderes Angebot vermietete die Bahngesellschaft zeitweilig ihre Triebwagen als „Love Sprinter" an Hochzeitsgesellschaften – zu einem Stundenpreis von 101,- EUR inklusive Sektempfang für das Brautpaar (vgl. Klaus-Peter Schmid 2000, S. 28).

[396] Martin Weidauer/Ernst Ulrich von Weizsäcker, Deutsche Bahnreform zwischen Zuschüssen und Marktwirtschaft, in: Ernst Ulrich von Weizsäcker/Oran R. Young/Matthias Finger (Hrsg.), Grenzen der Privatisierung. Wann ist des Guten zu viel? Bericht an den Club of Rome, Stuttgart 2006, S. 94; weiterführend: Ernst-Jürgen Schröder, Deutschland: Eine Renaissance des Schienenpersonennahverkehrs. Beispiele aus Baden-Württemberg, in: Internationales Verkehrswesen, 72. Jg., Heft 6 (2001), S. 284 f.

Der Niedergang des Bahnwesens 151

rechtfertigt werden muss, während gleichzeitig der Bau und Betrieb des Straßennetzes am öffentlichen Interesse und demnach meist unabhängig von betriebswirtschaftlichen Vorgaben ausgerichtet wird. Der expansive Straßenbau war und ist also weniger ein Produkt fahrlässiger Gleichgültigkeit gegenüber ökologischen Einwänden, sondern umfassend geplant und hinsichtlich seiner Folgewirkungen durchaus absehbar. Insofern verwundert es nicht, dass der Anteil des Straßengüterfernverkehrs am *modal split* zwischen 1950 und 1993 um 448 Prozent wuchs und der motorisierte Individualverkehr im selben Zeitraum einen Anstieg von 319 Prozent verzeichnete (ebenfalls bezogen auf den intermodalen Wettbewerb).

Während sich der Verkehrssektor zu einem der größten europäischen Wachstumsmärkte entwickelte, in dem sich der Güterfernverkehr von 1960 bis 1993 verdoppelte (plus 109 Prozent) und der Personenverkehr mehr als verdreifachte (plus 219 Prozent), konnte die Bundesbahn nur wenig mehr als ihre absoluten Leistungen halten.[397] Geradezu dramatisch nimmt sich daher die Abwärtsentwicklung der DB in dieser Zeitspanne aus: Ihr Marktanteil verringerte sich im Personenverkehr von 36,4 Prozent (1950) auf für den Bahnbetrieb katastrophale vier Prozent im Personennah- und 6,5 Prozent im Personenfernverkehr (1993).[398] In dem Maße, wie der straßengebundene Verkehr von den staatlichen Finanzzuflüssen profitierte, litt das deutsche Bahnwesen unter einem im europäischen Vergleich unterdurchschnittlichen Investitionsvolumen. Sanierungsbedürftige Bahnanlagen waren ebenso die Folge wie mit rückständiger Technik ausgestatte Fahrzeuge: Auf einigen Strecken verkehrte unverändert der aus den 1960er-Jahren stammende „Silberling"[399], der Instandhaltungsrückstau bei den rund 6.500 Empfangsgebäuden mit einem Durchschnittsalter von 81 Jahren wurde bahnintern auf 15 Mrd. EUR taxiert (aber nicht verausgabt), und die Bahntrassen, die weitgehend aus dem 19. Jahrhundert stammten, wurden nur streckenweise modernisiert.[400]

---

[397] Alle Daten in diesem Absatz stammen aus: Niklas Reinke, Bahnstrukturreform. Politische Entscheidungsprozesse zur Deregulierung und Privatisierung der Deutschen Bahnen, a.a.O., S. 26

[398] Bundesministerium für Verkehr (Hrsg.), Verkehr in Zahlen 1991, a.a.O., S. 312; Bundesministerium für Verkehr, Bau und Stadtentwicklung (Hrsg.), Verkehr in Zahlen 2005/06, a.a.O., S. 230 f.; Horst Albach, Die Bahnreform in Deutschland, in: Zeitschrift für Betriebswirtschaft, Ergänzungsheft 3 (2002), S. 52

[399] Nach seiner Gattungsbezeichnung wird der „Silberling", von dem zwischen 1963 und 1970 mehr als 7.000 Exemplare gebaut wurden, als *n-Wagen* bezeichnet; im aktuellen Regio-Farbkonzept verkehrt er verkehrsrot-lichtgrau lackiert.

[400] Heinz Dürr, Das Konzept der neuen Bahnhofskultur, Vortrag vor der Landesvertretung Baden-Württemberg am 26.9.1996 (unveröffentlichtes Manuskript), S. 8 u. Niklas Reinke, Bahnstrukturreform. Politische Entscheidungsprozesse zur Deregulierung und Privatisierung der Deutschen Bahnen, a.a.O., S. 26

152 Stationen einer (kapital)marktorientierten Neuvermessung der Bahnpolitik

Nicht zuletzt wurde das Bahnwesen Opfer des Strukturwandels, der sich nachhaltig auf die Art der Gütertransporte auswirkte. Dominierte einst der großvolumige Transport homogener Güter über lange Distanzen – zu nennen sind hier etwa Zwischen- und Endprodukte der Montanindustrie –, werden heutzutage vorwiegend wenig transportkostenintensive Halb- und Fertigwaren befördert. Die Marktverluste zugunsten des Straßenverkehrs lassen sich ferner auf die systembedingt unflexiblere Logistik und die auf Kurzstrecken höheren Transportkosten der Bahn zurückzuführen.[401] Diese sind maßgeblich dadurch bedingt, dass der schienengebundene Gütertransport aufgrund der An- und Ablieferung per LKW regelmäßig je drei Be- und Entladevorgänge erfordert, der Lastkraftwagenspediteur hingegen mit einem einmaligen Be- und Entladen der Ware auskommt. Die als Bundesbehörde organisierte DB hatte dieser Entwicklung neben dem Behälterverkehr Colico und abgesehen von dem 1984 eingeführten Inter-Cargo-System, das relationsbezogene Marktangebote mit garantierten Beförderungszeiten im Kombinierten Ladungsverkehr ermöglichte, keine durchgreifenden innovativen Konzepte für eine erfolgreiche Marktexpansion entgegenzusetzen: Der Marktanteil im traditionell aussichtsreichsten Segment, dem Güterfernverkehr, sank zwischen 1950 und 1993 um 38,4 Prozentpunkte auf 16,9 Prozent.[402]

Spätestens seit Ende der 1990er-Jahre hat sich die Bahn im Personenfernverkehr einem weiteren Konkurrenten zu stellen: dem Flugzeug, dessen Tarife auf ausgewählten Relationen durch *Dumping*-Offerten der *low cost carriers* bis zum Nulltarif sinken und dessen Verfügbarkeit durch die vermehrte Nutzung von Regionalflughäfen fortlaufend steigt. Die wachsende Flughafendichte steht dem Konzept der DB AG diametral entgegen, denn während jene durch das Streichen von Nebenstrecken den Rückzug aus der Fläche antritt, „diffundiert" der Verkehrsträger Flugzeug bis in entlegene Regionen, wie die Existenz der bundesweit 34 Verkehrsflughäfen belegt. Die so genannten *no-frills-airlines* Ryan Air, German Wings, TUIfly und Air Berlin profitieren davon, dass der grenzüberschreitende Flugverkehr im Gegensatz zum schienengebundenen Transport von der

---

[401] Dieses zentrale systembedingte Dilemma des schienengebundenen Verkehrs gilt auch für den Personentransport: Während die Vielzahl der individuellen Fahrtwünsche und -ziele hohe Zugkapazitäten erfordert, ergibt sich andererseits bei einem bedarfsgerecht aufgestellten, eng getakteten Fahrplan in der Regel ein Nachfragemangel, sodass die Züge eine unzureichende Auslastung aufweisen. Reduzieren die Betreibergesellschaften nun die Bediendichte, verlieren sie insbesondere solche Fahrgäste an konkurrierende Verkehrsanbieter, die über ein knapp bemessenes Zeitbudget verfügen. Aufgrund ihrer systemtechnisch bedingten Trägheit kann die Bahn aber nur verzögert auf Nachfrageschwankungen reagieren, d.h. im Gegensatz zum Straßenverkehr etwa hat sie einen bedeutend längeren Planungshorizont.

[402] Horst Albach, Die Bahnreform in Deutschland, in: Zeitschrift für Betriebswirtschaft, Ergänzungsheft 3 (Heft 2002), S. 57

Der Niedergang des Bahnwesens 153

Mehrwertsteuer ausgenommen ist, der Kerosinverbrauch weltweit nicht besteuert wird – somit in der Bundesrepublik auch die Ökosteuer als Annexsteuer nicht erhoben wird – und Bundesländer ebenso wie zahlreiche Städte und Gemeinden in der Erwartung neuer Arbeitsplätze großzügige Infrastrukturzuschüsse für Flughafenneu- und -ausbauten gewähren. Derartige Subventionen sind nach einem Urteil des Europäischen Gerichtshofs (EuGH) vom Frühjahr 2005 als „Teil der Förderung gering entwickelter Regionen"[403] gestattet. Die Umwidmung von Militärbasen zu zivil genutzten Flugfeldern in Hahn (Hunsrück) und Weeze (Niederrhein) sowie der Aus- und Neubau von Regionalflughäfen wie in Münster/Osnabrück und Lippstadt/Paderborn sind sichtbarer Ausdruck der einseitigen Verwendung regionaler Fördergelder und der ungleichen fiskalischen Belastungsarchitektur im Verkehrssektor.

Ebenso deutlich spiegelt sich die fehlende Kostengerechtigkeit in der Reichweite des Infrastrukturausbaus wider: „Sie [der Bundesverkehrsminister und die Vorstände der DB bzw. der DR; *T.E.*] haben gar nicht wahrgenommen, daß unsere Verkehrspolitik in den vergangenen sechs Jahrzehnten durch eine exklusive Infrastrukturausstattung des Straßenverkehrs zu dessen sukzessiver Monopolisierung und damit zu einer ständig wachsenden Wettbewerbsverzerrung zum Nachteil des Schienenverkehrs geführt hat."[404] Berthold Stumpf, ehemaliger Mitarbeiter der DB-Hauptverwaltung, hatte bereits 1955 konstatiert:

„Geht man jedoch den Dingen – ganz ohne Leidenschaft und vor allem ohne Interessentenbrille – auf den Grund, so zeigt sich, daß die viel beredete Verkehrskrise in Deutschland dem Grunde nach gar keine Krise des Verkehrs ist, sondern nichts weiter als die Folge einer mangelnden Verkehrsordnung durch den Staat, einer Verkehrsordnung, die Rechte und Pflichten gleichmäßig für alle Verkehrsmittel zu verteilen hätte. Man kann bei uns überhaupt nicht von einem ‚Wettbewerb' der Verkehrsmittel, etwa zwischen der Schiene und der Straße, sprechen. Ein Wettbewerb setzt, wenn er aufrichtig und echt gemeint ist, gleiche Startbedingungen für alle Teilnehmer voraus. Davon kann aber (…) bisher auf dem Gebiete des Verkehrs nicht die Rede sein."[405]

Im Gegensatz zu den Maßnahmen, die im Sinne des als *push & pull* bekannten Prinzips angezeigt wären, ist eine Schwächung der konkurrierenden Verkehrsträger bislang nicht (Flugzeug) oder nur unzureichend (PKW/LKW) erfolgt, obwohl deren Nutzung durch ein hohes Maß an (umwelt)schädlichen Nebeneffek-

---

[403] Vgl. Winfried Wolf, In den letzten Zügen. Bürgerbahn statt Börsenwahn, Hamburg 2006, S. 10
[404] Hans-Joachim König, Läuft die Bahn voll aus dem Ruder?, in: Internationales Verkehrswesen, 64. Jg., Heft 7/8 (1993), S. 425
[405] Berthold Stumpf, Geschichte der deutschen Eisenbahnen, Mainz/Heidelberg 1961 (4. Auflage), S. 89

ten gekennzeichnet ist. Verkehrs- und Umweltexperten mahnen seit Jahrzehnten flankierende Maßnahmen an, die „einerseits die Verminderung der von den umwelt- und sozialbedenklicheren Verkehrsträgern ausgehenden Schäden auf ein tolerables Maß" zum Ziel haben und andererseits einen finanziellen Ausgleich „für die nicht vermiedenen, verbleibenden schädlichen Seiteneffekte" gewährleisten.[406] Der Wissenschaftliche Beirat beim Bundesminister für Verkehr erklärte bereits während der (im parlamentarischen Raum nur unzureichend geführten) Debatte über die Ausgestaltung der Bahnreform: „Diese bleibt Stückwerk, wenn nicht gleichzeitig die ökologische Subventionierung des wichtigsten Konkurrenten der Bahn, der Straße, nachhaltig beseitigt wird."[407] Die Liste der diskutierten Handlungsalternativen ist lang: Sie reicht von preislichen Angleichungsprozessen (Anhebung der Mineralölsteuer, Einschränkung der steuerlichen Absetzbarkeit von Fahrzeugen, Angleichung des Kerosinpreises an den Benzinpreis) über Tempolimits, die nach Fahrzeug- und Straßentyp variieren, bis hin zu infrastrukturellen Maßnahmen, die den Rückbau von Straßen ebenso einschließen wie die zielgenaue Ausrichtung des Schienenausbaus an der Siedlungsentwicklung.[408] Tatsächlich wurden aber zum Jahresende 2002 die der DB AG vom Bund gewährten Ausgleichszahlungen zur Kompensation vereinigungsbedingter Sonderlasten eingestellt – mit der Folge, dass auf lange Sicht nahezu ausschließlich der Verkehrsträger Straße die (infra)strukturschwachen Regionen Ostdeutschlands erschließen wird.[409]

Obschon die seit den 1960er-Jahren erwachsene Konkurrenz des motorisierten Individualverkehrs und der investive Nachholbedarf bei der Schieneninfrastruktur als nachhaltig belastende Faktoren für das Bahnwesen hinreichend bekannt waren, entlud sich der Problemlösungsdruck einzig bei der DB selbst bzw. in ihrer als unzureichend gewerteten unternehmerischen Ausrichtung. Denn den zentralen Ansatzpunkt für Kritik sahen sowohl die Mitglieder der *Regierungskommission Bundesbahn* als auch führende Eisenbahner und Sachverständige des Bundesverkehrsministeriums in der dualistischen Zielsetzung, die zur „Ursache

---

[406] Karl Otto Schallaböck/Markus Hesse, Konzept für eine Neue Bahn (Kurzdarstellung), Wuppertal Papers Nr. 44 (1995), S. 24

[407] Wissenschaftlicher Beirat beim Bundesministerium für Verkehr, Gutachten zur Bahnstrukturreform vom 8. Dezember, Bonn 1995, S. 26

[408] Vgl. Paul Klemmer, Verkehrspolitische Herausforderungen Deutschlands in den neunziger Jahren, in: Deutsche Forschungsgesellschaft Straßenbau (Hrsg.), Deutscher Straßen- und Verkehrskongress 1992, Bonn 1993, S. 12-21; Klemmer hält eine breit angelegte Verkehrsinfrastruktur für unabdingbar, um größere Entscheidungspotenziale bei der Siedlungsgestaltung zu haben und gegebenenfalls eine Aufwertung des Standortes auslösen zu können. Höhere Grundstückswerte, größere Faktoreinsatzpotenziale und höhere Handelsumsätze zeigen als positive pekuniäre Effekte, dass eine flächendeckende Verkehrsinfrastruktur infolge ihres Vorleistungscharakters zu einer Änderung der relativen Preise und Faktorleistungen bei komplementären Gütern und Dienstleistungen führen kann.

[409] DB AG, 10 Jahre Deutsche Bahn AG, a.a.O., S. 7

Ziele, Erfolge und Versäumnisse 155

für fast alle Fehlentwicklungen und Schwächen"[410] des Unternehmens erklärt wurde: Die gemeinwirtschaftlichen Verpflichtungen, die sich aus dem Behördenstatus der DB ableiteten, schienen unvereinbar mit den Anforderungen an ein von betriebswirtschaftlichen Effizienzüberlegungen geprägtes Unternehmen. Ein bedenklicher Widerspruch ergab sich bereits aus § 28 Abs. 1 BBahnG selbst: „Die Deutsche Bundesbahn ist unter der Verantwortung ihrer Organe wie ein Wirtschaftsunternehmen mit dem Ziel bester Verkehrsbedienung nach kaufmännischen Grundsätzen so zu führen, daß die Erträge die Aufwendungen einschließlich der erforderlichen Rückstellungen decken; eine angemessene Verzinsung des Eigenkapitals ist anzustreben. In diesem Rahmen hat sie ihre gemeinwirtschaftliche Aufgabe zu erfüllen."

Die Bundesbahn hatte sich im Rahmen eines ambivalenten, stellenweise inkongruenten Zielsystems dementsprechend nicht nur am Prinzip der Wirtschaftlichkeit auszurichten, sondern war darüber hinaus im Rahmen der gesetzlichen Vorgaben gehalten, gemeinwirtschaftliche Transportleistungen zu erbringen. Diese „Janusköpfigkeit" stand nach Meinung der Beteiligten einer Implementierung am Markt ausgerichteter Unternehmensentscheidungen entgegen. Heinz Dürr, ehemaliger Vorstandsvorsitzender der nun zum schwedischen Konzern Electrolux zählenden AEG, präzisierte das Problem der gemeinwirtschaftlichen Verkehrsbedienung bei gleichzeitiger Wahrung betriebswirtschaftlicher Grundsätze im Geschäftsbericht des Jahres 1991 wie folgt: „Im heutigen Status arbeiten die Bahnen im Spannungsfeld widersprüchlicher gesetzlicher Bestimmungen. Nach Art. 87 GG sind sie wie eine Behörde, nach § 28 BBahnG aber wie ein Wirtschaftsunternehmen zu führen, dessen Einnahmen die Ausgaben decken sollen und das zudem eine angemessene Verzinsung des Eigenkapitals zu erwirtschaften hat."[411]

4.3 Ziele, Erfolge und Versäumnisse: rechtliche und organisatorische Voraussetzungen zentraler Reformschritte

4.3.1 Die wegweisende Architektur des „Reformfahrplans"

Vor dem Hintergrund, dass die Krise des Schienenverkehrs nach herrschender Auffassung zuvorderst in der beschriebenen dualistischen Zielsetzung begründet lag, wurden die mit den Reformanstrengungen verknüpften Leitideen in sämtli-

---

[410] Heinz Dürr, Gedanken einer marktwirtschaftlichen Bahn, Ansprache auf der Jahresmitgliederversammlung des Verkehrsforums Bahn e.V. (unveröffentlichtes Manuskript), a.a.O. 1991, S. 5
[411] Zitiert nach: DB AG (1994), Die Bahnreform, a.a.O., S. 9

chen wegweisenden Dokumenten aus dem Umfeld der *Regierungskommission Bundesbahn* am Kriterium der Marktkompatibilität ausgerichtet:

> „Die Strukturreform der Bundeseisenbahnen soll die Leistungsfähigkeit der Eisenbahnen erhöhen und sie in die Lage versetzen, an dem zu erwartenden künftigen Verkehrswachstum stärker als bisher teilzuhaben. Sie soll darüber hinaus die dem Bund durch die bisherigen Sondervermögen DB und DR erwachsende Haushaltsbelastung zurückführen und in berechenbaren Grenzen halten."[412]

In eine ähnliche Richtung weisend plädierte die Deregulierungskommission bereits vor den Reformanstrengungen für eine Entbindung der Bahnen von ihren gemeinwirtschaftlichen Pflichten mit der Begründung, dass der Wettbewerb und seine institutionelle Gewährleistung für einen ausreichenden Schutz der Verbraucherinteressen sorgten. Durch einen Rückzug „aus der Fläche, wo andere Verkehrsträger überlegen sind",[413] werde nicht nur der *inter-*, sondern auch der *intra*modale Wettbewerb zwischen verschiedenen Schienenverkehrsanbietern ausgelöst. Freilich werde bei diesem Vorgehen „der völligen Einstellung des Verkehrs auf unrentablen Strecken nicht vorgebeugt."[414]

Am 5. Januar 1994 erfolgte die Eintragung der DB AG in das Handelsregister der Stadt Berlin, womit die Überführung der behördlich organisierten Bahnen in eine privatrechtliche Aktiengesellschaft ihren vorläufigen Abschluss fand. Als Hauptargumente wurden sowohl der Innovationsdruck und die daraus (vermeintlich) erwachsenden effizienteren Betriebsabläufe als auch die erweiterten Handlungsspielräume für eine strategische und organisatorische Neuausrichtung der DB-Holding angeführt. Dem neu geschaffenen Unternehmen wurde die Aufgabe zugewiesen, seine Marktposition auf den verschiedenen Verkehrsmärkten nicht nur zu festigen, sondern – soweit möglich – auszubauen. Bei einer unverzüglichen Umsetzung der Reformen sollten DB und DR als gemeinsam geführte Aktiengesellschaft im Zeitraum von 1991 bis 2000 ein kumuliertes Gesamtergebnis (Jahresüberschuss vor Körperschaft- und Gewerbesteuer) von 23 Mrd. EUR erzielen. Gegenüber dem prognostizierten Eisenbahnfinanzierungsbedarf von 213,2 Mrd. EUR, der sich nach den Berechnungen der Kommission beim Unterlassen der Strukturreform ergäbe, gewänne der Bund einen Finanzspielraum von 80 Mrd. EUR, so die Argumentation.[415] Die optimistischen Annahmen fußten – bei wohlgemerkt gleich bleibender Schienennetzlänge – größtenteils auf der

---

[412] Deutscher Bundesrat, Bundesratsdrucksache 131/93 v. 26.3.1993, S. 1 u. 57
[413] Vgl. Deregulierungskommission, Marktöffnung und Wettbewerb. Deregulierung als Programm?, a.a.O., S. 43-46
[414] Ebd., S. 45
[415] Regierungskommission Bundesbahn, Abschlußbericht zur Bahnstrukturreform v. 19. Dezember, Bonn 1991, S. 58 f.

prognostizierten Ausweitung der Streckenleistungsfähigkeit des Gesamtnetzes um 30 bis 50 Prozent.[416]

Um die Zielvorgaben erreichen zu können, wurde die neu gegründete DB AG durch den Bund entschuldet und der investive Nachholbedarf bei der ehemaligen DR behoben, indem die dort durch den Produktivitätsrückstand und die ökologischen Altlasten aufgelaufenen Mehrkosten übernommen wurden. Die Verbindlichkeiten der beiden Vorgängerunternehmen in Höhe von insgesamt 33 Mrd. EUR wurden dem Bundeseisenbahnvermögen (BEV) als neu geschaffenem Sondervermögen des Bundes mit der Maßgabe übertragen, jene binnen 30 Jahren zu tilgen. Des Weiteren wurde die DB AG vom Bund für die Vorlage der Eröffnungsbilanz mit Eigenkapital in Höhe von 5,9 Mrd. EUR ausgestattet.[417] Das Anlagevermögen der ehemaligen Bundesbehörde wurde von 50,6 Mrd. EUR auf nunmehr 12,8 Mrd. EUR ohne Finanzanlagen abgewertet, wobei bspw. die beiden Hochgeschwindigkeitsstrassen Würzburg - Hannover und Mannheim - Stuttgart diesem nicht zugerechnet wurden, obschon sie von der DB AG in vollem Umfang genutzt werden.[418] Außerdem gewährte der Bund abhängig vom Investitionsvolumen zinslose Darlehen, die im Jahre 2000 ein Gesamtvolumen von 6,1 Mrd. EUR gegenüber 2,3 Mrd. EUR im ersten Reformjahr erreichten.[419] Der Konzern selbst investierte zwischen 1994 und 2000 insgesamt 52,3 Mrd. EUR, was eine durchschnittliche Jahresinvestition von 7,5 Mrd. EUR in diesem Zeitraum gegenüber Verausgabungen in Höhe von 3,9 Mrd. EUR darstellt, die den Sondervermögen Bundes- und Reichsbahn in den letzten zehn Jahren ihres Bestehens zugeflossen waren.[420]

Der (verfassungs)rechtliche Rahmen der Vereinigung von Bundes- und Reichsbahn reicht bis zum Vertrag über die Schaffung der Währungs-, Wirtschafts- und Sozialunion zwischen den beiden deutschen Teilstaaten vom 18.

---

[416] Ebd., S. 63
[417] Alfred Boss/Claus-Friedrich Laaser/Klaus-Werner Schatz, Deregulierung in Deutschland – eine empirische Analyse, a.a.O., S. 4-9; das gesamte Vermögen der DB – Infrastruktur und rollendes Material – wird in seriösen Schätzungen auf einen Wert von 130 bis 150 Mrd. EUR taxiert. In der Bilanz der DB AG hingegen wird nur ein Anlagewert von 40 Mrd. EUR angegeben. Die Differenz resultiert aus zwei Kunstgriffen: Erstens wurden zwei Drittel des Anlagewerts, den Bundes- und Reichsbahn am Jahresende 1993 ausgewiesen, in der Eröffnungsbilanz der DB AG nicht mehr angeführt. Damit wurden günstige Startbedingungen für die Bahnreform geschaffen: Niedrigere Abschreibungen bewirken höhere (künstliche) Gewinne. Zweitens wurden die Bauzuschüsse des Bundes für das Schienennetz in Höhe von ca. 40 Mrd. EUR, die von 1994 bis 2005 gezahlt wurden, nicht bilanziert. Dabei sind diese Zuschüsse spätestens dann reales Anlagevermögen, wenn private Investoren einsteigen (Wissenschaftlicher Beirat von Attac 2006, S. 3).
[418] Andreas Knorr, Öffentliche Unternehmen in der Marktwirtschaft, a.a.O., S. 149
[419] DB AG, Geschäftsbericht 2000, Berlin 2001, S. 137
[420] DB AG, Daten und Fakten 2000, Berlin 2001, S. 8 f. u. Carmen Hass-Klau, Rail Privatisation: Britain and Germany Compared, An Anglo-German Foundation Report, a.a.O., S. 54 f.

Mai 1990 zurück. Innerhalb der dort in Art. 26 festgeschriebenen Vorgaben wurde das Eisenbahnneuordnungsgesetz (ENeuOG) geschaffen, das die Überführung der Sondervermögen DB und DR in die Rechtsform einer Aktiengesellschaft vorsah (vgl. *Anhang 3*). Eine weitere zentrale Rechtsquelle stellt der am 31. August 1990 zwischen der BRD und der DDR verabschiedete Vertrag über die Herstellung der Einheit Deutschlands dar, dessen Art. 10 die prinzipielle Anwendbarkeit des EG-Rechts auf bundesdeutschem Gebiet vorsieht und damit der von EU-Ebene angestoßenen Liberalisierung des Bahnwesens Raum gibt. Ein in diesem Kontext stehender zentraler Baustein war die Öffnung des betreuten Fahrwegs für Dritte, d.h. die Schaffung wettbewerblicher Strukturen auf dem Schienennetz durch diskriminierungsfreie Zugangsbedingungen für bereits existierende oder neue Betreibergesellschaften (inklusive der gesetzlich festgeschriebenen Einheitlichkeit der Trassenpreise).

Die Bahnführung unter Heinz Dürr orientierte sich bei der Umsetzung des „Reformfahrplans" jedoch nicht nur an den 1991 formulierten europarechtlichen Bestimmungen, sondern zuvorderst an den detaillierten Empfehlungen der *Regierungskommission Bundesbahn*, die in ihrem Gutachten die kaufmännische Gestaltung des Bahnbetriebs für vorrangig gegenüber unternehmensinternen Reformanstrengungen erklärte: „Nur eine andere Organisationsform der Bahn schafft die tragfähige Grundlage für eine positive Entwicklung."[421] Als anfängliches Kernanliegen muss die organisatorische und rechnerische Trennung von staatlichen Aufgaben und unternehmerischem Risiko angesehen werden, d.h. die divisionale Reorganisation des unternehmerischen Bereichs mit den Sparten Fahrweg, Bahnhöfe, Personennah-, -fern- und Güterverkehr, die mit einem Verbot der Quersubventionierung zwischen der Fahrwegsparte einerseits und den Betriebssparten andererseits einherging.[422] Am 1. Januar 1999 kam es dann im Zuge der dritten Stufe der Bahnreform zur Umwandlung der Geschäftsbereiche in fünf rechtlich eigenständige Aktiengesellschaften unter dem Dach der DB-Holding: DB Reise & Touristik (Personenfernverkehr), DB Regio (Personennahverkehr), DB Station & Service (Personenbahnhöfe), DB Cargo (Güterverkehr) und DB Netz (Fahrweg). Sie verfügten als unabhängige Divisionen über geschäftliche Entscheidungsbefugnisse und arbeiteten ergebnisverantwortlich, während sich die Aufgaben der Management-Holding auf steuernde, kontrollierende und koordinierende Aufgaben beschränkten.

---

[421] Regierungskommission Bundesbahn, Abschlußbericht zur Bahnstrukturreform v. 19. Dezember, a.a.O., S. 14
[422] Vgl. Felix Schönauer, Verkehrsminister Bodewig rudert bei Bahn-Reform immer weiter zurück, in: Handelsblatt v. 8.1.2002, S. 4

Ziele, Erfolge und Versäumnisse 159

Die am Reißbrett entworfene Organisationsstruktur lehnt sich weitgehend an den divisionalen Unternehmensaufbau an, der sich in den 1990er-Jahren in vielen modernen Industriekonzernen etablierte (vgl. *Anhang 4*).[423] Eigenständigkeit und Ergebnisverantwortlichkeit der verschiedenen Geschäftsbereiche sollten deren wirtschaftliche Leistungsfähigkeit transparenter machen. Der DB-Vorstand implementierte ein straffes divisionsbezogenes Kostenmanagement, das Quersubventionierungen sichtbar werden ließ, eine modulare Konzernorganisation ermöglichte und Veräußerungsgeschäfte über den Kapitalmarkt ebenso erleichterte wie außerbörsliche Transaktionen. Wissentlich in Kauf genommen wurde dabei der Verlust von Synergieeffekten, die sich bis dato aus der unternehmerischen Integration von Querschnittsaufgaben im Bereich der Personalverwaltung, der Kostenabrechnung und des Marketing ergeben hatten.

Die Modularisierung und Zerlegung der infrastrukturellen Versorgungsketten in autonome Einheiten erinnert in mancher Hinsicht an den Mechanismus, der unter Bezugnahme auf die Industrie als vertikale Desintegration beschrieben wird. Auch die DB AG wurde desintegriert: nicht in dem Sinne, dass spezifische Abschnitte der Wertschöpfungskette *abgestoßen* (wie in der chemischen Industrie) oder *ausgelagert* wurden (wie in der Automobilindustrie), sondern indem das Unternehmen in einen mehrstufigen Konzern unter Führung einer Holding umgestaltet wurde. Seitdem die vierte Phase der Bahnreform zum 1. Januar 2002 eingeleitet wurde, ist es nun möglich, die DB AG-Holding aufzulösen und die fünf Aktiengesellschaften separat am Kapitalmarkt zu platzieren. Rechtlich vorgeschrieben ist diese letzte Stufe der Bahnstrukturreform hingegen nicht, obwohl einige Juristen argumentieren, dass einem auf Dauer angelegten Allein- oder Mehrheitseigentum des Bundes das Gebot einer Aufgabenprivatisierung nach Art. 87e Abs. 3 S. 1 GG entgegenstehe.[424]

Die hoheitlichen Aufgaben von Bundes- und Reichsbahn wurden an das Eisenbahnbundesamt (EBA) sowie das BEV übertragen. Letzteres übernahm nicht nur im Auftrag des Bundes die finanziellen Altlasten der DB AG und ihrer Vorgängerunternehmen, sondern agiert seither zugleich als Dienstherr der ehemali-

---

[423] Jürgen Beyer, „One best way" oder Varietät?, in: Soziale Welt – Zeitschrift für Sozialwissenschaftliche Forschung und Praxis, 52. Jg., Heft 1 (2001), S. 7-28
[424] Darin heißt es: „Eisenbahnen des Bundes werden als Wirtschaftsunternehmen in privatrechtlicher Form geführt. Diese stehen im Eigentum des Bundes, soweit die Tätigkeit des Wirtschaftsunternehmens den Bau, die Unterhaltung und das Betreiben von Schienenwegen umfasst. Die Veräußerung von Anteilen des Bundes an den Unternehmen nach Satz 2 erfolgt aufgrund eines Gesetzes; die Mehrheit der Anteile an diesen Unternehmen verbleibt beim Bund." Befürworter einer materiellen Privatisierung behaupten, dieser Verfassungsartikel enthalte das Gebot zur Aufgaben- und Organisationsprivatisierung der Eisenbahnen des Bundes. Mithin sei das Privatisierungsgebot Verfassungsauftrag in Form eines Staatszieles, „das sich nach Erreichen in eine Einrichtungsgarantie wandelt" (Michael Sachs 1999, S. 1661).

gen Bundesbahnbeamten. Darin liegt die Übernahme weiterer finanzieller Altlasten durch das BEV begründet, denn nach der so genannten „Als-ob-Kosten-Erstattung" hat die DB AG der Behörde für die Beschäftigung der Beamtenbelegschaft nur diejenigen Kosten zu erstatten, die sie selbst für vergleichbare neu eingestellte (und daher nicht verbeamtete) Arbeitnehmer aufwenden müsste. Als Maßstab dienen die Vereinbarungen, die in den von der DB AG neu ausgehandelten Tarifverträgen getroffen wurden. Die Zahlungspflicht entfällt grundsätzlich für diejenigen Beamten, deren Stellen im Kontext der Unternehmensplanung eingespart werden sollen, aber wegen des Beamtenstatus des Stelleninhabers nicht abgebaut werden dürfen. Um den Personalabbau bei den von der Reichsbahn übernommenen Angestellten sozialverträglich zu gestalten, erhielt die DB AG für deren temporäre Weiterbeschäftigung vom BEV Zuschusszahlungen, die sich Ende 2000 auf rund 1,5 Mrd. EUR beliefen und deren sachgemäße Verwendung der Bundesrechnungshof bis zu ihrer Einstellung im Jahre 2003 regelmäßig prüfte.

Das bereits erwähnte EBA wurde gemäß Art. 3 ENeuOG als dritte Institution neben der DB AG und dem BEV eingerichtet, um die bisherigen hoheitlichen Aufgaben von Bundes- und Reichsbahn wahrzunehmen, musste jedoch zum Jahresbeginn 2006 jene Aufgabenfelder an die Bundesnetzagentur abtreten, die in ihren Kompetenzbereich als Aufsichts- und Genehmigungsbehörde für aus- wie inländische Bahnunternehmen fallen. Dies betrifft vor allem die Aufsicht über die Einhaltung der Zugangsvorschriften zur Eisenbahninfrastruktur für Serviceanbieter. Darunter fallen schwerpunktmäßig Entscheidungen über die Zuweisung von Zugtrassen und den Zugang zu Serviceeinrichtungen, aber auch die Nutzungsbedingungen und Entgeltgrundsätze sowie deren Höhe. Als Teil der Eisenbahnverkehrsverwaltung verblieben dem EBA als Aufgabenfelder die Durchführung von Planfeststellungsverfahren und das Erteilen von Betriebsgenehmigungen für Bahnunternehmen, die auf dem Netz der DB AG Schienenverkehrsleistungen anbieten wollten.[425] Der „Organisationserlaß zum Eisenbahn-Bundesamt" vom 31. Dezember 1993 wies das in vier Abteilungen untergliederte EBA als eine dem Bundesministerium für Verkehr unmittelbar nachgeordnete, selbständige Bundesoberbehörde aus, dem neben der Erteilung, dem Widerruf und der Versagung von Betriebsgenehmigungen insbesondere die Aufgabe oblag, in Streitfällen über Modalitäten beim Anschluss der Eisenbahninfrastruktur

---

[425] Die Aufsichts- und Lizensierungskompetenz des EBA erstreckt sich allerdings nur auf Eisenbahnen des Bundes und ausländische Lizenzbewerber (§ 3 Abs. 1 EVBG); für NE-Bahnen sind die Landesverkehrsbehörden zuständig (§ 5 Abs. 1 u. 3 AEG). Vgl. Jürgen Kühlwetter, Privatisierung und Regulierung aus der Sicht des Eisenbahnbundesamtes als Regulierungsbehörde, in: Klaus König/Angelika Benz (Hrsg.), Privatisierung und staatliche Regulierung: Bahn, Post, Telekommunikation, Rundfunk, a.a.O., S. 94

Ziele, Erfolge und Versäumnisse 161

zu befinden – sofern öffentliche Eisenbahnen beteiligt waren. Bereits mit Inkrafttreten des Zweiten Gesetzes zur Änderung eisenbahnrechtlicher Vorschriften vom 21. Juni 2002 entfielen jedoch die Aufgaben des EBA als Vergabeprüfstelle.[426]

4.3.2 Regionalisierung des Schienenpersonennahverkehrs als mustergültige Dezentralisierung

Ein nicht nur nach der Theorie des fiskalischen Föderalismus überwiegend positiv zu bewertendes Strukturmerkmal der Bahnreform ist die zum 1. Januar 1996 umgesetzte Regionalisierung des SPNV[427] und der Übergang zum Bestellerprinzip bzw. zum Prinzip der speziellen Entgeltlichkeit. Die im SPNV erbrachten Verkehrsleistungen konnten von 1996 bis 2005 um 12,6 Prozent auf 41,3 Mrd. Personenkilometer gesteigert werden.[428] Das Fahrgastaufkommen wuchs im selben Zeitraum sogar um ein Viertel, sodass eine erfolgreiche Betätigung im Bereich vormals von der Bundesbahn erbrachter Leistungen angenommen werden kann (vgl. 4.3.3). Vom „Vater der Bahnreform" Gerd Aberle gestreute Befürchtungen, dass womöglich „unwirtschaftliche und ineffiziente Schienennahverkehrsleistungen künstlich erhalten werden",[429] bewahrheiteten sich angesichts dieser Zahlen nicht – jedenfalls dann nicht, wenn die Regionalisierungsmittel als verkehrspolitisch sinnvolles Steuerungsinstrument begriffen werden.

Vor der Bahnstrukturreform stand ausschließlich der Bund in der Verantwortung, wenn gemeinwirtschaftliche Verkehrsleistungen zu erbringen waren, da Länder und Kommunen durch die Betriebspflicht der Bundesbahn nach §§ 4, 12 Abs. 1 und 14 Abs. 3 BBahnG ein weitreichendes Anrecht auf die Erbringung

---

[426] Horst Stuchly, Bahnreform und Eisenbahnaufsicht, in: Förderkreis des Verbandes Deutscher Verkehrsunternehmen (Hrsg.), Zehn Jahre Bahnreform in Deutschland, Erfahrungen – Bewertungen – Perspektiven, Hamburg 2005, S. 130-132
[427] Für die Trennung zwischen Personennah- und -fernverkehr hat der Gesetzgeber konkrete Bestimmungsgrößen angegeben: Nach Art. 4 § 2 ENeuOG ist eine Verkehrsleistung im Zweifelsfall dem Nahverkehr zuzuordnen, wenn die Mehrzahl der Beförderungsfälle eines Verkehrsmittels die gesamte Reiseweite von 50 Kilometern oder die gesamte Reisezeit von einer Stunde nicht übersteigt. Bei den konkurrierenden Betreibergesellschaften wird hingegen meist das Kriterium der Eigenwirtschaftlichkeit zur Entscheidungsgrundlage erhoben. Wird das formale Eigenwirtschaftlichkeitsmaß als Maßstab herangezogen, so werden bundesweit nur drei Fernverkehrsstrecken von DB-Konkurrenten betrieben: der InterConnex von Leipzig nach Rostock/Warnemünde, die Vogtlandbahn (Arriva) von Hof/Plauen nach Berlin und der Nachtzug Berlin-Malmö (Georg Verkehrsorganisation).
[428] Bundesministerium für Verkehr, Bau und Stadtentwicklung (Hrsg.), Verkehr in Zahlen 2006/07, a.a.O., S. 234
[429] Gerd Aberle, Bahnstrukturreform in Deutschland. Ziele und Umsetzungsprobleme, Köln 1996, S. 22

defizitärer Leistungen im SPNV hatten. Wenngleich der Bundesverkehrsminister defizitäre Nebenstrecken stilllegen konnte, gab es für die unteren Gebietskörperschaften die Möglichkeit, über den Verwaltungsrat der DB Einspruch einzulegen und damit eine entsprechende Streckenschließung abzuwenden oder jedenfalls zu verzögern.[430] Seit dem 1. Januar 1996 obliegt es den im Rahmen der Nahverkehrsgesetze bestimmten Behörden auf Kreis- oder Landesebene bzw. den beauftragten Zweckverbänden (meist den örtlichen Verkehrsverbünden, die räumlich, aber nicht organisatorisch mit den Tarifverbünden zusammenfallen), Verkehrsleistungen zu bestellen. Die neu geschaffenen „Verantwortungsträger" – überwiegend Länder und Kommunen – kaufen nach dem Subsidiaritätsprinzip als „Zwischennachfrager" bei den rund 340 (überwiegend privaten) Schienenbetreibergesellschaften Fahrplanverpflichtungen ein, die neben Regionalzügen und S-Bahnen auch Busleistungen mit landesweiter Bedeutung einschließen. Da § 1 Regionalisierungsgesetz (RegG) den ÖPNV weiterhin als eine Aufgabe der Daseinsvorsorge definiert, werden diese nicht selbstfinanzierungsfähigen Verkehrsangebote – der Kostendeckungsgrad durch die Einnahmen aus dem Fahrkartenverkauf liegt bei rund einem Drittel – bislang aufrechterhalten.

Dabei weisen die Bestellmodalitäten bundeslandspezifische Unterschiede auf. Während Rheinland-Pfalz, Nordrhein-Westfalen und Hessen die Zuständigkeit für den gesamten ÖPNV auf der Schiene und der Straße an kommunale Aufgabenträger delegiert haben, weisen Bayern, Schleswig-Holstein und Thüringen die Kompetenz für den straßengebundenen ÖPNV den untersten Gebietskörperschaften zu, lassen Landesbehörden jedoch die Verantwortung für den SPNV tragen. Diese verausgaben die Regionalisierungsmittel zugleich für die Neubeschaffung und Modernisierung von Fahrzeugen, den Aus- und Neubau von Schienenstrecken sowie für Bahnhöfe und Haltepunkte des Nahverkehrs, zu denen auch die DB-eigenen *Park & Ride*-Parkplätze gerechnet werden.[431] In der jüngeren Vergangenheit geriet die Zweckentfremdung der Gelder jedoch in den Fokus der Kritik: „Angeblich ist Rheinland-Pfalz das einzige Bundesland, das seinen Teil komplett für den Nahverkehr ausgibt. Andere Länder sanieren Gleisanlagen und Bahnhöfe damit – oder einfach ihren Haushalt. Rechenschaft müssen sie jedenfalls für die Verwendung der Regionalisierungsmittel nicht ablegen."[432]

---

[430] Vgl. Claus-Friedrich Laaser, Die Bahnstrukturreform. Richtige Weichenstellungen oder Fahrt aufs Abstellgleis?, Kieler Diskussionsbeiträge, Nr. 239 (1994); Laaser verweist zudem auf das in Bahnerkreisen offene Geheimnis, dass die DB AG z.B. durch nicht abgestimmte Anschlüsse die Leistungserbringung verschlechterte, um sie für die verbliebenen Fahrgäste unattraktiv zu machen und Gründe für einen Stilllegungsantrag anführen zu können (S. 33, FN 18).
[431] Allianz pro Schiene, Daseinsvorsorge statt Almosen, Pressemitteilung v. 10.3.2006, S. 1
[432] Klaus-Peter Schmid, Endstation Börse. Bitte alle aussteigen, in: Die Zeit, Nr. 49 v. 1.12.2005, S. 29

Ziele, Erfolge und Versäumnisse

Mit der Regionalisierung löste der Personennah- den Güterverkehr als ertragsstärkste Säule der DB AG im Bereich der Schienenverkehrsleistungen ab. Die deutlich sichtbare Verschiebung hinsichtlich der Ertragsfähigkeit der verschiedenen Umsatzsegmente ist u.a. auf die (von 2006 bis 2010 stufenweise gekürzten) jährlichen Bundeszuweisungen zurückzuführen, die gewährt werden, weil „der Personennahverkehr von der gemeinsamen europäischen wie der deutschen Verkehrspolitik noch als eine öffentliche Aufgabe anerkannt"[433] wird. So erhält bspw. Nordrhein-Westfalen vom Bund ca. 1,1 Mrd. EUR Regionalisierungsmittel pro Jahr, wovon derzeit beinahe 750 Mio. EUR für den SPNV verausgabt werden.[434] Die Fahrgast- und Ergebniszuwächse sind des Weiteren damit zu begründen, dass im Zuge der Regionalisierung Entscheidungskompetenzen hinsichtlich der Verkehrsgestaltung dezentralisiert wurden: Den Bundesländern bot sich fortan die Gelegenheit, den SPNV in das jeweilige von Kreisen, Zweckverbänden und Kommunen verantwortete ÖPNV-Gesamtsystem zu integrieren (um Parallelverkehre zu vermeiden) und die regionalen Verkehrsangebote bedarfsgerecht aus-, um- oder gegebenenfalls abzubauen. Dabei wiederum erwies sich die Implementierung des Bestellerprinzips nach § 8 Abs. 1 und 2 RegG gemeinsam mit organisatorischen und investiven Maßnahmen als ursächlich für die positive Bilanz. Darunter fallen die Mehrbestellungen von Zügen, die Modernisierung der Betriebsfahrzeuge, die engere Verzahnung des SPNV mit dem übrigen öffentlichen Verkehr sowie die von Kommunen und Ländern verantwortete Sanierung der Bahnhofsanlagen.

Obschon sich mit der marktnahen Leistungsvergabe Kostensenkungspotenziale erschließen und hohe Leistungsstandards garantieren ließen, bestehen weiterhin Defizite bei der Ausgestaltung der Vergabeverfahren. Dies gilt zum einen in Bezug auf Volumen, Laufzeit, Gestaltungsfreiheit und Risikoverteilung (u.a. für nicht ausgeschöpfte Kapazitäten). Zum anderen stößt die geringe Ausschreibungsquote auf Kritik, denn anders als in der Vergabeordnung festgeschrieben, ist eine Wettbewerbsquote von 100 Prozent in absehbarer Zeit nicht zu erwarten, weil die konkrete Staffelung der in den Wettbewerb überführten Leistungen in der Entscheidungskompetenz der einzelnen Aufgabenträger liegt. Selbst in Schleswig-Holstein, dem Bundesland, in dem die meisten Aufträge ausgeschrieben werden, beläuft sich die Ausschreibungsquote, die meist signifikant oberhalb der Vergabequote an nicht-bundeseigene Bahnen (NE-Bahnen) liegt, auf bislang

---

[433] Karl Oettle, Konturen künftiger Eisenbahndienste?, in: Hans-Joachim Ritzau/ders./Jörn Pachl/Wolfgang Stoffels, Die Bahnreform – eine kritische Sichtung, Pürgen 2003, S. 133
[434] FDP-Landtagsfraktion, Das neue NRW. Wahlprogramm zur Landtagswahl 2005, Düsseldorf 2005, S. 59

lediglich 49 Prozent.[435] Dies erklärt, weshalb die Angebotsstrukturen trotz der Regionalisierung nahezu identisch geblieben sind und die DB Regio den SPNV mit einem Anteil an der bundesweiten Gesamtbetriebsleistung von 86,8 Prozent nach wie vor dominiert.[436] Auch in personeller Hinsicht spielen die privaten Bahnunternehmen gegenwärtig noch eine untergeordnete Rolle. So beschäftigten die NE-Bahnen zum Jahresende 2005 nur ca. 14.000 Mitarbeiter (im Gegensatz zur DB AG mit rund 216.000 Beschäftigten) und leisteten in jenem Jahr im Personenverkehr lediglich 632,33 Mio. Zugkilometer (DB AG: 72,55 Mrd.).[437]

Dabei sind bei einer (zu) niedrigen Wettbewerbsquote angesichts der Vielzahl regionaler Schienenverkehrsanbieter Konzentrationsprozesse, d.h. Fusionen und Übernahmen, zu befürchten. Neben der Herausbildung von Gebietsmonopolen stellen „Nachfragesegmentierungen mit nachhaltigen Preisdiskriminierungen zur Abschöpfung von Konsumentenrenten"[438] eine häufige, wenn nicht gar eine unweigerliche Folge der Liberalisierung von Branchen mit Netzcharakter dar – wie die zwischen 1998 und 2003 hierzulande um 15,8 Prozent gestiegenen Strompreise belegen.[439] Aufgrund vergleichbarer Marktverhältnisse im Bahnsektor und vor dem Hintergrund der Erfahrungen in Großbritannien ist mittel- bis langfristig auch im hiesigen ÖPNV mit einem durch oligopolistische Strukturen bedingten Anstieg der Fahrpreise zu rechnen.

Unabhängig davon, welche Gebietskörperschaft bzw. welcher Verkehrsverbund im einzelnen Verantwortung trägt, erhielten die Besteller der Fahrplangebote 2006 einen Finanztransfer aus Bundesmitteln von 7,53 Mrd. EUR, der

---

[435] Bündnis 90/Die Grünen, Für mehr und besseren Schienenverkehr. Die Bahnreform konsequent weiterführen, Berlin 2004, S. 2; ein weiterer Grund ist der, dass keines der privaten Bahnunternehmen bislang in nennenswertem Umfang in den Personenfernverkehr eingestiegen ist, weil sich ein Großteil der anfallenden Gewinne aus den für den SPNV gewährten Regionalisierungsmitteln speist.
[436] Daniel Delhaes/Reinhold Böhmer, Grünes Licht, in: Wirtschaftswoche, Nr. 20 v. 15.5.2006, S. 55
[437] Bundesarbeitsgemeinschaft SPNV, Betriebsleistungen im SPNV in Deutschland, Berlin 2006, S. 1 f. u. DB AG, Geschäftsbericht 2005, Berlin 2006, S. 2
[438] Heinz-J. Bontrup, Arbeit, Kapital und Staat. Plädoyer für eine demokratische Wirtschaft, a.a.O., S. 382 (Anm. 87)
[439] Annette Beutler, Allianz gegen Preisexplosion, in: Focus, Nr. 39 v. 20.9.2004, S. 36; ein prägnant formulierter Artikel zur Liberalisierung des Strommarktes findet sich in der Ausgabe Nr. 18 der Wochenzeitung Die Zeit aus dem Jahre 2003: „Die Zahl der Anbieter schrumpft, die Preise steigen, die Verbraucher gucken in die Röhre. Einen typischen Drei-Personen-Haushalt kostet Strom heute monatlich 50 Euro – fast zehn Euro mehr als vor drei Jahren. Schuld daran tragen allerlei gestiegene Abgaben; aber auch der schwindende Wettbewerb. Die Liberalisierung des Strommarktes in Deutschland sei schlicht gescheitert, schimpfen Verbraucherschützer. Und Henning Borchers, der als Geschäftsführer des Bundesverbandes Neuer Energieanbieter (BNE) die letzten verbliebenen Neulinge vertritt, sagt: ‚Das Monopol ist heute stärker als 1998.' Monopol? Auf dem Papier ist es verschwunden. Tatsächlich aber haben die Platzhirsche von einst ein Kunststück vollbracht. Mit ihrer fast beispiellosen Kraft und Macht gelang es der Elektrizitätsbranche, ihre Selbstkontrolle in das Zeitalter der Liberalisierung hinüberzuretten" (Fritz Vorholz 2003, S. 27).

Ziele, Erfolge und Versäumnisse 165

sich zu beinahe gleichen Teilen aus den Mehrwertsteuereinnahmen des Bundes und den Zahlungsansprüchen aus dem Gemeindeverkehrsfinanzierungsgesetz (GVFG) speist.[440] Nachdem die rot-grüne Bundesregierung noch eine jährliche Anhebung um 100 Mio. EUR in Aussicht gestellt hatte, wurden nach ihrer Abwahl Kürzungen um insgesamt 1,8 Mrd. EUR bis zum Jahresende 2009 beschlossen.[441] Vor dem Hintergrund, dass aus der dreiprozentigen Mehrwertsteuererhöhung zum 1. Januar 2007 Schätzungen zufolge allein im ersten Jahr Mehreinnahmen in Höhe von 21,8 Mrd. EUR erwachsen und sowohl die bedarfsgerechte Ausrichtung der Angebotspalette als auch die enge(re) Vernetzung der Verkehrsträger nach wie vor erklärte Ziele der Verkehrspolitik sind, scheint die Kürzung der Regionalisierungsmittel unverständlich. Die Einsparungen gefährden die im Nahverkehr erzielten Erfolge, die sich darin widerspiegeln, dass mittlerweile 90 Prozent des Fahrgastaufkommens auf Bahnfahrten von unter 50 Kilometern Reichweite entfallen und rund die Hälfte der Personenkilometer in diesem Segment erbracht werden.[442] Die nach wie vor Besorgnis erregenden Verkehrs- und Umweltprobleme, insbesondere in den urbanen Ballungsräumen, drohen sich weiter zu verschärfen; mittelfristig könnten Zehntausende Arbeitsplätze im ÖPNV, in der Bahnindustrie sowie im Verkehrswegebau verloren gehen.

4.3.3 Sinkende Verkehrsmarktanteile im Spiegel einer verzerrten öffentlichen Darstellung

Trotz bisweilen gegenteiliger Beteuerungen von Seiten der DB AG wurde auch das zweite zentrale Anliegen der Bahnreform neben der Entlastung des Bundeshaushalts nicht erreicht, nämlich den Anteil des Schienenverkehrs am *modal split* zu steigern. Am 28. Januar 2004 zog Wilhelm Pällmann, ehemaliger Vorsitzender der *Regierungskommission Verkehrsinfrastrukturfinanzierung*, vor der *Parlamentsgruppe Schienenverkehr* des Deutschen Bundestags anlässlich des zehnjährigen Jubiläums der Bahnreform eine ernüchternde Bilanz, die der Tendenz nach bis heute Gültigkeit beanspruchen kann:

> „Die Bahn hat ihren Marktanteil im Personenverkehr knapp gehalten: Verluste im Fernverkehr konnten zwischenzeitlich durch leichte Anteilsgewinne im Nahverkehr nahezu ausgeglichen werden – ausschlaggebend dafür war die Verdreifachung der öffentlichen Zuschüsse im Rahmen der Regionalisierung.

---

[440] Klaus-Peter Schmid, Endstation Börse. Bitte alle aussteigen!, in: Die Zeit, Nr. 49 v. 1.12.2005, S. 29
[441] Allianz pro Schiene, Neuauflage der Broschüre „Stadt, Land, Schiene. 16 Beispiele erfolgreicher Bahnen im Nahverkehr", Pressemitteilung v. 28.6.2006, S. 1
[442] Winfried Wolf, In den letzten Zügen. Bürgerbahn statt Börsenwahn, a.a.O., S. 22

Im Güterverkehr ist der Marktanteil von über 20 Prozent Anfang der 90er-Jahre auf unter 15 Prozent in 2002 gesunken. Seit 1997, dem Basisjahr für die Prognosen zum Bundesverkehrswegeplan 2003, hat sich der Schienengüterverkehr schlechter entwickelt als selbst im *Worst-Case*-Szenario 2003 zugrunde gelegt. Das Gegenteil trifft für den Straßengüterverkehr zu; das schlechte Abscheiden der Bahn ist also nicht in erster Linie mit konjunkturellen Rahmenbedingungen zu begründen. Ein Vergleich dieser Fakten mit den Erwartungen der seinerzeit eingesetzten Regierungskommission führt zu dem eindeutigen Schluss: In verkehrlicher Hinsicht wurden die Ziele der Bahnreform bei weitem nicht erreicht, eine Verlagerung von der Straße zur Schiene hat nicht stattgefunden; die Bahn hat aufs Ganze gesehen weiter an Marktanteilen verloren."[443]

Zahlreiche weitere Verkehrsexperten und -politiker kommen zu ähnlichen Urteilen über die unzulängliche Partizipation des Schienensektors am konstant wachsenden Verkehrsmarkt, wenn statt der *absoluten* Fracht- und Fahrgastzahlen die Verkehrsmarkt*anteile* im intermodalen Wettbewerb betrachtet werden und nicht die von der DB AG veröffentlichten Daten, sondern die des Bundesamtes für Statistik und des Deutschen Instituts für Wirtschaftsforschung (DIW) als Bezugsgrößen gewählt werden.[444]

Die Angaben, die sich den Geschäftsberichten entnehmen lassen, und die daraus abgeleiteten Werte in der von der DB AG herausgegebenen Publikation „Daten und Fakten" zeigen für den Zeitraum von 1994 bis einschließlich 2006, dass die Leistungen im Fernverkehr auf 34,5 Mrd. Personenkilometer geringfügig gesunken und im Nahverkehr um 26,4 Prozent auf 40,3 Mrd. Personenkilometer gestiegen sind (*Anhang 5*).[445] Die Aussagekraft dieser DB-Kennzahlen ist jedoch in zweifacher Hinsicht begrenzt: Zum einen sind absolute Werte bei der Angabe von Verkehrsleistungen keine validen Größen; stattdessen muss der gesamte Personenverkehrsmarkt zum Maßstab erklärt werden – der mit einem Zuwachs von 15,3 Prozent im selben Zeitraum die Wachstumsraten der DB AG als geringfügig unterdurchschnittlich erkennen lässt. Zum anderen hat Karl-Dieter Bodack, projektverantwortlicher Planer und Entwickler des InterRegio, in einer bemerkenswerten Untersuchung für den Zeitraum von 1993 bis 2004 nachgewiesen, dass die Steigerungsraten zwar korrekt aus offiziellen Daten errechnet wurden, die DB AG jedoch „die Erfassungsmodalitäten für die Pkm [Personenkilometer; *T.E.*] mehrfach so geändert hat, dass für gleiche Leistungen höhere

---

[443] Wilhelm Pällmann, Vortrag vor Parlamentsgruppe Schienenverkehr am 28. Januar, Berlin 2004, S. 2

[444] Vgl. mit weiterführenden Hinweisen: Winfried Wolf, In den letzten Zügen. Bürgerbahn statt Börsenwahn, a.a.O., S. 19

[445] DB AG, Geschäftsbericht 1993, Frankfurt am Main 1994, S. 77 u. DB AG, Geschäftsbericht 2006, Berlin 2007, S. 223

Ziele, Erfolge und Versäumnisse 167

Zahlenwerte ausgewiesen werden."[446] Wie der Bundesrechnungshof bereits im Jahr zuvor vermutet hatte, kam mit der Ausgabe von „Daten und Fakten DB 1998/99" erstmalig ein Erfassungsverfahren zum Einsatz, welches in wesentlichen Aspekten von den statistischen Gepflogenheiten abwich.[447] Entgegen anders lautenden Bestimmungen in § 5 Abs. 1 der Verordnung über die Eisenbahnstatistik, „im Personenverkehr die beförderten Personen und die Personenkilometer nach Art der Fahrausweise"[448] zu erfassen, wurden mit der Herausgabe der Verkehrszahlen im Jahre 1999 rückwirkend nicht mehr ausschließlich zahlende Fahrgäste in die Statistik einbezogen, sondern auch das eigene Personal sowie Freifahrer, zu denen u.a. Menschen mit Behinderung, Bundestagsabgeordnete und Bundeswehrbedienstete zu rechnen sind.

Würden die ursprünglichen Berechnungsgrundlagen von 1992/93 beibehalten, ergäbe sich beginnend mit den Ausgangswerten von 1992 für den Zeitraum von 1993 bis 2003 ein anderes Bild: Die im Fernverkehr geleisteten Personenkilometer sanken danach um 4,5 Prozent von 29,2 auf 27,9 Mrd., im Nahverkehr wäre eine Steigerung von lediglich 1,1 Prozent auf 27,7 Mrd. festzustellen.[449] Per Saldo bedeutete dies für den gesamten Schienenpersonenverkehr einen Rückgang von 1,6 Prozent. Noch ungünstiger fiele die Bilanz aus, wenn die 1994 erzielten Zuwächse von 10,4 Prozent im Fern- und 2,5 Prozent im Nahverkehr der erfolgreichen Strategie der Bundesbahn und nicht der DB AG zugeschrieben würden. Dann nämlich ließen sich im Personenfern- und -nahverkehr Verluste von 6,6 bzw. 8,4 Prozent für den Gesamtzeitraum konstatieren.

Bedenklich mutet im Hinblick auf die weiterhin betriebene „Schönung" der Fahrgastzahlen an, dass die Erfassungsmodalitäten der DB AG bis zum heutigen Tag in offenem Widerspruch zu den weltweit üblichen Standards stehen. Denn in den Vorgaben des Statistischen Bundesamtes heißt es unzweideutig: „Die Perso-

---

[446] Karl-Dieter Bodack, Die deutsche Bahnreform – ein Erfolg?, in: Eisenbahn-Revue International, 11. Jg., Heft 11 (2004), S. 525
[447] „Die Analyse der Jahresabschlüsse der DB AG zeigt, dass die DB AG noch keinen eigenen Beitrag zur Ergebnisverbesserung geleistet hat. Vielmehr beruhen die vom Unternehmen dargestellten Erfolge im Wesentlichen entweder auf Strukturreform-Maßnahmen, auf erhöhten Leistungen des Bundes oder auf Ausweisänderungen durch die DB AG" (Bundesrechnungshof 1997, S. 1).
[448] Auf Anfrage von Karl-Dieter Bodack, langjähriger DB-Manager in Verantwortung für die Ausgestaltung der InterRegio-Züge, bestätigte die DB AG, dass es sich bei den höheren Werten in der Tat nicht um genuine Zuwächse, sondern um Änderungen im Erfassungsverfahren handelt. Ähnliches ergab eine telefonische Anfrage Klaus Gietingers bei Frau Sabine Radke, die beim DIW für die redaktionelle Bearbeitung von „Verkehr in Zahlen" zuständig ist. Auch dort zeigte man sich verärgert über die „unterschiedlichen Daten", die seitens der DB AG zur Verfügung gestellt werden. Vgl. dazu weiterführend die Ausgaben von „Verkehr in Zahlen" aus den Jahren 1999 (S. 56 f. bzw. 210-213) u. 2001/02 (S. 56 f. bzw. 212 f.).
[449] Diese und nachfolgende Zahlenwerte wurden entnommen aus: Karl-Dieter Bodack, Die deutsche Bahnreform – ein Erfolg?, in: Eisenbahn-Revue International, 11. Jg., Heft 11 (2004), S. 525

nenbeförderungsfälle werden in aller Regel anhand des Verkaufs von Fahrausweisen ermittelt. Dabei werden Zeit- und Mehrfachkarten entsprechend ihrer Ausnutzung mehrfach gezählt. Umsteiger im Liniennetz einer Eisenbahn werden nur als ein Beförderungsfall gezählt (Unternehmensfahrt-Konzept). Nicht zu den beförderten Personen gehören nicht zahlende Reisende sowie Militärpersonen."[450]

4.4 Sicht- und spürbare Erscheinungsbilder der Kapitalmarktorientierung

Frühzeitig stimmten die etablierten politischen Parteien in die zunächst von Heinz Dürr, später dann von Hartmut Mehdorn erhobene Forderung ein, die DB müsse von „den Fesseln des öffentlichen Dienst- und Haushaltsrechts"[451] befreit werden. Die Grundlage nahezu sämtlicher Diskussionen über die Ausgestaltung der materiellen Privatisierung bildete die Überzeugung, dass sich die DB AG an der von betriebswirtschaftlichem Kalkül dominierten Erwartungshaltung potenzieller Kapitalanleger orientieren müsse, um verkehrlich wie wirtschaftlich erfolgreich operieren zu können. Dabei fand das Argument, dass die bislang erfolgten Privatisierungen auf Bundesebene eine eher zurückhaltende Reaktion an der Börse ausgelöst haben – wie die Aktienkursverläufe von Lufthansa-, Telekom-, Post- und Postbankaktien zeigen –, kaum Gehör.

Mithin stellte die im ersten Geschäftsjahr der reformierten Bahn eingesparte „Dürr-Milliarde"[452] bei der Umsetzung Kosten sparender Strategien nur einen Anfang dar. Schließlich konnte die von der *Regierungskommission Bundesbahn* empfohlene „echte", soll heißen: materielle Privatisierung der DB laut Gutachten nur dann Erfolg haben, wenn die Eigenkapitalbeschaffung in ausreichendem Maß gelingen würde. Zu den empfohlenen Strategien, welche die Rentabilität des ehemaligen Staatsunternehmens steigern und für den weiteren Reformprozess charakteristisch werden sollten, zählten die Rationalisierung der Dienstleistungsprozesse, die Steigerung der Auslastungsquote im Bahnverkehr, die mit einer Qualitätssteigerung verbundene Anhebung der Tarife und schließlich die Senkung der Beschaffungspreise.[453] Im Sommer 2004 mahnte Hartmut Mehdorn

---

[450] Zitiert nach: Klaus Dietinger, Der Markterfolg der Deutschen Bahn AG nach der Bahnreform, in: Heiner Monheim/Klaus Nagorni (Hrsg.), Die Zukunft der Bahn. Zwischen Bürgernähe und Börsengang, Herrenalber Protokolle Nr. 116, a.a.O., S. 91 f. (FN 13)
[451] Heinz Dürr, Privatisierung als Lernprozess am Beispiel der deutschen Bahnreform, a.a.O., S. 101
[452] Mit der viel zitierten „Dürr-Milliarde" wird gemeinhin auf die von Heinz Dürr eingesparte eine Mrd. D-Mark (0,51 Mrd. EUR) Bezug genommen, die dieser bei der Materialbeschaffung im ersten Jahr weniger verausgabte (Horst Albach 2002, S. 79).
[453] Ders., Die Bahnreform in Deutschland, in: Zeitschrift für Betriebswirtschaft, Ergänzungsheft 3 (2002), S. 69

in einem bahninternen Schreiben an, sämtliche Budgets für Investitionen und Sachkosten bis zum Jahresende einzufrieren, wobei lediglich solche Funktionsstellen ausgenommen werden sollten, „die unbedingt zur Aufrechterhaltung des laufenden Betriebs"[454] erforderlich sind. Die Auswirkungen dieser einseitig an betriebswirtschaftlichen Vorgaben ausgerichteten Unternehmensstrategie wurden mit der fortschreitenden Orientierung auf die Kapitalmarktfähigkeit zunehmend deutlicher sicht- und spürbar.

4.4.1 Privatisierung, Entwidmung und Stilllegung von Liegenschaftsvermögen

Häufig wird der schrittweise Rückzug der DB AG aus der Fläche dort sichtbar, wo nicht entfernte Gleiskörper nach ihrer Freistellung von Bahnbetriebszwecken durch das EBA aus Kostengründen schlichtweg brachliegen. Ein weiteres Indiz für das Bemühen, die Kapitalrendite durch den Abbau des Anlagevermögens zu steigern, sind die zahlreichen Bahnhofsschließungen sowie der Verkauf von mehr als 1.200 Bahnhofsgebäuden seit 1994. Viele dieser ehemaligen Bahnhöfe – sofern sie nicht zum Abriss freigegeben wurden – werden durch die Um- und Rückbauten ihrer eigentlichen Funktion als Zu- und Abgangsstellen zum Netz nicht mehr gerecht. Seit Mitte der 1980er-Jahre büßen die Bahnhöfe inklusive ihrer Empfangshallen durch die Veräußerung an Privatinvestoren ihren Charakter als öffentliche Räume und Kulturdenkmäler ein: Häufig wandelten sich die ursprünglich für jedermann zugänglichen „Eingangstore zu den Städten" durch ihre Neugestaltung zu „Geschäftswelten mit Gleisanschluss",[455] wie der ehemalige verkehrspolitische Sprecher der PDS-Bundestagsfraktion, Winfried Wolf, treffend anmerkt. So wurde der symbolische und emotionale Stellenwert der Bahnhöfe, die zentrale Glieder in der Reisekette bilden, sukzessive mit groß angelegten Umbauarbeiten konterkariert, wenngleich derartiger Kritik von Seiten der Bahnführung mit dem Argument begegnet wird, dass die neu geschaffenen „Erlebniswelten" im Stile innerstädtischer Fußgängerzonen angesichts der bundesweit 4,1 Mrd. Besucher pro Jahr und des dort nicht geltenden Ladenschlussgesetzes eine lukrative Einnahmequelle für den Konzern darstellten. Häufig angeführte Beispiele sind die Promenaden im Leipziger und die Colonaden im Kölner Hauptbahnhof, aber auch in Nürnberg, Hamburg, Mainz, Halle (Saale), Erfurt

---

[454] Winfried Wolf, Mehdorn baut ab. Bahn streicht Gleisanschlüsse und versucht, durch „Sparmaßnahmen" börsentauglich zu werden, in: Junge Welt v. 3.8.2004, S. 1
[455] Winfried Wolf, Die sieben Todsünden des Herrn M. Eine Bilanz der Verkehrs- und Bahnpolitik mit sieben Hinweisen, weshalb diese in einer verkehrspolitischen Sackgasse mündet, Berlin 2002, S. 47; Heiner Monheim weist darauf hin, dass Bahnhöfe als „Kathedralen des Fortschritts" historisch betrachtet stets eine hohe Symbolwirkung auszeichnete, die in der repräsentativen und kreativen Ausgestaltung mit regionalen Architekturstilen zum Ausdruck kam (2004 b, S. 150).

und Berlin wurden zahlreiche Empfangshallen der zentral gelegenen Bahnhöfe mit Blick auf das Einzelhandelsgeschäft umgestaltet oder neu errichtet.[456] Bundesweite Beachtung fand der Bau des Berliner Hauptbahnhofs an der Stelle der ehemaligen Lehrter Station. Mit der Errichtung des „Giganten an der Spree", der am 26. Mai 2006 als größter Kreuzungsbahnhof Europas in Sichtweite von Bundestag und -kanzleramt eröffnet wurde, stieg der Konzern mit einer seit 1994 investierten Gesamtsumme von rund zehn Mrd. EUR endgültig zum größten Investor Berlins auf.[457]

Einen ähnlichen Ansatz verfolgte das DB-Management nahezu zeitgleich mit den „Projekten 21" in München, Stuttgart und Frankfurt am Main, wo die Bahnhofsanlagen als kombinierte Verkehrs- und Städtebauprojekte umgestaltet werden sollten. Die dortigen Gleisanschlussstellen sollten in Tieflage gebracht, das vormals oberirdische Bahnareal in attraktiver Innenstadtlage für den Betrieb aufgegeben und – teils samt Immobilien – über die DB Services Immobilien GmbH veräußert werden. Während die Projekte in der bayerischen Landeshauptstadt sowie in Frankfurt am Main bereits nach der Konzeptions- und Planungsphase verworfen worden waren, wurde die Neugestaltung des Stuttgarter Bahnhofsgeländes am 19. Juli 2007 beschlossen, nachdem die Investorensuche und das Planfeststellungsverfahren die Einleitung des Bauvorhabens um mehr als 13 Jahre verzögert hatten. Für eine kalkulierte Bausumme von 4,8 Mrd. EUR soll bis 2020 einer der modernsten Kopfbahnhöfe Europas zu einem größtenteils unterirdisch verlaufenden Durchgangsbahnhof umgebaut werden.[458] Trotz der betrieblichen Nachteile, die selbst beim Einsatz von Triebzügen bei Kopfbahnhöfen bestehen bleiben (Notwendigkeit zahlreicher Überwerfungen, Brücken und Schienenkreuzungen), beharrten zahlreiche Kritiker auf einer Beibehaltung des derzeitigen Bahnhofskonzepts in der baden-württembergischen Landeshauptstadt: zum einen, weil der kostspielige Umbau des Bahnhofs unter baulichen Aspekten fraglich scheint und zum anderen, weil er abermals die Orientierung auf vermeintlich prestigeträchtige Großbauprojekte dokumentiert – womit Gelder für dringliche(re) Ausbesserungs- und Instandsetzungsarbeiten fehlen. Die DB AG wird 1,4 Mrd. EUR zu dem nach jetzigem Stand größten europäischen Bauprojekt beisteuern.[459]

---

[456] DB AG, Drehscheibe der Mobilität, in: Welt am Sonntag v. 11.1.2004 (Verlagssonderveröffentlichung), S. 2
[457] Dirk Westphal/Jessica Schulte am Hülse: „Giganten an der Spree", in: Welt am Sonntag v. 24.7.2005, S. 32
[458] Gangolf Stocker, Stuttgart 21. Die plötzliche Geburt und das langsame Sterben eines unsinnigen Großprojekts, in: Heiner Monheim/Klaus Nagorni (Hrsg.), Die Zukunft der Bahn. Zwischen Bürgernähe und Börsengang, Herrenalber Protokolle Nr. 116, a.a.O., S. 172
[459] Bernd Dörries, Mit 250 über die Schwäbische Alb, in: Süddeutsche Zeitung v. 20.7.2007, S. 6

Sicht- und spürbare Erscheinungsbilder der Kapitalmarktorientierung 171

Wird nicht die Umwandlung von Großbahnhöfen in Einkaufszentren und die damit einhergehende Aufhebung ihrer ursprünglichen Funktion als Kern des Problems gewertet, rückt die vielerorts vernachlässigte Aufenthaltsqualität der Stationen gemeinsam mit dem „Bahnhofssterben" in den Mittelpunkt der Betrachtung. Fand sich Mitte der 1960er-Jahre entlang der westdeutschen Bahnstrecken noch alle 4,1 Kilometer ein meist gepflegtes Bahnhofsgebäude, so sank die „Bahnhofsdichte" (Netzlänge dividiert durch die Anzahl der Bahnhöfe) bis Ende 2006 auf knapp sieben Kilometer.[460] Mehr als 2.500 Bahnhofsgebäude wurden von 1960 bis zur formellen Privatisierung von Bundes- und Reichsbahn zum Jahresbeginn 1994 abgebaut oder veräußert. In den darauffolgenden zwölf Jahren wurde die Zahl der Stationen mit Empfangsgebäude weiter merklich reduziert; von den letzten Schließungen waren insbesondere Haltepunkte in Ostdeutschland betroffen. Neben der Stilllegung vollständiger Bahnhofsanlagen ist in einem Ende des Jahres 2000 vorgelegten Konzeptpapier des Unternehmensbereichs „Personenbahnhöfe", der zur DB Station & Service AG gerechnet wird, auch die kontinuierliche Schließung von Empfangsgebäuden vorgesehen. Wurden zwischen 1994 und 2006 bereits 1.200 Bahnhofsgebäude veräußert und mehrere hundert geschlossen, sollen nach Anfang Februar 2007 bekannt gewordenen Plänen mittel- bis langfristig weitere 1.800 der noch verbliebenen 2.400 Stationen mit Empfangsgebäude geschlossen und/oder verkauft werden.[461] Von den 308 bayerischen Bahnhofsgebäuden will die DB AG 210 veräußern, in den Bundesländern Sachsen, Sachsen-Anhalt und Thüringen werden künftig nur noch insgesamt 39 Stationen mitsamt Empfangsgebäude im Eigentum des Konzerns stehen. An den übrigen Haltepunkten sollen Bahnsteige, Fahrkartenautomaten und Wartehäuschen ausreichend sein, sodass die einstigen „Visitenkarten" der Städte und Gemeinden weiter an Bedeutung verlieren werden.[462]

Die Veräußerung der bahneigenen Liegenschaften erregte frühzeitig die Aufmerksamkeit der politisch interessierten Öffentlichkeit. Vorbereitend war das

---

[460] Winfried Wolf, Die sieben Todsünden des Herrn M.: Eine Bilanz der Verkehrs- und Bahnpolitik mit sieben Hinweisen darauf, weshalb diese in einer verkehrspolitischen Sackgasse mündet, a.a.O., S. 44 u. eigene Berechnungen nach: Bundesamt für Statistik, Statistisches Jahrbuch 2006 für die Bundesrepublik Deutschland, Wiesbaden 2006, S. 418
[461] Winfried Wolf, Der Bahnhofs-Krimi, Stellungnahme des Bündnisses Bahn für alle v. 19.2.2007, S. 1
[462] Vgl. Frank-Thomas Wenzel, Streit über Verkauf von Bahnhöfen, in: Frankfurter Rundschau v. 17.2.2007, S. 12 u. Klaus Ott, Plünderer bei der Bahn, in: Süddeutsche Zeitung v. 2.10.2000, S. 4; diese Entwicklung steht auch im Zusammenhang mit dem Bemühen der DB AG, Obdachlose mit Hilfe privater Sicherheitsdienste aus den Bahnhöfen als ehemals öffentlichen Räumen zu drängen, sodass diese nicht mehr wahrgenommen werden (müssen). Mit den „sozialen Säuberungen" wird aber nicht nur ein schmerzhafter Teil sozialer Realität ausgeblendet, sondern zugleich ein Beispiel dafür geliefert, „wie der Markt zur Vernichtung sozialer Maßstäbe wie Gleichwertigkeit beiträgt" (Wilhelm Heitmeyer 2002, S. 218).

gesamte betriebsnotwendige Liegenschaftsvermögen mit der Umsetzung der ersten Reformstufe in den Gesamtkonzern integriert worden, indem entlang der relevanten Gebrauchskriterien die Übertragung auf die fünf neu geschaffenen Aktiengesellschaften sowie auf die DB AG Holding erfolgte, während alle nicht bahnnotwendigen Liegenschaften beim BEV verblieben. In einem weiteren Schritt wurden zum Jahresbeginn 1999 die Liegenschaften „im nahen Bahnhofsbereich", zu denen hauptsächlich Empfangsgebäude und Bahnhofsvorplätze zählten, an die DB Station & Service AG übertragen und diejenigen, die im Bereich des Fahrwegs oder der Rangierflächen angesiedelt waren, der DB Netz AG zugerechnet – sofern sie nicht der Holding selbst zugeordnet blieben.[463]

Zwar verfügte die DB AG einschließlich ihrer Aktiengesellschaften noch im Jahre 2006 über eines der bundesweit größten Immobilienportfolios mit einer Gesamtfläche von 135.000 Hektar, doch waren zu diesem Zeitpunkt bereits rund 1.000 Bahnhöfe an die dänische Phoenix Fondsmaeglerselskab A/S veräußert worden. Darüber hinaus wurden seit dem Winter 2003 rund 600 besonders renditeträchtige Objekte mit einer zur Verfügung stehenden Nutzfläche von 24 Hektar in einen geschlossenen Immobilienfonds namens German Rail Estate GmbH & Co. Fonds 1 KG überführt.[464] Die im September 2007 für 1,64 Mrd. EUR an den Baukonzern Hochtief veräußerte Aurelis Real Estate GmbH & Co. KG und die BahnflächenEntwicklungsGesellschaft NRW mbH erwarben Liegenschaften mit einer Gesamtfläche von 3.870 Hektar inklusive Empfangsgebäuden. Zugleich übertrug das BEV zahlreiche Flurstücke an Privatinvestoren wie die Vivico Real Estate GmbH und an die eigens zu diesem Zweck gegründete konzerneigene Verwertungsgesellschaft.[465] Im Oktober 2000 berichtete die *Financial Times Deutschland* über das von DB-Führung und Bundesregierung erzielte Einvernehmen bezüglich der Immobilienverkäufe: „Statt wie bislang Objekte wie alte

---

[463] Wie aus einer im Mai 2006 veröffentlichten Untersuchung des Bundesrechnungshofs hervorgeht, verbuchte die DB-Führung wertvolle Trassen (z.B. die im Berliner Hauptbahnhof verlaufenden) und Bahnhofsgebäude (z.B. die Hauptbahnhöfe in der Freien und Hansestadt Hamburg, in Frankfurt am Main und alle „21-er"-Projekte) als Immobilien- und Liegenschaftsbestand der Holding, obwohl diese seit 1999 bei den Infrastrukturgesellschaften DB Netz AG und DB Station & Service hätten bilanziert werden müssen (Bernd Hops 2006, S. 3).
[464] Winfried Wolf, Endstation Privatisierung. Der Abbau und Ausverkauf der Bahnhöfe ist in vollem Gange, in: Junge Welt v. 22.3.2004, S. 3
[465] DB AG, Bahnreform und Immobilieneigentum. Eine Kurzübersicht zur Entwicklung der Eigentümer von Bahnimmobilien, Berlin 2005, S. 6 u. 9; hervorzuheben bleibt, dass die Investitionen Privater in keinem unmittelbaren Zusammenhang mit der Wahrnehmung bahnnaher Interessen wie bspw. der Renovierung von Bahnhofsgebäuden stehen. Dies erschließt sich daraus, dass diesbezügliche Vorgaben in den Verkaufsprospekten ebenso fehlen wie durch den Bahnbetrieb bedingte Auflagen. Stattdessen werden „Profitcenter" mit Renditeerwartungen von „mindestens zehn Prozent" in Aussicht gestellt (Winfried Wolf 2004 c). Vgl. weiterhin Boris Palmer, Der Kapitalvernichter. Bahnchef Mehdorn hat mit seiner Börsengangsstrategie das Unternehmen ruiniert, in: die tageszeitung v. 31.1.2006, S. 11.

Bahnhöfe einzeln zu verkaufen, solle die VEI [Verwertungsgesellschaft für Eisenbahn-Immobilien; T.E.] eine ‚property company' werden, die Planung, Projektentwicklung, Vermarktung, Bestandsverwaltung und Immobilien-Investment betreibe, erklärt das Ministerium. Wichtig sei diesbezüglich die weitere Trennung des Unternehmens von der Bahn. ‚Die Gesellschaft könnte ab 2003/04 ganz oder teilweise durch Veräußerung von Gesellschaftsanteilen an Dritte privatisiert werden', heißt es."[466]

Eine breite Öffentlichkeit erfuhr von der Privatisierungsstrategie bereits im Spätsommer 1999, als Unregelmäßigkeiten bei dem Paketverkauf von 112.600 Eisenbahnerwohnungen publik wurden. Im Widerspruch zu Empfehlungen eigenhändig beauftragter Gutachter hatte Bundesverkehrsminister Matthias Wissmann den Zuschlag nicht der meistbietenden Deutschen Annington Immobilien GmbH (Tochtergesellschaft der japanischen Finanzgruppe Nomura Securities) erteilt, sondern einem Konsortium aus öffentlichen und privaten Investoren, das von der Hamburger WCM Beteiligungs- und Grundbesitz AG mit der Familie Ehlerding als Mehrheitsaktionärin dominiert wurde.[467] Karl Ehlerding, dessen berufliche Tätigkeit selbst die *Börsen Zeitung* als „bakteriologische Zersetzungstätigkeit an den Rändern des Kapitalmarktes"[468] bezeichnete, ließ der CDU gemeinsam mit seiner Ehefrau am 23. September 1998, d.h. vier Tage vor den Wahlen zum 14. Deutschen Bundestag, 3,02 Mio. EUR zukommen. Nachdem ein vom Deutschen Bundestag eingesetzter Untersuchungsausschuss den Zusammenhängen zwischen dem Spendenfluss sowie der Immobilientransaktion mit einem Gesamtwert von rund 3,5 Mrd. EUR auf den Grund gegangen war und der Personalrat des BEV seinen Einspruch gegen die Unterzeichnung des Kaufvertrags eingelegt hatte, wurde dessen Erfüllung ausgesetzt. Zum Jahresende 2000 schließlich änderte die rot-grüne Bundesregierung die Verkaufsmodalitäten und ließ bei einer Rückstellung von 56.000 Wohneinheiten für einen Gesamterlös von 2,6 Mrd. EUR 64.000 Wohnungen an die japanische Finanzgruppe und lediglich 4.000 an die Hamburger WCM-Gruppe veräußern.

---

[466] Gerrit Wiesmann, Ausgediente Liegenschaften sollen an die Börse, in: Financial Times Deutschland v. 11.10.2000, S. 13
[467] Thomas Kleine-Brockhoff, Autor der Wochenzeitung *Die Zeit*, führte dazu im Frühjahr 2001 detailliert aus: „Um zwischen den beiden Bietern entscheiden zu können, versichert sich die Bundesregierung sachkundigen Rates. Wie wichtig dem Bund die Hilfe ist, zeigt das Honorar der Finanzberater. Die Unternehmensberatung Drueker & Co. sowie die Deutsche Bau- und Bodenbank bekommen für ihre Expertise 18,3 Millionen Euro. Sie empfehlen die Deutsche Annington in jedem einzelnen Schreiben an die Bundesregierung, insgesamt sechsmal. Zum einen, weil die Gruppe vier Milliarden Euro offeriert, eine halbe Milliarde mehr als Ehlerdings Gruppe. Aber auch wegen ‚aller weiteren Konditionen', kurzum: es sei ‚das beste Angebot'. Die Berater sehen ‚bei entsprechender Würdigung aller Sachargumente keinen Grund, das Angebot abzulehnen'" (2001, S. 15).
[468] Gottfried Mehner, WCM wandelt sich vom Paria- zum Daxwert, in: Börsen Zeitung v. 10.7.1999, S. 4

Aber schon vor dieser Aufsehen erregenden Transaktion sorgte das von der Bundesregierung ausgelöste Verkaufsgebaren für Unbehagen in den Reihen der Fachpolitiker, vor allem bei denjenigen der seinerzeitigen Oppositionsparteien. So beantragte die PDS-Bundestagsfraktion die Einsetzung eines Untersuchungsausschusses zum BEV und warf im Parlament u.a. die Frage auf, warum nicht – wie in § 24 ENeuOG vorgesehen – eine Schiedsstelle eingerichtet wurde, die in strittigen Fällen darüber entscheidet, welche Immobilien bahnnotwendig bzw. nicht bahnnotwendig sind. Auch der Bundesrechnungshof übte in seinem Bericht vom 28. Juni 1995 Kritik an dem eigentumsrechtlichen Ausgliederungsprozedere: „Die bei der Paketlösung gewählte Verfahrensweise (...) führte im Ergebnis zu einer Umkehr des im ENeuOG vorgesehenen Verfahrens. Während nach dem Gesetz das BEV der DB AG Liegenschaften insoweit überträgt, als deren Bahnnotwendigkeit nachgewiesen ist, hat die DB AG aus dem Gesamtbestand der Liegenschaften diejenigen ausgewählt, die sie dem BEV überlassen will, wobei das gesetzliche Kriterium der Bahnnotwendigkeit weitgehend in den Hintergrund getreten ist."[469] In einem ergänzenden Bericht des Folgejahres heißt es:

> „Nach Darstellung des BEV ist davon auszugehen, daß ihm nicht alle Verkaufsvorgänge von der DB AG zur Genehmigung vorgelegt worden sind. Dem BEV ist auch nicht bekannt, in welchem Umfang die genehmigten Grundstücksgeschäfte inzwischen realisiert wurden. (...) Die tatsächliche Höhe der Erlöse ist weder dem BEV noch der DB AG bekannt. (...) Die DB AG ist im Besitz fast aller nicht bahnnotwendigen Liegenschaften einschließlich der entsprechenden Informationen und Unterlagen (z.B. Lagepläne)."[470]

Nicht nur der Öffentlichkeit, sondern auch dem Deutschen Bundestag blieb lange Zeit vorenthalten, welche Grundstücke nach welchen Kriterien dem BEV oder dem privatisierten Staatskonzern zugeschlagen wurden. Laut Stellungnahmen des Bundesrechnungshofs wurde das BEV in den Verhandlungen gelegentlich gezielt übergangen, sodass die Realisierung des Projekts „Stuttgart 21" auch deshalb mit Argwohn betrachtet wird, weil sich die DB AG Grundstücke aneignete, die nicht als bahnnotwendig klassifiziert werden können. So kann für mehrere Flurstücke belegt werden, dass diese seit vielen Jahren bahnfremd genutzt werden (bspw. von Speditionen, einem Möbelhaus und einem Alteisenvertrieb), sie mithin laut ENeuOG im Eigentum des BEV und nicht der DB AG stehen müssten. Diese Auseinandersetzung bildet die Grundlage für die nach wie vor diskutierte (un)rechtmäßige Zuordnung der Immobilien. So räumte das Bundes-

---

[469] Deutscher Bundestag, Bundestagsdrucksache 13/5029 v. 28.6.1996, S. 3
[470] Bundesrechnungshof, Bericht v. 1.3.1996, zitiert nach: Deutscher Bundestag, Bundestagsdrucksache 13/5029 v. 28.6.1996, S. 3

ministerium für Verkehr, Bau und Stadtentwicklung in einem Brief an den amtierenden DB-Finanzvorstand Diethelm Sack ein, der ministerialen Kontrollfunktion zur damaligen Zeit nicht ausreichend nachgekommen zu sein: „Aber der Aufsichtsrat hat sich natürlich nicht bis ins Detail mit der Zuordnung von Grundstücken zu Gesellschaften beschäftigt. Wir haben uns darauf verlassen, dass die rechtlichen Grundsätze eingehalten werden."[471]

Insgesamt wird die flächendeckend sichtbar gewordene Verkaufsstrategie von vielen Kritikern – darunter nicht wenigen bahninternen – als Beleg für die Kurzsichtigkeit des DB-Managements gewertet. Denn wie nicht nur das Beispiel des für 70 Jahre in Erbbaupacht an die Hamburger ECE-Gruppe vergebenen Leipziger Hautbahnhofs zeigt, stehen dem kurzfristigen Verkaufserlös bei einer Aufrechterhaltung des Betriebs stets langfristige Mietzahlungen gegenüber. Ein weiterer Vorwurf zielt darauf ab, dass die Einnahmen aus den Bahnhofs- und Liegenschaftsverkäufen nur unzureichend in die Sanierung und Renovierung kleiner und mittelgroßer Bahnhofsgebäude investiert wurden. Wolf-Dieter Siebert, Vorstand der DB AG-Tochter Station & Service, räumte zehn Jahre nach Einleitung der Bahnreform ein: „Von den großen Bahnhöfen sind lediglich 30 Prozent in einem befriedigenden Zustand, von den kleinen und mittleren ganze 17 Prozent."[472] Die Forderung nach einer Aufwertung der Stationen zu attraktiven Städte- und Gemeindezentren ergibt sich nicht nur aus funktionellen Gründen, sondern auch daraus, dass zahlreiche Gebäude eine zeitgeschichtlich einzigartige Architektur aufweisen, die als Spiegel einer Epoche und Ausdruck einer regionalen Identität zu verstehen ist.

Nicht selten wurden ehemals repräsentative Bahnhofsvorplätze als Verschnittflächen bei der Verkehrsplanung zerstückelt, um Raum für den motorisierten Individualverkehr zu schaffen. Zahlreiche der in der zweiten Hälfte des 20. Jahrhunderts errichteten Bahnhöfe sind von nüchternem Funktionalismus geprägt und versprühen zudem wenig Charme – woran die in Waschbeton eingefassten Durchgänge ebenso Schuld tragen wie die vielfach unzureichend ausgeleuchteten Wartehallen und die häufig reparaturbedürftigen Unterstände auf den Bahnsteigen. Obschon die Modernisierungs- und Instandhaltungskosten bei zahlreichen historischen Bahnhöfen beträchtlich sind, erscheint es sinnvoll, die „Kultur des Reisens", die das Transportmittel Bahn gegenüber Straßen- und Luftverkehr auszeichnet, schon in den Empfangshallen der Bahnhöfe beginnen zu lassen – und nicht erst in den Zügen. Denn Bahnhöfe sind nicht nur „Visitenkarten" von Städten und Gemeinden; sie bilden für alle Bahnreisenden Ankunfts-, Abfahrts-

---

[471] Zitiert nach: Claudia Wanner, Bund wirft Bahn fehlerhafte Bilanzierung vor, in: Financial Times Deutschland v. 31.5.2006, S. 3
[472] Zitiert nach: Winfried Wolf, Endstation Privatisierung. Der Abbau und Ausverkauf der Bahnhöfe ist in vollem Gange, in: Junge Welt v. 22.3.2004, S. 3

und Wartestellen und sind insofern ein nicht zu unterschätzender imagebildender Faktor für das Gesamtsystem Schiene.

4.4.2 Orientierung auf Hochgeschwindigkeitsverkehre und gleichzeitige Stilllegung ländlicher Streckenabschnitte

Die Orientierung am Markt- und Preismechanismus zwingt die DB AG nicht allein zu den von (Verkehrs-)Politikern jedweder Couleur kritisierten Veräußerungen von Liegenschaften, sondern vermehrt auch zu Streckenstilllegungen in peripheren Bedienungsgebieten.[473] Mit dem im Rahmen des Konzepts „RZ 2000 plus" – wobei „RZ" für „Rationalisierter Zustand" steht – vorangetriebenen Gleisrückbau trat der Konzern unmittelbar nach der formellen Privatisierung den Rückzug aus der Fläche an. Bundesweit wurden seit 1994 insgesamt 455 Strecken stillgelegt, das Streckennetz somit von ehedem 42.787 Kilometern auf 34.128 Kilometer (2006) gekürzt (vgl. *Anhang 6*).[474]

Dabei sind räumliche und zeitliche Verlängerungen der Anfahrtswege bereits jetzt vielerorts die Folge. Dünn besiedelte und von Wirtschaftszentren entfernt liegende Landstriche gelten der privatrechtlich organisierten Bahn zunehmend als unattraktiv, da die immensen Fixkosten (Wartung und Instandhaltung der Infrastruktur sowie des rollenden Materials) durch die laufenden Einnahmen mangels Auslastung nicht gedeckt werden können.[475] Den betroffenen, meist strukturschwachen Bundesländern, Regionen, Zweckverbänden und Regionalbahnunternehmen, denen mit Art. 5 ENeuOG, § 10 a das Recht eingeräumt wurde, Strecken von dem die Stilllegung beantragenden Bahnunternehmen eigenverantwortlich zu übernehmen bzw. Verträge über die Aufrechterhaltung von Ein-

---

[473] Vgl. zur besseren Illustration der Entwicklung im Fernverkehr: *Anhänge 6 u. 7*
[474] DB AG, Geschäftsbericht 2006, a.a.O., S. 122; Bundesamt für Statistik, Statistisches Jahrbuch 1996 für die Bundesrepublik Deutschland, Wiesbaden 1996, S. 310; vgl. weiterführend: Tim Engartner, Von der Bürger-Bahn zur Börsen-Bahn, in: Blätter für deutsche und internationale Politik, 51. Jg., Heft 9 (2006), S. 1127 f.
[475] Ohne Zweifel stellt die geringe Auslastungsquote der Züge ein schwerwiegendes Problem für Bahnbetreiber dar. Der mit dem „Orden pour le mérite für Wissenschaften und Künste" ausgezeichnete Betriebswirt Horst Albach formuliert dies einprägsam, wenn er darauf verweist, dass „bei einem Unternehmen, das durch einen sehr hohen Anteil fixer Kosten geprägt ist, (...) die Auslastung von zentraler Bedeutung [ist]" (2002, S. 69). Sind die Züge im Mittel lediglich zu 20 Prozent ausgelastet, ergeben sich extrem hohe Verluste, obschon sich bereits knapp oberhalb der kritischen Auslastung stattliche Gewinne „einfahren" ließen. Letztlich kann eine Erhöhung der Auslastung nur dadurch erreicht werden, dass entweder die Zahl der Züge verringert oder das Passagieraufkommen gesteigert wird.

zelstrecken abzuschließen, fehlen meist die finanziellen Mittel, um den Bahnbetrieb fortzuführen.[476]

Gleichzeitig fokussiert sich die DB AG mit dem aus der Luftfahrt entlehnten Netzentwicklungskonzept *hub and spokes* auf ausgewählte Knoten (meist Hauptbahnhöfe in großen Oberzentren), wo neben den Fernverkehrslinien einige Stichlinien den Verkehr in die Region verteilen.[477] Die durch das Fehlen von Quer- und Spangenverbindungen in Kauf genommenen Fahrtzeitverlängerungen sollen dabei durch höhere Fahrgeschwindigkeiten auf den Magistralen kompensiert werden, kürzere Zugläufe die Fernwirkung von Verspätungen eindämmen. In dieses Bild fügen sich die Großprojekte, wie sie in Berlin, Frankfurt am Main, Dresden und Stuttgart mit den Neu- und Umbauten der Bahnhöfe begonnen oder bereits abgeschlossen wurden. Dabei gilt die dezentrale, polyzentrische Siedlungsstruktur der Bundesrepublik mit einer äußerst differenzierten Städtelandschaft als prädestiniert für eine Netz- und Bahnstruktur, die von einer Flächenstatt einer Hochgeschwindigkeits- inklusive einer damit einhergehenden Korridororientierung gekennzeichnet wird.

Vor dem Hintergrund, dass laut dem jüngsten Raumordnungsbericht in den alten Bundesländern 49 Prozent der Bevölkerung außerhalb der Verdichtungsräume leben und auf dem Gebiet der ehemaligen DDR sogar 55 Prozent, kritisiert Heiner Monheim, Inhaber des Lehrstuhls für Angewandte Geographie, Raumentwicklung und Landesplanung an der Universität Trier, infrastrukturelle Großprojekte und Fernverkehrsrelationen als nicht „flächennetzbildungsfähig".[478] Danach ist die Fokussierung auf ein Rumpfnetz verfehlt; erforderlich sei stattdessen ein breiter Netzansatz „mit einem ‚Maschennetz' aus vielen Strecken und Knoten, um möglichst viele ‚Fische am Verkehrsmarkt zu fangen.'"[479] Auf-

---

[476] Dabei handelt es sich um eine Finanzierungslücke, die mit der von Bundestag und Bundesrat im Sommer 2006 fortgeschriebenen Senkung der Regionalisierungsmittel noch weiter anwachsen wird.
[477] Wolfgang Hesse, Mehr Netz statt Tunnels und Korridore. Plädoyer für ein neues Netz- und Fahrplankonzept bei der DB, in: Heiner Monheim/Klaus Nagorni (Hrsg.), Die Zukunft der Bahn. Zwischen Bürgernähe und Börsengang, Herrenalber Protokolle Nr. 116, a.a.O., S. 106
[478] Heiner Monheim, Immer größer, immer schneller? Warum Politik, Ingenieure, Wirtschaft und Bahn Großprojekte lieben, in: ders./Klaus Nagorni (Hrsg.), Die Zukunft der Bahn. Zwischen Bürgernähe und Börsengang, Herrenalber Protokolle Nr. 116, a.a.O., S. 141
[479] Ebd., S. 149; für die „Flächenbahn" plädiert Heiner Monheim unter Hinweis auf die kompensatorische Wirkung eines differenzierten Zugsystems: Während IC, EC und ICE mit Geschwindigkeiten zwischen 160 und 320 km/h vorzugsweise Oberzentren und Einzugsgebiete mit mindestens 200.000 Einwohnern bedienen, ergänzte der InterRegio das Fernbahnnetz über mittlere Distanzen mit Geschwindigkeiten zwischen 120 und 200 km/h mit Mittelzentren und Einzugsgebieten mit 100.000 Einwohnern untereinander bzw. mit den Oberzentren zu verbinden. RE-Züge, die mit Geschwindigkeiten zwischen 100 und 160 km/h fahren, halten in Kleinstädten und Ortsteilen mit Einwohnerzahlen bzw. Einzugsbereichen von ca. 10.000 Einwohnern. Zuletzt schließen RB- und S-Bahnen mit Geschwindigkeiten zwischen 80 und 120 km/h Orte und Einzugsbereiche mit rund 4.000 Einwohnern an das Schienennetz an (2004 b, S. 101-105).

grund der hohen Zahl an Verdichtungsräumen empfehle sich für die Bundesrepublik ein dicht verzweigtes Schienennetz mit eng verknüpften Hauptstrecken, da die kürzeren Fahrtzeiten im Hochgeschwindigkeitsverkehr die durch die Konzentrationseffekte hervorgerufenen längeren Ab- und Zugangszeiten selbst im Fernreiseverkehr nur selten kompensieren könnten. Als zukunftsträchtige Investitionsstrategie für den Verkehrsträger Schiene empfiehlt Monheim daher insbesondere für das durch den klassischen Ansatz der Triage ermittelte kritische Flächendrittel eine Renaissance der Flächenbahn, für die u.a. Investitionen in 250 Regionalbahnnetze, in rund 6.000 neue Bahnhöfe bzw. Haltepunkte sowie in die Reaktivierung von ca. 300 stillgelegten Streckenabschnitten vorgeschlagen werden.[480]

In der Vergangenheit orientierte sich die DB AG hingegen bei ihren Infrastrukturinvestitionen unter bisweilen immensem Druck der Landes- und Bundespolitik einseitig auf solche Großprojekte, die eine Verkürzung der Reisezeit zugunsten zeitsensibler Ferndistanzreisender vorsahen. An kostspieligen Großprojekten wie der ICE-Neubaustrecke Nürnberg - Erfurt - Halle, die 2015 im Rahmen des Verkehrsprojekts „Deutsche Einheit" unter der Ordnungsnummer 8.1 fertig gestellt sein soll, wird unter Verweis auf die geringfügige Beeinträchtigung des Infrastrukturumfeldes ebenso festgehalten wie an dem Umbau des Stuttgarter Hauptbahnhofs. Mit den neu geschaffenen ICE-Strecken zwischen Ballungszentren kam es zeitgleich zur Ausdünnung auf Parallelstrecken, die überwiegend dem Regional- und Nahverkehr und damit stets auch der Schließung von Zeitlücken dienten. Teilweise traf der Rückzug aus der Fläche sogar Großstädte wie Bonn, Koblenz und Mainz, die nach Eröffnung der Hochgeschwindigkeitsstrecke Köln - Frankfurt am Main (Flughafen) mehr als die Hälfte ihrer Fernzugangebote verloren. Auch Mannheim, das mit über 300.000 Einwohnern als Zentrum des Ballungsraums Rhein-Neckar gilt, sollte vom ICE-Verkehr mit der Begründung abgehängt werden, die DB AG könne „nicht jede Milchkanne mitnehmen."[481] Nun wurde dort erstmals in der Bundesrepublik die Konzeption einer „Ortsumgehung per Fernbahn" den suburbanen TGV-Bahn-

---

[480] Vgl. ders., Immer größer, immer schneller? Warum Politik, Ingenieure, Wirtschaft und Bahn Großprojekte lieben, a.a.O., S. 167 u. Karl-Dieter Bodack, Die deutsche Bahnreform – ein Erfolg?, in: Eisenbahn-Revue International, 11. Jg., Heft 11 (2004), S. 526 f.; stützen lassen sich derartige Flächenbahnkonzepte durch den klassischen Ansatz der Triage, wonach es zwischen den verkehrstechnisch voll ausgebauten Landesflächen mit 80 Prozent und einem infrastrukturell nur schwer erschließbaren Drittel mit lediglich fünf Prozent der Bevölkerung das so genannte kritische Drittel gibt. Derartige Flächenabschnitte weisen einen Bevölkerungsanteil von 15 Prozent auf und gelten in der Raum- und Umweltplanung als kritisch, weil sich dort erst mit neuartigen Flächenbahnkonzepten ein tragfähiges Schienenverkehrsangebot mit weitgehend fußläufiger Erreichbarkeit entwickeln ließe, sodass „das derzeitige Abbröckeln am Ballungsrand aufgefangen und eine zunehmende Erschließung der dünner besiedelten Landesteile erfolgen kann" (Karl Otto Schallaböck/Markus Hesse 1995, S. 8).
[481] Hartmut Mehdorn, Alles nur ein Missverständnis, in: Mannheimer Morgen v. 6.3.2002, S. 19

höfen in Frankreich nachempfunden – mit einem auf die „grüne Wiese" an das nächstgelegene Autobahnkreuz verlagerten Bahnknoten.

Die Strategie der DB AG, nicht flächendeckend die Reise-, sondern auf ausgewählten Magistralen die Spitzengeschwindigkeit als Qualitätsmerkmal zu etablieren, verfehlt die Fahrgastbedürfnisse, weil die verkürzte Fahrtzeit im nächsten Verkehrsknotenpunkt durch lange Wartezeiten mangels integralen Taktfahrplans und in der Fläche angesichts unzureichend funktionierender Vor- und Nachläufe wieder aufgezehrt wird. Winfried Wolf erkennt hinter der Abkehr von der Flächenbahn eine einseitige Konzentration auf eine spezifische Klientel: „Die neuen Götter des Bahnmanagements sind die Geschäftsreisenden, die Laptopper, die Handymen, die First-Lounge-User und die City-Hopper."[482] Der Verzicht auf eine Flächenbahn, „die das schnelle Reisen für alle [demokratisiert] statt es für eine kleine Elite zu monopolisieren",[483] wurde während Mehdorns Amtszeit forciert, obwohl auch nach Auffassung der vom DB-Vorstand beauftragten Unternehmensberatung Booz Allen & Hamilton langfristig maximal ein stagnierendes, wahrscheinlicher sogar eher ein rückläufiges Fahrgastaufkommen im Fernverkehr zu erwarten ist.[484]

Verstärkten Zuspruch erhält deshalb in der jüngeren verkehrswissenschaftlichen Debatte der Gegenentwurf zum *Hub-and-Spokes*-System, der integrale Taktfahrplan, der – soweit Topographie, Siedlungs- und Netzstruktur dies zulassen – auf einen synchronen Zu- und Ablauf der Züge abzielt, um eine optimale Systemwirkung zu entfalten, maximale Verknüpfungs- und Umsteigemöglichkeiten zu bieten und im gesamten Netz eine angemessen hohe Systemgeschwindigkeit zu sichern.[485] Würde eine flächendeckende Versorgung mit Schienenver-

---

[482] Winfried Wolf, Die sieben Todsünden des Herrn M.: Eine Bilanz der Verkehrs- und Bahnpolitik mit sieben Hinweisen darauf, weshalb diese in einer verkehrspolitischen Sackgasse mündet, a.a.O., S. 37; wie umstritten die Hochgeschwindigkeitsstrategie der DB AG ist, verdeutlichen Schlagzeilen aus der überregionalen Presse: „Mit Tempo 280 in die falsche Richtung" (Süddeutsche Zeitung v. 23.6.1998), „Die Bahn hängt ganze Regionen ab" (Süddeutsche Zeitung v. 17.7.2000), „Bürgerbahn statt Börsenbahn – Über den Bankrott der Verkehrspolitik" (Frankfurter Rundschau v. 14.11.2000).
[483] Heiner Monheim, Reform der Reform: Negative Bilanz der Bahnpolitik (unveröffentlichtes Manuskript), Trier 2004, S. 5; um Bahnfahrten für ein Massenpublikum erschwinglich zu machen, senkte die SNCF Ende der 1990er-Jahre drastisch ihre Fahrpreise, sodass allein der TGV als „leicht elitäre[r] Zug für Geschäftsreisende, dessen Gepäckablagen bestenfalls für ein Aktenköfferchen konzipiert waren" zwischen 2000 und 2005 einen Fahrgastzuwachs von 25 Prozent erzielte (Matthias Beermann 2006, S. 4).
[484] Wolfgang Glabus/Jobst-Hinrich Wiskow, Mehdorns Malaise, in: Capital, Nr. 4 v. 13.2.2006, S. 42
[485] Wolfgang Hesse, Mehr Netz statt Tunnels und Korridore. Plädoyer für ein neues Netz- und Fahrplankonzept bei der DB, a.a.O., S. 108; Hesse beschreibt das System anhand eines Taktfahrplans im Ein-Stunden-Rhythmus, bei dem die Begegnungszeiten in den Minuten 00 und 30 liegen (ebd.). Nach dieser vom Integralen Taktfahrplan der Schweiz inspirierten Investitions- und Betriebsstrategie werden die Konten- und Netzinvestitionen gleichmäßig im gesamten Netz verteilt, um eine hohe Systemattraktivität zu sichern. Das kann für jede einzelne Strecke zu verschiedenen Ausbaustandards

180　*Stationen einer (kapital)marktorientierten Neuvermessung der Bahnpolitik*

kehrsleistungen angestrebt, resultierte ein nennenswerter Vorteil aus der höheren Systemgeschwindigkeit, die sich speziell aus dem Einsatz des InterRegio als „einer mittleren, preisgünstigen, zwischen Nah- und Fernverkehr operierenden Zugklasse"[486] ergibt.

4.4.3 Die Rückführung von Zuggattungen als Ausdruck der Hochgeschwindigkeitsorientierung

Die nahezu bundesweite Einstellung der bei einem Umsatz von zuletzt 610 Mio. EUR durchaus profitablen Zuggattung zum 15. Dezember 2002 (ein letzter InterRegio verkehrte bis zum 27. Mai 2006) ist ein weiterer sichtbarer Beleg für die Konzentration auf den Hochgeschwindigkeitsverkehr. In der Bundesrepublik wurde das auf 300 Systemhalte angelegte Zugprofil von einer wochentäglichen Zwei-Stunden-Taktung, einer mittleren Reisegeschwindigkeit von 80 km/h sowie einer durchgängig qualifizierten Ausstattung mit Erste-Klasse-, Service- und Zweite-Klasse-Wagen in Blockzugbildung geprägt. Die zuletzt erfasste durchschnittliche Reiseweite der jährlich 68 Mio. InterRegio-Fahrgäste von 125 Kilometern gilt gemeinhin als Beleg für die herausragende Bedeutung der Zuggattung, die bis 1999 auf 24 Linien mehr als 1.000 deutsche Groß-, Mittel- und Kleinstädte miteinander verband.[487]

Obwohl die 1988 eingeführten InterRegios, die den D-Zug-Verkehr ersetzen sollten, laut zweitem Geschäftsbericht der DB AG mit 424 Zügen „ein nahezu flächendeckendes attraktives Schienenangebot"[488] bereit hielten, erfolgte deren beinahe vollständige Einstellung mit dem Fahrplanwechsel am 15. Dezember 2002. Dies hatte zur Folge, dass Mittel- und Oberzentren wie Potsdam, Magdeburg oder Rostock und Regionen wie Oberschwaben und der Schwarzwald weitgehend vom Fernverkehr abgehängt wurden. Widerstand regte sich über parteipolitische Grenzen hinweg in Baden Württemberg, wo die Linien 26 und 28 mit den Strecken Trier - Saarbrücken - Mannheim - Stuttgart - Ulm - Lindau - Landeck sowie Karlsruhe - Stuttgart - Ulm - München - Salzburg bereits mit dem Fahrplanwechsel im Sommer 1999 herbe Kürzungen erfuhren. Heftig kritisiert

---

und Geschwindigkeitsprofilen führen, weil jede Strecke nur so schnell sein muss, dass der folgende Knoten rechtzeitig für die Systemzeit erreicht wird. In solchen Systemen sind Hochgeschwindigkeitsabschnitte unnötig und meist störend für die Systemqualität.
[486] Karl-Dieter Bodack/Wolfgang Hesse/Heiner Monheim, Renaissance des IR in Deutschland. Ein Konzept zur Erschließung der Marktpotentiale für mittlere Fernreisen, in: Heiner Monheim/Klaus Nagorni (Hrsg.), Die Zukunft der Bahn. Zwischen Bürgernähe und Börsengang, Herrenalber Protokolle Nr. 116, a.a.O., S. 123-137
[487] Hierzu wie auch zum nachfolgenden Absatz: ebd., S. 123
[488] DB AG, Geschäftsbericht 1995, Frankfurt am Main 1996, S. 27

wurde im Weiteren die ersatzlose Streichung der Linie 17 (Aachen - Duisburg - Dortmund - Hannover - Magdeburg - Berlin), die das west-östliche Rückgrat des InterRegio-Netzes gebildet und nach Recherchen des Fernsehsenders ARD entgegen der Behauptung der DB-Geschäftsführung eine überdurchschnittliche Auslastung aufgewiesen hatte.[489] Ähnliches gilt für die Linie 15, deren Verlauf die Strecke (Hamburg) - Bremen - Osnabrück - Recklinghausen - Köln - Trier - (Saarbrücken) umfasste und trotz einer gemittelten Auslastung von rund 200 Fahrgästen pro Zug am Ausgangs- und Endpunkt „amputiert" wurde.[490]

Als Grund für die Einstellung der Zuggattung InterRegio nennt der Unternehmensberater Karl-Dieter Bodack, der von 1967 bis 1995 in Stabs- und Führungsfunktionen bei der DB und der DB AG tätig war, die mangelnde Akzeptanz der höherpreisigen ICE-Verbindungen durch die Fahrgäste. Seines Erachtens strich und kappte die Bahnführung – zuletzt im Rahmen des Ende 1999 verkündeten Konzepts „MORA P" („Marktorientiertes Angebot") – zentrale InterRegio-Verbindungen mit der (nicht kommunizierten) Absicht, „die unzureichend ausgelasteten ICE- und IC-Züge zu füllen."[491] Das Kalkül der Bahnverantwortlichen, die Bahnkunden zur Nutzung der teureren Zuggattungen zu veranlassen, ging indes nicht auf, wie eine zum Jahresanfang 2003 durchgeführte DB-Umfrage belegt: „Auf erheblichen Unmut bei den Reisenden stößt (...) auch die Abschaffung der InterRegio-Linien, die teilweise durch Regionalzüge, teilweise aber auch durch den InterCity (IC) ersetzt wurden. Im IC kostet die reguläre Fahrkarte mehr als im früheren InterRegio, der auf mittlere Entfernungen auch bei Pendlern eine hohe Attraktivität aufwies."[492] Die fehlkalkulierte Preiselastitizität der Nachfrage, d.h. die überschätzte Zahlungsbereitschaft der Kunden, war neben der Tatsache, dass mit dem InterRegio die bei den Fahrgästen beliebteste Zuggattung – die Zustimmungsraten lagen bei 94 Prozent („sehr gut" oder „gut") – aufgegeben wurde, wohl der maßgebliche Grund für die fortan konstant sinkenden Marktanteile der DB AG im Fernverkehr. Da sich die Bundesländer vielfach genötigt sahen, die Rückführung dieser Zuggattung durch „unechten Nahverkehr" zu kompensieren, stiegen die Nahverkehrskosten dort signifikant an, ohne dass über Regionalisierungsmittel ein entsprechender Ausgleich stattgefunden hätte.

Der Abbau des InterRegio-Verkehrs, der auch unter Einberechnung der Neubaustreckenfinanzierung signifikant höhere Kostendeckungsgrade erreichte als das ICE-Segment, setzte eine sich selbst verstärkende Entwicklung in Gang.

---

[489] Karl-Dieter Bodack, InterRegio. Die abenteuerliche Geschichte eines beliebten Zugsystems, Freiburg 2005, S. 112 f.
[490] Ebd., S. 112
[491] Die Zitate und Informationen in diesem Absatz sind allesamt entnommen aus: ebd., S. 125 u. 164
[492] Klaus Ott, Fahrgäste trauern BahnCard nach, in: Süddeutsche Zeitung v. 10.4.2003, S. 21

Die zunächst ausschließlich in den Tagesrandlagen veranlassten Ausdünnungen der Fahrtakte ließen die Nachfrage zunächst bei zeit-, später dann auch bei preissensiblen Nutzergruppen wie Berufspendlern, Rentnern, Studierenden und Familien sinken, sodass als Korrekturmaßnahme einzelne Linienstücke gekappt bzw. ganze Verbindungen aufgegeben wurden.[493] Auf beinahe jede Angebotsverknappung folgte ein weiterer Nachfragerückgang, da die Gesamtnachfrage nicht in vollem Umfang an den Nahverkehr oder den IC- und EC-Verkehr weitergereicht werden konnte. Das zunehmende Ausweichen auf den Straßenverkehr lag erheblich in den durch zusätzliche Umsteigezwänge verlängerten Reisezeiten sowie in der Annullierung des Preisvorteils begründet, den der InterRegio gegenüber den zuschlagpflichtigen Schnellzügen aufgewiesen hatte. Der Versuch, die Verteilung der Fahrgäste über das Tarifsystem und nicht über die zeitlichen und räumlichen Erschließungsmerkmale zu steuern, wird mittlerweile von zahlreichen Fachleuten als untauglich angesehen – nicht zuletzt, weil die ehemals blau-beige lackierten InterRegio-Waggons (sofern sie nicht verschrottet wurden) bei ihrer Umwandlung in IC-Züge lediglich mit der für diese Zuggattung charakteristischen roten Banderole versehen wurden, eine tarifgerechte Komfortsteigerung hingegen ausblieb.[494] Krisenverschärfend kam hinzu, dass die zeitgleich umgesetzte *Downgrading*-Strategie des Konzerns vorsah, die Speisewagen in den IC- und EC-Zügen durch Stehbistros zu ersetzen und den ICE-Verkehr als „Aushängeschild" des Personenfernverkehrs zu installieren.

2010 soll der Anteil der ICE-Züge an der Gesamtflotte nach Unternehmensangaben bei 66,4 Prozent liegen, eine Ausweitung der Ersten Klasse ist ebenso wie der erwähnte Neu- und Ausbau weiterer Hochgeschwindigkeitsstrecken beschlossen.[495] Ergänzt wird diese an der konkurrierenden Luftfahrt ausgerichtete Strategie um Sonderprodukte wie den von der SNCF betriebenen Thalys, der ursprünglich nur für den länderübergreifenden Verkehr im Beneluxgebiet konzipiert worden war. In der Vergangenheit war diese Orientierung auf das Hoch-

---

[493] Dabei ist die Frequenz von Zügen eine zentrale Größe, wenn es um die Entscheidung des (auch potenziellen) Kunden geht, ob er die Bahn, den PKW oder das Flugzeug nutzt. Insbesondere Berufspendler sind auf eng getaktete Fahrpläne angewiesen, da die Frequenz von Zügen auch über die Wartezeiten auf eventuelle Anschlusszüge entscheidet. Trotz im Bundesverkehrswegeausbauplan vorgesehener Straßenneu- und -ausbauten könnte die Bahn durch eine Steigerung der Pünktlichkeit gegenüber dem individualisierten PKW-Verkehr Boden gutmachen. Da die Reisekette im Schienenverkehr mehrfach gebrochen wird, potenzieren sich verspätungsbedingte Anschlussverluste an jedem weiteren Brechpunkt zu Warte- und damit einhergehenden längere Reisezeiten. Vgl. zu den Störwirkungen von Verspätungen und Anschlussverlusten im Bahnverkehr: Joachim Fiedler, Verlässlichkeit als Konkurrenzkriterium, in: Der Eisenbahningenieur, 56. Jg., Heft 12 (2005), S. 40-46

[494] Vgl. beispielhaft: Karl Dieter Bodack/Wolfgang Hesse/Heiner Monheim, Renaissance des IR in Deutschland. Ein Konzept zur Erschließung der Marktpotentiale für mittlere Fernreisen, a.a.O., S. 128-130

[495] Wolfgang Glabus/Jobst-Hinrich Wiskow, Mehdorns Malaise, in: Capital, Nr. 4 v. 13.2.2006, S. 44

Sicht- und spürbare Erscheinungsbilder der Kapitalmarktorientierung 183

preissegment indes nicht aufgegangen, wie der Misserfolg des ehemals zwischen Köln und der Freien und Hansestadt Hamburg verkehrenden Schnellzugs Metropolitan verdeutlicht. Der mit dem Slogan „Willkommen auf der Erfolgsschiene" beworbene Zug, dessen Innenausstattung mit cremefarbenen Ledersitzen, aus Schweizer Birnbaumholz gefertigten Vertäfelungen, Handläufen aus gebürstetem Edelstahl und einer Cocktailbar überwiegend auf solvente Geschäftsreisende abzielte, konnte mangels Nachfrage und massiver Konkurrenz aus der Luft nicht wirtschaftlich betrieben werden, was seine Einstellung mit dem Fahrplanwechsel zum 12. Dezember 2004 erzwang.[496]

Exemplarisch für die Hochgeschwindigkeitsorientierung der DB AG steht weiterhin das Transrapid-Projekt, von dessen Referenzstrecken aufgrund unzureichender Finanzierungsquellen mit der Zeit jeweils Abstand genommen wurde. Nachdem anfänglich die Strecke Berlin - Hamburg favorisiert worden war, folgten Überlegungen zugunsten der Metrorapid-Verbindung Düsseldorf - Dortmund, der Flughafenanbindung in München und der Trasse, die den Regionalflughafen in Hahn für das Rhein-Main-Gebiet von Frankfurt am Main per spurgeführtem Verkehr erschließen sollte. Den vorläufigen Schlusspunkt dieser viele Jahre währenden Debatte bildeten schließlich die Absichten, den Streckenbau von Norddeutschland in die Niederlande aufzunehmen. Der Freistaat Bayern ergriff im Sommer 2006 erneut die Initiative zugunsten einer Magnetbahn-Verbindung zwischen dem Münchner Hauptbahnhof und dem 40 Kilometer entfernt liegenden Franz-Josef-Strauß Flughafen im Erdinger Moos. Während der Bund und die DB AG zugesagt haben, 550 Mio. EUR zur Finanzierung des 1,85 Mrd. EUR teuren Projekts beizusteuern, scheint bislang kein Träger in Sicht, der die Lücke zu schließen bereit ist. Regelmäßig wird der Einwand von Günther Steinmetz, dem langjährigen Leiter der Transrapid-Versuchsanlage in Lathen im Emsland, ignoriert, der darauf verweist, dass die viel beschworene Referenzstrecke in Shanghai bereits besteht.[497]

Die Hochgeschwindigkeitsorientierung der DB AG stößt in der bahnpolitischen Auseinandersetzung zunehmend auf Unmut, da das System Bahn nur dann

---

[496] Die Einstellung konnte nicht abgewendet werden, obwohl eine „Probierpreis-Offerte" als kontingentiertes Preisangebot zu 19,90 EUR (in der Kategorie „Traveller") bzw. 29,90 EUR (Kategorien „Office", „Silence" und „Club") in den zugeigenen Tarifkatalog übernommen wurde. Trotz der (auch im Vergleich zum ICE) verkürzten Fahrtzeit von drei Stunden und 27 Minuten zwischen Köln und Hamburg, die den auf Düsseldorf und Essen beschränkten Zwischenhalten geschuldet war, lag die Auslastung während der fünfjährigen Laufzeit bei nur einem Drittel. Die fehlende Integration in das Gesamtpreissystem wurde in der DB-internen Defizitanalyse ebenso als ursächlich angesehen wie die Marketingstrategie, die einseitig auf das luxuriöse Ambiente, den kostenfreien Ausschank alkoholfreier Getränke und die mögliche Nutzung von Film- und Audioprogrammen abgezielt hatte (DB AG 2004, S. 4).
[497] Georg Etscheit, Neuer Anlauf, alte Probleme – wer bezahlt den Transrapid?, in: Die Zeit, Nr. 17 v. 20.4. 2006, S. 15

ein insgesamt hohes Nachfrageniveau aufweisen kann, wenn sämtliche Glieder intakt sind, d.h. wenn das Konzept der Korridorbahn mit einer Konzentration auf Hochgeschwindigkeitsstrecken um ein engmaschiges, flächendeckendes Streckennetz für Nah- und Regionalverkehrszüge ergänzt wird. Leitbild dieser Überlegungen ist das Straßennetz mit seiner gleichfalls „hierarchischen Differenzierung der klassifizierten Straßen von der Autobahn bis zur Kreisstraße."[498] Konkret bedeutet dies, dass die Verkehrsströme unterschiedlicher Kategorien vernetzt und integral vertaktet werden müssen, weil die Infrastrukturanstrengungen im Hochgeschwindigkeitsverkehr aufgrund topographischer und finanzieller Begrenzungen stets auf wenige Aus- und Neubaustrecken begrenzt sein werden. Wie Erfahrungen in den Beneluxstaaten, der Schweiz, Österreich, aber auch in den skandinavischen Staaten Dänemark und Schweden zeigen, trägt ein eng vertaktetes interregionales Fahrplanangebot, das die mittleren Reiseweiten abdeckt, maßgeblich zu einem hohen Fahrgastaufkommen im Bahnverkehr bei. Geradezu konstitutiv sind die bisweilen gar mit modernen Neigetechnik-Zügen betriebenen InterRegio-Zugverbindungen für das Schweizer Bahnsystem; in den Niederlanden sichert der dem deutschen InterRegio entsprechende InterCity im landesweit gültigen Halbstundentakt hochwertige Zugverbindungen zwischen Mittel- und Oberzentren.

4.4.4 Der Abbau von Arbeitsplätzen und die Neuregelung der Dienstverhältnisse

Das Management der DB AG stellte ebenso wie die *Regierungskommission Bundesbahn* von Beginn an heraus, dass es Ergebnisverbesserungen in der angestrebten Größenordnung nicht allein durch Umsatzsteigerungen für realisierbar hält. Unter den zur Disposition gestellten Kostenblöcken galt ein umfassender und rascher Arbeitsplatzabbau als unverzichtbar, um die Bundesbehörde kurzfristig aus den roten Zahlen zu führen, mittelfristig eine solide Unternehmensentwicklung auszulösen und langfristig die Kapitalmarktfähigkeit zu erreichen. Trotz zahlreicher Zukäufe im internationalen Logistiksektor baute der ehemals größte Arbeitgeber der Bundesrepublik mehr als die Hälfte seiner Stellen ab: Die Zahl der Beschäftigten sank von 482.300 am 1. Januar 1990 auf 237.300 zum

---

[498] Heiner Monheim, Zur Netzstrategie der DB. Vorbemerkung, in: ders./Klaus Nagorni, Die Zukunft der Bahn. Zwischen Bürgernähe und Börsengang, Herrenalber Protokolle Nr. 116, a.a.O., S. 99; sämtliche Systemgesichtspunkte gelten übrigens auch für die zunehmend marginalisierte Güterbahn, denn auch hier erfolgte im Einklang mit der „Korridorphilosophie" der stufenweise Rückzug aus der Fläche, obschon attraktive Güter-InterRegio-Verkehre und regionale Güterbahnsysteme eine entscheidende Voraussetzung für eine erfolgreiche Renaissance des Bahnverkehr darstellen.

Jahresende 2006. Bei den übrigen öffentlichen Verkehrsunternehmen gab es im gleichen Zeitraum einen Abbau von 90.000 Arbeitsplätzen, sodass der Gesamtverlust an Arbeitsplätzen mit ca. 350.000 beziffert werden kann.[499]

Dabei befand sich der DB-Vorstand in einer Art „Kostensenkungskoalition" mit dem jeweiligen Bundesverkehrsminister – gleich welcher politischen Couleur – gegenüber den Arbeitnehmervertretungen. Zu keinem Zeitpunkt gab es in den 90er-Jahren bedeutende Konflikte über die Strategie der Einsparung von Personalkosten durch den Abbau von Arbeitsplätzen. Strittig waren in vielen Fällen lediglich die Verfahren zur Realisierung, sodass sich der Widerstand der Arbeitnehmervertretungen darauf konzentrierte, betriebsbedingte Kündigungen zu vermeiden. Die arbeitnehmerseitigen Konzessionen dienten insbesondere dem Zweck, eine zeitliche Streckung des Personalabbaus zu ermöglichen und diesen so sozialverträglich wie möglich zu gestalten. Angesichts dieser Umstände wurde vornehmlich vom Instrument der Frühpensionierung Gebrauch gemacht, sodass der Großteil des Kostendrucks im Personalbereich zulasten der sozialen Sicherungssysteme externalisiert wurde.

Da die Umwandlung der DB in ein privatwirtschaftliches Unternehmen mit der Integration der DR zeitlich zusammenfiel, sah sich die Unternehmensführung im Hinblick auf die Arbeitsbeziehungen mit besonderen Herausforderungen konfrontiert. Zunächst mussten mehr als 137.000 ostdeutsche Arbeitnehmer in den Konzern integriert werden, obwohl bereits absehbar war, dass die Unternehmensreform gewaltige Personalumschichtungen erfordern und für Kuriositäten wie das Ballettensemble der DR kein Raum bleiben würde. Zweitens galt es, sehr verschiedene Arbeitnehmerkulturen zu harmonisieren: Staatsbedienstete, Arbeiter und Angestellte einerseits, west- und ostdeutsche Belegschaften andererseits, wobei Letzteren die Prinzipien des westdeutschen Systems industrieller Beziehungen zunächst weitgehend fremd waren. Um sicherzustellen, dass sich die verbliebenen Mitarbeiter die neue Unternehmensphilosophie vergegenwärtigten, fand das „Aktionsprogramm 1 der Deutschen Bahn AG" statt, das in der Presse als größtes Schulungsprogramm in der europäischen Wirtschaftsgeschichte Erwähnung fand, weil es insgesamt 176 Einzelmaßnahmen umfasste und von 72.000 Mitarbeitern wahrgenommen wurde.[500]

---

[499] Beschäftigtenzahl jeweils auf Vollzeitarbeitsplätze umgerechnet nach: Roberto Pedersini/Marco Trentini, Industrial Relations in the Rail Sector, in: European Industrial Relations Observatory, Vol. 4, Issue 2 (2000), S. iii u. DB AG, Geschäftsbericht 2006, a.a.O., S. i; umfassende Ausführungen zu den Implikationen der Bahnstrukturreform für die Beschäftigten finden sich bei: Adolf Hartmann, Was bedeutet die Gründung der Bahn-AG für die Mitarbeiterinnen und Mitarbeiter der Deutschen Bundesbahn und der Deutschen Reichsbahn? Rede auf dem Führungstreffen der Dienstleiter am 5.5.1992 in Magdeburg (unveröffentlichtes Manuskript), S. 5
[500] Helmut Pohl, Bahnreform eröffnet neue Möglichkeiten, in: Deutsche Verkehrszeitung v. 4.10.1995, S. 7

Neben derartigen Umschulungen und einer drastischen Personalreduzierung sah der Bahnreformentwurf von Beginn an vor, bei Neueinstellungen die Beschäftigungsverhältnisse nach Vorgaben des öffentlichen Personalrechts durch privatwirtschaftliche Arbeitsrechtsbeziehungen abzulösen, mithin eine „Sprengung der Fesseln des öffentlichen Dienstrechts"[501] zu erwirken. Als zentrales Argument wurde die Inflexibilität des öffentlichen Dienstrechts als Wettbewerbsnachteil gegenüber privatrechtlich organisierten Konkurrenten angeführt. Die Legitimität des beamtenrechtlichen Lebenszeit-, Laufbahn- und Versorgungsprinzips wurde unter Verweis auf die Notwendigkeit einer an Marktgesichtspunkten ausgerichteten Personalführung radikal – und vor allem spartenübergreifend – in Frage gestellt, sodass Juristen frühzeitig prognostizierten: „Das Herausbrechen dieses quantitativ bedeutendsten Teils aus dem öffentlichen Dienst wird für die Entwicklung des Arbeitsrechts insgesamt nicht ohne Folgen sein."[502]

Die Neuregelung der Dienstverhältnisse für die ehemals Staatsbediensteten, denen ihr Status aufgrund des Beamtenrechts nicht aberkannt werden konnte, stellte ein ausgesprochen komplexes verfassungsrechtliches Problem dar, da es nach der hergebrachten Rechtslage juristischen Personen in Behördenform vorbehalten war, „Dienstherr von Beamten zu sein."[503] Mit der Einführung des Art. 143a GG als Übergangsbestimmung wurden schließlich die Voraussetzungen dafür geschaffen, dass „die Beamten der Bundeseisenbahnen ‚zur Dienstleistung' [nunmehr] einer privatrechtlich organisierten Eisenbahn des Bundes"[504] zugewiesen werden können. In dem ebenfalls neu geschaffenen Art. 143b Abs. 3 GG, wonach die ehemaligen Staats- und jetzigen Privatunternehmen gegenüber den beschäftigten Beamten „Dienstherrenbefugnis" ausüben, dem Bund hingegen die „Verantwortung" als oberster Dienstherr bleibt, erkennen nicht wenige Juristen „verfassungswidriges Verfassungsrecht."[505] Ihnen scheint das Festhalten an dem Streikverbot, an der ausgeweiteten Verfügbarkeit für den Dienstherrn und an der besonderen Pflichtenbindung nicht vereinbar mit der Überführung der

---

[501] Thomas Blanke/Dieter Sterzel, Ab die Post? Die Auseinandersetzung um die Privatisierung der Deutschen Bundespost, in: Kritische Justiz, 25. Jg., Heft 3 (1993), S. 282
[502] Ebd., S. 304
[503] Vgl. § 121 BRRG u. BVerwGE 69, S. 306
[504] Martin Kutscha, Die Anpassung des Verfassungsrechts im „schlanken Staat", in: Christoph Butterwegge/ders./Sabine Berghahn (Hrsg.), Herrschaft des Marktes – Abschied vom Staat? Folgen neoliberaler Modernisierung für Staat und Gesellschaft, a.a.O., S. 94
[505] Diese Einschätzung teilen u.a. Thomas Blanke/Dieter Sterzel, Ab die Post? Die Auseinandersetzung um die Privatisierung der Deutschen Bundespost, in: Kritische Justiz, 25. Jg., Heft 3 (1993), S. 296 u. Helmut Fangmann, Kommentierung des Art. 143 b, Rdn. 15, in: Michael Blank/ders./Ulrich Hammer, Grundgesetz. Basiskommentar, Köln 1996 (2. Auflage).

ehemaligen Staatsdiener in ein privatwirtschaftlich organisiertes Unternehmen.[506] Soweit die öffentliche Debatte geführt wurde, rückte weniger der mögliche Verstoß gegen beamtenrechtliche Bestimmungen in den Blickpunkt als vielmehr die negativen beschäftigungspolitischen Folgen der Kapitalmarktorientierung, die sich in dem Konkurs der Walter Bau AG als ehemals größter Auftragnehmerin des Konzerns auch im bahnnahen Umfeld niederschlugen. Aber auch die Auswirkungen auf die Betriebssicherheit und den Kundenservice fanden zunehmend Beachtung. Schließlich drohte mit dem Beschäftigungsabbau bei einem personalintensiven Unternehmen wie der DB AG, für das die Bilanzdatenbank des Hoppenstedt-Verlags 1994 eine Personalkostenquote von knapp 61 Prozent auswies, frühzeitig ein fahrlässiger Verzicht auf die Wahrung von Sicherheitsstandards. So musste die für den technischen Betrieb des Trassennetzes zuständige DB Netz AG den umfassendsten Personalabbau hinnehmen: Waren 1993 im Netzbereich noch 2,4 Mitarbeiter pro Streckenkilometer eingesetzt, wurde der Personalbestand im Geschäftsfeld Netz bis zum Jahresende 2006 auf 41.356 Beschäftigte mehr als halbiert.[507] Auch deshalb unterließ die DB AG allein zwischen 2001 und 2005 Reparaturen am Gleiskörper in einer Größenordnung von 1,5 Mrd. EUR. Dabei waren nach einem Bericht des Bundesrechnungshofs, der am 20. Februar 2007 an die Öffentlichkeit gelangte, zahlreiche Verspätungen nach dem Orkan „Kyrill" auch darauf zurückzuführen, dass unzureichende Vegetationsrückschnitte Defekte bei Signal- und Sicherungsanlagen ausgelöst hatten.[508] Ungeachtet dieser Vorhaltungen sieht der DB-Vorstand Handlungsbedarf beim Personalbestand, sodass dessen Abbau im Zeitraum von 2005 bis 2009 mit ca. 900 Mio. EUR zur Konsolidierung der Bahnbilanz beitragen soll. Zum Jahresende 2005 lag der Personalabbau bereits um 3.600 Stellen über dem im Dezember des Vorjahres formulierten Ziel.[509]

---

[506] Die Beamten, deren Anteil an den Beschäftigten 1994 bei 36 Prozent gelegen hatte und sich zum Jahresende 2006 auf 17,4 Prozent belief, sind gegenüber zwei Arbeitgebern verpflichtet (Lothar Julitz 1998, S. 72 u. DB AG 2007, S. 158). Für die Statusverhältnis, zu dem Fragen der Besoldung, der Pensionierung und des Disziplinarrechts zählen, ist das BEV als eigentlicher Dienstherr der Beamten zuständig. Ihre Dienstleistungen erbringen die Beamten jedoch bei der DB AG, die damit für die Gestaltung ihrer Arbeitsabläufe und -zeiten, ihrer Tätigkeiten, Versetzungen und Urlaubsplanungen verantwortlich ist. Bei leistungsbezogenen Karriereentwicklungen, also Beförderung und Laufbahnaufstieg, sind beide Arbeitgeber beteiligt. Für die Struktur der industriellen Beziehungen bei der DB AG bedeutet dies eine doppelgleisige Interessenvertretung für die Arbeiter und Angestellten einer- und die Beamten andererseits.
[507] Gerd Aberle, Bahnstrukturreform in Deutschland. Ziele und Umsetzungsprobleme, a.a.O., S. 36 u. DB AG, Geschäftsbericht 2006, a.a.O., S. 25
[508] Zitiert nach: Thomas Rietig, Bahn vernachlässigt laut Bundesrechnungshof das Schienennetz, AP-Meldung v. 20.2.2007, S. 1
[509] DB AG, Geschäftsbericht 2006, a.a.O., S. 157 f.

Wie prekär der Stellenabbau für die Sicherheitsstandards des gemessen am Fahrgastaufkommen nach wie vor am wenigsten unfallträchtigen Verkehrsträgers ist, dokumentiert ein Zeitungsbeitrag, in dem im Sommer 2005 unter der Überschrift „Wärter fehlen – Bahn lässt Übergänge unbewacht" berichtet wurde:

> „Selbst die Polizisten trauten ihren Augen nicht: An drei Bahnübergängen im Mönchengladbacher Stadtteil Rheindahlen blieben die Schranken offen, obwohl Züge kamen. Weil es einen Personal-Engpass bei den Schrankenwärtern gibt, werden diese Sicherheitsmittel einfach nicht rund um die Uhr bedient, heißt es [seitens der DB AG; T.E.]. Bahnpersonal, das mit einer rot-weißen Fahne Autofahrer und Fußgänger warnt, gibt es ebenfalls nicht. Auch bei den Zugbegleitern sei nicht ausreichend Personal vorhanden."[510]

Dass infolge des Personalabbaus Sicherheitsstandards vernachlässigt werden, dokumentiert auch die gerichtliche Aufarbeitung des Zugunglücks von Brühl, bei dem am 6. Februar 2000 neun Menschen an Bord des Nachtexpress D-203 auf dem Weg nach Basel starben. Erst als Reaktion auf dieses Unglück ließ die DB-Führung einen Maßnahmenkatalog erstellen, der an Baustellen neben Geschwindigkeitsüberprüfungen die Einrichtung automatischer Bremsanlagen als induktive Sicherungen verpflichtend vorsieht.

Die geschilderten Ereignisse lassen erkennen, dass der bisherige Personalabbau nicht ausschließlich auf „echte" Rationalisierungsmaßnahmen zurückgeführt werden kann. Zugleich disqualifizieren sich die Personaleinsparungen häufig als kontraproduktiv im Hinblick auf die Verbesserung des Kundenservices, denn nur mit einer merklichen Aufstockung des Personals könnte die DB AG die bereits mehrfach in Aussicht gestellte Kundenorientierung in die Tat umsetzen. Der Vertrieb über Discounter wie Lidl, Fast-Food-Restaurants wie McDonald's und Tchibo-Shops kann den Schalterverkauf angesichts des gestiegenen Beratungsbedarfs ebenso wenig ersetzen wie die 8.259 Fahrkartenautomaten, die bis zum Jahresende 2006 aufgestellt wurden. Aufgrund der komplexen Programminstallationen müssen Kunden allein 22 Mal den Bildschirm berühren, bis sie eine Verbindung von Berlin-Friedrichstraße nach Westerland auf Sylt im Blick haben.[511] Weitere Verschlechterungen bei Service-, Qualitäts- und Sicherheitsstandards sind zu erwarten, sieht doch die aktuelle Mittelfristplanung der DB AG vor, die Mitarbeiterzahl bis 2011 konzernweit stabil zu halten und Personalaufstockungen lediglich in den Logistik-Geschäftsfeldern der Gesellschaften Stinnes, Schenker und Bax Global Inc. vorzunehmen.

---

[510] Alf Beck, Todesfalle Bahnschranke, in: Rheinische Post v. 28.7.2005 (Grenzland-Kurier), S. 3
[511] Cerstin Gammelin, Finale Weiche. Berlin streitet über die Privatisierung der Bahn, in: Die Zeit, Nr. 19 v. 3.5.2007, S. 30 u. DB AG, Daten und Fakten 2006, Berlin 2007, S. 21

Neben diesen unternehmensinternen Folgen des Personalabbaus sind die gesamtgesellschaftlichen Auswirkungen erwähnenswert, blieb die von den politisch Verantwortlichen in Aussicht gestellte belebende Wirkung des inter- und intramodalen Wettbewerbs auf den Arbeitsmarkt doch bislang aus. Entschlösse sich die Bundesregierung zu einer spürbaren Förderung des öffentlichen Verkehrs (insbesondere des Schienenverkehrs), würde dies einerseits verhindern, dass mit dem häufig angewandten Instrument der Frühverrentung bzw. -pensionierung ein Großteil des Kostendrucks im Personalbereich an die sozialen Sicherungssysteme externalisiert wird. Andererseits würde dies zur Schaffung zahlreicher neuer Arbeitsplätze führen. Diesen Schluss lassen Berechnungen zu, die Ende der 1980er-Jahre im Auftrag der *Deutschen Straßenliga* erstellt wurden. Danach schafft eine Investition von 50 Mio. EUR in den Autobahnbau zwar 1.200 neue Arbeitsplätze. Das 1982 von Herbert Baum, dem Direktor des Kölner Instituts für Verkehrswissenschaften, angefertigte Gutachten kommt jedoch gleichzeitig zu dem Schluss, dass dieselbe Investitionssumme beim Bau von Landstraßen 1.600, bei der Anlage neuer Schienenwege 1.900 und bei der Erweiterung des ÖPNV sogar 2.000 Arbeitsplätze entstehen ließe.[512]

Beinahe identisch lautet das Resümee einer 2001 veröffentlichten Untersuchung des Umweltbundesamtes, welches feststellt, dass ein wachsender schienengebundener Verkehr zu einer spürbaren Belebung des Arbeitsmarktes beitrüge – verfügt doch allein die DB AG über ein jährliches Einkaufsvolumen von 12,5 Mrd. EUR.[513] Insofern erstaunt die von Beharrlichkeit geprägte Ignoranz gegenüber dem Bahnsektor als dem viel zitierten „Jobmotor" – zumal die rotgrüne Bundesregierung im Frühsommer 2000 noch selbst auf die Bedeutung der rund 800.000 Beschäftigten im bahnnahen Umfeld verwiesen hatte, die dort „direkt und indirekt bei Betrieb und Herstellung einschließlich Wartung von Bahntechnik" tätig sind.[514]

---

[512] Das Gutachten trägt den Titel „Beschäftigungswirkungen von Straßenbauinvestitionen – eine Multiplikatorrechnung auf der Grundlage von Input-Output-Investitionen" und findet sich in zusammengefasster Form bei: Winfried Wolf, Eisenbahn statt Autowahn. Personen- und Gütertransport auf Schiene und Straße. Geschichte, Bilanz, Perspektiven, a.a.O., S. 452

[513] Vgl. die eingängige Darstellung in: Umweltbundesamt (Hrsg.), Dauerhaft umweltgerechter Verkehr. Deutsche Fallstudie zum OECD-Projekt „Environmental Sustainable Transport" (EST), Berlin 2001

[514] Zitiert nach: Bürgerbahn statt Börsenbahn (Hrsg.), Schiene und Arbeitsplätze. Eine Orientierung auf die Schiene schafft Arbeitsplätze. Eine Politik pro Straße und Luftfahrt zerstört Jobs, Berlin 2004, S. 3

190 Stationen einer (kapital)marktorientierten Neuvermessung der Bahnpolitik

4.4.5 Die unzureichende Modifikation des Tarifsystems

„Die Philosophie des Bahnreisens wird sich ändern."[515] Mit dieser Ankündigung stellte Hartmut Mehdorn der Öffentlichkeit am 5. Juli 2002 die Eckdaten des Preissystems PEP (Preis- und Erlösmanagement Personenverkehr) vor. Nach dem Zeitpunkt der Buchung gestaffelte Fahrpreise, die als „Spar & Plan 10", „Spar & Plan 25" und „Spar & Plan 40" eingeführt wurden, standen im Zentrum der auf Auslastungssteuerung angelegten Tarifreform. Das in wesentlichen Punkten dem Ticketpreissystem der Fluggesellschaften entlehnte Konzept trug maßgeblich dazu bei, dass die Fernverkehrssparte der DB AG im darauffolgenden Jahr um 11,9 Prozent einbrach, den prognostizierten Umsatzanstieg von 9,9 Prozent mithin deutlich verfehlte und damit ein unmittelbares Defizit von geschätzten 100 Mio. EUR auslöste.[516] Ein fest im Kundenbewusstsein verankerter Systemvorteil der Bahn – die Möglichkeit der flexiblen Nutzung – wurde mit dem neuen Tarifsystem untergraben, indem nur noch zum Grundpreis, ohne bisher geltende Vergünstigungsmechanismen erworbene Fahrscheine unbeschränkte Flexibilität gewährten. Die mit der Entkoppelung von Ticketkauf und Reiseantritt verbundenen Komfortverluste vergraulten den großen Kundenstamm der preissensiblen Vielfahrer, weil das variable Zu-, Um- und Aussteigen nunmehr faktisch ausgeschlossen war – oder mit höheren Tarifen „geahndet" wurde.

Unmittelbarer Ausdruck der Kapitalmarktorientierung ist die Tarifpolitik insofern, als die Fahrgäste seit Einleitung der Reformschritte erhebliche finanzielle Mehrbelastungen zu schultern haben, so auch die rund drei Mio. Vielfah-

---

[515] Zitiert nach: Karl-Dieter Bodack, Die deutsche Bahnreform – ein Erfolg?, in: Eisenbahn-Revue International, 11. Jg., Heft 11 (2004), S. 526
[516] Wolfgang Glabus/Jobst-Hinrich Wiskow, Mehdorns Malaise, in: Capital, Nr. 4 v. 13.2.2006, S. 45 u. Karl-Dieter Bodack, InterRegio. Die abenteuerliche Geschichte eines beliebten Zugsystems, a.a.O., S. 126; der berufliche Werdegang der einflussreichsten DB-Manager gibt jedenfalls teilweise Aufschluss über die Gründe, weshalb sich der Konzern für das in der Luftfahrtbranche übliche Tarifsystem entschloss. So war Hartmut Mehdorn selbst insgesamt 29 Jahre in der Luftfahrtindustrie tätig bevor er zur DB AG kam. Nachdem er im Anschluss an sein Maschinenbaustudium 1966 in die Dienste der Vereinigten Flugtechnischen Werke Fokker (VFW) in Bremen getreten war, leitete er von 1989 bis 1992 als Vorsitzender der Geschäftsführung die Deutsche Airbus GmbH, anschließend wirkte er bis 1995 als Vorstandsmitglied bei der DASA in München. Bevor er anschließend den Posten des Vorstandsvorsitzenden bei der Heidelberger Druckmaschinen AG übernahm, war er lange Zeit als Nachfolger von Edzard Reuter als Vorstandsvorsitzender der Daimler-Benz AG gehandelt worden. Karl-Friedrich Rausch, der 2001 als Vorstand der Techniksparte zur DB AG kam und seit 2003 für das Vorstandsressort Personenverkehr verantwortlich zeichnet, wirkte zuvor als Vorstandsvorsitzender der Lufthansa Passage Airline. Neben ihm wechselten zahlreiche weitere Manager der höchsten Führungsebene von der Lufthansa zur DB AG, darunter Anna Brunotte, die vom Vorstand mit der Ausarbeitung des PEP-Tarifsystems betraut wurde. Auch Christoph Franz, der zu jener Zeit als Vorstand den Bereich Personenverkehr verantwortete und nun als CEO der Swiss International Air Lines AG wirkt, hatte zuvor im unmittelbaren Umfeld des Lufthansa-Vorstandes gearbeitet.

rer, die in der ersten Jahreshälfte 2003 von der (kurzzeitigen) Abschaffung der BahnCard 50 betroffen waren. Die im Rahmen der PEP-Reform eingestellte „Mutter der BahnCards" konnte durch neue, Preis mindernde Tarifierungsmodelle nicht kompensiert werden – obwohl die Kombination der modifizierten Bahn-Card, die dann lediglich noch einen 25-prozentigen Preisnachlass gewährte und zu einem Preis von 60,- EUR ausschließlich im Abonnement ausgestellt wurde, mit Sonderpreisen sowie dem bis zu vier weiteren Personen gewährten Mitfahrerrabatt teilweise Preisersparnisse gegenüber den einstigen Tarifangeboten bot. Wenngleich sich das Tarifangebot der DB AG mit degressiven Relationspreisen auf Fernverkehrsstrecken für Gelegenheitsnutzer zu einer attraktiven Alternative entwickelte, löste das neue Tarifsystem ohne BahnCard 50 die Bindung zahlreicher Kunden an die DB AG auf. Der Fahrgastverband *Pro Bahn* forderte angesichts der betriebswirtschaftlich unverzichtbaren Basisauslastung der Zugkapazitäten durch diesen Kundenkreis im Einklang mit lokalen Verkehrsverbünden in einem Positionspapier, „die staatliche Förderung der BahnCard 50 [als] das beste Kundenbindungsprogramm für Busse und Bahnen"[517] beizubehalten. Schließlich fehle der PEP-Reform „ein Tarifbaustein, der diese Kundenbindung bietet und den Vielfahrer als das behandelt, was er ist: ein Stammkunde, der eine Vorzugsbehandlung verdient hat."[518]

Erst nach regem Protest der Fahrgastverbände wurde die „alte" BahnCard im Rahmen der Revision des Tarifsystems zum 1. August 2003 wieder eingeführt – begleitet von einem überwältigend positiven Medienecho: „Ein Klassiker kommt zurück!", hieß es seinerzeit wörtlich in Werbeprospekten der DB AG und sinngemäß in den Tages- und Wochenzeitungen. Wie bahninterne Erhebungen belegen, wirkte der Imageschaden nachhaltig und schreckte neben Vielfahrern insbesondere auch potenzielle Neukunden ab.[519] Letztlich wurde eine *Win-Win*-Situation aufgegeben, denn die BahnCard 50 schaffte nicht nur Transparenz für die Kunden (Amortisierung der BahnCard 50, wenn der Einstandspreis 50 Prozent des Grundpreises entsprach), sondern zugleich die kaufmännische Grundlage für eine verlässliche Ergebniskalkulation der DB AG.

Das Scheitern der Tarifreform hätte vorausgesehen werden können, denn weit weniger Reisende als prognostiziert hatten den drei Jahre zuvor eingeführten Buchungsweg „Surf & Rail" im Internet genutzt, mit dem die DB AG im Vorgriff auf das PEP-System mit analogen Tarifbedingungen (Zugbindung und Tarifrabatt bei Wahrung der Vorkaufsfrist) die Akzeptanz von Zugangsbe-

---

[517] Pro Bahn, Ein neues Preissystem nur mit BahnCard 50 (Positionspapier), Essen 2001, S. 18
[518] Ebd., S. 15
[519] Letztere neigen dazu, die Fixkosten, sprich: die Unterhaltskosten der PKW-Nutzung auszublenden und lediglich die variablen Kosten mit den Fahrkartenpreisen des öffentlichen Verkehrs zu vergleichen. Somit gelangen sie häufig zu der Auffassung, dass Bahnfahren teurer sei.

192 Stationen einer (kapital)marktorientierten Neuvermessung der Bahnpolitik

schränkungen getestet hatte. Zwar wurden Korrekturen an den von Fahrgastverbänden heftig kritisierten Rabattstufen und Vorbuchungsfristen vorgenommen, „es bleiben aber [bis heute; Anm. T.E.] meist mehrere Preise je Relation, deren Differenzierung das System kompliziert, für die Kunden unverständlich erscheinen lässt und marktfeindlich wirkt."[520]

Nachteilig auf die Fahrgastentwicklung wirkten sich auch die mit dem Fahrplanwechsel zum 11. Dezember 2005 zum dritten Mal innerhalb von zwei Jahren um 2,9 Prozent angehobenen Tarife für Fernverkehrstickets aus, zumal die Bahnkunden zeitverzögert auch Preisaufschläge von bis zu drei Prozent im Nahverkehr hinzunehmen hatten. Rechnet man die Fahrpreiserhöhung zum 1. Januar 2007 ein, stiegen die Bahntarife im Personenfernverkehr binnen drei Jahren um mehr als zehn Prozent. Die besondere Brisanz der jüngsten Tariferhöhungen um 5,6 (1. Januar 2007) und 2,9 Prozent (9. Dezember 2007) liegt darin, dass auch die BahnCard als einstiges Rückgrat des DB-Tarifsystems teurer wurde: In der zweiten Klasse sind seitdem 55,- EUR für die BahnCard 25 zu zahlen, 220,- EUR für die BahnCard 50 und stattliche 3.500,- EUR für die Mobility BahnCard 100 (auch: „Netzkarte").[521]

Die Tarifpolitik muss neben der eingeleiteten Hochgeschwindigkeitsorientierung und dem umfassenden Personalabbau als zentraler Baustein des strategischen Ziels gewertet werden, zeitnah die Kapitalmarktfähigkeit des Unternehmens zu erreichen. Entscheidendes Kriterium ist nicht mehr primär die Resonanz der Kunden auf die Tarifangebote, die sich in der Höhe der Fahrgastzahlen spiegelt und langfristige Planungssicherheit bei der Erlöskalkulation bietet, sondern die Generierung von Mehreinnahmen durch zahlungskräftige Kunden auf profitablen Streckenabschnitten. Mit dem am 13. August 1993 verabschiedeten Tarifaufhebungsgesetz, wonach die Beförderungsentgelte – mit Ausnahme der Tarife im Personennahverkehr (§ 12 Abs. 3 S. 1 AEG) – ohne administrative Kontrolle durch den Bundesverkehrsminister festgelegt werden können, vermochte sich die privatrechtlich organisierte DB AG aus den „Klammern" bundesrechtlicher Bestimmungen zu lösen, von denen man sich jahrzehntelang eine nachhaltige staatliche Einflussnahme erhofft hatte.[522] An von langfristigen Überlegungen geprägten Strategien, die eine Tariferhöhung lediglich im Zusammenspiel mit Komfortsteigerungen vorsehen (um eine Verfestigung der Kundenbindung herbeizufüh-

---

[520] Karl-Dieter Bodack, Die deutsche Bahnreform – ein Erfolg?, in: Eisenbahn-Revue International, 11. Jg., Heft 11 (2004), S. 525
[521] Michael Bauchmüller, Bahn erhöht Fahrpreise um fünf Prozent, in: Süddeutsche Zeitung v. 11.10.2006, S. 1 u. Thomas Wüpper, Reisen mit dem Zug wird deutlich teurer, in: Stuttgarter Zeitung v. 11.10.2006, S. 11; allein der Preis für die Jugend-BahnCard beläuft sich unverändert auf einmalig zehn EUR, sofern nicht ein Elternteil eine BahnCard besitzt (dann fünf EUR).
[522] Vgl. Alfred Boss/Claus-Dietrich Laaser/Klaus-Werner Schatz, Deregulierung in Deutschland – eine empirische Analyse, a.a.O., S. 4-9

ren), mangelt es. Dabei schien die DB AG mit dem zum 1. Januar 1995 eingeführten „Schönes-Wochenende-Ticket", das sich größter Beliebtheit erfreute und dem Unternehmen einen gewaltigen Imageschub bescherte, schon einmal auf dem richtigen Weg. Aus der Kundenperspektive scheint es trotz der häufig überfüllten Züge kaum erklärlich, warum jenes Ticket, das es bis zu fünf Personen ermöglichte, am gesamten Wochenende zum Preis von damals 15 D-Mark (7,66 EUR) die bundesweit verkehrenden Nahverkehrszüge zu nutzen, 13 Jahre nach seiner Einführung am Fahrkartenschalter 37,- EUR kostet und auf einen Wochenendtag begrenzt ist.

4.4.6 Der Wandel der DB AG zum internationalen Mobilitäts- und Logistikkonzern

Insgesamt 210 Markennamen führt die DB AG derzeit unter dem Konzerndach, darunter den Reiseanbieter Ameropa, den Bahn Shop 1435, die Ingenieur-, Brücken- und Tiefbau GmbH, die Nuclear Cargo & Service GmbH, die in Hongkong ansässige Logistikfirma Startrans, die RAG-Schienensparte, die DB-Carsharing, den Luftfrachtspezialisten Bax Global Inc. und den größten europäischen Fahrradverleih namens Call a Bike. Was die neue Markenarchitektur vermuten lässt, manifestiert sich in der investiven und operativen Neuausrichtung des Konzerns: der Wandel vom Schienentransporteur zu einem integrierten, international agierenden Logistikkonzern mit mehr als 1.500 Standorten in 152 Staaten, unter dessen Dach das ursprüngliche Kerngeschäftsfeld, der Schienenverkehr, zwangsläufig an Bedeutung verliert.

Wenngleich der Kurswechsel der DB AG gewöhnlich Hartmut Mehdorn zugeschrieben wird, wurden die strategischen Weichen doch schon lange vor seinem Amtsantritt gestellt. Bereits sein Vorvorgänger im Amt, Heinz Dürr, strebte danach, das Unternehmen zum „Verkehrs- und Dienstleistungskonzern Nr. 1"[523] werden zu lassen, und nahm damit in gewisser Weise die Vision des amtierenden Bahnchefs, „Leistungen als komplette Reise- und Logistikkette"[524] anbieten zu wollen, vorweg – eine Vision, die durch den jüngst dem DB-Label angefügten Anglizismus „Mobility Networks Logistics" auch nach außen dokumentiert wird.

Als deutlich sichtbares Zeichen für die von der DB-Führung in der Folgezeit kontinuierlich vorangebrachte Erschließung neuer Transport- und

---

[523] Heinz Dürr, Vorwort des Vorstandsvorsitzenden, in: DB AG, Geschäftsbericht 1996, Berlin/Frankfurt am Main 1997, S. 4
[524] Hartmut Mehdorn, Interview: „Unser Produkt heißt Mobilität", in: Der Spiegel, Nr. 5 v. 30.1.2006, S. 83

Logistikmärkte ist die im Juli 2002 erfolgte Übernahme der Stinnes AG mitsamt ihrer weltweit 1.300 Standorte zu werten. Die knapp 2,5 Mrd. EUR teure Akquisition des in Mülheim an der Ruhr ansässigen Spediteurs ließ das einstige Staatsunternehmen zum größten Straßenspediteur Europas aufsteigen.[525] Das Kernstück der Stinnes AG, der erst 1991 von der Bundesbahn verkaufte Logistikdienstleister Schenker, war bereits zum Zeitpunkt der Zusammenführung mit den Güterverkehrsaktivitäten der DB AG Marktführer im europäischen Landverkehr und einer der weltweit führenden Anbieter im Luft- und Seefrachttransport. So wuchs die Stinnes AG, unter deren Dach die Railion Deutschland AG (ehemals DB Cargo) und Schenker als die „Perle der DB-Logistiksparte"[526] zum 1. September 2003 zusammengeführt wurden, mit mehr als 65.000 Mitarbeitern und einem Umsatz von 12,4 Mrd. EUR im Jahre 2004 zur wichtigsten Ertragssäule des Unternehmens heran.[527] Während Hartmut Mehdorn die teuerste Übernahme in der Unternehmensgeschichte als „strategischen Durchbruch"[528] wertete, kündigte Bernd Malmström, der seinerzeitige Vorstandsvorsitzende der Stinnes AG, bereits weitere Expansionsschritte an: „Der Güterverkehrsbereich der Bahn [verfügt] mit Stinnes über glänzende Wachstumschancen im zusammenwachsenden europäischen Markt. Wir werden dieses Potential weiterhin zügig nutzen und den Ausbau unseres europäischen Netzwerks vorantreiben."[529]

Im Oktober 2002 übernahm nicht nur die Stinnes-Tochter Schenker die in Frankreich beheimatete Joyau-Gruppe, die mit einem Umsatz von 250 Mio. EUR und ca. 2.500 Mitarbeitern zu den führenden Logistikanbietern im Landverkehr zu rechnen ist. Unter Ankündigung, Kundenkontakte und nationale Distributionskapazitäten ausweiten zu wollen, erwarb die DB Cargo AG beinahe zeitgleich die im schweizerischen Aarau ansässige Spedition Hangartner, die als eines der führenden Transportunternehmen im Kombinierten Verkehr mit 18 Niederlassungen in zehn Ländern insbesondere auf der Nord-Süd-Route zwi-

---

[525] Jörn Paterak/Birgit Marschall, Die Deutsche Bahn kauft Stinnes. Staatskonzern bezahlt knapp 2,5 Milliarden Euro, in: Financial Times Deutschland v. 4.7.2002, S. 1; nachdem die Stinnes AG nur drei Jahre zuvor von der VEBA an der Börse platziert worden war, erwarb die DB AG das Unternehmen von dem zwischenzeitlich in E.ON umbenannten Versorger, der bis zur Übernahme durch den DB-Konzern 65,4 Prozent der Anteilsscheine hielt. Nachdem die Minderheitsaktionäre 2003 mit 32,75 EUR je Aktie abgefunden worden waren, wurde die Stinnes AG als strategischer Dreh- und Angelpunkt der Logistiksparte vollständig in den Konzern integriert.
[526] Klaus-Peter Schmid, Streit im Stellwerk, in: Die Zeit, Nr. 22 v. 24.5.2006, S. 21
[527] Railion Deutschland AG, Geschäftsbericht 2004, Mainz 2005, S. 7-11
[528] Jutta Rethmann, DB Cargo/Stinnes: Neue Zugnummer für die Bahn, OTS-Originaltext v. 15.7.2002, S. 1
[529] Bernd Malmström, Zukunftsfähigkeit für die Schiene: Railion als Carrier der Stinnes AG. Zwischenbilanz und Ausblick, in: Förderkreis des Verbandes Deutscher Verkehrsunternehmen (Hrsg.), Zehn Jahre Bahnreform in Deutschland, Erfahrungen – Bewertungen – Perspektiven, a.a.O., S. 70

schen Skandinavien, Deutschland, der Schweiz und Italien tätig ist.[530] Um Kosteneinsparungen in den Segmenten des europäischen Schienengüterverkehrssektors vorzunehmen, die neben *economies of scale* auch bedeutsame wechselseitige Abhängigkeiten aufweisen, strebt Railion neben einer möglichst weitreichenden unternehmenseigenen Marktabdeckung auch Kooperationen mit konkurrierenden Logistikunternehmen an. Aus diesem „Coopetition"-Ansatz, der Wettbewerb (*competition*) und Kooperation (*cooperation*) in Einklang bringen soll, resultierten zahlreiche Joint Ventures, wie bspw. mit der tschechischen CD Cargo, der trinationalen BrennerRailCargo Alliance und der schweizerischen Privatbahn BLS Cargo AG.[531]

Nahtlos fügt sich der zum 15. November 2005 vollzogene, 800 Mio. EUR teure Kauf des US-amerikanischen Logistikkonzerns Bax Global Inc. in die Strategie der DB AG ein, weitere Akquisitionen auf dem Gebiet der luftfahrt- und straßengebundenen Logistikdienstleistungen zu tätigen.[532] Der Aufstieg zum weltweit zweitgrößten Luftfrachttransporteur sowie zu einem der drei umsatzstärksten Akteure im nordamerikanischen Stückgutgeschäft wurde durch Kredite und den Verkauf profitabler DB-Tochterfirmen wie der Deutschen Eisenbahnreklame (DER) und der Deutschen Touring GmbH finanziert. Bedeutsam scheint diese transnationale Akquisition, weil sie erstmalig erkennen ließ, dass die horizontale Geschäftsfelderweiterung von den Bahngewerkschaften Transnet und GDBA nicht nur geduldet, sondern gleichsam gutgeheißen wurde: Mit den Stimmen der vertretenen Belegschafts- und Gewerkschaftsvertreter billigte der DB-Aufsichtsrat im Dezember 2005 die intern zunächst umstrittene Transaktion. Erfolgreich suchte der Bahnvorstand auch den Schulterschluss mit den Gewerkschaften, als Hartmut Mehdorn – vermutlich als Reaktion auf die von der Bundesregierung seit langem intendierte, aber im Frühjahr 2006 erstmals entschlossen vorgetragene Kürzung der Regionalisierungsmittel – die Diskussion um die Verlagerung der Konzernzentrale in die Freie und Hansestadt Hamburg initiierte, um im Gegenzug die Hafenbetreibergesellschaft HHLA und das Nahverkehrsunternehmen HHB zu erwerben.

Auf der Bilanzpressekonferenz im März 2006 beteuerte Hartmut Mehdorn zwar, das Kerngeschäft seines Unternehmens bleibe das nationale Eisenbahngeschäft, zugleich aber warb er erneut für die von ihm persönlich forcierte Strategie, „die DB AG vom nationalen Schienen-Carrier zu einem international füh-

---

[530] Thomas Altmann, DB Cargo übernimmt die Spedition Hangartner, OTS-Originaltext v. 22.10.2002, S. 1
[531] Bernd Malmström, Zukunftsfähigkeit für die Schiene: Railion als Carrier der Stinnes AG. Zwischenbilanz und Ausblick, in: Förderkreis des Verbandes Deutscher Verkehrsunternehmen (Hrsg.), Zehn Jahre Bahnreform in Deutschland, Erfahrungen – Bewertungen – Perspektiven, a.a.O., S. 70
[532] Hartmut Mehdorn, Die Deutsche Bahn AG wird zum europäischen Mobilitäts- und Logistikdienstleister, in: Student Business Review, Heft Sommer (2003), S. 21

renden Mobilitäts- und Logistikdienstleister weiterzuentwickeln."[533] Schon jetzt tragen bahnfremde Leistungen mit mehr als 60 Prozent zum Konzernumsatz bei – ein Sachverhalt, der Verkehrsexperten zur Äußerung ernstlicher Bedenken veranlasst, weil das Unternehmen in naher Zukunft endgültig sein strategisches Interesse verlieren könnte, den Anteil des Schienengütertransports im Rahmen des *modal split* zu steigern, um stattdessen eine verkehrsträgerneutrale Steigerung der Transportmarktanteile herbeizuführen.

Erkennbar wurde diese Strategie erstmals, als die DB-Tochter Railion, nachdem sie zum Jahresbeginn 2001 die Güterverkehrssparte der Dänischen Staatsbahn (DSB) erworben hatte (ohne eine von strategischer Weitsicht getragene Geschäftsfeldanalyse vorgenommen zu haben), zahlreiche Nebenstrecken für den Gütertransport einstellte, um sich auf den Durchgangsverkehr von Deutschland nach Schweden zu fokussieren. „Wir konzentrieren uns in Zukunft auf den Transitkorridor von Flensburg nach Malmö",[534] lautete das von Railion-Geschäftsführer Christian Thing restrukturierte Mobilitätsangebot für den skandinavischen Raum. Wurden zum Zeitpunkt des Vertragsabschlusses noch 2,3 Mio. Tonnen Güter innerhalb der dänischen Landesgrenzen transportiert, sank das Transportvolumen innerhalb von nur vier Jahren auf die Hälfte.[535] Einen Großteil der Transportaufgaben nimmt nun Schenker wahr, was eine spürbare Gewichtsverschiebung innerhalb der die Geschäftsfelder Stinnes Freight Logistics, Stinnes Intermodal und Railion vereinenden Sparte DB Logistics zur Folge hat.

„Wir haben im Jahr 2000 eher leise, aber konsequent unsere Strategie verändert", lautet Mehdorns zutreffendes Resümee.[536] Nach Informationen der *Süddeutschen Zeitung* kündigte der Vorstandsvorsitzende dem DB-Aufsichtsrat Anfang des Jahres 2005 an, man strebe „die Marktführerschaft im Seeverkehr" an.[537] Zwar lässt es sich angesichts eines prognostizierten jährlichen Anstiegs des Güterverkehrsaufkommens um 2,8 Prozent bis 2015 als inter- wie intramodalen Wettbewerbsvorteil deuten, dass die DB AG nun dank zahlreicher Zukäufe über ein integriertes Vertriebsnetz verfügt, das den Kunden eine verkehrsträgerübergreifende Transportkette bietet.[538] Gleichwohl stellen sich die Geschäftserfolge bislang nicht zugunsten des traditionellen Kerngeschäfts ein, wie der verkehrspo-

---

[533] Zitiert nach: Klaus-Peter Schmid, Plädoyer für die Volksbahn, in: Die Zeit, Nr. 15 v. 6.4.2006, S. 38
[534] Reinhard Wolf, Deutsche Bahn fährt lieber auf der Straße, in: die tageszeitung v. 8.12.2005, S. 2
[535] Ebd.
[536] Hartmut Mehdorn, Interview: „Unser Produkt heißt Mobilität", in: Der Spiegel, Nr. 5 v. 30.1.2006, S. 83
[537] Klaus Ott, Bahn will Marktführer zur See werden. Staatsunternehmen soll mit Börsengang in weltweiten Logistikkonzern umgewandelt werden, in: Süddeutsche Zeitung v. 7.2.2005, S. 20
[538] DB AG, Zu Lande, zu Wasser und in der Luft, in: Welt am Sonntag v. 11.1.2004 (Verlagssonderveröffentlichung), S. 3

litische Sprecher der FDP-Bundestagsfraktion, Horst Friedrich, vor dem Hintergrund der Bilanzkennzahlenentwicklung konstatiert: „Im Kerngeschäft Schienenverkehr liegt die Bahn auf dem Ergebnisniveau von vor zehn Jahren. Geld verdient sie nur im zugekauften Logistikbereich und im hoch bezuschussten Nahverkehr."[539] Auch Wilhelm Pällmann, der bis Anfang der 90er-Jahre als Vorstandsmitglied der DB wirkte, kritisiert in regelmäßigen Abständen „die Entwicklung der DB AG zum weltweit operierenden Global Player mit Tochtergesellschaften in aller Welt."[540] Nachhaltig gerechtfertigt scheint diese Kritik, weil sich das Unternehmen „mit der Bonität der Bundesrepublik Deutschland im Rücken (...) einen weltweit operierenden Logistikdienstleister zusammengekauft"[541] hat, sodass Martin Hellwig, Direktor des Max-Planck-Instituts zur Erforschung von Gemeinschaftsgütern in Bonn, anmerkt: „Ich habe ein Problem damit, dass nationale Champions staatliches Spielgeld bekommen, um im Ausland teuer zuzukaufen."[542] Schließlich lässt die erwähnte Bilanzentwicklung der DB AG erkennen, dass die strategische Neuausrichtung nicht nur als Triebfeder für eine Abkehr vom einstigen Kerngeschäftsfeld Schienenverkehr wirkt, sondern zugleich die negative Bilanz des schienengebundenen Transports innerhalb des Konzerns verschleiert.

4.5 Komplex und bedeutsam – die eigentumsrechtliche Neuordnung der Schieneninfrastruktur

Der Unternehmensbereich Fahrweg mit der Führungsgesellschaft DB Netz AG betreibt das Streckennetz mit den erforderlichen Nebeneinrichtungen und stellt diese in eigener Verantwortung den Nutzern der Infrastruktur – den Geschäftsbereichen Personenfern-, -nah- und Güterverkehr als unternehmensinternen Kunden ebenso wie externen Bahnunternehmen – gegen Entgelt zur Verfügung.[543] Diese nutzen die Infrastruktur und verkaufen ihrerseits Beförderungs- respektive Transportleistungen. In den Aufgaben und in dem Geschäftszweck der für den Betrieb zuständigen DB AG äußert sich die starke vertikale Integration des

---

[539] FDP-Bundestagsfraktion, Bahn wird mit Netz nie börsenfähig, Pressemitteilung v. 31.3.2006, S. 1
[540] Hans-Gerd Öfinger, Pest oder Cholera? Deutsche Industrie macht Front gegen Mehdorns Weg der Privatisierung (unveröffentlichtes Manuskript), Berlin 2005, S. 1
[541] Kerstin Schwenn, Privatbahnen sind gegen einen Börsengang der Bahn. Netzwerk-Geschäftsführer fordert stattdessen den Verkauf der Logistiksparte, in: Frankfurter Allgemeine Zeitung v. 6.12.2005, S. 12
[542] Zitiert nach: Jens Tartler/Claudia Wanner, Bahn kassiert Schlappe in Netzfrage, in: Financial Times Deutschland v. 11.5.2006, S. 6
[543] DB AG, Geschäftsbericht 2000, a.a.O., S. 61; eine ausführliche Darstellung zum Trassenpreissystem findet sich bei: Stefan Bennemann, Die Bahnreform. Anspruch und Wirklichkeit, a.a.O., S. 67-69

Netzmonopolisten: So erbringen die Betriebssparten des einstigen Staatskonzerns Verkehrsleistungen, während der Unternehmensbereich Fahrweg für die Eisenbahninfrastruktur Verantwortung trägt.[544] Diese umfasst neben den Schienensträngen selbst auch Signalanlagen, Bahnsteige, Bahnhofsgebäude sowie Zugbildungs- und -behandlungsanlagen. Im Rahmen des ihr zugestandenen Verfügungsspielraums trifft die Netz AG unter dem Dach der DB-Holding Entscheidungen über die Bereitstellung der Schieneninfrastruktur in eigener Verantwortung nach unternehmerischen Gesichtspunkten. Sie führt selbst Planungen zur Veränderung der Schieneninfrastruktur durch, die dann der Planfeststellung bzw. -genehmigung durch das EBA bedürfen. Mit den Trassenpreisen werden die Nutzung der bereitgestellten Strecken, der Bahnhofs-, Überholungs- und Kreuzungsgleise sowie die Leistungen der Betriebsführung inklusive der Fahrplanerstellung abgegolten, während Zahlungen für die Bereitstellung von Strom, Traktionsleistungen, Bahnhofsnutzungen und anderweitige Angebote separat erfolgen.

Auf die zum Jahresbeginn 1994 privatwirtschaftlich organisierte DB AG wurden neben den Schienenwegen Transporteinrichtungen sowie für die Geschäftstätigkeit benötigte Liegenschaften als wesentliche Bestandteile des Anlagevermögens übertragen (vgl. 4.4.1). Mit der in Art. 87e Abs. 4 S. 1 GG festgeschriebenen Infrastrukturverantwortung des Bundes ist erklärt, dass dieser nicht mehr als 49,9 Prozent seiner Anteile an der DB Netz AG veräußern darf, sprich: Mehrheitsaktionär bleiben muss. Wollte man über eine Teilprivatisierung des Fahrwegs hinausgehen, wäre eine Grundgesetzänderung erforderlich, die wiederum der Zustimmung des Bundesrats bedürfte.

Dieser hatte in der Debatte um die Ausgestaltung der Bahnstrukturreform seinerzeit mehrheitlich die Forderung erhoben, der Status des Schienennetzes müsse – behördlich organisiert – als gesamtwirtschaftliches Gut in Gesetzesform gegossen werden.[545] Dagegen verwiesen Vertreter von DB und DR ebenso wie die Bundesregierung darauf, dass einem wirtschaftlich eigenständigen, handelsrechtlich organisierten Unternehmen auch das Eigentum an den Schienenwegen übertragen werden müsse, um mit dem „in unternehmerischer Verantwortung betriebenen Fahrweg" wenigstens ein Drittel der angestrebten Haushaltsentlastungen (ca. 15 Mrd. EUR) zu erreichen.[546] Die Haltung der Ministerpräsidenten fand in Art. 87e Abs. 3 und 4 GG dergestalt Berücksichtigung, „dass der Bund verpflichtet wurde, Mehrheitseigner der Fahrwegsparte zu sein sowie dem Ge-

---

[544] DB AG, Geschäftsbericht 1994, Frankfurt am Main 1995, S. 36-38
[545] Bundesregierung, Bundestagsdrucksache 12/5015 v. 7.5.1993, S. 11
[546] Ebd.

Die eigentumsrechtliche Neuordnung der Schieneninfrastruktur 199

meinwohl beim Ausbau und Erhalt des Schienennetzes und bei den Verkehrsangeboten bundeseigener Eisenbahnen Rechnung zu tragen."[547]
Mit der Bahnstrukturreform wurde gemäß Art. 6 der Richtlinie des EG-Ministerrates vom 29. Juli 1991 die institutionelle (d.h. rechnerische und organisatorische, nicht aber faktische) Trennung von Netz und Betrieb gesichert, deren Wirksamkeit durch ein EU-rechtlich kodifiziertes Quersubventionierungsverbot sichergestellt werden soll. In erster Linie soll der diskriminierungsfreie Zugang für private Betreibergesellschaften gewährleistet werden. Unter Diskriminierungsfreiheit wird verstanden, dass

- allen potenziellen Infrastrukturbetreibern der Netzzugang grundsätzlich unter gleichen Anforderungen an die Standards erlaubt sein muss,
- ganze Strecken nicht einer einzigen Betriebsgesellschaft durch so genannte Sperrkäufe zugeschlagen werden dürfen,
- die Vertragsdauer von Trassennutzungsrechten so bemessen ist, dass auch kleine und neue Anbieter ihren Bedarf entsprechend kalkulieren können,
- so genannte Großvaterrechte an Trassen als eine Prioritätsregel Neueinsteiger nicht behindern dürfen.[548]

In diesem Zusammenhang schlug die EG-Kommission im Zuge eines Ergänzungsverfahrens der EG-Richtlinie 91/440 vom 15. Dezember 1993 die Trassenvergabe über eine Behörde per Verwaltungsakt vor. Diesem Vorschlag folgte man in der Bundesrepublik nicht, stattdessen übertrug man der DB AG die Verantwortung für die Vergabe von Streckenabschnitten. Von einer bloßen Öffnung des Fahrwegs für Dritte – im Gegensatz zu einer faktischen Trennung wie 1994 in Großbritannien umgesetzt – profitiert nun zuvorderst der Marktführer DB AG selbst. Erzielte die Sparte Fahrweg im ersten Jahr nach der Bahnstrukturreform lediglich 12,5 Mio. EUR aus der Vermietung an konzernfremde Kunden, so konnte der Außenumsatz im Jahr 2000 bereits auf 110 Mio. EUR gesteigert werden.[549]

Die Tatsache, dass die Ausgestaltung des Trassenpreissystems, auf dessen Grundlage die Entgelte für die Nutzung der Schienenwege berechnet werden, durch die DB AG erfolgt, wird seit langem kontrovers diskutiert. Obwohl zum 1. April 2001 das bisher zweistufige Trassenpreissystem durch ein einstufiges ersetzt wurde, wonach sich der Kilometerpreis allein nach der zugehörigen Stre-

---

[547] Heike Link, Trassenpreise der Deutschen Bahn AG – diskriminierungsfrei und kostendeckend?, in: Wochenbericht des DIW, Nr. 26 (1997), S. 460
[548] Stefan Bennemann, Die Bahnreform. Anspruch und Wirklichkeit, a.a.O., S. 62
[549] Alfred Boss/Claus-Friedrich Laaser/Klaus-Werner Schatz, Deregulierung in Deutschland – eine empirische Analyse, a.a.O., S. 25 f.

ckenkategorie und damit unabhängig von der abgenommenen Trassenkapazität bemisst, bleibt es der DB AG unter den derzeitigen rechtlich-institutionellen Rahmenbedingungen möglich, durch eine Strategie des *raising rivals' costs* (auch: *raising competitors' costs*) potenzielle Konkurrenten vom Marktzutritt abzuhalten.[550] Läge es ceteris paribus im wirtschaftlichen Interesse einer autonomen Infrastrukturgesellschaft, durch eine Förderung der Marktzutritte eine möglichst hohe Auslastung der Schienenkapazitäten zu erreichen, zeichnet die DB AG genau die entgegengesetzte Motivationsstruktur aus. Durch diskriminierende Trassenpreise inklusive überhöhter Annexkosten, strategische Streckenstilllegungen und eine Auf- bzw. Weitergabe qualitativ schlechterer Streckenabschnitte werden Wettbewerber wie die Rhenania Intermodal Transport GmbH, Cargo Lux oder die britische Arriva-Gruppe vom Markt ferngehalten. Opfer der diskriminierenden Vergabemodi wurde auch das private Güterverkehrsunternehmen Rail4Chem, dem Anfang 2005 vom Landgericht Frankfurt am Main bestätigt wurde, dass es bei der Berechnungsgrundlage für die Strompreise in den beiden vorangegangenen Jahren „in kartellrechtswidriger Weise" benachteiligt worden war. Wenngleich die Revision zugunsten der beklagten DB AG ausfiel, so kann der Anlass der Klage doch als berechtigt gelten, weil ausschließlich der DB-Konzerntochter Railion ein Preisnachlass von 14 Prozent gewährt worden war.[551]

Es bleibt anzumerken, dass die in der Bundesrepublik ausgehandelten Netzzugangsbestimmungen von Beginn an über die in der EG-Richtlinie 91/440 erhobenen Forderungen hinausgingen. Die Richtlinie sieht eine Zugangsberechtigung lediglich für ausgewählte Nutzergruppen vor. Dazu zählen EU-Bahnunternehmen im grenzüberschreitenden Kombinierten Verkehr, Bahnbetreiber des öffentlichen Verkehrs mit eigener Infrastruktur, Bahnunternehmen des nichtöffentlichen Verkehrs, die ihre Infrastruktur zu vergleichbaren Bedingungen für Dritte öffnen, und ausländische Bahnunternehmen bei einer vereinbarten Gegenseitigkeit im Netzzugang. Die DB AG ging mit der Ausgestaltung ihrer Trassen-

---

[550] Gerd Aberle, Eine solche Rückfahrt war nicht vorgesehen – Die Deutsche Bahnreform wird zurückgedreht, in: Internationales Verkehrswesen, 71. Jg., Heft 6 (2000), S. 239; derzeit zahlen die Nutzer der Trassen in Abhängigkeit von Qualität und Länge der befahrenen Strecke entsprechend einer Kategorisierung nach elf Klassen zwischen 1,46 und 8,30 EUR (Klemens Polatschek 2004, S. 70). Ergänzend dazu finden sich Ab- bzw. Zuschläge je nach Verkehrsart und Region. Vor dem 1. April 2001 war das Trassenpreissystem als zweistufiges System mit einer Grundgebühr (Infracard) und einer variablen Gebühr konzipiert, wobei beide Größen nach Kosten- und Nachfragegesichtspunkten ausgelegt waren. In Ergänzung dazu existierte ein so genannter Vario-Tarif, der ohne Grundgebühr auskam. Die Vergabe von Trassen nach dem Höchstpreisangebot fand ebenso wenig Anwendung wie die börsenähnliche Versteigerung von Restkapazitäten (Jürgen Siegmann/Sören Schultz 2005, S. 120).
[551] Klaus-Peter Schmid, Ausgebremst. Im Streit um mehr Wettbewerb auf der Schiene ist ein Kompromiss in Sicht, in: Die Zeit, Nr. 7 v. 10.2.2005, S. 24

Die eigentumsrechtliche Neuordnung der Schieneninfrastruktur 201

zugangskriterien über die Forderungen hinaus, indem sie neben den genannten Benutzergruppen auch anderen Betreibergesellschaften wie Reiseveranstaltern, Speditionen und Gebietskörperschaften Zugang zu ihrem Fahrweg gewährte.[552] Gleichwohl mussten die deutsche und die französische Regierung unablässig darauf hinwirken, dass die nationalen „Bahnegoismen" der Unternehmensleitungen schwanden, um einen zentralen Abschnitt der Magistrale Paris - München - Wien - Bratislava - Budapest fertig zu stellen. „Leider ist, was europäische Normalität sein sollte, eine Sensation",[553] stellte Michael Cramer, Sprecher der Grünen-Fraktion im Verkehrsausschuss des Europäischen Parlaments, in diesem Zusammenhang fest. Denn ähnlich selten wie im Hochgeschwindigkeitsverkehr sind grenzüberschreitende Projekte im konventionellen transeuropäischen Bahnverkehr, der in Übereinstimmung mit der am 19. März 2001 erlassenen Richtlinie 2001/16/EG ausgebaut werden soll.

Überdies wurde dem *national carrier* DB AG die (gesetzlich verankerte) Möglichkeit eingeräumt, rein bzw. überwiegend dem SPNV dienende Strecken an andere Betriebsgesellschaften abzutreten. Während die Konzernführung über die Abgabe eines Streckenabschnitts an eine andere Betreibergesellschaft eigenverantwortlich entscheiden kann, liegt die Befugnis für Stilllegungen von Bundeseisenbahnen beim EBA, das darüber im Benehmen mit der zuständigen Landesbehörde ein Urteil zu fällen hat. Findet sich trotz der Ausschreibung der Strecke, die stillgelegt werden soll, kein Interessent, wird der Infrastrukturbetrieb in Übereinstimmung mit § 11 AEG eingestellt. Weiterhin legt Art. 1 § 26 ENeuOG als Kriterium für eine Übernahme fest, dass der neue Aufgabenträger den Betrieb der Infrastruktur für mindestens 30, im Fall des SPNV für mindestens 15 Jahre zu garantieren hat.[554] DB-Konkurrenten können eine derart langfristig angelegte Vorhaltung funktionierender Trassen je nach Geschäftssituation nicht gewährleisten. Aufgrund der Orientierung an betriebswirtschaftlichen Grundsätzen wird die Netz AG so lange nicht zur Veräußerung einer Strecke bereit sein, wie ein positiver Deckungsbeitrag erwirtschaftet wird. Ob dieser sich dann aus Landes-

---

[552] Heike Link, Trassenpreise der Deutschen Bahn AG – diskriminierungsfrei und kostendeckend?, in: Wochenbericht des DIW, Nr. 26 (1997), S. 457
[553] Michael Cramer, Bahn frei, in: die tageszeitung v. 25.5.2007, S. 11
[554] Vgl. Hans-Joachim Gröben, Taschenbuch der Eisenbahngesetze, Darmstadt 1982 (7. Auflage), S. 34; wörtlich heißt es in § 11 Abs. 1 AEG: „Beabsichtigt ein öffentliches Eisenbahninfrastrukturunternehmen die dauernde Einstellung des Betriebes einer Strecke, eines für die Betriebsabwicklung wichtigen Bahnhofs oder die mehr als geringfügige Verringerung der Kapazität einer Strecke, so hat es dies bei der zuständigen Aufsichtsbehörde zu beantragen. Dabei hat es darzulegen, daß ihm der Betrieb der Infrastruktureinrichtung nicht mehr zugemutet werden kann und Verhandlungen mit Dritten, denen ein Angebot für die Übernahme der Infrastruktureinrichtung durch Verkauf oder Verpachtung zu in diesem Bereich üblichen Bedingungen gemacht wurde, erfolglos geblieben sind. Bei den Übernahmeangeboten an Dritte sind Vorleistungen angemessen zu berücksichtigen."

zuweisungen oder einem ausreichend hohen Transportaufkommen im Personen- bzw. Güterverkehr speist, ist dabei unerheblich.

4.5.1 Diskussionen um das Schienennetz im Spiegel des PRIMON-Gutachtens

Das dem Deutschen Bundestag Anfang 2006 von der Unternehmensberatung Booz Allen & Hamilton vorgelegte Gutachten mit dem Titel „Privatisierungsvarianten der Deutschen Bahn AG mit und ohne Netz" (so genanntes PRIMON-Gutachten) hat die Diskussion, ob das Trassennetz vom Bahnbetrieb abgetrennt oder in der DB-Holding verbleiben soll, abermals entfacht. Unverändert bildet es die Grundlage der Diskussion um die eigentumsrechtliche Zuordnung der Schieneninfrastruktur. Im Wesentlichen legen die Gutachter in ihrer Expertise die Vor- und Nachteile fünf verschiedener Privatisierungsmodelle dar: Neben den im Folgenden ausführlich diskutierten Varianten – dem integrierten Modell (Variante 1) und dem Trennungsmodell (Variante 5) – umfassen diese das Eigentumsmodell in seiner Grundgestalt (Variante 2) und als Gestaltungsvariante (Variante 3) sowie das Finanzholding-Modell (Variante 4).

Die Mehrheit der Parlamentarier sieht in der Trennung von Netz und Fahrbetrieb die unverzichtbare Voraussetzung für einen diskriminierungsfreien Wettbewerb zwischen der DB AG und den derzeit rund 340 privaten Betreibergesellschaften, wenngleich eine abschließende Entscheidung noch aussteht. Befürworter des Trennungsmodells, das die Vergabe von Trassen ebenso wie deren Planung, Neu- und Ausbau als staatliche Aufgabe vorsieht, warnen vor einer Zementierung des Monopolansatzes und einem damit einhergehenden Mangel an Wettbewerbsimpulsen. Zwar sei die DB AG als Eigentümerin der Eisenbahninfrastruktur gemäß § 14 Abs. 1 AEG bereits zum jetzigen Zeitpunkt verpflichtet, konkurrierenden Eisenbahnverkehrsunternehmen die Infrastruktur zu Bedingungen zu überlassen, „die allenfalls der eigenen Belastung durch die vollen Infrastrukturkosten entsprechen, auf keinen Fall aber Trassenpreise sein dürfen, die über denen der konzerninternen Verrechnung liegen."[555] Die Befürworter des Trennungsmodells werten die Gesetzeslage indes als Ausdruck einer unrealistischen Erwartungshaltung, da ein privatwirtschaftlich organisiertes Unternehmen seinen Wettbewerbern einen Produktionsfaktor keinesfalls zu fairen Konditionen zur Verfügung stelle, damit jene anschließend gegen dieses Unternehmen Geschäfte machen. Realistischerweise müsse angenommen werden, dass die DB

---

[555] Wolfgang Stertkamp, Webfehler der Bahnreform, in: Internationales Verkehrswesen, 71. Jg., Heft 5 (2000), S. 197; lesenswert, da der Themenkomplex aus einem anderen Blickwinkel kritisch diskutiert wird: Burkhard G. Busch, Entgleist und verspätet. Post, Bahn & Co in der Privatisierung. Das Ende aller Ordnung, München 2000

Die eigentumsrechtliche Neuordnung der Schieneninfrastruktur 203

AG daran interessiert ist, durch entsprechend höhere Trassenpreise eine Wettbewerbsbeeinträchtigung der Konkurrenten zu erreichen. Die vollständige Trennung von Netz und Betrieb löse nicht nur einen „institutionellen Interessenkonflikt" auf, sondern entspräche zudem am ehesten den Brüsseler Vorgaben, da die EU-Kommission in einer Richtlinie vom Februar 2001 vorschreibe, der Zugang zum Schienennetz müsse „an Stellen oder Unternehmen übertragen werden, die selbst keine Eisenbahnverkehrsleistungen erbringen."[556] Denn obwohl die in Bonn angesiedelte Bundesnetzagentur als eine selbständige Bundesoberbehörde im Geschäftsbereich des Bundesministeriums für Wirtschaft und Technologie seit dem 1. Januar 2006 neben der Umsetzung und Wahrung wettbewerblicher Strukturen auf dem Elektrizitäts-, Gas-, Telekommunikations- und Postsektor auch den Eisenbahninfrastrukturmarkt kontrolliert, bemängeln Konkurrenten der DB AG noch immer die Diskriminierung bei der Trassenvergabe und bei der Einflechtung ihrer Leistungsangebote in den Gesamtfahrplan. Im Hinblick auf europarechtliche Bestimmungen brisant sind die Auswirkungen des Trennungsmodells auf die Finanzierung der Schieneninfrastruktur: Wenn eine private oder vom Staat getrennte Firma diese unterhält, wie dies gegenwärtig für die DB Netz AG zutrifft, sind Zuschüsse nur unter bestimmten Bedingungen erlaubt. Bereits heute stehen aber die Mittel nach dem Bundesschienenwegeausbaugesetz (BSchwaG) im Verdacht, europarechtswidrig zu sein.[557] Würden dagegen die Schienenwege von einer Behörde verantwortet

---

[556] Wolfgang Stertkamp, Webfehler der Bahnreform, in: Internationales Verkehrswesen, 71. Jg., Heft 5 (2000), S. 197 u. EG, Richtlinie des Rates v. 29.7.1991 zur Entwicklung der Eisenbahnunternehmen der Gemeinschaft (91/440/EWG), Art. 6 Abs. 3

[557] Mit dem BSchwaG kommt der Bund seiner aus Art. 87e Abs. 4 GG hergeleiteten Verantwortung für den Ausbau und Erhalt des Schienennetzes nach. Das im November 1993 verabschiedete Gesetz unterscheidet zwei Formen der Finanzierung: die Baukostenzuschüsse und die zinslosen Darlehen, die von der DB AG gemäß den jährlichen Abschreibungsraten zurückzuzahlen sind. Dabei werden gemäß § 10 BSchwaG zinslose Darlehen nur dann gewährt, wenn eine Investition auf Antrag und im unternehmerischen Interesse des DB-Konzerns vorgenommen wird. In Konkretisierung der gesetzlichen Grundlage wurde 1998 eine Rahmenfinanzierungsvereinbarung zwischen der DB AG und dem Bund geschlossen. Danach werden Bedarfsplanvorhaben grundsätzlich mit Baukostenzuschüssen finanziert. Zinslose Darlehen gewährt der Bund hingegen für Projekte, die dem Bestandsnetz zuzuordnen sind. Aufgrund einer weiteren von 2001 bis 2003 gültigen trilateralen Vereinbarung zwischen dem Bundesministerium für Verkehr, Bau- und Wohnungswesen, dem Bundesministerium der Finanzen und der DB AG sichert der Bund die Schienenwegeinvestitionen, die sich für diesen Zeitraum auf ca. 13 Mrd. EUR einschließlich Lärmsanierungsmaßnahmen beliefen. Mit rund 500 Mio. EUR beteiligt sich die DB AG selbst aus Eigenmitteln an Bestandsnetzvorhaben. Die Bereitstellung von Mitteln für Infrastrukturinvestitionen belief sich in den Jahren 1996 bis 2000 inklusive der Mittel aus dem GVFG und dem Hauptstadtvertrag auf weniger als vier Mrd. EUR jährlich und lag damit unterhalb des bei der Verabschiedung der Bahnreform festgestellten Bedarfs von etwa fünf Mrd. EUR pro Jahr.

(und über diese finanziert), könnten – unabhängig von der Höhe – keine rechtlichen Einwände gegen staatliche Zuwendungen geltend gemacht werden.

Der Forderung nach einer Herauslösung des Trassennetzes wird regelmäßig mit dem Einwand begegnet, dass eine ausreichende Koordination der einzelnen Akteure nur durch einen *integrierten* Konzern gewährleistet werden könne. In einer vom Bundesministerium für Bildung und Forschung geförderten Studie zu dieser Frage werden fünf produktionstechnisch bestimmte Schnittstellen angeführt, die nach Auffassung der Autoren eine hierarchische (anstelle einer marktlichen) Koordinationsform rechtfertigen: Neben Fahrplanerstellung und Trassenvergabe, Forschung und Entwicklung, operativem Betriebsablauf und Sicherheit ist die wichtigste Schnittstelle die von Investitionen in langlebige Anlagegüter wie Schienenwege und „rollendes Material".[558] Der Studie lag die Annahme zugrunde, dass „sich der Wertschöpfungsprozess im Schienenverkehr aus einer Vielzahl von Teilschritten zusammensetzt, in denen Leistungen produziert und an die nachfolgende Stufe übertragen werden."[559] Als eine der wenigen Transaktionen, die eine hierarchische Koordinierung verlangen, wurden die Netzinvestitionen als kritischer Faktor zur Ausschöpfung von Synergieeffekten identifiziert. Letztlich kam die von Jürgen Siegmann geleitete Untersuchung zu keinem eindeutigen Ergebnis: Weder seien die Synergien zwischen Netz und Transport so evident, dass sich daraus zwangsläufig die Vorteilhaftigkeit des integrierten Modells ergebe, noch sei die Trennung von Netz und Betrieb zwingend. Die radikale Desintegration scheint den Forschern insbesondere deshalb vorzugswürdig, weil dem Unternehmensverbund höhere Kosten zugesprochen werden als einer vertikal desintegrierten Struktur.

Genau gegenläufig argumentieren der DB-Vorstand und die Gewerkschaft Transnet unter ihrem einflussreichen Vorsitzenden Norbert Hansen. Beide wollen das Schienennetz, dem das Nachrichtenmagazin *Focus* 1993 unter der Überschrift „Das Mega-Milliarden-Ding" bescheinigte, inklusive Brücken, Tunneln, Stellwerken, elektrischen Oberleitungen und Signalanlagen „als Immobilie pures Gold"[560] und damit rund 130 Mrd. EUR wert zu sein, unter dem Konzerndach

---

[558] Technische Universität Berlin (Hrsg.), SYNETRA – Synergien zwischen Netz und Transport, Berlin 2004, S. 5-7
[559] Jürgen Siegmann/Sören Schultz, Die Bahnreform und das Netz, in: Förderkreis des Verbandes Deutscher Verkehrsunternehmen (Hrsg.), Zehn Jahre Bahnreform in Deutschland, Erfahrungen – Bewertungen – Perspektiven, a.a.O., S. 119
[560] Ulrich Viehöver, Das Mega-Milliarden-Ding, in: Focus, Nr. 43 v. 25.10.1993, S. 214; insgesamt umfasste das Schienennetz der DB AG zum Jahresende 2006 73.352 Weichen und Kreuzungen, 4.736 Stellwerke, 20.317 Bahnübergänge, 798 Tunnel, 27.887 Eisenbahnbrücken und 5.730 Personenbahnhöfe, wobei es sich bei mehr als der Hälfte der Bahnhöfe um Stationen ohne Empfangsgebäude handelt, weil stattdessen die würfelartigen Unterstände als Warteplätze fungieren (DB AG 2007 a, S. 122).

halten. Dabei verweisen sie auf die komplexen technischen Abhängigkeiten im Rad-Schiene-System, wenn sie darauf abstellen, dass „die Trennung von Netz und Betrieb die technologische Einheit der Eisenbahn"[561] zerschlage. Als konkrete Belege werden die maßgeblich von der DB AG vorangebrachte Funktechnik auf GSM-Basis und das Nachfolgesystem GSM-R (Global System for Mobile Communications-Rail) angeführt, mit dem der Konzern nicht nur über das weltweit größte digitale Mobilfunknetz für die Eisenbahn verfügt, sondern zugleich eine Führungsposition bei der Harmonisierung europäischer Systemtechniken einnimmt.[562] Unter Verweis auf das US-amerikanische und das japanische Bahnwesen stellen sie die Vorzüge einer möglichst umfassenden *vertikalen* Systemintegration heraus und betonen, „dass die Vertragslaufzeiten der Zugsysteme unterschiedlich sind und damit nicht zu jedem Fahrplanwechsel alle Züge neu verauktioniert werden, sondern nur die, deren Vertrag ausgelaufen ist."[563] Was die Erweiterung von Streckenkapazitäten betrifft, sei das integrierte Modell ebenfalls überlegen: Nur aufgrund der engen konzerninternen Koordination sei der Ausbau der Hochgeschwindigkeitsstrecke zwischen Berlin und der Freien und Hansestadt Hamburg binnen vier Jahren „unter dem fahrenden Rad", d.h. bei Aufrechterhaltung des Fahrbetriebs, möglich gewesen. Des Weiteren wird damit argumentiert, dass im Falle einer Trennung von Netz und Betrieb 50.000 Konzernarbeitsplätze verloren gingen.

Laut PRIMON-Gutachten, an dem die Investmentbank Morgan Stanley als aussichtsreichste Konsortialführerin im Falle eines Börsengangs ebenso mitwirkte wie die auf Privatisierungen spezialisierte Rechtsanwaltskanzlei Michael Waldeck, verspricht das von der DB-Führung favorisierte Modell neben einer raschen Umsetzung mit einer Summe von 28,7 bis 32,4 Mrd. EUR zugleich den höchsten Erlös. Zudem wirke sich das integrierte Modell „sehr vorteilhaft" auf die Kapitalmarktfähigkeit aus, so die Gutachter.[564] Dies bedeutet jedoch unweigerlich auch, dass der Konzern nach den Bestimmungen des Aktiengesetzes verpflichtet wäre, die Infrastruktur in erster Linie erwerbswirtschaftlich, d.h. gewinnbringend, zu betreiben, sodass gemeinwirtschaftlichen Erwägungen kaum mehr Raum gegeben würde.

Horst Friedrich zweifelt unter der Annahme konstanter Netzlänge und konstant bleibender Verkehrsmarktanteile der Bahn an der Möglichkeit einer profi-

---

[561] Hartmut Mehdorn, zitiert nach: Robert Vernier/Olaf Wilke, Finale im Richtungsstreit, in: Focus, Nr. 26 v. 25.6.2001, S. 58
[562] DB AG, 10 Jahre Deutsche Bahn AG, a.a.O., S. 11
[563] Jürgen Siegmann/Sören Schultz, Die Bahnreform und das Netz, in: Förderkreis des Verbandes Deutscher Verkehrsunternehmen (Hrsg.), Zehn Jahre Bahnreform in Deutschland, Erfahrungen – Bewertungen – Perspektiven, a.a.O., S. 121
[564] Booz Allen & Hamilton, Privatisierungsvarianten der Deutschen Bahn AG „mit und ohne Netz" (Fassung für die MdB), Berlin 2006, S. 40

tablen Trassenbewirtschaftung und fürchtet, dass der Zuschussbedarf aus dem Bundeshaushalt auf lange Sicht steigen werde. Die Kritik seines Amtskollegen von Bündnis 90/Die Grünen, Winfried Hermann, fiel bereits vor der Entscheidung über den Eigentümer des Trassennetzes grundsätzlicher aus: Es könne nicht akzeptiert werden, „dass die Entscheidungen, was und wo gebaut wird, im Aktionärs- und nicht im öffentlichen Interesse gefällt werden."[565] Berechtigt sind die Einwände insofern, als ein privater Eigentümer – sei er auch nur Miteigentümer – Planungsentscheidungen ausschließlich unter Abwägung von Rentabilitätskriterien fällt, sodass eine gemeinwohlorientierte Vorhaltung von weniger frequentierten Netzabschnitten nicht mehr erzwungen werden kann: „Ein privater Shareholder hat Interesse an Dividende auf sein eingesetztes Kapital, nicht an kostenintensiven Investitionen ins Netz. Dies führt – siehe das katastrophale Ergebnis der materiellen Netzprivatisierung in Großbritannien – tendenziell zur mangelhaften Reinvestition von Trassenerlösen ins Netz mit der Folge schlechter werdender Streckenqualität", so Hermanns Vorgänger Albert Schmidt.[566]

Da die Netzsparte laut DB-Führung mittelfristig nennenswert zum Konzernüberschuss beitragen soll, werden eine spürbare Senkung der dort anfallenden Kosten und eine Modifikation des Trassenpreissystems angestrebt. Über das geltende Tarifierungsmodell werden erst bei einer Auslastung von wenigstens 80 Prozent die Kosten abgedeckt. Eine derartige Auslastung muss jedoch mit Blick auf das Gros der Nebenstrecken als illusorisch bezeichnet werden, weil selbst die Hauptstrecken lediglich während der werktäglichen Stoßzeiten Auslastungsgrade in genanntem Umfang erreichen.[567] Dies zieht eine Investitionsstrategie nach sich, die auf Streckenabschnitte mit gedeckten marktmäßigen Kapitalkosten beschränkt bleibt. Würden Bund und Länder der DB AG als „Subventionsersatz" zinslose Kredite gewähren, deren Rückzahlung über Abschreibungen erfolgt, wären solche Streckenabschnitte rentabel, bei denen die „marktwirtschaftlichen" Verluste durch die Differenz zwischen marktüblichem und zinslosem Kredit aufgefangen werden. Entgegen der Behauptung der *Regierungskommission Bundesbahn* kann die DB AG unter Umständen selbst mit Hilfe zinsloser Kredite nach betriebswirtschaftlicher Rechnungslegung unrentable Strecken nicht profitabel betreiben, ohne auf Subventionen angewiesen zu sein. Dies lässt sich durch die Tatsache belegen, dass mehr als jeder zweite Euro des Umsatzes von rund 8,3 Mrd. EUR im Nahverkehr über die Bestellerentgelte „unmittelbar aus der

---

[565] Zitiert nach: Lutz Frühbrodt, Bahn funktioniert auch ohne Netz, in: Die Welt v. 24.11.2005, S. 11
[566] Albert Schmidt, Für eine konsequente Fortführung der Bahnreform, in: Förderkreis des Verbandes Deutscher Verkehrsunternehmen (Hrsg.), Zehn Jahre Bahnreform in Deutschland, Erfahrungen – Bewertungen – Perspektiven, a.a.O., S. 34
[567] Jürgen Siegmann/Sören Schultz, Die Bahnreform und das Netz, in: Förderkreis des Verbandes Deutscher Verkehrsunternehmen (Hrsg.), Zehn Jahre Bahnreform in Deutschland, Erfahrungen – Bewertungen – Perspektiven, a.a.O., S. 120

Bundeskasse" fließt, der Geschäftszweig somit nach wie vor eine „staatlich finanzierte Cash Cow" darstellt.[568] Die Abhängigkeit von Subventionen durch den Eigentümer besteht nämlich bei solchen Strecken fort, auf denen sich trotz zinsloser Investitionskredite oder in Gestalt von Regionalisierungsmitteln gewährter Bundeszuschüsse kein positiver Nettokapitalwert erwirtschaften lässt.

Vor diesem Hintergrund rechtfertigt ein streng vertraulicher, interner Controllingbericht für das „Fern- und Ballungsnetz" das Unbehagen gegenüber dem Instandhaltungsaufwand, den die DB AG für das durchschnittlich 18 Jahre alte Gesamtschienennetz betreibt. In dem 2004 verfassten Papier wird moniert, „dass Inspektionsintervalle und -fristen nicht eingehalten werden" und Grenzüberschreitungen bei den Inspektionen der Gleisgeometrie festgestellt wurden, weil die „zur Abwendung von Betriebsgefährdungen geforderten Maßnahmen [nicht] fristgerecht eingeleitet wurden."[569] Des Weiteren heißt es dort: „Aufgrund der bei den Instandhaltungskontrollen festgestellten relativ hohen prozentualen Anteile an schwerwiegenden und kritischen Abweichungen, insbesondere im Bereich Fahrbahn, Brücken und Tunnel, ist anzunehmen, dass die Kontrollpflicht der zuständigen Führungskräfte nach wie vor unzureichend wahrgenommen wird."[570] Ferner bemängeln die Verfasser, dass der Abstand der Vegetation zu spannungsführenden Betriebsinstrumenten und Signalstellen aufgrund ausgebliebener Rückschnitte auf vielen Strecken unterschritten wird, sodass Sichtbehinderungen sowie Kurzschlüsse und Totalausfälle der Oberleitungsanlagen häufige Folgen sind. Allein in Nordrhein-Westfalen wurden rund 2.000 Streckenabschnitte zu Langsamfahrstellen herabgestuft, weil die maroden Gleise keine Höchstgeschwindigkeiten mehr zulassen. „Instandsetzungs- und Erneuerungsmaßnahmen bei den Bahndämmen, die dringend erforderlich sind, werden, von Sofortmaßnahmen abgesehen, selten durchgeführt."[571] Der Grund für die Fehlentwicklungen lässt sich in einer Vorlage des Bundesministeriums für Verkehr, Bau- und Wohnungswesen erkennen, die 2004 im Kontext des DB-Sparprogramms „Qualify Plus" formuliert wurde. Danach sollen nicht nur bei der Materialbeschaffung Kosten eingespart werden, sondern in nennenswertem Umfang auch bei der Instandhaltung der Infrastruktur. Von einer konsequenten

---

[568] Thilo Sarrazin, zitiert nach: Matthias Bartsch/Andrea Brandt/Jörg Schmitt/Andreas Wassermann, Richtung Abstellgleis. Eine große Allianz macht Front gegen die Privatisierung der Bahn, in: Der Spiegel, Nr. 22 v. 26.5.2007, S. 36
[569] Zitiert nach: Jörg Schmitt, Um jeden Preis?, in: Der Spiegel, Nr. 17 v. 25.4.2005, S. 96
[570] Ebd.
[571] Ebd.; dabei leidet das Trassennetz seit Jahren an einem Instandhaltungsrückstau, d.h. die DB AG „fährt auf Verschleiß". Insofern ist abzusehen, „dass die Gleise in den kommenden Jahren immer maroder werden. Etwa 1,6 Milliarden Euro im Jahr wären nötig, um das Netz zu pflegen. Tatsächlich beträgt das offizielle Budget der DB dafür aber nur 1,2 Milliarden" (Annette Jensen 2006, S. 11).

Nutzung der (vermeintlichen) Einsparpotenziale erhofft sich der Vorstand für den Zeitraum bis 2009 eine Ergebnisverbesserung von 1,26 Mrd. EUR. Aus Sicht der DB AG ist der Wunsch verständlich, das ihr noch verbleibende Monopol im Netzzugang aufrechtzuerhalten, um in der Form von Nutzungsgebühren einen Teil der Kosten an die neuen Wettbewerber zu externalisieren. Unter Wahrung rein betriebswirtschaftlicher Grundsätze könnte sich die Netz AG jedoch noch weitergehender als bislang veranlasst sehen, „auf denjenigen Strecken, die sie nicht zu ihrem Kernnetz zählt, bewusst auf Verschleiß zu fahren, um die überschüssigen Trassenentgelte in ihrem Kernnetz zu verwenden."[572] Erklärtermaßen will die DB AG nach der von Hartmut Mehdorn beharrlich postulierten Veräußerung am Kapitalmarkt „unwirtschaftliche Teile" stilllegen, was sich mit einer „staatsnahen Infrastrukturgesellschaft" nur gegen beträchtlichen Widerstand durchsetzen ließe. Entsprechende Hinweise, die in der Publikumsfassung des PRIMON-Gutachtens geschwärzt wurden, sich aber in der den Mitgliedern des Bundesverkehrsausschusses zugänglichen Ausgabe auf Seite 203 finden, lauten:

> „Den größten Anteil am Effekt ‚Investive Fehlallokation' hat nach Einschätzung der DB AG eine Verlangsamung bzw. Verminderung der Stilllegung unwirtschaftlicher Teile des Schienennetzes nach einer Trennung. Eine eher staatsnahe Infrastrukturgesellschaft wäre – so die Argumentation – nicht in der Lage, Rationalisierungen des Netzes in dem Ausmaß und der Geschwindigkeit wie ein privatisierter, integrierter Konzern vorzunehmen."[573]

Als eine Art „Zwitterlösung" zwischen dem *integrierten* und dem *Trennungs*modell als den beiden ausführlich dargestellten Konzepten ist das *Eigentums*modell in seiner *Grundvariante* (Variante 2) anzusehen, bei dem die Eisenbahninfrastruktur formal ausgegliedert wird, letztlich aber beim Bund verbleibt. Alle mit dem Netz verbundenen operativen Aufgaben inklusive der Trassenvergabe bleiben auf Basis eines langfristigen Pachtvertrags im Verantwortungsbereich der DB AG. Dieses Modell ähnelt dem vom Bundesministerium für Verkehr, Bau und Stadtentwicklung vorgelegten Entwurf des Bundeseisenbahnstrukturgesetzes (BESG). Jenes am 13. März 2007 veröffentlichte Papier sieht vor, dem Konzern einen noch weiterreichenden Einfluss auf das Schienennetz nebst den dazugehörigen Infrastrukturanlagen zuzugestehen, als dies der Konzernvorstand nach dem Kompromiss von Regierung und Parlament im November 2006 erwarten durfte. Danach soll der Bund juristischer Eigentümer der Eisenbahninfrastrukturun-

---

[572] Stefan Bennemann, Die Bahnreform. Anspruch und Wirklichkeit, a.a.O., S. 81
[573] Booz Allen & Hamilton, Privatisierungsvarianten der Deutschen Bahn AG „mit und ohne Netz" (Fassung für die MdB), a.a.O., S. 203

ternehmen (DB Netz, DB Station & Service, DB Energie) bleiben, das wirtschaftliche Eigentum jedoch auf die (dann auch materiell privatisierte) DB AG als „Sicherungstreugeber" übergehen. Dieser juristische Winkelzug stößt bei der Mehrzahl der Experten auf Kritik: „verfassungswidrig" und „bilanzrechtlich nicht haltbar" urteilen die Rechtswissenschaftler Christoph Möllers und Carsten Schäfer in einer Studie für den *Bundesverband der Deutschen Industrie* (BDI), die am 27. April 2007 in Berlin vorgestellt wurde.[574] Thilo Sarrazin, ehemaliger DB-Manager und am 17. Januar 2002 zum Finanzsenator des Stadtstaates Berlin ernannt, warnt vor dieser Ausgestaltung eines faktisch integrierten Börsengangs, wie ihn der Konzernvorstand im Schulterschluss mit dem Bundesministerium für Verkehr, Bau und Stadtentwicklung anstrebt: „Die Logik der Teilprivatisierung mit Netz impliziert, dass die Investitionen weiter vom Staat bezahlt werden, die Entscheidungskompetenz aber faktisch in private Hände übergeht."[575]

Die *Gestaltungsvariante* dieses Modells (Variante 3) kommt dem französischen Modell nahe und sieht vor, einer zu 100 Prozent im Bundesbesitz befindlichen Netzgesellschaft mittels eines Generalvertrags über die benannten operativen Handlungsspielräume hinaus auch die Trassenvergabe inklusive der Preis- und Investitionsgestaltung zu überantworten. Obschon das Diskriminierungspotenzial zulasten aufstrebender Wettbewerber damit nicht vollends beseitigt wäre, würden doch jedenfalls die strategischen Einflussmöglichkeiten des DB-Konzerns schwinden. So wären bspw. „Kopplungsgeschäfte" ausgeschlossen, wonach Investitionen in das Trassennetz eines Bundeslandes nur dann getätigt werden, wenn dieses gegenüber der DB Regio AG pauschal langfristige Bestellgarantien abgibt. Würde die Gestaltungsvariante umgesetzt, könnte die „Rest-DB" vollständig materiell privatisiert werden.

Die vierte Variante, das so genannte *Finanzholding*-Modell, impliziert eine Dezentralisierung der innerhalb des DB-Konzerns bestehenden Einzelgesellschaften, in deren Folge die Netz AG unternehmerische Unabhängigkeit erlangen würde. Der Bund hätte sich bei dieser aufgrund seiner grundgesetzlich verbrieften Infrastrukturverantwortung als Mehrheitsaktionär zu engagieren. Die Variante wird im Allgemeinen als untauglicher Versuch gewertet, die Verknüpfung zwischen Transport und Netz zu wahren, weil die Wahrung der Eignerrechte wenig transparent und die Architektur des Modells aufgrund der nicht eindeutig definierten Entscheidungskompetenzen ausgesprochen kompliziert ist.[576]

---

[574] Christoph Möllers/Carsten Schäfer, Verfassungs- und bilanzrechtliche Prüfung des Gesetzentwurfs „Kapitalprivatisierung Deutsche Bahn AG" des Bundesministeriums für Verkehr, Bau und Stadtentwicklung, Göttingen/Mannheim 2007, S. 28, 34, 95 f. u. 102
[575] Daniel Delhaes/Reinhold Böhmer, Grünes Licht, in: Wirtschaftswoche, Nr. 20 v. 15.5.2006, S. 58
[576] Bundesarbeitsgemeinschaft SPNV, Positionspapier zum Gutachten Privatisierungsvarianten der Deutschen Bahn AG „mit und ohne Netz" von Booz Allen & Hamilton, Berlin 2006, S. 15

Unabhängig davon, welche der diskutierten Privatisierungsvarianten letztlich die Zustimmung der politisch Verantwortlichen findet, wird das einstige Kerngeschäftsfeld Bahnverkehr innerhalb des DB-Konzerns weiter an Bedeutung verlieren. Dies gilt sowohl für das am 27. Oktober 2007 auf dem SPD-Parteitag in Hamburg verabschiedete „Volksaktien-Modell" als auch für das von Bundesfinanzminister Peer Steinbrück ins Gespräch gebrachte Holding-Modell, das im parlamentarischen Raum mehrheitsfähig zu sein scheint. Denn gleich ob „nur" die Transportsparten an Großinvestoren wie Gazprom verkauft oder stimmrechtslose Vorzugsaktien an Kleinaktionäre ausgegeben werden – der Renditedruck wird erhöht.

Zu befürchten steht auch, dass die Bundesmittel, die in den Erhalt und den Ausbau des Schienennetzes fließen (sollen), auf absehbare Zeit weiter gekürzt werden. Verschärfend tritt die – isoliert betrachtet – positive Strategie „Netz 21" hinzu, mit der die DB AG das Ziel verfolgt, bis 2015 die verschiedenen Zugtypen auf separaten Strecken zu „entmischen". Zwar ist die Verteilung von Personen- und Güterverkehr sowie Regional- und Fernverkehr auf unterschiedlichen Trassen durchaus sinnvoll, um zumindest auf den Hauptabfuhrstrecken sowie in den Ballungsräumen den Verkehrsfluss, die Auslastung und letztlich die Produktivität des Streckennetzes zu steigern.[577] Indes reichen die veranschlagten Investitionssummen nicht aus, um die Infrastruktur instand zu halten und gleichzeitig mit dem Ziel einer „Entmischung" des Verkehrs zu erweitern.

4.5.2 Fehlgeleitete Investitionen bei unzureichender Finanzierungsbasis

Der von der CDU/CSU/FDP-Bundesregierung im Vorfeld der Bahnreform eingebrachte Gesetzentwurf zum Ausbau des Schienennetzes sah vor, dass sich der Bund an Investitionen in die Schienenwege von Eisenbahnen des Bundes beteiligen „kann".[578] Angesichts seiner festgeschriebenen Verantwortung als Baulastträger bei den Bundesfern- und -wasserstraßen widersetzten sich Bundestag und -rat diesem Vorschlag und korrigierten die einschlägige Bestimmung im BSchwAG dahingehend, dass nunmehr der Bund „Investitionen in die Schienenwege der Eisenbahnen des Bundes (…) im Rahmen der zur Verfügung ste-

---

[577] DB AG, 10 Jahre Deutsche Bahn AG, a.a.O., S. 10; dies geschieht vor dem Hintergrund, dass sich das Hochgeschwindigkeitsnetz für den Personenverkehr wegen der in Aussicht gestellten Nutzungsfrequenzen und Geschwindigkeiten nur sehr begrenzt zur zusätzlichen Güterabfuhr eignet. Überwiegend wird bei der „Entmischung" durch die Railion AG der Betrieb über die ehemals für den Personenverkehr ausgelegten Strecken abgewickelt.
[578] Deutscher Bundestag, Bundestagsdrucksache 12/4609 v. 23.3.1993, Art. 4 ENeuOG, § 1 Abs. 1 BSchwAG

henden Haushaltsmittel" finanziert.[579] Dennoch sollen die von Konzern und Bund aufgewandten Infrastrukturinvestitionen laut streng vertraulicher Mittelfristplanung der DB AG von 4,6 Mrd. EUR im Jahre 2006 auf weniger als 4,2 Mrd. in 2010 sinken.[580] Diese Beschlusslage offenbart ebenso wie die Tatsache, dass die DB-Führung seit 1999 insgesamt 1,4 Mrd. EUR aus dem Bundeshaushalt nicht abrief, weil sie stets einen geringen Anteil an Eigenmitteln zur Kofinanzierung aufbieten muss, welche Konzernstrategie der Vorstand um Hartmut Mehdorn verfolgt: Obschon der Bund nach § 8 Abs. 1 BSchwAG Investitionen in die Schienenwege der Eisenbahnen des Bundes grundsätzlich finanziert, wird vielfach der Einsatz von Eigenmitteln erforderlich.[581]

Ähnlich verläuft die gleichermaßen kritikwürdige Infrastrukturentwicklung im Schienengüterverkehr. Zwar gewährt der Bund Wirtschaftsunternehmen in privater Rechtsform auf Grundlage der Gleisanschlussförderrichtlinie vom 3. August 2004 für den Neu- und Ausbau sowie zur Wiederbelebung stillgelegter Gleisanschlüsse finanzielle Zuwendungen in Höhe von bis zu 50 Prozent der zuwendungsfähigen Kosten als nicht rückzahlbaren Zuschuss. Gleichwohl erfolgen die Zahlungen vorbehaltlich der Verfügbarkeit der veranschlagten Haushaltsmittel ausschließlich zum Zwecke des gewerblichen Gütertransports und dies auch nur dann, wenn die Schienenanlagen „eine unmittelbare oder mittelbare Verbindung an das Netz eines öffentlichen Eisenbahnstrukturunternehmens herstellen."[582] Gleichzeitig müssen sich die Unternehmen verpflichten, innerhalb des Förderzeitraums über den Gleisanschluss ein zuvor festgelegtes zusätzliches Frachtvolumen zu befördern. Kommt es auf dem Streckenabschnitt zu keinem Mehrverkehr, wird das zuvor festgeschriebene Frachtvolumen also unterschritten, ist der Zuschuss anteilig zurückzuzahlen.

Dem investiven Nachholbedarf im Schienenwegebau und den unzureichend definierten Angebotsqualitäten könnte wirksamer Rechnung getragen werden, wenn die Erschließung von Industriezonen des verarbeitenden Gewerbes durch Anschlussgleise oder die Ansiedlung von Betrieben mit erheblichem Güterumschlag in mit Industriegleisen erschlossenen Sektoren erfolgte. Beispielhaft gelang dies mit der Erschließung des Düsseldorfer Hafens, des „Rheinbogen Wesseling" bei Köln und dem Container-Shuttle-Zug zwischen den Hamburger und Bremer Häfen. Trotz dieser ermutigenden Beispiele, in Reichweite von Gleisanlagen neue Industrie- und Gewerbegebiete oder Umschlagplätze anzusiedeln,

---

[579] Art. 6 Abs. 132 ENeuOG, § 8
[580] Ileana Grabitz, Nicht ohne meine Gleise, in: Welt am Sonntag v. 12.2.2006, S. 31
[581] Boris Palmer, Der Kapitalvernichter. Bahnchef Mehdorn hat mit seiner Börsengangsstrategie das Unternehmen ruiniert, in: die tageszeitung v. 31.1.2006, S. 11
[582] Bundesministerium für Verkehr, Bau- und Wohnungswesen, Richtlinie zur Förderung des Neu- und Ausbaus sowie der Reaktivierung von privaten Gleisanschlüssen, Berlin 2004, S. 2 (Punkt 1.2)

kam es von 1992 bis 2004 zu einem Abbau der industriellen Gleisanschlüsse um 71 Prozent, und zwar von 13.629 auf 4.004 nur zwölf Jahre später.[583]

Von den ursprünglich geplanten 214 Bauprojekten der DB AG mussten zuletzt 134 gestrichen werden, weil der Bund als alleiniger „Noch"-Eigentümer seit Beginn der Bahnreform die Investitionsmittel für die Schieneninfrastruktur kontinuierlich reduzierte. So werden die Zuwendungen im Jahre 2008 nur 2,18 Mrd. EUR ausmachen, nachdem sich der Finanztransfer 2006 noch auf 3,66 Mrd. EUR belaufen hatte.[584] Welche gravierenden Folgen eine Unterfinanzierung der Schienenwege auf lange Sicht zeitigen kann, lässt die Ausbautrasse Karlsruhe - Basel erkennen, über die in Kooperation mit den SBB der Güterverkehr vom weltweit größten Seehafen in Rotterdam bis nach Italien abgewickelt werden soll. Während die Schweizer Bahngesellschaft den Gotthard-Basistunnel spätestens 2016 fertig gestellt haben wird, sieht die mittelfristige Finanzplanung der DB AG eine Fertigstellung der Zubringerstrecke angesichts eines Fehlbetrags von drei Mrd. EUR frühestens 2019 vor, entspricht der für dieses Projekt veranschlagte Betrag doch der Gesamtinvestitionssumme für Neubauprojekte, die der Konzern zwischen 2004 und 2008 aufzuwenden beabsichtigt.[585]

Während die DB AG das Streckennetz nur punktuell im Rahmen vermeintlicher Prestigeobjekte um einzelne Ausbauten ergänzte – zu nennen wären hier die rund sechs Mrd. EUR teure Neubaustrecke Köln - Frankfurt am Main, die Streckenerweiterungen im Umfeld des „Berliner Knotens" sowie die Hochgeschwindigkeitsstrasse München - Ingolstadt - Erfurt –, wird nach wie vor in erheblichem Umfang in die Straßeninfrastruktur investiert. Das Missverhältnis ist vor dem Hintergrund des parteienübergreifend geforderten Mehrverkehrs auf der Schiene unverständlich und wird unter Verweis auf folgende Zahlen deutlich: Laut dem bis 2015 geltenden Bundesverkehrswegeplan sollen 42,9 Prozent der Investitionsmittel für das Schienen- und 52 Prozent für das Straßennetz aufgewendet werden. Damit wurden dem Bahnverkehr für das Jahr 2004 abermals rund 900 Mio. EUR weniger Investitionsmittel zugeteilt als dem Straßenverkehr, nämlich lediglich 4,26 Mrd. EUR gegenüber 5,17 Mrd. EUR, die in den Straßenbau flossen.[586] Die jahrzehntelange Benachteiligung des Verkehrsträgers Schiene

---

[583] Bundesamt für Statistik, Statistisches Jahrbuch 2004 für die Bundesrepublik Deutschland, a.a.O., S. 460 u. Winfried Wolf, In den letzten Zügen. Bürgerbahn statt Börsenwahn, a.a.O., S. 65
[584] Annette Jensen, Die wunderbare Welt der Bahngewinne, in: die tageszeitung v. 15.3.2005, S. 6
[585] Dies., Die Bahn rollt aus dem Gleisbett, in: die tageszeitung v. 15.3.2005, S. 6
[586] Allianz pro Schiene, Stellungnahme zum Verkehrswegeplan, Berlin 2003, S. 1; die Situation verschärft sich aufgrund der stetig wachsenden Haushaltsdefizits und der teilweise bereits umgesetzten Forderung aus dem „Koch/Steinbrück-Papier" nach einer Senkung der Infrastrukturzuschüsse. Nahezu buchstabengetreu wurden diese Kürzungen von der CDU/CSU/SPD-Regierung in den Koalitionsvertrag vom 11. November 2005 übernommen, sodass nach Berechnungen des BUND bis zum Auslaufen des Bundesverkehrswegeplans 24,5 Mrd. EUR weniger in die Verkehrswege fließen wer-

wird dann besonders deutlich, wenn man zusätzlich die beiden vorangegangenen Haushaltsjahre betrachtet, wurde doch über einen Zeitraum von drei Jahren hinweg jährlich eine Mrd. EUR mehr in die Straßen- als in die Bahninfrastruktur investiert. Die Tatsache, dass 1992 nach dem Willen der EG-Kommission das europäische Autobahnnetz innerhalb von zehn Jahren um 12.000 Kilometer ausgebaut werden sollte, unterstreicht den seitens der Politik erwünschten Vorrang der Straße. Ebenso wie das nationale stellt sich das transeuropäische Straßennetz in Gestalt der so genannten „Trans-European-Networks"-Projekte als „der in Beton erstarrte Ausdruck der perspektivlosen europäischen Verkehrs- und Umweltpolitik"[587] dar – mit gravierenden Folgen für den Schienenverkehr.

4.5.3 Der Ausbau des Schienennetzes als umweltpolitische Notwendigkeit

Die Antwort auf die Frage, weshalb Investitionen in den Ausbau des Schienennetzes unabhängig von den daran bestehenden Eigentums- und Nutzungsrechten unverzichtbar sind, leitet sich aus den vielen mit dem Straßenverkehr verbundenen negativen Externalitäten ab: „Den Steuer- und Krankenkassenbeitragszahlern werden Milliardenbeträge aufgebürdet, die vom motorisierten Straßenverkehr verursacht werden: Gebäudeschäden, Unfallkosten, Gesundheitskosten für Lärm- und Luftverunreinigungsfolgen, kaum zu beziffernde Verluste durch Natur- und Landschaftsverbrauch und viele andere Begleiterscheinungen der Straßenmobilität."[588] Vor dem Hintergrund der sich zuspitzenden Umwelt- und Verkehrsprobleme kann eine sachlich fundierte Kritik an der Kapitalmarktorientierung der DB AG und dem damit einhergehenden Abbau der möglichst flächendeckenden Versorgung mit Schienenverkehrsleistungen (vgl. 4.4.2) nur stattfinden, wenn auf die hohen ungedeckten Verkehrskosten der konkurrierenden Verkehrsträger Bezug genommen, mithin der Frage der „Kostenwahrheit" nachgegangen wird. So hat sich der Straßenverkehr durch einen weitgehenden Ausschluss der externen Kosten – was einer indirekten Subventionierung durch die

---

den als bei der Verabschiedung im Jahre 2003 angenommen (Klaus-Peter Schmid 2004 b); Anm.: Das „Koch/Steinbrück-Papier" vom 30. September 2003 enthielt auf einen Zeitraum von drei Jahren angelegte Vorschläge zum Subventionsabbau. Nach der so genannten „Rasenmähermethode" sollten danach jährlich Kürzungen in Höhe von vier Prozent vorgenommen werden, was einem Gesamtvolumen von 15,8 Mrd. EUR entsprochen hätte. Im Vorfeld wurde dabei eine Differenzierung nach drei Körben vorgenommen: Neben einem „Konsens"- und einem „Dissens"-Korb (Ökosteuer-Sonderregelungen für die Industrie, Steuerfreiheit für Nacht-, Sonn- und Feiertagszuschläge) gab es einen „Unantastbar"-Korb mit den Subventionstatbeständen, die von den Kürzungen ausgenommen werden sollten.
[587] Peter Krebs, Verkehr wohin? Zwischen Bahn und Autobahn, a.a.O., S. 156
[588] Allianz pro Schiene, Fahrplan Zukunft – 10 Punkte für einen fairen Wettbewerb zwischen allen konkurrierenden Verkehrsträgern, Berlin 2002, S. 12

Allgemeinheit gleichkommt – zunehmend verbilligt. Das Institut für empirische Wirtschaftsforschung der Universität Zürich formuliert dies in einem 1991 veröffentlichten Gutachten wie folgt:

„Da die Autofahrer die volkswirtschaftlichen Kosten ihrer Tätigkeit nicht decken, hat sich der Privatverkehr über das volkswirtschaftliche Optimum ausgedehnt. Daran sind weder die Marktwirtschaft noch das Wirtschaftswachstum und auch keine ‚böswilligen' Automobilisten schuld. Das Übel liegt darin, dass man die rechtzeitige Internalisierung der externen Kosten des Individualverkehrs versäumt hat."[589]

Die daraus resultierende Verzerrung der wahren Kosten führt zu Wohlstandsverlusten, da das Kraftfahrzeug über Gebühr in Anspruch genommen wird, das Straßenverkehrsaufkommen bei einer Internalisierung der externen Kosten dementsprechend niedriger wäre.

Neben dem niedrigeren Energiebedarf und der damit zusammenhängenden geringeren Umweltbelastung weist der schienengebundene Verkehr einen weiteren bedeutsamen Vorteil auf: den wesentlich geringeren Raumbedarf. So übersteigt der Flächenverbrauch einer sechsspurigen Autobahn den Raumbedarf einer Hochgeschwindigkeitsstrasse für den Bahnverkehr um das Vierfache. Per definitionem fällt die Inanspruchnahme von Raum und Boden durch verkehrliche Infrastruktur in die weit gefasste Kategorie „Flächen- oder Landschaftsverbrauch". Tatsächlich aber sind die Auswirkungen außerordentlich folgenschwer, schließlich „wird Fläche anderen Nutzungen entzogen, sie wird zerschnitten, verlärmt; der Boden wird verdichtet, belastet, versiegelt."[590] So wuchs die Verkehrs- und Siedlungsfläche im Jahre 2003 täglich um 117 Hektar, was in etwa der Größe von 150 Fußballfeldern entspricht. Wenn der Landschaftsverbrauch für Siedlungs- und Verkehrsflächen im Rahmen der im April 2002 beschlossenen Nachhaltigkeitsstrategie „Perspektiven für Deutschland" bis 2020 auf maximal 30 Hektar pro Tag gesenkt werden soll, ist ein Ausbau des Schienennetzes, d.h. eine

---

[589] Zitiert nach: Peter Krebs, Verkehr wohin? Zwischen Bahn und Autobahn, a.a.O., S. 93; zahlreiche Untersuchungen geben Aufschluss über die verkehrsträgerspezifische Verursachung externer Kosten, so auch die 2001 veröffentlichte INFRAS/IWW-Studie, bei der die Staukosten unberücksichtigt blieben: Demnach belaufen sich die externen Kosten eines PKW im Durchschnitt auf 87,- EUR pro 1.000 Personenkilometer, die eines Flugzeugs auf 48,- EUR und die der Bahn auf nicht einmal 20,- EUR. Vereinfacht gesprochen bedeutet dies, dass die Bahn für die Gesellschaft 4,4-mal günstiger ist als der PKW. Legt man den Güterverkehr zugrunde, wird das Gefälle noch deutlicher: Pro 1.000 Tonnenkilometer entstehen auf der Straße gesellschaftliche Kosten in Höhe von 88,- EUR, während beim Schienenverkehr nur 19,- EUR anfallen (Allianz pro Schiene 2003 b, S. 17).

[590] Hartmut Topp, Verringerter Flächenverbrauch durch neue verkehrsplanerische Ansätze, in: Institut für Landes- und Entwicklungsforschung des Landes NRW (Hrsg.), Flächenverbrauch und Verkehr, Dortmund 1987, S. 31

angebotsseitig ausgelöste Steigerung des Schienenverkehrsaufkommens unumgänglich.[591] Allein der Bedarf an Parkflächen in den Innenstädten übersteigt – wenngleich zeitlich und räumlich schwankend – die vorhandenen Kapazitäten seit langem erheblich.[592]

Die Vorzüge des Verkehrsträgers Schiene unter dem Gesichtspunkt von Unfallschäden macht ein beeindruckender Vergleich deutlich: So kommen in Europa 3.500 Mal weniger Menschen durch die Bahn zu Schaden als durch den PKW.[593] Eine Mitte der 1980er-Jahre durchgeführte Feldstudie des Umweltbundesamtes legitimiert den Ausbau des (bei Verwendung moderner Bau- und Lärmschutztechnik) geräuschärmeren Schienennetzes damit, dass sich seinerzeit schon auf dem Gebiet der alten Bundesrepublik rund 37 Mio. Einwohner durch den Straßenverkehrslärm konstant belästigt fühlten.[594] Hinzu kommen Staukosten, auch Überfüllungskosten oder *congestion costs* genannt, die europaweit in Höhe von rund 530 Mrd. EUR anfallen, weil weder Zeit noch Kraftstoff effektiv genutzt werden.[595] Der Straßenverkehr ist hierzulande ebenso wie in zahlreichen

---

[591] Allianz pro Schiene, Kompromissvorschlag zur Eigenheimzulage, Pressemitteilung v. 11.12.2003, S. 1 u. Holger Rogall, Bausteine einer zukunftsfähigen Umwelt- und Wirtschaftspolitik. Eine praxisorientierte Einführung in die neue Umweltökonomie und Ökologische Ökonomie, a.a.O., S. 464

[592] Vgl. zu den Folgen: Heinz Blüthmann, Die Rückkehr des Raumes – Deutschland steht vor dem Verkehrsinfarkt, in: ders. (Hrsg.): Verkehrsinfarkt. Die mobile Gesellschaft vor dem Kollaps, Reinbek bei Hamburg 1990, S. 16 f.

[593] Peter Krebs, Verkehr wohin? Zwischen Bahn und Autobahn, a.a.O., S. 38; zwischen 1953 und 1998 (bis 1990 nur alte Bundesländer) mussten in der Bundesrepublik Deutschland 590.276 Menschen im Straßenverkehr ihr Leben lassen, 21.106.100 wurden verletzt. Noch immer sterben auf europäischen Straßen unfallbedingt jährlich ca. 55.000 Menschen, nicht weniger als 4,6 Mio. Verletzte forderte der Straßenverkehr Mitte der 1990er-Jahre jährlich (ebd., S. 37). Trotz technischer Fortschritte beim Fahrzeugbau starben in der Bundesrepublik 2006 noch immer 5.091 Menschen bei Straßenverkehrsunfällen, 422.337 wurden in jenem Jahr verletzt (Bundesamt für Statistik 2007, S. 8).

[594] Marius Weinberger/Hans Günter Thomassen/Rainer Willeke, Kosten des Lärms in der Bundesrepublik Deutschland, Bericht Nr. 9 des Umweltbundesamtes, Berlin 1991, S. 60; wenngleich die Ergebnisse solcher Befragungen keine quantitativ messbaren Werte erbringen – dies lassen die per definitionem nur unzureichend bestimmbaren Begriffe „Belästigung" und „Störung" nicht zu –, so kann doch eine gestiegene Lärmbelastung durch den Straßenverkehr nicht geleugnet werden. Zwar sind PKW und LKW dank moderner Motorentechnik im Laufe der vergangenen Jahre stetig geräuschärmer geworden, doch wird diese positive Entwicklung durch das in den vergangenen Jahrzehnten drastisch gestiegene Verkehrsaufkommen konterkariert. Ist meist nur die Psyche des Menschen betroffen, so kann Lärm im oberen Dezibelbereich auch zu physischen Schäden führen. Als gravierende Folgen der Lärmbelästigung treten Kommunikationsstörungen, Beeinträchtigungen des Schlafs, der Entspannung, des Wohn- und Sozialverhaltens sowie negative Auswirkungen auf die Konzentrationsfähigkeit, vegetative Störungen und Gehörschäden auf. Mehrere Studien des Bundesgesundheitsamts haben zudem nachgewiesen, dass starker Verkehrslärm das Herzinfarktrisiko erhöht (vgl. Umweltbundesamt 1990, S. 4-11).

[595] Jede verkehrliche Infrastruktur, in erster Linie jedoch die Straßeninfrastruktur, weist zahlreiche Merkmale eines teilweise rivalisierenden Gutes auf. Wird ein bestimmter Schwellenwert der Nutzungsintensität eines Mischgutes überschritten, verschlechtert sich mit jedem weiteren Nutzer die

anderen Industrie- und Schwellenländern mittlerweile der größte Emittent von Luftschadstoffen. Aufgrund des ungebrochenen Wachstums der Gesamtverkehrsleistung, der zunehmenden Bedeutung der Bundesrepublik als Transitland durch die EU-Osterweiterung sowie des mit der *Just-in-Time*-Logistik verbundenen Phänomens der „rollenden Lager" ist der Verkehr einer der wenigen Bereiche, in denen die Luftschadstoffemissionen unvermindert zunehmen. Nach Berechnungen des DIW werden allein die durch den Straßengüterverkehr verursachten CO_2-Emissionen bis 2020 um 43 Prozent ansteigen.[596]

Angesichts dieser systemimmanenten Überlegenheit des Verkehrsträgers Schiene ist kaum nachvollziehbar, dass der grenzüberschreitende Flugverkehr vollständig von der Umsatzsteuer ausgenommen ist, der nationale wie internationale Bahnverkehr hingegen nicht. So ist lediglich der SPNV (Strecken von bis zu 50 Kilometern bzw. einer Stunde Fahrtzeit) von der Mehrwertsteuer befreit. Schon im September 2004 hatte das Bundesverkehrsministerium erklärt, dass der Mehrwertsteuersatz für Fernverkehrstickets der Bahn – anders als im Koalitionsvertrag von SPD und Bündnis 90/Die Grünen zwei Jahre zuvor vereinbart – nicht reduziert werde. Zur Begründung hieß es damals wie heute: „Wegen der hohen Staatsverschuldung und der notwendigen Konsolidierung der öffentlichen Haushalte sei die Umsetzung dieses Koalitionsziels derzeit nicht beabsichtigt."[597] Eine erhebliche Benachteiligung im intermodalen Wettbewerb erfährt der Verkehrsträger Schiene weiterhin dadurch, dass gewerblich operierende Luftfahrtunternehmen ebenso wie die Binnenschifffahrt von der Kerosin- bzw. der Mineralölsteuer befreit sind. Dem Subventionsbericht der Bundesregierung aus dem Jahre 2003 ist zu entnehmen, dass die beiden Verkehrsträger allein für den Zeitraum zwischen 1999 und 2002 durch die Mineralölsteuerbefreiung mit rund 2,3 Mrd. EUR subventioniert wurden – ein Sachverhalt, der dem parteienübergrei-

---

Nutzungsqualität und/oder Quantität für alle übrigen Interessenten. Nicht selten werden die auftretenden Überlastungserscheinungen der Verkehrsinfrastruktur als Infrastrukturdefizit, d.h. als nicht zu vertretende Angebotsverknappung gewertet. Während eine Studie der Deutschen Bank in einem Kapitel, das mit der Fragestellung „Verkehrsinfarkt als Folge überlasteter Infrastruktur?" überschrieben ist, auf jene Angebotsverknappung abstellt, macht Rainer Willeke in derselben Tonlage auf eine „partielle Infrastrukturkrise mit eindeutig lokalisierbaren Kapazitätsdefiziten" aufmerksam (1997, S. 286-291). Entscheidend sind die daraus resultierenden Überlegungen, wie die Kapazitätsengpässe behoben werden sollen. Diesen muss nämlich nicht zwangsläufig mit einem Ausbau der Straßenverkehrsinfrastruktur entgegengewirkt werden, da eine Verlagerung des Verkehrs auf die Bahn gleichfalls zu einer Auflösung der Verkehrsmisere beitragen kann.

[596] Allianz pro Schiene, Umweltschonend mobil: Bahn, Auto, Flugzeug, Schiff im Umweltvergleich, a.a.O., S. 9

[597] Klaus Ott, Regierung ermäßigt Steuern für Bahn nun doch nicht, in: Süddeutsche Zeitung v. 15.9.2004, S. 19

fend proklamierten Ziel, mehr Verkehr auf die Schiene verlagern zu wollen, in besonderer Weise abträglich ist.[598]

Sollen die in Aussicht gestellten – und teilweise in Form von Abkommen verbrieften – verkehrs- und klimapolitischen Ziele erreicht werden, muss auch die Lenkungswirkung der zum 1. April 1999 eingeführten „Ökosteuer" zugunsten des ökologisch überlegenen Verkehrsträgers Schiene ausgestaltet werden. Gegenwärtig wird die Schiene als umweltfreundlichster Verkehrträger noch immer wenigstens mit dem halben Satz der Ökosteuer belastet – bei nicht elektrifizierten Strecken verschärft sich die Berechnungsgrundlage noch weiter zuungunsten der Bahn. Luftverkehr und Binnenschifffahrt hingegen sind von der Annexsteuer zur Mineralölsteuer ausgenommen, sodass der Schiene als dem energieeffizientesten und umweltfreundlichsten motorisierten Verkehrsträger ein regelrechter Wettbewerbsnachteil aus der als „Umweltsteuer" apostrophierten Ökosteuer erwächst. Fluggesellschaften sparen allein auf der Strecke Berlin - Köln durchschnittlich 23,- EUR an Öko- und Mineralölsteuer pro Reisendem gegenüber der DB AG ein.[599]

Mit Blick auf die zum 1. Januar 2005 eingeführte Schwerverkehrsabgabe („LKW-Maut") als Form des *road pricing* ist festzustellen, dass diese einen ersten Schritt in Richtung Internalisierung negativer externer Effekte darstellt, jedoch zu kurz greift und durch Kompensationsmaßnahmen seitens des Bundes konterkariert wird. Da die Mautpflicht nur auf Bundesautobahnen und bei LKW mit einem Nettogewicht von über 12 Tonnen gilt, steht zu befürchten, dass die Verkehrsbelastung durch eine Verfrachtung auf Kleinlaster und die vermehrte Nutzung von Bundesstraßen weiter ansteigt.

Sollten die Stellschrauben für die europäische Verkehrspolitik nicht umgehend neu justiert werden, prognostizieren zahlreiche Forschungsinstitute einen europaweiten Anstieg der externen Verkehrskosten von 42 Prozent bis 2010.[600] Eine Neuausrichtung der Verkehrspolitik ist aber auch aufgrund weitreichender Belastungen der Bevölkerung durch das stetig wachsende Verkehrsaufkommen geboten. Wie massiv die Beeinträchtigung der Lebensqualität durch den Verkehr ist, belegt eine 2002 von der EU-Kommission in Auftrag gegebene Studie zur subjektiven Belastung der Bevölkerung: Danach werden „drei der sieben erstgenannten Umweltbelastungen (…) hauptsächlich von Verkehr verursacht: Lärm,

---

[598] Allianz pro Schiene, Fahrplan Zukunft – 10 Punkte für einen fairen Wettbewerb zwischen allen konkurrierenden Verkehrsträgern, a.a.O., S. 10
[599] Roland Heinisch, „Fairer Wettbewerb käme der Umwelt zugute", in: DB mobil, Heft 12 (2005), S. 44; vgl. grundlegend zur steuerlichen Ungleichbelastung: Tutzinger Forum Ökologie, Ökologische Folgen des Flugverkehrs, in: Zeitschrift für angewandte Umweltforschung, 2. Jg., Heft 3 (1989), S. 271-279
[600] Allianz pro Schiene, Umweltschonend mobil: Bahn, Auto, Flugzeug, Schiff im Umweltvergleich, a.a.O., S. 17

Landschaftszerstörung und Luftverschmutzung."[601] Somit nimmt der Autoverkehr mit großem Abstand den negativen ersten Platz in der Umfrage ein. Angesichts der geschilderten negativen Begleiterscheinungen des Verkehrs insgesamt und des Luft- und Straßenverkehrs im Besonderen stellt der Verkehrsexperte Klaus Rogge fest, dass „eine verstärkte Internalisierung der externen Umwelt- und Unfallkosten über die Erhebung von Steuern und Abgaben" dringend geboten ist.[602] Erst damit würde ein wesentlicher Beitrag zur Wohlstandsoptimierung der Faktorallokation im Verkehrssektor sowie zur Stärkung der Wettbewerbsposition des öffentlichen (Schienen-)Verkehrs geleistet werden. Unter Zugrundelegung des Verursacherprinzips[603] müsste folglich – anders als dies bei der derzeitigen Steuer- und Abgabenarchitektur der Fall ist – in Rechnung gestellt werden, dass die negativen Externalitäten des Bahnverkehrs weit hinter denen des Straßen- und Luftverkehrs zurückbleiben. Insofern lässt sich analog zum Prinzip der speziellen Entgelte auch eine fahrleistungsbezogene Subventionierung derjenigen Verkehrsträger rechtfertigen, die relativ umweltschonend produzieren. Den Schienenverkehr auf der Grundlage des Verursacherprinzips nicht nur steuerlich zu entlasten, sondern gleichzeitig neben dem Aus- und Neubau des Trassennetzes auch dessen Instandhaltung mit staatlichen Mitteln zu fördern, ist insofern allein angesichts der andernfalls verheerenden Umweltfolgen alternativlos.

4.6 Unwiederbringliche Preisgabe staatlicher Schlüsselfunktionen – oder: eine kritische Würdigung der Reformschritte

Mit der Reform von Bundes- und Reichsbahn verband sich die Hoffnung, jene widersprüchlichen Instrumentalisierungsbestrebungen, die bisher die Unternehmensverfassung im Spannungsfeld von Gemein- und Privatwirtschaft prägten, zu entflechten, prägnanter zu fassen und anschließend samt ihrer Folgekosten neu

---

[601] Ebd., S. 4
[602] Klaus Rogge, Die Ursachen für den nachhaltigen Niedergang des Schienenverkehrswesens in der Bundesrepublik sowie langfristige Sanierungsstrategien unter besonderer Beachtung der (fortgesetzten) Zuordnung der Bahn zum öffentlichen Unternehmenssektor. Gleichzeitig ein Alternativkonzept zum bisherigen Bahnreformansatz der Bundesregierung, Köln 2001, S. 736 f.
[603] Nach dem Verursacherprinzip im Verkehrswesen gilt, dass jedem Verkehrsträger die durch ihn verursachten Kosten zugerechnet werden müssen, um gesamtwirtschaftlich nachteilige Fehlallokationen zu verhindern. Eine konsequente Orientierung an diesem Prinzip würde alle Umweltschäden als externe Kosten behandeln, sodass diese dann von den Umweltbeeinträchtigern in die Wirtschaftrechnung einbezogen, d.h. internalisiert werden müssten (Erwin Dichtl/Otmar Issing 1993, S. 2264).

zu ordnen.[604] Ein weiterer Grund für die Reformbemühungen lag darin, dass sich die DB als Monopolist lange Zeit in der komfortablen Situation befunden hatte, einen Großteil der anfallenden Kosten auf die Fahrgäste oder den Bund als Eigentümer abwälzen zu können, während andere Industriezweige der Preiskonkurrenz typischerweise durch eine kontinuierliche Qualitätsorientierung aktiv ausweichen müssen.[605]

Aber statt eine Renaissance zu erleben, wie es die Verfechter der Bahnreform einst versprachen, verharren die Schienenverkehrssparten der DB AG – und mit ihr der gesamte Bahnsektor – unverändert in der Krise, sodass die Überführung der bedarfswirtschaftlich orientierten Bundes- und Reichsbahn in ein erwerbswirtschaftlich geprägtes Unternehmen als nur partiell gelungen gewertet werden kann. So dokumentiert der wichtigste Leistungs- und Zukunftsindikator für das Bahnwesen, die Entwicklung der Anteile am *modal split*, eine stetig gesunkene Wettbewerbsfähigkeit auf dem Verkehrsmarkt. Von 1950 bis zum Jahresende 2005 verzeichnete die DB im Personenverkehr einen Rückgang ihrer Anteile im Wettbewerb mit den konkurrierenden Verkehrsträgern auf für den Bahnbetrieb desaströse 6,9 Prozent.[606] Und obwohl das DB-Management die Berechnungsgrundlage durch die Einbeziehung von Freifahrern wie Angehörigen der Bundeswehr und eigenen Bediensteten entgegen anders lautenden Bestimmungen in der Verordnung über die Eisenbahnstatistik abänderte (vgl. 4.3.3), ergaben sich seit 1994 keine nennenswerten Zuwächse. Im Güterverkehr verlor die Bahn trotz der zum 1. Januar 2005 eingeführten Schwerverkehrsabgabe und ungeachtet des mit der EU-Osterweiterung signifikant gewachsenen Transitverkehrs seit dem ersten Reformjahr sogar Marktanteile: Nur 15,8 Prozent der Güterverkehrsleistungen werden gegenwärtig noch über die Schiene abgewi-

---

[604] Dirk Lehmkuhl/Christof Herr, Reform im Spannungsfeld von Dezentralisierung und Entstaatlichung: Die Neuordnung des Eisenbahnwesens in Deutschland, in: Politische Vierteljahresschrift, 35. Jg., Heft 4 (1994), S. 651
[605] Insofern stellte das Monopol bezüglich der Möglichkeit, der Kostensenkung auszuweichen, ein funktionales Äquivalent zur Qualitätsproduktion dar, sodass die Externalisierung von Kosten für wirtschaftsliberale Akteure ein zentraler Ansatzpunkt für die Forderung nach mehr Wettbewerb war. Mit der Öffnung der Infrastrukturmärkte gerieten die davon betroffenen Unternehmen nun in eine ähnliche Wettbewerbssituation wie die Industrie auf den internationalen Produktmärkten. Das über Jahrzehnte gewachsene Kostenniveau und die institutionellen Rahmenbedingungen erschwerten die Herausbildung einer preiskompetitiven Produktmarktstrategie, die die Qualitätsorientierung empfahl. Interessanterweise gilt dies auch bei den Kritikern der Reform mittlerweile als unstrittig (vgl. Burkhard G. Busch 2000, S. 81-84).
[606] Bundesministerium für Verkehr, Bau und Stadtentwicklung (Hrsg.), Verkehr in Zahlen 2005/06, Hamburg 2006, S. 230 f.; vgl. außerdem *Anhang 7*.

ckelt, während 1950 noch zwei Drittel der Gütertonnen von der DB transportiert worden waren.[607]

Die Änderung des Rechtsstatus verband sich weiterhin mit der lange gehegten Hoffnung auf ein profitabel wirtschaftendes Unternehmen. Aber trotz größerer Flexibilität im Personal-, Angebots- und Vermarktungsbereich, die ein privatwirtschaftliches Unternehmen gegenüber einem behördlich geführten staatlichen Sondervermögen genießt („AG-Effekt"), verläuft die wirtschaftliche und finanzielle Sanierung der DB AG schleppend. Statt nach betriebswirtschaftlicher Rechnungslegung erfolgreich zu konsolidieren, häufte das Unternehmen – obwohl 1994 von sämtlichen Verbindlichkeiten befreit – binnen zehn Jahren laut konzerneigenem Wirtschaftsbeirat Nettoschulden in Höhe von 38,6 Mrd. EUR an, mehr als Bundes- und Reichsbahn in der Zeit ihres Bestehens zusammen.[608] Dieses Defizit türmte sich auf, obwohl der Bund im Jahre 2002 mit 18,1 Mrd. EUR mehr Geld für den Schienenverkehr verausgabte als im letzten Jahr ihrer Existenz für die beiden Staatsbahnen zusammen.[609]

Dass der einstige Staatskonzern nach wie vor kein aus eigener Kraft lebensfähiges Unternehmen ist, belegen ferner die jährlichen Zuschusszahlungen von insgesamt rund zehn Mrd. EUR, die als Bauzuschüsse, Regionalisierungsmittel und Gehaltsaufstockungen für die DB-Beamten ausgezahlt werden, sowie der *cash flow*, der unterhalb der Nettoinvestitionen liegt und die Eigenkapitalquote bei 10,7 Prozent verharren lässt.[610] Diese Aussage büßt ihre Gültigkeit nicht dadurch ein, dass die DB AG in den Geschäftsjahren 2005 und 2006 unter Einberechnung der (zuletzt stetig gesunkenen) Zuschüsse positive Jahresergebnisse vorlegen konnte: 2006 stieg der Umsatz um fünf Mrd. EUR auf 30,1 Mrd. EUR, das operative Ergebnis (EBIT) verdoppelte sich um Sondereffekte bereinigt auf 2,1 Mrd. EUR und der Jahresüberschuss erreichte 1,7 Mrd. EUR, womit der Vorjahreswert um 1,1 Mrd. EUR übertroffen wurde.[611]

Die unter Einrechnung des Schuldenstands negative Gesamtbilanz der DB AG lässt Zweifel an der Allgemeingültigkeit der These zu, dass „die Sicherung staatlicher Zielsetzungen gewinnbringend und damit über den Markt möglich

---

[607] Bundesministerium für Verkehr (Hrsg.), Verkehr in Zahlen 1991, a.a.O., S. 344 u. Bundesministerium für Verkehr, Bau und Stadtentwicklung (Hrsg.), Verkehr in Zahlen 2005/06, a.a.O., S. 254 f.

[608] Karl-Dieter Bodack, Die deutsche Bahnreform – ein Erfolg?, in: Eisenbahn-Revue International, 11. Jg., Heft 11 (2004), S. 525

[609] Vgl. ausführlich: Winfried Wolf, Geradliniger Schlingerkurs. Vor zehn Jahren wurde aus zwei Staatsunternehmen eine Aktiengesellschaft. Eine Bilanz, in: Frankfurter Rundschau v. 9.1.2004, S. 28

[610] Harald Klimenta, Demokratischer Fahrplan, in: die tageszeitung v. 15.9.2006, S. 11 u. Bahn von unten (Hrsg.), Bahn und Börse. Wohin rast der Privatisierungszug?, a.a.O., S. 11

[611] DB AG, Geschäftsbericht 2006, a.a.O., S. 58-60

ist."[612] Denn selbst der prognostizierte Erlös aus dem Verkauf von Unternehmensanteilen könne nur einen verschwindend geringen Anteil der Haushaltslasten tilgen, so der 23-köpfige Wirtschaftsbeirat der DB AG im August 2004.[613] Zu einem vergleichbaren Schluss kommt die Beratungsgesellschaft Booz Allen & Hamilton in dem bereits mehrfach erwähnten PRIMON-Gutachten: „Der kumulierte Jahresüberschuss zwischen 1994 und 2004 betrage 508 Millionen Euro, ‚womit alle Prognoserechnungen im Zuge der Bahnreform deutlich unterschritten wurden.'"[614] Auch die 318-seitige Mittelfristplanung des Konzerns („Mifri 2006-2010"), die der Aufsichtsrat unter dem Vorsitz des ehemaligen Bundeswirtschaftsministers Werner Müller am 7. Dezember 2005 „streng vertraulich" verabschiedete, kommt zu Besorgnis erregenden Ergebnissen: „Gemessen an unternehmerischen Maßstäben hat die Verschuldung eine überkritische Grenze erreicht."[615] Hatte die DB-Führung im Dezember 2004 Verbindlichkeiten in Höhe von 16,3 Mrd. EUR für das Jahr 2008 prognostiziert, mussten die Erwartungen nur ein Jahr später um 5,3 Mrd. EUR nach oben, d.h. zum Nachteil des Unternehmens, korrigiert werden.

Die Verschuldung hat in erster Linie deshalb eine kritische Größe erreicht, weil selbst signifikante Fracht- und Fahrgastzuwächse auf absehbare Zeit keine Tilgung der Verbindlichkeiten erwarten lassen. Insofern ist die seitens der *Regierungskommission Bundesbahn* angestrebte „Selbstbindung der Bundesregierung an das Prinzip der Subventionsfreiheit"[616] nicht nur als verfehlt, sondern auch als unrealistisch einzuschätzen. Die besondere Brisanz liegt ferner in der bislang fehlenden Zusage, dass der Erlös aus der Veräußerung am Kapitalmarkt der DB AG selbst zufließt, damit die betriebswirtschaftlich erforderliche Aufstockung des Eigenkapitals vorgenommen werden kann. Sowohl die regelmäßig angeführte Besorgnis erregende Finanzlage des Bundes als auch die von der Bundesregierung vorgelegten Haushaltsplanungen lassen vielmehr erwarten, dass die Privatisierungserlöse dem Bundeshaushalt zufließen werden. Skeptisch stimmt zuletzt der ausgebliebene Effizienzzuwachs, der mit der Überführung von DB und DR in die Rechtsform einer Aktiengesellschaft in Aussicht gestellt worden war. Als Beleg dafür, dass gerade auch im Führungsmanagement privatwirtschaftlich organisierter Unternehmen kostspielige und folgenschwere Fehlentscheidungen

---

[612] Angelika Benz/Klaus König, Privatisierung und staatliche Regulierung – eine Zwischenbilanz, in: Klaus König/Angelika Benz (Hrsg.), Privatisierung und staatliche Regulierung: Bahn, Post, Telekommunikation, Rundfunk, a.a.O., S. 640
[613] Karl-Dieter Bodack, Die deutsche Bahnreform – ein Erfolg?, in: Eisenbahn-Revue International, 11. Jg., Heft 11 (2004), S. 525 f.
[614] Wolfgang Glabus/Jobst-Hinrich Wiskow, Mehdorns Malaise, in: Capital, Nr. 4 v. 13.2.2006, S. 42
[615] Ebd., S. 42-44
[616] Horst Albach, Die Bahnreform in Deutschland, in: Zeitschrift für Betriebswirtschaft, Ergänzungsheft 3 (2002), S. 72

getroffen werden, kann die gewählte Produktionsstrategie im Hochgeschwindigkeitssegment des Konzerns gelten. Während die französische SNCF seit Einführung des bis zu 575 km/h schnellen TGV an der Plattformstrategie festhält, verweigert sich der DB-Vorstand bei der Weiterentwicklung des ICE der auch in der Automobilindustrie üblichen Gleichteilstrategie, sodass „jeder Türgriff, jeder Klodeckel (...) für jede Modellreihe neu entworfen"[617] wird, obschon andernfalls Kosteneinsparungen von bis zu 300 Mio. EUR jährlich realisiert werden könnten.

Wenngleich die Gründe für die geschilderten Entwicklungen vielfältig sind, lassen sich doch zwei Hauptursachen ausmachen: Wesentlich befördert wurde die Bahnreform dadurch, dass die politische Bereitschaft zur Finanzierung eines leistungsfähigen, bedarfswirtschaftlichen und flächendeckenden Bahnwesens nicht mehr vorhanden war. Wie auch auf anderen Politikfeldern war die steuerbasierte Finanzierung öffentlicher Güter und Dienstleistungen aufgrund eines (in Abhängigkeit von der Sichtweise mehr oder weniger) kriselnden Staatshaushalts zunehmend in Misskredit geraten. Der parteienübergreifende Konsens hinsichtlich dieser Rückzugsstrategie kommt darin zum Ausdruck, dass seit Ende der 70er-Jahre jede Bundesregierung den defizitären Haushalt zum Anlass nahm, den staatlichen Einfluss im Bahnsektor durch eine Drosselung der Finanzierungsverpflichtungen zu minimieren. Ähnlich wie im Energie- und Telekommunikationssektor wurde mit den Deregulierungsmaßnahmen einseitig auf die Effizienz steigernde Wirkung des Wettbewerbs vertraut.

Selbst Bündnis 90/Die Grünen als eine aus der Umweltbewegung hervorgegangene Partei verabschiedeten auf ihrer Bundesdelegiertenkonferenz am 3. Oktober 2004 einen Beschluss unter dem Titel „Für mehr und besseren Schienenverkehr. Die Bahnreform konsequent weiterführen", was erkennen lässt, dass sich im Hinblick auf den Schienenverkehr vordergründig alternativlose Politikkonzepte Bahn brachen.[618] Auch die rot-grüne Bundesregierung, die auf Bundes- und Landesebene mit dem Anspruch angetreten war, das Land „ökologisch und sozial zu erneuern", folgte während ihrer siebenjährigen Amtszeit im Bereich der Bahnpolitik – wenngleich nicht ausschließlich dort – konsequent dem Credo des „schlanken Staates", wobei zahlreiche (insbesondere verkehrspolitische) Kabi-

---

[617] Christian Wüst/Jörg Schmitt, Schwierige Schönheit, in: Der Spiegel, Nr. 5 v. 31.1.2005, S. 82
[618] Noch 1993 hatten sich Bündnis 90/Die Grünen eindeutig gegen eine materielle Privatisierung der DB ausgesprochen und vor den Risiken gewarnt, die mit einer möglichen Desintegration einhergehen könnten. So findet sich in einem programmatischen Faltblatt der Partei mit dem Titel „Bahnreform jetzt – aber richtig!" folgende Aussage: „Eine Reform der Unternehmensverfassung der Bahnen (Bundes- und Reichsbahn) ist sicher notwendig. Die Umwandlung in eine Aktiengesellschaft (...) ist ein Schritt in die richtige Richtung. (...) Aber die Bonner Pläne gehen noch weiter. (...) Einen Verkauf von Teilen der Bahn lehnen DIE GRÜNEN jedoch ab. Die Bahn muss Eigentum des Bundes bleiben! Ebenso wichtig ist die Sicherung der sozialen Standards der Beschäftigten" (1993, S. 2).

netts-, Fraktions- und Parteitagsbeschlüsse den im Vorfeld der Bundestagswahl 1998 gegebenen Wahlversprechen diametral entgegenstanden.[619] Auch bei Christ- und Freidemokraten führte die Krise der öffentlichen Haushalte zu einem Paradigmenwechsel in der Parteiprogrammatik (und im Regierungshandeln), sodass der expansive Geist bezüglich der Förderung des öffentlichen Verkehrs, der sich im Zuge der Umweltbewegung zu Beginn der 80er-Jahre in der Bundesrepublik herauskristallisiert hatte, allmählich erlosch. Zwei konkurrierende Verkehrssysteme – der öffentliche sowie der motorisierte Individualverkehr – wurden vor dem Hintergrund „leerer Kassen" und der hohen Investitionskosten, die mit der Übernahme der DR samt Schienennetz verbunden waren, für nicht mehr finanzierungswürdig befunden.

Hinzu kommt ein zweites Versäumnis, welches einen entscheidenden Grund für das Ausbleiben der Verkehrswende, die sich mit der Bahnstrukturreform einstellen sollte, liefert. Gemeint sind die Wettbewerbsverzerrungen zugunsten des straßengebundenen Personen- und Güterverkehrs, die ihren Ausdruck sowohl in der expansiven Straßenbaupolitik als auch in der mangelnden Internalisierung der dort anfallenden externen Kosten finden und spätestens seit der Massenmotorisierung in den frühen 60er-Jahren dafür verantwortlich sind, dass die Marktanteile des Schienenverkehrs kontinuierlich sanken und nun auf einem historischen Tiefstand angelangt sind. Die Wettbewerbssituation der DB AG stellt sich im Hinblick auf die Konkurrenz zum Transportsystem Automobil unverändert als besonders prekär dar, weil sich der Hauptwettbewerber (anders als in anderen Infrastruktursektoren) aufgrund der faktisch seit Jahrzehnten bestehenden Marktdominanz nicht erst formieren musste. In jüngerer Zeit gereicht dem Bahnwesen eine weitere (verkehrszweig)externe institutionelle Wettbewerbsverzerrung zum Nachteil, die in der steuerlichen Privilegierung des Luftverkehrs zum Ausdruck kommt, von der im Besonderen die so genannten *low cost carriers* profitieren.

Obwohl die sichtbar gewordenen Fehlentwicklungen eindeutig Folge einer politischen wie fiskalischen Priorisierung des Straßen- und Luftverkehrs sind, wurden die Wettbewerbsverzerrungen zulasten des Schienenverkehrs, d.h. die offenkundige Schieflage des ordnungs- und finanzpolitischen Rahmens im Bau-, Planungs- und Steuerrecht, weder im Zuge der Bahnreform noch unter der Ägide der rot-grünen Bundesregierung oder von der Großen Koalition korrigiert. Infolgedessen beliefen sich die Pro-Kopf-Investitionen in die Schieneninfrastruktur in der Bundesrepublik zu Beginn des Jahres 2006 auf lediglich 39,- EUR, während Staaten wie Österreich, Italien, Schweden und Großbritannien eine drei- bis vier-

---

[619] Vgl. zu den historischen Grundlagen dieser Entwicklung: Dirk Bösenberg/Renate Hauser, Der schlanke Staat, Düsseldorf 1994

mal höhere Summe aufbringen.[620] Nicht zuletzt vor diesem Hintergrund muss bemängelt werden, dass mit der Bahnstrukturreform keine konsistente Gesamtverkehrskonzeption umgesetzt wurde, die das Verhältnis der konkurrierenden Verkehrsträger grundlegend neu und damit zugunsten der Bahn geordnet hätte. Beinahe sämtliche Überlegungen zielten einseitig auf den intramodalen Wettbewerb, während die bedeutsame Verteilung des Gesamtverkehrsaufkommens auf die einzelnen Verkehrsträger unberücksichtigt blieb.

Stattdessen stand frühzeitig und unverrückbar fest, dass die Reformanstrengungen nicht auf die formelle Ebene beschränkt bleiben sollten, sondern die materielle Privatisierung, sprich: die Notierung am Kapitalmarkt, den Abschluss der Redefinition staatlicher Aufgabenwahrnehmung darstellen würde (vgl. 3.2.1). Seitdem der Börsengang der DB AG als integraler Bestandteil der Bahnreform nun bereits mehrfach von Hartmut Mehdorn angekündigt (und wieder aufgeschoben) wurde, ist die öffentliche Debatte um die Zukunft der DB AG vollends entbrannt. Anders verhielt es sich bei der formellen Privatisierung des einstigen Staatskonzerns, der von allgemeinem Wohlwollen begleitet worden war – einige kaum vernehmbare abweichende Meinungsäußerungen von im linken politischen Spektrum zu verortenden Kritikern und betroffenen Beschäftigten außen vor gelassen.

Welche Argumente aber sprechen neben den hinlänglich bekannten privatisierungskritischen Einwänden wie dem Verzicht auf strukturpolitische Steuerung, dem Verstoß gegen das aus dem Sozialstaatsgebot abgeleitete Inklusionsprinzip und der Gefahr einer Entdemokratisierung, die aus dem Verzicht auf staatliche Handlungsansprüche erwachsen kann, speziell gegen die Kapitalmarktorientierung der DB AG? Unzweifelhaft sähe sich das DB-Management im Fall einer eigentumsrechtlichen Neuformatierung im Sinne eines Privatunternehmens gezwungen, die Renditevorstellungen der Investoren zu befriedigen und eine positive Entwicklung der Anteilsscheine in den Mittelpunkt unternehmerischen Handelns zu stellen. Bedingt durch diese Erwartungshaltung würden solche Zugleistungen und -verbindungen aufgegeben werden, deren Ertragswerte negativ sind oder unterhalb der durchschnittlich erzielten Rendite im Bahnsektor liegen. Der häufig gewährte Ausblick, konkurrierende Betreibergesellschaften übernähmen derartige Zugfahrten, Linien oder Netzteile, verkennt jedoch, dass auch sie nach betriebswirtschaftlichem Kalkül operieren (müssen). Mit anderen Worten: Auch im intramodalen Wettbewerb, der mit der Bahnreform ausgelöst wurde (SPNV) bzw. initiiert werden sollte (Schienenfernverkehr), wird die Versorgung in der Fläche von einer Abwärtsentwicklung gekennzeichnet werden.

---

[620] Christian Geinitz, Die Deutsche Bahn verdirbt die Stimmung, in: Frankfurter Allgemeine Zeitung v. 25.2.2006, S. 26

Schon jetzt entlädt sich der Rentabilitätsdruck in einem Verzicht auf die Bedienung unprofitabler Streckenabschnitte.[621]

Ein warnendes Beispiel für das vom DB-Management favorisierte Modell lässt sich in Neuseeland finden, wo weltweit erstmalig eine staatseigene Bahngesellschaft in integrierter Form privatisiert wurde. Nachdem die dortige Regierung die staatliche Eisenbahn 1993 mitsamt Infrastruktur an ein privates Konsortium verkauft hatte, platzierte diese das Unternehmen nur drei Jahre nach dem Vertragsabschluss am Kapitalmarkt – mit verheerenden Folgen: Der *cash flow* wurde nicht reinvestiert, sondern unter strikter Wahrung der *Shareholder-Value*-Orientierung an die Aktionäre ausgeschüttet, während die Investitionen in die Instandhaltung und Modernisierung des Trassennetzes auf ein Minimum reduziert wurden. Bereits neun Jahre später ließ sich der Betrieb nicht mehr aufrechterhalten, sodass Tranzrail Konkurs hätte anmelden müssen, wenn die Regierung die Schienenwege nicht zu einem Kaufpreis von einem Neuseeland-Dollar erworben und anschließend wieder in staatliches Eigentum überführt hätte, um deren Modernisierung mit Investitionen von umgerechnet 110 Mio. EUR nachzuholen.[622]

Selbst die Fachzeitschrift *Wirtschaftswoche*, zumeist skeptisch gegenüber jedweder staatlicher Wirtschaftstätigkeit, gelangt vor dem Hintergrund der Erfahrung privatisierter Eisenbahngesellschaften im Ausland zu dem Urteil: „Für einen Börsengang bräuchte die Bahn viele Milliarden vom Staat, weil ihr die entscheidenden Erfolgsfaktoren fehlen."[623] Derart schlussfolgert auch das US-Investmenthaus Morgan Stanley in einem Gutachten, das der ehemalige Bundesverkehrsminister Manfred Stolpe im März 2004 in Auftrag gegeben hatte: Ein Börsengang funktioniere nur mit massiven Staatsgarantien und vielen Mrd. EUR Steuergeldern – viel mehr als vergleichbare private Eisenbahngesellschaften in Staaten mit einer höheren Siedlungsdichte und einer für den Bahnverkehr günstigen Topografie für eine wirtschaftlich erfolgreiche Betätigung benötigen. Die derzeit maximal mögliche Kapitalrendite der DB AG von zehn Prozent sei gemessen an der Erwartung der Investoren von ca. 20 Prozent für diese unattraktiv. Eine Dividendenrendite von vier bis fünf Prozent sei nach den Erfahrungen der rund zwei Dutzend börsennotierten ausländischen Bahngesellschaften gleichfalls

---

[621] Karl-Dieter Bodack verweist auf das Verhältnis von Umsatz zu investiertem Kapital, das in der Automobilindustrie bei 2,5 liegt, während die europäischen Bahnen lediglich einen Wert von 0,15 aufweisen. Folglich werden bei den Bahnen mit einer Mrd. EUR Investitionen lediglich 150 Mio. EUR Jahresumsatz erreicht. Bei einer (von Bodack auf der Grundlage des europäischen Bahnwesens) angenommenen Umsatzrendite von zehn Prozent ergibt sich somit eine Kapitalrendite von nur 1,5 Prozent, was faktisch bedeutet, dass Bahngesellschaften für Investoren gänzlich uninteressant sind (2006, S. 1)
[622] Mike Crean, Bold vision or off the rails?, in: The Press v. 21.7.2007, S. 2
[623] Reinhold Böhmer, Fliegende Schweine, in: Wirtschaftswoche, Nr. 23 v. 27.5.2004, S. 52

unrealistisch, so die Autoren des Morgan-Stanley-Gutachtens für den Fall, dass nicht bis wenigstens 2014 massive staatliche Zuschüsse, z.B. für den Ausbau und den Erhalt des Schienennetzes, an den Konzern flössen.[624] In einem Referat, das er am 10. Mai 2006 als Sachverständiger in der ersten Anhörung des Bundesverkehrsausschusses zur Kapitalprivatisierung der DB AG hielt, merkte Karl-Dieter Bodack an: „Bei erwarteten Kapitalrenditen von acht Prozent müssten die Schienenverkehre unter der Prämisse, dass das Anlagevermögen der Bahn 100 Milliarden Euro beträgt, acht Milliarden Euro Gewinn abwerfen: Beim aktuellen Umatz von 16 Milliarden Euro ausgeschlossen!"[625]

Aus einer weiteren Kapitalmarktorientierung der DB AG, die nach dem Willen des Konzernvorstandes in einer Börsennotierung münden soll, erwachsen somit unabhängig davon, ob dem Trennungs-, dem Eigentums- oder dem integrierten Modell der Vorzug gegeben wird, zahlreiche (finanzielle) Risiken. Darüber hinaus wird mit der materiellen Privatisierung des letzten großen deutschen Staatskonzerns die Handlungshoheit über historisch gewachsene Schlüsselstellen staatlichen Handelns unwiederbringlich preisgegeben. Dabei handelt es sich bei der Bahn nicht nur um einen umweltverträglichen und wenig unfallträchtigen, sondern aufgrund der öffentlichen Zugänglichkeit vom Prinzip her auch um einen ausgesprochen sozialen Verkehrsträger. Dies wird indes – nicht zuletzt aufgrund der wenig sozialverträglichen Tarifpolitik der DB AG im Fern- bzw. der Verkehrsverbünde im Nahverkehr – gemeinhin verkannt, obwohl der soziale Aspekt eines umfassenden, preisgünstigen Bahnangebots leicht zu skizzieren ist. Gesetzt den Fall, der Fahrgast verzichtet auf den Erwerb einer BahnCard, beschränken sich seine Reisekosten auf den Fahrkartenkauf, d.h. anders als bei der Rad-, Pkw- oder Kraftrad-Nutzung fallen weder Anschaffungs- noch Reparaturoder Unterhaltskosten an. Erfolgte die Tarifgestaltung auch im Fernverkehr unter Rahmenvorgaben des Bundes respektive der Länder und würden gezielte staatliche Zuschüsse gewährt, käme dies einer objektbezogenen Förderung des Schienenverkehrs gleich. Dass dies keineswegs unrealistisch ist, zeigt die Tatsache, dass bereits zum jetzigen Zeitpunkt in bescheidenem Umfang soziale Korrekturmaßnahmen vorgenommen werden, indem z.B. Job- und Schülertickets eine entsprechende Bezuschussung erfahren und Freifahrscheine für Menschen mit Behinderung ausgestellt werden.

Letztlich reichen die Argumente zugunsten der Vorhaltung eines möglichst flächendeckenden Bahnsystems als einem öffentlichen Angebot von der allgemein akzeptierten ökologischen Notwendigkeit, mehr Verkehr auf die Schiene zu verlagern, über anerkannte Sozialstaatsgebote wie das Inklusionsprinzip, die eine staatliche Wirtschaftstätigkeit im Schienensektor rechtfertigen, bis hin zu be-

---
[624] Ebd., S. 54
[625] Zitiert nach: Winfried Wolf, In den letzten Zügen. Bürgerbahn statt Börsenwahn, a.a.O., S. 39

schäftigungspolitischen Erwägungen.[626] Auch die für dringend notwendig erachtete Um- und Neustrukturierung des Verkehrssektors blieb bislang aus. Weder kam es zu einer verkehrsträgerspezifischen Neujustierung der steuerlichen Belastung noch fanden umwelt- und raumordnungspolitische Gesichtspunkte ausreichend Beachtung. Dass sich der viel zitierte „politische Hoffnungsträger Schiene"[627] unter den gegenwärtigen Rahmendingungen als überzeugende Alternative zu dem von Kapazitätsengpässen gekennzeichneten Straßen- und dem (noch) umweltschädliche(re)n Flugverkehr etablieren kann, ist somit nicht zu erwarten.

---

[626] Da es sich bei der DB AG um einen der größten Auftraggeber der deutschen Wirtschaft handelt, ließen und lassen sich Beschaffungsentscheidungen oftmals mit beschäftigungs- und strukturpolitischen Zielsetzungen verbinden. So belief sich das Einkaufsvolumen der DB im Jahr 2000 auf insgesamt 9,7 Mrd. EUR (im Vergleich zu umgerechnet 14,3 Mrd. EUR im Jahr 1994). Davon entfielen 2,7 Mrd. EUR auf industrielle Produkte (1994: 6,3 Mrd. EUR), 3,5 Mrd. auf Bau- und Ingenieurleistungen (1994: 4,7 Mrd. EUR), 1,4 Mrd. EUR auf leistungsgebundene Energien und Kraftstoffe (1994: 1,2 Mrd. EUR) und 2,1 Mrd. EUR auf Dienstleistungen, die der laufende Betrieb erforderlich machte (1994: 2,1 Mrd. EUR). So wurde bspw. 1994 fast ein Drittel des Einkaufsvolumens von 14,3 Mrd. EUR an Unternehmen in den neuen Bundesländern vergeben. Als vergleichsweise hoch kann auch der Anteil der an kleine und mittelständische Unternehmen gewährten Aufträge bezeichnet werden. Insgesamt gingen im Verlauf des Jahres 2000 Aufträge in Höhe von 4,7 Mrd. EUR an diese, was etwa 48 Prozent des Gesamtvolumens entsprach (sämtliche Angaben aus: DB AG 1995, S. 19 u. 25 u. DB AG 2001 c, S. 21).
[627] Bernd Malmström, Zukunftsfähigkeit für die Schiene: Railion als Carrier der Stinnes AG. Zwischenbilanz und Ausblick, in: Förderkreis des Verbandes Deutscher Verkehrsunternehmen (Hrsg.), Zehn Jahre Bahnreform in Deutschland, Erfahrungen – Bewertungen – Perspektiven, a.a.O., S. 68

5 Überhöhtes Vertrauen in den Wettbewerb: Privatisierung und Fragmentierung des britischen Bahnwesens

5.1 Schleichende Abkehr von der traditionellen Bahnpolitik und Fokussierung auf den Kapitalmarkt

Im Übergang der 70er- zu den 80er-Jahren bereitete eine daniederliegende britische Wirtschaft mit einer Besorgnis erregend hohen Inflationsrate (∅ 1974-1981: 16 Prozent) und einer für damalige Verhältnisse alarmierend hohen Arbeitslosenquote (∅ 1974-1981: 5,7 Prozent) den Boden für ein radikales Umdenken in der Wirtschaftspolitik Großbritanniens.[628] Margaret Thatcher setzte auf einen grundlegenden Abbau der gewerkschaftlichen Mitbestimmung, eine konsequente Privatisierung öffentlicher Unternehmen, eine resolute Deregulierung und Flexibilisierung des Arbeitsmarktes sowie eine – im Widerspruch zu ihren ursprünglichen Politikkonzepten stehende – expansive Geld- und Finanzpolitik.

Eine der Hauptursachen für die bei vielen staatlichen Unternehmen zu beobachtenden Ineffizienzen lag in dem britischen Konzept ministerieller Kontrolle begründet, das zu dieser Zeit gekennzeichnet war durch inkonsistente, eher kurzfristige Überlegungen über Nutzen und Ziele der Staatsunternehmen, durch wahltaktische Regierungsinterventionen, eine unzureichende Abgrenzung der Verantwortungsbereiche sowie durch das Fehlen des notwendigen Know-hows bei den Aufsichtsbehörden.[629] Die von Margaret Thatcher eingeleitete Privatisierungspolitik, die sich überraschenderweise nicht im ersten unter ihrer Verantwortung aufgelegten Wahlprogramm der Conservative Party nachlesen lässt, war nach Auffassung konservativer Beobachter „based not on dogma but

---

[628] Nicolas F. Crafts/Nick W. Woodward, The British Economy since 1945: Introduction and Overview, in: dies. (eds.), The British Economy since 1945, Oxford 1991, S. 6 f.; vgl. ausführlich: Oliver Nachtwey/Arne Heise, Großbritannien: Vom kranken Mann Europas zum Wirtschaftswunderland?, in: WSI-Mitteilungen, 59. Jg., Heft 3 (2006), S. 1-8

[629] David Heald, Die Privatisierungsmaßnahmen in Großbritannien 1979-1986, in: Zeitschrift für öffentliche und gemeinwirtschaftliche Unternehmen, 10. Jg., Heft 1 (1987), S. 115 f.; Friedrich Schogs, Die Privatisierungspolitik in Großbritannien, in: Sparkasse. Zeitschrift des deutschen Sparkassen- und Giroverbandes, 104. Jg., Heft 9 (1987), S. 404; Heidrun Abromeit, Theorie und Politik der Privatisierung in Großbritannien, in: Zeitschrift für öffentliche und gemeinwirtschaftliche Unternehmen, 9. Jg., Heft 2 (1986), S. 110 f.

on common sense."⁶³⁰ Insofern war die staatliche Rückzugsstrategie zwar unzweifelhaft Ausgeburt des neoliberalen Dogmas, aber eben insbesondere auch Ausdruck des „politischen Pragmatismus" jener Zeit. Die mehrheitlich regierungstreuen Tories plädierten für den Rückzug des Staates aus der Produktionstätigkeit, wobei das Hauptaugenmerk auf der Effizienzsteigerung der jeweiligen Unternehmen sowie der Stärkung ihrer Wettbewerbsfähigkeit lag.⁶³¹

Zunächst war die Entstaatlichungspolitik auf Unternehmen wie British Telecom (1984), Britoil (1985) und British Airways (1987) begrenzt, die hohe Verkaufserlöse versprachen. Aber während sich anfänglich bei den Gewerkschaften und den Vorständen der betroffenen Unternehmen massiver Widerstand geregt hatte, erwies sich die Privatisierungspolitik zunehmend als ein „Selbstläufer", der zahlreiche Sektoren erfasste und relativ zügig – wenngleich nur für einen begrenzten Zeitraum – mehrheitlich positiv bewertet wurde: „Yet far from denting the Government's popularity, wholesale privatization has become one of the strongest sources of its political appeal."⁶³² Dieses Phänomen beschrieb Anatole Kaletsky im Februar 1986 in der *Financial Times* mit den Worten: „Als Mrs. Thatcher 1979 ins Amt gewählt wurde und die staatseigenen Betriebe 10,5 Prozent des BIP erwirtschafteten, glaubte niemand, nicht einmal eingefleischte Konservative, dass eine derart deutliche Umkehr der schleichenden Sozialisierung so schnell erreicht werden könnte" – erst recht nicht „bei so wenig öffentlichem Missfallen und Widerstand."⁶³³ Die Privatisierungsvorhaben wurden in Großbritannien resoluter umgesetzt als in allen anderen entwickelten Industriestaaten. Allein zwischen 1984 und 1991 wurde ein Drittel der weltweiten Privatisierungserlöse in Großbritannien erzielt; beinahe eine Mio. Beschäftigungsverhältnisse wurden während dieses Zeitraums vom öffentlichen in den privaten Sektor „transferiert".⁶³⁴ Folglich ginge man fehl, die Tragweite und Resonanz der Veränderungen in diesen Jahren zu unterschätzen, denn „in vielerlei Hinsicht ließen sie schon den wirtschaftlichen und politischen Wandel erahnen, der alle Indust-

---

⁶³⁰ Bryan Hurl, Privatization and the Public Sector, Oxford 1995 (3. Auflage), S. 44; im Wahlprogramm der Conservative Party aus dem Jahre 1992 hieß es hingegen unmissverständlich: „We will continue our privatisation programme. British Coal will be returned to the private sector. So will local authority bus companies. (…) We will end British Rail's monopoly. (…) We will progressively reduce British Gas' of the retail gas market to give small users the same right as big firms" (Conservative Central Office 1992, S. 11).
⁶³¹ Hans-Günter Guski, Privatisierung in Großbritannien, Frankreich und USA. Beiträge zur Wirtschafts- und Sozialpolitik, Bd. 159, Köln 1988, S. 12 f.
⁶³² Anatole Kaletsky, Popularity and Privatisation, in: Financial Times v. 13.2.1986, S. 13
⁶³³ Ebd.
⁶³⁴ Vincent Wright, Introduction – Industrial Privatization in Western Europe: Pressures, Problems and Paradoxes, in: ders. (ed.), Industrial Privatization in Western Europe: Pressures, Problems and Paradoxes, London/New York 1994, S. 10

Fokussierung auf den Kapitalmarkt 231

rienationen und jene, die sich auf dem Weg dorthin befanden, im Laufe der 80er- und 90er-Jahre erschüttern sollte."⁶³⁵

Beinahe nahtlos knüpfte die 1997 ins Amt gewählte Labour-Regierung im Bildungs- und Gesundheitswesen an die während der Thatcher-Ära umgesetzten Reformen an. Zugleich adaptierte das sozialdemokratische Kabinett auch im Bahnsektor die von Thatchers unmittelbarem Amtsnachfolger John Major konkretisierte Auffassung, wonach „the business of Government is [not] the government of business."⁶³⁶ Dabei war am 4. Oktober 1996 auf dem Parteitag der Labour Party im nordenglischen Blackpool noch der Beschluss gefasst worden, im Falle der Regierungsübernahme eine dem öffentlichen Interesse verpflichtete Bahn in staatlichem Eigentum verantworten zu wollen.⁶³⁷ Und noch unmittelbar bevor die konservative Regierung ihre ersten Reformschritte umsetzte, hatte die Parteiführung unter Premierminister Tony Blair und seinem Stellvertreter John Prescott verkündet, dass jede Privatisierung des Bahnwesens im Falle eines Wahlsiegs zügig aufgehoben und die einzelnen Gesellschaften wieder in öffentliches Eigentum überführt würden.⁶³⁸ Aber bereits während ihrer ersten Amtszeit distanzierten sich führende Mitglieder der Labour-Regierung von den seinerzeit gefassten Beschlüssen. Weniger als ein Jahr nach seinem „Erdrutschsieg" bei den Parlamentswahlen am 1. Mai 1997 kündigte Tony Blair an, dass er den in „Clause IV" der seit 1918 geltenden Parteiverfassung festgeschriebenen Vorrang des Staatseigentums gegenüber dem Privatbesitz abschaffen wolle.⁶³⁹ Im darauffolgenden Jahr stimmte die Mehrheit einer Änderung dieses Paragraphen IV auf einem Sonderparteitag zu, sodass sich damit auch die Präferenzen hinsichtlich der eigentumsrechtlichen Neuordnung von British Rail in Richtung privatwirtschaftlicher Ausgestaltung verschoben.

Von den Regierungsmitgliedern zeigte sich zuletzt lediglich Clare Short standhaft, die am 12. Mai 2003 aus Protest gegen den Irak-Krieg als Entwicklungshilfeministerin zurücktrat. Als von der Parteilinken gestützte Protagonistin

---

⁶³⁵ Keith Dixon, Die Evangelisten des Marktes. Die britischen Intellektuellen und der Thatcherismus (französische Originalausgabe: Les évangélistes du marché, Paris 1988), Konstanz 2000, S. 45
⁶³⁶ Nigel Lawson, House of Commons. Parliamentary Debates, Vol. 1 (8th series), Col. 440, London 1981, S. 3
⁶³⁷ Philip Bagwell, The Sad State of British Railways: the Rise and Fall of Railtrack, 1992-2002, in: The Journal of Transport History, Vol. 25, Issue 2 (2004), S. 116
⁶³⁸ Andrew Murray, Off the Rails. Britain's Great Rail Crisis – Cause, Consequences and Cure, London/New York 2001, S. 16; mehrfach hatte der seinerzeitige Schatzkanzler angedeutet, dass die „integrierte Bahnorganisation unverzichtbar ist, um die umweltpolitischen Zielsetzungen zu erreichen" (Terry Gourvish 2002, S. 437).
⁶³⁹ Gerd Mischler, Tony Blair. Reformer, Premierminister, Glaubenskrieger, Berlin 2005, S. 112; die Labour Party gewann am 1. Mai 1997 herausragende 43,2 Prozent der Stimmen bzw. 418 Sitze und damit eine Mehrheit von 179 Mandaten, während die Konservativen mit 30,7 Prozent die wenigsten Stimmen seit der Entstehung des modernen britischen Parteiensystems im Jahre 1832 erhielten.

im Kabinett Blair war sie von Beginn der Regierungszeit an redlich bemüht, wenigstens eine Wiederverstaatlichung der Infrastrukturgesellschaft Railtrack innerparteilich mehrheitsfähig zu machen, vermochte sich letztlich aber nicht gegen die Befürworter des Status quo durchzusetzen. Die Regierung verwies erfolgreich auf die mit der Überführung Railtracks in die öffentliche Hand verbundenen Kosten, die auf 4,5 Mrd. Pfund St. beziffert wurden – eine Summe, die vorzugsweise für die Neueinstellung von Krankenhauspersonal und das Bildungswesen verausgabt werden sollte.

Das Kalkül der „Blairites", eine parteiprogrammatisch verankerte Abkehr von staatlicher Wirtschaftstätigkeit im Bahnsektor einzuleiten, wurde vordergründig mit der Erwartung an die größere Effizienz eines privatisierten Bahnwesens begründet. Letztlich trat „New Labour" aus fiskalischen Gründen und inspiriert von der neoliberalen Wirtschaftsdoktrin somit auch im Bahnsektor das Erbe der Regierungen Thatcher und Major an, indem das „rolling back the frontiers of the state" fortgeschrieben und staatliche Interventionen mit dem „Enthusiasmus eines Konvertiten" reduziert wurden (vgl. 3.1).[640] Die Subventionen für das Bahnwesen sollten von 2,1 Mrd. Pfund St. im Haushaltsjahr 1996/97 auf weniger als die Hälfte bis 2002/03 reduziert und 2012 vollständig ausgelaufen sein.[641] Erklärtes Ziel der Desinvestitionsstrategie war es, im Bahnbetriebsmanagement, d.h. bei den Betreibergesellschaften (Train Operating Companies) und den Fuhrparkfirmen (Rolling Stock Companies),[642] Wettbewerbsmechanismen und privatwirtschaftliche Ausgabendisziplin zum Tragen zu bringen. Wie in einem der Regierung Major zuzuordnenden Strategiepapier des Department of Transport formuliert, zielten auch die obersten Entscheidungsträger der Labour Party darauf ab, „dem Privatsektor bahnbetriebliche Schlüsselentscheidungen zu übertragen, damit dieser die daraus erwachsenden Chancen und Risiken verantwortet und die öffentliche Hand zuletzt von Interventionen jeglicher Art befreit wird."[643]

Wenn auch die 1825 als weltweit erste für den Schienenpersonenverkehr eröffnete Verbindung zwischen Stockton und Darlington mit öffentlichen Mitteln finanziert worden war, so wurde doch das gesamte Bahnwesen des Vereinigten Königreichs (mit einer kurzen Unterbrechung während des Ersten Weltkriegs) insgesamt 123 Jahre lang privat betrieben. Erst zum 31. Dezember 1947 verstaatlichte die Labour-Regierung unter Clement Attlee die vier größten priva-

---

[640] John Moore, Why privatise?, in: John A. Kay/Collin Mayer/David Thompson (eds.), Privatisation and Regulation. The UK Experience, a.a.O., S. 93 u. Geoffrey Owen, Foreword, in: David Henderson (ed.), Anti-Liberalism 2000. The Rise of New Millennium Collectivism, a.a.O., S. xi
[641] OPRAF, Annual Report 1996/97, London 1997, S. 14
[642] Die Bezeichnungen „Fuhrparkfirma", „Zugleasinggesellschaft" und „ROSCO" werden ebenso synonym verwendet wie die Termini „Betreibergesellschaft", „Betreiber" und „TOC".
[643] Department of Transport (HMSO), New Opportunities for the Railways, London 1992, S. 5

Fokussierung auf den Kapitalmarkt 233

ten Eisenbahngesellschaften, um ihnen Schutz vor der Konkurrenz des straßengebundenen Verkehrs zu bieten. Ebenso wie zahlreichen anderen Bahngesellschaften in West- und Mitteleuropa gelang es British Rail als vertikal integriertem Staatskonzern mit eigenen Hotels, Schiffslinien und Cateringservices in der Folgezeit jedoch nicht, am wachsenden Verkehrsaufkommen zu partizipieren, sodass der Konzern regelmäßig zu Defiziten im Staatshaushalt beitrug.[644]

Zwischen 1952 und dem Geschäftsjahr 1993/94 halbierte sich die Nachfrage nach Transportleistungen; der Anteil des Schienengüterverkehrs am gesamten Frachtverkehrsaufkommen sank ähnlich drastisch wie in der Bundesrepublik von 42 auf magere 6,5 Prozent und lag schließlich deutlich unterhalb des EU-Durchschnitts von 15 Prozent.[645] Die Gründe für den drastischen Rückgang gleichen weitgehend denen, die zur Erklärung des Niedergangs des bundesdeutschen Schienengüterverkehrs herangezogen wurden, waren also vorwiegend exogener Natur. Verschärfend kam für den schienengebundenen Gütertransport in Großbritannien hinzu, dass die Exploration von Öl und Gas in der Nordsee massiv vorangetrieben wurde (deren Transport über Pipelines erfolgte), die Liberalisierung des Energiemarktes in den späten 80er- und frühen 90er-Jahren den Elektrizitätsunternehmen die kohlebasierte Produktion freistellte und der großvolumige Massentransport sukzessive an Bedeutung verlor.[646]

In Reaktion auf das im März 1963 erschienene Gutachten mit dem Titel „The Reshaping of British Railways" entschloss sich die britische Regierung zunächst zu umfassenden Rationalisierungsmaßnahmen in Form von Streckenstilllegungen und Bahnhofsschließungen. Die 148-seitige Studie hatte zu Tage gefördert, dass auf einem Drittel des Streckennetzes nur ein Prozent des Transportvolumens (in Personen- und Tonnenkilometern gerechnet) erbracht wurde und mehr als die Hälfte der rund 7.000 Bahnhöfe mit ihrem Passagieraufkommen lediglich zwei Prozent zum Gesamtumsatz des Unternehmens beitrugen. Der so genannten „Beeching-Axt" – benannt nach dem ehemaligen Vorsitzenden der *British Transport Commission* Richard Beeching – fielen bis 1973 nicht weniger als 6.536 Kilometer Trassennetz zum Opfer (allein die Schienenwege im Güterverkehr wurden um 30 Prozent gekürzt), die Frachtladestellen wurden um 70 Prozent reduziert und die Hälfte der Rangierbahnhöfe geschlossen. Um eine profitable Ausrichtung des Gesamtkonzerns zu erreichen, wurde der Schienengüterverkehr bereits 1962 von Regulierungen bezüglich der Be-

---

[644] Department of Transport (HMSO), Transport Policy – A Consultant Document, London 1978, S. 49
[645] European Conference of Ministers of Transport (ed.), Railway Reform. Regulation of Freight Transport Markets, Paris 2001, S. 87
[646] Jean Shaoul, Railpolitik: The Financial Realities of Operating Britain's National Railways, in: Public Money & Management, Vol. 24, Issue 1 (2004), S. 29

triebsdurchführung, der Tarifveröffentlichung und der Transportmengen befreit. 1980 wurden auch dem überregionalen Personenverkehr die Mengen-, Linien- und Tarifkontrollen erlassen.[647]

Als tiefstgreifende Maßnahme der 70er-Jahre ist die Verabschiedung des „Railways Act" im Jahre 1974 zu werten, der eine Divisionalisierung des Bahnwesens in die Sparten Personen- und Güterverkehr auslöste. Gleichzeitig wurde British Rail gesetzlich verpflichtet, den Versorgungsstand im Personenverkehr auf vergleichbarem Niveau zu belassen. Mit Hilfe von Subventionen in Gestalt so genannter *public service obligations* für das gesamte Schienenverkehrssystem und Zahlungen durch die regional verankerten Passenger Transport Executives sollte das Angebot konstant gehalten werden, sodass der Staatskonzern letztlich verpflichtet war, den jeweiligen regionalen Bedürfnissen entsprechende Personenverkehrsleistungen auszuführen.[648] Darüber hinaus wurden jährliche Finanzierungsobergrenzen für die Aufnahme von Geldern am Kapitalmarkt festgelegt (*external finance limits*).[649] Demgegenüber erfuhr der Schienengüterverkehr ab 1975 dadurch Unterstützung, dass Speditionen Beihilfen gewährt wurden, sofern sie ihre Transporte von der Straße auf die Schiene verlagerten.[650]

Mit dem „Railways Act" von 1974 gelang es jedoch nur kurzfristig, die betriebswirtschaftlichen Ergebnisse in dem von hohen Personalkosten geprägten Bahnsektor zu stabilisieren, denn infolge von Inflation und Rezession verschärfte sich die Situation der Eisenbahn nur vier Jahre später erneut. Die desolate Finanzlage führte schließlich zu einer Vernachlässigung der Bahnhofsunterhaltung und zu einer Reduzierung der Gleisinstandhaltungsmaßnahmen, sodass die vereinbarten Standards bei unverändertem Budget nicht mehr eingehalten werden konnten. Mit höheren und zunehmend lauter vorgetragenen Subventionsforderungen konfrontiert, entschloss sich die britische Regierung 1982 zu einer Reform der Organisation des Eisenbahnmanagements. Die vormalige Trennung in eine funktionale und eine regionale Aufgabenwahrnehmung wurde zugunsten eines Sektorenmanagements aufgegeben.

Die Tatsache, dass die Bereitstellung der Betriebsmittel in den Verantwortungsbereich des funktionalen Managements und die Koordination der Abläufe in den des regionalen Managements fiel, hatte von Beginn an gravierende Nachteile aufgewiesen. Zunächst verhinderten kurzfristige regionale Interessen

---

[647] Jerry Palmer, Regierung und Eisenbahn in Großbritannien, in: Rail International – Schienen der Welt, 14. Jg., Heft 11 (1983), S. 3

[648] Jerry Palmer/Kenneth M. Gwilliam/Christopher A. Nash, Subventionspolitik im britischen Eisenbahnwesen, in: Rail International – Schienen der Welt, 15. Jg., Heft 2 (1984), S. 23 f.

[649] Mit den *external finance limits* werden seit 1979 alle (noch verbliebenen) britischen Staatsunternehmen bedacht.

[650] Jerry Palmer, Regierung und Eisenbahn in Großbritannien, in: Rail International – Schienen der Welt, 14. Jg., Heft 11 (1983), S. 3

einen strategischen Investitionsplan, durch den volkswirtschaftliche Nutzenkomponenten über einen längeren Zeitraum Berücksichtigung gefunden hätten. Diese an kurzfristigen Bedürfnissen orientierte Sichtweise führte zu einer Fehlallokation der Investitionsgelder und wirkte sich zudem nachteilig auf die Akquisition von Großkunden aus.[651] Darüber hinaus war die Kostenzurechnung innerhalb der Bereiche an vielen Stellen nicht ausreichend transparent, sodass gemeinwirtschaftliche Leistungen nicht mehr präzise identifiziert werden konnten.

Als British Rail 1992 einen Jahresfehlbetrag von rund 145 Mio. Pfund St. verbuchen musste, zielten die Reformanstrengungen weiterhin vornehmlich auf den Abbau von Subventionen und die damit verbundene Entlastung des Staatshaushaltes. In organisatorischer Hinsicht gipfelte die Entwicklung in der Umwandlung der regionenbezogenen Verwaltung in marktorientierte Geschäftseinheiten, sodass British Rail unmittelbar vor der Privatisierung aus vertikal integrierten Betreibern bestand, denen die Infrastruktur nach dem *Prime-User*-Prinzip zugeschlagen wurde.

5.1.1 Weichenstellung mit dem White Paper „New Opportunities for the Railways"

Drei Monate nach der Wiederwahl der Konservativen am 9. April 1992 wurde das *White Paper* „New Opportunities for the Railways" veröffentlicht, das als Grundsteinlegung für die Privatisierung des britischen Bahnwesens angesehen werden kann.[652] Im Zentrum des Regierungsvorschlags stand dabei die von der Franchise Authority zu überwachende Vergabe von Lizenzen im Bereich des Fracht- und Paketservices. Wenngleich die Pläne in der Öffentlichkeit zunächst auf zahlreiche Vorbehalte stießen, so hatte sich doch bei den Verantwortlichen vor dem Hintergrund einer Entlastung des Staatshaushaltes die Überzeugung eingestellt, dass die verkrusteten Strukturen der Staatsbahn aufgebrochen werden mussten, um ein leistungsfähiges, sich selbst tragendes Schienenverkehrsnetz zu schaffen. Der ein Jahr später neu formulierte „Railways Act" stellt das rechtliche

---

[651] Ders./Kenneth M. Gwilliam/Christopher A. Nash, Subventionspolitik im britischen Eisenbahnwesen, in: Rail International – Schienen der Welt, 15. Jg., Heft 2 (1984), S. 23 f.
[652] Jean Shaoul, Railpolitik: The Financial Realities of Operating Britain's National Railways, in: Public Money & Management, Vol. 24, Issue 1 (2004), S. 35; beinahe ironisch mutet es an, dass die Regierung unter John Major dieselben Argumente für die Privatisierung anführte wie fünf Jahrzehnte zuvor amtierende konservative Verkehrsminister Alfred Barnes, als dieser die Verstaatlichung des Bahnwesens anberaumte: „Das Hauptziel der Verstaatlichung besteht darin, die verschiedenen Elemente des Transportwesens zu konsolidieren, indem sie zu einem einheitlichen Ganzen zusammengefügt werden (...) und dem Handel, der Industrie sowie den Reisenden zu den niedrigstmöglichen Preisen zur Verfügung gestellt werden" (2003, S. 7).

Gerüst für die Privatisierung und Neustrukturierung des Bahnwesens dar, sah dieser doch vor, „auf möglichst allen Wertschöpfungsebenen (...) durch Wettbewerb Produktivitätssteigerungen zu realisieren."[653]

Unbestritten war von Beginn an die Tatsache, dass jede Privatisierungsoption im Hinblick auf Kostentrennung, Subventionszuteilung, Investitionsplanung und Systemkoordination Schwierigkeiten bereiten würde. So hätte der integrierte Gesamtverkauf zwar das Koordinationsproblem weitestgehend gelöst, unweigerlich jedoch ein öffentliches Monopol durch ein privates ersetzt und so zu einem nachhaltigen Regulationsbedarf geführt. Der Verkauf integrierter regionaler Einheiten – wie dies in Japan umgesetzt und innerhalb der britischen Regierung kurzzeitig erwogen worden war –, hätte zwar „über den Kapitalmarkt handelbare Einheiten"[654] geschaffen, zugleich jedoch auch zu (integrierten und koordinierten) monopolartigen Strukturen geführt. Insbesondere nach Auffassung der ideengeschichtlichen Urheber des „Railways Act", dem *Adam Smith Institute* sowie dem bereits erwähnten *Centre for Policy Studies* als den beiden wirkungsmächtigsten Think-Tanks Großbritanniens jener Zeit, hätte sich der Vorteil gegenüber dem integrierten Gesamtverkauf auf die Möglichkeit sequenzieller Teilveräußerungen und somit der besseren Handelbarkeit beschränkt. Der Verkauf sektoraler Einheiten wurde zeitweilig für vorteilhaft erachtet, weil damit eine bessere Marktfokussierung der Unternehmen verbunden gewesen wäre. Aufgrund der daraus resultierenden Schwierigkeiten bei der Kostenzuteilung und dem daher erforderlichen komplexen Geflecht von Zugangsrechten wurde diese Alternative jedoch nach vergleichsweise kurzer Zeit verworfen.

Während sich das von Margaret Thatcher gegründete Institut mit seinen Vorstellungen, zu einer Struktur vertikal integrierter Privatunternehmen zurückzukehren, nicht durchsetzen konnte, gereichte dem *Adam Smith Institute* zum Vorteil, dass es bereits in den 1980er-Jahren als Pionierinstitut bei zahlreichen Privatisierungsvorhaben im Gesundheits- und Verkehrswesen mitgewirkt hatte.[655] Letztlich schien es vorzugswürdig, die Infrastruktur herauszulösen (wie dies hierzulande in Übereinstimmung mit dem „Trennungsmodell" zeitweilig vorgesehen war), weil damit nach Auffassung der Beteiligten ein Höchstmaß an

---

[653] Christian Böttger, Das Insolvenzverfahren der Railtrack. Mögliche Lehren aus der Krise der britischen Eisenbahnprivatisierung, in: Internationales Verkehrswesen, 73. Jg., Heft 6 (2002), S. 273

[654] Louis S. Thompson, Privatizing British Railways. Are there Lessons for the World Bank and its Borrowers?, Washington D.C. 2004, S. 4

[655] Das *Adam Smith Institute* lieferte zahlreiche weitere Studien, die der Regierung Thatcher als Vorlage für ihre spätere Umsetzung dienten. Dazu zählten *policy papers*, die die Grundzüge der *poll tax* darlegten. Die Marktorientierung des Bahnwesens wurde dort ebenso ausgearbeitet wie zahlreiche Steuersenkungsprogramme und die Grundzüge des „Education Reform Act" von 1988, der staatlichen Schulen eine eigenverantwortliche Budgetverteilung zusprach (Andrew Murray 2001, S. 10 f.).

Fokussierung auf den Kapitalmarkt

Wettbewerb auf den Schienen geschaffen würde und gleichzeitig die *economies of scale* („Größenvorteile") bei der Netzwerkplanung sowie im Management erhalten blieben. Die mit diesem Modell verbundenen Koordinations- und Interaktionsbedürfnisse zwischen den beteiligten Unternehmen und Behörden wurden für lösbar gehalten.

Da die Fragmentierung des Bahnsystems bei zahlreichen Führungskräften der Staatsbahn von Beginn an auf Widerstand gestoßen war, zog die Regierung bei der Schaffung des Regulierungssystems zahlreiche externe Berater hinzu, die sich bei ihren Empfehlungen unter weitgehender Missachtung der Spezifika des Bahnsektors an einer möglichst raschen Erzielung staatlicher Einnahmen orientierten. Insgesamt verausgabte das Transportministerium gemeinsam mit British Rail, Railtrack und den privaten Ausschreibungsbewerbern Honorare von rund einer Mrd. Pfund St. für die Expertise von Wirtschaftsprüfungsgesellschaften, Unternehmensberatungen und Anwaltskanzleien.[656] Der geschlossene Börsengang des Gesamtkonzerns British Rail wurde nur kurzzeitig erwogen, weil sich das Unternehmen mangels Profitabilität einzelner Sparten nach Ansicht der Verkaufsabteilung BR Vending Unit und des seinerzeit verantwortlichen Transportministers John MacGregor als Einheit allenfalls unter Wert verkaufen ließ. Rückblickend räumt dieser ebenso wie sein damaliger Stellvertreter Roger Freeman ein, dass „die Zeit nicht ausgereicht habe, alle Optionen sorgfältig zu prüfen und eine umfassende Debatte zu führen."[657]

Mit der Implementierung von Wettbewerb und der Einführung von privatem Sektorenmanagement sowie zusätzlichen Investitionen durch den privaten Sektor sollten Qualität und Effizienz des Bahnbetriebs sichergestellt werden. Zum 1. April 1994 wurde British Rail in 106 Unternehmen desintegriert, die im ersten Jahr einen Gesamtgewinn in Höhe von 3,1 Mrd. Pfund St. verbuchen konnten.[658] Die „schleichende" Privatisierung, an deren Anfang der Verkauf von 29 Eisenbahnhotels und des Hovercraft-Services über den Ärmelkanal im Jahre

---

[656] Christian Wolmar, Broken Rails. How Privatisation wrecked Britain's Railways, London 2001 (2. Auflage), S. 75 u. 198

[657] Zitiert nach: Andrew Murray, Off the Rails. Britain's Great Rail Crisis – Cause, Consequences and Cure, a.a.O., S. 9; in einer von der Weltbank finanzierten Studie heißt es im Zusammenhang mit der Vielzahl der diskutierten Optionen: „The fundamental stated objective of the Major Government was to introduce competition, innovation and the flexibility of private sector management that will enable the railways to exploit fully all the opportunities open to them. In approaching the privatization of the railway, the Government considered several broad options: selling BR as a single unit in a single package, breaking BR into regionally integrated units, probably along the pre-existing lines, breaking BR into the various integrated sectoral units with controlled network access as needed by each, separating infrastructure from all operations and privatizing all parts separately" (Louis S. Thompson 2004, S. 4).

[658] Werner Balsen, Hintergrund: Beispiel Großbritannien, in: Frankfurter Rundschau v. 12.5.2006, S. 37

1979 stand, wurde nun von einer alle Sparten umfassenden materiellen Privatisierung abgelöst. Häufig wurde dabei auf die neu entstandene Schifffahrtsgesellschaft Sealink verwiesen, die als vormals marodes Unternehmen binnen drei Jahren in die Gewinnzone zurückgeführt und zuletzt für vier Mrd. Pfund St. an die in Göteborg beheimatete Fährgesellschaft Stena Line verkauft werden konnte.[659]

Dabei war die Reform von British Rail aus betriebswirtschaftlichen Gründen keineswegs zwingend. Noch in der zweiten Hälfte der 1980er-Jahre wirtschafteten zwei der vier Unternehmenssparten profitabel: *Inter-City* und *Railfreight* erzielten stattliche Gewinne, während die Sparten *Provincial Services* und *South-East Commuter Network* defizitär und daher zuschussbedürftig waren. Die privaten Betreibergesellschaften, die derzeit in diesen beiden Marktsegmenten operieren, sind aber gleichfalls auf Zuschusszahlungen angewiesen, die in erheblichem Maße über das Instrument des Nachtragshaushalts genehmigt werden müssen. Im letzten Jahr vor der Privatisierung erzielte British Rail 71 Prozent seiner Einnahmen aus Entgelten für Verkehrsleistungen – ein Wert, den innerhalb Europas nur die staatliche schwedische Eisenbahngesellschaft Statens Järnvägar übertraf.

Dennoch entschloss sich die Regierung unter John Major zu einem Bündel von Privatisierungen, die bereits kurze Zeit später einen strategischen – nicht an Grundsätzen der Sozialverträglichkeit ausgerichteten – Personalabbau erkennen ließen. Allein die Betreibergesellschaften reduzierten die Zahl der Beschäftigten von 46.845 im Jahre 1996 auf 38.234 nur fünf Jahre später.[660] Dies ist insofern bemerkenswert, als bereits vor Einleitung der Bahnreform in Reaktion auf die Empfehlungen des *Serpell Committee* seit Anfang der 1980er-Jahre mehr als ein Drittel des seinerzeit vorhandenen Personals in Kooperation mit der einflussreichen *National Union of Rail, Maritime and Transport Workers* (RMT) zum Einsparpotenzial erklärt worden war.[661] Von ehemals 186.400 „Rounders" im Jahre 1976 waren 1993 nur noch 113.400 im Unternehmen verblieben, sodass allein zwischen 1987 und 1993 – und nur für diesen Zeitraum liegen Daten vor – die Arbeitsproduktivität, die sich in der Relation der geleisteten Zugkilometer pro Beschäftigtem widerspiegelt, um 17 Prozent stieg und damit den höchsten Wert unter allen europäischen Bahngesellschaften erreichte.[662]

---

[659] Madsen Pirie, Erfahrungen mit der Deregulierung und Privatisierung in Großbritannien, in: Otto Vogel (Hrsg.), Deregulierung und Privatisierung, Köln 1988, S. 92

[660] Jean Shaoul, Railpolitik: The Financial Realities of Operating Britain's National Railways, in: Public Money & Management, Vol. 24, Issue 1 (2004), S. 32

[661] John S. Dodgson, Railway Privatisation and Network Access in Britain, Working Document on the International Seminar „Why do we need Railways?", Paris 1994, S. 3

[662] Vgl. Jean Shaoul, Railpolitik: The Financial Realities of Operating Britain's National Railways, in: Public Money & Management, Vol. 24, Issue 1 (2004), S. 31

Während Fahrgäste und Beschäftigte unter den (geschäfts)politischen Verfehlungen litten, profitierten institutionelle und wohlhabende Privatanleger ebenso wie die verantwortlichen Manager von der materiellen Privatisierung der Betreiber- und Fuhrparkgesellschaften. Die hohen Einmaleinnahmen, die mit der Veräußerung der drei Rolling Stock Companies (ROSCOs) erzielt werden konnten, gereichten insbesondere den beteiligten Vorständen zum finanziellen Vorteil: Sandy Anderson, der das Management-Buy-Out der Porterbrook-Gruppe verantwortete, John Prideaux, der den Betreiber Angel Trains für 672,5 Mio. Pfund St. an die Royal Bank of Scotland verkaufte und Andrew Jukes, der als leitender Manager des Zugleasingunternehmens Everholt fungierte, flossen jeweils zweistellige Millionenbeträge zu.[663] Die ROSCOs erzielten zwischen 1996 und 1999 eine jährliche Eigenkapitalrendite von 24 Prozent und eine Umsatzrendite von 70 Prozent.[664] Neben der Fahrzeugflotte sowie den Reparatur- und Ausbesserungswerkstätten wurde auch die Geschäftssparte Infrastrukturinstandhaltung an mehrere konkurrierende Unternehmen veräußert. Die umsatzstärksten Frachtgesellschaften Rail Express Systems, Loadhaul, Transrail Freight and Mainline Freight erwarb der nunmehr zur staatlichen Unternehmensgruppe Canadian National Railway zählende, größte britische Logistikdienstleister English, Welsh & Scottish Railways Ltd. (EWS).

5.1.2 Dysfunktionalitäten und Gebietsmonopole als Folge der Fragmentierung

Die Regierung entschied sich für eine materielle Privatisierung nach vorheriger Fragmentierung – größtenteils mittels eines Franchiseverfahrens, in dessen Rahmen 25 Lizenzen für den Personenverkehr an 13 verschiedene Train Operating Companies (TOCs) vergeben wurden.[665] Während bei profitablen Lizenzen der Bieter mit der höchsten Zahlungsbereitschaft den Zuschlag erhielt, wurde bei defizitären Strecken derjenige Betreiber bedacht, der die von der Rail Authority vorgeschriebenen Mindeststandards mit den geringsten Subventionszahlungen einzuhalten versprach. Wenngleich die Schaffung von Wettbewerb das erklärte Ziel darstellte, schuf die Franchise Authority mit dem Vergabeverfahren zwischen dem 19. Dezember 1995 und dem 25. Februar 1997 – im Widerspruch zu

---

[663] Philip Bagwell, The Sad State of British Railways: the Rise and Fall of Railtrack, 1992-2002, in: The Journal of Transport History, Vol. 25, Issue 2 (2004), S. 114
[664] Jean Shaoul, Railpolitik: The Financial Realities of Operating Britain's National Railways, in: Public Money & Management, Vol. 24, Issue 1 (2004), S. 32
[665] Christian Böttger, Das Insolvenzverfahren der Railtrack. Mögliche Lehren aus der Krise der britischen Eisenbahnprivatisierung, in: Internationales Verkehrswesen, 73. Jg., Heft 6 (2002), S. 274; vgl. zu den vorherigen Debatten: Irvine Lapsley/Heather Wright, On the Privatization of British Rail, in: Public Money & Management, Vol. 10, Issue 3 (1990), S. 49 f.

der erklärten Absicht, Wettbewerb implementieren zu wollen – intra- und intermodale Gebietsmonopole. So zeichnen die von dem Unternehmensquartett aus National Express, Connex, Virgin/Stagecoach und der First Group verantworteten Betreibergesellschaften mittlerweile für rund zwei Drittel der Reisendenkilometer verantwortlich und erwirtschaften mehr als 70 Prozent der Gesamteinnahmen im Schienenpersonenverkehr.[666] Es steht zu vermuten, dass sich der Konzentrationsprozess in den kommenden Jahren zum Nachteil kapitalarmer Betreibergesellschaften wie Sea Containers fortsetzen wird. Von Beginn an niedrig war der Wettbewerbsgrad im Bereich des schienengebundenen Gütertransports.

Allein mit Blick auf den intramodalen Wettbewerb wird ersichtlich, dass die modelltheoretische Wettbewerbssituation lediglich zum Zeitpunkt des Franchiseverfahrens selbst bestand, sich anschließend hingegen Gebietsmonopole herausbildeten.[667] Einem Betreiber erwächst schließlich nur dann Konkurrenz, wenn sich Franchises geographisch überschneiden, wie dies z.B. auf die Verbindung London City - Flughafen Gatwick zutrifft, auf der die Gesellschaften Thameslink, Gatwick Express und Connex South Central Züge betreiben. Eine derartige intramodale Wettbewerbsstruktur stellt indes eine Ausnahme dar:

> „Wählt man irgendeine Stadt in Großbritannien, um von dort eine Bahnfahrt anzutreten, so wird man feststellen, dass es generell nur eine Verbindung gibt – es sei denn, Zeit und Geld spielen keine Rolle. Das Schienennetz stellt gegenwärtig für Zugreisende faktisch ein natürliches Monopol dar, das lediglich eine praktikable Option bereithält."[668]

Dass Betreibergesellschaften selbst dann nicht wirksam miteinander konkurrieren, wenn sie denselben Abfahrts- und Zielort ausweisen (obschon nicht notwendigerweise denselben Bahnhof), verdeutlicht die Verbindung zwischen London und Birmingham. So bedient die Gesellschaft Chiltern Railways von London-Marleybone aus die Strecke in den Norden aufgrund einer teilweise einspurigen Gleisführung wesentlich langsamer als der Wettbewerber Virgin West Coast vom Bahnhof Euston aus. Zusteigende Fahrgäste finden ohnehin eine faktisch

---

[666] Mark Casson, The Future of the UK Railway System: Michael Brooke's Vision, in: International Business Review, Vol. 13, Issue 2 (2004), S. 183
[667] Über den bei einem Franchiseverfahren üblichen Prozess finden sich Informationen bei: Office of the Rail Regulator (ed.), Competition for Railway Passenger Services, A Consultation Document, London 1996, S. 1
[668] Im Original heißt es: „Pick any city in Britain and decide to travel from it to any other, and there is generally only one way to go, unless time and money are no object. The network today is very nearly a natural monopoly for those who wish to travel by rail between two places, offering one viable service option in each case" (Andrew Murray 2001, S. 23).

monopolartige Struktur vor, da ihnen die alternativen Streckenverläufe der Betreibergesellschaften in der Regel keine Wahlmöglichkeiten lassen. Gleiches gilt für den Großraum London, ist doch die Strategic Rail Authority mittlerweile dazu übergegangen, jeweils nur eine Betreibergesellschaft für die Züge eines bestimmten Bahnhofs zuzulassen.

Hinzu tritt die „Lähmung" des intermodalen Wettbewerbs, indem zahlreiche Franchises für den Bahnbetrieb an Busgesellschaften vergeben wurden, die sich somit in ausgewählten Regionen monopolartige Transportstrukturen schufen. So ist die europaweit agierende National Express Group mit 1.200 Busdestinationen innerhalb Großbritanniens nicht nur konsortialführendes Mitglied des zwischen London, Paris und Brüssel verkehrenden Eurostars, sondern auch Eigentümerin von neun der insgesamt 25 Betreibergesellschaften im inländischen Schienenverkehr: Central Trains, c2c, West Anglia Great Northern (WAGN), Valley Lines, Midland Mainline, ScotRail, Silverlink, Wales & West und Gatwick Express zählen zu der Unternehmensgruppe.[669] Ähnliche Besitzstrukturen haben sich bei der Unternehmensgruppe Arriva herausgebildet. Ursprünglich nur für den Busverkehr in Glasgow und Leicester sowie ein Fünftel der in London betriebenen „Red Double Deckers" verantwortlich, wurden ihr 1996/97 zwei Franchises für den Schienenverkehr gewährt, die dann unter Arriva Trains Merseyside (jetzt Merseyrail) und Arriva Trains Northern (nunmehr Northern Rail) firmierten. Die Brisanz dieser horizontalen Expansion lag darin, dass das Unternehmen in den Städten Manchester, Newcastle, Liverpool und Leeds nicht nur weiterhin den Busverkehr verantwortete, sondern bis 2004 in Yorkshire und im Nordosten Englands gleichzeitig Züge betrieb.

Die geschilderten Umstände lassen erkennen, dass der Terminus Wettbewerb mitsamt der Erwartung an sein „belebendes Element" im Hinblick auf den Schienenverkehr eine Chimäre darstellt. Schließlich kann auf einem Schienenstrang zwischen Abfahrts- und Zielort zu einem bestimmten Zeitpunkt – sofern Überholvorgänge ausgeschlossen sind – nur ein einziger Zug verkehren. Wenngleich theoretisch durchaus mehrere Betreibergesellschaften die jeweils ausgeschriebene Strecke in einem aufeinander abgestimmten Rhythmus hätten bedienen können, bewerben sich die Unternehmen aber auch im Rahmen des jetzigen Vergabeverfahrens in der Regel um „Konzessionen zum *alleinigen* Betreiben einer *bestimmten* Strecke oder eines *bestimmten* Netzes für einen längeren Zeitraum."[670] Der ehemalige Bundestagsabgeordnete Winfried Wolf konstatiert insofern zu Recht, dass per Definition das Gegenteil von Wettbewerb stattfand, da vereinbart wurde, „dass in dem Zeitraum, für den die Konzession vergeben wird,

---

[669] Vgl. ebd., S. 26
[670] Winfried Wolf, In den letzten Zügen. Bürgerbahn statt Börsenwahn, a.a.O., S. 54 (Hervorh. im Original)

Konkurrenz ausgeschlossen wird."[671] Richard Branson drohte der Strategic Rail Authority gar mit einer Klage für den Fall, dass neben seiner in Zusammenarbeit mit Stagecoach geführten Gesellschaft Virgin Trains auch dem Bahnbetreiber Great North Eastern Railways (GNER) als einer Tochtergesellschaft von Sea Containers eine Lizenz für die Ostküstenverbindung zwischen London und Schottland zuerkannt würde.[672] Letztlich wurden also regionale Streckenmonopole gewährt, sodass der eigentliche, äußerst kompetitive Wettbewerb weiterhin zwischen Straßen-, Flug- und Schienenverkehr herrscht.

Da die Betreibergesellschaften in der Mehrzahl sinkende Gewinne, teilweise sogar steigende Verluste verzeichneten, sah sich die Regierung nicht nur bei der Infrastrukturgesellschaft Railtrack, sondern auch bei der Organisation des Schienentransports zu einer Ausweitung der staatlichen Befugnisse sowie zu einer geringeren Entflechtung der Verantwortlichkeiten veranlasst. Allein zwischen 1996 und 2001 wurden die privaten Bahnbetreiber mit umgerechnet 13 Mrd. Pfund St. subventioniert und erhielten somit mehr Zuschüsse, als je zuvor binnen eines Fünf-Jahres-Zeitraums an British Rail gezahlt worden waren.[673] Der Regulierungsrahmen war aber nicht allein deshalb fehlerhaft, weil sein Anreizsystem keine Zielkongruenz mit den verkehrspolitischen Rahmenvorgaben gewährleistete. Zugleich mangelte es an eindeutigen, messbaren Qualitätsparametern, deren Verfehlung mit abgestuften Interventionsmechanismen in Form von Pönalen, Ersatzvornahmen und entsprechenden Lizenzentzügen als ultima ratio geahndet worden wäre. Die Vielzahl der Unzulänglichkeiten, die sich in einer Verfünffachung der von Bahnunternehmen zu leistenden Versicherungsausgaben zwischen 1994 und 2005 äußerten, lassen erkennen, dass zentrale regulatorische (will heißen: ordnungspolitische) Weichen während des Reformprozesses unzureichend bzw. falsch gestellt worden waren.

In der öffentlichen wie in der wissenschaftlichen Debatte blieb lange Zeit unbeachtet, dass die misslungene Reform des britischen Bahnwesens nicht nur in der Privatisierung des Infrastrukturbetreibers Railtrack begründet liegt, sondern in besonderer Weise der Fragmentierung des Gesamtsystems „Bahn" geschuldet ist. Zwar wurden mit der Vergabe der Franchises an die 25 Betreibergesellschaften für Nutzer stellenweise nachteilig wirkende monopolistische Strukturen aufgebrochen. Zugleich jedoch traten an Schlüsselstellen wie im Vertriebssystem, bei der Fahrplangestaltung sowie in der Kommunikation von Sicherheitsmängeln

---

[671] Ebd. (Hervorh. im Original)
[672] Andrew Murray, Off the Rails. Britain's Great Rail Crisis – Cause, Consequences and Cure, a.a.O., S. 126
[673] Christian Wolmar, On the Wrong Line: How Ideology and Incompetence Wrecked Britain's Railways, London 2005, S. 76

divergierende Partikularinteressen hervor, die gravierende Dysfunktionalitäten auslösten. Die Betreibergesellschaften bildeten gemeinsam mit den drei Zugleasingfirmen, dem Infrastrukturbetreiber Railtrack sowie den mehr als 2.000 (!) Subunternehmen ein selbst für die Beteiligten kaum mehr zu überblickendes Interaktions- und Aufgabengeflecht. Die komplexen Aufsichtsstrukturen, die sich aus dem erforderlichen Zusammenwirken der zeitweilig sieben Behörden ergaben, waren dem Ziel, die Akteure effektiv zu kontrollieren, weniger zu- als vielmehr abträglich. Die Strategic Rail Authority, das Department for Transport, Local Government and the Regions, das HM Railway Inspectorate, das Office of the Rail Regulator (ORR), das Office of Passenger Rail Franchising (OPRAF), die Health and Safety Executive (HSE) und das National Audit Office vermochten es weder, im Zusammenspiel mit den jeweils angrenzenden Behörden ihre eigenen Kompetenzen zu definieren, noch entsprechende Aufgabenbereiche sachgerecht zuzuordnen. Kodifiziertes Wissen wie z.B. bestimmte handwerkliche Fertigkeiten (*tacit knowledge*) wurden ebenso wenig weitergereicht wie spezifische Kompetenzen, die erst durch die Bündelung komplementärer Ressourcen und daraus entstehender Lerneffekte generiert werden.[674] Eine besonders eklatante Überschneidung von Zuständigkeiten gab es zwischen dem ORR und dem OPRAF.

Das ORR dient neben Institutionen wie dem Transportministerium, dem OPRAF bzw. der Strategic Rail Authority als Aufsichtsbehörde für den Schienenpersonenverkehr und soll den intramodalen Wettbewerb gewährleisten. In Anlehnung an entsprechende Institutionen auf den weitgehend liberalisierten Telekommunikations- und Gasmärkten richtete die britische Regierung auch im Bahnwesen eine sektorale Regulierungsbehörde ein, die in erster Linie die ordnungsgemäße Netzvergabe durch den Infrastrukturmonopolisten – vormals Railtrack, nunmehr Network Rail – verantwortet. Das ORR zeichnet für die Schaffung wettbewerblicher Strukturen verantwortlich, indem es Vorgaben für die Gestaltung der Netzzugangsverträge macht und diese unter vorrangiger Wahrung der Benutzerinteressen prüft.[675] Die Lizenzvergabe hat der finanziellen Eignung der Betreiber, der Berücksichtigung von Umweltaspekten und der vom HSE testierten Wahrung festgeschriebener Sicherheitsstandards Rechnung zu tragen. Darüber hinaus verfügt der Regulator über ein Antragsrecht auf Strecken-

---

[674] Vgl. Susanne Lütz, Governance in der politischen Ökonomie, MPIfG Discussion Paper, Nr. 3 (2005), S. 7
[675] Office of the Rail Regulator (ed.), Competition for Railway Passenger Services, A Consultation Document, a.a.O., S. 3; hervorzuheben ist in diesem Zusammenhang ferner, dass der Regulator die Lizenzen gegebenenfalls eigenverantwortlich modifizieren darf, um etwaigen Planungsmängeln vorzubeugen oder eigene Vorstellungen hinsichtlich des Betriebs der Strecken umzusetzen.

stilllegungen, wenngleich die letztendliche Entscheidungskompetenz beim Verkehrsminister liegt.

Dem OPRAF wurde die Aufgabe übertragen, mit jeder Train Operating Company (TOC) ein Pönalen- und Anreiz-Regime zu vereinbaren, das für den Fall des Nichterreichens von Vorgaben Sanktionen erlaubt und das Erreichen von Zielgrößen honoriert.[676] Wie im „Transport Act 2000" vorgesehen, wurde das OPRAF zum 1. Februar 2001 von der bereits zwei Jahre bestehenden Strategic Rail Authority mit der Vorgabe abgelöst, im gesamten Bahnwesen eine konsequente(re) Effizienzorientierung zu etablieren. Nach lediglich vier Jahren geriet hingegen auch diese Institution in eine Legitimitätskrise, sodass ihre Aufgaben als zentrale Aufsichtsbehörde mit dem „Railways Act 2005" direkt im Verkehrsministerium angesiedelt wurden.

Die Koexistenz der Aufsichtsbehörden, deren Kompetenzen auch gegenwärtig noch mangelhaft voneinander abgegrenzt sind, ist entscheidend dafür verantwortlich, dass eine konsistente Regulierung bislang nicht gewährleistet ist.[677] Die Verluste vertikaler Verbundvorteile, die sich bei der Fahrplanerstellung sowie dem Trassen- und Sicherheitsmanagement in höheren Transaktionskosten niederschlagen, wurden trotz zahlreicher Korrekturen durch die partiell realisierten Effizienzgewinne nicht kompensiert. Ein signifikanter Anstieg der Transaktionskosten ergab sich durch das differenzierte Regelungsgeflecht, welches das Zusammenwirken der größtenteils neu geschaffenen Institutionen gewährleisten sollte: „So musste eine TOC neben dem Lizenzvertrag mit dem ORR, der das Sicherheitszertifikat der HSE voraussetzt, den Franchisevertrag mit dem OPRAF, Leasingverträge mit ROSCOs sowie Trassennutzungsverträge mit Railtrack abschließen."[678]

Effizienzverluste lassen sich ferner durch die anfängliche Aufteilung in 25 Franchisezonen sowie hinsichtlich der Trassenvergabe erkennen. So löst allein die Fahrplanerstellung einen immensen Kooperationsbedarf aus, weil neben

---

[676] Carmen Hass-Klau, Rail Privatization: Britain and Germany Compared, An Anglo-German Foundation Report, a.a.O., S. 36

[677] Noch im Frühjahr 1993 wandten Robert Adley – als Vorsitzender des Transportausschusses qua Amt in den Reformprozess involviert – und Lord Peyton ein, dass Franchiseverträge Elemente vertikaler Integration beinhalten sollten, um den Betreibern eine effektive Kontrolle des Trassennetzes zu ermöglichen. Netzwerkeffekte sollten z.B. durch die gegenseitige Anerkennung von Fahrscheinen erzielt werden. Zugleich sprachen sie sich dafür aus, Railtrack und die Franchise Authority in eine gemeinsame staatliche Behörde zu überführen und British Rail als staatlichen Bieter für das Franchiseverfahren zuzulassen. Sämtliche Einwände der beiden langjährigen Mitglieder des Unter- bzw. Oberhauses wurden jedoch weder von den zuständigen Ministern wahrgenommen noch hatten sie Einfluss auf den parteiinternen Diskussionsprozess (Andrew Murray 2001, S. 16).

[678] Vgl. mit einer identischen Fragestellung, aber einer grundsätzlich anderen Bewertung: Christian R. Schnöbel, Vertikale Desintegration des britischen Eisenbahnsektors – Erfolg oder Misserfolg?, in: Internationales Verkehrswesen, 76. Jg., Heft 4 (2005), S. 141

Network Rail jeweils auch die Strategic Rail Authority, der Rail Regulator, das Department of Transport und die betroffenen Betreibergesellschaften in den Verhandlungsprozess einzubeziehen sind.[679] Erklärungsmuster, wonach die seit mehr als einem Jahrzehnt zu beobachtenden Abstimmungsprobleme allein „die Konsequenz einer unkoordinierten, intransparenten und in der Folge inkonsistenten Regulierung" darstellen und auf „politisches Versagen bei der Vorbereitung und Implementierung der Reform" zurückzuführen sind, greifen indes zu kurz.[680] Denn krisenverschärfend kommt hinzu, dass sowohl die Betreiber- als auch die Fuhrparkgesellschaften binnen kurzer Zeit eine möglichst hohe Kapitalrendite in einem Sektor zu erzielen versuchten, in dem die Kosten durch massive Personalkürzungen und Investitionsrückhaltungen bereits über Jahrzehnte hinweg gedrosselt worden waren. Weitere Spielräume ließen sich folglich nur dadurch gewinnen, dass anfallende Kosten zulasten der Subunternehmer externalisiert wurden. Es hätte vorausgesehen werden können, dass dies „die Koordination und Kohärenz eines komplexen Systems, in dem derart viele neue Geschäftseinheiten zusammenwirken müssen, gefährden würde – zumal vollkommen unterschiedliche Betriebs- und Organisationsabläufe Anwendung fanden."[681] In der Abschlusserklärung einer Tagung, die in Vorbereitung des „Lord-Cullen-Reports" zum Zugunglück von Ladbroke Grove (Paddington) stattfand, heißt es dazu:

„Die Privatisierung hat einen unvorstellbaren Kulturwandel hervorgerufen. Zwischen den einzelnen Institutionen und Unternehmen gibt es kaum noch Verständigung, was sich in einem fehlenden Absprachemodus und einem un-

---

[679] Christopher A. Nash, Rail Regulation and Control in Britain – Where Next? Paper Presented at the 8th International Congress of Competition and Ownership in Passenger Transport, Rio de Janeiro 2003, S. 4

[680] Christian R. Schnöbel, Vertikale Desintegration des britischen Eisenbahnsektors – Erfolg oder Misserfolg?, in: Internationales Verkehrswesen, 76. Jg., Heft 4 (2005), S. 142 u. Arthur Leathley, Railtrack Faces Claims Bill of Pounds 800m, in: The Times v. 26.2.2001, S. 19

[681] Jean Shaoul, Railpolitik: The Financial Realities of Operating Britain's National Railways, in: Public Money & Management, Vol. 24, Issue 1 (2004), S. 32; dies gilt auch und gerade für die Konsequenzen, die sich aus der Regelung über Vertragsstrafen zwischen Railtrack und den Betreibergesellschaften ergaben. Anschaulich schildert ein Lokführer deren praktische Auswirkungen: „Wenn Züge unter British Rail Verspätung hatten, wurden die Verbindungen gehalten. Dies gilt jetzt, wo das System auf einem Strafregister basiert, nicht mehr, sodass den Fahrgästen gravierende Unannehmlichkeiten bereitet werden. Wenn Railtrack eine Verspätung verursacht, schuldet es der Betreibergesellschaft bspw. 29,- Pfund St. pro Minute. Trägt die Betreibergesellschaft Schuld, gilt dies umgekehrt, sodass beide Seiten permanent damit befasst sind, sich gegenseitig Schecks auszustellen. Manchmal saß ich im Zug und telefonierte mit meiner Kontrollstelle, die mir versicherte, dass ich stellvertretend für unsere Gesellschaft Schuld für die Verspätung trage und nicht Railtrack, obwohl ich sicher war, dass es an den Signalen und damit an Railtrack lag. Nicht selten dauerten die Diskussionen mehrere Minuten während der Zug weiterhin fuhr" (zitiert nach: Andrew Murray 2001, S. 83); weitere anschauliche Schilderungen dieser Art finden sich in dem Werk von Murray unter der Überschrift „Sweat and Tears on the Tracks" (ebd., S. 79-114).

terentwickelten Gemeinschaftsgefühl von Lokführern, Signalwärtern, Reinigungskräften etc. niederschlägt. Negativ geprägt wird das Arbeitsklima außerdem von der Diskussion über die Ursachen und Zuständigkeiten für verspätete oder ausgefallene Züge. Ein gravierender Vertrauensverlust in die Kompetenzen anderer resultiert daraus ebenso wie eine mangelnde Verständigung über Möglichkeiten, die existierenden Probleme zu beheben."[682]

Über einen langen Zeitraum herrschte aufgrund von Kompetenzstreitigkeiten ein beträchtliches Kommunikationsdefizit zwischen den Schlüsselfiguren der Verkehrs- und Bahnpolitik, darunter der ehemalige stellvertretende Premierminister John Prescott, der seinerzeitige Transportminister Lord MacDonald sowie Alastair Morton, der an der Spitze der Strategic Rail Authority stand: „It is a cycle of blame that is hard to break because of the deteriorating relationship between many of the key figures."[683]

Da es infolge der Fragmentierung einen zusätzlichen Bedarf an bürokratischen Abläufen gab – und nicht ein Weniger an Bürokratie, wie im Vorfeld der Privatisierung in Aussicht gestellt – mangelte es gleich zu Beginn der Reform an effektiver Kontrolle: Zu Zeiten von British Rail waren Verantwortlichkeiten eindeutig zugeordnet, sodass Betriebsunfälle unternehmensintern untersucht und im Rahmen von Sicherheitstrainings aufgearbeitet wurden, um Lerneffekte bei den Mitarbeitern zu erzielen. Diese Verbundeffekte wurden mit der Fragmentierung und Privatisierung des Bahnwesens preisgegeben, was Simon Jenkins, ehemaliger Herausgeber der liberalen Tageszeitung *The Times*, Anfang des Jahres 2004 zu einer Empfehlung veranlasste, die von der Mehrheit der Beobachter im Vereinigten Königreich mittlerweile geteilt wird: „Die vertikale Integration eines Eisenbahn-Betriebs ist existenziell. Wenn jemand, der einen Zug betreibt, nicht auch über den Unterhalt seines Streckennetzes, die Signalanlagen, den Fahrplan, die Länge der Bahnsteige, die Zuggrößen und damit einen Großteil seiner fixen Kosten bestimmen kann, dann wird er seinen Betrieb allein am kurzfristigen Profit orientieren und den Schwarzen Peter im Fall des Scheiterns an jemand anderen weiterreichen."[684]

Trotz der augenscheinlichen Unzulänglichkeiten des privatisierten britischen Bahnwesens verweisen Befürworter der Privatisierung auf die eindrucks-

---

[682] Health and Safety Executive (ed.), Cullen Inquiry, Report on Seminar – Employee Perspectives on Railway Safety, London 2000, S. 6; die Aussagen decken sich mit den Ergebnissen einer Studie, die von der „White-Collar"-Gewerkschaft TSSA durchgeführt wurde. Danach waren 81 Prozent der Befragten nach dem Bahnunglück von Hatfield mit Verbalinjurien überzogen worden, 21 Prozent sahen sich körperlichen Bedrohungen ausgesetzt und vier Prozent wurden in den Zügen tätlich angegriffen (John Allen 2001, S. 8).
[683] Juliette Jowit, Network Disintegrates Amid Cycle of Blame, in: Financial Times v. 4.5.2001, S. 3
[684] Simon Jenkins, A Derailed Railway, in: The Sunday Times v. 19.1.2004, S. 20

volle Entwicklung der Fracht- und Fahrgastzahlen. So wuchs der Personenverkehr von 1980 bis 2006/07 um 58 Prozent auf 46,1 Mrd. Personenkilometer, während das Gütertransportvolumen im selben Zeitraum auf 22,3 Mrd. Tonnenkilometer anstieg, was einem Marktanteil von rund neun Prozent entspricht.[685] Nach Auffassung derjenigen, die zu einer positiven Einschätzung der Reformanstrengungen kommen, liegt die Steigerung des Schienenverkehrsaufkommens, die sich insbesondere auch in den Jahren nach der Privatisierung ergab, zuvorderst in der wettbewerbsbedingten Anhebung der Qualitätsstandards begründet. Diese Sichtweise verkennt jedoch nicht nur das im europäischen Vergleich extrem niedrige Ausgangsniveau im schienengebundenen Transport, sondern blendet überdies aus, dass der allenthalben prognostizierte Qualitätssprung beim Wagenmaterial ausblieb und die Waggons nahezu ausschließlich aus dem ehemaligen Fuhrpark von British Rail stammten. Neuanschaffungen tätigten die Betreibergesellschaften nur in sehr bescheidenem Umfang, sodass ihre Fahrzeugkapazitäten lange Zeit nicht ausreichten, um die (anfänglich noch moderaten) Transportzuwächse abzufedern.[686]

Mehrere Studien kommen zu dem Ergebnis, dass die gestiegenen Fracht- und Fahrgastzahlen der anhaltend positiven Wirtschaftsentwicklung des Königreichs geschuldet sind. So heißt es in einer vom britischen Transportministerium in Auftrag gegebenen Untersuchung, die der am Londoner Imperial College lehrende Wirtschaftsgeograph Stephen Glaisters über mehrere Jahre hinweg leitete: Auch wenn Transportgeschwindigkeit und -qualität einen bedeutenden Einfluss auf das Verkehrsaufkommen haben, so ist doch gleichermaßen zu beobachten, „dass sich die Arbeitsmarktentwicklung – gleich in welcher Branche – in der Auslastung der Straßen- und Schieneninfrastruktur widerspiegelt."[687] Neben einem erhöhten Transportbedarf infolge eines gestiegenen Güterumsatzes habe die konjunkturelle Belebung, die in einen über die Jahrtausendwende andauernden, europaweit einzigartigen Boom mündete, zur Schaffung von mehr als 1,5 Mio. Arbeitsplätzen geführt. Da es sich dabei mehrheitlich um prekäre, „flexibilisierte" Beschäftigungsverhältnisse handelte, sei darüber hinaus das Pendleraufkommen überdurchschnittlich stark gestiegen.

Stützen können sich diejenigen, die bei ihrer Argumentation auf die Korrelation zwischen Wirtschaftswachstum und (Schienen-)Verkehrsaufkommen abheben, außerdem auf die Tatsache, dass sich das Personenverkehrsaufkommen

---

[685] Department for Transport (HMSO), Transport Trends, London 2007, S. 26 u. 65
[686] John Shaw, Competition in the UK passenger railway industry: prospects and problems, in: Transport Reviews, Vol. 21, Issue 2 (2001), S. 195-216
[687] Standing Advisory Committee on Trunk Road Appraisal, Transport and the Economy, London 1999, S. 43; näheren Aufschluss über die Korrelation zwischen Arbeits- und Verkehrsmarkt geben die in der Studie aufgeführten Graphiken (ebd., S. 19-24).

der Inlandsflugverkehr im Vergleichzeitraum (1980 bis 2006/07) verdreifachte und der Straßenverkehr auf 686 Mio. Personenkilometer und damit um 77 Prozent anwuchs.[688] Die Hauptkonkurrenten im intermodalen Wettbewerb verzeichneten somit weitaus höhere Zuwächse als der schienengebundene Transport.[689] Die Bezugnahme auf den *modal split* ist auch insofern geboten, als absolute Werte bei der Angabe von Verkehrsleistungen keine aussagekräftigen Referenzgrößen darstellen, sondern der gesamte Verkehrsmarkt als Vergleichsmaßstab heranzuziehen ist (vgl. 4.3.3).

Vielerorts verwaiste Strecken und Bahnhöfe lassen sichtbar werden, dass sich rund drei Viertel des Schienenverkehrs in Großbritannien auf den Südosten des Landes konzentrieren, wovon wiederum ein Großteil auf die wirtschaftlich boomende Region zwischen Greater London, Oxford und Cambridge entfällt. Für Oliver Schöller, Verkehrswissenschaftler am Wissenschaftszentrum Berlin für Sozialforschung (WZB), erklärt sich aus dieser – den Binnen- wie den Grenzverkehr zum europäischen Festland umfassenden – Verkehrsverteilung „der Zusammenhang von erhöhten Fahrgastzahlen und ökonomischer Prosperität."[690] Ein weiterer Grund für die Attraktivität des Bahnverkehrs ist in Übereinstimmung mit einem Gutachten der Strategic Rail Authority darin zu sehen, dass es sich bei dieser Region um einen *captive market* handelt, der von einer chronischen infrastrukturellen Unterversorgung gekennzeichnet ist. Die hohe Stauanfälligkeit, der eklatante Mangel an Parkkapazitäten und die vorrangig aus diesen Gründen im Februar 2003 auf Betreiben des Londoner Bürgermeisters Ken Livingstone eingeführte City-Maut (*congestion charge*) haben dem Bus- und U-Bahnverkehr im Zentrum der Hauptstadt spürbaren Zuwachs beschert.

5.2 Vom Börsen- zum Bettelgang: Privatisierung und De-facto-Renationalisierung des Infrastrukturbetreibers

Die wechselvolle Geschichte der zunächst (formell wie materiell) privatisierten, später dann unter staatliche Zwangsverwaltung gestellten Eisenbahninfrastrukturgesellschaft Railtrack lässt erkennen, welche verheerenden Folgen der erwerbs- bzw. privatwirtschaftliche Betrieb eines Schienennetzes unter (sicher-

---

[688] Eigene Berechnung nach: EU, Intermodal Competition, Brüssel 2005, S. 32 (Table 2.3.4) u. Department for Transport (HMSO), Transport Trends, a.a.O., S. 26
[689] Winfried Wolf, British Rail reloaded?, in: Junge Welt v. 30.9.2004, S. 9
[690] Oliver Schöller, Zu den Folgen einer neoliberalen Deregulierungsstrategie. Das Beispiel der britischen Eisenbahnprivatisierung, in: Internationales Verkehrswesen, 74. Jg., Heft 1/2 (2003), S. 28; die Bedeutung des Großraums London für den Schienenverkehr wird daran deutlich, dass die dort verkehrende U-Bahn mehr Personenkilometer erbringt als der gesamte britische Regionalverkehr außerhalb der Hauptstadt (Joachim Kemnitz 2002, S. 7).

heits)technischen und (haushalts)politischen Gesichtspunkten auslösen kann. Obwohl im „Railways Act" des Jahres 1993 als eigenständige Institution nicht erwähnt, wurde Railtrack zum 1. April 1994 mit der faktischen Trennung von Netz und Schiene als rechtlich eigenständige Infrastrukturgesellschaft gegründet. Entgegen ursprünglichen Überlegungen, Railtrack als Organisation in staatlichem Eigentum mit direkter Durchgriffsmöglichkeit des Verkehrsministers zu gründen, beschloss die konservative Regierung aus Furcht vor ihrer Abwahl bei den bevorstehenden Wahlen und auf Betreiben des zuvor beim Erdölkonzern British Petroleum engagierten Vorsitzenden Bob Horton kurzfristig, den Schienennetzbetreiber vollständig zu privatisieren – in der Absicht, diesen Schritt unumkehrbar zu machen.[691]

Als größte Einzelorganisation innerhalb des neuen Strukturgebildes trug die Gesellschaft die Verantwortung für den Betrieb und den Unterhalt des seit 1959 um rund 40 Prozent auf 17.000 Kilometer gekürzten Trassennetzes inklusive der Signalanlagen und der 2.500 Bahnhofsgebäude. Überdies wurde Railtrack damit beauftragt, die Fahrpläne zu erstellen, das erforderliche Investitionsvolumen zu veranschlagen und die Nutzung der Schienenwege durch die Betreibergesellschaften zu koordinieren. Die Fülle der Aufgaben geht aus den gesetzlichen Bestimmungen hervor: „When changes to the timetable affect more than one operator, they are best discussed and agreed multilaterally, rather than through a series of bilateral negotiations. Railtrack will be expected to have regular discussions with operators, of which the most formal expression is likely to be timetabling conferences which might also involve the Franchising Director."[692]

Bereits zwei Jahre später, am 1. Mai 1996, folgte dann die selbst für interessierte Beobachter überraschende Umsetzung der materiellen Privatisierung, die zum ersten Mal im Herbst des Vorjahres auf breiterer Basis diskutiert worden war.[693] Aus dem Börsengang erlöste die britische Regierung 1,95 Mrd. Pfund St., was weniger als der Hälfte des Buchwertes von 4,5 Mrd. Pfund St. entsprach und in etwa der Summe gleichkam, die für den Neubau des 108 Kilometer langen Eurotunnels veranschlagt worden war, auf der nun die Eurostar Group Ltd. ihre Züge verkehren lässt. Wie deutlich unterbewertet die Railtrack-Aktie war, lässt sich an deren Kursverlauf während der 32 Monate ablesen: Zum Jahresende 1998 erreichte die Aktie mit 17,68 Pfund St. ihre höchste Notierung, die Marktkapitalisierung war auf 7,8 Mrd. Pfund St. gestiegen und den Aktionären floss in jenem Jahr eine Nettodividende von 22,1 Prozent zu, bevor diese 2001 sogar auf 28 Prozent angehoben wurde. Insgesamt wurden im Zeitraum von 1996 bis 2001

---

[691] o.V., The Rail Billionaires, in: The Economist v. 3.7.1999, S. 67
[692] Department of Transport (HMSO), Gaining Access to the Railway Network, London 1993, S. 17
[693] Bettina Schulz, Prämie auf Emission von Railtrack, in: Frankfurter Allgemeine Zeitung v. 21.5.1996, S. 19

Dividenden in Höhe von rund 700 Mio. Pfund St. ausgezahlt.[694] Nach Einschätzung von Analysten war die Aktie deshalb zu dem „absurd niedrigen"[695] Preis von 3,90 Pfund St. ausgegeben worden, weil den Shareholdern eine angemessene Eigenkapitalverzinsung garantiert und zeitgleich eine Anhebung der Fahrpreise vermieden werden sollte. Dies hätte zweifellos den ohnehin vorhandenen Unmut unter den politischen Entscheidungsträgern verstärkt und letztlich die Privatisierung gefährdet oder jedenfalls verzögert. Zudem sollten auch solche Interessenten zur Zeichnung bewegt werden, die eine Wiederherstellung öffentlichen Eigentums an Railtrack durch die ein Jahr vor den Parlamentswahlen von einer breiten Bevölkerungsmehrheit favorisierte Labour Party fürchteten.

Das gewichtigste Argument für „die drastische Unterbewertung und den überhasteten Verkauf" – so der Haushaltsausschuss des House of Commons im Untersuchungsbericht „The Flotation of Railtrack"[696] – bestand jedoch darin, dass die konservative Regierung bis zum Februar 1993 bei zehn „By-Elections"[697] herbe Stimmeinbußen hatte hinnehmen müssen. Mit der Platzierung der Railtrack-Aktien am Kapitalmarkt erhoffte sich John Major, aus dem langen Schatten seiner Vorgängerin heraustreten und sein historisches Verdienst sichern zu können. Er war darauf bedacht, die „Chimäre eines populären Kapitalismus"[698] mittels eines niedrigen Emissionspreises für die Aktien zu überwinden, sollte doch zahlreichen Kleinanlegern die Möglichkeit eingeräumt werden, die Anteilsscheine nach einer kurzen Haltefrist gewinnbringend zu verkaufen. Dass die Conservative Party den von Transportminister John Mawhinney vorangetriebenen Verkauf befürwortete, wird nicht zuletzt vor dem Hintergrund verständ-

---

[694] Philip Bagwell, The Sad State of British Railways: the Rise and Fall of Railtrack, 1992-2002, in: The Journal of Transport History, Vol. 25, Issue 2 (2004), S. 114-116

[695] Ebd., S. 114; vgl. weiterhin zu der politisch motivierten Unterbewertung der Aktie: ebd., S. 112 f.

[696] Committee of Public Accounts, The Flotation of Railtrack, Twenty-fourth Report, London 1999, S. 7

[697] Unter „By-Elections" werden Nachwahlen in einem Wahlkreis verstanden, die stattfinden, wenn Abgeordnete gestorben oder zurückgetreten sind bzw. in die Oberhaus befördert wurden.

[698] Derek Scott, Gordon Brown, in: Economic Affairs, Vol. 25, Issue 2 (2005), S. 59; als Folge der umfangreichen britischen Privatisierungspolitik besaß zu Beginn der vierten Legislaturperiode der konservativen Regierung unter Margaret Thatcher 1991 fast ein Viertel der Bevölkerung Aktien – ein erstaunlicher Zuwachs an Aktionären, wenn man bedenkt, dass vor dem Amtsantritt der „Eisernen Lady" am 4. Mai 1979 lediglich 4,5 Prozent der Briten Aktien gehalten hatten (Mary Fagan 1991, S. 7). Befürworter der in dieser Zeit verwirklichten Privatisierungen verweisen häufig darauf, dass den staatlichen Unternehmen 1979 noch 50 Mio. Pfund St. pro Woche an Subventionen zuflossen, während diese privatisierten Unternehmen 1996 wöchentlich Steuern in Höhe von 60 Mio. Pfund St. entrichteten (Catherine Hoffmann 1997, S. 20). Diese Sichtweise trägt jedoch nicht, wie sowohl unter Verweis auf die Rücknahme der Privatisierung von Railtrack belegt werden kann, als auch mit Blick auf gestiegene Verbraucherkosten bei der Gas-, Wasser- und Elektrizitätsversorgung sowie immense Belastungen der sozialen Sicherungssysteme durch betriebsbedingte Kündigungen, die bei den privatisierten Unternehmen mit Nachdruck umgesetzt wurden.

lich, dass sich mit dem Erlös beträchtliche Handlungsspielräume für den letzten Haushalt vor der anstehenden Parlamentswahl eröffneten. Gleichwohl zeigten sich die politischen Beobachter vom Stimmungswandel der Regierung Major überrascht. Denn unter dem Vorsitz Margaret Thatchers, die nach eigener Aussage während ihrer elfjährigen Amtszeit lediglich einmal einen Zug bestieg, hatte die Conservative Party das Bahnwesen von den Privatisierungsplänen ausdrücklich ausgenommen – ob nun aus Furcht vor Fehlentwicklungen oder aus programmatischen Gründen.[699]

Gleichwohl wurde Railtrack unter der Ägide beider Premiers massiv „verschlankt": Hunderte von Bahnhofsgebäuden wurden verkauft, nur dank massiver Proteste seitens der Fahrgastverbände blieb die ursprünglich geplante Verringerung der Bahnhöfe mit Schalterbetrieb von ehedem ca. 2.500 Stationen auf 294 aus.[700] Sechs Gleisbaubetriebe und sieben Planungsbetriebe wurden desintegriert; für die Infrastrukturinstandhaltung wurden sieben regionale Gesellschaften gegründet und anschließend an private Baufirmen verkauft. Massiven Widerspruch löste in diesem Zusammenhang die betriebstechnisch fragwürdige Aufspaltung in die Bereiche „Maintenance" (Wartung) und „Renewal" (Erneuerung) aus, schien es sich doch um „eine gekünstelte Teilung" zu handeln, die im Zusammenwirken mit weiteren Desintegrationen maßgeblich dazu beitrug, „dass Railtrack die Kontrolle über das Management ihrer Anlagen verlor."[701]

Komplikationen ergaben sich aber nicht nur deshalb, weil die Auftragnehmer bemüht waren, möglichst viele Tätigkeiten aus dem pauschal vergüteten Wartungsbereich in den Katalog der Einzelabrechnungen zu überführen. Beträchtliche Dysfunktionalitäten und dadurch bedingte Zeitverzögerungen erwuchsen auch aus der gesetzlichen Vorgabe, dass Railtrack verpflichtet war, die zur Finanzierung der Gleisarbeiten erforderlichen Gelder jeweils vom ORR bewilligen zu lassen. Zuletzt wiesen die internen Abstimmungsprozesse bei Railtrack gravierende Mängel auf, weil es der Infrastrukturgesellschaft an Fachpersonal mangelte, das eine sachgerechte Überwachung der Auftragsarbeiten hätte gewährleisten können: „Ein Auftraggeber ohne Rechte, ein Gutsherr ohne

---

[699] Andrew Murray, Off the Rails. Britain's Great Rail Crisis – Cause, Consequences and Cure, a.a.O., S. 9
[700] Rebecca Smithers, Public Forces Rail Climbdon on Ticket Sales, in: The Guardian v. 12.4.1995, S. 3
[701] Christian Wolmar, Broken Rails: How Privatization Wrecked Britain's Railways, a.a.O., S. 90 u. 92; dem Bereich „Maintenance" wurde das Austauschen gelaschter Schienen bis zu 60 Fuß ebenso zugeordnet wie das nahtlose Verschweißen von Schienensträngen bis zu 600 Fuß sowie sämtliche Reparaturarbeiten bis zu einem Wert von 25.000 Pfund St. pro Arbeitsgang. Der reibungslose Ablauf der Ausbesserungsarbeiten wurde zusätzlich durch die vorgegebenen Abrechnungsarten erschwert, wonach Tätigkeiten im Bereich „Maintenance" pauschal vergütet, „Renewal"-Aufträge hingegen einzeln vergeben und abgerechnet wurden (vgl. weiterführend: John Swift/Murray Hughes 1994, S. 226 f.).

Arbeiter" sei das Unternehmen letztlich gewesen, schrieb Joachim Kemnitz, verkehrspolitischer Sprecher des Fahrgastverbandes Pro Bahn e.V., in einem 2004 veröffentlichten Beitrag unter dem aussagekräftigen Titel „Von Großbritannien lernen heißt privatisieren lernen: Vom Börsengang zum Bettelgang?"[702]

Der Subventionsbedarf der Infrastrukturgesellschaft Railtrack fiel bis zum Jahresende 2001 stetig, nachdem sich die Einnahmen aus der Vermietung des Schienennetzes sowie dem Verkauf und der Verpachtung von Grundstücken und Bahnhöfen bereits im Geschäftsjahr 1995/96 auf 2,1 Mrd. Pfund St. (bei 2,4 Mrd. Pfund St. Gesamteinnahmen) belaufen hatten.[703] Die positive Geschäftsentwicklung ist jedoch nicht – wie bisweilen behauptet – mit dem gewachsenen Effizienzdruck zu erklären. Vielmehr konnte Railtrack seine Kosten nahezu ungehindert auf die Betreibergesellschaften abwälzen, weil bezüglich der Justierung der Trassenpreise anfänglich ein beträchtliches Informations- und Aufsichtsdefizit bestanden hatte.[704] Diese Einschätzung deckt sich nicht nur mit den Verlautbarungen des von 1993 bis 1999 amtierenden Vorstandsvorsitzenden der Railtrack-Gruppe, Robert Horton, wonach „substantielle Einschnitte bei den Instandhaltungs- und Reparaturausgaben"[705] vorgenommen wurden, sondern auch mit den Ergebnissen einer ingenieurswissenschaftlichen Untersuchung der Beratungsgesellschaft Booz Allen & Hamilton. Diese ergab, dass Railtrack „keine effektiven Anreize hatte, das Trassennetz im unternehmerischen Sinne zu verbessern bzw. zu entwickeln."[706]

Die Nutzungsentgelte wurden zwar jährlich in Anlehnung an den Einzelhandelspreisindex angepasst, sollten jedoch insgesamt als Folge von Effizienzsteigerungen von 1996/97 an um ca. zwei Prozent pro Jahr sinken.[707] Der daraus erwachsene Kosten(senkungs)druck ließ die Qualität der Infrastrukturinstandhaltung sinken und gewann seinen sichtbaren Ausdruck in dem Abbau unbefristeter Beschäftigungsverhältnisse von 31.000 im Jahre 1994 auf rund 19.000 zum Jah-

---

[702] Joachim Kemnitz, Von Großbritannien lernen heißt privatisieren lernen: Vom Börsengang zum Bettelgang?, in: Der Fahrgast, 24. Jg., Heft 2 (2004), S. 8

[703] Carmen Hass-Klau, Rail Privatization: Britain and Germany Compared, An Anglo-German Foundation Report, a.a.O., S. 38; Zahlen von 1994 entnommen aus: Fiona Poole, Rail Privatisation: A Progress Report, Research Paper 1995/96, London 1995, S. 12

[704] Vgl. Christopher A. Nash/John M. Preston, Competition in Rail Transport: A New Opportunity for Railways?, in: Institut für Verkehrswissenschaft an der Universität Münster (Hrsg.), Netzwerke. Schwerpunktthema: Reform der Eisenbahnen, Ausgabe Nr. 7 (1994), S. 19-37

[705] Zitiert nach: Philip Bagwell, The Sad State of British Railways: the Rise and Fall of Railtrack, 1992-2002, in: The Journal of Transport History, Vol. 25, Issue 2 (2004), S. 116

[706] Booz Allen & Hamilton, Railtrack's Performance in the Control Period 1995-2001, Report to the Office of the Rail Regulator, London 2001, S. 21

[707] European Conference of Ministers of Transport (ed.), Railway Reform. Regulation of Freight Transport Markets, a.a.O., S. 90 u. Office of the Rail Regulator (ed.), Railtrack's Access Charges for Franchised Passenger Services: The Future Level of Charges, London 1995, S. 6

resende 2000. Zur selben Zeit sahen sich nach einer Studie der mitgliederstärksten Bahngewerkschaft RMT mindestens 65.000 Gleisarbeiter infolge der Ausgliederung gezwungen, unter Vorlage ihrer *Personal-Track-Safety-Cards* bei einem der Trassenreparaturbetriebe anzuheuern, was neben einer dramatischen Arbeitsintensivierung für den Einzelnen vielerorts eine Vernachlässigung der Sicherheitsstandards bedeutete.[708] Dass diese zunehmend außer Acht gelassen wurden, zeigt das Investitionsniveau, das allein zwischen den Geschäftsjahren 1992/93 und 1994/95 um 43 Prozent sank. Hatten sich die Subventionen 1976 noch auf 26 Prozent der Einnahmen aus dem schienengebundenen Verkehr belaufen, schmolzen diese bis 1994 bei signifikant rückläufigen Fracht- und Fahrgastzahlen auf 15 Prozent. Mithin wurden in Großbritannien zwischen 1987 und 1995 mit 0,3 Prozent des BIP die europaweit niedrigsten Schienenwegeinvestitionen getätigt.[709] Die daraus erwachsene langjährige Unterfinanzierung spiegelt nicht nur die Tatsache wider, dass das Vereinigte Königreich im Gegensatz zu vielen anderen europäischen, hinsichtlich der ökonomischen Rahmendaten vergleichbaren Staaten, über kein ausgebautes Hochgeschwindigkeitsnetz verfügt, sondern auch der aufgelaufene Investitionsrückstau in Gestalt maroder Trassen (vgl. *Anhang 10*).

So konnte bspw. das Transportunternehmen Virgin seine neu angeschafften Fahrzeuge mit Neigetechnik nicht zum Einsatz bringen, weil betriebsnotwendige Investitionen in die Westküsten-Verbindung über viele Jahre hinweg unterlassen worden waren.[710] Ähnliches gilt für die Ostküsten-Verbindung zwischen London und Edinburgh, auf der sich der Einsatz der Intercity-Züge mangels kompatibler Gleiskörper um mehrere Jahre verzögerte. Einen wirklichen Bewusstseinswandel führte erst eine Serie von Unfällen herbei, die erkennbar werden ließ, dass Inves-

---

[708] House of Commons, Environment, Transport and Regional Affairs Committee, Recent Events on the Railway, London 2000, S. 2 u. 4

[709] Jean Shaoul, Railpolitik: The Financial Realities of Operating Britain's National Railways, in: Public Money & Management, Vol. 24, Issue 1 (2004), S. 29; in einem persönlichen Antwortschreiben an Andrew Murray legte John Major im März 2001 seine Gründe für die seinerzeit eingeleitete Privatisierung des britischen Bahnwesens dar: „In all the years from privatisation, British Rail was underfunded. This was not due to malice on the part of any government, but because when measured against the demands of health, education, pensions and social services, it always fell down the order of priorities. I saw this very clearly in the decade before privatisation and believed that only by returning it to the private sector and giving it access to the capital markets would adequate long-term investment be ensured. It was essentially for this reason that I was (...) pre-disposed to privatisation, and I think the scale of post-privatisation investment suggests that the resources to provide the sort of railway services you and I would both wish to see are now being provided. There is, of course, a huge backlog to make up and a long way to go, but funds would never have been provided in sufficient quantity under any Government and now I believe they will" (zitiert nach: Andrew Murray 2001, S. 18 f.).

[710] Karl-Hans Hartwig/Thomas Ehrmann, Vorsicht vor versunkenen Kosten. Zur Trennung von Netz und Betrieb, in: Frankfurter Allgemeine Zeitung v. 8.5.2006, S. 16

titionen in Reparaturen und Innovationen entgegen den Prognosen der Privatisierungsbefürworter in unverantwortlicher Weise unterblieben waren.

5.2.1 Ursachen und Folgen der Bahnunglücke von Southall, Paddington und Hatfield

Das erste folgenschwere Bahnunglück seit 1988, bei dem am 20. September 1997 im Londoner Vorort Southall sieben Menschen starben und 150 schwer verletzt wurden, ließ die mit der Privatisierung des Bahnwesens verbundenen Mängel sichtbar werden. Die anschließenden Untersuchungen ergaben, dass ein modernes – in anderen europäischen Staaten durchaus übliches – Frühwarnsystem mit LZB-Standards[711] an Bord des Zuges defekt bzw. nicht in Betrieb genommen worden war, sodass der Betreiber Great Western zu einer Strafzahlung von 1,5 Mio. Pfund St. rechtskräftig verurteilt wurde.[712]

Dem „Lord-Cullen-Bericht" zum tragischsten Unglück in der 175-jährigen Geschichte der britischen Eisenbahnen, dem am 5. Oktober 1999 in Ladbroke Grove bei London (Paddington) insgesamt 31 Menschen zum Opfer fielen, lässt sich die Feststellung entnehmen, dass volkswirtschaftlich sinnvolle Investitionen in das Gesamtsystem Schiene trotz eindeutiger Vertragsklauseln u.a. deshalb unterlassen worden waren, weil sich nicht sämtliche Vertragsbestandteile auf dem Rechtsweg durchsetzen ließen. Vordergründig trug der Lokführer Schuld an dem Zusammenstoß mit einem zeitgleich einfahrenden Zug, weil er ein Haltesignal übersehen hatte. Kritiker, die Railtrack vorhielten, von einer Art institutioneller Paralyse erfasst worden zu sein, und damit den Verantwortungsbereich ausweiteten, konnten sich bei ihrer Ursachenanalyse aber noch auf zwei weitere Sachverhalte stützen: Einerseits hatte die Betreibergesellschaft First Great Western im Vorfeld in drei Schreiben auf die Uneinsehbarkeit des mit der Nummer 109 versehenen Signals hingewiesen, ohne dass dies einen Handlungsanlass für die von Railtrack beauftragten Subunternehmer dargestellt hätte. Auch hier wurde die Fragmentierung des Systems als zentrale Fehlerquelle benannt: „A key problem is the large number of different organisations that often had to be contacted in order to effect a solution. It is more difficult, therefore, to be pro-

---

[711] Die LZB (Linien-Zug-Beeinflussung) stellt eine punktförmige Überwachung der Zugfahrt durch die Streckenzentrale dar. Über einen im Gleis verlegten Linienleiter melden die Fahrzeuge ihre Position und ihre Geschwindigkeit an die Zentrale, die dann für jeden Zug Fahrbefehle erarbeitet und sendet.
[712] Gegen die elf Direktoren jedoch, denen durch den Verkauf des Unternehmens an die First Group im Jahr darauf insgesamt 23 Mio. Pfund St. zuflossen, wurde entgegen ausdrücklicher Empfehlungen der British Transport Police keine Anklage erhoben.

active. Communications take longer and are less effective."⁷¹³ Andererseits war nach wie vor kein Zugsicherheitssystem an Bord der verunglückten Bahn installiert, das in Gestalt der Automatic Train Protection (ATP) bereits auf dem Markt existierte und mit dem European Train Control System (ETCS) gegenwärtig in geringfügig abgeänderter Form seine europaweite Umsetzung erfährt. Die Tatsache, dass sich British Rail nach dem Zugunglück von Clapham im Jahre 1989 und dem anschließend verfassten „Hidden Report" verpflichtet hatte, die ATP-Standards systemweit einzusetzen, dies jedoch aufgrund geschätzter Kosten von rund zwei Mrd. Pfund St. unterließ, lässt die politischen Verantwortlichkeiten für die Zugunglücke deutlich zu Tage treten.⁷¹⁴

Ungeachtet der angeführten tragischen Bahnunglücke und trotz der Unzufriedenheit von Fahrgästen und gewerblichen Kunden mit der Angebotsqualität dauerte es ein weiteres Jahr, bis sich die öffentliche Meinung gegen den privatisierten Infrastrukturbetreiber wandte und die Politik den Handlungsbedarf nicht nur eingestand, sondern auch entsprechende Maßnahmen ergriff. In Gang gesetzt wurde diese Kehrtwende, nachdem am 17. Oktober 2000 auf der stark frequentierten Ostküstenstrecke von London (Kings Cross) nach Leeds der 12.10-Uhr-Intercity bei einer Geschwindigkeit von 185 km/h in der Nähe der südenglischen Kleinstadt Hatfield in der Grafschaft Hertfordshire entgleist war. Der Unfall forderte vier Tote und 70 größtenteils schwer verletzte Fahrgäste, hatte mithin noch ein vergleichsweise glimpfliches Ende gefunden. Aber während es sich in der jüngeren britischen Eisenbahngeschichte regelmäßig als unmöglich erwiesen hatte, die Unglücke unter *eindeutiger* Benennung der Verantwortlichen aufzuarbeiten, lag die Unfallursache diesmal nach einhelliger Auffassung der mit der Analyse betrauten Experten in einem einzigen Umstand begründet: der in mehrfacher Hinsicht mangelhaften *interinstitutionellen* Koordination, die sich aus der Fragmentierung des Bahnsystems ergab.⁷¹⁵

So hätte bspw. die Ausführung von Aufträgen durch private Oberbau- und Gleisbaufirmen detaillierterer Kontrollmechanismen bedurft. Obschon der für

---

⁷¹³ Zitiert nach: Oliver Schöller, Zu den Folgen einer neoliberalen Deregulierungsstrategie. Das Beispiel der britischen Eisenbahnprivatisierung, in: Internationales Verkehrswesen, 74. Jg., Heft 1/2 (2003), S. 28
⁷¹⁴ Andrew Murray, Off the Rails. Britain's Great Rail Crisis – Cause, Consequences and Cure, a.a.O., S. 66; weiterhin lesenswert: Stanley Hall, Hidden Dangers. Railway Safety in the Era of Privatisation, Surrey 1999, S. 4-36
⁷¹⁵ Vgl. mit ausführlichen Hinweisen zu den Ursachen und dem Ablauf des Unglücks: Joachim Kemnitz, Der Staat muss zahlen. Kann man das Schienennetz privat betreiben?, in: Der Fahrgast, 22. Jg., Heft 2 (2002), S. 5-9; an anderer Stelle heißt es: „Weder der Lokführer noch der Fahrdienstleiter hatten Fehler gemacht; das ‚bewährte' menschliche Versagen schied also aus. In einer Kurve waren unter dem fahrenden Zug zwei Schienenstränge von insgesamt 90 Metern Länge in 300 Einzelteile zerbröselt wie ein Keks. Der Zug wurde durch die Zentrifugalkraft nach außen geschleudert; einzelne Wagen kollidierten mit den Fahrleitungsmasten" (ebd., S. 8).

den Unfall ursächliche Riss am Schienenkopf seit zwei Jahren bekannt gewesen war, blieb die erforderliche Instandsetzung infolge von Kompetenzstreitigkeiten zwischen Railtrack, dem mit der Wartung beauftragten Subunternehmen Balfour Beatty und der für Erneuerungsmaßnahmen verantwortlichen Baugesellschaft Jarvis Fastline aus.[716] Im Zuge der gerichtlichen Aufarbeitung musste die Railtrack-Führung einräumen, den Netzzustand weder systematisch erfasst noch unter eindeutiger Benennung der Gefahrenpotenziale ausgewertet zu haben. Die Ermittlung des Anlagenzustands war trotz der Verpflichtung, jedes Jahr ein „Network Management Statement" vorzulegen, unzureichend gewesen, weil eine präzise Bestimmung der Messmethoden ebenso fehlte wie eine technische und juristische Handhabe des Rail Regulators, um die notwendige Verbesserung des Gleiskörpers durchzusetzen.

Wie marode das Trassennetz zu jener Zeit war, lässt sich daran ablesen, dass insgesamt 1.286 Streckenabschnitte mit ähnlich gravierenden Mängeln wie in Hatfield vom Tag des dortigen Bahnunglücks bis zum 21. Mai 2001 zu Langsamfahrstellen erklärt werden mussten – mit unmittelbaren Auswirkungen auf den landesweiten Bahnverkehr:

> „On the second weekend after the accident, as the number of restrictions spiralled out of control, the trains literally ground to a halt. The rail companies resorted to advising their customers not to use their services. A Midland Mainline spokesman, Kevin Johnson, told [the Sunday Telegraph]: ‚We have been told the disruption is going to last for at least two weeks but on Sunday I would suggest people do not travel at all.' The suggestion of two weeks was, of course, to prove ridiculously optimistic."[717]

Noch Anfang Dezember, also rund zwei Monate nach dem Unglück, waren trotz ständig wechselnder, jeweils an der Streckenführung und -beschaffenheit ausgerichteter Fahrpläne 55 Prozent der 18.000 täglich verkehrenden Reisezüge verspätet; im Fernverkehr lag die Pünktlichkeitsrate in den letzten drei Monaten des Jahres 2000 gar bei unter 50 Prozent. In der Folge mussten die Betreibergesellschaften allein im ersten Halbjahr 2001 Strafzahlungen in Höhe von 43 Mio. Pfund St. an die Passagiere leisten – eine Summe, die jene des gesamten Vorjahres um das Siebenfache überstieg.[718] Das Fahrgastaufkommen sank um ein Vier-

---

[716] Ines Zöttl, Weichenstellung ins Chaos, in: Wirtschaftswoche, Nr. 17 v. 19.4.2001, S. 31; Joachim Kemnitz, Von Großbritannien lernen heißt privatisieren lernen: Vom Börsengang zum Bettelgang?, in: Der Fahrgast, 24. Jg., Heft 2 (2004), S. 9; Office of the Rail Regulator (ed.), The Interim Review of Track Access Charges, Initial Consultation Paper, London 2002, S. 2
[717] Christian Wolmar, Broken Rails: How Privatization Wrecked Britain's Railways, a.a.O., S. 7
[718] Kevin Brown/Juliette Jowit: Slow Train a Comin' – Britain's Railway Is One of the Worst in Europe, in: Financial Times v. 12.1.2002, S. 9

tel, sodass die Transportgesellschaften bis zum Jahresende Einbußen bei den Fahrgasteinnahmen von insgesamt 19 Prozent erlitten (bei der vom Zugunglück betroffenen Bahngesellschaft GNER war es sogar die Hälfte) und staatliche Zuschüsse erforderlich wurden, um Insolvenzen abzuwenden. Gefährdet waren neben GNER vor allem Virgin, Midland Mainline und ScotRail. Bei der Gesellschaft GB Railways, die in den östlichen Grafschaften das Anglia-Franchise wahrnahm, wurden Mitarbeiter der Strategic Rail Authority angewiesen, den Betrieb für den Fall zu übernehmen, dass dieser kollabieren sollte. Dies wäre unzweifelhaft geschehen, wenn Railtrack den Kompensationsforderungen der Betreibergesellschaft trotz erkennbarer eigener Liquiditätsengpässe im Anschluss an das „Hatfield-Szenario" nicht unmittelbar nachgekommen wäre.[719]

Kurzzeitig setzte die Fluggesellschaft British Airways auf der Kurzstrecke London - Manchester Maschinen des Typs Boeing 747 ein, um der aus dem Bahnverkehr abgezogenen Nachfrage Rechnung zu tragen.[720] Auch Railtrack wandelte sich von einem profitablen Unternehmen, das seinen Aktionären von 1997 bis 1999 eine auf den Ausgabekurs bezogene Dividendenrendite von 6,6 Prozent gewähren konnte, zu einer defizitären Gesellschaft, die 2001 einen Verlust von 586 Mio. Pfund St. ausweisen musste.[721] Der vor Ablauf seiner Amtszeit zurückgetretene Vorsitzende der Strategic Rail Authority, Alistair Morton, rekapitulierte unmittelbar nach dem Bahnunglück von Hatfield die Verantwortlichkeiten der Infrastrukturgesellschaft: „Railtrack ist ein privatwirtschaftliches Unternehmen, das – vielleicht zum ersten Mal – einen schmerzhaften Erkenntnisprozess durchläuft. Den dort Verantwortlichen (…) wird bewusst, dass Railtrack nur dann Geld verdienen kann, wenn es der eingegangenen Verpflichtung nachkommt, als öffentlicher Dienstleister aufzutreten."[722] Die Londoner Handelskammer schätzt, dass als Folge des „Hatfield Crashs" im letzten Quartal des Jahres 2000 allein in der Hauptstadt 30 Mio. Arbeitsstunden ausfielen und 600 Mio. Pfund St. an Produktivitätsverlusten als unmittelbare Folge des Bahnunglücks zu beklagen waren. Eine Befragung der Finanzvorstände der 250 größten britischen Unternehmen ergab, dass beinahe die Hälfte der Konzernchefs die Auffassung vertrat, die existenzielle Krise des Bahnwesens habe sich unmittelbar zulasten der Produktivität ausgewirkt. 92 Prozent waren darüber hinaus der An-

---

[719] Christian Wolmar, Broken Rails: How Privatization Wrecked Britain's Railways, a.a.O., S. 8 f. u. Andrew Murray, Off the Rails. Britain's Great Rail Crisis – Cause, Consequences and Cure, a.a.O., S. 124 f.
[720] Werner Balsen, Wem gehört das Netz? Trennung von Schiene und Betrieb. Briten zeigen, wie es auch nicht funktioniert, in: Frankfurter Rundschau v. 6.1.2001, S. 9
[721] Joachim Kemnitz, Von Großbritannien lernen heißt privatisieren lernen: Vom Börsengang zum Bettelgang?, in: Der Fahrgast, 24. Jg., Heft 2 (2004), S. 9
[722] Andrew Murray, Off the Rails. Britain's Great Rail Crisis – Cause, Consequences and Cure, a.a.O., S. 120

sicht, dass der desaströse Zustand des Bahnsystems die öffentliche Wahrnehmung der gesamten britischen Industrie in Mitleidenschaft gezogen habe.[723]

Wie aus einem Gutachten der Beratungsfirma Booz Allen & Hamilton hervorgeht, war das Railtrack-Management „nicht von weitsichtigen Überlegungen hinsichtlich der Netzinstandhaltung und -erweiterung geprägt, sondern aufgrund des am Kapitalmarkt vorherrschenden ‚Performance-Regimes' allein von der Fokussierung auf kurzfristige Rentabilitätskriterien."[724] Die Annahme, dass diese einseitige Ausrichtung an den Rentabilitätserwartungen der Aktionäre – im Zusammenwirken mit einer seit 1965 zu beobachtenden chronischen Unterfinanzierung der Infrastruktur – weit über dieses Jahrzehnt hinaus fatale Auswirkungen auf den Zustand des insbesondere im Südosten des Landes stark befahrenen Streckennetzes haben wird, belegen weitere Zugunglücke. Der Unfall, bei dem am 10. Mai 2002 in der Grafschaft Hertfordshire bei Potters Bar sieben Menschen ihr Leben verloren, ließ „ein Instandhaltungsdefizit unvorstellbaren Ausmaßes [erkennen], sodass das gesamte System der Infrastrukturüberwachung in Frage gestellt wurde."[725] Andrew Clark, Korrespondent der linksliberalen Tageszeitung *The Guardian*, resümierte die von den Sachverständigen des Verkehrsministeriums vorgetragene Analyse wie folgt:

> „Die entscheidende Stelle, an der das Geld versiegte, waren die 4.000 Meilen Trassennetz – 20 Prozent des Gesamtnetzes – die dringend reparaturbedürftig waren. (...) Die durchschnittliche Lebenserwartung der Trassen lag bei 40 Jahren, was bedeutete, dass jedes Jahr 500 Meilen ersetzt werden müssen. In der Phase der privatwirtschaftlichen Infrastruktur wurden Erneuerungs- und Ausbauarbeiten nur auf einer Streckenlänge von 140 Meilen pro Jahr vorgenommen."[726]

Die folgenschweren Unfälle waren der gewichtigste Grund für den Meinungsumschwung, der letztlich die Renationalisierung der Infrastrukturgesellschaft Railtrack auslöste, jedoch – darin gleichen sich die Ursachenanalysen – nicht der einzige. So musste Railtrack im Nachhall der Unfallserie für das Geschäftsjahr 2000 erstmals ein Bilanzdefizit ausweisen, das sich durch die Ausgleichszahlungen an die Transportgesellschaften und die Aufwendungen für die nun forcierte Instandsetzung des Schienennetzes ergab. In Reaktion auf die Bekanntgabe des unerwartet hohen Jahresverlusts (586 Mio. Pfund St.) sank der Aktienkurs im

---

[723] Jean Eaglesham/John Mason, Manslaughter Law in Balance on the Case, in: Financial Times v. 29.1. 2001, S. 14 u. o.V., The Real Costs of Hatfield, in: Financial Times v. 27.11.2000, S. 26
[724] Booz Allen & Hamilton, Railtrack's Performance in the Control Period 1995-2001, Report to the Office of the Rail Regulator, a.a.O., S. 21
[725] Terry Gourvish, British Rail 1974-97, Oxford 2002, S. 440
[726] Andrew Clark, Network Rail Seeks to Fill Pounds 10bn Hole, in: The Guardian v. 1.4.2003, S. 19

Juni 2001 erstmalig unter den Ausgabepreis von 2,80 Pfund St. Im selben Monat beschied der Rail Regulator Tom Winsor eine Anfrage der Unternehmensführung nach einer weiteren Zuschusszahlung in Höhe von zwei Mrd. Pfund St. abschlägig, um öffentlich darauf hinzuweisen, dass der „begging bowl" nun endgültig beiseite gelegt werden müsse.[727] Ungeachtet dieser Aufforderung unternahm der neue Aufsichtsratsvorsitzende der Railtrack-Gruppe, John Robinson, am 25. Juli desselben Jahres einen weiteren „Bettelgang" in Richtung Transport- und Finanzministerium.

Kurze Zeit nachdem der Railtrack-Vorstand bekannt gegeben hatte, ungeachtet des hohen Vorjahresverlustes und trotz erwarteter Einnahmeausfälle in Millionenhöhe die Dividende bei 26,9 Pence stabil halten und insgesamt 138 Mio. Pfund St. an die Aktionäre ausschütten zu wollen, zog Stephen Byers in seiner damaligen Funktion als Secretary of State for Transport, Local Government and the Regions seine Zahlungszusage zurück.[728] Um neben der Liquidierung der Aktiengesellschaft die staatliche Zwangsverwaltung des Infrastrukturbetriebs zu erreichen, ersuchte er am 7. Oktober 2001 die im „Railways Act" vorgeschriebene Zustimmung des Obersten Gerichtshofs (House of Lords). Nachdem seinem Antrag stattgegeben worden war, wurde die Beratungsfirma Ernst & Young mit der Wahrnehmung der Verwaltungsaufgaben betraut, was ihr nach Informationen der Wochenzeitung *Sunday Business* einen Tagessatz von zwei Mio. Pfund St. einbrachte, sodass sich die Gesamtkosten für die beinahe ein Jahr während Zwangsverwaltung auf geschätzte 700 Mio. Pfund St. beliefen.[729] Die Gründe für die notwendig gewordene Überführung in die Form einer staatlichen Stiftung benennt der amtierende Chairman Ian McAllister: „Großbritanniens Schieneninfrastruktur leidet merklich unter seiner unzureichenden Finanzierung. Gegenwärtig verfügen wir über ein außerordentlich zerbrechliches Netz, dem über viele Jahre hinweg entscheidende finanzielle Zuwendungen vorenthalten wurden. Um dem ständig wachsenden Verkehrsaufkommen Rechnung zu tragen, bedarf es nun immenser staatlicher Investitionen in die Instandsetzung des chronisch unterfinanzierten Gleiskörpers."[730]

---

[727] Tom Winsor, Government Left Railtrack in the Lurch, in: Financial Times v. 1.8.2005, S. 15; vgl. ergänzend: Christian Wolmar, Broken Rails: How Privatization Wrecked Britain's Railways, a.a.O., S. 10
[728] Jean Shaoul, Railpolitik: The Financial Realities of Operating Britain's National Railways, in: Public Money & Management, Vol. 24, Issue 1 (2004), S. 35
[729] Joachim Kemnitz, Von Großbritannien lernen heißt privatisieren lernen: Vom Börsengang zum Bettelgang?, in: Der Fahrgast, 24. Jg., Heft 2 (2004), S. 11
[730] Network Rail (ed.), News Release. Network Rail publishes 10 Year Business Plan, London 2003, S. 2

5.2.2 Network Rail als Not-for-Profit-Trust

Nachdem beinahe zwei Drittel der Verbindlichkeiten von 1,6 Mrd. Pfund St. abgeschrieben worden waren, wurde Railtrack zum 1. Oktober 2002 direkt dem britischen Verkehrsminister unterstellt und in die halbstaatliche Network Rail Ltd. überführt, die als de facto öffentlich-rechtliche Stiftung die gesamte Infrastruktur – bestehend aus dem Schienennetz inklusive Signalanlagen, Brücken, Bahnübergängen und dem Gros der Bahnhofsgebäude – verwaltet. In der neu geschaffenen Infrastrukturgesellschaft wirken nun sowohl Passagierverbände als auch die Gewerkschaften RMT, TSSA und ASLEF mit. Als „Special Member" dieses *Not-for-Profit*-Trusts, der als „company limited by guarantee" formell über kein Eigenkapital verfügt, wurde anfänglich die Strategic Rail Authority geführt.[731]

Nach der Übertragung der ihr zugesprochenen Rechte auf das Transportministerium ist es nunmehr dem vorstehenden Minister erlaubt, einen „Special Director" zu benennen, der als einziges Mitglied befugt ist, außerordentliche Sitzungen anzuberaumen, und der durch kein Votum seines Amtes enthoben werden kann. Des Weiteren ist es dem von der Strategic Rail Authority ernannten „Special Director" im Falle einer „fundamentalen finanziellen Schieflage" erlaubt, sämtliche Mitglieder des Führungsgremiums „nach ihrem oder seinem Ermessen" zu entlassen, um anschließend als Alleinverantwortlicher die Kontrolle über das Unternehmen auszuüben.[732] Insofern gleichen die rechtlichen Rahmenbedingungen der Konstellation, die sich ergibt, wenn staatliche Verfügungsgewalt in Gestalt einer „goldenen Aktie" gewährt wird, mit der – wie bei der Privatisierung des Automobilherstellers Rolls-Royce und der British Airports Authority (BAA) geschehen – unter bestimmten Voraussetzungen ein staatliches Rückholrecht eingeräumt wird. Sowohl die Abhängigkeit von staatlich gewährten Krediten als auch die dargestellten Entscheidungsstrukturen lassen erkennen, dass es sich bei Network Rail eindeutig um ein de facto verstaatlichtes Unternehmen handelt, auch wenn die Bilanzen nicht vom National Audit Office, sondern von privaten Auftragnehmern wie der Deloitte Consulting LLP geprüft werden.

Die Transaktion mit einem Gesamtvolumen von 1,3 Mrd. Pfund St. ließ 116 zumeist öffentlich-rechtliche Körperschaften als Bürgen an die Stelle der einstigen Aktionäre treten und kam nur deshalb zustande, weil die britische Regierung im März 2002 entgegen ihrer ursprünglichen Absicht und trotz des Konkurses die rund 250.000 Anteilseigner mit wenigstens 2,52 Pfund St. je Aktie großzügig

---

[731] Ian Mac Allister, Foreword, in: Network Rail, Annual Report 2002/03, London 2003, S. 3
[732] Sean McCartney/John Stittle, „Not our problem": UK Government's fiscal obligations towards the privatised railway network, in: Accounting Forum, Vol. 30, Issue 2 (2006), S. 145

entschädigte.[733] Zu den Empfängern der insgesamt 1,7 Mrd. Pfund St. gehörten vornehmlich institutionelle Anleger, darunter großvolumige Fonds britischer Bankhäuser wie HSBC und Barclays, aber auch der Deutschen Bank. Während die anderen im FTSE 100-Index notierten Aktien seit Jahresbeginn durchschnittlich ein Viertel ihres Wertes einbüßten, erhielten die Anteilseigner der Railtrack Group Kompensationszahlungen für Anteilskapital, das – angesichts des Schuldenstands des Konzerns – effektiv wertlos war.[734] Mithin fand gleich zweimal eine Vermögensumverteilung im Sinne des *private gain* bei gleichzeitigem *public loss* statt: Zunächst profitierten (überwiegend vermögende) Anleger von dem Börsengang der Railtrack Group, indem sie an dem mit Steuergeldern beförderten, überdurchschnittlichen Kursverlauf partizipierten. Aber selbst als das Unternehmen Konkurs anmelden musste, führte dies nicht zum Totalverlust der getätigten Einlage, sondern lediglich zu einem geringen Kursabschlag im Vergleich zur Erstnotierung an der Londoner Börse.

Die finanzielle Situation der Infrastrukturgesellschaft Network Rail stellte sich lange Zeit kaum besser dar als die ihrer Vorgängerin Railtrack, die zuletzt trotz einer signifikant höheren spezifischen Verkehrsdichte als in der Bundesrepublik zu rund zwei Dritteln auf staatliche Zuschüsse angewiesen war.[735] Hatte Railtrack im letzten Jahr ihres Bestehens einen Schuldenstand von 6,6 Mrd. Pfund St. ausweisen müssen, erreichten die Kreditverbindlichkeiten der staatlich verantworteten Nachfolgegesellschaft zum 31. Dezember 2003 bereits eine Höhe von 9,59 Mrd. Pfund St. (ein Jahr später dann von 13,09 Mrd. Pfund St.), wobei ein Anstieg auf 21 Mrd. Pfund St. zum Jahresende 2006 prognostiziert worden war.[736] Weil die Rentabilitätserwartungen unterhalb alternativer Anlageoptionen mit vergleichbarer Risikostruktur liegen, zeigen private Investoren nach wie vor kein Investitionsinteresse.

Gegenwärtig zahlt die britische Regierung pro Jahr etwa 4,5 Mrd. Pfund St. für die Instandsetzung defekter Gleiskörper und die Tilgung der Schulden. Soll-

---

[733] Joachim Kemnitz, Von Großbritannien lernen heißt privatisieren lernen: Vom Börsengang zum Bettelgang?, in: Der Fahrgast, 24. Jg., Heft 2 (2004), S. 11 u. Jean Shaoul, Railpolitik: The Financial Realities of Operating Britain's National Railways, in: Public Money & Management, Vol. 24, Issue 1 (2004), S. 35

[734] Gläubiger stellten sich noch besser, weil die Regierung als Schuldner auftrat und Ausgleichszahlungen leistete, sodass die Bereitstellung des Risikokapitals zu marktüblichen Renditen, jedoch ohne die marktüblichen Risiken erfolgte (Sean McCartney/John Stittle 2006, S. 143).

[735] Die in Großbritannien verkehrenden Personenverkehrsgesellschaften weisen eine durchschnittliche Verkehrsdichte – definiert als die Zahl der täglich pro Betriebskilometer beförderten Fahrgäste – von 6.237 auf, die DB AG erzielt mit 4.979 Fahrgästen einen deutlich niedrigeren Wert. Die weltweit höchste Verkehrsdichte wird der japanischen Bahngesellschaft JR East mit einem Wert von 46.273 zugesprochen (Shoji Sumita 2000, S. 7).

[736] Sean McCartney/John Stittle, „Not our problem": UK Government's fiscal obligations towards the privatised railway network, in: Accounting Forum, Vol. 30, Issue 2 (2006), S. 145

ten zunächst nur 1,4 Mrd. Pfund St. pro Jahr im Zeitraum von 1995/96 bis 2004/05 in den Ausbau und die Erneuerung des Streckennetzes investiert werden, wurde vor dem Hintergrund der verheerenden Bahnunglücke von Southall, Ladbroke-Grove (Paddington) und Hatfield eine deutliche Ausweitung des Investitionsvolumens beschlossen. Schließlich hatte die um ihre Wiederwahlchancen bangende Regierung bereits im Winter 2001/02 angekündigt, insgesamt 34,6 Mrd. Pfund St. zu dem bis einschließlich 2010 angelegten Investitionsprogramm mit einem Gesamtvolumen von 66,9 Mrd. Pfund St. beizusteuern.[737] Ferner wurden Zuschusszahlungen an die Betreibergesellschaften in Höhe von 2,8 Mrd. Pfund St. gewährt, wovon derzeit insbesondere die Unternehmen GNER und Govia profitieren.[738]

Sämtliche Protagonisten des „New Labour"-Kabinetts sprachen sich gegen die außerhalb des Parlaments von allgemeinem Zuspruch getragenen Pläne aus, Railtrack auch de jure zu verstaatlichen.[739] Dabei ließe sich die staatliche Entscheidungs- und Handlungshoheit durch die Ausgabe von Staatsanleihen an die Aktionäre wiederherstellen – zumal es an den Finanzmärkten eine ungesättigte Nachfrage nach Schuldverschreibungen mit hoher Bonität gibt.[740] Entgegen ihrer ideologischen Überzeugung hatte die Labour-Regierung zuvor schon mehrfach intervenieren müssen, u.a. als Finanzierungsengpässe bei den Public Private Partnerships National Air Traffic Services (NATS) und dem mit dem Bau des Ärmelkanaltunnels beauftragten britisch-französischen Konsortium „The Channel Tunnel Group Ltd./France-Manche SA" aufgetreten waren. Erst bei näherem Hinsehen wird deutlich, weshalb sich die Regierung im Einklang mit ihrem Wahlprogramm von 1997 gegen eine eigentumsrechtlich wirksame Verstaatlichung entschied:[741] Einerseits sah sich das Transportministerium rechtlichen

---

[737] Juliette Jowit/Chris Giles, Strategic Plan Begins To Look Out of Date, in: Financial Times v. 5.3.2002, S. 3; Angaben zu den Investitionsprojekten finden sich bei: Tony Bolden/Reg Harman, Let Us Have Realism for Britain's Railways, in: Public Money & Management, Vol. 26, Issue 3 (2006), S. 146
[738] Ebd., S. 147
[739] Dass die (Wieder-)Verstaatlichung der Infrastruktur bereits vor dem Bahnunglück von Hatfield breite Unterstützung fand, lässt sich nachlesen bei: Gerald Crompton/Robert Jupe, „Such a Silly Scheme": The Privatisation of Britain's Railways 1992-2002, in: Critical Perspectives on Accounting, Vol. 14, Issue 6 (2003), S. 617-645
[740] Dies belegt eine Studie, die im Januar 1995 in der Tageszeitung *The Times* angeführt wurde: „Das Finanzministerium könnte sich den Rückkauf Railtracks problemlos leisten. Die Renationalisierung würde lediglich einen Austausch von Finanztiteln erfordern, d.h. von der Regierung ausgegebene Anleihen müssten gegen Railtrack-Aktien eingelöst werden. Dies würde das Ausgabenvolumen im öffentlichen Sektor lediglich für ein Jahr erhöhen. (...) Der Wert der Railtrack-Aktien würde unmittelbar von der Ertragsrate zugunsten der Investoren abhängen, die von staatlicher Seite gewährt wird" (Anatole Kaletsky 1995, S. 5).
[741] Zwar stellen einige Autoren wie Jean Shaoul zusätzlich auf das Wahlprogramm des Jahres 2001 ab, um die Vorbehalte der Regierung gegen eine formalrechtliche Verstaatlichung zu begründen

Einwänden ausgesetzt, wonach den ehemaligen Railtrack-Aktionären in diesem Fall der durchschnittliche Aktienpreis der vergangenen drei Jahre (ca. acht Pfund St.) hätte erstattet werden müssen. Andererseits fürchtete die Regierung um ihre positive Wahrnehmung in der Öffentlichkeit, wäre sie doch bei einem alleinverantwortlichen Betrieb des Trassennetzes – jedenfalls auf mittlere Sicht – noch deutlicher als bislang mit der allgemein vorhergesehenen, langfristigen Schieflage des Verkehrsträgers Schiene in Verbindung gebracht worden.

Darüber sollte nicht in Vergessenheit geraten, dass die von Tony Blair geführte Labour-Regierung vor ihrer ersten Legislatur ein eindeutiges Bekenntnis abgelegt hatte zugunsten eines privatisierten Bahnsystems, das unter staatlicher Aufsicht im Dienste der Allgemeinheit wirkt. Die an der University of Kent lehrenden Ökonomen Gerald Crompton und Robert Jupe weisen darauf hin, dass sich „diese Position in der von New Labour propagierten Förderung privater Finanzinitiativen widerspiegelt", und sehen darin einen weiteren Beleg, „wie nachhaltig die Ideologie der Privatisierung in das allgemeine Bewusstsein der politischen Entscheidungsträger eingedrungen ist."[742]

5.3 Mangelhafter Service, gesunkene Qualitätsstandards, byzantinisches Geflecht von Verantwortlichkeiten und Rückbesinnung auf staatliche Aufgabenwahrnehmung

Die mangelhafte Qualität der britischen Bahnen ist in den vergangenen Jahren zu einem landesweit debattierten Thema herangewachsen. Nachdem Erfahrungen mit privaten Betreibergesellschaften eine erste Urteilsbildung erlaubten, veröffentlichten auflagenstarke Tageszeitungen wie der *Daily Mirror* und die *Daily Mail* Artikelserien, in denen die obskursten Alltagserlebnisse ihrer Leserschaft mit dem privatisierten Bahnwesen dokumentiert wurden.[743] Neil Forsyth erlangte mit dem Song „The Chathill Thunderbolt", mit dem er gegen die Schließung der dortigen Bahnverbindung nach Newcastle upon Tyne protestierte, ebenso landesweiten Ruhm wie der Theaterregisseur David Hare mit der Inszenierung des

---

(2004, S. 35), expressis verbis findet sich dort jedoch lediglich der Hinweis, dass Railtrack „is being reformed to focus on the operation of existing track and signalling" (Labour Party 2001, S. 12). Dagegen finden sich im Wahlprogramm der Labour Party aus dem Jahre 1997 entsprechende Hinweise. Die Aufgabe bestehe darin, „die Situation im Rahmen der bestehenden Vorgaben zu verbessern, was den anfügende Aufzählung möglicher Maßnahmen schließt die Verstaatlichung als Option explizit aus" (zitiert nach: Iain Dale 2000, S. 370).
[742] Gerald Crompton/Robert Jupe, „Such a Silly Scheme": The Privatisation of Britain's Railways 1992-2002, in: Critical Perspectives on Accounting, Vol. 14, Issue 6 (2003), S. 638 u. 641
[743] In komprimierter und lesenswerter Form finden sich die Artikel bei: Christian Wolmar, The Great British Railway Disaster. How Privatization Wrecked Britain's Railways, Surrey 1996

Dramas „The permanent way". In dem u.a. am National Theatre in London aufgeführten Theaterstück wird mit einem sarkastischen Unterton der Frage nachgegangen, warum Großbritannien trotz einer nachhaltig prosperierenden Ökonomie seit mehr als zwei Jahrzehnten auf ein funktionierendes Bahnsystem verzichten muss.[744] Der Bahnverkehr ließ derart viele Unzulänglichkeiten zu Tage treten, dass nach einer im Jahre 2001 von der Tageszeitung *The Guardian* durchgeführten Umfrage 81 Prozent der Befragten eine Verstaatlichung des „schlechtesten Bahnsystems in ganz Europa" befürworteten.[745]

Welches aber waren die Auslöser für die Unzufriedenheit der Fahrgäste mit dem Bahnwesen, dessen Reorganisation die Labour Party bereits im erfolgreichen Wahlkampf 1997 versprochen hatte – gemeinsam mit der Neustrukturierung des Gesundheits- und Bildungssystems? Unzweifelhaft sind die nach Angaben des Verbandes *Transport 2000* weltweit höchsten Fahrpreise zu nennen, die – weil die Preisregulierung nur einzelne Tarife erfasste – seit 1994 kontinuierlich stiegen und maßgeblich dazu beitrugen, dass die Betreibergesellschaften ihre Erträge im Personenverkehr bis 2001 auf 4,56 Mrd. Pfund St. gegenüber dem Staatsunternehmen British Rail im letzten Jahr seines Bestehens verdoppeln konnten.[746] Im Zeitraum zwischen 1987 und 2000 mussten die Fahrgäste Preiserhöhungen um insgesamt 82 Prozent hinnehmen, weil die Bahnunternehmen ihre Tarife seit der Privatisierung allein „nach kaufmännischen Gesichtspunkten und damit profitorientiert ausgestalteten", wie der Vorsitzende der *Association of Train Operating Companies* (ATOC), George Muir, im Dezember 2000 einräumte.[747] Die Interessengemeinschaft *Transport 2000* prägte in Reaktion auf die mit der Privatisierung preisgegebenen Kompetenzen den viel zitierten Ausspruch, dass „die Regierung mit ihren Anschuldigungen gegen die Betreibergesellschaften ‚den Aufruhr gegen gestiegene Fahrpreise privatisiere', denn

---

[744] Donald Coxe, When Good News is Bad News, in: Maclean's, Vol. 117, Issue 19 (2004), S. 39

[745] Ines Zöttl, Weichenstellung ins Chaos, in: Wirtschaftswoche, Nr. 17 v. 19.4.2001, S. 4 u. Felix Schönauer, Den Hintern platt gesessen, in: Handelsblatt v. 17.1.2002, S. 10; welche Blüten das Bemühen um Kostensenkung trieb, zeigen Überlegungen, die das Bahnunternehmen Great Eastern Railway im Sommer 1997 anstellte. Erst auf massiven Druck der Gewerkschaften und der wenige Monate zuvor ins Amt gewählten Labour-Regierung hin nahm der Vorstand von dem Plan Abstand, Berufspendler als mit vollwertigen Kontrollbefugnissen ausgestatte Zugbegleiter einzusetzen (Thomas Fischermann 1997, S. 22).

[746] John Shaw, Competition in the UK passenger railway industry: prospects and problems, in: Transport Reviews, Vol. 21, Issue 2 (2001), S. 205; Ines Zöttl, Weichenstellung ins Chaos, in: Wirtschaftswoche, Nr. 17 v. 19.4.2001, S. 31; Jean Shaoul, Railpolitik: The Financial Realities of Operating Britain's National Railways, in: Public Money & Management, Vol. 24, Issue 1 (2004), S. 32

[747] Zitiert nach: Keith Harper, Regulator Gets Tough Over Railway Repair Plan, in: The Guardian v. 3.1.2001, S. 9

schließlich stehe es ihr zu, diese zu regulieren – eine Verantwortung, vor der sie sich bislang gedrückt habe."[748]

Das Buchungssystem mit Standard Open-, Standard Day Return-, Cheap Day Return-, Super Advance Return-, Super Saver-, Saver Return- und Off-Peak-Tickets erwies sich als nahezu undurchschaubar und außerordentlich inflexibel. Komplikationen ergaben sich anfänglich auch bei der Erstellung der Fahrpläne: Weil einige Bahngesellschaften dem Kooperationszwang nicht nachkamen, geriet der Winterfahrplan 1995/96 derart fehlerhaft, dass eine grundlegende Überarbeitung erforderlich wurde. Nach wie vor müssen Fernreisende gelegentlich Umwege in Kauf nehmen, weil die Fahrkarten von konkurrierenden Betreibern nicht akzeptiert werden. Die Bediensteten, in erster Linie die Schaffner, sind häufig nicht im Stande, Auskunft über verspätete Züge oder Anschlussverbindungen der konkurrierenden Gesellschaften zu geben.

Obwohl den Betreibergesellschaften bei Verspätungsangaben großzügige Interpretationsspielräume gewährt werden – so braucht die Datenerhebung im Falle „besonders problematischer Umstände" nicht zu erfolgen –, wiesen die Bahnen im Jahre 2002 mit 79 Prozent die europaweit niedrigste Pünktlichkeitsrate auf. Verkehrten im Großraum London zu Zeiten von British Rail noch neun von zehn Pendlerzügen in Übereinstimmung mit den ausgewiesenen Fahrtzeiten, fuhren nun weniger als acht von zehn Zügen pünktlich ein.[749] Dabei hatten beinahe alle TOCs bereits die auf den Fahrplänen ausgewiesenen Reisezeiten verlängert, um Konventionalstrafen zu vermeiden. Dieses Strecken der Ankunfts- und Abfahrtszeiten, das so genannte „Padding", nahm die *Sunday Times* 1999 zum Anlass, Strecken aufzuführen, auf denen die Reisezeiten 1898 kürzer waren als ein Jahrhundert später. Darunter fielen die Verbindungen Nottingham - Liverpool, Portsmouth - Southampton sowie Stoke on Trent - Stafford.[750]

Da die Betreibergesellschaften dem Rentabilitätszwang unterliegen und den Fuhrpark nur verhalten erweitern, sind chronisch überfüllte Züge während der Stoßzeiten nach wie vor häufig. Die Kundenbeschwerden erstrecken sich auf die mangelnde Hygiene in den Zugabteilen sowie defekte Waggontüren, die sich

---

[748] Andrew Murray, Off the Rails. Britain's Great Rail Crisis – Cause, Consequences and Cure, a.a.O., S. 123

[749] Vgl. Ulrich Friese, Sanierung der Bahn kostet 110 Milliarden Euro, in: Frankfurter Allgemeine Zeitung v. 15.1.2002, S. 15; weiterhin illustrativ: ders., Der Schienenverkehr – in allen Ländern ein Problemkind. In England ist die Privatisierung gründlich missglückt, in: Frankfurter Allgemeine Zeitung v. 1.7.2003, S. 14 u. Kevin Brown/Juliette Jowit: Slow Train a Comin' – Britain's Railway Is One of the Worst In Europe, in: Financial Times v. 12.1.2002, S. 9

[750] Vgl. Maurice Chittenden/Jonathan Leake, Privatised Railways Drive Confidence to All-Time Low, in: The Sunday Times v. 25.1.1998, S. 7 u. Philip Bagwell, The Sad State of British Railways: the Rise and Fall of Railtrack, 1992-2002, in: The Journal of Transport History, Vol. 25, Issue 2 (2004), S. 121

bisweilen nicht einmal von außen öffnen lassen. Ein besonders kritikwürdiges Negativbeispiel für den mit der Bahnreform initiierten Wettbewerb zwischen den Betreibergesellschaften stellt das inzwischen abgewickelte Bahnunternehmen Anglia dar, das mit dem Fahrplanwechsel zum 1. Januar 1997 ausgewählte Zugverbindungen um wenige Minuten vor die der Konkurrenz von Great Eastern Railway verlegte, um Fahrgastzuwächse verbuchen zu können. „Was [aber] haben die Kunden letztlich davon, wenn plötzlich zwei Züge fahren und dann 50 Minuten keiner?"[751]

Zu welchen drastischen Maßnahmen die Aufsichtsbehörden teilweise greifen mussten, lässt das Beispiel der Betreibergesellschaft Connex South Eastern erkennen, der die Strategic Rail Authority im Juni 2003 den laufenden Franchisevertrag für wichtige Streckenverbindungen in den Grafschaften Kent und Sussex kündigte, die jährlich bis zu 132 Mio. Bahnfahrer nutzen. Nachdem die Behörde im Vorjahr 58 Mio. Pfund St. an Fördermitteln allein für Connex bereitgestellt hatte, waren vermehrt Zweifel am Finanzmanagement des Unternehmens aufgekommen, zumal noch einmal weitere 200 Mio. Pfund St. vom Vorstand erbeten wurden. Hinzu kamen nach Informationen des Nachrichtensenders BBC Beschwerden über verspätete oder annullierte Züge, regelmäßig überfüllte Abteile (insbesondere im Südosten Englands) oder gar über von Flöhen befallene Waggons.

Zahlreiche der geschilderten Unzulänglichkeiten sind auf den massiven Personalabbau zurückzuführen, der angestrengt wurde, weil die Betreibergesellschaften in ihrer Gesamtheit merkliche Einbußen beim operativen Gewinn hinnehmen mussten. Dieser sank von 113,97 Mio. Pfund St. im Jahre 1999 auf 10,11 Mio. Pfund St. im übernächsten Jahr, sodass sich die Strategic Rail Authority in mehreren Fällen veranlasst sah, über die üblichen Haushaltszuwendungen hinaus staatliche Zuschüsse bereitzustellen.[752] Im Dezember 2002 wurden Connex neben den 30 Mio. Pfund St., die im Hauhaltsplan als Subventionen ohnehin vorgesehen waren, weitere 58 Mio. Pfund St. gewährt. Dennoch war die Tochtergesellschaft Connex South Eastern nicht im Stande, die Sicherheits- und Qualitätsstandards zu wahren, sodass sich die Strategic Rail Authority gezwungen sah, die bedienten Strecken zum Jahresende 2004 neu auszuschreiben.[753] Im Einvernehmen mit der Mehrheit der britischen Bevölkerung resümiert Christian Wolmar, Autor der Monographien „The Great British Railway Disaster", „Bro-

---

[751] Thomas Fischermann, Irrfahrt in den Wettbewerb, in: Die Zeit, Nr. 44 v. 24.10.1997, S. 22
[752] Jean Shaoul, Railpolitik: The Financial Realities of Operating Britain's National Railways, in: Public Money & Management, Vol. 24, Issue 1 (2004), S. 32
[753] Caroline Daamen, Bahn-Privatisierung in Großbritannien. Der Traum vom Staats-Express, in: Süddeutsche Zeitung online v. 9.7.2003, http://www.sueddeutsche.de/wirtschaft/artikel/196/14182 (abgerufen am 23.6.2007)

ken Rails: How Privatization Wrecked Britain's Railways" und „On the Wrong Line: How Ideology and Incompetence Wrecked Britain's Railways" die Erfahrungen mit den privaten Betreibergesellschaften: „Während einige Zugbetreiber eine Reputation für gehobenen Kundenservice erwarben, fielen die meisten von ihnen hinter die Qualitätsstandards von British Rail zurück. In Anbetracht der Tatsache, dass mit der Privatisierung eine konsequentere Berücksichtigung der Kundenwünsche in Aussicht gestellt worden war, muss auch in diesem Bereich eine drastische Verfehlung zur Kenntnis genommen werden."[754]

Wenngleich Verkehrspolitiker und verantwortliche Regierungsbeamte den Ausdruck „Renationalisierung" zur Beschreibung der seit 2001 vollzogenen organisatorischen Transformation der Schieneninfrastruktur meiden und obwohl die Betreibergesellschaften nach wie vor privatwirtschaftlich organisiert sind, gibt es doch gegenwärtig „kaum ein Land in Europa, wo die Regierung derart direkt vorschreibt, wer was unter welchen Auflagen und zu welchen Kosten zu tun hat."[755] Die Vergabe und Instandhaltung des Trassennetzes wurde den Einflüssen des Kapitalmarktes vollständig entzogen, indem die Schieneninfrastruktur – wenngleich von einem Betreiber in privater Rechtsform bewirtschaftet – wieder in staatliche Hände überführt wurde.[756] Und auch der Bahnbetrieb brachte keine nachhaltige Entlastung des Haushalts. Somit wurde eines der Kernziele der Reform, nämlich die staatlichen Zuschüsse für den Bahnsektor auf mittlere Sicht einzustellen und durch den Verkauf von Anteilsscheinen am Kapitalmarkt zu ersetzen, nicht nur verfehlt, sondern letztlich sogar in sein Gegenteil verkehrt.

Der zentrale Grund für die Notwendigkeit des staatlichen Engagements war der, dass die gesamte Bahnbranche, die nach Berechnungen des Wirtschaftsmagazins *The Economist* im Geschäftsjahr 1997/98 eine durchschnittliche Umsatzrendite von 19 Prozent erzielte, die erzielten Überschüsse entweder an die Aktionäre ausschüttete oder sie zur Bildung von Rücklagen einbehielt.[757] Die notwendigen Anschaffungs-, Reparatur- und Instandhaltungsausgaben für rollendes Material unterblieben vielfach ebenso wie betriebsnotwendige Investitionen in den Aus- und Neubau der Schieneninfrastruktur. Nun müssen laut Berechnungen der britischen Regierung etwa 70 Mrd. Pfund St. investiert werden, um das Schienennetz zu sanieren; weitere 20 Mrd. Pfund St. sind bis 2012 für die Re-

---

[754] Christian Wolmar, Broken Rails: How Privatization Wrecked Britain's Railways, a.a.O., S. 195; vgl. weiterführend: ders., On the Wrong Line: How Ideology and Incompetence Wrecked Britain's Railways, a.a.O., S. 134-212
[755] Christin Severin, Mehr Staatskontrolle für die britische Bahn, in: Neue Zürcher Zeitung v. 16.7.2004, S. 15
[756] Robert Jupe, A Fudge? Network Rail's Status in the Industry, in: Public Money & Management, Vol. 26, Issue 3 (2006), S. 150
[757] o.V., The Rail Billionaires, in: The Economist v. 3.7.1999, S. 67 u. o.V., The Gravy Train: Rail Privatization, in: The Economist v. 20.4.1996, S. 47

konstruktion von Zugangswegen, Fahrkartenschaltern und rund 1.000 Bahnhofsgebäuden veranschlagt.[758] Allein für das Trassennetz der von der Virgin Group betriebenen Ostküstenverbindung zwischen London und Edinburgh sind staatliche Zuschüsse in Höhe von rund 400 Mio. Pfund St. pro Jahr kalkuliert – eine Summe, die sich auf etwa die Hälfte der Ausgaben für das gesamte britische Bahnsystem im Jahre 1989 beläuft.[759]

Eine von Nigel Harris und Ernest Godward aufgestellte Opportunitätskostenrechnung beziffert die mit der Privatisierung entstandenen Kosten auf 5,61 Mrd. Pfund St. für die Steuerzahler und 9,81 Mrd. Pfund St. für die Volkswirtschaft, was die beiden Ökonomen zu dem Schluss kommen lässt, dass eine Umstrukturierung und Sanierung der Staatsbahn durch die öffentliche Hand bedeutend preiswerter gewesen wäre.[760] Diese Einschätzung wiegt umso schwerer, als nunmehr eine spürbar zum Nachteil anderer, ebenfalls bedeutsamer staatlicher Aufgabenbereiche gehende Belastung des britischen Haushalts notwendig sein wird, um den Schienensektor bis zur Mitte des nächsten Jahrzehnts in einen – gemessen an westeuropäischen Standards – akzeptablen Status zu versetzen.[761] Angesichts des immensen Finanzierungsbedarfs für die kommenden Jahre diagnostizieren die Historiker Christian Wolmar und Terry Gourvish die Privatisierung und Fragmentierung des britischen Bahnsystems als „den schwerwiegendsten Fall von Missmanagement, den es in der Industriegeschichte Großbritanniens seit 1945 gegeben hat."[762]

Die in Aussicht gestellte Entlastung der Steuerzahler, die auch in der Bundesrepublik beharrlich als Grund für die Privatisierungsbestrebungen angeführt wird, erwies sich angesichts der fehlgegangenen Implementierung von Marktmechanismen bei der organisatorischen Neuausrichtung des Schienennetzes als eklatante Fehlprognose. Weil die Einstellung des Bahnbetriebs trotz fehlender rechtlicher Bestimmungen bezüglich einer bedingungslosen Aufrechterhaltung niemals erwogen wurde, musste der britische Staatshaushalt gleich dreimal als *lender of last resort* fungieren. Zunächst entstanden beträchtliche Kosten für die Installierung der von Ernst & Young verwalteten Auffanggesellschaft. Anschlie-

---

[758] Vgl. Ulrich Friese, Sanierung der Bahn kostet 110 Milliarden Euro, in: Frankfurter Allgemeine Zeitung v. 15.1.2002, S. 15 u. ders., Der Schienenverkehr – in allen Ländern ein Problemkind. In England ist die Privatisierung gründlich missglückt, in: Frankfurter Allgemeine Zeitung v. 2.7.2003, S. 14
[759] Zitiert nach: Joachim Kemnitz, Von Großbritannien lernen heißt privatisieren lernen: Vom Börsengang zum Bettelgang?, in: Der Fahrgast, 24. Jg., Heft 2 (2004), S. 14
[760] Nigel Harris/Ernest Godward, The Privatisation of British Rail, London 1997, S. 85
[761] Joachim Kemnitz, Der Staat muss zahlen. Kann man das Schienennetz privat betreiben?, in: Der Fahrgast, 22. Jg., Heft 2 (2002), S. 9
[762] Zitiert nach: Simon Jenkins, Tories Are Starting to Clear Their Clutter of Inheritance, in: The Guardian v. 19.7.2006, S. 29

Rückbesinnung auf staatliche Aufgabenwahrnehmung 269

ßend musste Network Rail einen dreistelligen Millionenbetrag aufwenden, um die Infrastruktur von der unter Zwangsverwaltung gestellten Railtrack Group zu erwerben. Schließlich machte die kostspielige Entschädigung der Aktionäre weitere Staatsausgaben erforderlich.

Ein wesentlicher Grund für das Scheitern der britischen Bahnreform ist zweifelsohne das „byzantinische (...) Geflecht"[763] involvierter Unternehmen, die nicht davor zurückscheuten, ihre eigenen Geschäftsabsichten gegeneinander und damit unter Inkaufnahme fahrgastgefährdender Dissonanzen zu verfolgen. Aus der Diversifikation der Zuständigkeiten erwuchs eine allgemeine Verantwortungslosigkeit, was Jon Carter, den seinerzeitigen Vorsitzenden des vom Parlament eingesetzten Rail Passenger Council, zu der Feststellung veranlasste: „Die Idee, wonach mehr Wettbewerb dem Kunden dienen soll, ist hiermit pervertiert worden."[764] In Reaktion auf die offensichtlichen Koordinationsmissstände wurden zahlreiche Gremien eingerichtet, die u.a. mit der Abstimmung der Fahrzeug- und Streckentechnik betraut wurden, keinesfalls aber die Wirkungskraft entfalteten, die ihnen im Vorfeld zugeschrieben worden war. Das fortschreitende Bemühen um die Reintegration von Netz und Betrieb zeigt sich nicht zuletzt darin, dass neben dem seinerzeitigen Verkehrsminister Alistair Darling auch zahlreiche Abgeordnete der Labour Party, der Tories und der Liberal Democrats fordern, die Vergabe der Franchises für den Fahrbetrieb künftig an die Instandhaltung der Schienenwege zu koppeln. Gegenwärtig wird parteienübergreifend sowohl diese Verknüpfung von Verantwortlichkeiten als auch eine Verlängerung der Franchiselaufzeiten auf wenigstens zehn, womöglich gar auf 50 Jahre diskutiert.

Angesichts der groben Verfehlungen der Reform stößt die Desintegration und Privatisierung des britischen Bahnwesens auch nach den vollzogenen Korrekturen bei der überwältigenden Mehrheit der Briten auf Ablehnung. Schon im März 2001, also noch rund sechs Monate bevor die Infrastrukturgesellschaft Railtrack Konkurs anmelden musste, schilderte Jürgen Krönig, London Korrespondent der Wochenzeitung *Die Zeit*, in einem Beitrag unter dem Titel „Insel der Katastrophen – Die Lehren der Eisernen Lady haben ausgedient" das auf den Bahnsteigen in Großbritannien artikulierte Unbehagen:

„Marktprinzip und Privatisierung, ideologische Markenzeichen der Thatcherrevolution, von New Labour bejaht und für den Gebrauch einer Mitte-Links-Partei modifiziert, werden auf der Insel nun wieder infrage gestellt. Urplötzlich geistert sogar ein längst tot geglaubter Begriff durch die Lande – Verstaatlichung. Mehr als zwei Drittel der Briten wünschen, die Privatisierung der Eisenbahn möge rückgängig gemacht werden. Über die Schattenseiten der fulmi-

---

[763] Ines Zöttl, Weichenstellung ins Chaos, in: Wirtschaftswoche, Nr. 17 v. 19.4.2001, S. 31
[764] Felix Schönauer, Den Hintern platt gesessen, in: Handelsblatt v. 17.1.2002, S. 10

nanten Entstaatlichung in den vergangenen zwei Dekaden wird mittlerweile auf Dinnerpartys der konservativen *middle classes* lamentiert. Wir sind zu weit gegangen, lautet der Tenor selbst in Wirtschaftskreisen."[765]

Die Skepsis gegenüber dem privatrechtlich organisierten Bahnwesen bewog im September 2004 mehr als 64 Prozent der Delegierten auf dem Parteitag der Labour Party, für eine Wiederverstaatlichung des *gesamten* Bahnwesens zu votieren. Da sich jedoch weder der ehemalige Transportminister Alistair Campbell noch der amtierende Premierminister Gordon Brown angesichts der „Kassenlage" an dieses Votum gebunden fühlen, droht neben einer differenzierten Netzinstandhaltung auch in Zukunft die Abhängigkeit von Privatinvestoren, die sich überwiegend Profitabilitätskriterien verpflichtet sehen. Dies wirft ein Schlaglicht auf die politisch Handelnden, die – gefangen in ihrem programmatischen Korsett – aus jenen unübersehbaren Dilemmata nicht die entsprechenden Rückschlüsse ziehen und stattdessen die schwerwiegenden „Diskontinuitäten des Reformprozesses billigend in Kauf nehmen."[766]

5.4 Lehren aus der gescheiterten Bahnprivatisierung in Großbritannien

Die schwankungsvolle Entwicklung des britischen Bahnwesens wirft nicht nur ein Schlaglicht auf die Unzulänglichkeiten, die jenseits des Ärmelkanals aus der Fragmentierung und Privatisierung erwuchsen. Zugleich rücken die sozial-, verkehrs-, umwelt- und finanzpolitischen Folgen in den Blickpunkt, die sich bei einem Festhalten an der zum 1. Januar 1994 eingeleiteten Kapitalmarktorientierung bzw. mit der für 2009 angestrebten materiellen Privatisierung für den hiesigen Schienenverkehr zu ergeben drohen. Schließlich wurden hier wie dort zentrale Aspekte bahnpolitischer Planungsinstrumente zur Disposition gestellt – unter gleichzeitigem Verzicht auf politische Rahmenvorgaben, die eine Renaissance des Verkehrsträgers Schiene erwarten ließen.

Die ungeheure Vielzahl der beschriebenen Missstände illustriert, dass die aus der Kapitalmarktorientierung des Bahnwesens erwachsenden Nachteile und

---

[765] Zitate im gesamten Absatz entnommen aus: Jürgen Krönig, Insel der Katastrophen. Die Lehren der Eisernen Lady haben ausgedient. Jetzt merkt es auch Tony Blair, in: Die Zeit, Nr. 11 v. 8.3.2001, S. 14 (Hervorh. im Original)

[766] Vgl. Chris Painter, The Dysfunctional Discontinuities of Public Service Reform, in: Public Money & Management, Vol. 26, Issue 3 (2006), S. 144; unumgänglich wäre eine programmatische Abkehr schließlich bei London & Continental Railways, der britischen Muttergesellschaft des den Eurostar betreibenden Konsortiums. Im Februar 2006 wurden die vormals privaten Verbindlichkeiten vom nationalen Statistikamt ONS als Staatsschulden klassifiziert, da die strategische Ausrichtung des Unternehmens als „maßgeblich von staatlichen Einflüssen geprägt" definiert wurde (Robert Jupe 2006, S. 149).

Lehren aus der gescheiterten Bahnprivatisierung in Großbritannien 271

Komplikationen weniger ein mögliches als vielmehr ein wahrscheinliches Resultat darstellen:

> „Dass die Privatisierung eine verhängnisvolle Fehlentscheidung sein könnte, war vielfach prognostiziert worden. Aber das Ausmaß der Verfehlungen hat sogar lärmende Kritiker (...) überrascht. Denn die Privatisierung hat nicht nur zu drei verheerenden Bahnunglücken [Southall, Paddington, Hatfield; Anm. T.E.] geführt, von denen der letzte zum totalen Zusammenbruch des Bahnwesens führte. Zugleich wurden die in Aussicht gestellten Verbesserungen allesamt verfehlt: Der Wettbewerb wurde nicht stimuliert, der Subventionsbedarf stieg, Privatinvestoren konnten ohne staatliche Mittelzusagen nicht gewonnen werden, (...) und die Fahrgäste profitierten keineswegs von dem in Aussicht gestellten Unternehmergeist."[767]

Allein die materielle Privatisierung der Schieneninfrastruktur hat jenseits des Ärmelkanals zu einem von der Flächendeckung her vollkommen unzureichenden, unfallträchtigen und darüber hinaus wenig zuverlässigen Bahnverkehr geführt.[768] Das Bahnunglück, das sich am 23. Februar 2007 in der Grafschaft Cumbria unweit der Stadt Lambrigg ereignete, ließ – wie bereits angedeutet – erkennen, dass die mit der Privatisierung von Railtrack verbundenen „Langzeitschäden" auch im fünften Jahr nach der Renationalisierung nicht behoben werden konnten.[769] Eine defekte Weiche hatte den Zug vom Gleiskörper springen lassen – einmal mehr war die Unfallursache somit in der maroden Infrastruktur zu sehen. Insofern trifft die von Martin Weidauer vorgenommene Einschätzung zu, die in den „Bericht an den Club of Rome" aus dem Jahre 2006 aufgenommen wurde: „Die Untersuchungen der Unfälle [deckten] diverse Gefahrenfaktoren auf, wie mangelhafte Wartung, nicht funktionierende Sicherheitsausrüstungen, unerfahrenes und wenig geschultes Personal, nicht beachtete Arbeits- und Si-

---

[767] Christian Wolmar, Broken Rails: How Privatization Wrecked Britain's Railways, a.a.O., S. 243; auf ähnliche Weise begründete Alistair Morton sein vorzeitiges Ausscheiden aus dem Amt des Vorsitzenden der Strategic Rail Authority: „I mean let's face it, the privatisation was faulty at the outset, back in the Conservative days of the mid-nineties. It hasn't got better in the last two years and the problem is we have three black holes in effect. Railtrack, which has virtually imploded, has a management problem. Secondly, the regulatory system, which is wrongly structured and creating the SRA did not in fact put that straight – it wasn't done in a way that put it straight. And then thirdly, after we've solved those two, we'll have to look to the funding. But there's no point in talking about companies limited by guarantee and not for profit this and that, and other financing and funding matters, until you know you're getting the structure straight and what it is you're trying to fund" (2002, S. 2).
[768] Vgl. Roberto Pedersini/Marco Trentini, Industrial Relations in the Rail Sector, in: European Industrial Relations Observatory, Vol. 4, Issue 2 (2000), S. i-viii
[769] The Associated Press, Eine Tote und 77 Verletzte bei Zugunglück in England, in: Welt am Sonntag v. 25.2.2007, S. 16

cherheitsvorschriften sowie undurchsichtige Berichtspflichten und Verantwortlichkeiten."[770]

Die Insolvenz des Trassenbetreibers Railtrack zeigt, dass der generationenübergreifende Zeithorizont, auf den Infrastrukturinvestitionen angelegt sind, in einem schier unauflösbaren Spannungsverhältnis zu den kurzfristigen Rentabilitätsinteressen börsennotierter Unternehmen steht. Der *cash flow* wurde nicht reinvestiert, sondern getreu der *Shareholder-Value*-Orientierung an die Aktionäre ausgeschüttet, während die Investitionen in die Instandhaltung des Trassennetzes auf ein Minimum reduziert wurden. Letztlich sah sich die Regierung gezwungen, die Schienenwege wieder zu verstaatlichen, um deren Modernisierung mit Milliardenbeträgen nachzuholen. Als geradezu unstrittig gilt vor dem Hintergrund der Erfahrungen in Großbritannien somit, dass finanzielle Zuwendungen des Staates für die Aufrechterhaltung eines landesweit attraktiven Bahnverkehrs ebenso unverzichtbar sind wie die hoheitliche Wahrnehmung von Aufgaben im Bereich der Koordination und Regulation.

---

[770] Martin Weidauer, Bahnprivatisierung in Großbritannien, in: Ernst Ulrich von Weizsäcker/Oran R. Young/Matthias Finger (Hrsg.), Grenzen der Privatisierung. Wann ist des Guten zu viel? Bericht an den Club of Rome, a.a.O., S. 90

6 Schlussbetrachtung

6.1 Die Preisgabe von Planungs- und Lenkungsmöglichkeiten

„Vater Staat nimmt Abschied."[771] So lautet eine plakative, gleichwohl geläufige Bewertung der zum 1. Januar 1994 angestoßenen Bahnreform und der damit ausgelösten Kapitalmarktorientierung der DB AG. Waren von staatlicher Seite erbrachte Dienstleistungen über Jahrzehnte hinweg als „Fundament einer demokratisch gestalteten Teilhabe aller Menschen an gesellschaftlicher Entwicklung"[772] begriffen worden, adaptierten die Privatisierungsbefürworter schließlich auch in der Debatte um die (zweifelsfrei notwendigen) Reformen im Bahnsektor gewichtige Motivations- und Legitimationskriterien für eine Beschränkung auf die „Kernaufgaben des Staates": Die einstige Bundesbehörde müsse dem „freien Spiel der Marktkräfte" gehorchen, um den Staatshaushalt zu entlasten, den Wettbewerb zum Vorteil der Verbraucher zu stimulieren und eine effiziente Nutzung der Ressourcen durch privatunternehmerische Tätigkeit zu bewirken. Mit der mehrmals aufgeschobenen, nunmehr für 2009 avisierten Kapitalmarktprivatisierung der DB AG geraten – wie im gesamten Sozialsystem – historisch gewachsene Grundpfeiler der öffentlichen Daseinsvorsorge ins Wanken.

War die materielle Leistungserbringung einst konstitutives Merkmal des Staates, ist seit einem Vierteljahrhundert eine deutlich verstärkte Übernahme traditionell öffentlicher Güter und Dienstleistungen durch private Akteure zu beobachten. In den meisten entwickelten Industriestaaten ist eine Transformation des keynesianischen Sozialstaates in einen „schumpeterianischen Leistungsstaat" (Bob Jessop) in Gang gesetzt worden, dessen vordringlichstes Ziel die Sicherung internationaler Konkurrenzfähigkeit ist. Angesichts dieser „neuen Qualität von Staatlichkeit" (Wolfgang Streeck) ist davon auszugehen, dass die Diskussion der Frage, welchen Staat und wie viel Staat wir brauchen, auf absehbare Zeit wenn nicht die zentrale, so doch eine bedeutende Bruchlinie durch unsere Gesellschaft markieren wird. Jan Roß, Redakteur der Wochenzeitung *Die Zeit*, vermutet gar, dass „in der Auseinandersetzung um den Staat (…) das Potential eines neuen

---

[771] Arne Storn, Vater Staat nimmt Abschied, in: Die Zeit, Nr. 26 v. 23.6.2005, S. 26; der Beitrag widmet sich dem Verkauf eines großen Pakets von Aktien der Deutschen Post AG durch die staatliche Kreditanstalt für Wiederaufbau (KFW), mit dem das Logistikunternehmen Anfang Juni 2005 nach 138 Jahren mehrheitlich in die Hände privater Anteilseigner überging.

[772] Barbara Dickhaus/Kristina Dietz, Private Gain – Public Loss? Folgen der Privatisierung und Liberalisierung öffentlicher Dienstleistungen in Europa, rls-standpunkte, Nr. 11 (2004), S. 1

Klassenkampfes"[773] stecke, obwohl der Widerstand gegen Privatisierungen, d.h. gegen ein zentrales Element marktzentrierter Politik, in der Vergangenheit meist ungehört verhallte. Problematisch mutet an, dass die regressive Verteilungswirkung dieser „Verbetriebswirtschaftlichung" eine beständig wachsende Zahl von Menschen trifft und sich vollziehende Segregationsprozesse verschärft. Die stetig länger werdende Liste der Privatisierungsobjekte reicht mittlerweile von Kindergärten, (Hoch-)Schulen, Schwimmbädern, Kliniken und Theatern über kommunale Wohnungsbestände und Altenheime bis hin zu Wasser-, Klär- und Elektrizitätswerken. Auch Arzneistoffe, Teilbereiche von Armeen sowie Luft- und Raumfahrtbehörden werden in der Annahme privatisiert, dass die Effizienz gesteigert, Synergieeffekte erzielt und Organisationsstrukturen „verschlankt" werden könnten. Die auf allen gebietskörperschaftlichen Ebenen rollende „Privatisierungswelle" lässt erkennen, dass mit dem Verkauf der DB AG – auch exklusive der Schieneninfrastruktur – eine seit mehr als zwei Jahrzehnten zu beobachtende, sektorenübergreifende Orientierung in Richtung Liberalisierung fortgeschrieben würde.[774] Einmal mehr wird zum Ziel erklärt, die institutionelle Verflechtung von Staat und Wirtschaft aufzulösen, um eine möglichst weitreichende Emanzipation der Ökonomie von staatlicher Handlungs- und Deutungshoheit zu erreichen. Ausgeblendet wird hingegen, dass das Wirkungsfeld eines Unternehmens wie der DB AG nicht nur bedeutsame Umwelt- und Verkehrsaspekte tangiert, sondern auch zentrale Zielbereiche der Wirtschafts- und Sozialpolitik umschließt: die Sicherung von Beschäftigung, die Stabilisierung der Wirtschaftsentwicklung, die Gewährleistung der Versorgungssicherheit und die Begrenzung sozialer Ungleichheiten auf personeller und räumlicher Ebene.

---

[773] Jan Roß, Die neuen Staatsfeinde. Was für eine Republik wollen Schröder, Henkel, Westerwelle und Co.? Eine Streitschrift gegen den Vulgärliberalismus, a.a.O., S. 20

[774] Der Tendenz nach wird diese Entwicklung unverändert fortgeschrieben, auch wenn einzelne Städte und Gemeinden begonnen haben, wenige Jahre zuvor privatisierte Dienste zu rekommunalisieren. Bspw. wurde die Müllentsorgung sowohl im Rhein-Sieg-Kreis als auch im Landkreis Neckar-Odenwald am 1. Januar 2007 wieder in kommunales Eigentum überführt. Ebenso verfuhr man in den nordrhein-westfälischen Städten Bergkamen, Fröndenberg, Haan und Leichlingen. Ein vergleichbares Beispiel liefern die Vorgänge in der Stadt Potsdam: Nachdem die Wasserwerke 1997 zu 49 Prozent an den deutsch-französischen Konzern Eurawasser veräußert worden waren, kam es binnen drei Jahren zu Preissteigerungen mehr als 50 Prozent. Proteste der lokalen Wirtschaft, die stark unter den gestiegenen Abnahmepreisen litt, veranlassten den Stadtrat der brandenburgischen Landeshauptstadt nur drei Jahre später dazu, sich für den Rückkauf der Anteilsscheine auszusprechen (Klaus-Peter Schmid 2006 c, S. 19 u. Gunter Hoffmann 2006, S. 13). Vgl. weiterführend zur Rekommunalisierung: Tim Engartner, Privatisierung und Liberalisierung – Strategien zur Selbstentmachtung des öffentlichen Sektors, in: Christoph Butterwegge/Bettina Lösch/Ralf Ptak, Kritik des Neoliberalismus, a.a.O., S. 107-112

Ein Bahnunternehmen, das ausschließlich auf den marktwirtschaftlichen Steuerungsmechanismus setzt, unterminiert insofern eine von der Bevölkerungsmehrheit favorisierte ökologisch austarierte und sozialverträgliche Verkehrspolitik (vgl. 4.6). Diejenigen, die unabhängig von den Rahmenbedingungen auf eine „institutionelle Sklerose" (Mancur Olson) setzen, lassen zugleich jene historischen Beispiele außer Acht, die den Erfolg staatlicher Interventionen eindrucksvoll belegen – darunter die korporatistisch geprägte Wirtschafts- und Arbeitsmarktpolitik in Skandinavien und verschiedenen westeuropäischen Staaten (Belgien, Niederlande, Luxemburg), die Agrar- und Energiepolitik des US-amerikanischen *New Deal*, die japanische Industriepolitik sowie der Aufbau eines wirtschafts- und industriepolitischen Planungsinstrumentariums im Frankreich der Nachkriegszeit. Die Behauptung, dass ein Festhalten am Konzept der „Verkehr*splanung*" als unverbrüchlichem Leitprinzip verkehrspolitischer Handlungsalternativen letztlich zu einer „Durchstaatlichung der Gesellschaft"[775] führe, stellt eines der zu kurz greifenden Elemente neoliberaler Programmatik dar. Denn selbst Tony Blair und John Prescott, die auf dem Parteitag im nordenglischen Blackpool am 4. Oktober 1994 erstmalig öffentlichkeitswirksam die Konzepte des Thatcherismus unter dem Deckmantel von „New Labour" aufgegriffen hatten,[776] sahen sich gezwungen, zu „Old Labour" zurückzukehren.

Um die Railtrack Group, die nur fünf Jahre nach ihrer Erstnotierung an der Londoner Börse Insolvenz anmelden musste, vor der Geschäftsaufgabe und den landesweiten Bahnverkehr vor dem Kollaps zu bewahren, unterstellte die Regierung Blair die Infrastrukturgesellschaft dem Verkehrsministerium – inklusive Signalanlagen, Brücken, Bahnübergängen und dem Gros der Bahnhöfe. Seit Oktober 2002 firmiert das de facto (wieder)verstaatlichte Unternehmen unter Network Rail Ltd., an dessen Geschäftsentscheidungen im Sinne des *Stakeholder*-Ansatzes nun auch Passagierverbände und Gewerkschaften mitwirken. Nach dem Willen der amtierenden Regierung soll dem Inselstaat angesichts desaströser Verhältnisse in zentralen Bereichen der Daseinsvorsorge nun erneut eine Vorreiterrolle zufallen. Für eine Rückbesinnung auf staatliche Verantwortung im Gesundheits-, Bildungs- und Transportsystem plädiert dabei ausgerechnet der einstige Vordenker von „New Labour", Anthony Giddens.[777]

---

[775] Joachim Hirsch, Der Sicherheitsstaat. Das „Modell Deutschland", seine Krise und die neuen sozialen Bewegungen, Frankfurt am Main 1980, S. 61

[776] Ähnlich argumentiert Simon Jenkins, Kolumnist des *Guardian*: „Blair und Brown wurden in den frühen 90er-Jahren Thatcheristen aus Überzeugung und haben ihren Glauben nie aufgegeben. Sie haben die Versprechen der Labour Party, die Einkommensteuer zu erhöhen, gewerkschaftliche Rechte wiederherzustellen, die Versorgungseinrichtungen wieder zu verstaatlichen, das Gesundheitssystem in öffentlicher Trägerschaft zu erhalten und nukleare Abrüstung zu betreiben, gebrochen" (2007, S. 649).

[777] Vgl. Anthony Giddens, Where Now for New Labour?, Cambridge 2002, S. 54-68

Deshalb wurde im fünften Kapitel der vorliegenden Arbeit nicht nur die Privatisierung von British Rail kritisch bewertet. Auch Deregulierung und Desintegration, die einst im Antlitz des „Dritten Weges" als tragende Säulen der Programmatik von „New Labour" erstrahlt waren, verloren aufgrund der Entwicklungen im Schienenverkehr zusehends an Rückhalt. Zu viele Mängel in der interinstitutionellen Koordination waren durch die Bahnunglücke von Hatfield, Paddington und Southall zu Tage gefördert worden. Als Reaktion weitete die Labour Party die präskriptiven Regulierungen im Bahnsektor aus, sodass eine Vielzahl von Kompetenzen beim Transportministerium gebündelt wurde. Im Widerspruch zu den Kernzielen der Privatisierung hat der hochgradig fragmentierte britische Bahnsektor bislang keinen ernstzunehmenden, den Fahrgästen zum Vorteil gereichenden Wettbewerb zwischen den verschiedenen Bahngesellschaften ausgelöst. Schließlich kann auf einem Schienenstrang zwischen Abfahrts- und Zielort zu einem bestimmten Zeitpunkt – sofern Überholvorgänge ausgeschlossen sind – nur ein einziger Zug verkehren. Unverändert bewerben sich die Unternehmen im Rahmen des Vergabeverfahrens vorrangig um „Konzessionen zum *alleinigen* Betreiben einer *bestimmten* Strecke oder eines *bestimmten* Netzes für einen längeren Zeitraum",[778] sodass Konkurrenz während der vereinbarten Laufzeit gerade ausgeschlossen wird. Da auf diesem Wege faktisch regionale Streckenmonopole gewährt werden, findet der *intra*modale Wettbewerb, der sich zugunsten der Fahrgäste auswirken soll, nicht oder jedenfalls unzureichend statt. Die eigentliche Konkurrenz besteht weiterhin zwischen Straßen-, Flug- und Schienenverkehr, wobei dieser *inter*modale Wettbewerb im Gütertransport um die Schifffahrt ergänzt wird.

Vor dem Hintergrund der britischen Erfahrungen lassen sich zahlreiche Gründe gegen die hierzulande praktizierte Bahnpolitik anführen, befürworten doch auch zahlreiche (neo)liberale Ökonomen wie die eingangs genannten Mitglieder des *Kronberger Kreises* eine politisch verantwortete Verkehrsmarktkonzeption für den Fall, dass subsidiäre Lösungsansätze nicht greifen.[779] Sollte die Marktorientierung im Bahnwesen nicht alsbald aufgegeben und der „britische Weg" verlassen werden, wird bspw. auch der Konvergenzprozess zwischen Ost und West ausbleiben, der in den ostdeutschen Bundesländern „blühende Landschaften" (Helmut Kohl) entstehen lassen sollte, stattdessen aber ein „Mezzogiorno an der Elbe"[780] schuf.

---

[778] Winfried Wolf, In den letzten Zügen. Bürgerbahn statt Börsenwahn, a.a.O., S. 54 (Hervorh. im Original)
[779] Frankfurter Institut – Stiftung Marktwirtschaft und Politik (Hrsg.), Deutschland in der Prüfung. Mit Markt zu guten sozialen Verhältnissen, Bd. 2, Bad Homburg 1998, S. 8
[780] Herbert Giersch/Hans-Werner Sinn, Unser Mezzogiorno an der Elbe, in: Süddeutsche Zeitung v. 29.9. 2000, S. 28

Vorbildliche Ausgestaltung des Bahnverkehrs in der Schweiz 277

Originär staatliche Aufgabe im Bahnsektor müsste es sein, auf der Angebotsseite korrigierend einzugreifen, um neben dem (marktimmanenten) Allokations- das (demokratisch legitimierte) Distributionsprinzip zu verankern. Sofern Unternehmen auch nach ihrer Privatisierung in ein Netz mikro-, meso- und makropolitischer Rahmenvorgaben eingebunden bleiben sollen, bedarf es der kostenintensiven Installierung staatlicher Regulierungsstellen, die im Regelfall eine weitaus kompliziertere Architektur aufweisen als die Strukturen des alten Leistungsstaates. Sollen politisch definierte Grundsätze der infrastrukturellen Versorgungssicherheit ebenso Berücksichtigung finden wie Leistungsangebote zu sozialverträglichen Preisen, drängt sich die Frage auf, warum nicht an einem staatlich verantworteten Bahnunternehmen festgehalten wird. Schließlich haben die vergangenen eineinhalb Jahrzehnte gezeigt, dass die Problemlösungsfähigkeit des Marktes zur Sicherstellung gemeinwohlkonformer Leistungen im Bahnsektor nicht ausreicht – weder unter verkehrlichen noch unter sozial- oder wirtschaftspolitischen Gesichtspunkten.

6.2 Vorbildliche Ausgestaltung des Schienensektors durch den Staat: die Schweizerischen Bundesbahnen

Eine bemerkenswerte Alternative zu der (Kapital-)Marktorientierung der DB AG sowie zu der in Großbritannien erfolgten (und lediglich im Infrastrukturbereich zurückgenommenen) Privatisierung des Bahnsektors lässt sich in der Schweiz beobachten, wo das staatlich organisierte Bahnsystem höchst effizient, nahezu flächendeckend und mit breitem Rückhalt seitens der Bevölkerung betrieben wird. Die als spezialrechtliche Aktiengesellschaft im Eigentum der Eidgenossenschaft geführten Schweizer Bundesbahnen (SBB) zeigen, „dass die Verlagerung von Verkehr auf die Schiene und ein effektiver Einsatz öffentlicher Mittel mit einer Staatsbahn möglich sind."[781] Jeder Schweizer unternimmt im Durchschnitt pro Jahr 47 Bahnfahrten von 42 Kilometern Länge, was dem 2,2-fachen des hierzulande erzielten Reisevolumens auf der Schiene entspricht.[782] Das schienengebundene Fracht- und Fahrgastaufkommen ist in der Alpenrepublik seit 1999 kontinuierlich gestiegen – wohl nicht zuletzt aufgrund der Tatsache, dass konstant drei von vier Kunden sich sowohl mit dem Service als auch mit den Fahrplanangeboten für das (bezogen auf die Landesfläche) dichteste Bahnnetz

---

[781] Karl-Dieter Bodack, zitiert nach: Jens Bergmann, Die Bürgerbahn. Die Deutsche Bahn tut alles, um an die Börse zu kommen. Die Schweizer Bahn tut alles für ihre Kunden, in: brand eins, 8. Jg., Heft 10 (2006), S. 38
[782] Vgl. dazu: SBB, SBB – Voll auf Fahrt, Bern 2004, S. 4 u. Winfried Wolf, In den letzten Zügen. Bürgerbahn statt Börsenwahn, a.a.O., S. 76

Europas zufrieden zeigen. Wie effizient das Schweizer Bahnsystem ist, lässt sich daran ablesen, dass im Zeitraum von 1995 bis 2003 jeder auf der Schiene zurückgelegte Personen- und Tonnenkilometer mit nur 2,4 Cent subventioniert wurde – im Gegensatz zu rund 7 Cent in der Bundesrepublik.[783]

Angesichts dieser Erfolge erstaunt es, wie selten das Bahnsystem der Alpenrepublik als Referenzpunkt in der Diskussion um die (eigentumsrechtliche) Ausgestaltung des bundesdeutschen Schienensektors herangezogen wird. Schließlich lässt sich mit Blick auf das dortige Bahnwesen anschaulich der Nachweis führen, dass der weit verbreitete und bisweilen stichhaltige Vorwurf der mangelnden Effizienz öffentlicher Unternehmen nicht generell zutrifft – jedenfalls dann nicht, wenn die Rahmenbedingungen eine steuerliche und investitionsbezogene Gleichbehandlung der Verkehrsträger garantieren.

Entsprachen die Schweizer ÖPNV- und Bahndaten hinsichtlich des *modal split* im Personen- und Güterverkehr sowie der Streckenauslastung und Netzdichte lange Zeit weithin denen der Bundesrepublik, so vollzog sich Ende der 60er-Jahre zwischen Basel und Chiasso eine bahnpolitische Kehrtwende. Anders als der DB-Vorstand setzte die Unternehmensleitung der SBB fortan konsequent auf die Beseitigung von Kapazitätsengpässen, Langsamfahrstellen und Netzlücken. In insgesamt zehn Referenden, die von 1980 bis zum Jahresende 2005 abgehalten wurden, sprach sich die Schweizer Bevölkerung für flächendeckende Bahnverkehrs- und gegen vermeintlich prestigeträchtige Höchstgeschwindigkeitsprojekte aus, obwohl dies häufig nicht den Plänen der Unternehmensführung entsprach.

Da Bau und Instandhaltung der Bahninfrastruktur zum überwiegenden Teil vom Staat finanziert werden, erwirtschaften die 1902 gegründeten SBB seit Jahren Gewinne in zwei- bis dreistelliger Millionenhöhe – mit Ausnahme einer aufgrund von Rückstellungen für die Cargo-Sparte und Einzahlungen in die Pensionskasse getrübten Jahresbilanz in 2005 – und zählen darüber hinaus zu den größten Arbeitgebern des Landes. Der von Befürwortern einer stärkeren Marktzentrierung aufrecht erhaltene Vorwurf, staatliche Wirtschaftstätigkeit stelle grundsätzlich eine finanzielle Belastung für die öffentlichen Haushalte dar, hält den schweizerischen Realitäten nicht stand. So ließ sich 2006 der Gewinn im Segment Personenverkehr gegenüber dem Vorjahr verdoppeln, nachdem die Zahl der Fahrgäste zum siebten Mal in Folge auf 285,1 Mio. gestiegen war. Bei den Güterverkehrsleistungen konnte die Bahngesellschaft 12,34 Nettotonnenki-

---

[783] Jens Bergmann, Die Bürgerbahn. Die Deutsche Bahn tut alles, um an die Börse zu kommen. Die Schweizer Bahn tut alles für ihre Kunden, in: brand eins, 8. Jg., Heft 10 (2006), S. 38

Vorbildliche Ausgestaltung des Bahnverkehrs in der Schweiz 279

lometer und damit eine Steigerung von 7,5 Prozent gegenüber dem Vorjahr erzielen.[784]
Mit einer mittleren Jahresfahrleistung von nahezu 2.000 Kilometern zählen die Eidgenossen gemeinsam mit den Japanern zu den weltweit eifrigsten Bahnfahrern – auch aufgrund eines Preissystems, das durch seine Schlichtheit überzeugt.[785] Ein „Tarifdschungel", der es weder Fahrgästen noch Bediensteten erlaubt, ohne zeitaufwendige Recherche die preiswerteste Verbindung zu ermitteln, ist Schweizer Bahnkunden unbekannt. Während die DB AG im entfernungsgebundenen Loco-System insgesamt 22 Mio. Einzelpreise für die landesweit angebotenen Zugverbindungen sowie mindestens ein halbes Dutzend unterschiedlicher Fahrpreise für eine Strecke zwischen zwei Orten ausweist, verfügen die SBB über ein klar strukturiertes, einstufiges Tarifsystem. Nach dem Zeitpunkt der Buchung gestaffelte Tarife, wie sie von der DB-Führung im Dezember 2002 mit dem Preissystem PEP (Preis- und Erlösmanagement Personenverkehr) als Frühbucherrabatte namens „Sparpreis 25" und „Sparpreis 50" implementiert wurden, sind in der Alpenrepublik unbekannt. Dies wird auf absehbare Zeit so bleiben, wie Paul Blumenthal, Leiter des Bereichs Personenverkehr bei den SBB, erläutert: „Solche Überlegungen [wie bei der DB; Anm. *T.E.*] gibt es nicht. (…) Einen Kunden zu zwingen, einen bestimmten Zug zu buchen, wäre eine Pervertierung des Systems."[786]

Ein weiterer Garant für das seit Jahren hohe Nachfrageniveau in der Schweiz ist der eng getaktete Regional- und Nahverkehr, der zum 12. Dezember 2004 mit dem „Bahn 2000"-Projekt abermals ausgebaut wurde und die geleisteten Zugkilometer um 14 Prozent ausweitete.[787] Das auch „Rail 2000" genannte Konzept sieht neben einer Modernisierung der Züge und der Erhöhung von Streckenkapazitäten durch das Schließen von Doppel- und Vierspurlücken[788] eine weitere Optimierung des integralen Taktfahrplans vor, der nun mit Ausnahme von Herisau, Appenzell und Stans alle Kantonshauptorte im Stunden- oder Halbstundentakt direkt miteinander verbindet. Und obwohl das Schweizer Bahnsystem europaweit die höchste Auslastung vorweisen kann, erreichen 95 Prozent der

---

[784] SBB, Geschäftsbericht 2006, Bern 2007, S. 9 u. 14; für die Bezeichnung der im Güterverkehr gängigen Maßeinheit „(Netto-)Tonnenkilometer" bildet die Beförderung einer (Netto-)Tonne Fracht auf einem Kilometer die Berechnungsgrundlage.
[785] Konrad Mrusek, Das Preis-System der Schweiz ist von genialer Einfachheit, in: Frankfurter Allgemeine Zeitung v. 2.7.2003, S. 14
[786] Paul Blumenthal, „Ein S-Bahn-System Schweiz", in: Berner Zeitung v. 13.10.2004, S. 3
[787] Jens Bergmann, Die Bürgerbahn. Die Deutsche Bahn tut alles, um an die Börse zu kommen. Die Schweizer Bahn tut alles für ihre Kunden, in: brand eins, 8. Jg., Heft 10 (2006), S. 37
[788] Darunter versteht man den Ausbau von einfach geführten Gleisen, sodass sich Züge aus verschiedenen Richtungen nicht mehr nur an ausgewählten Stellen mit zwei Gleissträngen (Doppelspur) passieren können, sowie die Schaffung von Überholmöglichkeiten durch die Verlegung von zwei Spuren je Fahrtrichtung, wo vorher keine vier Spuren lagen (Vierspurlücken).

Reisezüge mit einer Abweichung von weniger als vier Minuten ihr Ziel. Dieser auch im weltweiten Maßstab herausragende Wert ist mehreren Tatsachen geschuldet: Die Triebfahrzeuge werden in deutlich kürzeren Intervallen gewartet als bei der DB AG, der Gleisoberbau wird kontinuierlich ausgebessert, und mehr als die Hälfte der Trassenkilometer sind mehrgleisig angelegt.[789]

Die aufwändig instand gehaltenen 824 Bahnhöfe und Stationen für den Personenverkehr, die sich entlang des 3.034 Kilometer umfassenden Streckennetzes befinden, ermöglichen im Durchschnitt alle 3,7 Kilometer den Zustieg und sorgen auch in entlegenen Regionen der Schweiz für ein hohes Schienenverkehrsaufkommen. Um in der Bundesrepublik die gleiche Bahninfrastrukturversorgung vorweisen zu können, müsste das hiesige Eisenbahnnetz über 55.000 Kilometer lang – und damit rund 20.000 Kilometer länger sein als derzeit.[790] Die flächendeckende Anbindung an den Schienenverkehr stellt in der Schweiz schließlich der Postbusverkehr sicher, der mancherorts über den Rufbus, das PubliCar, die Erreichbarkeit des nächsten Bahnhalts garantiert.

Wie in den regelmäßigen Referenden zum Aus- und Neubau der Bahn(hofs)anlagen deutlich wird, teilt eine deutliche Mehrzahl der Schweizer die Befürchtung ihrer Landsfrau Anne Cuneo, die in einer ihrer populären Kurzgeschichten anschaulich formuliert: „Werden sie [die Bahnhöfe] aufgegeben, geht auch ein Teil des Unvorhergesehenen und damit die Lust verloren, zum blossen Vergnügen zu reisen. (...) Es gibt nichts Traurigeres als einen sterbenden Bahnhof."[791] Auch den mehr als 650 Bahnhöfen im Bereich des Güterverkehrs, auf denen ausschließlich Güterwaggons be- und entladen werden, maßen die Schweizer frühzeitig große Bedeutung bei. So gründeten bereits mehr als 2.450 Unternehmen in unmittelbarer Nähe der Gleisanschlussstellen Niederlassungen oder trugen dafür Sorge, dass sie über Anschlussgleise direkt mit dem nationalen und europäischen Schienennetz verbunden wurden. Dass rund zwei Drittel des alpenquerenden Transitgüterverkehrs über die Schiene abgewickelt werden, liegt des Weiteren im schweizerischen Straßenverkehrsgesetz begründet, welches das Höchstgewicht für Lastwagen auf 40 Bruttotonnen beschränkt (von 1972 bis 2004 lag die Obergrenze bei 28 Bruttotonnen) und seit dem 1. Januar 2008 eine Schwerverkehrsabgabe von bis zu 0,19 EUR pro Tonnenkilometer vorsieht.[792]

---

[789] Walter Moser, Die Bahnstrategie der Schweiz und der SBB. Mit Systemdenken zum Erfolg, in: Heiner Monheim/Klaus Nagorni (Hrsg.), Die Zukunft der Bahn. Zwischen Bürgernähe und Börsengang, Herrenalber Protokolle Nr. 116, a.a.O., S. 76
[790] Heiner Monheim, Deutsche Spinne oder Schweizer Netz – Netz- und Fahrplanentwicklungen im Vergleich, in: Eisenbahn-Revue International, 13. Jg., Heft 2 (2006), S. 101
[791] Anne Cuneo, Von Lausanne, Basel und anderen Bahnhöfen, in: SBB (Hrsg.), Lesen Sie in einem Zug. Sieben Kurzgeschichten, Bern 2002, S. x u. xi
[792] Peter Krebs, Verkehr wohin? Zwischen Bahn und Autobahn, a.a.O., S. 145 u. Jutta Blume, Grenzenlos entfesselter Verkehr. Droht mit Europas Zusammenwachsen bald der Dauerstau?, in: Kom-

Die hohe Akzeptanz, die neben den SBB auch diejenigen Bahngesellschaften genießen, die von Kommunen oder Kantonen betrieben werden, lässt sich mit weiteren Zahlen belegen: Jährlich abonnieren mehr als zwei Mio. Bewohner des Alpenlandes die zu einem Preis von 150,- Schweizer Franken offerierte Halbtax-Karte, die der deutschen BahnCard 50 entspricht und grundsätzlich den halben Fahrpreis garantiert. Gemessen an der Bevölkerungszahl werden somit in der Schweiz mehr als zehnmal so viele Halbtax-Abonnements abgesetzt wie hierzulande BahnCards 50, sodass in der Schweiz mehr Ermäßigungskarten im Umlauf sind als es zugelassene Kraftfahrzeuge gibt.[793] Dies liegt auch an einem höchst erfolgreichen Novum in der Tarifgestaltung, der „Gleis 7-Fahrkarte". Dieses Ticket ermöglicht es 16- bis 25-Jährigen, die im Besitz einer Halbtax sind, ein Jahr lang die Züge der SBB von 19 Uhr bis zum Betriebsschluss zu einem Preis von 99,- Schweizer Franken zu nutzen. Außerdem ist erwähnenswert, dass mehr als 316.000 Schweizer Ende des Jahres 2006 im Besitz eines Generalabonnements waren, einer universellen Mobilitätskarte, die auf allen Teilsystemen des öffentlichen Verkehrs, einschließlich Bergbahnen, Schiffen, Postautolinien und lokalen Trams gilt.[794]

Der gegen diese Erfolge regelmäßig vorgetragene Einwand, „die Geographie der ‚kleinen Schweiz' begünstige die Schiene"[795] läuft ins Leere, denn genau das Gegenteil trifft zu: Sowohl unter klimatischen als auch unter topographischen Gesichtspunkten weist der südliche Anrainerstaat außerordentlich unvorteilhafte Bedingungen für den Bahnverkehr auf. Aufgrund der oftmals gewaltigen Höhenunterschiede, die im Streckenverlauf überwunden werden müssen, sind die meisten Investitionsprojekte, wie z.B. die im Bau befindliche Alpentransversale, um ein Vielfaches kostenaufwändiger als in Deutschland, Frankreich oder den Beneluxstaaten. Allerdings macht das Bauprojekt etwas anderes deutlich: Dass die mehr als acht Mrd. Schweizer Franken teure, durch das Gotthardmassiv, den Zimmerberg und den Monte Ceneri verlaufende 153,5 Kilometer lange Alpentransitstrecke vollständig vom Staat finanziert wird, beruht auf einer bewussten politischen Entscheidung, die dem Bahnsystem eine hohe Priori-

---

mune, 23. Jg., Heft 5 (2005), S. 27 f. u. 30; der Höchstsatz von 0,19 EUR gilt für LKW der EURO-Kategorien 0, 1 und 2.
[793] Heiner Monheim, Ein Appell an die Freunde der Bahn, in: ders./Klaus Nagorni (Hrsg.), Die Zukunft der Bahn. Zwischen Bürgernähe und Börsengang, Herrenalber Protokolle Nr. 116, a.a.O., S. 241
[794] SBB, Geschäftsbericht 2006, a.a.O., S. 9
[795] Winfried Wolf, Zehn Thesen zur Trennung von Infrastruktur und Betrieb, in: Michael Cramer/Tim Engartner/Dirk Fischer u.a., Die Bahn ganz privat? Antworten zu Bahnreform, DB-Börsengang und Trennung von Infrastruktur und Betrieb, Berlin 2005, S. 16

tät einräumt.[796] Nach seiner Fertigstellung wird der Gotthard-Basistunnel mit einer Länge von 57 Kilometern der längste Tunnel der Welt sein. Sicher scheint auch, dass für die AlpTransit Gotthard AG als 100-prozentige Tochtergesellschaft der SBB nach Abschluss des NEAT-Projektes lukrative Aufträge im Ausland folgen werden – Aufträge, die wiederum Geld in die Kassen des Unternehmens und damit des Schweizer Bundeshaushalts spülen.

Nach dem Erfolgsrezept für das Schweizer Bahnsystem befragt, verweist Benedikt Weibel, bis zum Jahresende 2006 SBB-Generaldirektionspräsident, auf die mit großer Kontinuität verfolgten Ziele des Unternehmens: Nicht Profitabilität sei dessen Kernanliegen, sondern die optimale Versorgung der Gesellschaft, wobei der Kostenaspekt nicht nur betriebs-, sondern auch volkswirtschaftlich betrachtet werde. Einem möglichen Börsengang erteilt der langjährige oberste Schweizer Bahner denn auch eine Absage: „Eine echte Privatisierung eines flächendeckenden Systems öffentlicher Verkehr ist – zumindest unter heutigen Marktbedingungen – eine Illusion."[797] Dieselbe Position bezog der im Oktober 2006 aus dem Amt geschiedene Präsident des französischen Staatsbahnunternehmens SNCF, Louis Gallois:

> „Die Frage der Privatisierung stellt sich nicht, weil sie politisch nicht gewünscht wird. Die Franzosen wünschen mehrheitlich, dass wir ein öffentliches Unternehmen bleiben. Unsere Mitarbeiter sollen aktiv am Umbau mitarbeiten. (...) Ich füge hinzu, dass, wenn man einen Aktionär hereinnimmt, die Rentabilität des eingesetzten Kapitals sichergestellt sein muss. Das ist [gegenwärtig bei uns] nicht der Fall: Mit unseren Gewinnen müssen wir Investitionen finanzieren."[798]

6.3 Negativfolgen der (Kapital-)Marktorientierung: Auszehrung des Schienenverkehrs im ländlichen Raum, Ausweitung bahnfremder Dienstleistungen und breit angelegte Liegenschaftsverkäufe

Die Furcht vor einer weiteren Auszehrung des Schienenverkehrs durch privatwirtschaftliche Einflussnahme ist auch in der Bundesrepublik einer der Hauptgründe, weshalb sich die Mehrheit der Bevölkerung für ein staatliches Bahnunternehmen ausspricht: 71 Prozent der Bundesbürger befürworten nach einer im November 2006 durchgeführten repräsentativen Umfrage des Bielefelder Mei-

---

[796] Vgl. die illustrative Darstellung bei: Rolf E. Jeker, Gotthard-Basistunnel – Der längste Tunnel der Welt, Zürich 2002
[797] Zitiert nach: Peter Krebs, Verkehr wohin? Zwischen Bahn und Autobahn, a.a.O., S. 162
[798] Louis Gallois, Interview: „Ein Staatsunternehmen kann effizient sein wie ein privates", in: Süddeutsche Zeitung v. 23.3.2001, S. 27

nungsforschungsinstituts Emnid, dass der letzte große deutsche Staatskonzern in öffentlichem Eigentum bleibt.[799] Damit teilen sie – zumindest indirekt – die Auffassung des Finanzkolumnisten der *Financial Times Deutschland*, Lucas Zeise, der in einem viel zitierten Kommentar schlussfolgerte: „Bei der Bahn handelt es sich um ein Objekt, das für eine Privatisierung – vielleicht kurz nach dem Militär – am wenigsten geeignet ist."[800]

Vor diesem Hintergrund und angesichts der positiven Ergebnisse staatlich organisierter Bahnsysteme in Frankreich und der Schweiz, die auf niedrigere öffentliche Zuschüsse angewiesen sind als der bundesdeutsche Schienensektor und dennoch dichtere und preiswertere Zugangebote bereithalten, ruft eine kapitalmarktorientierte Neuvermessung der DB AG Skepsis hervor. Schließlich zeichnet sich das Bahnwesen durch hohe Fixkosten und einen immensen Bedarf an langlebigen Investitionen aus, die eine *langfristige* Kapitalbindung erfordern. Von wenigen Ausnahmen abgesehen steht dieser generationenübergreifende Zeithorizont jedoch in einem nicht aufzulösenden Spannungsverhältnis mit dem *kurzfristigen* Rentabilitätsinteresse börsennotierter – oder jedenfalls kapitalmarktorientierter – Unternehmen, deren (strategischer) Erfolg nicht erst nach mehreren Jahrzehnten sichtbar zu werden hat, sondern sich nach den Vorstellungen der Anteilseigner bereits in den nächsten Quartalszahlen niederschlagen soll.

Die in diesem Zusammenhang stehende, einem Glaubensbekenntnis gleichende Behauptung, bei einer weiteren Liberalisierung des Schienenpersonenfernverkehrs übernähmen konkurrierende Betreibergesellschaften von der DB AG aufgegebene Zugfahrten, Linien oder Netzteile (vgl. 2.2), verkennt den Umstand, dass diese ebenfalls nach betriebswirtschaftlichem Kalkül operieren (müssen). Mit anderen Worten: Auch im intramodalen Wettbewerb führt der Rentabilitätsdruck zu einer Einstellung unprofitabler Streckenabschnitte – es sei denn, die Betreibergesellschaften erhalten für deren Aufrechterhaltung staatliche Zuwendungen, wie dies, wenn auch unzureichend, im Nahverkehr geschieht. Aber während die rot-grüne Bundesregierung gegen Ende ihrer Amtszeit noch eine moderate jährliche Anhebung der Regionalisierungsmittel in Aussicht gestellt hatte, beschloss die Große Koalition zum Jahresbeginn 2006, die Gelder um insgesamt 1,8 Mrd. EUR bis 2009 zu kürzen, obwohl dann allenfalls die Fertigstellung bereits begonnener Projekte gesichert ist, den Bundesländern aus der Mehrwertsteuererhöhung zum 1. Januar 2007 prognostizierte Mehreinnahmen in

---

[799] Vgl. weiterführend: Tim Engartner, Der Zug der Zeit kommt aus der Luft. Auf ihrem Börsenpfad wird die Deutsche Bahn mehr und mehr zum Logistiker, in: Frankfurter Rundschau v. 16.3.2007, S. 24 f.
[800] Lucas Zeise, Vom Elend der Bahnprivatisierung, in: Financial Times Deutschland v. 9.5.2006, S. 30

Höhe von 21,8 Mrd. EUR pro Jahr erwachsen und die konjunkturelle Aufhellung erste positive Effekte auf das Steueraufkommen zeitigt.[801]

Sicht- und spürbar wird die Abkoppelung zahlreicher im Standortwettbewerb ohnehin schon benachteiligter Regionen durch den Wandel der Bahnhofslandschaft. Während zahlreiche Hauptbahnhöfe in Großstädten mit digitalen Anzeigetafeln, großzügig angelegten Wartehallen und exklusiven „DB Lounges" ausgestattet wurden, die für Erste-Klasse-Reisende ein kostenloses Angebot an alkoholfreien Getränken, Tageszeitungen und Notebook-Arbeitsplätzen bereithalten, müssen Fahrgäste bei kleinen und mittelgroßen Stationen eine zuletzt dramatisch gesunkene Aufenthaltsqualität in Kauf nehmen. Fahrgäste wissen die im Durchschnitt 87 Jahre alten Bauwerke kaum mehr wertzuschätzen, was nicht zuletzt auf bröckelnde Fassaden, zugige Unterstände, dürftig ausgeleuchtete Gänge und von Schlaglöchern durchsiebte Bahnsteige zurückzuführen ist.

Zahlreiche repräsentative Bahnhofsvorplätze wurden in der Vergangenheit nach ihrer Veräußerung an Städte und Gemeinden als Verschnittflächen „filetiert", um Raum für den motorisierten Individualverkehr zu schaffen. Waren Bahnhöfe in der Vergangenheit als „Eingangstore der Städte" integraler Bestandteil des öffentlichen Raums, werden großflächige Bahnhofsareale nunmehr zu „Geschäftswelten mit Gleisanschluss"[802] umgestaltet. Die zu Bundesbahnzeiten eingerichteten Bahnhofsmissionen werden sukzessive aufgegeben, private Sicherheitsdienste führen im Auftrag des jeweiligen Stationsmanagements „soziale Säuberungen" durch, sodass Obdachlose von den Fahrgästen nicht mehr wahrgenommen werden (müssen). Diese Privatisierung des öffentlichen Raums, mit der ein leidvoller Teil sozialer Realität ausgeblendet wird, fügt sich insofern in das Gesamtbild der auf den Kapitalmarkt fokussierten DB AG, als auch sie ein Beispiel dafür liefert, „wie der Markt zur Vernichtung sozialer Maßstäbe wie Gleichwertigkeit beiträgt."[803]

Darüber hinaus büßten viele Bahnhöfe durch Um- und Rückbauten ihre eigentliche Funktion als Zu- und Abgangsstellen zum Schienennetz ein – sofern sie nicht zum Abriss freigegeben wurden. Am 19. Februar 2007 gab der DB-Vorstand bekannt, auf mittlere Sicht nur noch 800 der rund 2.400 Bahnhofsgebäude im Eigentum des Konzerns halten zu wollen. An den übrigen Haltepunkten sollen Bahnsteige, Fahrkartenautomaten und Wartehäuschen ausreichen. In Sachsen, Sachsen-Anhalt und Thüringen werden künftig nur noch 39 Bahnhofs-

---

[801] Allianz pro Schiene, Neuauflage der Broschüre „Stadt, Land, Schiene. 16 Beispiele erfolgreicher Bahnen im Nahverkehr", Pressemitteilung v. 28.6.2006, S. 1
[802] Winfried Wolf, Die sieben Todsünden des Herrn M.: Eine Bilanz der Verkehrs- und Bahnpolitik mit sieben Hinweisen darauf, weshalb diese in einer verkehrspolitischen Sackgasse mündet, a.a.O., S. 47
[803] Wilhelm Heitmeyer, Anknüpfungspunkt: Heterophobie – Obdachlose, in: ders. (Hrsg.), Deutsche Zustände. Ein jährlicher Report, Folge 1, Frankfurt am Main 2002, S. 218

gebäude im Eigentum des Unternehmens stehen, was berechtigte Kritik hervorruft:

„Der größte Teil des Bahngeländes wurde den Bahngesellschaften im 18. und frühen 19. Jahrhundert von der öffentlichen Hand mit der Auflage geschenkt, darauf Schienenverkehr zu betreiben. Wenn dieses Gelände nun an private Investoren verkauft wird und darauf kein Schienenverkehr mehr veranstaltet wird, entfällt die Geschäftsgrundlage für diese Übereignung."[804]

Einzelne Flurstücke werden nach wie vor als für den Bahnbetrieb nicht notwendige Liegenschaften an Privatunternehmen verpachtet, sodass es allein aus rechtlichen Gründen unverändert geboten ist, die Grundstücke samt Immobilien nicht im Eigentum der DB AG zu belassen, sondern dem Bundeseisenbahnvermögen (BEV) und damit dem Bund zuzuschlagen (vgl. 4.4.1). Die DB AG veräußert gegenwärtig im Einvernehmen mit dem Bund als alleinigem Anteilseigner „ihr" Anlagevermögen, um die Eigenkapitalrendite zu steigern – und das Unternehmen potenziellen Investoren als möglichst wertvolle „Braut" anpreisen zu können. Kritiker werten die flächendeckende Verkaufsstrategie als Beleg für die Kurzsichtigkeit des DB-Managements, stehen dem einmaligen Verkaufserlös doch bei einer Aufrechterhaltung des Bahnbetriebs langfristige Mietzahlungen gegenüber. Eine Garantie, dass die Einnahmen aus den Bahnhofs- und Liegenschaftsverkäufen in die Sanierung und Renovierung der übrigen Bahnhofsgebäude fließen, fehlt ebenfalls. Dabei sind Bahnhöfe nicht nur Visitenkarten von Städten und Gemeinden: „Sie sind auch das Eingangstor zum System Bahn und ein wichtiger imagebildender Faktor", wie der für das Geschäftsfeld Station & Service zuständige DB-Vorstand Wolf-Dieter Siebert feststellt.[805] Wenn neben den Bahnhofsgebäuden auch Verkaufsschalter geschlossen werden, weil nach dem 2005 angepassten Stationspreissystem bundesweit nur noch in 83 Bahnhöfen der „Kategorien 1 und 2" ein so genannter „personenbedienter Service" vorgesehen ist, wird auf ein das Schienenverkehrsaufkommen förderndes Instrument verzichtet: auf den barrierefreien Fahrkartenerwerb. Diesen bieten die 8.259 Fahrkartenautomaten, die bis zum Jahresende 2006 aufgestellt wurden, nur in Einzelfällen, bereiten sie doch selbst technisch versierten Zugreisenden vielfach Probleme. Schließlich kann der Vertrieb von Fahrscheinen über Discounter wie Lidl, Fast-Food-Restaurants wie McDonald's und Tchibo-Shops den Schalterverkauf nicht dauerhaft ersetzen – zumal diese Vertriebswege bislang nur höchstens zweimal im Rahmen von Sonderaktionen genutzt wurden und der Bera-

---

[804] Winfried Wolf, Der Bahnhofs-Krimi, Stellungnahme des Bündnisses Bahn für alle v. 19.2.2007, S. 2 f.
[805] Wolf-Dieter Siebert, Vorwort des Vorstandsvorsitzenden, in: DB AG, Geschäftsbericht 2005 – DB Station & Service AG, Berlin 2006, S. 2

tungsbedarf in den vergangenen Jahren erheblich gestiegen ist. Auch deshalb haben regionale Bahnbetreiber in Oberschwaben, im Karlsruher Umland und auf Usedom bereits vor mehreren Jahren den entgegengesetzten Weg eingeschlagen, indem sie brachliegende Gleisabschnitte reaktiviert und durch die DB AG geschlossene Bahnhofsgebäude inklusive Fahrkartenschalter saniert bzw. neu eröffnet haben – mit größtenteils beachtlichem Erfolg: Allein die Usedomer Bäderbahn (UBB) konnte ihre Fahrgastzahlen von 1993 bis 2006 auf 3,4 Mio. Fahrgäste verzwölffachen.[806]

Obwohl vier Fünftel aller verkehrlichen Mobilität im Nahbereich unter 100 Kilometer stattfinden und von den verbleibenden 20 Prozent der überwiegende Teil auf die mittleren Reiseweiten von 100 bis 150 Kilometer entfällt, orientiert sich die DB AG mit dem Neu- und Ausbau des Hochgeschwindigkeitsverkehrs sowie der Ausweitung von Erste-Klasse-Kapazitäten an der konkurrierenden Luftfahrt. Mit dem dort entlehnten Netzentwicklungskonzept „Hub and Spokes" missachtet die Konzernführung indes, dass die polyzentrische Siedlungsstruktur der Bundesrepublik mit ihrer differenzierten Städtelandschaft geradezu prädestiniert ist für eine Netz- und Bahnstruktur, die sich durch eine Flächen- statt eine Hochgeschwindigkeits- und eine damit einhergehenden Korridororientierung auszeichnet. Vor diesem Hintergrund ist es als Fehlentscheidung zu werten, dass die ICE-Züge als „Aushängeschilder" des Personenfernverkehrs installiert wurden und ihr Anteil an der Gesamtflotte bis zum Jahresende 2010 bei zwei Drittel liegen soll.[807]

Ganz im Sinne dieser Hochgeschwindigkeitsorientierung erfolgte zum 15. Dezember 2002 die nahezu bundesweite Einstellung des InterRegio, der den nachfragestarken Mobilitätsbereich der mittleren Entfernungen bedient hatte. Die Rückführung dieser profitablen Zuggattung, die mit 424 Zügen ein beinahe flächendeckendes und zudem attraktives Schienenangebot zwischen mehr als 1.000 deutschen Groß-, Mittel- und Kleinstädten bereit hielt, beschädigte die Systemqualität des deutschen Schienenverkehrs nachhaltig und erwies sich als folgenschwere Fehleinschätzung. Das Kalkül der Bahnverantwortlichen, die 68 Mio. jährlichen Fahrgäste zur Nutzung der teureren, oftmals aber lediglich umlackierten IC- und EC-Züge zu bewegen, ging nicht auf. Anders als in der Schweiz, den Niederlanden, Dänemark und Österreich, wo die besonders attraktiven, am stärksten frequentierten InterRegio-Verbindungen im Halbstundentakt zwischen den Ober- und Mittelzentren bedient werden, trieb die Konzernführung den Ausbau der hochpreisigen Fernverkehrsrelationen massiv voran.

---

[806] Dietmar Pühler, Usedomer Bäderbahn schließt 2006 mit Rekordergebnis ab, in: Neue Usedomer Nachrichten v. 2.1.2007, S. 3
[807] Wolfgang Glabus/Jobst-Hinrich Wiskow, Mehdorns Malaise, in: Capital, Nr. 4 v. 13.2.2006, S. 44

Der Bedeutungsverlust des schienengebundenen Verkehrs schreibt sich außerdem fort, weil die am Kapitalmarkt ausgerichtete Unternehmensstrategie den Wandel von einem reinen Schienentransportunternehmen zu einem integrierten Mobilitäts- und Logistikkonzern mit weltweit mehr als 1.500 Standorten herbeiführte. Insofern stellt die im Sommer 2002 vollzogene Übernahme der Stinnes AG, mit der die DB AG zum größten Straßenspediteur Europas aufstieg, eine bedeutende Zäsur in der Unternehmensgeschichte dar. Während der Bahnverkehr als ursprüngliches Kerngeschäftsfeld weiter an Bedeutung verlor, erwirtschaftete die DB AG im Geschäftsjahr 2006 mehr als 60 Prozent ihres Umsatzes mit bahnfremden Dienstleistungen.[808] Der Kauf des US-amerikanischen Luftfrachtunternehmens Bax Global Inc. sowie die Ankündigung der Konzernführung, weitere Akquisitionen auf dem Feld der straßengebundenen Logistikdienstleistungen prüfen zu wollen, sind ein unverkennbares Indiz für diese (aus Steuergeldern finanzierte) Expansionsstrategie. Sie verfehlt das von politischer Seite proklamierte (aber unzureichend umgesetzte) Ziel, mehr Verkehr auf die Schiene zu bringen, denn statt den Anteil des Schienengütertransports im intermodalen Wettbewerb zu steigern, setzt die DB AG auf eine *verkehrsträgerneutrale* Steigerung ihrer Transportmarktanteile.

Der Güterzugverkehr wird durch die fehlende „Entmischung" vom Personenverkehr gelähmt; an der EU-Außengrenze treten zahlreiche Ein- und Ausfuhrbestimmungen erschwerend hinzu. So wartet der seit Mitte der 90er-Jahre auf europäischer Ebene diskutierte elektronische Frachtbrief nach wie vor auf seine Umsetzung. Dabei gilt eine Verbesserung der technischen und organisatorischen Abläufe im grenzüberschreitenden Bahnverkehr übereinstimmend als vordringlich, um den systembedingten Wettbewerbsvorteil des schienen- gegenüber dem straßengebundenen Verkehr auf langen Distanzen zu nutzen. Zwar wurde die Richtlinie 96/48/EG über die Interoperabilität des transeuropäischen Hochgeschwindigkeitsverkehrs mit der Eisenbahn-Interoperabilitätsverordnung (EIV) vom 20. Mai 1999 in den betreffenden Staaten in nationales Recht umgesetzt, bislang mangelt es jedoch an harmonisierten europäischen Zertifizierungs- und Betriebssystemen.

Erschwerend hinzu tritt die mangelnde Interoperabilität der Zugsysteme, die sich insbesondere im Bereich der Stromeinspeisung sowie bei der Überführung von Gütern auf Waggons osteuropäischer Breitspurbahnen zeigt. Bis zu 24 Stun-

---

[808] Dabei handelt es sich um eigene Berechnungen nach: DB AG, Geschäftsbericht 2006, a.a.O., S. 130-144 u. Matthias Bartsch/Andrea Brandt/Jörg Schmitt/Andreas Wassermann, Richtung Abstellgleis. Eine große Allianz macht Front gegen die Privatisierung der Bahn, in: Der Spiegel, Nr. 22 v. 26.5.2007, S. 36. Da die DB AG durch übliche Publikationspflichten lediglich zu Angaben auf Konzernebene verpflichtet ist, sind die Umsätze und Gewinne der einzelnen Geschäftsfelder nur bedingt zu beziffern (vgl. Cerstin Gammelin 2007, S. 31).

den stehen die Bahnräder an den dortigen Grenzstationen auch deshalb still, weil in automatische Umspuranlagen und geeignetes Wagenmaterial, das die variable Bildung von Zugsystemen erlaubt, bislang nur unzureichend investiert wurde. Mithin muss jeder Zug, der die Grenze passiert, zunächst aufgelöst werden. Das arbeitsintensive und langwierige Verfahren bei der Durchstellung des grenzüberschreitenden Bahnverkehrs erklärt zum Teil die hohen Transportkostenunterschiede im Vergleich zur Schifffahrt und liefert den zentralen Grund dafür, dass nur ein geringer Prozentsatz des grenzüberschreitenden Transports über die Schiene abgewickelt wird.

Schließlich ist der Bedeutungsverlust des Bahnverkehrs im nationalen wie internationalen Maßstab auch auf die seitens der Politik vorangetriebene expansive Förderung des Straßenbaus zurückzuführen, die in der Bundesrepublik 2005 mit 5,2 Mrd. EUR ein neues Rekordniveau erreichte und unverändert zulasten des Aus- und Neubaus von Bahntrassen geht.[809] Obwohl die EU-Kommission in ihrem Weißbuch „Weichenstellungen für die Zukunft", das die europäische Verkehrspolitik bis zum Jahre 2010 skizziert, eine umfassende Verkehrswende zugunsten des Schienenverkehrs in Aussicht stellt und die amtierende Große Koalition die von der rot-grünen Vorgängerregierung ausgegebene (aber nicht umgesetzte) Losung „Mehr Verkehr auf die Schiene" im Koalitionsvertrag von 2005 festgeschrieben hat, bleibt die Trendwende bislang aus. Im Jahr der Regierungsbildung von CDU/CSU und SPD erreichten die Investitionen in die Schienenwege mit 3,2 Mrd. EUR den zweitniedrigsten Stand in der Geschichte der Bundesrepublik, obschon das gesamtdeutsche Streckennetz bereits jetzt nur noch die Länge der westdeutschen Bahntrassen von 1952 (!) aufweist.[810]

Unverändert gereicht der Bahn auch die steuerliche Ungleichbehandlung der Verkehrsträger zum Nachteil. Während Fluggesellschaften weder Kerosinnoch Ökosteuer zahlen und für internationale Flüge keine Umsatzsteuer erhoben wird, muss die DB AG für Fernverkehrstickets nach wie vor den vollen Mehrwertsteuersatz in Rechnung stellen. War dessen Reduzierung auf sieben Prozent in der Koalitionsvereinbarung der rot-grünen Bundesregierung von 2002 noch in Aussicht gestellt worden, verschärfte sich die Benachteiligung der Bahn im intermodalen Wettbewerb mit der zum 1. Januar 2007 erfolgten Erhöhung der Umsatzsteuer um drei Prozentpunkte abermals.

Dieses Beispiel macht deutlich, dass für den Abwärtssog der Verkehrsmarktanteile, von dem der Schienenverkehr zu Beginn der 60er-Jahre durch den rasanten Aufstieg des Automobils erfasst wurde, politische Gründe angeführt werden müssen: „Die Spirale des öffentlichen Verkehrs [schraubt sich] nicht

---

[809] Pro Mobilität, Verkehrsetat 2008, Informationen zu den Kabinettsberatungen, Mitteilung v. 7.6.2007, S. 2
[810] Ebd.

unter dem Einfluss eines Naturgesetzes nach unten, sondern von Spielregeln, die vom Menschen gemacht und durch ihn beeinflussbar sind."[811]
Desintegration und Fragmentierung des Bahnsektors sind weder in der Bundesrepublik noch in Großbritannien, dem „Mutterland der Eisenbahn", allein Folge von Marktveränderungen, sondern zuvörderst politischen Entscheidungen geschuldet. Deren kostspielige Folgen werden die britischen Steuerzahler in den kommenden Jahren zu tragen haben. Mit mindestens 70 Mrd. Pfund St. wird der britische Haushalt belastet werden müssen, um den Schienenverkehr bis 2012 auf ein den westeuropäischen Standards entsprechendes Niveau anzuheben, d.h. den nationalen Zustand der späten 1980er-Jahre wiederherzustellen.[812] Mehrere Kostenrechnungen kommen zu dem Schluss, dass eine Umstrukturierung und Sanierung der Staatsbahn durch die öffentliche Hand bedeutend preiswerter gewesen wäre (vgl. 5.3).

6.4 Der Verzicht auf (verkehrs)politische Steuerungselemente: ahistorisch, kurzsichtig und (bislang) verfassungswidrig

Die mit nahezu jeder Privatisierung einhergehende Verschärfung sozialer Schieflagen spiegelt sich nicht nur in dem Transformationsprozess wider, den die Bundesbahn auf dem Weg zu einer Aktiengesellschaft durchlaufen hat. Zugleich verfestigen die das Verkehrswesen betreffenden steuerlichen Rahmenbedingungen die sozialen Ungleichheiten auf personeller und räumlicher Ebene. So belastet die zum 1. Januar 2007 in Kraft getretene Kürzung der „Pendlerpauschale", wonach die Entfernungskilometer zum Arbeitsplatz nur noch ab dem 21. Kilometer steuermindernd geltend gemacht werden können, Bezieher kleiner und mittlerer Einkommen überproportional. Sie sahen sich aufgrund der von 1996 bis 2005 gesunkenen Reallöhne, der (nicht zuletzt durch die Ökosteuer) gestiegenen Benzinpreise und der zeitgleich angehobenen ÖPNV-Tarife schon zuvor kaum mehr im Stande, den gewachsenen beruflichen Mobilitätsanforderungen gerecht zu werden – zumal ihre oftmals prekären Beschäftigungsverhältnisse einen Wohnortwechsel in der Regel nicht rechtfertigen. Nicht vergessen werden dürfen in dem Zusammenhang die Empfänger von Arbeitslosengeld (Alg) I, denen nach § 121 SGB III bei einer Arbeitszeit von 6 Stunden bis zu 2,5 Stunden bzw. bis zu zwei Stunden (bei einer Arbeitszeit von weniger als 6 Stunden) Pendelzeit zu-

---

[811] Peter Krebs, Verkehr wohin? Zwischen Bahn und Autobahn, a.a.O., S. 40
[812] Andrew Murray, Off the Rails. Britain's Great Rail Crisis – Cause, Consequences and Cure, a.a.O., S. 123
[812] Kevin Brown/Juliette Jowit: Slow Train a Comin' – Britain's Railway Is One of the Worst in Europe, in: Financial Times v. 12.1.2002, S. 9

gemutet werden. Ebenfalls ungeachtet der öffentlichen Verkehrsversorgung müssen Bezieher von Alg II jede Arbeitsstelle annehmen. Preiswerte und eng getaktete Bahnangebote könnten einen sozialen Ausgleich für diejenigen schaffen, die wie Arbeitslose, Rentner, Schüler, Studierende und Menschen mit Behinderung mangels Zahlungskraft oder aufgrund ihrer körperlichen Konstitution auf kein alternatives Verkehrsmittel wie den eigenen PKW oder das eigene Fahrrad ausweichen können. Schließlich zählen die Genannten zu der Gruppe derjenigen, die von den zum Jahresbeginn 2005 erneut abgesenkten Einkommensteuersätzen nicht profitieren. Insofern würde eine am Gemeinwohl orientierte Tarifgestaltung unter Rahmenvorgaben des Bundes oder der Bundesländer nicht nur Anreize für die Verkehrsmittelwahl zugunsten der Bahn aus-, sondern zugleich einen integralen Bestandteil sozial gerechter (Verkehrs-)Politik einlösen.[813]

Da neben der Preiswürdigkeit des Bahnreisens die Übersichtlichkeit der Tarifstruktur von herausragender Bedeutung für die Akzeptanz des Bahnangebots ist, bedarf es einer Reduktion der Fahrpreisvielfalt, wobei aufbauend auf den Erfahrungen im SPNV und ÖPNV eine Ausgabe von Nahraum- und Regionaltickets als im Abonnement zugestellte Monatsnetzkarten empfehlenswert scheint. Des Weiteren müssten Nah- und Fernverkehr kompatibilisiert werden, d.h. Verbundtickets müssten wieder Gültigkeit für DB-Fernzüge (ICE, IC und EC) erlangen. Angesichts der Tatsache, dass das „Austüfteln" des maximalen Rabatts zwischen den „Sparpreisen" mit und ohne Wochenendbindung unter gleichzeitiger Berücksichtigung der Sommer- und Herbstangebote sowie der zum 10. Juni 2007 eingeführten Dauer-Spezial-Tickets selbst tarifkundige Bahnfahrer abschreckt, sollte die ausladende Vielfalt des Angebots zumindest im Fernverkehr durch zwei eindeutig definierte Preise ersetzt werden: durch einen für die preiswerteste und einen für die schnellste Verbindung.

Mit dem durch die Kapitalmarktorientierung bedingten Rückzug aus der Fläche, der sich in der Verringerung der „Bahnhofsdichte", der Halbierung der industriellen Gleisanschlüsse und dem Abbau von mehr als 245.000 Arbeitsplätzen seit Beginn der Bahnreform konkretisiert, werden neben sozialen auch regionale Disparitäten missachtet. Insbesondere in ländlich geprägten Regionen Ostdeutschlands zeugen brachliegende Gleisstränge und baufällige Bahnhofsge-

---

[813] Dass dies keine illusorische Erwartung ist, zeigt ein Blick auf einen anderen, von der EU-Administration reglementierten Sektor: So wird in der seit Ende 2000 geltenden Wasserrahmenrichtlinie die staatliche Preisgestaltung explizit als politisches Instrument zur Förderung eines nachhaltigen Umgangs mit Wasser erwähnt. In Analogie zu dieser Richtlinie und unter Betonung einer umweltverträglichen Verkehrsentwicklung könnte die Preisgestaltung der DB AG auch im Fernverkehr in die Hände des Staates gelegt werden, dem damit die Möglichkeit eingeräumt würde, konkrete sozial-, umwelt- und verkehrspolitische Ziele zu verfolgen.

bäude davon, dass eine vorwiegend an kurzfristigen Kosten-Nutzen-Rechnungen ausgerichtete Denkweise Platz gegriffen hat.

So forcierte die DB AG unmittelbar nach ihrer Eintragung als Aktiengesellschaft im Handelsregister der Stadt Berlin am 5. Januar 1994 den Trassenab- bzw. -rückbau. Kam es anfänglich nur in peripheren Bedienungsgebieten zu Streckenstilllegungen, wird die Rückzugsstrategie zunehmend auch in Mittel- und Oberzentren sichtbar. Auch dort stehen mittlerweile zahlreiche durch das Eisenbahnbundesamt (EBA) entwidmete bahneigene Grundstücke zum Verkauf, ist das Schienennetz doch inklusive Brücken, Stellwerken und Signalanlagen einen zwei- bis dreistelligen Milliardenbetrag wert. Vom 1. Januar 1994 bis zum Jahresende 2006 beantragte die DB AG erfolgreich die Stilllegung von bundesweit 455 Strecken, wodurch sich das Trassennetz von 42.787 Kilometern auf 34.122 Kilometer verkürzte.[814] Diese Strategie steht in offenem Widerspruch zu der Ankündigung, die sich im Juni 2001 in einer bundesweit geschalteten Annonce des Konzerns fand: „Wir wollen wachsen. Und nicht schrumpfen. Wir werden mehr Verkehr auf die Schiene holen – schnell und in der Fläche."[815]

Auch in Zukunft werden die praktizierte Geschäftspolitik des Konzerns und die von Seiten des Bundes als ihrem Alleinaktionär verantwortete Verkehrs- bzw. Bahnpolitik dieser Werbebotschaft diametral entgegenstehen. Als börsennotiertes, weitgehend von staatlichen Einflüssen „befreites" Unternehmen wird die DB AG unter Wahrung kaufmännischer Gesichtspunkte noch umfassender als bislang solche Zugleistungen und -verbindungen aufgeben, deren Ertragswerte trotz gewährter Zuschüsse negativ sind oder jedenfalls unterhalb der durchschnittlichen Rendite im Bahnsektor liegen. Nach einem Beschluss des DB-Vorstandes, der sich zwar nicht in der an entscheidenden Stellen geschwärzten Publikumsfassung des PRIMON-Gutachtens, wohl aber in der den Parlamentariern zugänglichen Ausgabe nachlesen lässt, soll die Strategie des Trassenrückbaus und anschließenden Liegenschaftsverkaufs mit Blick auf den Börsengang abermals forciert werden.[816] Gutachten der Investmentbank Morgan Stanley und der Unternehmensberatung Booz Allen & Hamilton prognostizieren, dass der Gleiskörper um weitere 5.000 Kilometer und damit auf die Länge des Jahres 1875 im Deutschen Reich reduziert werden wird – unabhängig davon, ob die DB AG an der Börse platziert oder anderweitig an private Großinvestoren verkauft wird.[817]

---

[814] Vgl. DB AG, Geschäftsbericht 2006, a.a.O., S. 1 u. Bundesamt für Statistik, Statistisches Jahrbuch 1996 für die Bundesrepublik Deutschland, a.a.O., S. 310
[815] Vgl. beispielhaft: DB AG, Werbeanzeige „Wir wollen wachsen und nicht schrumpfen", in: Frankfurter Allgemeine Zeitung v. 13.6.2001, S. 13
[816] Booz Allen & Hamilton, Privatisierungsvarianten der Deutschen Bahn AG „mit und ohne Netz" (Fassung für die MdB), a.a.O., S. 203
[817] Wissenschaftlicher Beirat von Attac, Die Bahnprivatisierung. Ein Abbau von Daseinsvorsorge und ein Beitrag zur Klimaverschlechterung, Stellungnahme (Entwurf), Karlsruhe 2006, S. 4

Bei einer buchstabengetreuen Auslegung der ersten Alternative des Art. 72 Abs. 2 GG könnte der Rückzug aus der Fläche sogar gegen den verfassungsrechtlichen Anspruch auf gleichwertige Lebensverhältnisse verstoßen. Eine detaillierte staatsrechtliche Erörterung dieser Frage ist zweifelsohne bedeutsam, kann jedoch insofern dahin gestellt bleiben, als den Verkehrsbedürfnissen der Allgemeinheit beim Ausbau und Erhalt des Schienennetzes gemäß den Bestimmungen in Art. 87e Abs. 4 GG im Sinne der „Gewährleistungspflicht" in jedem Fall nicht mehr (ausreichend) Rechnung getragen wird. Auf dieser rechtlichen Grundlage werteten den am 13. März 2007 vom Bundesministerium für Verkehr, Bau und Stadtentwicklung vorgelegten Gesetzentwurf nicht nur Bundesjustiz- und Bundesinnenministerium als nicht verfassungskonform. „Das Grundgesetz verlangt, dass der Bund dauerhaft seinen Einfluss auf das Netz geltend machen kann. Er soll nicht nur schlimmste Missbräuche verhindern können, sondern als Volleigentümer gestaltend einwirken. Diesen Anforderungen wird der Gesetzentwurf aus meiner Sicht nicht gerecht", analysiert der Regensburger Staatsrechtler Robert Uerpmann-Wittzack und kann sich in seiner Auffassung auf ein Gutachten des *Bundesverbandes der Deutschen Industrie* (BDI) stützen, welches ebenfalls zu dem Schluss kommt, dass der Entwurf als verfassungswidrig zu werten sei.[818]

Die am 26. Februar 2007 erfolgte Ankündigung des DB-Vorstandes, binnen drei Jahren auf dem Niveau der Vorjahre weitere fünf Mrd. EUR in die Modernisierung des Trassennetzes zu investieren, kann nicht darüber hinwegtäuschen, dass die Schienenstränge seit Mitte der 1960er-Jahre in besonderer Weise vom „Spardiktat" betroffen waren: „Verrostete Ankerschrauben an den Signalfüßen, vergammelte Brückengeländer, überwucherte Gleise und defekte Heißläufer- und Festbremsortungsanlagen" monierte der Bundesrechnungshof in seinem Mitte Februar 2007 an die Öffentlichkeit gelangten Bericht.[819] Angesichts dieser unzureichenden Netzinstandhaltung drohen strukturschwache Regionen als regionale Dependenzökonomien mittelfristig zu einem *land of waste* zu degenerieren. Denn die zuletzt signifikant gekürzten Regionalisierungsmittel zwingen die meisten Landesregierungen zu einem regelrechten „Kahlschlag" im Nahverkehr – trotz gestiegener Mehrwertsteuereinnahmen, die in nahezu allen Bundesländern dazu verwendet werden, die vom Bund reduzierten Mittelzuflüsse wenigstens teilweise aufzufangen. Obschon die Anteile am Schienennetz nach derzeit geltendem Recht mehrheitlich beim Bund verbleiben müssen, droht der Rückzug

---

[818] Zitiert nach: Klaus Stratmann, Bahn-Privatisierung wackelt. Innenministerium erhebt verfassungsrechtliche Bedenken gegen Tiefensee-Pläne, in: Handelsblatt v. 10.4.2007, S. 10
[819] Zitiert nach: Matthias Bartsch/Andrea Brandt/Jörg Schmitt/Andreas Wassermann, Richtung Abstellgleis. Eine große Allianz macht Front gegen die Privatisierung der Bahn, in: Der Spiegel, Nr. 22 v. 26.5.2007, S. 35

aus der Fläche – oftmals als „Konzentration auf die betriebswirtschaftlich optimale Netzgröße" euphemistisch verklärt – weiter fortgesetzt zu werden. Trotz positiver ausländischer Erfahrungen mit staatlichen Bahnunternehmen wurde die Variante „Status quo plus" als eine verbesserte Bahn in öffentlichem Eigentum weder in dem bislang für die Ausgestaltung der Privatisierung maßgeblichen PRIMON-Gutachten bedacht, noch wird darüber in Fachkreisen diskutiert. Dabei nehmen sich die seit Reformbeginn zu verzeichnenden Fracht- und Fahrgastzuwächse im Schienenverkehr selbst unter Zugrundelegung der absoluten Zahlenwerte äußerst bescheiden aus. Zwar hat die formelle Privatisierung der DB aus dem „kränkelnden Dinosaurier im Schuldenmeer"[820] eine Aktiengesellschaft gemacht, deren Management sich entschlossen zeigt, am Markt Geld zu verdienen. Die dringend gebotene Kehrtwende im Sinne einer breiten Renaissance des Bahnverkehrs ist jedoch bislang ausgeblieben, sodass mittlerweile selbst ehemalige Befürworter der Bahnreform Zweifel an deren Stoßrichtung hegen, darunter das ehemalige DB-Vorstandsmitglied Thilo Sarrazin, der langjährige verkehrspolitische Sprecher der SPD-Bundestagsfraktion Klaus Daubertshäuser und der einstige Vorsitzende der *Regierungskommission Bundesbahn* Wilhelm Pällmann.

Eine Entscheidung zugunsten eines gemeinwirtschaftlich ausgerichteten, staatlich verantworteten Bahnangebots zu treffen, bedeutet im Hinblick auf den Schienenverkehrssektor, ein historisch legitimiertes Redistributionsargument aufzugreifen. Zwar wurden die ersten Eisenbahnlinien trotz des enormen Kapitalbedarfs mit wenigen Ausnahmen (wie z.B. in Belgien) allesamt von Privatunternehmen geplant, finanziert, errichtet und zunächst auch betrieben. Gleichwohl wurden die in Industriestaaten gegründeten Privatbahnen nach einem Zeitraum von 50 bis 100 Jahren trotz massiver Subventionierung für gescheitert erklärt – und letztendlich in staatliche Regie überführt. Hatte sich die öffentliche Hand in einigen europäischen Staaten schon im Laufe des 19. Jahrhunderts gezwungen gesehen, den Schienenverkehr zu betreiben, folgte im Deutschen Reich 1919 die Gründung der Reichsbahn, während die Geburtsstunde von British Rail auf das Jahr 1948 zu datieren ist. Und auch die amerikanische Regierung musste schließlich 1970 bzw. 1976 aufgrund massiver finanzieller Schwierigkeiten der bestehenden privaten Anbieter zwei staatliche Eisenbahnunternehmen namens Amtrak und Conrail gründen.[821]

Obschon die Frage nach der Reichweite staatlicher Aufgabenwahrnehmung unzweifelhaft eine staatstheoretische Dimension aufweist, sind die verkehrspolitischen Entscheidungen angesichts der gebietskörperschaftenübergreifend prekä-

---

[820] Peter Kirnich, Die Bahn ist ein Fass ohne Boden, in: Berliner Zeitung v. 6.11.2000, S. 31
[821] Lars Kohlmorgen/Karsten Schneider, Deregulierung der Wasserversorgung und des Verkehrs im internationalen Vergleich, in: WSI-Mitteilungen, 57. Jg., Heft 2 (2004), S. 91

ren Haushaltssituation häufig nicht mehr durch einen „normativen, vom (wirtschafts)politischen Wollen bestimmten Charakter"[822] geprägt, sondern allein buchhalterischen Erwägungen geschuldet. Dabei ist auch die beständig proklamierte Umsetzung übergeordneter industrie-, struktur- und umweltpolitischer Ziele mit einer weiteren Deregulierung der Transport- und Verkehrsmärkte nicht zu erreichen. Sollen privatwirtschaftlich organisierte Schienenverkehrsunternehmen wie die DB AG nicht ausschließlich unternehmerische Aufgaben wahrnehmen, ist es unverzichtbar, ihnen Ausgleichszahlungen aus dem Bundeshaushalt zu gewähren, und zwar in der Höhe, in der ihnen – bedingt durch (bislang weitgehend fehlende) staatliche Beförderungsvorgaben – erhöhte Belastungen erwachsen. In diesem Kontext sollte auch die derzeitige Steuer- und Abgabenarchitektur überdacht werden, um die fiskalische Ungleichbehandlung der Verkehrsträger bei Mineralöl-, Mehrwert- und Ökosteuer aufzuheben. Da die Bahnreformgesetze keine Ansatzpunkte für eine Korrektur der ordnungs- und finanzpolitischen Benachteiligung der Bahn im Bau-, Planungs- und Steuerrecht enthielten, dauert die Priorisierung des Straßen- und Luftverkehrs unvermindert an.

Der Gang an die Börse würde dem Bund zwar ebenso wie eine außerbörsliche Veräußerung an *Private-Equity*-Gesellschaften oder andere (Groß-)Investoren hohe Einmaleinnahmen bescheren, die teilweise als „frisches Kapital" zurück ins Unternehmen fließen könnten. Da jedoch die kapitalmarktüblichen Renditen von 15 und mehr Prozent gegenwärtig deutlich oberhalb der im Bahnsektor erwirtschafteten drei bis fünf Prozent liegen, werden die Investoren entweder Einsparungen bei den Service- und Sicherheitsstandards vornehmen müssen oder für die Gewährleistung der bisherigen Qualität weitere staatliche Finanzzuschüsse beantragen und diese dann unter Umständen – wie in Großbritannien geschehen – an die Anteilseigner im Stile einer Privatisierung der Gewinne weiterleiten.

Unabhängig davon, wie die materielle Privatisierung der DB AG konkret ausgestaltet werden wird, ist von einem weiteren Bedeutungsverlust nichtökonomischer Zielvorgaben auszugehen: Die regionale Strukturförderung, die Subventionierung unrentabler Streckenabschnitte und die Gewährung von Job-, Schüler- und Studierendentickets bzw. von Freifahrten für Schwerbehinderte und Erwerbslose werden künftig noch weniger als bislang Berücksichtigung finden. Da das Preisniveau die jeweiligen Bevölkerungsgruppen unterschiedlich belastet, bewirkt die fortschreitende Privatisierung des Verkehrssektors im Zusammenspiel mit dessen Deregulierung zwangsläufig eine Umverteilung zugunsten ohnehin privilegierter Wirtschafts- und Interessengruppen. Den Profiteuren stehen begriffsnotwendig Verlierer gegenüber, die große Schnittmengen mit der wachsenden Bevölkerungsgruppe der ökonomisch und soziokulturell Deprivierten

---

[822] Rudolf Welzmüller, Für eine Revision des Stabilitäts- und Wachstumspakts, in: WSI-Mitteilungen, 56. Jg., Heft 8 (2003), S. 463

aufweisen. Insofern stellt sich die Abkehr vom öffentlichen Versorgungsauftrag nicht als Schritt in Richtung einer „zivilgesellschaftlichen Selbstverwaltung" (Andreas Fisahn) dar, sondern als Paradigmenwechsel von einer emanzipatorischen Demokratie zu einer *ownership society*.

Deren sozioökonomische Polarisierung lässt sich in historischer, sektoraler und internationaler Perspektive erkennen und rührt an den Grundfesten einer solidarischen, mündigen und sozial durchlässigen Gesellschaft. Eine Infrastrukturpolitik hingegen, welche die Förderung des Schienenverkehrs zum Leitziel erklärte, wäre in besonderer Weise dazu geeignet, die Wohlstandskluft in der Gesellschaft zu verringern, die Voraussetzungen räumlicher Integration zu schaffen und eine an konjunkturpolitischen Kriterien orientierte investive Steuerung vorzunehmen. Eine Belebung des Bahnverkehrs auf der Grundlage großzügig bemessener Investitionsausgaben würde die seit Jahrzehnten in Aussicht gestellte Trendwende im *modal split* einleiten und das nicht zuletzt durch den Ost-West-Transit übermäßig in Anspruch genommene Straßennetz entlasten. Die Schaffung eines attraktiven und preiswerten öffentlichen Nahverkehrssystems ist nicht nur für ein ausreichendes Maß an beruflicher und privater Mobilität unerlässlich. Zugleich würde es die Voraussetzungen schaffen, um die u.a in internationalen Abkommen verbrieften ökologischen Zielsetzungen zu realisieren und einen zentralen systembedingten Wettbewerbsvorteil des Schienenverkehrs gegenüber dem Straßenverkehr zur Geltung zu bringen: den bei angemessener Wartung von „Rad und Schiene" pünktlichen und somit jederzeit verlässlichen Transport.[823]

Obwohl es im Bahnwesen mehr noch als in anderen Sektoren eines handlungsfähigen Staates bedarf, werden mit der materiellen Privatisierung der DB AG historisch gewachsene Schlüsselinstrumente staatlicher Handlungskompetenz unwiederbringlich preisgegeben. Es droht endgültig in Vergessenheit zu geraten, dass öffentliche Dienstleistungen über Jahrzehnte hinweg von der Bevölkerungsmehrheit als Fundament eines demokratisch verfassten Gemeinwesens begriffen wurden und dem nicht nur auf Ballungszentren zugeschnittenen Bahnverkehr zentrale Bedeutung zukommt: „Die Verkehrsadern (…) sind auch die Lebensadern der Gesellschaft, die für niemanden verschlossen sein dürfen. Irgendjemand muss dafür sorgen, daß auch in der Lüneburger Heide oder im Bayerischen Wald noch Züge halten."[824]

Die Ausdünnung von Fahrtakten und Strecken in ländlichen Regionen, die Einstellung des InterRegio, die einseitige Konzentration auf den ICE-Hochgeschwindigkeitsverkehr, der kostspielige Um- bzw. Neubau vermeintlich prestige-

---

[823] Vgl. für eine ausführliche Darstellung: Joachim Fiedler, Verlässlichkeit als Konkurrenzkriterium, in: Der Eisenbahningenieur, 56. Jg., Heft 12 (2005), S. 40-46
[824] Jan Roß, Die neuen Staatsfeinde. Was für eine Republik wollen Schröder, Henkel, Westerwelle und Co.? Eine Streitschrift gegen den Vulgärliberalismus, a.a.O., S. 39

trächtiger Großbahnhöfe wie in Berlin und Stuttgart, das Festhalten am Personalabbau in den Schienenverkehrssparten, die fünfte Anhebung der Fahrpreise binnen vier Jahren zum 9. Dezember 2007, der Verkauf von mehr als 1.200 Bahnhofsgebäuden sowie schließlich der Wandel der DB AG zu einem global operierenden Logistikkonzern lassen indes nicht erwarten, dass die Wünsche der Fahrgäste und Frachtkunden nach preiswerten, flächendeckenden und eng getakteten Bahnverkehrsangeboten in absehbarer Zeit erfüllt werden. All dies sind Negativaspekte der seit eineinhalb Jahrzehnten währenden Bahnreform, die als „Leuchtturm" neoliberaler Großprojekte gepriesen wurde, tatsächlich aber zahlreiche Ähnlichkeiten mit der gescheiterten Bahnprivatisierung in Großbritannien aufweist – und somit trotz einzelner Lichtblicke nahezu ausschließlich Schatten wirft.

Anhang

1 Ziele, Methoden und Bewertungskriterien staatlicher Aktivitäten

A. Ziele staatlicher Aktivitäten

1. Staatsaufgaben			
a) Fiskalischer Zweck	b) Allokationszweck	c) Distributionszweck	d) Stabilisierungszweck
Finanzierung des öffentlichen Haushalts	Bereitstellung von Kollektivgütern	Umverteilung aus Gerechtigkeitsgründen	Wirtschaftsförderung durch Verstetigung

Finanzverwaltung	Bereitstellung öffentlicher und meritorischer Güter

↓ ↓

B. Methoden staatlicher Aufgabenerfüllung

2. Staatliche Bereitstellung öffentlicher und meritorischer Güter bzw. Dienstleistungen			3. Staatliche Produktion privater Güter
a) Selbsterstellung von Kollektivgütern	b) Auftragsvergabe an Private (*Contracting Out*)	c) Regulierung: Auflagen für Private	Privatwirtschaftstätigkeit des Staates

↓ ↓

C. Bewertungskriterien staatlicher Aktivitäten

4. Effizienzkriterien			
a) Fiskalische Effizienz	b) Allokationseffizienz	c) Produktionseffizienz	d) Wahlpolitische Effizienz
Aufkommens- und Verwaltungseffizienz des Budgets	Optimierung des Kollektivgüterangebotes (Wohlfahrtsmaximum)	Minimierung der Produktionskosten öffentlicher Leistungserstellung	Erreichung der wahlpolitischen Zielsetzung

ANHANG 1: in Anlehnung an: Rainer Bartel, Theoretische Überlegungen zu Privatisierungen, in: Friedrich Schneider/Markus Hofreither (Hrsg.), Privatisierung und Deregulierung in Westeuropa. Erste Erfahrungen und Analysen, Wien 1990, S. 20

2 Chronologie der Bahnreform

1989

16. Januar:	Bericht des Bundesministers für Verkehr, Jürgen Warnke (CSU), zur Lage der Deutschen Bundesbahn (DB) mit Beschlussvorschlägen zur Sanierung sowie zum Einsatz einer *Regierungskommission Bahn*
1. Februar:	Bundeskabinett beschließt Einsetzung einer unabhängigen *Regierungskommission Bundesbahn*
21. April:	Friedrich Zimmermann (CSU) wird Bundesminister für Verkehr
12. Juli:	Bundesregierung beruft Mitglieder der *Regierungskommission Bundesbahn*

1990

11. Juni:	Erster Zwischenbericht der *Regierungskommission Bundesbahn*
3. Oktober:	Deutsche Reichsbahn (DR) wird mit der Deutschen Einheit Sondervermögen des Bundes
3. Dezember:	Zweiter Zwischenbericht der *Regierungskommission Bundesbahn*

1991

1. Januar:	Heinz Dürr wird Vorsitzender des Vorstandes der DB
18. Januar:	Günther Krause (CDU) wird als Nachfolger von Friedrich Zimmermann Bundesminister für Verkehr
1. Juni:	Gründung *Führungsgremium Deutsche Eisenbahnen* zur Zusammenführung der Vorstände von Bundes- und Reichsbahn
21. Juni:	Dritter Zwischenbericht der *Regierungskommission Bundesbahnen* („Eckwerte-Papier")
29. Juli:	Richtlinie 91/440/EWG, Verordnung 1893/91/EWG
1. September:	Heinz Dürr wird auch Vorsitzender des Vorstandes der DR
19. Dezember:	*Regierungskommission Bundesbahn* legt ihren Abschlussbericht vor

Anhang

1992

5. Februar:	Bundeskabinett beauftragt Bundesverkehrsministerium mit der Erarbeitung eines Konzepts für die Bahnreform
9. Februar:	Erste gemeinsame Sitzung der Verwaltungsräte von DB und DR
6. Mai:	Entwurf der SPD-Bundestagsfraktion für ein Schienenwegeausbaugesetz
25. Juni:	Grundsätzliche Zustimmung der Ministerpräsidenten zu den Reformvorschlägen
15. Juli:	Grundsatzbeschluss des Bundeskabinetts zur Neustrukturierung der Bahnen
2. Oktober:	Beginn der Ressortabstimmung über die Entwürfe zur Änderung des Grundgesetzes und die Gesetzentwürfe zur Neuordnung des Eisenbahnwesens

1993

20. Januar:	Bundesverkehrsminister Krause und Heinz Dürr unterrichten den Haushaltsausschuss über die wirtschaftliche Lage der Bahnen
17. Februar:	Bundeskabinett beschließt die Gesetzentwürfe zur Bahnreform
26. März:	Erste Lesung des Gesetzentwurfs der CDU/CSU- und der FDP-Fraktion zur Bahnreform im Bundestag
	Gesetzentwürfe der Bundesregierung zur Bahnreform werden in Bundesrat eingebracht
5./6. Mai:	Konferenz der Landesverkehrsminister in München
7. Mai:	Erste Lesung der Gesetzentwürfe im Bundesrat
13. Mai:	Matthias Wissmann (CDU) wird Bundesminister für Verkehr
26. Mai:	Gegenäußerungen der Bundesregierung zu den Stellungnahmen des Bundesrates
	Beschlussfassung im Bundeskabinett
27. Mai:	Erste Lesung der Gesetzentwürfe der Bundesregierung im Bundestag
16. Juni:	Beginn der Ausschussberatungen

23. September:	Gespräch zwischen Bundesverkehrsminister Wissmann und Bundesfinanzminister Theo Waigel (CSU) sowie den Verkehrs- und Finanzministern der Länder in Bonn
	Kamingespräch der Ministerpräsidenten
5./6. Oktober:	Sitzung des Bund-Länder-Arbeitskreises „Bahnpolitik" in Bonn
14. Oktober:	Gespräch zwischen Bundesverkehrsminister Wissmann, Bundesfinanzminister Waigel sowie den Ministerpräsidenten Hans Eichel (SPD) und Erwin Teufel (CDU)
16. November:	Sitzung des Bund-Länder-Arbeitskreises „Bahnpolitik"
22. November:	Sondersitzung der Verkehrsminister in München
24. November:	Sondersitzung der Bundestagsausschüsse für Verkehr, Finanzen, Inneres und Recht
26. November:	Abschließende Beratungen im Bundestagsausschuss für Verkehr und im Rechtsauschuss des Deutschen Bundestages
30. November:	Bericht und Beschlussempfehlung des Bundestagsausschusses für Verkehr und des Rechtsausschusses des Deutschen Bundestages
2. Dezember:	Zweite und Dritte Lesung der Gesetzentwürfe zur Bahnreform im Bundestag
	Eisenbahnneuordnungsgesetz (ENeuOG) und Gesetz zur Änderung des Grundgesetzes mit deutlicher Zwei-Drittel-Mehrheit angenommen
17. Dezember:	Bundesrat stimmt Grundgesetzänderung und Entwurf des ENeuOG ebenfalls mit Zwei-Drittel-Mehrheit zu
22. Dezember:	Verkündung des Gesetzes zur Änderung des Grundgesetzes im Bundesgesetzblatt
27. Dezember:	Bestellung des DB-Vorstandes durch Bundesverkehrsminister Wissmann
30. Dezember:	Verkündung des ENeuOG im Bundesgesetzblatt

1994

1. Januar:	ENeuOG tritt in Kraft
	Gründung der Deutschen Bahn (DB) AG in Frankfurt am Main

Anhang 301

3. Januar: Erste Sitzung des Vorstandes der DB AG
5. Januar: Eintragung der DB AG in das Handelsregister Berlin-Charlottenburg

ANHANG 2: zusammengestellt in Anlehnung an: DB AG, Die Bahnreform, Frankfurt am Main 1994, S. 108-111 u. Niklas Reinke, Bahnstrukturreform. Politische Entscheidungsprozesse zur Deregulierung und Privatisierung der Deutschen Bahnen, Berlin 2001, S. 154 f.

3 Die Zuständigkeiten im Bereich der Eisenbahnen nach dem ENeuOG vom 17. Dezember 1993

	Bundeseisenbahnen	nicht-bundeseigene Bahnen
Schuldenübernahme (1994)	Bund	keine Regelung
Netzbetrieb	DB AG (bzw. Fahrweg AG), mehrheitlich bundeseigen	jeweiliger Betreiber
Netzausbau	Bund (nach Maßgabe des BSchwAG), bei Maßnahmen für den SPNV mit Ländern abzustimmen	keine Regelung
Stilllegung	Eisenbahnbundesamt (auch für ausländische Unternehmen)	zuständige Landesbehörde
Aufsicht/Genehmigungsrechte	Eisenbahnbundesamt (auch für ausländische Unternehmen)	zuständige Landesbehörde
Tarifhoheit	im SPNV: Land; sonst: Bund	Land
SPNV	zuständig sind die Länder, Bund zahlt feste Summe	

ANHANG 3: entnommen aus: Stefan Bennemann, Die Bahnreform. Anspruch und Wirklichkeit, Hannover 1994, S. 102

4 Organisationsstruktur der Deutschen Bahn AG

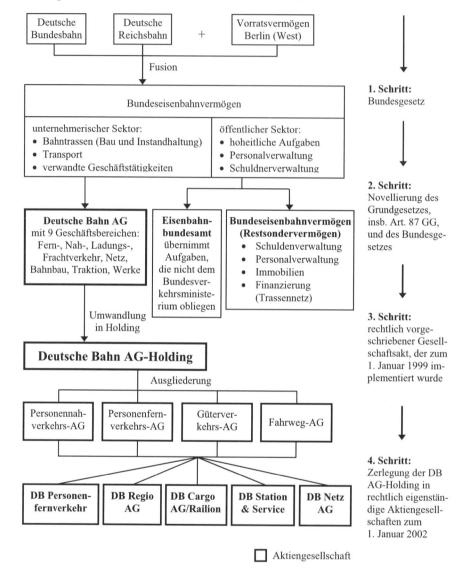

ANHANG 4: in Anlehnung an: Carmen Hass-Klau, Rail Privatisation: Britain and Germany Compared, An Anglo-German Foundation Report, London 1998, S. 53

5 Leistungsdaten der Deutschen Bahn AG im Schienenverkehr von 1994 bis 2006

	1994	1996	1998	2000	2002	2004	2006
Verkehrsaufkommen im Personenverkehr (in Mio. Personen)	1.430	1.596	1.668	1.713	1.657	1.695	1.854
davon im Fernverkehr	139	151	149	145	128	115	120
davon im Regional- und Stadtverkehr	1.291	1.445	1.520	1.568	1.529	1.580	1.734
Verkehrsleistungen im Personenverkehr (in Mio. Pkm[825])	64.539	71.028	71.853	74.388	69.848	70.260	74.788
davon im Fernverkehr	34.845	35.620	34.562	36.226	33.173	32.330	34.458
davon im Regional- und Stadtverkehr	29.694	35.408	37.291	38.162	36.675	37.930	40.331
Verkehrsaufkommen im Güterverkehr[826] (in Mio. T)	306,9	287,9	288,7	310,8	289,4	295,3	307,6
Verkehrsleistung im Güterverkehr (in Mio. Tkm[827])	70.554	67.880	73.273	85.008	82.756	89.494	96.388
Verkehrsleistung insgesamt (in Mio. Ptkm)[828]	135.093	138.908	145.126	159.397	152.603	159.755	171.177

ANHANG 5: Daten entnommen aus: DB AG, Geschäftsbericht 2000, Berlin 2001, S. 138 u. DB AG, Geschäftsbericht 2006, Berlin 2007, S. 223

---

[825] Pkm (Personenkilometer): Produkt aus der Anzahl der beförderten Personen und der mittleren Reiseweite
[826] Bis 1997 inklusive Stückgut, ab 2000 inklusive Railion Nederland N.V., ab 2001 inklusive Railion Danmark A/S, ab 2006 inklusive Rail Barge Harbour Logistics GmbH (RBH)
[827] Tkm (Tonnenkilometer): Produkt aus der Transportmenge in Tonnen und tatsächlich zurückgelegter Entfernung
[828] Ptkm (Personentonnenkilometer): Summe aus Personen- und Tonnenkilometern

6 Betriebslänge der Bahntrassen (in Kilometern)

Jahr	Westdeutschland	Deutschland[1]	Großbritannien[2]
1960	36.000	46.900	29.600
1970	33.100	44.200	19.000
1980	28.500	42.700	17.600
1990	26.900	40.980	16.584
2000	-	36.652	16.710
2003	-	34.729	16.514

1) Die Angaben weichen von denen im „Statistischen Jahrbuch 2006 für die Bundesrepublik" ab, weil sie hier nach der Methode der International Union of Railways (UIC) abgegrenzt sind; 2) ohne Angaben für Nordirland

ANHANG 6: Angaben entnommen aus: Carmen Hass-Klau, Rail Privatisation: Britain and Germany Compared, a.a.O., S. 98 u. Bundesamt für Statistik, Statistisches Jahrbuch 2006 für das Ausland, Wiesbaden 2006, S. 131

7 Modal Split: Personenkilometer (in Prozent)

Jahr	Bahn BRD	GB	Motorisierter Verkehr[1] BRD	GB	Öffentlicher Verkehr[2] BRD	GB
1960	16,6	14	62,0	49	37,7	42,3
1970	7,8	9	78,5	74	21,2	24,5
1980	6,8	7	78,7	79	18,9	18,6
1990	6,1	6	82,1	85	15,6	14,8
2000	7,2	5,4	84,7	86,4	18,7	11,8

1) BRD: nur privater KFZ-Verkehr, GB: KFZ, LKW, Taxis; 2) umfasst (Straßen-)Bahnen, Flugzeuge sowie jede Art von öffentlichen Straßenverkehrsmitteln; Taxis fallen nicht in diese Rubrik

ANHANG 7: Angaben entnommen aus: Carmen Hass-Klau, Rail Privatisation: Britain and Germany compared, a.a.O., S. 99; European Commission (ed.), EU Energy and Transport in Figures, Statistical Pocketbook 2003, Luxembourg 2003, Table 3.5.3; dies., EU Energy and Transport in Figures, Statistical Pocketbook 2005, Luxembourg 2005, Table 3.3.3

Abkürzungsverzeichnis

a.a.O.	am angegebenen Ort
Abs.	Absatz
AEG	a) Allgemeines Eisenbahngesetz
	b) Allgemeine Elektricitäts-Gesellschaft (nunmehr: AEG-Electrolux)
AG	Aktiengesellschaft
Alg	Arbeitslosengeld
Anm.	Anmerkung(en)
ARD	Arbeitsgemeinschaft der öffentlich-rechtlichen Rundfunkanstalten der Bundesrepublik Deutschland
ASLEF	*Associated Society of Locomotive Engineers and Firemen*
ATOC	*Association of Train Operating Companies*
ATP	Automatic Train Protection
Attac	*Association pour la Taxation des Transfers pour l'Aide aux Citoyens*
BA	British Airways
BAA	British Airports Authority (von der britischen Regierung 1986 privatisierte Betreibergesellschaft von Flughäfen)
BBahnG	Bundesbahngesetz
BBC	British Broadcasting Corporation
BDI	*Bundesverband der Deutschen Industrie*
BESG	Bundeseisenbahnstrukturgesetz
BEV	Bundeseisenbahnvermögen
BGAG	Beteiligungsgesellschaft der Gewerkschaften AG
BHO	Bundeshaushaltsordnung
BIP	Bruttoinlandsprodukt
BMF	Bundesministerium für Finanzen
BMW	Bayerische Motorenwerke AG
BMWi	Bundesministerium für Wirtschaft und Technologie
bn	billion (englisch für „Milliarde")
BNE	*Bundesverband Neuer Energieanbieter*
BR	British Rail
BRD	Bundesrepublik Deutschland
BRRG	Beamtenrechtsrahmengesetz
BSchwAG	Bundesschienenwegeausbaugesetz

bspw.	beispielsweise
BUND	*Bund für Umwelt und Naturschutz Deutschland*
BVerwGE	Amtliche Sammlung der Bundesverwaltungsgerichtsentscheidungen
bzw.	beziehungsweise
CDU	Christlich Demokratische Union Deutschlands
CEO	Chief Executive Officer (englisch für „Vorstandsvorsitzender")
CER	*Community of European Railway and Infrastructure Companies*
Col.	Collection (englisch für „Sammelband")
CSU	Christlich-Soziale Union in Bayern
DASA	Deutsche Aerospace AG
DB	a) Deutsche Bundesbahn (als Behörde bis 31.12.1993) b) Deutsche Bahn (als Aktiengesellschaft seit 1.1.1994)
DBB	*Deutscher Beamtenbund*
DDR	Deutsche Demokratische Republik
DER	Deutsche Eisenbahnreklame
ders.	derselbe
DGB	*Deutscher Gewerkschaftsbund*
DGEG	*Deutsche Gesellschaft für Eisenbahngeschichte*
d.h.	das heißt
DHL	DHL Worldwide Express
dies.	dieselbe(n)
DIHT	*Deutscher Industrie- und Handelstag*
DIW	Deutsches Institut für Wirtschaftsforschung
DM	Deutsche Mark
DPA	Deutsche Presse Agentur
DR	a) Deutsche Reichsbahn (als Staatsbahn der DDR) b) Deutsche Reichsbahn (als Preußische Staatsbahn)
DSB	Danske Statsbaner (Dänische Staatsbahn)
DSL	Digital Subscriber Line (englisch für „Digitale Teilnehmeranschlussleitung")
EBA	Eisenbahnbundesamt
ebd.	ebenda
EBIT	Earnings before Interest and Taxes (englisch für „Gewinn vor Zinsen und Steuern")
EC	Euro City
ECE	Einkaufs-Center-Entwicklung Projektmanagement GmbH & Co. KG

ed./eds.	editor/editors
EG	Europäische Gemeinschaft
EIV	Eisenbahn-Interoperabilitätsverordnung
ENeuOG	Eisenbahnneuordnungsgesetz
etc.	et cetera
ETCS	European Train Control System
EU	Europäische Union
EuGH	Europäischer Gerichtshof
e.V.	eingetragener Verein
EVBG	Gesetz über die Eisenbahnverkehrsverwaltung des Bundes
EWG	Europäische Wirtschaftsgemeinschaft
EWS	English Welsh & Scottish Railway Ltd.
FDP	Freie Demokratische Partei
FN	Fußnote
FTSE	Financial Times Stock Exchange Index (umfasst die 100 Aktienwerte mit der höchsten Marktkapitalisierung, die an der Londoner Börse gehandelt werden)
GATS	General Agreement on Trade in Services
GATT	General Agreement on Tariffs and Trade
GB	Great Britain
GDBA	*Gewerkschaft Deutscher Bundesbahnbeamten und Anwärter*
GDL	*Gewerkschaft Deutscher Lokführer*
GG	Grundgesetz
GmbH	Gemeinschaft mit beschränkter Haftung
GNER	Great North Eastern Railways
GONG	Grenzzug ohne nennenswerten Grenzaufenthalt
GSM	Global System for Mobile Communications
GSM-R	Global System for Mobile Communications-Rail
GVFG	Gemeindeverkehrswegefinanzierungsgesetz
GWB	Gesetz gegen Wettbewerbsbeschränkungen
Hervorh.	Hervorhebung(en)
HHB	Hamburger Hochbahn AG
HHLA	Hamburger Hafen und Logistik AG
HM(SO)	Her Majesty's (Stationery Office)
hrsg.	herausgegeben
Hrsg.	Herausgeber(in)
HSE	Health and Safety Executive
IATA	International Airport Transport Association
IC	Inter City

ICC	Interstate Commerce Commission (US-amerikanische Aufsichtsbehörde, die 1995 aufgelöst und teilweise in das Surface Transportation Board überführt wurde)
IG Metall	*Industriegewerkschaft Metall*
INFRAS	INFRAS Forschung und Beratung
Inra	Institut National de la Recherche Agronomique
IR	InterRegio
IWW	Institut für Wirtschaftspolitik und Wirtschaftsforschung (in Karlsruhe)
JR	Japan Railways Group
KFW	Kreditanstalt für Wiederaufbau
KFZ	Kraftfahrzeug(e)
km/h	Kilometer pro Stunde
LLP	Limited Liability Partnership (Rechtsform der Personengesellschaften nach britischem/US-amerikanischem Recht)
Ltd.	Private Company Limited by Shares (Gesellschaftsform in Großbritannien, die strukturell mit der GmbH vergleichbar ist, aber nur ein Pfund St. Mindesteinlage erfordert)
LZB	Linienzugbeeinflussung (Frühwarnsystem mit einer punktförmigen Überwachung der Zugfahrt durch die Leitzentrale)
m	million
MdB	Mitglied des Deutschen Bundestages
Mio.	Million(en)
MPIfG	Max-Planck-Institut für Gesellschaftsforschung
MPS	*Mont Pèlerin Society*
Mrd.	Milliarde(n)
N^0	numéro
NATS	National Air Traffic Services
NEAT	Neue Eisenbahn-Alpentransversale (Großprojekt der Schweizer Bundesregierung, das der Verlagerung des Eisenbahn-Transitverkehrs von der Straße auf die Schiene in Nord-Süd-Richtung dient; auch als „AlpTransit" bezeichnet)
NE-Bahnen	nicht-bundeseigene Bahnen (entspricht den in der Bundesrepublik Deutschland zugelassenen Privatbahnunternehmen)
No.	number
Nr.	Nummer
o.V.	ohne Verfasser(in)
OECD	Organisation for Economic Cooperation and Development
ONS	Office for National Statistics
ÖPNV	Öffentlicher Personennahverkehr

OPRAF	Office of Passenger Rail Franchising
ORR	a) Office of the Rail Regulator
	b) Office of Rail Regulation (seit 5.7.2004)
OTS	Originaltextservice (Presseservice der DPA)
p.a.	per annum
PDS	Partei des demokratischen Sozialismus (von Juli 2005 bis Juni 2007 Linkspartei.PDS, nach Fusion mit der WASG am 16.6.2007 auf Bundesebene und in einigen Bundesländern nunmehr „Die Linke")
PEP	Preis- und Erlösmanagement Personenverkehr
Pfund St.	Pfund Sterling
Pkm	Personenkilometer
PRIMON	„Privatisierungsvarianten der Deutschen Bahn AG mit und ohne Netz" (Gutachten der Unternehmensberatung Booz Allen & Hamilton)
Ptkm	Personentonnenkilometer (Summe aus Personen- und Tonnenkilometern)
RAG	Ruhrkohle AG
RB	Regional-Bahn
RBH	Rail, Barge, Harbour Logistics GmbH
Rdn.	Randnummer(n)
RE	Regional-Express
RegG	Regionalisierungsgesetz
RMT	*The National Union of Rail, Maritime and Transport Workers*
ROSCO	Rolling Stock Company (englisch für „Fuhrparkgesellschaft")
S.	Seite(n)
SA	Société Anonyme (Rechtsform für Aktiengesellschaften in Frankreich)
SBB	Schweizer Bundesbahnen
SCG	Schienen-Control GmbH (österreichische Regulierungsbehörde nach EU-Richtlinie 2001/14, Art. 30)
SGB	Sozialgesetzbuch
SNCF	Société Nationale des Chemins de fer Français (staatliche französische Eisenbahngesellschaft)
sog.	so genannte(r)
SPD	Sozialdemokratische Partei Deutschlands
SPNV	Schienenpersonennahverkehr
SPÖ	Sozialdemokratische Partei Österreichs
SRA	Strategic Rail Authority

TGV	Train à Grande Vitesse (französischer Hochgeschwindigkeitszug)
Tkm	Tonnenkilometer
TOC	Train Operating Company (englisch für „Zugbetreibergesellschaft")
TSSA	*Transport Salaried Staffs' Association*
TUI	Touristik Union International
u.	und
Ü.	Übersetzung
u.a.	unter anderem
UBB	Usedomer Bäderbahn
UMTS	Universal Mobile Telecommunications System
US/USA	United States (of America)
v.	von
VEBA	Vereinigte Elektrizitäts- und Bergwerks AG
VEI	Verwertungsgesellschaft für Eisenbahn-Immobilien GmbH & Co. KG
VFW	Vereinigte Flugtechnische Werke Fokker GmbH
Vol.	Volume
vs.	versus
VW	Volkswagen
WAGN	West Anglia Great Northern
WASG	Wahlalternative Arbeit & soziale Gerechtigkeit
WSI	Wirtschafts- und Sozialwissenschaftliches Institut (in der Hans-Böckler-Stiftung)
WZB	Wissenschaftszentrum Berlin für Sozialforschung
z.B.	zum Beispiel

Literatur- und Quellenverzeichnis

Abelshauser, Werner: Deutsche Wirtschaftsgeschichte seit 1945, München 2004
Aberle, Gerd: Nur grundlegende Reformen können der Bahn noch helfen, in: Wirtschaftsdienst – Zeitschrift für Wirtschaftspolitik, 72. Jg., Heft 2 (1992), S. 69-71
Aberle, Gerd: Bahnstrukturreform in Deutschland. Ziele und Umsetzungsprobleme, Köln 1996
Aberle, Gerd: Transportwirtschaft, München 1997 (2. Auflage)
Aberle, Gerd: Eine solche Rückfahrt war nicht vorgesehen – Die deutsche Bahnreform wird zurückgedreht, in: Internationales Verkehrswesen, 71. Jg., Heft 6 (2000), S. 239-246
Abromeit, Heidrun: Theorie und Politik der Privatisierung in Großbritannien, in: Zeitschrift für öffentliche und gemeinwirtschaftliche Unternehmen, 9. Jg., Heft 2 (1986), S. 109-125
Aharoni, Yair: On Measuring the Success of Privatization, in: Ravi Ramamurti/Raymond Vernon (eds.), Privatization and Control of State-Owned Enterprises, EDI Development Studies, Washington D.C. 1991, S. 73-85
Albach, Horst: Die Bahnreform in Deutschland, in: Zeitschrift für Betriebswirtschaft, Ergänzungsheft 3 (2002), S. 51-97
Alchian, Armen A./Demsetz, Harold M.: Production, Information Costs and Economic Organization, in: American Economic Review, Vol. 62, Issue 5 (1972), S. 777-795
Allen, John: Voices from the sharp end, in: TSSA Journal, Vol. 98, Issue 1144 (2001), S. 8 f.
Allianz pro Schiene: Fahrplan Zukunft – 10 Punkte für einen fairen Wettbewerb zwischen allen konkurrierenden Verkehrsträgern, Berlin 2002
Allianz pro Schiene: Stellungnahme zum Verkehrswegeplan, Berlin 2003 (a)
Allianz pro Schiene: Umweltschonend mobil: Bahn, Auto, Flugzeug, Schiff im Umweltvergleich, Berlin 2003 (b)
Allianz pro Schiene: Kompromissvorschlag zur Eigenheimzulage, Pressemitteilung v. 11.12.2003 (c)
Allianz pro Schiene: Mit Sicherheit Bahn. Warum man mit der Bahn am sichersten fährt, Berlin 2006 (a) (2. Auflage)
Allianz pro Schiene: Daseinsvorsorge statt Almosen, Pressemitteilung v. 10.3.2006 (b)
Allianz pro Schiene: Neuauflage der Broschüre „Stadt, Land, Schiene. 16 Beispiele erfolgreicher Bahnen im Nahverkehr", Pressemitteilung v. 28.6.2006 (c)
Altmann, Thomas: DB Cargo übernimmt die Spedition Hangartner, OTS-Originaltext v. 22.10.2002, S. 1
Andersen, Uwe: Stichwort „Soziale Marktwirtschaft/Wirtschaftspolitik", in: ders./Wichard Woyke (Hrsg.), Handwörterbuch des politischen Systems der Bundesrepublik Deutschland, Bonn 1997 (3. Auflage), S. 497-505

Ayres, Ian/Braithwaite, John: Responsive Regulation. Transcending the Deregulation Debate, Oxford 1992

Bachmann, Günter/Kotzur, Dirk: Der Kronberger Kreis. Think-Tank der Politikberatung und der Parteien, in: Herbert Schui/Ralf Ptak/Stefanie Blankenburg/dies. (Hrsg.), Wollt ihr den totalen Markt? Der Neoliberalismus und die extreme Rechte, München 1997, S. 239-270

Bäcker, Gerhard/Bispinck, Reinhard/Hofemann, Klaus/Naegele, Gerhard: Sozialpolitik und soziale Lage in Deutschland, Bd. 1, Wiesbaden 2000 (3. Auflage)

Badura, Peter: Das Verwaltungsmonopol, Berlin 1963

Badura, Peter: Staatsziele und Garantien der Wirtschaftsverfassung in Deutschland und Europa, in: Joachim Burmeister (Hrsg.), Verfassungsstaatlichkeit, Festschrift für Klaus Stern, München 1997, S. 409-420

Baeker, Dirk: Verschwörungstheorien, in: Merkur, 56. Jg., Heft 639 (2002), S. 608-613

Baer, Werner: Changing Paradigms: Changing Interpretations of the Public Sector in Latin America's Economies, in: Public Choice, Vol. 88, Issue 3 (1996), S. 365-379

Bagwell, Philip: The Sad State of British Railways: the Rise and Fall of Railtrack, 1992-2002, in: The Journal of Transport History, Vol. 25, Issue 2 (2004), S. 111-124

Bahn von unten (Hrsg.): Bahn und Börse. Wohin rast der Privatisierungszug?, Wiesbaden 2004

Balsen, Werner: Wem gehört das Netz? Trennung von Schiene und Betrieb. Briten zeigen, wie es auch nicht funktioniert, in: Frankfurter Rundschau v. 6.1.2001, S. 9

Balsen, Werner: Hintergrund: Beispiel Großbritannien, in: Frankfurter Rundschau v. 12.5.2006, S. 37

Barnes, Alfred: Memo to Cabinet Socialization of Industries Committee, in: Treasury Correspondence and Papers, Socialized Industries, No. 229/339, London 2003

Bartel, Rainer: Theoretische Überlegungen zur Privatisierung, in: Friedrich Schneider/Markus Hofreither (Hrsg.), Privatisierung und Deregulierung in Westeuropa. Erste Erfahrungen und Analysen, Wien 1990, S. 15-54

Bartel, Rainer: Privatisierung um jeden Preis?, in: Bundeswirtschaftskammer (Hrsg.), Wirtschaftspolitische Blätter, 37. Jg., Heft 6 (1990), S. 664-675

Bartsch, Matthias/Brandt, Andrea/Schmitt, Jörg/Wassermann, Andreas: Richtung Abstellgleis. Eine große Allianz macht Front gegen die Privatisierung der Bahn, in: Der Spiegel, Nr. 22 v. 26.5.2007, S. 34-36

Basedow, Jürgen: Wettbewerb auf den Verkehrsmärkten. Eine rechtsvergleichende Untersuchung zur Verkehrspolitik, Heidelberg 1989

Bauchmüller, Michael: Bahn erhöht Fahrpreise um fünf Prozent, in: Süddeutsche Zeitung v. 11.10.2006, S. 1

Baum, Herbert: Eisenbahn, in: Otto Vogel (Hrsg.), Deregulierung und Privatisierung, Köln 1988, S. 23-30

Beck, Alf: Todesfalle Bahnschranke, in: Rheinische Post v. 28.7.2005 (Grenzland-Kurier), S. 3

Beck, Ulrich: Kapitalismus ohne Arbeit, in: Der Spiegel, Nr. 29 v. 13.5.1996, S. 140-146

Beck, Ulrich: Kinder der Freiheit. Wider das Lamento über den Werteverfall, in: ders. (Hrsg.), Kinder der Freiheit, Frankfurt am Main 1997

Becker, Gary S.: Der ökonomische Ansatz zur Erklärung menschlichen Verhaltens (amerikanische Originalausgabe: The Economic Approach to Human Behaviour, Chicago 1976), Tübingen 1982

Becker, Helmut Paul: Die soziale Frage im Neoliberalismus. Analyse und Kritik, Sammlung Politeia, Bd. 20, Heidelberg 1965

Beermann, Matthias: Frankreichs TGV macht seit 25 Jahren Tempo, in: Rheinische Post v. 28.11.2006, S. 4

Bellen, Alexander van der: Öffentliche Unternehmen zwischen Markt und Staat, Köln 1977

Bennemann, Stefan: Die Bahnreform. Anspruch und Wirklichkeit, Hannover 1994

Benz, Angelika: Privatisierung und Regulierung der Bahn, in: Klaus König/dies. (Hrsg.), Privatisierung und staatliche Regulierung: Bahn, Post, Telekommunikation, Rundfunk, Baden-Baden 1997, S. 162-200

Benz, Angelika: Universaldienstleistungen unter den Bedingungen von Privatisierung und Liberalisierung – die Beispiele von Bahn und Telekommunikation, in: dies./Natascha Füchtner (Hrsg.), Einheit und Vielfalt – Verwaltung im Wandel, Vorträge des Forschungssymposiums am 16. Oktober 1999 zum 65. Geburtstag von Klaus König, Speyer 2001, S. 131-167

Benz, Angelika/König, Klaus: Systemische Rahmenbedingungen von Privatisierung, Manuskript, Speyer 1996

Benz, Angelika/König, Klaus: Privatisierung und staatliche Regulierung – eine Zwischenbilanz, in: dies. (Hrsg.), Privatisierung und staatliche Regulierung: Bahn, Post, Telekommunikation, Rundfunk, Baden-Baden 1997, S. 606-650

Bergmann, Jens: Die Bürgerbahn. Die Deutsche Bahn tut alles, um an die Börse zu kommen. Die Schweizer Bahn tut alles für ihre Kunden, in: brand eins, 8. Jg., Heft 10 (2006), S. 35-40

Beutler, Annette: Allianz gegen Preisexplosion, in: Focus, Nr. 39 v. 20.9.2004, S. 36-38

Beyer, Jürgen: „One best way" oder Varietät?, in: Soziale Welt – Zeitschrift für Sozialwissenschaftliche Forschung und Praxis, 52. Jg., Heft 1 (2001), S. 7-28

Bielstein, Klaus: Zwischen Kataklysmus und Kalkül. Arbeitsbeziehungen und Gewerkschaften in der Ära Thatcher, in: Roland Sturm (Hrsg.), Thatcherismus. Eine Bilanz nach zehn Jahren, Bochum 1990, S. 97-128

Blair, Tony: English Election Energy, BBC News v. 29.4.1997 (Transcript)

Blair, Tony/Schröder, Gerhard: Der Weg nach vorne für Europas Sozialdemokraten. Ein Vorschlag von Gerhard Schröder und Tony Blair, London 1999

Blanke, Thomas/Sterzel, Dieter: Ab die Post? Die Auseinandersetzung um die Privatisierung der Deutschen Bundespost, in: Kritische Justiz, 25. Jg., Heft 3 (1993), S. 278-305

Bloch, Marc: Services publics comparés en Europe: exception francaise, exigence européenne, Promotion à l'Ecole Nationale d'Administration, Paris 1997

Blum, Reinhard: Soziale Marktwirtschaft, in: Willi Albers/Karl Erich Born/Ernst Dürr u.a. (Hrsg.), Handwörterbuch der Wirtschaftswissenschaft, Bd. 5, Stuttgart/New York/Tübingen/Göttingen/Zürich 1988, S. 153-166

Blume, Jutta: Grenzenlos entfesselter Verkehr. Droht mit Europas Zusammenwachsen bald der Dauerstau?, in: Kommune, 23. Jg., Heft 5 (2005), S. 27-31

Blumenthal, Paul: „Ein S-Bahn-System Schweiz", in: Berner Zeitung v. 13.10.2004, S. 3

Blüthmann, Heinz: Die Rückkehr des Raumes – Deutschland steht vor dem Verkehrsinfarkt, in: ders. (Hrsg.), Verkehrsinfarkt. Die mobile Gesellschaft vor dem Kollaps, Reinbek bei Hamburg 1990, S. 12-19

Bodack, Karl-Dieter: Die Qualität der Deutschen Bahn AG – Ein immer aktuelles Thema, (unveröffentlichtes Manuskript), Gröbenzell 1999

Bodack, Karl-Dieter: Die deutsche Bahnreform – ein Erfolg?, in: Eisenbahn-Revue International, 11. Jg., Heft 11 (2004), S. 524-527

Bodack, Karl-Dieter: InterRegio. Die abenteuerliche Geschichte eines beliebten Zugsystems, Freiburg 2005

Bodack, Karl-Dieter: Die Bahn – die Börse – eine Geisterfahrt? Vorlage für die Sitzung des Bundesverkehrsausschusses am 11.5.2006

Bodack, Karl-Dieter/Hesse, Wolfgang/Monheim, Heiner: Renaissance des IR in Deutschland. Ein Konzept zur Erschließung der Marktpotentiale für mittlere Fernreisen, in: Heiner Monheim/Klaus Nagorni (Hrsg.), Die Zukunft der Bahn. Zwischen Bürgernähe und Börsengang, Herrenalber Protokolle Nr. 116, Karlsruhe 2004, S. 123-137

Böhmer, Reinhold: Fliegende Schweine, in: Wirtschaftswoche, Nr. 23 v. 27.5.2004, S. 52-55

Bolden, Tony/Harman, Reg: Let Us Have Realism for Britain's Railways, in: Public Money & Management, Vol. 26, Issue 3 (2006), S. 145-148

Bontrup, Heinz-J.: Arbeit, Kapital und Staat. Plädoyer für eine demokratische Wirtschaft, Köln 2005

Booz Allen & Hamilton: Railtrack's Performance in the Control Period 1995-2001, Report to the Office of the Rail Regulator, London 2001

Booz Allen & Hamilton: Privatisierungsvarianten der Deutschen Bahn AG „mit und ohne Netz" (Fassung für die MdB), Berlin 2005

Börsch-Supan, Axel/Schnabel, Reinhold: Volkswirtschaft in fünfzehn Fällen. Studien in angewandter Mikro- und Makroökonomie, Wiesbaden 2007 (2. Auflage)

Bortolotti, Bernardo/Fantini, Marcello/Siniscalco, Dominici: Privatizations and Institutions: A Cross-Country Analysis, Turin 1998

Bösenberg, Dirk/Hauser, Renate: Der schlanke Staat, Düsseldorf 1994

Boss, Alfred/Laaser, Claus-Friedrich/Schatz, Klaus-Werner (Hrsg.): Deregulierung in Deutschland – eine empirische Analyse, Tübingen 1996

Böttger, Christian: Das Insolvenzverfahren der Railtrack. Mögliche Lehren aus der Krise der britischen Eisenbahnprivatisierung, in: Internationales Verkehrswesen, 73. Jg., Heft 6 (2002), S. 273-277

Boulding, Kenneth E.: Ökonomie als eine Moralwissenschaft, in: Winfried Vogt (Hrsg.), Seminar: Politische Ökonomie, Zur Kritik der herrschenden Nationalökonomie, Frankfurt am Main 1973, S. 103-125

Bourdieu, Pierre: Die rechte und die linke Hand des Staates, in: ders., Gegenfeuer. Wortmeldungen im Dienste des Widerstands gegen die neoliberale Invasion, Bd. 1, Konstanz 1998, S. 12-21

Bourdieu, Pierre: Der Mythos „Globalisierung" und der europäische Sozialstaat, in: ders., Gegenfeuer. Wortmeldungen im Dienste des Widerstands gegen die neoliberale Invasion, Bd. 1, Konstanz 1998, S. 39-52

Literatur- und Quellenverzeichnis

Bourdieu, Pierre: Der Neoliberalismus. Eine Utopie grenzenloser Ausbeutung wird Realität, in: ders., Gegenfeuer. Wortmeldungen im Dienste des Widerstands gegen die neoliberale Invasion, Bd. 1, Konstanz 1998, S. 109-118

Bourdieu, Pierre: L'essence du néoliberalisme, in: Le Monde Diplomatique, N^0 3 (1998), S. 3

Bourdieu, Pierre: Die sozialen Bewegungen zusammenführen, ohne zu vereinheitlichen, in: ders./Erhard Eppler/Renate Ohr u.a. (Hrsg.), Neue Wege der Regulierung. Vom Terror der Ökonomie zum Primat der Politik, Hamburg 2001, S. 12-25

Brenck, Andreas: Privatisierungsmodelle für die Deutsche Bundesbahn, in: Werner Allemeyer/ders./Friedrich von Stackelberg/Paul Wittenbrink, Privatisierung des Schienenverkehrs, Beiträge aus dem Institut für Verkehrswissenschaft an der Universität Münster, hrsg. von Hans-Jürgen Ewers, Heft 130, Göttingen 1993, S. 37-184

Brittan, Samuel: Die Ökonomie der Freiheit. Plädoyer für eine liberale Wirtschaft (britische Originalausgabe: A Restatement of Economic Liberalism, London 1973), Frankfurt am Main/New York 1976

Brittan, Samuel: The politics and economics of privatization, in: Political Quarterly, Vol. 55, Issue 2 (1984), S. 109-128

Brost, Marc: Jupiter der Wall Street. Skrupelloser Finanzier oder ehrbarer Kaufmann?, in: Die Zeit, Nr. 46 v. 6.11.2003, S. 26

Brown, Kevin/Jowit, Juliette: Slow Train a Comin' – Britain's Railway Is One of the Worst in Europe, in: Financial Times v. 12.1.2002, S. 9

Brun-Rovet, Marianne: Bulk of First-Class Post to Be Moved by Road, in: Financial Times v. 6.12.2002, S. 2

Brychcy, Ulf/Ott, Klaus: Regierung verärgert über Mehdorn, in: Süddeutsche Zeitung v. 22.9.2003, S. 18

Bsirske, Frank: GATS, Soziale Regeln und Demokratie, in: Achim Brunnengräber (Hrsg.), Globale öffentliche Güter unter Privatisierungsdruck, Festschrift für Elmar Altvater, Münster 2003, S. 186-196

Buchanan, James M.: Liberty, Market and State. Political Economy in the 1980s, Brighton 1986

Buchanan, James M.: „Socialism is dead; Leviathan lives", in: Wall Street Journal Europe v. 18.7.1990, S. 8

Buchanan, James M./Stubblebine, W. Craig: Externality, in: Economica, Vol. 29, Issue 116 (1962), S. 371-384

Bundesamt für Statistik: Statistisches Jahrbuch 1994 für die Bundesrepublik Deutschland, Wiesbaden 1994

Bundesamt für Statistik: Statistisches Jahrbuch 1996 für die Bundesrepublik Deutschland, Wiesbaden 1996

Bundesamt für Statistik: Statistisches Jahrbuch 2004 für die Bundesrepublik Deutschland, Wiesbaden 2004

Bundesamt für Statistik: Statistisches Jahrbuch 2006 für die Bundesrepublik Deutschland, Wiesbaden 2006

Bundesamt für Statistik: Verkehrunfälle, Fachserie 8, Reihe 7, Wiesbaden 2007

Bundesarbeitsgemeinschaft SPNV: Betriebsleistungen im SPNV in Deutschland, Berlin 2006

Bundesarbeitsgemeinschaft SPNV: Positionspapier zum Gutachten Privatisierungsvarianten der Deutschen Bahn AG „mit und ohne Netz" von Booz Allen & Hamilton, Berlin 2006
Bundesministerium der Finanzen: Haushalts- und Vermögensrechnung des Bundes, Bonn 1990
Bundesministerium der Finanzen: Entwicklung der Staatsquote, Information Nr. 4 v. 24.5.2007
Bundesministerium für Umwelt, Naturschutz und Reaktorsicherheit (Hrsg.): Konferenz der Vereinten Nationen für Umwelt und Entwicklung: Agenda 21, Bonn 1993
Bundesministerium für Verkehr (Hrsg.): Verkehr in Zahlen 1991, Hamburg 1991
Bundesministerium für Verkehr: Verzögerung der Reform führt zu finanzieller Mehrbelastung, Pressemitteilung v. 14.1.1993
Bundesministerium für Verkehr, Bau und Stadtentwicklung (Hrsg.): Verkehr in Zahlen 2005/06, Hamburg 2006
Bundesministerium für Verkehr, Bau und Stadtentwicklung (Hrsg.): Verkehr in Zahlen 2006/07, Hamburg 2007
Bundesministerium für Verkehr, Bau- und Wohnungswesen (Hrsg.): Verkehr in Zahlen 1999, Hamburg 1999
Bundesministerium für Verkehr, Bau- und Wohnungswesen (Hrsg.): Verkehr in Zahlen 2001/02, Hamburg 2002
Bundesministerium für Verkehr, Bau- und Wohnungswesen: Richtlinie zur Förderung des Neu- und Ausbaus sowie der Reaktivierung von privaten Gleisanschlüssen, Berlin 2004
Bundesrechnungshof: Bericht nach § 88 Abs. 2 BHO, Frankfurt am Main 1997
Bundesregierung: Bundestagsdrucksache 12/5015 v. 7.5.1993
Bundesverfassungsgericht: Entscheidungen, Bd. 4, Tübingen 1954 [zitiert als: BVerfGE 1954]
Bundesverfassungsgericht: Entscheidungen, Bd. 1, Tübingen 1976 [zitiert als: BVerfGE 1976]
Bundesverwaltungsgericht: Entscheidungen, Bd. 69, Berlin 1984 [zitiert als: BVerwGE 69]
Bündnis 90/Die Grünen: „Bahnreform jetzt – aber richtig!", Bonn 1993
Bündnis 90/Die Grünen: Für mehr und besseren Schienenverkehr. Die Bahnreform konsequent weiterführen, Berlin 2004
Bürgerbahn statt Börsenbahn (Hrsg.): Schiene und Arbeitsplätze. Eine Orientierung auf die Schiene schafft Arbeitsplätze. Eine Politik pro Straße und Luftfahrt zerstört Jobs, Berlin 2004
Busch, Axel/Groß, Alexander/Laaser, Claus-Friedrich/Soltwedel, Rüdiger: Deregulierungspotentiale in der Bundesrepublik, Tübingen 1986
Busch, Burkhard G.: Entgleist und verspätet. Post, Bahn & Co in der Privatisierung. Das Ende aller Ordnung, München 2000
Busino, Giovanni: William Rappard, le libéralisme „nouveau" et les origines de la „Mont-Pèlerin Society", in: Revue européenne des sciences sociales, 28. Jg., N⁰ 88 (1990), S. 205-216

Butterwegge, Christoph: Wohlfahrtsstaat am Ende? – Stationen einer ideologischen Neuvermessung des Sozialen, in: ders./Rudolf Hickel/Ralf Ptak, Sozialstaat und neoliberale Hegemonie. Standortnationalismus als Gefahr für die Demokratie, Berlin 1998, S. 61-97

Butterwegge, Christoph: Neoliberalismus, Globalisierung und Sozialpolitik: Wohlfahrtsstaat im Standortwettbewerb?, in: ders./Martin Kutscha/Sabine Berghahn (Hrsg.), Herrschaft des Marktes – Abschied vom Staat? Folgen neoliberaler Modernisierung für Staat und Gesellschaft, Baden-Baden 1999, S. 26-44

Butterwegge, Christoph: Wohlfahrtsstaat im Wandel, Probleme und Perspektiven der Sozialpolitik, Opladen 2001 (3. Auflage)

Butterwegge, Christoph: Krise und Zukunft des Sozialstaates, Wiesbaden 2006 (3. Auflage)

Butterwegge, Christoph: Rechtfertigung, Maßnahmen und Folgen einer neoliberalen (Sozial-)Politik, in: ders./Bettina Lösch/Ralf Ptak, Kritik des Neoliberalismus, Wiesbaden 2008 (2. Auflage), S. 135-219

Candeias, Mario: Neoliberalismus – Hochtechnologie – Hegemonie. Grundrisse einer transnationalen kapitalistischen Produktions- und Lebensweise. Eine Kritik, Hamburg 2004

Casson, Mark: The Future of the UK Railway System: Michael Brooke's Vision, in: International Business Review, Vol. 13, Issue 2 (2004), S. 181-214

Caves, Richard E.: Lessons from privatization in Britain: State enterprise behaviour, public choice, and corporate governance, in: Journal of Economic Behaviour and Organization, Vol. 13, Issue 2 (1990), S. 145-169

CER: Stellungnahme von Mai 2006 für die öffentliche Anhörung des Verkehrsausschusses des Deutschen Bundestages, Berlin 2006, S. 18-23

Chittenden, Maurice/Leake, Jonathan: Privatised Railways Drive Confidence to All-Time Low, in: The Sunday Times v. 25.1.1998, S. 7

Chomsky, Noam: Profit over People. Neoliberalismus und globale Weltordnung (amerikanische Originalausgabe: Profit over People. Neoliberalism and Global Order, New York 1999), Hamburg/Wien 2002

Clark, Andrew: Network Rail Seeks to Fill Pounds 10bn Hole, in: The Guardian v. 1.4.2003, S. 19

Coase, Ronald H.: The Problem of Social Cost, in: Journal of Law and Economics, Vol. 3, Issue 10 (1960), S. 1-44

Cockett, Richard: Thinking the Unthinkable. Think-Tanks and the Economic Counter-Revolution 1931-1983, London 1995 (2. Auflage)

Cockett, Richard: Secret Society for World Freedom, in: The Sunday Times v. 13.4.1997, S. 24 f.

Committee of Public Accounts: The Flotation of Railtrack, Twenty-fourth Report, London 1999

Conservative Central Office: The Conservative Manifesto 1992. The Future of Britain, London 1992

Cornetz, Wolfgang/Kalmbach, Peter: Privatisierung unter veränderten Rahmenbedingungen, in: Bremer Ausschuss für Wirtschaftsforschung (Hrsg.), Bremer Zeitschrift für Wirtschaftspolitik, Nr. 3/4 (1993), S. 11-59

Coxe, Donald: When Good News is Bad News, in: Maclean's, Vol. 117, Issue 19 (2004), S. 39

Crafts, Nicolas F./Woodward, Nick W.: The British Economy since 1945: Introduction and Overview, in: dies. (eds.), The British Economy since 1945, Oxford 1991, S. 1-24

Cramer, Michael: Bahn frei, in: die tageszeitung v. 25.5.2007, S. 11

Crean, Mike: Bold vision or off the rails?, in: The Press v. 21.7.2007, S. 2

Crompton, Gerald/Jupe, Robert: „Such a Silly Scheme": The Privatisation of Britain's Railways 1992-2002, in: Critical Perspectives on Accounting, Vol. 14, Issue 6 (2003), S. 617-645

Cuneo, Anne: Von Lausanne, Basel und anderen Bahnhöfen, in: SBB (Hrsg.), Lesen Sie in einem Zug. Sieben Kurzgeschichten, Bern 2002

Daamen, Caroline: Bahn-Privatisierung in Großbritannien. Der Traum vom Staats-Express, in: Süddeutsche Zeitung online v. 9.7.2003, http://www.sueddeutsche.de/ wirtschaft/artikel/196/14182 (abgerufen am 23.9.2007)

Dahlmanns, Gert: Wirtschaftsordnung als Freiheitsordnung – eine Chance für ganz Europa, in: Herbert Giersch, Europas Wirtschaft 1991: Ordnungspolitische Aufgaben in Ost und West. Mit einem Vorwort von Gert Dahlmanns, Bad Homburg 1991, S. 5-12

Dahrendorf, Ralf: Zwei Gasthäuser in jeder Straße. Soziale Bindung ist eine gute Sache. Eine „gute Gesellschaft" aber sollten wir uns nicht wünschen, in: Die Zeit, Nr. 41 v. 5.10.2000, S. 15

Dale, Iain (ed.): Labour Party general election manifestos 1900-1997, London 2000

DB AG: Die Bahnreform, Frankfurt am Main 1994

DB AG: Geschäftsbericht 1993, Frankfurt am Main 1994

DB AG: Werbeanzeige „1835: Die Bahn reformiert Deutschland. 1994: Deutschland reformiert die Bahn", in: Frankfurter Allgemeine Zeitung v. 10.1.1994, S. 13

DB AG: Geschäftsbericht 1994, Frankfurt am Main 1995

DB AG: Geschäftsbericht 1995, Frankfurt am Main 1996

DB AG: Daten und Fakten 2000, Berlin 2001 (a)

DB AG: Geschäftsbericht 2000, Berlin 2001 (b)

DB AG: Werbeanzeige „Wir wollen wachsen und nicht schrumpfen", in: Frankfurter Allgemeine Zeitung v. 13.6.2001 (c), S. 13

DB AG: 10 Jahre Deutsche Bahn AG, Berlin 2004

DB AG: Drehscheibe der Mobilität, in: Welt am Sonntag v. 11.1.2004 (Verlagssonderveröffentlichung), S. 2

DB AG: Zu Lande, zu Wasser und in der Luft, in: Welt am Sonntag v. 11.1.2004 (Verlagssonderveröffentlichung), S. 3

DB AG: Entspannt zwischen Hamburg und Rhein-Ruhr reisen, in: Welt am Sonntag v. 11.1.2004 (Verlagssonderveröffentlichung), S. 4

DB AG: Bahnreform und Immobilieneigentum. Eine Kurzübersicht zur Entwicklung der Eigentümer von Bahnimmobilien, Berlin 2005

DB AG: Geschäftsbericht 2005, Berlin 2006

DB AG: Geschäftsbericht 2006, Berlin 2007 (a)

DB AG: Daten und Fakten 2006, Berlin 2007 (b)

Literatur- und Quellenverzeichnis 319

Deges, Stefan/Rürup, Miriam: Glücklich verfahren. Seit Jahrzehnten kennt die Politik nur ein Rezept: Autobahnen bauen, in: Rheinischer Merkur, Nr. 26 v. 26.6.2003, S. 7
Dehnhard, Albrecht: Der Staat: Auslauf- oder Zukunftsmodell? Bemerkungen zu einer perspektivischen Täuschung, in: Christoph Butterwegge/Martin Kutscha/Sabine Berghahn (Hrsg.), Herrschaft des Marktes – Abschied vom Staat? Folgen neoliberaler Modernisierung für Staat und Gesellschaft, Baden-Baden 1999, S. 11-25
Delhaes, Daniel/Böhmer, Reinhold: Grünes Licht, in: Wirtschaftswoche, Nr. 20 v. 15.5.2006, S. 52-62
Denkhaus, Ira/Schneider, Volker: The Privatization of Infrastructures in Germany, in: Jan-Erik Lane (ed.), Public Sector Reform. Rationale, Trends and Problems, London 1997, S. 64-113
Department for Transport (HMSO): Transport Trends, London 2007
Department of Transport (HMSO): Transport Policy – A Consultant Document, London 1978
Department of Transport (HMSO): New Opportunities for the Railways, London 1992
Department of Transport (HMSO): Gaining Access to the Railway Network, London 1993
Deregulierungskommission: Erster Bericht: Marktöffnung und Wettbewerb, Bonn 1990
Deregulierungskommission: Marktöffnung und Wettbewerb. Deregulierung als Programm?, Stuttgart 1991
Deutscher Bundesrat: Bundesratsdrucksache 131/93 v. 26.3.1993
Deutscher Bundestag: Bundestagsdrucksache V/3040 v. 5.12.1968
Deutscher Bundestag: Bundestagsdrucksache 12/4609 v. 23.3.1993
Deutscher Bundestag: Bundestagsdrucksache 13/5029 v. 28.6.1996
Dichtl, Erwin/Issing, Otmar (Hrsg.): Vahlens Großes Wirtschaftslexikon, Bd. 2, München 1993 (2. Auflage)
Dickhaus, Barbara/Dietz, Kristina: Private Gain – Public Loss? Folgen der Privatisierung und Liberalisierung öffentlicher Dienstleistungen in Europa, rls-standpunkte, Nr. 11 (2004)
Dietinger, Klaus: Der Markterfolg der Deutschen Bahn AG nach der Bahnreform, in: Heiner Monheim/Klaus Nagorni (Hrsg.), Die Zukunft der Bahn. Zwischen Bürgernähe und Börsengang, Herrenalber Protokolle Nr. 116, Karlsruhe 2004, S. 85-97
Dixon, Keith: Die Evangelisten des Marktes. Die britischen Intellektuellen und der Thatcherismus (französische Originalausgabe: Les évangélistes du marché, Paris 1988), Konstanz 2000
Dodgson, John S.: Railway Privatisation and Network Access in Britain, Working Document on the International Seminar „Why do we need Railways?", Paris 1994
Donges, Juergen B.: Deregulierung am Arbeitsmarkt und Beschäftigung, Tübingen 1992
Donges, Juergen B.: Deregulierung von Märkten, globaler Wettbewerb und neue Ökonomie, Paderborn 2002
Dörries, Bernd: Mit 250 über die Schwäbische Alb, in: Süddeutsche Zeitung v. 20.7.2007, S. 6

Dürr, Heinz: Privatisierung als Lernprozess am Beispiel der deutschen Bahnreform, in: Horst Albach/Meinolf Dierkes/Ariane Berthoin Antal/Kristina Vaillant (Hrsg.), Organisationslernen – institutionelle und kulturelle Dimensionen, WZB Jahrbuch 1998, Berlin 1998, S. 101-120

Dürr, Heinz: Gedanken einer marktwirtschaftlichen Bahn, Ansprache auf der Jahresmitgliederversammlung des Verkehrsforums Bahn e.V. (unveröffentlichtes Manuskript), Bonn 1991

Dürr, Heinz: Bahnreform – Kann die Schiene den Verkehrsinfarkt auf der Straße vermeiden?, Rede auf dem 31. Deutschen Verkehrsgerichtstag am 28.1.1993 (unveröffentlichtes Manuskript), Goslar 1993

Dürr, Heinz: Chancen einer privatwirtschaftlich organisierten Bahn, in: DB AG (Hrsg.), Jahrbuch des Eisenbahnwesens. Die Bahnreform, Folge 45, Darmstadt 1994/95, S. 18-26

Dürr, Heinz: Das Konzept der neuen Bahnhofskultur, Vortrag vor der Landesvertretung Baden-Württemberg am 26.9.1996 (unveröffentlichtes Manuskript)

Dürr, Heinz: Vorwort des Vorstandsvorsitzenden, in: DB AG, Geschäftsbericht 1996, Berlin/Frankfurt am Main 1997, S. 4 f.

Dyson, Kenneth: Regulatory Culture and Regulatory Change: Some Conclusions, in: ders. (ed.), The Politics of German Regulation, Aldershot 1992, S. 257-271

Eaglesham, Jean/Mason, John: Manslaughter Law in Balance on the Case, in: Financial Times v. 29.1.2001, S. 14

EG: Richtlinie des Rates v. 29.7.1991 zur Entwicklung der Eisenbahnunternehmen der Gemeinschaft (91/440/EWG)

Ehrlich, Peter: Inra-Umfrage: BMW hat das beste Image deutscher Großunternehmen, in: Financial Times Deutschland v. 10.4.2003, S. 4

Ehrmann, Thomas: Restrukturierungszwänge und Unternehmenskontrolle. Das Beispiel Eisenbahn, Wiesbaden 2001

Elliot, Larry: A Ghoulish Remnant, in: The Guardian v. 1.11.2002, S. 21

Engartner, Tim: Von der Bürger-Bahn zur Börsen-Bahn, in: Blätter für deutsche und internationale Politik, 51. Jg., Heft 9 (2006), S. 1121-1129

Engartner, Tim: Ökonomisierung ohne Normativität – oder: Die lautlose Konversion zum Neoliberalismus, in: ders./Diana Kuring/Thorsten Teubl (Hrsg.), Die Transformation des Politischen: Analysen, Deutungen, Perspektiven, Berlin 2007, S. 10-31

Engartner, Tim: Privatisierung und Liberalisierung – Strategien zur Selbstentmachtung des öffentlichen Sektors, in: Christoph Butterwegge/Bettina Lösch/Ralf Ptak, Kritik des Neoliberalismus, Wiesbaden 2008 (2. Auflage), S. 87-133

Engartner, Tim: Der Zug der Zeit kommt aus der Luft. Auf ihrem Börsenpfad wird die Deutsche Bahn mehr und mehr zum Logistiker, in: Frankfurter Rundschau v. 16.3.2007, S. 24 f.

Engels, Wolfram: Eine konstruktive Kritik des Wohlfahrtsstaates, Tübingen 1979

Engels, Wolfram: Über Freiheit, Gleichheit und Brüderlichkeit. Kritik des Wohlfahrtsstaats, Theorie der Sozialordnung und Utopie der sozialen Marktwirtschaft, Bad Homburg 1985

Esser, Josef: Germany: Symbolic Privatizations in a Social Market Economy, in: Vincent Wright (ed.), Privatization in Western Europe: Pressures, Problems and Paradoxes, London/New York 1994, S. 105-121
Etscheit, Georg: Neuer Anlauf, alte Probleme – wer bezahlt den Transrapid?, in: Die Zeit, Nr. 17 v. 20.4.2006, S. 15
Eucken, Walter: Grundsätze der Wirtschaftspolitik, Tübingen 1990 (6. Auflage)
EU (ed.): Bulletin Quotidien Europe, N^0 2103 v. 30.10.1998
EU (ed.): Intermodal Competition, Brüssel 2005
EU (ed.): Energy and Transport in Figures, Part 3: Transport, Brüssel 2006
EU-Kommission: Leistungen der Daseinsvorsorge in Europa, Pressemitteilung v. 20.9.2000
European Commission (ed.): EU Energy and Transport in Figures, Statistical Pocketbook 2003, Luxembourg 2003
European Commission (ed.): EU Energy and Transport in Figures, Statistical Pocketbook 2005, Luxembourg 2005
European Conference of Ministers of Transport (ed.): Railway Reform. Regulation of Freight Transport Markets, Paris 2001
Ewers, Hans-Jürgen: Privatisierung und Deregulierung bei den Eisenbahnen. Das Beispiel der Deutschen Bundesbahn und der Deutschen Reichsbahn, in: Jahrbuch für Neue Politische Ökonomie, 13. Jg., Tübingen 1994, S. 178-208
Fagan, Mary: Encouragement for high street share dealing – Wider share ownership, in: The Independent v. 20.3.1991, S. 7
Fangmann, Helmut: Kommentierung des Art. 143 b, Rdn. 15, in: Michael Blank/ders./Ulrich Hammer, Grundgesetz. Basiskommentar, Köln 1996 (2. Auflage)
FDP-Bundestagsfraktion: Bahn wird mit Netz nie börsenfähig, Pressemitteilung v. 31.3.2006,
FDP-Landtagsfraktion: Das neue NRW. Wahlprogramm zur Landtagswahl 2005, Düsseldorf 2005
Feulner, Edwin J.: The March of Freedom: Modern Classics in Conservative Thoughts, Dallas 1998
Fiedler, Joachim: Verlässlichkeit als Konkurrenzkriterium, in: Der Eisenbahningenieur, 56. Jg., Heft 12 (2005), S. 40-46
Finger, Hans-Joachim: Kommentar zum Allgemeinen Eisenbahngesetz und Bundesbahngesetz mit Bundesvermögensgesetz und Verwaltungsordnung, Darmstadt 1982
Fischermann, Thomas: Irrfahrt in den Wettbewerb, in: Die Zeit, Nr. 44 v. 24.10.1997, S. 22
Flassbeck, Heiner: Was ist Angebotspolitik?, in: Konjunkturpolitik, 28. Jg., Heft 2/3 (1982), S. 75-138
Foucault, Michel: Die Gouvernementalität, in: Ulrich Bröckling/Susanne Krasmann/Thomas Lemke (Hrsg.), Gouvernementalität der Gegenwart. Studien zur Ökonomisierung des Sozialen, Frankfurt am Main 2000, S. 41-67
Foucault, Michel: Geschichte der Gouvernementalität II. Die Geburt der Biopolitik, Frankfurt am Main 2004
Frankfurter Institut für wirtschaftspolitische Forschung (Hrsg.): Mehr Mut zum Markt. Wege zur Erneuerung von Wirtschaft und Gesellschaft, Bad Homburg 1982

Frankfurter Institut für wirtschaftspolitische Forschung (Hrsg.): Mehr Markt im Verkehr. Reformen in der Verkehrspolitik, Schriften des Kronberger Kreises, Bd. 4, Bad Homburg 1984

Frankfurter Institut für wirtschaftspolitische Forschung (Hrsg.): Mehr Mut zum Markt. Konkrete Problemlösungen, Schriften des Kronberger Kreises, Bd. 12, Bad Homburg 1986

Frankfurter Institut – Stiftung Marktwirtschaft und Politik (Hrsg.): Deutschland in der Prüfung. Mit Mut zum Markt aus der Misere, Bd. 1, Bad Homburg 1998 (a)

Frankfurter Institut – Stiftung Marktwirtschaft und Politik (Hrsg.): Deutschland in der Prüfung. Mit Markt zu guten sozialen Verhältnissen, Bd. 2, Bad Homburg 1998 (b)

Freeman, Richard: Labor Markets in Action. Essays in Empirical Economics, New York 1989

Friedman, Milton: There Is No Such Thing as a Free Lunch, Columns from Newsweek Magazine, Berkeley 1975

Friedman, Milton: Kapitalismus und Freiheit (amerikanische Originalausgabe: Capitalism and Freedom, Chicago 1962), München 1976

Friese, Ulrich: Sanierung der Bahn kostet 110 Milliarden Euro, in: Frankfurter Allgemeine Zeitung v. 15.1.2002, S. 15

Friese, Ulrich: Der Schienenverkehr – in allen Ländern ein Problemkind. In England ist die Privatisierung gründlich missglückt, in: Frankfurter Allgemeine Zeitung v. 2.7.2003, S. 14

Fritsch, Michael/Wein, Thomas/Ewers, Hans-Jürgen: Marktversagen und Wirtschaftspolitik, München 2001 (4. Auflage)

Fromm, Günter: Verfassungsrechtlicher Rahmen der Vereinigung von Bundesbahn und Reichbahn, in: Internationales Verkehrswesen, 62. Jg., Heft 3 (1991), S. 70-73

Fromm, Günter: Die Bedeutung der Verordnung EWG Nr. 1893/91 für den Ausgleich gemeinwirtschaftlicher Leistungen, in: Transportrecht, 15. Jg., Heft 7/8 (1992), S. 256-263

Frühbrodt, Lutz: Bahn funktioniert auch ohne Netz, in: Die Welt v. 24.11.2005, S. 11

Fukuyama, Francis: The End of History and the Last Man (deutsche Übersetzung: Das Ende der Geschichte: wo stehen wir?, München 1992), London 1992

Gallois, Louis: Interview: „Ein Staatsunternehmen kann effizient sein wie ein privates", in: Süddeutsche Zeitung v. 23.3.2001, S. 27

Gammelin, Cerstin: Finale Weiche. Berlin streitet über die Privatisierung der Bahn, in: Die Zeit, Nr. 19 v. 3.5.2007, S. 30 f.

Gantner, Manfried M.: Anmerkungen zur Ziel- und Kontrollproblematik öffentlicher Unternehmen aus polit-ökonomischer und neo-institutioneller Sicht, in: Wirtschaftspolitische Blätter, 33. Jg., Heft 6 (1986), S. 694-707

Gegner, Martin: Verkehr und Daseinsvorsorge, in: Oliver Schöller/Weert Canzler/Andreas Knie, Handbuch Verkehrspolitik, Wiesbaden 2007, S. 455-470

Geinitz, Christian: Die Deutsche Bahn verdirbt die Stimmung, in: Frankfurter Allgemeine Zeitung v. 25.2.2006, S. 26

Giddens, Anthony: Konsequenzen der Moderne (britische Originalausgabe: The Consequences of Modernity, Cambridge 1990), Frankfurt am Main 1995 (2. Auflage)

Giddens, Anthony: Jenseits von Links und Rechts: Die Zukunft radikaler Demokratie (britische Originalausgabe: Beyond Left and Right – the Future of Radical Politics, Cambridge 1994), Frankfurt am Main 1997
Giddens, Anthony: Der dritte Weg. Die Erneuerung der sozialen Demokratie (britische Originalausgabe: The Third Way. The Renewal of Social Democracy, Cambridge 1998), Frankfurt am Main 1999
Giddens, Anthony: Die Frage der sozialen Ungleichheit (britische Originalausgabe: The Third Way and Its Critics, Cambridge 2000), Frankfurt am Main 2001
Giddens, Anthony: Where Now for New Labour?, Cambridge 2002
Giersch, Herbert: Ordnungspolitische Grundsatzfragen in Westeuropa, in: ders., Europas Wirtschaft 1991: Ordnungspolitische Aufgaben in Ost und West. Mit einem Vorwort von Gert Dahlmanns, Bad Homburg 1991, S. 15-32
Giersch, Herbert/Sinn, Hans-Werner: Unser Mezzogiorno an der Elbe, in: Süddeutsche Zeitung v. 29.9.2000, S. 28
Gilbert, Richard J.: Preemptive competition, in: Joseph E. Stiglitz/G. Frank Mathewson (eds.), New developments in the analysis of market structure, Cambridge 1982, S. 90-123
Glabus, Wolfgang/Wiskow, Jobst-Hinrich: Mehdorns Malaise, in: Capital, Nr. 4 v. 13.2.2006, S. 42-44
Gourvish, Terry: British Rail 1974-97, Oxford 2002
Grabitz, Ileana: Nicht ohne meine Gleise, in: Welt am Sonntag v. 12.2.2006, S. 31
Grande, Edgar: Vom Monopol zum Wettbewerb? Die neokonservative Reform der Telekommunikation in Großbritannien und der Bundesrepublik Deutschland, Wiesbaden 1989
Grande, Edgar: Vom produzierenden zum regulierenden Staat. Möglichkeiten und Grenzen von Regulierung und Privatisierung, in: Klaus König/Angelika Benz (Hrsg.), Privatisierung und staatliche Regulierung: Bahn, Post, Telekommunikation, Rundfunk, Baden-Baden 1997, S. 576-591
Grande, Edgar/Eberlein, Burkard: Der Aufstieg des Regulierungsstaates im Infrastrukturbereich. Zur Transformation der politischen Ökonomie der Bundesrepublik Deutschland, Arbeitspapier Nr. 2, München 1999
Gröben, Hans-Joachim: Taschenbuch der Eisenbahngesetze, Darmstadt 1982 (7. Auflage)
Grossekettler, Heinz: Deregulierung und Privatisierung. Erscheinungsformen, Legitimationskriterien und politische Verhaltenstendenzen, in: Wirtschaftswissenschaftliches Studium – Zeitschrift für Ausbildung und Hochschulkontakt, 18. Jg., Heft 10 (1989), S. 437-445
Grossekettler, Heinz: Privatisierung, Deregulierung und Entbürokratisierung. Zeichen des Zeitgeistes oder ordnungspolitische Daueraufgabe?, Arbeitspapier Nr. 80 der Wissenschaftlichen Gesellschaft für Marketing und Unternehmensführung, Münster 1993
Guski, Hans-Günter: Privatisierung in Großbritannien, Frankreich und USA. Beiträge zur Wirtschafts- und Sozialpolitik, Bd. 159, Köln 1988
Habermas, Jürgen: Die neue Unübersichtlichkeit, Frankfurt am Main 1985
Hall, Stanley: Hidden Dangers. Railway Safety in the Era of Privatisation, Surrey 1999
Hamm, Walter: Preise als verkehrspolitisches Ordnungselement, Heidelberg 1964

Hamm, Walter: Irrwege der Gesundheitspolitik, Tübingen 1980
Hanusch, Horst: Nutzen-Kosten-Analyse, München 1987
Hardin, Garrett J.: The Tragedy of the Commons, in: Science, Vol. 162, Issue 3869 (1968), S. 1243-1248
Hardin, Herschel: The Privatization Putsch, Halifax 1989
Hardman, Robert: The Last Post, in: Daily Mail v. 6.11.2003, S. 13
Harper, Keith: Regulator Gets Tough Over Railway Repair Plan, in: The Guardian v. 3.1.2001, S. 9
Harris, Nigel/Godward, Ernest: The Privatisation of British Rail, London 1997
Hartmann, Adolf: Was bedeutet die Gründung der Bahn-AG für die Mitarbeiterinnen und Mitarbeiter der Deutschen Bundesbahn und der Deutschen Reichsbahn? Rede auf dem Führungstreffen der Dienstleiter am 5.5.1992 in Magdeburg (unveröffentlichtes Manuskript)
Hartwell, Ronal M.: A History of the Mont Pèlerin Society, Indianapolis 1995
Hartwig, Karl-Hans/Ehrmann, Thomas: Vorsicht vor versunkenen Kosten. Zur Trennung von Netz und Betrieb, in: Frankfurter Allgemeine Zeitung v. 8.5.2006, S. 16
Hass-Klau, Carmen: Rail Privatisation: Britain and Germany Compared, An Anglo-German Foundation Report, London 1998
Hayek, Friedrich A. von: Der Weg zur Knechtschaft (britische Originalausgabe: The Road to Serfdom, London 1944), Erlenbach/Zürich 1962
Hayek, Friedrich A. von: Der Wettbewerb als Entdeckungsverfahren, Kiel 1968
Hayek, Friedrich A. von: Freiburger Studien. Gesammelte Aufsätze, Tübingen 1969
Hayek, Friedrich A. von: Die Verfassung der Freiheit (britisch-amerikanische Originalausgabe: The Constitution of Liberty, London/Chicago 1960), Tübingen 1971
Hayek, Friedrich A. von: Der Atavismus „sozialer Gerechtigkeit", in: ders., Drei Vorlesungen über Demokratie, Gerechtigkeit und Sozialismus, Tübingen 1977, S. 23-38
Hayek, Friedrich A. von: Wissenschaft und Sozialismus, Vorträge und Aufsätze des Walter-Eucken-Instituts, Heft 71, Tübingen 1979
Hayek, Friedrich A. von: Recht, Gesetzgebung und Freiheit, Bd. 1: Regeln und Ordnung, Bd. 2: Die Illusion der sozialen Gerechtigkeit, Bd. 3: Die Verfassung einer Gesellschaft freier Menschen (britische Originalausgabe: Law, Legislation and Liberty, Vol. 1: Rules and Order, Vol. 2: The Mirage of Social Justice, Vol. 3: The Political Order of a Free People, London 1979), München 1980/81
Hayek, Friedrich A. von: „Ungleichheit ist nötig", in: Wirtschaftswoche, Nr. 11 v. 6.3.1981, S. 36-40
Hayek, Friedrich A. von: The Weasel Word "Social", in: Salisbury Review, Vol. 2, N^{0}1 (1983), S. 4 f.
Hayek, Friedrich A. von: Prologue. The Rediscovery of Freedom: Personal Recollections, in: Bruce Caldwell (ed.), The Collected Works of F. A. Hayek, Vol. 4, The Fortunes of Liberalism. Essays on Austrian Economics and the Ideal of Freedom, London 1992, S. 185-195
Heald, David: Die Privatisierungsmaßnahmen in Großbritannien 1979-1986, in: Zeitschrift für öffentliche und gemeinwirtschaftliche Unternehmen, 10. Jg., Heft 1 (1987), S. 105-116

Literatur- und Quellenverzeichnis 325

Healey, Nigel M.: From Keynesian Demand Management to Thatcherism, in: ders. (ed.), Britain's Economic Miracle – Myth or Reality?, London/New York 1993, S. 1-42
Health and Safety Executive (ed.): Cullen Inquiry, Report on Seminar – Employee Perspectives on Railway Safety, London 2000
Hegner, Jan: Alexander Rüstow. Ordnungspolitische Konzeption und Einfluß auf das wirtschaftspolitische Leitbild der Nachkriegszeit in der Bundesrepublik Deutschland, Stuttgart 2000
Hein, Wolfgang/Kößler, Reinhart/Korbmacher, Michael: Historisch-kritische Überlegungen zum Eigentum, in: Peripherie. Zeitschrift für Politik und Ökonomie in der Dritten Welt, Heft 101/102 (2006), S. 3-17
Heinisch, Roland: „Fairer Wettbewerb käme der Umwelt zugute", in: DB mobil, Heft 12 (2005), S. 44
Heinrici, Timon: Ein Riesenprojekt mit begrenzter Zugkraft, in: Deutsche Verkehrszeitung v. 15.1.2004, S. 2
Heise, Arne: Deregulation and Employment in Britain and Germany. An Anglo-German Foundation Report, London 1997
Heitmeyer, Wilhelm: Anknüpfungspunkt: Heterophobie – Obdachlose, in: ders. (Hrsg.), Deutsche Zustände. Ein jährlicher Report, Folge 1, Frankfurt am Main 2002, S. 218-228
Hennemann, Gerhard: Bund soll Postfilialen auf dem Land retten, in: Süddeutsche Zeitung v. 21.6.2005, S. 21
Hesse, Wolfgang: Mehr Netz statt Tunnels und Korridore. Plädoyer für ein neues Netz- und Fahrplankonzept bei der DB, in: Heiner Monheim/Klaus Nagorni (Hrsg.), Die Zukunft der Bahn. Zwischen Bürgernähe und Börsengang, Herrenalber Protokolle Nr. 116, Karlsruhe 2004, S. 101-119
Hickel, Rudolf: Fiskalpolitik, Staatshaushalt und Strukturreform. Anmerkungen zur chaotischen Debatte über die Zukunft des öffentlichen Sektors, in: Martin Büscher (Hrsg.), Markt als Schicksal? Zur Kritik und Überwindung neoliberaler Wirtschafts- und Gesellschaftspolitik, Bonn 1998, S. 151-159
Hinkelammert, Franz J.: Kritik der utopischen Vernunft. Eine Auseinandersetzung mit den Hauptströmungen der modernen Gesellschaftstheorie, Mainz 1994
Hirsch, Joachim: Der Sicherheitsstaat. Das „Modell Deutschland", seine Krise und die neuen sozialen Bewegungen, Frankfurt am Main 1980
Hobsbawm, Eric J.: Das Zeitalter der Extreme. Weltgeschichte des 20. Jahrhunderts (britische Originalausgabe: The Age of Extremes: The Short Twentieth Century 1914-1991, London 1994), München/Wien 1998
Höffe, Otfried: Demokratie im Zeitalter der Globalisierung, München 2002 (2. Auflage)
Hoffmann, Catherine: Die meisten Unternehmer haben keine Angst vor Tony Blair, in: Frankfurter Allgemeine Zeitung v. 23.4.1997, S. 20
Hoffmann, Gunter: Sozialistische Müllhaufen, in: Die Zeit, Nr. 40 v. 28.9.2006, S. 13
Hoffmann-Riem, Wolfgang: Tendenzen der Verwaltungsrechtsentwicklung, in: Die Öffentliche Verwaltung. Zeitschrift für öffentliches Recht und Verwaltung, 50. Jg., Heft 11 (1997), S. 433-442
Hohenthal, Carl Graf: Staat könnte 2 Billionen DM erlösen. Wegen der Finanznot sollte er viel mehr privatisieren, in: Frankfurter Allgemeine Zeitung v. 15.1.1993, S. 16

Honegger, Hans: Volkswirtschaftliche Gedankenströmungen. Systeme und Theorien der Gegenwart besonders in Deutschland, Karlsruhe 1925

Hops, Bernd: Baut die Bahn mit Immobiliengeschäften vor?, in: Berliner Tagesspiegel v. 3.5 2006, S. 3

Horn, Karen: Neu, neo, liberal: Begriffsverwirrung in Berlin, in: Frankfurter Allgemeine Zeitung v. 14.10.2003, S. 13

House of Commons: Environment, Transport and Regional Affairs Committee, Recent Events on the Railway, London 2000

Hurl, Bryan: Privatization and the Public Sector, Oxford 1995 (3. Auflage)

Hutchinson, Gladstone A.: Efficiency Gains through Privatization of UK Industries, in: Attiat F. Ott/Keith Hartley (eds.), Privatization and Economic Efficiency. A Comparative Analysis of Developed and Developing Countries, Aldershot 1991, S. 87-107

Ital, Bernd K.: Die Politik der Privatisierung in Großbritannien unter der Regierung Margaret Thatcher, Inauguraldissertation an der Universität zu Köln, Köln 1995

Jänicke, Martin: Vom Staatsversagen zur politischen Modernisierung?, in: Carl Böhret/ Göttrik Wewer (Hrsg.), Regieren im 21. Jahrhundert – zwischen Globalisierung und Regionalisierung, Festgabe für Hans-Hermann Hartwich zum 65. Geburtstag, Opladen 1993, S. 63-77

Jeker, Rolf E.: Gotthard-Basistunnel – Der längste Tunnel der Welt, Zürich 2002

Jenkins, Simon: A Derailed Railway, in: The Sunday Times v. 19.1.2004, S. 20

Jenkins, Simon: Tories Are Starting to Clear Their Clutter of Inheritance, in: The Guardian v. 19.7.2006, S. 29

Jenkins, Simon: Es gibt keinen Blairismus, in: Blätter für deutsche und internationale Politik, 52. Jg., Heft 6 (2007), S. 648-650

Jensen, Annette: Die wunderbare Welt der Bahngewinne, in: die tageszeitung v. 15.3.2005, S. 6

Jensen, Annette: Die Bahn rollt aus dem Gleisbett, in: die tageszeitung v. 15.3.2005, S. 6

Jensen, Annette: Verdienen am Verschleiß, in: die tageszeitung v. 14.11.2006, S. 11

Jessop, Bob: Thatcherism and Flexibility: The White Heat of a Post-Fordist Revolution, in: ders./Hans Kastendiek/Klaus Nielsen/Ove K. Pedersen (eds.), The Politics of Flexibility. Restructuring State and Industry in Britain, Germany and Scandinavia, Aldershot 1991, S. 135-161

Jost, Hans Ulrich: Bilder der politischen Kultur der Nation, in: Kunst und Architektur in der Schweiz, 45. Jg., Heft 1 (1994), S. 17-23

Jost, Sebastian: Ein Minister als Kaufmann, www.zeit.de/online/2006/09/privatisierungen (abgerufen am 21.12.2007)

Jowit, Juliette: Network Disintegrates Amid Cycle of Blame, in: Financial Times v. 4.5.2001, S. 3

Jowit, Juliette/Giles, Chris: Strategic Plan Begins to Look Out of Date, in: Financial Times v. 5.3.2002, S. 3

Julitz, Lothar: Bestandsaufnahme Deutsche Bahn. Das Abenteuer einer Privatisierung, Frankfurt am Main 1998

Jupe, Robert: A Fudge? Network Rail's Status in the Industry, in: Public Money & Management, Vol. 26, Issue 3 (2006), S. 148-150

Kaletsky, Anatole: Popularity and Privatisation, in: Financial Times v. 13.2.1986, S. 13
Kaletsky, Anatole: Labour's Rail Naivety. Social Objectives Do Not Require Public Ownership, in: The Times v. 16.1.1995, S. 5
Kaminski, Hans: Finanzpolitik, in: Hermann May, Handbuch zur ökonomischen Bildung, München 1997 (3. Auflage), S. 431-451
Kannengießer, Walter: Bahn will den Tarif-Spielraum voll ausschöpfen, in: Frankfurter Allgemeine Zeitung v. 14.8.1981, S. 11
Katterle, Siegfried: Systematische Kritik am Konzept und an den Folgen neoliberaler Wirtschafts- und Gesellschaftspolitik, in: Martin Büscher (Hrsg.), Markt als Schicksal? Zur Kritik und Überwindung neoliberaler Wirtschafts- und Gesellschaftspolitik, Bonn 1998, S. 17-28
Kemnitz, Joachim: Der Staat muss zahlen. Kann man das Schienennetz privat betreiben?, in: Der Fahrgast, 22. Jg., Heft 2 (2002), S. 5-9
Kemnitz, Joachim: Von Großbritannien lernen heißt privatisieren lernen: Vom Börsengang zum Bettelgang?, in: Der Fahrgast, 24. Jg., Heft 2 (2004), S. 5-14
Keynes, John Maynard: Bin ich ein Liberaler?, in: ders., Politik und Wirtschaft. Männer und Probleme. Ausgewählte Abhandlungen, Tübingen 1956, S. 246-254
Kirnich, Peter: Die Bahn ist ein Fass ohne Boden, in: Berliner Zeitung v. 6.11.2000, S. 31
Kißler, Leo: Privatisierung von Staatsaufgaben. Kriterien und Grenzen aus sozialwissenschaftlicher Sicht, in: Christoph Gusy (Hrsg.), Privatisierung von Staatsaufgaben: Kriterien - Grenzen - Folgen, Baden-Baden 1998, S. 57-71
Kleine-Brockhoff, Thomas: Der Spender und sein Kanzler, in: Die Zeit, Nr. 13 v. 29.3. 2001, S. 15
Klemmer, Paul: Verkehrspolitische Herausforderungen Deutschlands in den neunziger Jahren, in: Deutsche Forschungsgesellschaft Straßenbau (Hrsg.), Deutscher Straßen- und Verkehrskongress 1992, Bonn 1993, S. 12-21
Klimenta, Harald: Demokratischer Fahrplan, in: die tageszeitung v. 15.9.2006, S. 11
Knieps, Günter: Der disaggregierte Regulierungsansatz der Netzökonomie, in: ders./Gert Brunekreeft (Hrsg.), Zwischen Regulierung und Wettbewerb. Netzsektoren in Deutschland, Heidelberg 2000, S. 7-22
Knorr, Andreas: Öffentliche Unternehmen in der Marktwirtschaft, in: Fritz Söllner/Arno Wilfert (Hrsg.), Die Zukunft des Sozial- und Steuerstaates, Festschrift zum 65. Geburtstag von Dieter Fricke, Heidelberg 2001, S. 131-161
Kohl, Helmut: Programm der Erneuerung: Freiheit, Mitmenschlichkeit, Verantwortung. Regierungserklärung des Bundeskanzlers, abgegeben am 4. Mai 1983 vor dem Deutschen Bundestag, in: Presse- und Informationsdienst der Bundesregierung (Hrsg.), Bulletin 43, Bonn 1983
Kohlmorgen, Lars/Schneider, Karsten: Deregulierung der Wasserversorgung und des Verkehrs im internationalen Vergleich, in: WSI-Mitteilungen, 57. Jg., Heft 2 (2004), S. 90-95
Kohn, Roland: Ein Jahrhundertwerk, in: Die Liberale, Heft 1/2 (1994), S. 44 f.
König, Hans-Joachim: Läuft die Bahn voll aus dem Ruder?, in: Internationales Verkehrswesen, 64. Jg., Heft 7/8 (1993), S. 424-428

König, Klaus/Benz, Angelika: Zusammenhänge von Privatisierung und Deregulierung, in: dies. (Hrsg.), Privatisierung und staatliche Regulierung: Bahn, Post, Telekommunikation, Rundfunk, Baden-Baden 1997, S. 13-79
Krätke, Michael R.: Die neue Weltunordnung. Was ist neo und was ist liberal am Neoliberalismus?, in: Regina Stötzel (Hrsg.), Ungleichheit als Projekt, Globalisierung – Standort – Neoliberalismus, Marburg 1998, S. 11-37
Krebs, Peter: Verkehr wohin? Zwischen Bahn und Autobahn, Zürich 1997
Krönig, Jürgen: Insel der Katastrophen. Die Lehren der Eisernen Lady haben ausgedient. Jetzt merkt es auch Tony Blair, in: Die Zeit, Nr. 11 v. 8.3.2001, S. 14
Kruse, Jörn: Ökonomie der Monopolregulierung, Göttingen 1985
Kühlwetter, Jürgen: Privatisierung und Regulierung aus der Sicht des Eisenbahnbundesamtes als Regulierungsbehörde, in: Klaus König/Angelika Benz (Hrsg.), Privatisierung und staatliche Regulierung: Bahn, Post, Telekommunikation, Rundfunk, Baden-Baden 1997, S. 93-106
Külp, Bernhard: Verteilungstheorie, Stuttgart 1981 (2. Auflage)
Kuntz, Michael: Verdienen statt dienen, in: Süddeutsche Zeitung v. 22.2.1997, S. 12
Kutscha, Martin: Die Anpassung des Verfassungsrechts im „schlanken Staat", in: Christoph Butterwegge/ders./Sabine Berghahn (Hrsg.), Herrschaft des Marktes – Abschied vom Staat? Folgen neoliberaler Modernisierung für Staat und Gesellschaft, Baden-Baden 1999, S. 93-109
Laaser, Claus-Friedrich: Wettbewerb im Verkehrswesen. Chancen für eine Deregulierung in der Bundesrepublik, Kieler Studien, Bd. 236, Kiel 1991
Laaser, Claus-Friedrich: Die Bahnstrukturreform. Richtige Weichenstellungen oder Fahrt aufs Abstellgleis?, Kieler Diskussionsbeiträge Nr. 239 (1994)
Labour Party: Ambitions for Britain: Labour's Manifesto 2001, London 2001
Lambsdorff, Otto Graf: Memorandum des Bundeswirtschaftsministers vom 9. September 1982 – Konzept für eine Politik zur Überwindung der Wachstumsschwäche und zur Bekämpfung der Arbeitslosigkeit, in: Klaus Bölling (Hrsg.), Die letzten 30 Tage des Kanzlers Helmut Schmidt. Ein Tagebuch, Reinbek bei Hamburg 1982, S. 121-141
Lapsley, Irvine/Wright, Heather: On the Privatization of British Rail, in: Public Money & Management, Vol. 10, Issue 3 (1990), S. 49-54
Lawson, Nigel: House of Commons. Parliamentary Debates, Vol. 1 (8th series), Col. 440, London 1981
Leathley, Arthur: Railtrack Faces Claims Bill of Pounds 800m, in: The Times v. 26.2.2001, S. 19
Lehmkuhl, Dirk/Herr, Christof: Reform im Spannungsfeld von Dezentralisierung und Entstaatlichung: Die Neuordnung des Eisenbahnwesens in Deutschland, in: Politische Vierteljahresschrift, 35. Jg., Heft 4 (1994), S. 631-657
Leif, Thomas: Wer bewegt welche Ideen? Medien und Lobbyismus in Deutschland, in: Ulrich Müller/Sven Giegold/Malte Arhelger (Hrsg.), Gesteuerte Demokratie? Wie neoliberale Eliten Politik und Öffentlichkeit beeinflussen, Hamburg 2004, S. 84-89
Lepage, Henri: Der Kapitalismus von morgen, Frankfurt am Main/New York 1979
Lindblom, Charles E.: Jenseits von Markt und Staat. Eine Kritik der politischen und ökonomischen Systeme, Stuttgart 1980

Link, Heike: Trassenpreise der Deutschen Bahn AG – diskriminierungsfrei und kostendeckend?, in: Wochenbericht des DIW, Nr. 26 (1997), S. 457-462

Loesch, Achim von: Privatisierung öffentlicher Unternehmen. Schriftenreihe der Gesellschaft für öffentliche Wirtschaft und Gemeinwirtschaft, Heft 23, Baden-Baden 1983

Lösch, Bettina: Die neoliberale Hegemonie als Gefahr für die Demokratie, in: Christoph Butterwegge/dies./Ralf Ptak, Kritik des Neoliberalismus, Wiesbaden 2008 (2. Auflage), S. 221-283

Lütz, Susanne: Governance in der politischen Ökonomie, MPIfG Discussion Paper, Nr. 3 (2005)

Mac Allister, Ian: Foreword, in: Network Rail, Annual Report 2002/03, London 2003, S. 3

Majone, Giandomenico: The Rise of the Regulatory State in Europe, in: Wolfgang C. Müller/Vincent Wright (eds.), The State in Western Europe: Retreat or Redefinition?, Ilford 1994, S. 77-101

Majone, Giandomenico: Paradoxes of privatization and deregulation, in: Journal of European Public Policy, Vol. 1, Issue 1 (1994), S. 53-69

Malmström, Bernd: Zukunftsfähigkeit für die Schiene: Railion als Carrier der Stinnes AG. Zwischenbilanz und Ausblick, in: Förderkreis des Verbandes Deutscher Verkehrsunternehmen (Hrsg.), Zehn Jahre Bahnreform in Deutschland, Erfahrungen – Bewertungen – Perspektiven, Hamburg 2005, S. 68-75

Mayntz, Renate/Scharpf, Fritz W.: Steuerung und Selbstorganisation in staatsnahen Sektoren, in: dies. (Hrsg.), Gesellschaftliche Selbstregelung und politische Steuerung, Frankfurt am Main 1995, S. 9-38

McCartney, Sean/Stittle, John: „Not our problem": UK Government's fiscal obligations towards the privatised railway network, in: Accounting Forum, Vol. 30, Issue 2 (2006), S. 139-153

Megginson, William L./Netter, Jeffry M. (eds.): From State to Market. A Survey of Empirical Studies on Privatization, Working Paper, Mailand 1999

Mehdorn, Hartmut: Alles nur ein Missverständnis, in: Mannheimer Morgen v. 6.3.2002, S. 19

Mehdorn, Hartmut: Die Deutsche Bahn AG wird zum europäischen Mobilitäts- und Logistikdienstleister, in: Student Business Review, Heft Sommer (2003), S. 19-21

Mehdorn, Hartmut: Interview: „Unser Produkt heißt Mobilität", in: Der Spiegel, Nr. 5 v. 30.1.2006, S. 82-85

Mehdorn, Hartmut: Interview: „In 30 Jahren kann man vielleicht mit uns fliegen", in: Frankfurter Allgemeine Sonntagszeitung v. 24.12.2006, S. 35

Mehner, Gottfried: WCM wandelt sich vom Paria- zum Daxwert, in: Börsen Zeitung v. 10.7.1999, S. 4

Meier-Rust, Kathrin: Alexander Rüstow. Geschichtsdeutung und liberales Engagement, Stuttgart 1993

Miksch, Leonhard: Wettbewerb als Aufgabe. Die Grundsätze einer Wettbewerbsordnung, Stuttgart 1937

Minford, Patrick: Mrs. Thatcher's Economic Reform Programme – Past, Present and Future, in: Robert Skidelsky (ed.), Thatcherism, Oxford 1989, S. 93-106

Mischler, Gerd: Tony Blair. Reformer, Premierminister, Glaubenskrieger, Berlin 2005

Mishan, Ezra J.: Welfare Criteria for External Effects, in: American Economic Review, Vol. 51, Issue 4 (1961), S. 594-613

Möllers, Christoph/Schäfer, Carsten: Verfassungs- und bilanzrechtliche Prüfung des Gesetzentwurfs „Kapitalprivatisierung Deutsche Bahn AG" des Bundesministeriums für Verkehr, Bau und Stadtentwicklung, Göttingen/Mannheim 2007

Monheim, Heiner: Planen für viel oder wenig Autoverkehr? – Die Verkehrspolitik hat die Wahl zwischen der fortschreitenden Staugesellschaft oder einem effizientem Mobilitätssystem, Vortrag auf der Fachkonferenz „Autofrei wohnen", Berlin 1999

Monheim, Heiner: Zur Netzstrategie der DB. Vorbemerkung, in: ders./Klaus Nagorni (Hrsg.), Die Zukunft der Bahn. Zwischen Bürgernähe und Börsengang, Herrenalber Protokolle Nr. 116, Karlsruhe 2004 (a), S. 99 f.

Monheim, Heiner: Immer größer, immer schneller? Warum Politik, Ingenieure, Wirtschaft und Bahn Großprojekte lieben, in: ders./Klaus Nagorni (Hrsg.), Die Zukunft der Bahn. Zwischen Bürgernähe und Börsengang, Herrenalber Protokolle Nr. 116, Karlsruhe 2004 (b), S. 141-169

Monheim, Heiner: Ein Appell an die Freunde der Bahn, in: ders./Klaus Nagorni (Hrsg.), Die Zukunft der Bahn. Zwischen Bürgernähe und Börsengang, Herrenalber Protokolle Nr. 116, Karlsruhe 2004 (c), S. 240 f.

Monheim, Heiner: Reform der Reform: Negative Bilanz der Bahnpolitik (unveröffentlichtes Manuskript), Trier 2004 (d)

Monheim, Heiner: Deutsche Spinne oder Schweizer Netz – Netz- und Fahrplanentwicklungen im Vergleich, in: Eisenbahn-Revue International, 13. Jg., Heft 2 (2006), S. 98-102

Monopolkommission: Mehr Wettbewerb auf allen Märkten, Hauptgutachten 1992/93, Baden-Baden 1994

Monopolkommission: Die Telekommunikation im Wettbewerb, Sondergutachten der Monopolkommission gemäß § 24b Abs. 5 Satz 4 GWB, Baden-Baden 1996

Mont Pèlerin Society: Short History and Statement of Aims, Montreux 1947, http://www.montpelerin.org/aboutmps.html (abgerufen am 14.12.2007)

Moore, John: Why privatise?, in: John A. Kay/Collin Mayer/David Thompson (eds.), Privatisation and Regulation. The UK Experience, Oxford 1983, S. 78-93

Morath, Konrad: Verkehrspolitik als Optimierungsaufgabe, in: Frankfurter Institut für wirtschaftspolitische Forschung (Hrsg.), Verkehrspolitik kontrovers, Bad Homburg 1992, S. 11-30

Morton, Alistair: Interview mit David Frost, in: BBC Breakfast v. 18.11.2002 (Transcript)

Möschel, Wernhard: 70 Jahre deutsche Kartellpolitik, Tübingen 1972

Möschel, Wernhard: Notwendigkeit und Potentiale der Aufgabenprivatisierung, in: Jörn Kruse/Kurt Stockmann (Hrsg.), Wettbewerbspolitik im Spannungsfeld nationaler und internationaler Kartellrechtsordnungen, Festschrift für Ingo Schmidt, Baden-Baden 1997, S. 351-362

Möschel, Wernhard: Privatisierung – Erfahrungen in Deutschland, in: Wolfgang Wiegand (Hrsg.), Rechtliche Probleme der Privatisierung, Tagung vom 16./17. Oktober 1997 an der Universität Bern, Bern 1998, S. 37-50

Moser, Walter: Die Bahnstrategie der Schweiz und der SBB. Mit Systemdenken zum Erfolg, in: Heiner Monheim/Klaus Nagorni (Hrsg.), Die Zukunft der Bahn. Zwischen Bürgernähe und Börsengang, Herrenalber Protokolle Nr. 116, Karlsruhe 2004, S. 70-82
Mrusek, Konrad: Das Preis-System der Schweiz ist von genialer Einfachheit, in: Frankfurter Allgemeine Zeitung v. 2.7.2003, S. 14
Murray, Andrew: Off the Rails. Britain's Great Rail Crisis – Cause, Consequences and Cure, London/New York 2001
Nachtwey, Oliver/Heise, Arne: Großbritannien: Vom kranken Mann Europas zum Wirtschaftswunderland?, in: WSI-Mitteilungen, 59. Jg., Heft 3 (2006), S. 1-8
Narr, Wolf-Dieter: Zukunft des Sozialstaats – als Zukunft einer Illusion?, Neu-Ulm 1999
Nash, Christopher A.: Rail Regulation and Control in Britain – Where Next? Paper Presented at the 8th International Congress of Competition and Ownership in Passenger Transport, Rio de Janeiro 2003
Nash, Christopher A./Preston, John M.: Competition in Rail Transport: A New Opportunity for Railways?, in: Institut für Verkehrswissenschaft an der Universität Münster (Hrsg.), Netzwerke. Schwerpunktthema: Reform der Eisenbahnen, Ausgabe Nr. 7 (1994), S. 19-37
Naumann, Robert: Theorie und Praxis des Neoliberalismus. Das Märchen von der freien oder sozialen Marktwirtschaft, Berlin 1957
Nawroth, Egon E.: Die wirtschaftspolitischen Ordnungsvorstellungen des Neoliberalismus, Köln/Berlin/Bonn/München 1962
Negt, Oskar: Arbeit und menschliche Würde, Göttingen 2001
Network Rail (ed.): News Release. Network Rail publishes 10 Year Business Plan, London 2003
Neumann, Manfred: Wettbewerbspolitik. Geschichte, Theorie und Praxis, Wiesbaden 2000
Niskanen, William A.: Bureaucracy and Representative Government, Chicago/New York 1971
North, Douglas C.: Theorie des institutionellen Wandels. Eine neue Sicht der Wirtschaftsgeschichte (amerikanische Originalausgabe: Structure and Change in Economic History, New York 1981), Tübingen 1988
North, Douglas C.: Institutionen, institutioneller Wandel und Wirtschaftsleistung (britische Originalausgabe: Institutions, Institutional Change and Economic Performance, Cambridge 1990), Tübingen 1992
o.V.: The Gravy Train: Rail Privatization, in: The Economist v. 20.4.1996, S. 47 f.
o.V.: Hochkarätige Experten, in: Der Spiegel, Nr. 32 v. 4.8.1997, S. 73
o.V.: The Rail Billionaires, in: The Economist v. 3.7.1999, S. 67-70
o.V.: The Real Costs of Hatfield, in: Financial Times v. 27.11.2000, S. 26
Oettle, Karl: Konturen künftiger Eisenbahndienste?, in: Hans-Joachim Ritzau/ders./Jörn Pachl/Wolfgang Stoffels, Die Bahnreform – eine kritische Sichtung, Pürgen 2003, S. 125-220
Offe, Claus: „Unregierbarkeit". Zur Renaissance konservativer Krisentheorien, in: Jürgen Habermas (Hrsg.), Stichworte zur „Geistigen Situation der Zeit", Bd. 1: Nation und Republik, Frankfurt am Main 1979, S. 294-318

Office of the Rail Regulator (ed.): Railtrack's Access Charges for Franchised Passenger Services: The Future Level of Charges, London 1995

Office of the Rail Regulator (ed.): Competition for Railway Passenger Services, A Consultation Document, London 1996

Office of the Rail Regulator (ed.): The Interim Review of Track Access Charges, Initial Consultation Paper, London 2002

Öfinger, Hans-Gerd: Pest oder Cholera? Deutsche Industrie macht Front gegen Mehdorns Weg der Privatisierung (unveröffentlichtes Manuskript), Berlin 2005

OPRAF: Annual Report 1996/97, London 1997

Osborne, David/Gabler, Ted: Reinventing Government: How the Entrepreneurial Spirit is Transforming the Public Sector, Reading 1992

Ott, Klaus: Plünderer bei der Bahn, in: Süddeutsche Zeitung v. 2.10.2000, S. 4

Ott, Klaus: Fahrgäste trauern BahnCard nach, in: Süddeutsche Zeitung v. 10.4.2003, S. 21

Ott, Klaus: Regierung ermäßigt Steuern für Bahn nun doch nicht, in: Süddeutsche Zeitung v. 15.9.2004. S. 19

Ott, Klaus: Bahn will Marktführer zur See werden. Staatsunternehmen soll mit Börsengang in weltweiten Logistikkonzern umgewandelt werden, in: Süddeutsche Zeitung v. 7.2.2005, S. 20

Ott, Klaus: Bahn will Börsenerlöse behalten, in: Süddeutsche Zeitung v. 20.12.2005, S. 19

Owen, Geoffrey: Foreword, in: David Henderson (ed.), Anti-Liberalism 2000. The Rise of New Millennium Collectivism, London 2001, S. xi-xiii

Painter, Chris: The Dysfunctional Discontinuities of Public Service Reform, in: Public Money & Management, Vol. 26, Issue 3 (2006), S. 143 f.

Pällmann, Wilhelm: Deregulierung und Privatisierung auf den Verkehrsmärkten, Podiumsdiskussion, in: Detlef Aufderheide (Hrsg.), Deregulierung und Privatisierung, Stuttgart 1990, S. 139-152

Pällmann, Wilhelm: Vortrag vor Parlamentsgruppe Schienenverkehr am 28. Januar, Berlin 2004

Palmer, Boris: Der Kapitalvernichter. Bahnchef Mehdorn hat mit seiner Börsengangsstrategie das Unternehmen ruiniert, in: die tageszeitung v. 31.1.2006, S. 11

Palmer, Jerry: Regierung und Eisenbahn in Großbritannien, in: Rail International – Schienen der Welt, 14. Jg., Heft 11 (1983), S. 3-6

Palmer, Jerry/Gwilliam, Kenneth M./Nash, Christopher A.: Subventionspolitik im britischen Eisenbahnwesen, in: Rail International – Schienen der Welt, 15. Jg., Heft 2 (1984), S. 22-31

Pasche, Cécile/Peters, Suzanne: „Les premiers pas de la Société du Mont-Pèlerin ou les dessous chics du néolibéralisme", in: Les Annuelles, N^0 8 (1997), S. 191-230

Pasha, Mustapha K.: Liberalization, State Patronage, and the "New Inequality" in South Asia, in: Richard L. Harris/Melinda J. Seid (eds.), Critical Perspectives on Globalization and Neoliberalism in the Developing Countries, Leiden/Boston/Köln 2000, S. 71-85

Paterak, Jörn/Marschall, Birgit: Die Deutsche Bahn kauft Stinnes. Staatskonzern bezahlt knapp 2,5 Milliarden Euro, in: Financial Times Deutschland v. 4.7.2002, S. 1

Paulitz, Henrik: Geschäfte erster Klasse. Die Bahnreform als Ende der Verkehrspolitik, in: Blätter für deutsche und internationale Politik, 38. Jg., Heft 12 (1993), S. 1487-1493

Pedersini, Roberto/Trentini, Marco: Industrial Relations in the Rail Sector, in: European Industrial Relations Observatory, Vol. 4, Issue 2 (2000), S. i-viii

Picot, Arnold/Dietl, Helmut: Transaktionskostentheorie, in: Wirtschaftswissenschaftliches Studium – Zeitschrift für Ausbildung und Hochschulkontakt, 19. Jg., Heft 4 (1990), S. 178-184

Pigou, Arthur C.: The Economics of Welfare, London 1932

Pirie, Madsen: Privatization: Theory, Practice and Choice, Aldershot 1988 (a)

Pirie, Madsen: Erfahrungen mit der Deregulierung und Privatisierung in Großbritannien, in: Otto Vogel (Hrsg.), Deregulierung und Privatisierung, Köln 1988 (b), S. 86-94

Plehwe, Dieter: Markt-Wissenschaft. Entstehung und Wirkung der „Deregulierungswissenschaft", in: Forum Wissenschaft, 11. Jg., Heft 1 (1994), S. 11-14

Plehwe, Dieter: Internationale Vorbilder und transnationale Organisation deutscher Neoliberaler, in: Ulrich Müller/Sven Giegold/Malte Arhelger (Hrsg.), Gesteuerte Demokratie? Wie neoliberale Eliten Politik und Öffentlichkeit beeinflussen, Hamburg 2004, S. 29-40

Plehwe, Dieter/Walpen, Bernhard: Eine „Art von internationaler fünfter Kolonne des Liberalismus" – Die Bedeutung der Mont-Pèlerin-Society für den marktradikalen Neoliberalismus, in: Regina Stötzel (Hrsg.), Ungleichheit als Projekt, Globalisierung – Standort – Neoliberalismus, Marburg 1998, S. 367-380

Plehwe, Dieter/Walpen, Bernhard: Wissenschaftliche und wissenschaftspolitische Produktionsweisen im Neoliberalismus. Beiträge der Mont Pèlerin Society und marktradikaler Think Tanks zur Hegemoniegewinnung und -erhaltung, in: PROKLA. Zeitschrift für kritische Sozialwissenschaft, 29. Jg., Heft 115 (1999), S. 203-235

Pohl, Helmut: Bahnreform eröffnet neue Möglichkeiten, in: Deutsche Verkehrszeitung v. 4.10.1995, S. 7

Polatschek, Klemens: Es fährt ein Zug nach irgendwo, in: Frankfurter Allgemeine Sonntagszeitung v. 28.3.2004, S. 70 f.

Poole, Fiona: Rail Privatisation: A Progress Report, Research Paper 1995/96, London 1995

Prantl, Heribert: Kein schöner Land. Die Zerstörung der sozialen Gerechtigkeit, München 2005

Pro Bahn: Stellungnahme zum Abschlußbericht der Regierungskommission Bundesbahn, München 1992

Pro Bahn: Ein neues Preissystem nur mit BahnCard 50 (Positionspapier), Essen 2001

Prodinger, Inken: Überhastet und wenig durchdacht, in: Die Welt v. 16.10.2004, S. 12

Prollius, Michael von: Von der sozialen zur sozialistischen Marktwirtschaft. Die Irrwege eines ordnungspolitischen Konzepts, in: Frankfurter Allgemeine Zeitung v. 25.6.2005, S. 13

Pro Mobilität: Verkehrsetat 2008, Informationen zu den Kabinettsberatungen, Mitteilung v. 7.6.2007

Ptak, Ralf: Neoliberalismus, in: Wissenschaftlicher Beirat von Attac (Hrsg.), ABC der Globalisierung. Von „Alterssicherung" bis „Zivilgesellschaft", Hamburg 2005, S. 132 f.

Ptak, Ralf: Neoliberalismus: Geschichte, Konzeption und Praxis, in: Ulrich Müller/Sven Giegold/Malte Arhelger (Hrsg.), Gesteuerter Demokratie? Wie neoliberale Eliten Politik und Öffentlichkeit beeinflussen, Hamburg 2004, S. 14-28

Ptak, Ralf: Ordoliberalismus. Zur Entwicklung des Neoliberalismus in Deutschland, in: Werner Goldschmidt/Dieter Klein/Klaus Steinitz (Hrsg.), Neoliberalismus. Hegemonie ohne Perspektive, Beiträge zum sechzigsten Geburtstag von Herbert Schui, Heilbronn 2000, S. 194-212

Pühler, Dietmar: Usedomer Bäderbahn schließt 2006 mit Rekordergebnis ab, in: Neue Usedomer Nachrichten v. 2.1.2007, S. 3

Railion Deutschland AG: Geschäftsbericht 2004, Mainz 2005

Reder, Melvin W.: Studies in the theory of welfare economics, Studies in history, economics and public law, New York 1947

Reese-Schäfer, Walter: Kommunitarismus, Frankfurt am Main/New York 2001

Regierungskommission Bundesbahn: Abschlußbericht zur Bahnstrukturreform v. 19. Dezember, Bonn 1991

Reh, Werner: Die Bahn muss die Flughäfen entlasten, Gastbeitrag zu der Strategie, Kurzstreckenflüge auf die Schiene zu verlagern, in: Frankfurter Rundschau v. 31.12.2003, S. 36

Rehm, Hannes: Modelle zur Finanzierung kommunaler Investitionen durch Private, in: Jörn Ipsen (Hrsg.), Privatisierung öffentlicher Aufgaben. Private Finanzierung kommunaler Investitionen, Osnabrücker Rechtswissenschaftliche Abhandlungen, Bd. 44, Köln/Berlin/Bonn/München 1994, S. 93-114

Reichsverband der Deutschen Industrie (Hrsg.): Die Deutsche Eisenbahnfrage: Gutachten – erstattet für den Reichsverband der Deutschen Industrie, Berlin 1922

Reinke, Niklas: Bahnstrukturreform. Politische Entscheidungsprozesse zur Deregulierung und Privatisierung der Deutschen Bahnen, Berlin 2001

Rethmann, Jutta: DB Cargo/Stinnes: Neue Zugnummer für die Bahn, OTS-Originaltext v. 15.7.2002, S. 1

Riddell, Peter: The Thatcher Decade, Oxford 1989

Rietig, Thomas: Bahn vernachlässigt laut Bundesrechnungshof das Schienennetz, AP-Meldung v. 20.2.2007

Ritter, Ernst Hasso: Bauordnungsrecht in der Deregulierung, in: Deutsches Verwaltungsblatt, 111. Jg., Heft 10 (1996), S. 542-550

Ritzau, Hans-Joachim: Die Bahnreform – ihre Vorgeschichte und Elemente im geistig-politischen Umfeld, in: ders./Karl Oettle/Jörn Pachl/Wolfgang Stoffels, Die Bahnreform – eine kritische Sichtung, Pürgen 2003, S. 1-124

Robischon, Tobias: Letzter Kraftakt des Staatsmonopols: Der Telekommunikationssektor, in: Roland Czada/Gerhard Lehmbruch (Hrsg.), Transformationspfade in Ostdeutschland, Beiträge zur sektoralen Vereinigungspolitik, Frankfurt am Main 1998, S. 61-86

Rodi, Hansjörg: Effizienz im Schienenverkehr. Eine mikroökonomische Analyse unter besonderer Berücksichtigung der institutionellen Ausgestaltung des Trassenmarktes, Göttingen 1996

Rogall, Holger: Bausteine einer zukunftsfähigen Umwelt- und Wirtschaftspolitik. Eine praxisorientierte Einführung in die neue Umweltökonomie und Ökologische Ökonomie, Berlin 2000

Rogge, Klaus: Die Ursachen für den nachhaltigen Niedergang des Schienenverkehrswesens in der Bundesrepublik sowie langfristig tragfähige Sanierungsstrategien unter besonderer Beachtung der (fortgesetzten) Zuordnung der Bahn zum öffentlichen Unternehmenssektor. Gleichzeitig ein Alternativkonzept zum bisherigen Bahnreformansatz der Bundesregierung, Köln 2001

Röpke, Wilhelm: Maß und Mitte, Erlenbach/Zürich 1950

Röpke, Wilhelm: Jenseits von Angebot und Nachfrage, Bern/Stuttgart 1979 (5. Auflage)

Roß, Jan: Die neuen Staatsfeinde. Was für eine Republik wollen Schröder, Henkel, Westerwelle und Co.? Eine Streitschrift gegen den Vulgärliberalismus, Frankfurt am Main 2000

Roth, Karl-Heinz: Klienten des Leviathan: Die Mont Pèlerin Society und das Bundeswirtschaftsministerium in den fünfziger Jahren, in: 1999. Zeitschrift für Sozialgeschichte des 20. und 21. Jahrhunderts, 16. Jg., Heft 2 (2001), S. 13-41

Rügemer, Werner: Privatisierungszauber, in: Blätter für deutsche und internationale Politik, 48. Jg., Heft 6 (2003), S. 664-667

Rügemer, Werner: Gesamtdeutscher Ausverkauf. Von der Treuhand zu Public-Private-Partnership, in: Blätter für deutsche und internationale Politik, 50. Jg., Heft 11 (2005), S. 1315-1324

Rügemer, Werner: Privatisierung in Deutschland. Eine Bilanz, Münster 2006

Rüstow, Alexander: Die staatspolitischen Voraussetzungen des wirtschaftspolitischen Liberalismus, in: ders., Rede und Antwort, Ludwigsburg 1932, S. 249-258

Rüstow, Alexander: Soziale Marktwirtschaft als Gegenprogramm gegen Kommunismus und Bolschewismus, in: Albert Hunold (Hrsg.), Wirtschaft ohne Wunder, Erlenbach/Zürich 1953, S. 97-108

Sachs, Michael (Hrsg.): Grundgesetz. Kommentar, München 1999 (2. Auflage)

Samuelson, Paul A./Nordhaus, William D.: Volkswirtschaftslehre. Grundlagen der Makro- und Mikroökonomie, Bd. 1, Köln 1987 (8. Auflage)

Sappington, David E./Stiglitz, Joseph: Information and Regulation, in: Elizabeth E. Bailey (ed.), Public Regulation. New Perspectives on Institutions and Policies, London 1987

Sax, Emil: Allgemeine Verkehrslehre. Die Verkehrsmittel in Staats- und Volkswirtschaft, Bd. 1, Berlin 1918 (2. Auflage)

SBB: Finanzbericht 1999, Bern 2000

SBB: SBB – Voll auf Fahrt, Bern 2004

SBB: Statistisches Vademecum. Die Bahn in Zahlen 2004, Bern 2005

SBB: Geschäftsbericht 2006, Bern 2007

SCG: Deutschland als Lokomotive der Bahnreform?, Wien 2002

Schäfer, Thilo: Gerald Corbett: Der Unbelohnte, in: Financial Times Deutschland v. 15.4.2005, S. 9

Schäfer, Ulrich: Schulden versilbern. Eichel kann noch viel verkaufen, sogar Forderungen ans Ausland, in: Süddeutsche Zeitung v. 10.12.2004, S. 1

Schallaböck, Karl Otto/Hesse, Markus: Konzept für eine Neue Bahn (Kurzdarstellung), Wuppertal Papers Nr. 44 (1995)

Schmid, Klaus-Peter: Am Anfang war die Ferkeltaxe. Der zähe Kampf der privaten Bahnen gegen ihren übermächtigen staatlichen Konkurrenten, in: Die Zeit, Nr. 29 v. 13.7.2000, S. 28

Schmid, Klaus-Peter: Stau ohne Grenzen, in: Die Zeit, Nr. 19 v. 29.4.2004 (a), S. 30

Schmid, Klaus-Peter: Lügen in Zeiten des Staus, in: Die Zeit, Nr. 21 v. 13.5.2004 (b), S. 28

Schmid, Klaus-Peter: Ausgebremst. Im Streit um mehr Wettbewerb auf der Schiene ist ein Kompromiss in Sicht, in: Die Zeit, Nr. 7 v. 10.2.2005, S. 24

Schmid, Klaus-Peter: Endstation Börse. Bitte alle aussteigen, in: Die Zeit, Nr. 49 v. 1.12.2005, S. 29

Schmid, Klaus-Peter: Plädoyer für die Volksbahn, in: Die Zeit, Nr. 15 v. 6.4.2006 (a), S. 38

Schmid, Klaus-Peter: Streit im Stellwerk, in: Die Zeit, Nr. 22 v. 24.5.2006 (b), S. 21

Schmid, Klaus-Peter: Alles muss raus, in: Die Zeit, Nr. 26 v. 22.6.2006 (c), S. 19

Schmidt, Albert: Für eine konsequente Fortführung der Bahnreform, in: Förderkreis des Verbandes Deutscher Verkehrsunternehmen (Hrsg.), Zehn Jahre Bahnreform in Deutschland, Erfahrungen – Bewertungen – Perspektiven, Hamburg 2005, S. 28-38

Schmidt, Helmut: Rede am 17. September 1982 vor dem Deutschen Bundestag, in: Klaus Bölling (Hrsg.), Die letzten 30 Tage des Kanzlers Helmut Schmidt. Ein Tagebuch, Reinbek bei Hamburg 1982, S. 142-150

Schmidt, Ingo: Wettbewerbspolitik und Kartellrecht. Eine Einführung, Stuttgart 1990

Schmitt, Jörg: Um jeden Preis?, in: Der Spiegel, Nr. 17 v. 25.4.2005, S. 96

Schmitz, Marc: Die Privatisierung der Eisenbahnen in Großbritannien. Ziele, Maßnahmen, Beurteilung, Vorträge und Studien aus dem Institut für Verkehrswissenschaft an der Universität Münster, hrsg. von Hans-Jürgen Ewers, Heft 31, Göttingen 1997

Schneider, Volker/Tenbücken, Marc: Einleitung, in: dies. (Hrsg.), Der Staat auf dem Rückzug. Die Privatisierung öffentlicher Infrastrukturen, Frankfurt am Main/New York 2004, S. 15-26

Schneider, Volker/Tenbücken, Marc: Erklärungsansätze für die Privatisierung staatlicher Infrastrukturen – ein Theorieüberblick, in: dies. (Hrsg.), Der Staat auf dem Rückzug. Die Privatisierung öffentlicher Infrastrukturen, Frankfurt am Main/New York 2004, S. 85-112

Schnöbel, Christian R.: Vertikale Desintegration des britischen Eisenbahnsektors – Erfolg oder Misserfolg?, in: Internationales Verkehrswesen, 76. Jg., Heft 4 (2005), S. 136-142

Schogs, Friedrich: Die Privatisierungspolitik in Großbritannien, in: Sparkasse. Zeitschrift des deutschen Sparkassen- und Giroverbandes, 104. Jg., Heft 9 (1987), S. 404-406

Schöller, Oliver: Zu den Folgen einer neoliberalen Deregulierungsstrategie. Das Beispiel der britischen Eisenbahnprivatisierung, in: Internationales Verkehrswesen, 74. Jg., Heft 1/2 (2003), S. 26-30

Schönauer, Felix: Verkehrsminister Bodewig rudert bei Bahn-Reform immer weiter zurück, in: Handelsblatt v. 8.1.2002, S. 4

Schönauer, Felix: Den Hintern platt gesessen, in: Handelsblatt v. 17.1.2002, S. 10

Schröder, Ernst-Jürgen: Deutschland: Eine Renaissance des Schienenpersonennahverkehrs. Beispiele aus Baden-Württemberg, in: Internationales Verkehrswesen, 72. Jg., Heft 6 (2001), S. 283-287

Schuberth, Klaus: Wege zu mehr Beschäftigung in Deutschland, in: Fritz Söllner/Arno Wilfert (Hrsg.), Die Zukunft des Sozial- und Steuerstaates, Festschrift zum 65. Geburtstag von Dieter Fricke, Heidelberg 2001, S. 297-320

Schui, Herbert/Blankenburg, Stefanie: Neoliberalismus: Theorie, Gegner, Praxis, Hamburg 2002

Schüller, Alfred: Property Rights und ökonomische Theorie, München 1983

Schulz, Bettina: Prämie auf Emission von Railtrack, in: Frankfurter Allgemeine Zeitung v. 21.5.1996, S. 19

Schumpeter, Joseph A.: Kapitalismus, Sozialismus und Demokratie (amerikanische Originalausgabe: Capitalism, Socialism, and Democracy, New York 1942), Tübingen 1987 (6. Auflage)

Schuppert, Gunnar F.: Vom produzierenden zum gewährleistenden Staat: Privatisierung als Veränderung staatlicher Handlungsformen, in: Klaus König/Angelika Benz (Hrsg.), Privatisierung und staatliche Regulierung: Bahn, Post und Telekommunikation, Rundfunk, Baden-Baden 1997, S. 539-575

Schwarz, Gerhard: Ludwig Erhards verschüttetes Erbe, in: Neue Zürcher Zeitung v. 1.2.1997, S. 21

Schwarz-Schilling, Christian: „Das kostet Kraft", Interview mit dem Bundespostminister über die Post-Misere, in: Wirtschaftswoche, Nr. 31 v. 26.7.1991, S. 32-36

Schwenn, Kerstin: Privatbahnen sind gegen einen Börsengang der Bahn. Netzwerk-Geschäftsführer fordert stattdessen den Verkauf der Logistiksparte, in: Frankfurter Allgemeine Zeitung v. 6.12.2005, S. 12

Scott, Derek: Gordon Brown, in: Economic Affairs, Vol. 25, Issue 2 (2005), S. 59 f.

Seilfried, Dieter: Gute Argumente: Verkehr, München 1990

Sennet, Richard: Der flexible Mensch. Die Kultur des neuen Kapitalismus (amerikanische Originalausgabe: The Corrosion of Character. The Personal Consequences Of Work in the New Capitalism, New York 1998), Berlin 2000 (8. Auflage)

Severin, Christin: Mehr Staatskontrolle für die britische Bahn, in: Neue Zürcher Zeitung v. 16.7.2004, S. 15

Shaoul, Jean: Railpolitik: The Financial Realities of Operating Britain's National Railways, in: Public Money & Management, Vol. 24, Issue 1 (2004), S. 27-36

Sharkey, William W.: The theory of natural monopoly, Cambridge 1982, S. 14-32

Shaw, John: Competition in the UK passenger railway industry: prospects and problems, in: Transport Reviews, Vol. 21, Issue 2 (2001), S. 195-216

Siebert, Wolf-Dieter: Vorwort des Vorstandsvorsitzenden, in: DB AG, Geschäftsbericht 2005 – DB Station & Service AG, Berlin 2006, S. 2

Siegmann, Jürgen/Schultz, Sören: Die Bahnreform und das Netz, in: Förderkreis des Verbandes Deutscher Verkehrsunternehmen (Hrsg.), Zehn Jahre Bahnreform in Deutschland, Erfahrungen – Bewertungen – Perspektiven, Hamburg 2005, S. 114-125

Simon, Helmut: Die Stärke eines Volkes mißt sich am Wohl der Schwachen, in: Bernd Bender/Rüdiger Breuer/Fritz Ossenbühl/Horst Sendler (Hrsg.), Rechtsstaat zwischen Sozialgestaltung und Rechtsschutz, Festschrift für Konrad Redeker zum 70. Geburtstag, München 1993, S. 159-172

Sinn, Gerlinde/Sinn, Hans-Werner: Kaltstart. Volkswirtschaftliche Aspekte der deutschen Vereinigung, München 1993

Smiley, Xan: An uncertain giant – A survey of Germany: Loosen up or lose out. Germany has far too many rules and regulations, in: The Economist v. 7.12.2002, S. 10

Smith, Adam: Der Wohlstand der Nationen. Eine Untersuchung seiner Natur und Ursachen (britische Originalausgabe: An Inquiry into the Nature and Causes of the Wealth of Nations, London 1776), München 2003 (10. Auflage)

Smithers, Rebecca: Public Forces Rail Climbdon on Ticket Sales, in: The Guardian v. 12.4.1995, S. 3

SNCF: Rapport annuel 2004, Paris 2005

Soros, George: Die Krise des globalen Kapitalismus. Offene Gesellschaft in Gefahr (amerikanische Originalausgabe: The Crisis of Global Capitalism. Open Society Endangered, New York 1998), Frankfurt am Main 1999

Standing Advisory Committee on Trunk Road Appraisal: Transport and the Economy, London 1999

Staniland, Martin: What is political economy? A study of social theory and underdevelopment, New Haven 1985 (2. Auflage)

Starbatty, Joachim: Geldordnung und Geldpolitik in einer freiheitlichen Gesellschaft, Tübingen 1982

Stertkamp, Wolfgang: Webfehler der Bahnreform, in: Internationales Verkehrswesen, 71. Jg., Heft 5 (2000), S. 196-198

Stiglitz, Joseph: Volkswirtschaftslehre, München/Wien 1999 (2. Auflage)

Stiglitz, Joseph/Schönfelder, Bruno: Finanzwissenschaft, Internationale Standardlehrbücher der Wirtschafts- und Sozialwissenschaften, München/Wien 2000 (3. Auflage)

Stocker, Gangolf: Stuttgart 21. Die plötzliche Geburt und das langsame Sterben eines unsinnigen Großprojekts, in: Heiner Monheim/Klaus Nagorni (Hrsg.), Die Zukunft der Bahn. Zwischen Bürgernähe und Börsengang, Herrenalber Protokolle Nr. 116, Karlsruhe 2004, S. 170-179

Storn, Arne: Vater Staat nimmt Abschied, in: Die Zeit, Nr. 26 v. 23.6.2005, S. 26

Storz, Wolfgang/Kessler, Wolfgang/Hebel, Stephan: Wider die herrschende Leere. Eine Bundestagswahl, ein Wahlergebnis – und was wird dann?, in: Frankfurter Rundschau v. 16.8.2005, S. 7

Stratmann, Klaus: Bahn-Privatisierung wackelt. Innenministerium erhebt verfassungsrechtliche Bedenken gegen Tiefensee-Pläne, in: Handelsblatt v. 10.4.2007, S. 10

Stuchly, Horst: Bahnreform und Eisenbahnaufsicht, in: Förderkreis des Verbandes Deutscher Verkehrsunternehmen (Hrsg.), Zehn Jahre Bahnreform in Deutschland, Erfahrungen – Bewertungen – Perspektiven, Hamburg 2005, S. 126-139

Stumpf, Berthold: Geschichte der deutschen Eisenbahnen, Mainz/Heidelberg 1961 (4. Auflage)

Stüwe, Klaus: Das Wort hat der Bundeskanzler, in: ders. (Hrsg.), Die großen Regierungserklärungen der deutschen Kanzler von Adenauer bis Schröder, Opladen 2002, S. 9-30

Sumita, Shoji: Success Story – The Privatisation of Japanese National Railways, London 2000

Süß, Dirck: Conflicting Aims of Privatization, in: Maria Slawinska (ed.), From Plan to Market. Selected Problems of the Transition, Poznan 1997, S. 97-108

Süß, Dirck: Privatisierung und öffentliche Finanzen. Zur Politischen Ökonomie der Transformation, Stuttgart 2001

Swift, John/Hughes, Murray: Regulator wants Britain's Railway to be "the envy of Europe", in: Railway Gazette International, Vol. 150, Issue 4 (1994), S. 225-228

Tartler, Jens/Wanner, Claudia: Bahn kassiert Schlappe in Netzfrage, in: Financial Times Deutschland v. 11.5.2006, S. 6

Technische Universität Berlin (Hrsg.): SYNETRA – Synergien zwischen Netz und Transport, Berlin 2004

The Associated Press: Eine Tote und 77 Verletzte bei Zugunglück in England, in: Welt am Sonntag v. 25.2.2007, S. 16

Thompson, Louis S.: Privatizing British Railways. Are there Lessons for the World Bank and its Borrowers?, Washington D.C. 2004

Topp, Hartmut: Verringerter Flächenverbrauch durch neue verkehrsplanerische Ansätze, in: Institut für Landes- und Entwicklungsforschung des Landes NRW (Hrsg.), Flächenverbrauch und Verkehr, Dortmund 1987, S. 31-39

Topsch, Katrin: Die Privatisierung staatlicher Unternehmen in Großbritannien, Studien zum internationalen Wirtschaftsrecht und Atomenergierecht, Bd. 98, Köln/Berlin/Bonn/ München 2002

Tullock, Gordon: Economic Imperialism, in: James M. Buchanan/Robert D. Tollison (eds.), Theory of Public Choice. Political Applications of Economics, Ann Arbor 1972, S. 317-329

Tutzinger Forum Ökologie: Ökologische Folgen des Flugverkehrs, in: Zeitschrift für angewandte Umweltforschung, 2. Jg., Heft 3 (1989), S. 271-279

Umweltbundesamt (Hrsg.). Dauerhaft umweltgerechter Verkehr. Deutsche Fallstudie zum OECD-Projekt „Environmental Sustainable Transport" (EST), Berlin 2001

Umweltbundesamt: Gutachterliche Stellungnahmen zu Lärmwirkungsbereichen (1982-1990), Berlin 1990

Urry, John: Sociology beyond Societies. Mobilities for the twenty-first Century, London/New York 2000

Vernier, Robert/Wilke, Olaf: Finale im Richtungsstreit, in: Focus, Nr. 26 v. 25.6.2001, S. 58-62

Viehöver, Ulrich: Das Mega-Milliarden-Ding, in: Focus, Nr. 43 v. 25.10.1993, S. 214 f.

Viscusi, W. Kip/Vernon, John M./Harrington, Joseph E.: Economics of Regulation and Antitrust, Cambridge 1995 (2. Auflage)

Vogt, Gustav: Die Deutsche Bundesbahn. Sprengsatz des Bundeshaushalts, Schriften des Bundes der Steuerzahler, Bd. 37, Wiesbaden 1977

Vorholz, Fritz: Die Illusion vom Wettbewerb, in: Die Zeit, Nr. 18 v. 24.4.2003, S. 27

Walpen, Bernhard: Von Igeln und Hasen oder: Ein Blick auf den Neoliberalismus, in: UTOPIE kreativ, Heft 121/122 (2000), S. 1066-1079

Walpen, Bernhard: Die offenen Feinde und ihre Gesellschaft. Eine hegemonietheoretische Studie zur Mont Pèlerin Society, Hamburg 2004

Walter, Rolf: Wirtschaftsgeschichte. Vom Merkantilismus bis zur Gegenwart, Köln/Weimar/Wien 1998 (2. Auflage)

Wanner, Claudia: Bund wirft Bahn fehlerhafte Bilanzierung vor, in: Financial Times Deutschland v. 31.5.2006, S. 3

Watrin, Christian: Der Weg zur Freiheit, Freiburg 1991

Weede, Erich: Plädoyer für eine Wirtschaftsordnung für unvollkommene Menschen: Mensch, Markt und Staat, Stuttgart 2003

Weidauer, Martin: Bahnprivatisierung in Großbritannien, in: Ernst Ulrich von Weizsäcker/Oran R. Young/Matthias Finger (Hrsg.), Grenzen der Privatisierung. Wann ist des Guten zu viel? Bericht an den Club of Rome, Stuttgart 2006, S. 87-91

Weidauer, Martin/Weizsäcker, Ernst Ulrich von: Deutsche Bahnreform zwischen Zuschüssen und Marktwirtschaft, in: Ernst Ulrich von Weizsäcker/Oran R. Young/ Matthias Finger (Hrsg.), Grenzen der Privatisierung. Wann ist des Guten zu viel? Bericht an den Club of Rome, Stuttgart 2006, S. 92-97

Weigelt, Horst/Langner, Ulrich: 44 Jahre Zeitgeschichte – Chronik Deutsche Bundesbahn, Darmstadt 1998

Weinberger, Marius/Thomassen, Hans Günter/Willeke, Rainer: Kosten des Lärms in der Bundesrepublik Deutschland, Bericht Nr. 9 des Umweltbundesamtes, Berlin 1991

Weitz, Bernd O.: Fallstudien im Ökonomieunterricht, in: Thomas Retzmann (Hrsg.), Methodentraining für den Ökonomieunterricht, Bonn 2006, S. 101-109

Weizsäcker, C. Christian von: Deregulierung und Privatisierung als Ziel und Instrument der Ordnungspolitik, in: Otto Vogel (Hrsg.), Deregulierung und Privatisierung, Köln 1988, S. 11-22

Weizsäcker, C. Christian von: Logik der Globalisierung, Göttingen 1999 (2. Auflage)

Weizsäcker, C. Christian von: Über Marktwirtschaft und Marktgesellschaft. Gedanken anlässlich des Schröder-Blair-Papiers. Argumente zu Marktwirtschaft und Politik, Bad Homburg 2000

Weizsäcker, Ernst Ulrich von: Geleitwort: Ein Buch für das Jahrhundert der Umwelt, in: Holger Rogall, Bausteine einer zukunftsfähigen Umwelt- und Wirtschaftspolitik. Eine praxisorientierte Einführung in die neue Umweltökonomie und Ökologische Ökonomie, Berlin 2000, S. 5

Welter, Patrick: Auf den Spuren Müller-Armacks. In Köln werden die Regeln des Marktes ernst genommen, in: Handelsblatt v. 29.1.1997, S. 6

Welzmüller, Rudolf: Für eine Revision des Stabilitäts- und Wachstumspakts, in: WSI-Mitteilungen, 56. Jg., Heft 8 (2003), S. 459-465

Wenzel, Frank-Thomas: Streit über Verkauf von Bahnhöfen, in: Frankfurter Rundschau v. 17.2.2007, S. 12

Werle, Raymund: Liberalisation of Telecommunications in Germany, in: Kjell A. Eliassen/Marit Sjovaag (eds.), European Telecommunications Liberalisations, London 1999, S. 110-127

Westphal, Dirk/Schulte am Hülse, Jessica: „Giganten an der Spree", in: Welt am Sonntag v. 24.7.2005, S. 32
Whitfield, Dexter: The Welfare State – Privatisation, Deregulation, Commercialisation of Public Services: Alternative Strategies for the 1990s, London 1992
Wiese, Daniel: Phantasie statt Kosten, in: die tageszeitung v. 7.9.1994, S. 17
Wiesmann, Gerrit: Ausgediente Liegenschaften sollen an die Börse, in: Financial Times Deutschland v. 11.10.2000, S. 13
Willeke, Rainer: Verkehrsmarktordnung – die unvollendete Reform, in: ORDO. Jahrbuch für die Ordnung von Wirtschaft und Gesellschaft, Bd. 48 (1997), S. 285-308
Willke, Gerhard: Neoliberalismus, Frankfurt am Main/New York 2003
Windisch, Rupert: Privatisierung natürlicher Monopole. Theoretische Grundlagen und Kriterien, in: ders. (Hrsg.), Privatisierung natürlicher Monopole im Bereich Bahn, Post und Telekommunikation, Tübingen 1987, S. 1-146
Winsor, Tom: Government Left Railtrack in the Lurch, in: Financial Times v. 1.8.2005, S. 15
Wirst, Francis W.: Liberty and Tyranny, London 1935
Wissenschaftlicher Beirat beim Bundesministerium für Verkehr (Hrsg.): Grundsätze der Verkehrspolitik, Schriftenreihe des Beirats, Heft 9, Bad Godesberg 1961
Wissenschaftlicher Beirat beim Bundesministerium für Verkehr (Hrsg.): Gutachten zur Bahnstrukturreform vom 8. Dezember, Bonn 1995
Wissenschaftlicher Beirat von Attac: Die Bahnprivatisierung. Ein Abbau von Daseinsvorsorge und ein Beitrag zur Klimaverschlechterung, Stellungnahme (Entwurf), Karlsruhe 2006
Wolf, Reinhard: Deutsche Bahn fährt lieber auf der Straße, in: die tageszeitung v. 8.12. 2005, S. 2
Wolf, Winfried: Eisenbahn statt Autowahn. Personen- und Gütertransport auf Schiene und Straße. Geschichte, Bilanz, Perspektiven, Hamburg/Zürich 1987
Wolf, Winfried: Die sieben Todsünden des Herrn M.: Eine Bilanz der Verkehrs- und Bahnpolitik mit sieben Hinweisen darauf, weshalb diese in einer verkehrspolitischen Sackgasse mündet, Berlin 2002
Wolf, Winfried: Die Bahn im Spannungsfeld zwischen Privatisierung und öffentlichem Eigentum. Erfahrungen aus den USA, Großbritannien und Deutschland, in: Heiner Monheim/Klaus Nagorni (Hrsg.), Die Zukunft der Bahn. Zwischen Bürgernähe und Börsengang, Herrenalber Protokolle Nr. 116, Karlsruhe 2004 (a), S. 16-50
Wolf, Winfried: Geradliniger Schlingerkurs. Vor zehn Jahren wurde aus zwei Staatsunternehmen eine Aktiengesellschaft. Eine Bilanz, in: Frankfurter Rundschau v. 9.1.2004 (b), S. 28
Wolf, Winfried: Endstation Privatisierung. Der Abbau und Ausverkauf der Bahnhöfe ist in vollem Gange, in: Junge Welt v. 22.3.2004 (c), S. 3
Wolf, Winfried: Mehdorn baut ab. Bahn streicht Gleisanschlüsse und versucht, durch „Sparmaßnahmen" börsentauglich zu werden, in: Junge Welt v. 3.8.2004 (d), S. 1
Wolf, Winfried: British Rail reloaded?, in: Junge Welt v. 30.9.2004 (e), S. 9

Wolf, Winfried: Zehn Thesen zur Trennung von Infrastruktur und Betrieb, in: Michael Cramer/Tim Engartner/Dirk Fischer u.a., Die Bahn ganz privat? Antworten zu Bahnreform, DB-Börsengang und Trennung von Infrastruktur und Betrieb, Berlin 2005, S. 12-17

Wolf, Winfried: In den letzten Zügen. Bürgerbahn statt Börsenwahn, Hamburg 2006

Wolf, Winfried: Der Bahnhofs-Krimi, Stellungnahme des Bündnisses Bahn für alle v. 19.2. 2007

Wolmar, Christian: The Great British Railway Disaster. How Privatization Wrecked Britain's Railways, Surrey 1996

Wolmar, Christian: Broken Rails. How Privatisation Wrecked Britain's Railways, London 2001 (2. Auflage)

Wolmar, Christian: On the Wrong Line: How Ideology and Incompetence Wrecked Britain's Railways, London 2005

Wright, Vincent: Introduction – Industrial Privatization in Western Europe: Pressures, Problems and Paradoxes, in: ders. (ed.), Industrial Privatization in Western Europe: Pressures, Problems and Paradoxes, London/New York 1994, S. 1-43

Wüpper, Thomas: Die umstrittene Fahrt zur Börse, in: Frankfurter Rundschau v. 12.5.2006, S. 24

Wüpper, Thomas: Reisen mit dem Zug wird deutlich teurer, in: Stuttgarter Zeitung v. 11.10.2006, S. 11

Wüst, Christian/Schmitt, Jörg: Schwierige Schönheit, in: Der Spiegel, Nr. 5 v. 31.1.2005, S. 82

Yarrow, George: Privatization in Theory and Practice, in: Economic Policy, Vol. 29, Issue 2 (1986), S. 323-377

Zacher, Hans F.: Sozialpolitik, Verfassung und Sozialrecht im Nachkriegsdeutschland, in: Karl Hohmann/Dietrich Schönwitz/Hans-Jürgen Weber/Horst Friedrich Wünsche (Hrsg.), Grundtexte zur Sozialen Marktwirtschaft, Bd. 2, Das Soziale in der Sozialen Marktwirtschaft, Stuttgart/New York 1988, S. 173-219

Zafirovski, Milan Z.: Public Choice Theory for Political Sociology, in: International Journal of Politics, Culture and Society, Vol. 12, Issue 3 (1999), S. 465-502

Zeise, Lucas: Vom Elend der Bahnprivatisierung, in: Financial Times Deutschland v. 9.5.2006, S. 30

Zeuner, Bodo: Entpolitisierung ist Entdemokratisierung. Demokratieverlust durch Einengung und Diffusion des politischen Raums. Ein Essay, in: Rainer Schneider-Wilkes (Hrsg.), Demokratie in Gefahr? – Zum Zustand der deutschen Republik, Münster 1997, S. 20-34

Zinn, Karl G.: Wie Reichtum Armut schafft. Weshalb die neoliberalen Versprechungen nicht aufgehen, Referat beim Autoren-Forum des Katholisch-Sozialen Instituts in Bad Honnef vom 3. bis 7. Juli 2005 (unveröffentlichtes Manuskript)

Zöttl, Ines: Weichenstellung ins Chaos, in: Wirtschaftswoche, Nr. 17 v. 19.4.2001, S. 30 f.

Zugehör, Rainer: Die Globalisierungslüge. Handlungsmöglichkeiten einer verantwortlichen Wirtschaftspolitik, Unkel am Rhein/Bad Honnef 1998

Theorie

Dirk Baecker (Hrsg.)
**Schlüsselwerke
der Systemtheorie**
2005. 352 S. Geb. EUR 24,90
ISBN 978-3-531-14084-1

Ralf Dahrendorf
Homo Sociologicus
Ein Versuch zur Geschichte,
Bedeutung und Kritik der Kategorie
der sozialen Rolle
16. Aufl. 2006. 126 S. Br. EUR 14,90
ISBN 978-3-531-31122-7

Shmuel N. Eisenstadt
**Die großen Revolutionen und
die Kulturen der Moderne**
2006. 250 S. Br. EUR 34,90
ISBN 978-3-531-14993-6

Shmuel N. Eisenstadt
Theorie und Moderne
Soziologische Essays
2006. 607 S. Geb. EUR 49,90
ISBN 978-3-531-14565-5

Axel Honneth /
Institut für Sozialforschung (Hrsg.)
**Schlüsseltexte der
Kritischen Theorie**
2006. 414 S. Geb. EUR 29,90
ISBN 978-3-531-14108-4

Niklas Luhmann
Beobachtungen der Moderne
2. Aufl. 2006. 220 S. Br. EUR 24,90
ISBN 978-3-531-32263-6

Uwe Schimank
**Differenzierung und Integration
der modernen Gesellschaft**
Beiträge zur akteurzentrierten
Differenzierungstheorie 1
2005. 297 S. Br. EUR 27,90
ISBN 978-3-531-14683-6

Uwe Schimank
**Teilsystemische Autonomie
und politische Gesellschafts-
steuerung**
Beiträge zur akteurzentrierten
Differenzierungstheorie 2
2006. 307 S. Br. EUR 29,90
ISBN 978-3-531-14684-3

Ilja Srubar / Steven Vaitkus (Hrsg.)
**Phänomenologie
und soziale Wirklichkeit**
Entwicklungen und Arbeitsweisen
2003. 240 S. Br. EUR 25,90
ISBN 978-3-8100-3415-1

Erhältlich im Buchhandel oder beim Verlag.
Änderungen vorbehalten. Stand: Januar 2008.   **www.vs-verlag.de**

VS VERLAG FÜR SOZIALWISSENSCHAFTEN

Abraham-Lincoln-Straße 46
65189 Wiesbaden
Tel. 0611.7878-722
Fax 0611.7878-400

Neu im Programm Soziologie

Hans Paul Bahrdt
Die moderne Großstadt
Soziologische Überlegungen
zum Städtebau
Hrsg. von Ulfert Herlyn
2. Aufl. 2006. 248 S. Br. EUR 34,90
ISBN 978-3-531-14985-1

Ronald Hitzler /
Michaela Pfadenhauer (Hrsg.)
Gegenwärtige Zukünfte
Interpretative Beiträge zur sozialwissenschaftlichen Diagnose und Prognose
2005. 274 S. Br. EUR 19,90
ISBN 978-3-531-14582-2

Werner Fuchs-Heinritz / Rüdiger
Lautmann / Otthein Rammstedt /
Hanns Wienold (Hrsg.)
Lexikon zur Soziologie
4., grundl. überarb. Aufl. 2007. 748 S.
Geb. EUR 39,90
ISBN 978-3-531-15573-9

Andrea Mennicken /
Hendrik Vollmer (Hrsg.)
Zahlenwerk
Kalkulation, Organisation
und Gesellschaft
2007. 274 S. (Organisation und
Gesellschaft) Br. EUR 29,90
ISBN 978-3-531-15167-0

Jürgen Gerhards
**Kulturelle Unterschiede
in der Europäischen Union**
Ein Vergleich zwischen Mitgliedsländern,
Beitrittskandidaten und der Türkei
2., durchges. Aufl. 2006. 316 S.
Br. EUR 27,90
ISBN 978-3-531-34321-1

Gunter Schmidt / Silja Matthiesen /
Arne Dekker / Kurt Starke
Spätmoderne Beziehungswelten
Report über Partnerschaft und Sexualität
in drei Generationen
2006. 159 S. Br. EUR 21,90
ISBN 978-3-531-14285-2

Andreas Hadjar / Rolf Becker (Hrsg.)
Die Bildungsexpansion
Erwartete und unerwartete Folgen
2006. 362 S. Br. EUR 27,90
ISBN 978-3-531-14938-7

Georg Vobruba
**Entkoppelung von Arbeit
und Einkommen**
Das Grundeinkommen in der
Arbeitsgesellschaft
2., erw. Aufl. 2007. 227 S. Br. EUR 24,90
ISBN 978-3-531-15471-8

Erhältlich im Buchhandel oder beim Verlag.
Änderungen vorbehalten. Stand: Januar 2008.

www.vs-verlag.de

VS VERLAG FÜR SOZIALWISSENSCHAFTEN

Abraham-Lincoln-Straße 46
65189 Wiesbaden
Tel. 0611.7878-722
Fax 0611.7878-400